CORRESPONDANCE

DE

NAPOLÉON Ier

PARIS. — TYPOGRAPHIE DE HENRI PLON, IMPRIMEUR DE L'EMPEREUR, RUE GARANCIÈRE, 8.

CORRESPONDANCE

DE

NAPOLÉON Ier

PUBLIÉE

PAR ORDRE DE L'EMPEREUR NAPOLÉON III.

TOME HUITIÈME.

PARIS

HENRI PLON,
ÉDITEUR DES OEUVRES DE L'EMPEREUR,
RUE GARANCIÈRE, 8

J. DUMAINE,
LIBRAIRE-ÉDITEUR DE L'EMPEREUR,
RUE DAUPHINE, 30.

MDCCCLXI.

CORRESPONDANCE

DE

NAPOLÉON PREMIER.

6259. — ARRÊTÉ.

Paris, 1er fructidor an X (19 août 1802).

Article 1er. — Il sera réservé six millions de biens nationaux dans les quatre départements réunis du Rhin[1], et dix millions dans les six départements de la 27e division militaire[2], pour être donnés en récompense aux officiers et soldats qui ont été blessés dans la guerre.

Art. 2. — Le ministre des finances fera dresser les états de ces biens par départements. Il fera choisir par les administrateurs généraux cinq emplacements dans la 26e division militaire, et cinq dans la 27e, propres à établir des camps de vétérans, composés chacun au moins de 300 individus, avec des terres pour leur dotation.

Art. 3. — Le ministre des finances est chargé de l'exécution du présent arrêté.

Bonaparte.

Archives de l'Empire.

6260. — DÉCISION.

Paris, 2 fructidor an X (20 août 1802).

Le ministre de l'intérieur demande qu'un sénatus-consulte autorise le Gouvernement à concéder le titre de citoyen français, comme récompense nationale ou motif d'encouragement, aux étrangers qui s'établiraient en France et qui, par leurs services, lui paraîtraient mériter cette faveur.

Renvoyé à la section de législation, pour avoir l'opinion du Conseil d'État sur la question de savoir s'il ne conviendrait pas de proposer un sénatus-consulte ayant pour but d'accorder aux habitants des villes d'Anvers et de Mayence, pendant cinq ans, le privilége de devenir citoyens français après un

[1] 26e division militaire. — [2] Turin.

dans les places d'Italie, en mettant tous les canons aux calibres de 6, 12 et 24, et tous les mortiers à 8 et 12 pouces. Je désire que, dans la dernière décade de fructidor, vous me présentiez un travail sur ces différents objets.

BONAPARTE.

Comm. par M. le prince de Wagram.

6268. — AU GÉNÉRAL BERTHIER.

Paris, 6 fructidor an X (24 août 1802).

Je vous prie, Citoyen Ministre, de donner ordre aux trois bataillons de la 54e, aux deux bataillons de la 17e de ligne, à deux compagnies d'artillerie à pied du 7e régiment, qui se trouvent en Hollande, à deux escouades d'ouvriers d'artillerie, à une compagnie du bataillon du train d'artillerie, à un escadron de 150 dragons, de se tenir prêts à partir sous les ordres du capitaine général Victor. Ces troupes s'embarqueront à Dunkerque. Vous ne les ferez sortir de Hollande que lorsque tout sera prêt à Dunkerque, et qu'elles n'auront plus qu'à s'embarquer. Donnez des ordres en conséquence au général de division Rivaud, aux généraux de brigade Gareau, Gratien et Boivin, à l'adjudant commandant César Berthier, à des officiers d'artillerie et du génie, et à des administrateurs, ce qu'il en sera jugé nécessaire à un corps de troupes de la force ci-dessus.

Vous réunirez huit pièces de 4 avec un double approvisionnement, quatre de 8, quatre de 12, huit obusiers de 6 pouces, avec 2,500 fusils français et 500 étrangers, 600,000 cartouches et des outils de pionniers, à Dunkerque, où ils seront à la disposition du ministre de la marine, pour l'expédition aux ordres du général Victor.

Je suppose que le général divisionnaire Rivaud désire faire partie de cette expédition. Le général Victor m'avait demandé le général Colli; faites-lui connaître que j'ai des vues sur ce général, et que j'ai besoin qu'il continue à rester en Europe.

BONAPARTE.

Archives de l'Empire.

6269. — AU CONTRE-AMIRAL DECRÈS,

MINISTRE DE LA MARINE ET DES COLONIES.

Paris, 6 fructidor an X (24 août 1802).

Le ministre de la guerre a ordre de tenir à votre disposition, à Dunkerque, cinq bataillons d'infanterie composés des 54e et 17e de ligne, deux compagnies d'artillerie, seize pièces de canon, 3,000 fu-

6265. — ORDRE.

La Malmaison, 6 fructidor an X (24 août 1802).

Le président de la République italienne ordonne de demander au ministre de la guerre[1] qu'il envoie au président, tous les mois, un petit livre de toutes les troupes de la République italienne, avec des notes qui lui fassent connaître leur force, leur situation et les noms des chefs qui les commandent, ainsi que les noms des généraux et leurs états de service.

Par ordre du Premier Consul.

Archives du gouvernement à Milan.

6266. — AU GÉNÉRAL BERTHIER, MINISTRE DE LA GUERRE.

Paris, 6 fructidor an X (24 août 1802).

Dans l'état que vous m'avez remis, Citoyen Ministre, de l'emplacement des troupes au 1er fructidor, je vois portés comme commandants d'armes et adjudants des officiers morts depuis plusieurs mois.

BONAPARTE.

Dépôt de la guerre.

6267. — AU GÉNÉRAL BERTHIER.

Paris, 6 fructidor an X (24 août 1802).

Il paraît nécessaire, Citoyen Ministre, de former de l'artillerie de la République italienne, de celle de la 27e division militaire[2] et de celle de la République de Gênes, une seule inspection d'artillerie, et de charger le général Lacombe Saint-Michel de s'occuper uniquement de faire approvisionner et mettre en bon état l'immense matériel d'artillerie que nous avons dans cette partie.

Il faudrait le charger de former un plan, qui me serait soumis, sur le placement de l'artillerie que nous avons en Italie, soit artillerie de campagne, soit artillerie de siége, soit artillerie de place, soit approvisionnement d'artillerie de l'intérieur.

Je vous prie de me faire connaître si l'administration des poudres de la République a étendu sa direction sur les moulins à poudre de la 27e division militaire. Si elle ne l'a pas fait, il est instant qu'elle prenne des mesures pour les diriger et les mettre dans la plus grande activité.

Enfin, il est également essentiel que l'inspecteur Lacombe Saint-Michel présente un projet pour la refonte des pièces qui se trouvent

[1] Trivulzi. — [2] Turin.

ce qu'elle veut faire pour ce prince. Elle peut être assurée que je n'en ferai qu'un usage utile à l'Église et à la paix.

Je suis, avec un respect filial, de Votre Sainteté le très-dévoué fils.

BONAPARTE.

Archives de l'Empire.

6274. — A L'ARCHEVÊQUE DE PARIS.

Paris, 10 fructidor an X (28 août 1802).

Je me fais faire un rapport sur les différentes demandes relatives aux sœurs de la Charité. Mon intention est de redonner à ces bonnes filles toutes les prérogatives qu'elles avaient, afin de les mettre à même de continuer à faire le bien qu'elles ont fait, témoignage que je me plais à leur rendre.

J'ai lu avec la plus grande attention la note que vous m'avez envoyée relative à la mission de la Chine; j'en sens l'importance. Je désire que vous me fassiez un rapport plus détaillé, qui me fasse connaître où en sont nos missionnaires, et ce qu'il y aurait à faire pour rendre leur zèle utile à la religion et à l'État. Vous pouvez assurer tous ceux qui s'adresseront à vous que mon intention est d'agir aux Indes et à la Chine comme je viens de le faire dans la Syrie et dans le Levant, où j'ai remis sous notre protection spéciale le Saint-Sépulcre et tous les chrétiens de l'Orient.

Je désire, Monsieur l'Archevêque, que vous continuiez à vous bien porter, car vos vertus et votre attachement à ma personne me sont nécessaires.

BONAPARTE.

Archives de l'Empire.

6275. — AU CITOYEN MELZI,

VICE-PRÉSIDENT DE LA RÉPUBLIQUE ITALIENNE.

Paris, 10 fructidor an X (28 août 1802).

Citoyen Melzi, Vice-Président de la République italienne, je vous prie de faire connaître à la Consulte d'État, au Corps législatif et à la nation, que je viens d'obtenir du dey d'Alger que le pavillon de la République italienne serait respecté par ses corsaires à l'égal du pavillon français. Les bâtiments de la République peuvent donc hardiment faire le commerce dans toute la Méditerranée, ils n'ont rien à craindre; il suffira qu'ils soient munis de passe-ports qui constatent qu'ils appartiennent à la République italienne, conformes au modèle que le ministre des relations extérieures vous enverra. Cet avantage, que le commerce de la République italienne va avoir sur les autres

sils, un général de division, trois généraux de brigade, pour être employés à l'expédition de la Louisiane. Je désirerais que cette expédition pût partir dans la première décade de vendémiaire, immédiatement après les vents de l'équinoxe, afin qu'elle pût encore profiter des bonnes mers.

BONAPARTE.

Archives de l'Empire.

6270. — AU CITOYEN FOUCHÉ, MINISTRE DE LA POLICE GÉNÉRALE.

Paris, 7 fructidor an X (25 août 1802).

Je vous ai parlé, dans le travail d'hier, Citoyen Ministre, du désir que j'avais de connaître toutes les menées qui avaient eu lieu pour tirer de l'argent des princes allemands. Des escrocs, dont cette grande ville abonde, compromettent l'honneur du Gouvernement et dupent d'infortunés étrangers.

Voici les renseignements que j'ai : il doit y avoir à Paris un nommé Aach et un monsieur Lubau, qui sont chargés des affaires de la duchesse de Brunswick, lesquels ont donné de l'argent pour être compris dans les indemnités. Mettez tout en œuvre pour connaître ces étrangers et tirer d'eux, sans bruit et sans aucune intervention directe, tous les renseignements qu'il m'importe d'avoir.

BONAPARTE.

Archives de l'Empire.

6271. — ARRÊTÉ.

Paris, 9 fructidor an X (27 août 1802).

ARTICLE 1er. — Afin de favoriser l'usage de la langue française dans les départements compris dans l'ancienne basse Bretagne, il sera reçu au Prytanée quarante élèves choisis dans les départements du Morbihan, du Finistère et des Côtes-du-Nord.

ART. 2. — Le ministre de l'intérieur est chargé de l'exécution du présent arrêté.

BONAPARTE.

Archives de l'Empire.

6272. — DÉCISION.

Paris, 9 fructidor an X (27 août 1802).

Rapport du ministre de l'intérieur tendant à appliquer à la 27e division militaire les lois françaises relatives aux dîmes et redevances féodales.

Renvoyé à la section de législation, pour présenter un projet d'arrêté portant publication, dans le Piémont, des lois relatives à la suppression des dîmes et des redevances féodales, en indiquant parmi ces lois celles qui sont le plus d'accord avec les principes de la propriété.

BONAPARTE.

Archives de l'Empire.

6273. — A S. S. LE PAPE.

Paris, le samedi 10 fructidor an X (28 août 1802).

Très-saint Père, j'ai lu avec la plus grande attention la lettre que Votre Sainteté a bien voulu m'écrire, en date du 18 août. Je ne puis qu'approuver et témoigner à Votre Sainteté ma satisfaction de l'intention où elle est de nommer un de ses sujets pour grand maître de Malte.

Je vois avec quelque peine que Votre Sainteté ne croit pas devoir établir un concordat avec la République italienne. Si son intention est immuable sur cet objet, je la prie alors de donner des pouvoirs au cardinal-légat pour que nous puissions régler, par différents brefs, tout ce qui est relatif à la religion dans la République italienne, pour que le mal n'empire pas et que tout puisse aller selon les désirs et à la satisfaction de Votre Sainteté.

Les cardinaux que je proposerai à Votre Sainteté sont les archevêques de Paris[1] et de Lyon[2], les évêques de Troyes[3] et d'Autun[4]. Votre Sainteté connaît l'archevêque de Paris; il est plein de vertus, et, quoique âgé de quatre-vingt-treize ans, il conserve encore de la mémoire et de la force.

L'archevêque de Lyon, jeune et moins méritant, est un ecclésiastique distingué par la sévérité de sa morale et l'attachement particulier que je lui porte, étant mon proche parent.

L'évêque d'Autun est un vieillard respectable, de quatre-vingt-quatre ans; il a beaucoup souffert dans la révolution, ayant été longtemps traîné dans les prisons. Ses vertus l'ont rendu supérieur à toutes les vicissitudes.

L'évêque de Troyes est celui qui s'est prononcé avec le plus de force pour porter les évêques, à Londres, à adhérer aux ordres de Votre Sainteté. Il est aussi très-âgé. Il a parfaitement réussi dans son diocèse. C'est un des hommes les plus distingués par son érudition et son savoir que l'Église gallicane ait eus.

[1] De Belloy. — [2] Fesch. — [3] La Tour-du-Pin Montauban. — [4] Fontanges.

Votre Sainteté voit que je ne lui présente point l'évêque d'Orléans[1], et je dois lui dire ingénument que je désirerais qu'elle lui fît connaître qu'elle le nommera à la première occasion; mais je ne crois pas utile au bien de la religion, dans ce moment-ci, de nommer cardinal un homme qui nous a rendu de très-grands services, mais qui, dans des temps malheureux, a trop marqué par la part active qu'il a prise à la guerre civile; il résulterait, pour la politique de l'État, dans le moment actuel, plus d'inconvénients que d'avantages de cette nomination. Mais, comme je lui ai en quelque sorte promis de faire, un jour, à Votre Sainteté, la demande de cette place pour lui, elle pourra le nommer à la première vacance, qui ne doit pas tarder, puisque, sur quatre que je présente à Votre Sainteté, trois ont plus de quatre-vingts ans.

Il m'est revenu indirectement que Votre Sainteté éprouvait beaucoup de peine pour les affaires de Russie. Je crois qu'elle doit, avec cette puissance, gagner le plus de temps possible. L'empereur n'attache, en réalité, aucune importance aux demandes qui ont été faites par son cabinet, et, si Votre Sainteté se trouve obligée de répondre, il vaut mieux qu'elle le fasse directement, par un bref adressé à l'empereur, que par une note de cabinet à cabinet. L'empereur Alexandre est juste, bon et pacifique, et son cabinet est immoral, divisé et arrogant. Ce que je dis ici, Votre Sainteté sent bien que c'est pour elle seule.

Je dois faire part à Votre Sainteté que je viens d'obtenir du dey d'Alger la liberté d'un grand nombre de chrétiens, dont plusieurs sont sujets de Votre Sainteté; cela est venu à la suite d'arrangements faits avec ce dey pour réparer l'insulte qu'il avait faite au pavillon français.

J'ai fait remettre sous la protection de la France le Saint-Sépulcre, tous les chrétiens de Syrie, ainsi que toutes les églises qui existaient à Constantinople. J'ai reçu plusieurs demandes des évêques d'Arménie et des chrétiens persécutés en Valachie; j'en ai écrit au sultan Selim, avec qui je suis en correspondance directe, et qui me paraît animé du désir de faire ce qui est juste.

Je désirerais de donner une nouvelle activité aux missions de la Chine, et je ne cacherai pas à Votre Sainteté qu'indépendamment du bien général de la religion, j'y suis porté par le désir d'ôter aux Anglais la direction de ces missions, qu'ils commencent à s'attribuer.

L'électeur de Bavière me prie de l'aider dans ses affaires ecclésiastiques. Je prie Votre Sainteté de me dire ce qu'elle veut accorder et

[1] Bernier.

ce qu'elle veut faire pour ce prince. Elle peut être assurée que je n'en ferai qu'un usage utile à l'Église et à la paix.

Je suis, avec un respect filial, de Votre Sainteté le très-dévoué fils.

BONAPARTE.

Archives de l'Empire.

6274. — A L'ARCHEVÊQUE DE PARIS.

Paris, 10 fructidor an X (28 août 1802).

Je me fais faire un rapport sur les différentes demandes relatives aux sœurs de la Charité. Mon intention est de redonner à ces bonnes filles toutes les prérogatives qu'elles avaient, afin de les mettre à même de continuer à faire le bien qu'elles ont fait, témoignage que je me plais à leur rendre.

J'ai lu avec la plus grande attention la note que vous m'avez envoyée relative à la mission de la Chine; j'en sens l'importance. Je désire que vous me fassiez un rapport plus détaillé, qui me fasse connaître où en sont nos missionnaires, et ce qu'il y aurait à faire pour rendre leur zèle utile à la religion et à l'État. Vous pouvez assurer tous ceux qui s'adresseront à vous que mon intention est d'agir aux Indes et à la Chine comme je viens de le faire dans la Syrie et dans le Levant, où j'ai remis sous notre protection spéciale le Saint-Sépulcre et tous les chrétiens de l'Orient.

Je désire, Monsieur l'Archevêque, que vous continuiez à vous bien porter, car vos vertus et votre attachement à ma personne me sont nécessaires.

BONAPARTE.

Archives de l'Empire.

6275. — AU CITOYEN MELZI,

VICE-PRÉSIDENT DE LA RÉPUBLIQUE ITALIENNE.

Paris, 10 fructidor an X (28 août 1802).

Citoyen Melzi, Vice-Président de la République italienne, je vous prie de faire connaître à la Consulte d'État, au Corps législatif et à la nation, que je viens d'obtenir du dey d'Alger que le pavillon de la République italienne serait respecté par ses corsaires à l'égal du pavillon français. Les bâtiments de la République peuvent donc hardiment faire le commerce dans toute la Méditerranée, ils n'ont rien à craindre; il suffira qu'ils soient munis de passe-ports qui constatent qu'ils appartiennent à la République italienne, conformes au modèle que le ministre des relations extérieures vous enverra. Cet avantage, que le commerce de la République italienne va avoir sur les autres puissances d'Italie, portera, je l'espère, les spéculateurs du côté des ports de l'Adriatique et surtout des bouches du Pô. Je désire aussi que vous me fassiez connaître les mesures possibles pour accroître la navigation du commerce des petits ports de Massa-Carrara. A cet effet, il serait convenable de réparer les routes de l'Apennin. Vous sentez que, par ce privilége que se trouvera avoir le pavillon de la République italienne sur Livourne, Naples et Gênes, notre commerce peut considérablement s'accroître. Je fais les mêmes demandes au bey de Tripoli; il n'y a aucune difficulté à craindre de sa part.

BONAPARTE.

Je joins ici le paragraphe de la lettre que j'ai reçue du dey d'Alger, relativement à la demande directe que je lui avais faite :

« 7° Vous demandez que je sois ami de la République italienne : » je respecterai son pavillon selon vos désirs, comme je ferai tou- » jours du pavillon français. Si toute autre puissance m'eût fait une » pareille demande, je ne l'aurais pas acceptée pour un million de » piastres. »

Archives de l'Empire.

6276. — AU CITOYEN TALLEYRAND,

MINISTRE DES RELATIONS EXTÉRIEURES.

Paris, 11 fructidor an X (29 août 1802).

Je désire, Citoyen Ministre, que le citoyen Sebastiani, accompagné du secrétaire interprète Jaubert et du capitaine Berge, aide de camp du général Songis, s'embarque sur une frégate à Toulon, pour se rendre à Tripoli, chargé auprès du Bey d'une mission tendant à faire reconnaître le pavillon de la République italienne. Il se rendra de là à Alexandrie, pour reconnaître l'état des affaires en Égypte; de là à Jaffa, pour y reconnaître l'état des affaires dans la Palestine; de là à Saint-Jean d'Acre, à Smyrne, à Zante, Céphalonie, Corfou, et de là en France.

Vous lui donnerez une lettre de vous au bey de Tripoli, pour l'engager à reconnaître la République italienne; une lettre de vous au pacha du Caire, pour lui faire connaître que le commissaire général des relations extérieures va se rendre à Alexandrie et au Caire. Il est nécessaire d'envoyer auparavant un officier, pour savoir si les Anglais ont évacué l'Égypte, conformément au traité; si tout est tranquille, et s'il n'y a aucun inconvénient à ce que le commissaire général parte. Il serait bon qu'il fût porteur d'une lettre de l'ambassadeur ottoman au pacha du Caire, qui fit connaître que le principal but de son voyage est d'observer si les Anglais ont évacué Alexandrie.

Vous donnerez au citoyen Sebastiani une instruction pour s'assurer, à Jaffa et à Saint-Jean d'Acre, si les chrétiens de la Syrie, qui sont sous notre protection, n'éprouvent aucune vexation, et si le couvent de Nazareth jouit de tous les priviléges que lui a toujours procurés la protection de la France. Il serait bon que tous les commissaires des relations extérieures qui doivent se rendre dans le Levant profitassent de cette occasion pour s'embarquer sur cette frégate. Les vents sont sur le point de changer, et il n'y a pas de temps à perdre; il est donc nécessaire que la frégate mette à la voile avant le 12 septembre.

La frégate sera accompagnée d'un aviso qui sera expédié d'Alexandrie avec toutes les nouvelles relatives à la position des Anglais et qui peuvent nous intéresser sur l'état de l'Égypte.

BONAPARTE.

Archives de l'Empire.

6277. — AU CONTRE-AMIRAL DECRÈS,

MINISTRE DE LA MARINE ET DES COLONIES.

Paris, 11 fructidor an X (29 août 1802).

Je vous prie, Citoyen Ministre, de donner ordre qu'une bonne frégate, avec un aviso, soit prête à mettre à la voile, de Toulon, avant le 12 septembre. Un officier porteur de dépêches du Gouvernement et les différents commissaires des relations extérieures qui doivent se rendre dans le Levant s'embarqueront sur cette frégate.

Elle se rendra d'abord à Tripoli, où l'officier a une mission qui pourra le retenir trois jours; de là il se rendra à Alexandrie, où il a une mission qui pourra le retenir dix à douze jours; de là à Jaffa, où il pourra rester deux jours; de là à Saint-Jean d'Acre et à Smyrne, où il pourra rester trois jours dans chaque endroit; enfin de là à Zante, Céphalonie et Corfou, où sa mission exigera un séjour d'une quinzaine de jours.

Donnez des ordres pour que la division du contre-amiral Leissègues soit sur-le-champ ravitaillée à Toulon, et qu'elle puisse partir immédiatement après l'équinoxe pour Constantinople.

L'aviso qui accompagnera la frégate partira d'Alexandrie pour apporter directement des nouvelles d'Égypte.

BONAPARTE.

Archives de la marine.

6278. — A L'EMPEREUR DE RUSSIE.

Paris, 11 fructidor an X (29 août 1802).

Le colonel Caulaincourt m'a appris les bontés que Votre Majesté a bien voulu avoir pour lui.

A l'heure qu'il est, la note relative aux affaires d'Allemagne doit être présentée à Ratisbonne par le ministre de Votre Majesté et par celui de France. Sur ces entrefaites, l'électeur de Mayence étant venu à mourir, il ne reste plus qu'un seul électeur ecclésiastique à placer.

J'ai retiré toutes les troupes de l'Helvétie, des États du Pape et du royaume de Naples. Sous peu je compte retirer celles qui se trouvent dans la Toscane, la Ligurie et la Batavie. Je prierai, à cette occasion, Votre Majesté de vouloir permettre que le roi d'Étrurie lui écrive, ce prince attachant un grand prix à être définitivement reconnu par Votre Majesté.

La République ligurienne se trouvant organisée, si Votre Majesté voulait faire connaître qu'elle est satisfaite du système qui a été établi, elle ferait un grand plaisir à ces peuples.

La très-petite République de Lucques serait également flattée que Votre Majesté voulût manifester qu'elle agrée et reconnaît son existence.

Le dey d'Alger, après avoir exigé de l'Espagne une forte somme d'argent pour la continuation de la paix, a été assez osé pour me faire dire que, si dans quarante jours je ne lui envoyais pas deux millions, il déclarerait la guerre à la France. Cette conduite est d'autant plus inouïe que ces pirates, sentant combien la France est proche d'eux, l'avaient toujours ménagée davantage. J'ai envoyé trois vaisseaux de guerre à Alger, et j'espère que le Dey accédera à toutes les réparations que j'ai le droit de demander[1].

L'existence de ces pirates est une honte pour toutes les grandes puissances de l'Europe, et il serait à désirer que l'on pût s'entendre pour les faire vivre en honnêtes gens; car, puisque la croix ne fait plus la guerre au croissant, pourquoi souffrir que la réciprocité n'ait pas lieu? Les côtes de Barbarie sont fertiles; leurs habitants pourraient vivre tranquilles et cultiver leurs terres sans commettre des pirateries.

Je prie Votre Majesté de croire à l'estime toute particulière que j'ai pour elle.

BONAPARTE.

Comm. par S. M. l'Empereur de Russie.
(En minute aux Arch. de l'Emp.)

[1] Cette lettre à l'empereur de Russie, dictée par le Premier Consul le 30 thermidor, n'a été expédiée que le 11 fructidor. (Voir la pièce n° 6275).

6279. — AU ROI DE NAPLES.

Paris, 11 fructidor an X (29 août 1802).

J'ai reçu la lettre de Votre Majesté, du 31 mai. J'ai appris avec grand plaisir son arrivée à Naples. Je la remercie des choses aimables contenues dans sa lettre.

L'ambassadeur de Votre Majesté m'ayant fait connaître qu'un bâtiment napolitain avait été pris sous le canon d'Hyères par des corsaires algériens, j'ai exigé du dey d'Alger qu'il restituât le bâtiment et mît l'équipage en liberté; et, à l'heure qu'il est, vingt-huit Napolitains, qui se trouvaient au bagne, doivent être rendus chez eux.

Votre Majesté peut être persuadée que, toutes les fois que ces pirates feront quelque insulte aux bâtiments napolitains sur les côtes de France, je ferai rendre justice.

Je prie Votre Majesté de recevoir mon compliment sur son alliance avec la Maison d'Espagne, et de croire au désir que j'ai de lui être utile.

BONAPARTE.

Archives de l'Empire.

6280. — AU ROI DE TOSCANE.

Paris, 11 fructidor an X (29 août 1802).

J'ai reçu les lettres de Votre Majesté, des 30 juillet et 16 août, par lesquelles elle m'apprend qu'elle va partir pour Barcelone. Je souhaite que la reine supporte bien les fatigues de la mer. J'espère qu'au retour de Votre Majesté nous pourrons faire sortir de Toscane ce qui reste de troupes françaises, Sa Majesté le roi d'Espagne ayant donné des ordres pour l'occupation de la Louisiane.

Votre Majesté sent bien que, par l'arrangement qui a eu lieu entre l'Espagne et la France, le duché de Parme se trouve à ma disposition. Il serait facile de faire avec le roi d'Espagne un traité par lequel les duchés de Parme, de Plaisance et de Guastalla seraient réunis au royaume d'Étrurie, moyennant que Sa Majesté le roi d'Espagne réunirait la Floride à la Louisiane.

Au reste, Votre Majesté peut compter, dans tous les cas, sur le désir que j'aurai constamment de lui être utile.

BONAPARTE.

Archives de l'Empire.

6281. — A L'ÉLECTEUR DE BAVIÈRE.

Paris, 11 fructidor an X (29 août 1802).

M. de Cetto[1] vient de me remettre les lettres de Votre Altesse Sérénissime, des 15 et 22 août.

Je l'ai engagé à voir sur-le-champ M. de Lucchesini, afin que, de concert avec le citoyen Talleyrand, il fasse un acte de garantie pour toutes les nouvelles possessions qui sont accordées à Votre Altesse Sérénissime.

J'approuve et je trouve tout à fait convenables les mesures qu'a prises Votre Altesse pour se mettre en possession de ce qui lui est échu.

Je n'oublierai rien de mon côté pour que Passau ne reste pas à l'Autriche, et pour qu'il fasse partie de la Bavière. Votre Altesse Sérénissime peut compter sur toute l'influence et même, dans l'occasion, sur l'assistance des armées françaises, si, ce qui n'est pas probable, la cour de Vienne violait la paix en attaquant la Bavière.

Je fais faire à Rome les démarches convenables pour aider Votre Altesse Sérénissime, autant qu'il me sera possible, dans ses arrangements intérieurs.

Je m'empresserai de lui faire connaître ce que Sa Sainteté m'aura répondu.

Je prie Votre Altesse Sérénissime de croire au désir que j'aurai toujours de lui être agréable.

BONAPARTE.

Archives de l'Empire.

6282. — AU MARGRAVE DE BADEN.

Paris, 11 fructidor an X (29 août 1802).

J'ai reçu la lettre de Votre Altesse Sérénissime, du 24 juillet. Elle va se trouver placée au rang qu'exigeaient l'illustration de ses alliances et le véritable intérêt de la France. Je me félicite d'avoir trouvé cette occasion éclatante de témoigner à Votre Altesse Sérénissime l'estime que j'ai pour elle.

L'Autriche, la Russie et la Bavière ayant chacune occupé les possessions qui leur reviennent, il me paraît instant que Votre Altesse Sérénissime occupe les pays qui lui sont échus. S'il se présentait quelque obstacle, je n'oublierais rien pour le lever promptement. J'apprendrai avec plaisir que Votre Altesse Sérénissime jouit paisiblement de ses nouveaux États.

[1] Ministre plénipotentiaire de l'électeur de Bavière.

Je la prie d'être persuadée du plaisir que j'aurai toujours de lui être agréable.

BONAPARTE.

Archives de l'Empire.

6283. — AU PRÉSIDENT DE LA RÉPUBLIQUE BATAVE.

Paris, 11 fructidor an X (29 août 1802).

Citoyen Président du gouvernement d'État de la République batave, j'ai reçu votre lettre du 12 août. Je vous prie de faire agréer au gouvernement d'État mes remercîments des choses aimables qu'elle contient. Je me trouve heureux que les circonstances m'aient permis d'être utile à votre nation. Je saisirai toujours avec empressement ce qui pourra contribuer à sa prospérité et à son bonheur. Croyez à la sincérité de ces sentiments.

BONAPARTE.

Archives de l'Empire.

6284. — AU CITOYEN TALLEYRAND,

MINISTRE DES RELATIONS EXTÉRIEURES.

Paris, 11 fructidor an X (29 août 1802).

J'ai vu M. de Cetto; je l'ai engagé à voir Lucchesini, et, si ce ministre y consent, à dresser dans la journée, de concert, un acte de garantie, et convenir des démarches à faire relativement à Passau. Si Lucchesini ne le veut pas faire, il est bon que vous fassiez voir jusqu'à l'évidence que c'est de nous seuls que la Bavière tient son agrandissement, et que ce n'est que près de nous qu'elle peut trouver appui.

BONAPARTE.

Archives des affaires étrangères.

6285. — AU CITOYEN TALLEYRAND.

Paris, 11 fructidor an X (29 août 1802).

Il est convenable, Citoyen Ministre, d'établir à Raguse un sous-commissaire des relations extérieures. Depuis que le pays vénitien et la Dalmatie appartiennent à la Maison d'Autriche, et que nous exerçons en Italie une influence aussi directe, ce point devient d'un nouvel intérêt.

C'est à Raguse qu'il faut adresser les lettres à notre agent à Corfou, et toute notre correspondance pour ce pays.

BONAPARTE.

Archives de l'Empire.

6286. — AU GÉNÉRAL CLARKE,

MINISTRE PLÉNIPOTENTIAIRE A FLORENCE.

Paris, 11 fructidor an X (29 août 1802).

Vous recevrez une lettre en réponse pour M. de Saint-Marsan, qui est ou doit se rendre à Florence. Vous pouvez, Citoyen Général, lui dire confidentiellement que l'Autriche, la Russie et la Prusse ont, par des articles secrets, reconnu la possession du Piémont; qu'il perdra sa fortune, son existence, sans aucun motif; qu'au contraire, le Piémont ayant des places à donner dans toutes les autorités de la République, il peut se trouver en position d'être utile à son pays; qu'il serait bien absurde que, lorsque les émigrés français, même ceux qui ont été le plus attachés aux Bourbons, rentrent pour ne trouver que les débris de leur fortune, il voulût perdre la sienne sans aucune espèce de raison.

Archives de l'Empire. BONAPARTE.

6287. — A M. DE SAINT-MARSAN.

Paris, 11 fructidor an X (29 août 1802).

Monsieur de Saint-Marsan, j'ai reçu votre lettre du 17 août. Le Piémont ne peut plus appartenir au duc d'Aoste. Au moment où vous recevrez cette lettre, la loi de réunion des six départements du Piémont au territoire de la République aura été rendue.

Vous avez rempli fidèlement vos devoirs envers le roi de Sardaigne, qui vient de se démettre. Vous devez à votre famille, à vos enfants, à votre pays, de suivre son sort et de chercher, dans cette nouvelle circonstance, à lui être utile. Par l'estime particulière que je vous porte depuis longtemps, vous êtes plus propre que personne à lui rendre des services.

Le Piémont est nécessaire à la France, la Maison d'Autriche possédant l'État de Venise; la loi d'incorporation engagerait la nation à soutenir une guerre, s'il le fallait, pour s'en assurer la possession. Mais, bien loin d'en venir là, les puissances ne prennent aucun intérêt à voir rétablir un roi qui, se trouvant placé entre quatre républiques plus puissantes que lui, serait un sujet de troubles pour l'Europe, qui a cependant besoin de repos et de tranquillité.

Rentrez dans votre patrie; croyez qu'elle ne peut plus trouver de bonheur que française et par l'attachement de ses principaux citoyens à la République.

BONAPARTE.

Comm. par le comte de Cavour.
(En minute aux Arch. de l'Emp.)

6288. — A M. TROENDLIN, PRÉSIDENT DES ÉTATS DU FRICKTHAL.

Paris, 11 fructidor an X (29 août 1802).

Monsieur le Président des États du Frickthal, j'ai reçu votre lettre en date du 9 août. J'ai vu avec une vive satisfaction que les peuples du Frickthal sont contents de leur sort et qu'ils seront heureux dans leur nouvelle position. Faites-leur connaître qu'ils ne me seront jamais indifférents, et que la France, en intervenant pour changer leur situation, a par là contracté l'obligation de prendre intérêt à ce qui peut les regarder.

BONAPARTE.

Archives de l'Empire.

6289. — NOTE POUR LE MINISTRE DE LA GUERRE.

Paris, 11 fructidor an X (29 août 1802).

Les députés[1] seront présentés au ministre de la guerre, qui leur donnera à dîner et les fera présenter chez tous les ministres par un de ses officiers; ils seront présentés aux généraux de la garde, au gouverneur du palais, aux préfets du palais, aux inspecteurs des différentes armes; ils me seront présentés le 15. Le ministre de la guerre leur fera donner à chacun 3,000 francs; il leur fera connaître qu'à leur présentation du 15 ils pourront faire un petit discours, dans lequel ils parleront du plaisir qu'ont les habitants de l'île d'Elbe d'être réunis à la France et de faire partie de cette grande nation.

BONAPARTE.

Archives de l'Empire.

6290. — AU CITOYEN CHAPTAL, MINISTRE DE L'INTÉRIEUR.

Paris, 12 fructidor an X (30 août 1802).

Vous trouverez ci-joint un mémoire sur Pontivy; je désire :

1° Que vous me présentiez un projet d'arrêté pour établir à Pontivy une école secondaire, et céder, à titre d'encouragement, le local demandé dans le mémoire;

2° Que vous me fassiez connaître ce qu'il y aurait à faire pour encourager les différentes branches d'industrie qui commencent à fructifier; je désire employer pour ce seul objet, dans le courant de l'an XI, 50,000 francs;

3° Que vous me présentiez un projet pour construire à Pontivy deux maisons : une pour y placer le tribunal civil et criminel, le

[1] Les trois députés de l'île d'Elbe.

juge de paix et les prisons; l'autre pour y placer la sous-préfecture et les archives;

4° Que vous me présentiez un arrêté et un projet pour achever, dans le courant de l'an XI, la navigation du Blavet;

5° Que vous me proposiez les mesures les plus propres à former, dans cette petite ville, un foyer d'instruction, et à accroître la population.

Comme le ministre de la guerre a ordre de construire à Pontivy des casernes pour 3,000 hommes, et une maison pour un général commandant, il est convenable que vous chargiez un ingénieur de coordonner tous ces différents travaux.

BONAPARTE.

Archives de l'Empire.

6291. — DÉCISION.

Paris, 12 fructidor an X (30 août 1802).

Vestris demande la permission de s'absenter six mois par an et de passer ce temps en Angleterre, où on lui offre 1,300 guinées par saison. Ses dettes, qu'il porte à 40,000 francs, rendent ce voyage indispensable.

Renvoyé au ministre de l'intérieur. Il ne paraît pas convenable que Vestris s'en aille. Je désire que, lorsqu'il ne jouera plus, il lui soit accordé une pension convenable. Le ministre de l'intérieur fera un rapport sur la demande du citoyen Vestris, pour ses dettes.

BONAPARTE.

Archives de l'Empire.

6292. — AU CITOYEN TALLEYRAND,
MINISTRE DES RELATIONS EXTÉRIEURES.

Paris, 12 fructidor an X (30 août 1802).

Le citoyen Schimmelpenninck, Citoyen Ministre, m'a présenté, à la dernière parade, deux Français, et entre autres un colonel Prade, qui est un très-mauvais sujet. Je vous prie de lui en faire connaître mon mécontentement. Des étrangers ne doivent pas me présenter des Français, quand même ils les auraient à leur service, à moins d'une explication particulière.

BONAPARTE.

Archives des affaires étrangères.

6293. — AU GÉNÉRAL BERTHIER, MINISTRE DE LA GUERRE.

Paris, 12 fructidor an X (30 août 1802).

Vous écrirez, Citoyen Ministre, au général Turreau, que j'ai appris avec peine qu'il y a dans le Valais des assemblées où l'on s'agite pour demander la réunion à la République française. Le général Turreau doit faire connaître aux Valaisans que toute réunion à la France est impossible, et qu'ils doivent joindre leurs efforts pour s'organiser en petite république indépendante.

BONAPARTE.

Comm. par M. le prince de Wagram.

6294. — AU CONTRE-AMIRAL DECRÈS, MINISTRE DE LA MARINE ET DES COLONIES.

Paris, 12 fructidor an X (30 août 1802).

Le règlement du général Leclerc, du 6 messidor an X, pour l'administration des domaines et revenus nationaux, a répandu l'inquiétude parmi les propriétaires. Je désire que vous me présentiez un projet d'arrêté portant que tous ceux qui ont des propriétés à Saint-Domingue qui sont sous le séquestre s'adresseront au ministre de la marine pour en demander la levée. Si ces propriétaires sont nés à Saint-Domingue, ou y avaient leur domicile avant la révolution, ils seront tenus d'y retourner dans le plus court délai, afin de contribuer au rétablissement de l'ordre et à l'organisation des noirs. Ceux qui n'étaient point dans l'habitude de demeurer à Saint-Domingue seront obligés d'envoyer un gérant blanc de France; ce gérant devra savoir lire et écrire et avoir les qualités nécessaires pour conduire une habitation.

BONAPARTE.

Archives de l'Empire.

6295. — AU CONSUL LEBRUN.

Paris, 13 fructidor an X (31 août 1802).

Je vous envoie, Citoyen Consul, des idées pour un projet de sénatus-consulte relatif à la réunion du Piémont. Je vous prie de le rédiger pour le conseil privé du 15.

BONAPARTE.

PROJET DE SÉNATUS-CONSULTE.

1° Les départements du Pô, de la Doire, de la Stura, de la Sesia, de Marengo et du Tanaro sont réunis au territoire de la République française.

2° Ils sont classés dans les cinq séries, conformément au tableau ci-joint.

3° Ils auront au Corps législatif vingt députés répartis conformément au tableau ci-joint.

4° Ces départements nommeront, pour la première fois, dans le courant de l'an XI, leurs députés, qui seront renouvelés dans les années où s'opère le renouvellement dans la série où ils seront placés.

5° Les ministres, etc.

Archives de l'Empire.

6296. — AU CITOYEN LACÉPÈDE, VICE-PRÉSIDENT DU SÉNAT.

Paris, 13 fructidor an X (31 août 1802).

Vous trouverez ci-joint, Citoyen Sénateur, le pouvoir en vertu duquel vous présiderez le Sénat pendant toutes les séances nécessaires pour opérer le classement des membres du Corps législatif entre les différentes séries et pour la désignation des membres du Tribunat qui doivent sortir. Vous désignerez le jour et l'heure où le Sénat se réunira pour ce travail.

Il suffira que vous me fassiez connaître par un billet, à la fin de chaque séance, le jour où le Sénat se réunira. Ces séances doivent être uniquement destinées aux opérations qui font l'objet de la convocation.

Plusieurs membres du Sénat ayant témoigné le désir de changer leur costume, le Sénat peut nommer une commission qui lui fera un rapport à l'effet d'en déterminer un différent.

BONAPARTE.

Archives de l'Empire.

6297. — AU CITOYEN TALLEYRAND, MINISTRE DES RELATIONS EXTÉRIEURES.

Paris, 13 fructidor an X (31 août 1802).

M. de Cobenzl m'a remis, Citoyen Ministre, la lettre de l'Empereur; il m'a exposé fort au long la situation de la Maison d'Autriche et ses désirs. Par la lettre de l'empereur de Russie, ce prince m'a paru désirer une augmentation pour le grand-duc de Toscane. Le roi de Prusse est porté aussi d'inclination à accorder quelque chose à la Maison d'Autriche.

Nous n'avons pas de fortes raisons, puisque la Maison d'Autriche s'en est remise à nous, d'être de notre côté plus inflexibles que les autres.

Je pense donc que vous devez négocier et signer un arrangement avec M. de Cobenzl, stipulant les articles suivants :

Que S. M. l'Empereur demandera à la Diète, pour rendre complète l'indemnité du grand-duc de Toscane, une augmentation de quelques abbayes dont vous conviendrez avec M. de Cobenzl; il faut que ces abbayes soient prises hors du cercle de Souabe, ne se tiennent pas entre elles et soient éloignées au moins de vingt lieues des frontières de la Bohême; la population de ces abbayes ne devrait pas passer de quarante à soixante mille âmes; que nous l'appuierons;

Que, de son côté, l'Autriche s'engagerait

A envoyer sa ratification dans l'espace de deux mois,

A remettre Passau au duc de Bavière.

Enfin, vous insèreriez dans cette convention qu'il n'y aurait que trois électeurs protestants; le but serait d'exclure, mais sans en parler, Mecklenbourg.

Si le prince de Modène refusait absolument de faire la renonciation à son duché, l'Empereur s'engagerait, par un article secret, à ne jamais réclamer, comme chef de la Maison d'Autriche, le duché de Modène; alors le Brisgau serait mis en dépôt entre les mains du grand-duc de Toscane, qui en jouirait en toute souveraineté, jusqu'au moment où le duc de Modène jugerait à propos de faire sa renonciation.

Il faut faire comprendre à M. de Cobenzl que nous ne voulons rien céder, soit sur l'Inn ou ailleurs, qui puisse diminuer la puissance réelle de la Bavière.

Enfin il me semble que cette augmentation pour la Maison d'Autriche pourrait être prise, moitié dans ce qui est cédé au duc de Bavière, en Franconie, et l'autre moitié sur quelques autres petits princes.

Il faudrait que cet arrangement se trouvât conclu dans la journée de demain, parce que cela nous éviterait de conclure celui avec le roi de Prusse, relatif à Passau et à la Bavière. Il n'y aurait même pas d'inconvénient à laisser entrevoir à M. de Cobenzl la nécessité de terminer dans la journée de demain, parce que l'occupation de Passau nécessiterait quelques arrangements qui alors deviendraient inutiles.

Il faudrait y ajouter que S. M. l'Empereur reconnaît les différents arrangements qui ont eu lieu en Italie depuis la paix de Lunéville, et s'engage à ne présenter jamais, ni directement ni indirectement, des réclamations relatives auxdits arrangements.

BONAPARTE.

Archives de l'Empire.

6298. — AU CONTRE-AMIRAL DECRÈS,

MINISTRE DE LA MARINE ET DES COLONIES.

Paris, 13 fructidor an X (31 août 1802).

Les deux bâtiments que vous enverrez au Pape, Citoyen Ministre, sont *le Colibri* et *le Speedy*. Vous les ferez baptiser, l'un du nom de *Saint-Pierre* et l'autre du nom de *Saint-Paul*. Vous ferez écrire, en lettres d'or, sur la poupe de chacun : *Donné par le Premier Consul Bonaparte au Pape Pie VII*. Vous donnerez ordre qu'ils se rendent sans délai à Civitâ-Vecchia, où ils seront remis aux équipages du Pape. Ils seront armés, approvisionnés avec toutes leurs rechanges, et peints à neuf, de manière qu'il n'y ait rien à y faire. Faites faire quelques peintures dans les chambres. Ordonnez à un troisième brick de se rendre à Civitâ-Vecchia, pour reprendre nos équipages, sans qu'il en coûte rien au Pape.

Vous écrirez au secrétaire d'État, à Rome, une lettre dans laquelle vous lui ferez connaître le jour du départ de ces bâtiments, leurs noms et leur qualité. Vous enverrez un officier de la marine, qui ait de l'usage, pour en faire la consignation et rapporter l'inventaire, signé, de tout ce qui en formera l'armement et l'équipement.

BONAPARTE.

Archives de l'Empire.

6299. — RÉPONSE DU PREMIER CONSUL

A UNE DÉPUTATION DE LA VILLE DE MARSEILLE.

Paris, 15 fructidor an X (2 septembre 1802).

Je suis sensible à ce témoignage des sentiments de la ville de Marseille, et je vois avec plaisir sa députation.

Le Gouvernement a sans cesse les yeux ouverts sur cette grande cité, et prend un vif intérêt à sa splendeur. Par le traité de paix qui vient d'être conclu avec le Grand Seigneur, la République a obtenu la libre navigation de la mer Noire. Les relations commerciales de la Méditerranée s'accroissent ainsi, et vont être plus avantageuses que jamais.

Je désire que le commerce de Marseille ne néglige point une autre source de prospérité : les bouches du Pô lui sont ouvertes; les bâtiments peuvent remonter jusqu'à Ferrare, pénétrer au sein de la

27e division militaire, et, de là, fournir des savons et des autres produits de l'industrie de Marseille la Suisse et une partie de l'Allemagne.

Extrait du *Moniteur*.

6300. — DÉCISION.

Paris, 16 fructidor an X (3 septembre 1802).

L'évêque d'Orléans expose au Premier Consul le dénûment absolu de la cathédrale de cette ville; il le prie d'ordonner les réparations indispensables de cette église.

Renvoyé au citoyen Portalis, pour me faire connaître les sommes indispensablement nécessaires pour mettre cette cathédrale dans un état décent.

BONAPARTE.

Archives de l'Empire.

6301. — ARRÊTÉ.

Paris, 16 fructidor an X (3 septembre 1802).

ARTICLE 1er. — Il est créé trois corps d'éclaireurs dans la 27e division militaire[1].

ART. 2. — Chaque corps d'éclaireurs sera composé de 200 hommes d'infanterie, de 60 hommes de cavalerie et de 30 gendarmes, commandé par un officier supérieur, et aura à sa suite une commission militaire extraordinaire, composée de cinq officiers et présidée par un officier supérieur.

ART. 3. — Chacun de ces corps d'éclaireurs sera chargé de parcourir deux départements. Il se rendra alternativement dans toutes les communes qui ont opposé résistance à la gendarmerie depuis le 1er vendémiaire an X, procédera à leur désarmement, fera arrêter et traduire devant la commission militaire extraordinaire tous les individus prévenus d'avoir, à main armée, repoussé la gendarmerie.

ART. 4. — Au 1er frimaire an XI, ces commissions militaires cesseront leurs fonctions, si elles ne sont conservées par un arrêté du Gouvernement.

ART. 5. — Les préfets feront connaître par des proclamations aux habitants le respect qu'ils doivent porter à la gendarmerie et les malheurs qu'ils encourent en opposant résistance.

ART. 6. — Les ministres de la justice, de la guerre, de l'intérieur, et de la police, sont chargés, chacun en ce qui le concerne, de l'exécution du présent arrêté.

BONAPARTE.

Archives de l'Empire.

[1] Turin.

6302. — DÉCISION.

Paris, 16 fructidor an X (3 septembre 1802).

Rapport du ministre de la marine au Premier Consul sur les individus arrivés de Saint-Domingue à bord du *Foudroyant* et de *l'Uranie*.

Faire un rapport à l'effet de traduire devant les tribunaux ceux d'entre eux qui ont signé l'acte d'indépendance appelé Constitution.

BONAPARTE.

Archives de la marine.

6303. — NOTE POUR LE MINISTRE DE LA MARINE.

Paris, 16 fructidor an X (3 septembre 1802).

1° L'amnistie promise par le général en chef de l'armée de Saint-Domingue aux individus qui avaient pris les armes contre la République est confirmée quant aux personnes.

2° Tous les biens des noirs ou gens de couleur qui ont porté les armes, et auxquels il est accordé amnistie par l'article précédent, seront réunis aux propriétés publiques.

Par ordre du Premier Consul.

Archives de la marine.

6304. — ARRÊTÉ.

Paris, 16 fructidor an X (3 septembre 1802).

ARTICLE Ier. — Les fermes d'habitations, maisons et magasins, à Saint-Domingue et à la Guadeloupe, ayant été généralement adjugées à vil prix dans le cas de l'émigration ou de l'absence, elles demeurent résiliées à compter de la publication du présent arrêté dans la colonie, tant au bénéfice de l'administration publique desdits biens qu'à celui du propriétaire, lorsqu'il y a lieu de remettre ce dernier en possession; ce qui sera exécuté, quelque terme qui ait été stipulé à la durée du bail.

ART. 2. — Il ne sera donné aucune atteinte aux arrangements particuliers qui auraient pu intervenir, de gré à gré, entre le fermier et un propriétaire rentré en possession.

ART. 3. — Le ministre de la marine et des colonies est chargé de l'exécution du présent arrêté, qui sera inséré au *Bulletin des lois*.

BONAPARTE.

Archives de l'Empire.

6305. — DÉCISION.

Paris, 16 fructidor an X (3 septembre 1802).

Gourand, caporal dans la garde des Consuls, écrit à son colonel pour lui faire connaître sa résolution de se tuer.

Le général Caffarelli verra ce chasseur et l'interrogera pour savoir les raisons qui le portaient à se détruire.

BONAPARTE.

Archives de l'Empire.

6306. — AU GÉNÉRAL BERTHIER, MINISTRE DE LA GUERRE.

Paris, 17 fructidor an X (4 septembre 1802).

Le rapport que vous m'avez fait, Citoyen Ministre, sur la situation d'Alexandrie, ne me paraît pas assez détaillé. Joignez-y le plan, et faites-moi connaître ce qui a été fait dans l'année et ce que l'on doit y faire dans l'an XI. Mon intention est qu'au lieu de 50,000 francs par mois, à compter du 1er vendémiaire, il y soit dépensé 100,000 francs par mois, pendant tout l'an XI. Cet argent doit être employé à augmenter les ouvrages et les magasins casematés.

La citadelle d'Alexandrie doit renfermer des magasins capables de contenir 500 milliers de poudre, deux millions de cartouches, 20 à 30,000 fusils, l'approvisionnement complet d'un équipage de campagne de 200 bouches à feu, 5,000 hommes de garnison, boulangerie et approvisionnement complet pour un an, deux hôpitaux de 500 malades chacun. Tous ces établissements, ainsi que les approvisionnements de l'artillerie employée à la défense de la place, doivent être à l'abri de la bombe; les fronts les plus faibles doivent être considérablement augmentés, et enfin tout le terrain à la portée du canon, nivelé et arrangé de manière à ne favoriser en rien l'ennemi.

Les plans de la citadelle, de la ville, et à 2,000 toises autour, doivent être levés sur une très-grande échelle, mon intention étant de n'épargner ni argent ni travaux pour que cette place reste défendable par 5 à 6,000 hommes, et puisse se défendre autant de temps que possible. L'art ne doit rien épargner pour la porter à son dernier degré de force. Cette place devant réunir tous les magasins de l'armée, il faut la fortifier de manière qu'elle puisse arrêter assez l'ennemi pour donner le temps de reformer de nouvelles armées et de venir à son secours.

Je vous prie également de me faire connaître pourquoi il n'a été dépensé que 140,000 francs en l'an X; cependant il a été affecté pour ces dépenses 50,000 francs par mois, c'est-à-dire 600,000 francs pour l'année.

BONAPARTE.

Cabinet de l'Empereur.
(En minute aux Arch. de l'Emp.)

6307. — AU GÉNÉRAL BERTHIER.

Paris, 17 fructidor an X (4 septembre 1802).

Je vois, Citoyen Ministre, dans le rapport du 14, que le général commandant la 14e division militaire[1] a fait passer à Dunkerque les hommes qui étaient au service de l'Angleterre, débarqués à Cherbourg, pour les faire entrer dans nos troupes. Cette disposition est contraire aux lois, et le général commandant la 14e division ne peut être autorisé à donner cet ordre. Faites sentir à tous les commandants, sur nos côtes, qu'on ne doit faire entrer dans nos troupes aucun déserteur étranger ou français.

BONAPARTE.

Dépôt de la guerre.

6308. — AU CITOYEN SEBASTIANI.

Paris, 18 fructidor an X (5 septembre 1802).

Le citoyen Sebastiani se rendra, sur la frégate que lui destine le ministre de la marine, à Tripoli de Barbarie.

1° Il fera reconnaître la République italienne par le Bey, et portera, en conséquence, des modèles des pavillons italiens.

2° Si le blocus existe encore, il offrira au Bey sa médiation pour l'arranger avec les puissances avec qui il est en guerre, sans cependant le forcer, ni montrer trop d'intérêt à ces puissances.

3° Il ira à Alexandrie; il prendra note de ce qui est dans le port, des bâtiments de guerre, des forces que les Anglais y ont, ainsi que les Turcs; l'état des fortifications, l'état des tours; l'histoire de tout ce qui s'est passé, depuis notre départ, tant à Alexandrie qu'en Égypte; enfin l'état actuel des Égyptiens; tiendra note de sa conversation avec le cheik El-Messiry, le commandant anglais et turc, et expédiera un brick avec tous ces renseignements.

4° Si les Anglais sont maîtres de Gyzeh, il se rendra sous leur escorte à Gyzeh; ira à petites journées, causera à El-Rahmânyeh, Terrâneh et dans d'autres endroits, avec les habitants; tiendra note de tout. Arrivé à Gyzeh, il écrira au pacha, se rendra, avec son agrément, au Grand-Caire; verra les grands cheiks El-Messiry, El-

[1] Le général Laroche, à Caen.

Cherqâouy, El-Fayoumy, etc., tiendra note de leurs conversations, de l'état de la citadelle du Caire, des fortifications environnantes; dira à tout ce monde des choses agréables de ma part, mais rien qui puisse compromettre : « que j'aime le peuple d'Égypte, que je désire » son bonheur, que je parle souvent de lui. »

5° Il doit avoir une lettre de Talleyrand au pacha du Caire, par laquelle il doit lui faire connaître le désir que j'ai d'envoyer promptement un commissaire au Caire et de savoir si tout est tranquille; que je m'intéresse au bonheur de l'Égypte, et savoir si je puis y contribuer par ma médiation avec les beys.

Si le pacha désire qu'il aille dans la haute Égypte pour parler aux beys, il ira; sans quoi, après être resté huit ou dix jours au Caire, avoir tout vu, parlé avec tout ce monde, il s'en retournera. Il demandera et ramènera avec lui les Français qui seraient restés aux hôpitaux ou avec les Mameluks, et qui voudraient retourner. Il demandera le nommé Elias[1], interprète, et le ramènera avec lui.

Il annoncera l'arrivée d'un commissaire des relations extérieures au Caire. Il recommandera au pacha le mont Sinaï.

6° Il ira à Jaffa; verra l'état des murailles, de la Palestine; qui commande à Jaffa, à Gaza, à Jérusalem; recommandera les couvents des moines de Jaffa, et apprendra d'eux tout ce qui s'est passé en Palestine; s'informera de ce que sont devenus les Motoualys et de la situation de Djezzar; recommandera aux Turcs les chrétiens de Nazareth.

7° Il ira à Saint-Jean d'Acre, recommandera à Djezzar le couvent de Nazareth, lui fera connaître que l'agent de la République doit se rendre à Acre, s'informera des fortifications qu'il a fait faire, les parcourra lui-même, s'il n'y a pas de danger.

S'il apprend que les Motoualys soient à Sour, il y fera une bordée, tâchera de leur faire connaître que je désire qu'ils soient heureux; dira partout beaucoup de bien de la Porte, et ne se compromettra en aucun propos.

BONAPARTE.

Archives de l'Empire.

6309. — ARRÊTÉ.

Paris, 18 fructidor an X (5 septembre 1802).

ARTICLE 1er. — Indépendamment des quarante élèves admis au Prytanée, pris dans les départements du Morbihan, du Finistère, d'Ille-et-Vilaine et des Côtes-du-Nord, il sera accordé, à chaque

[1] Don Elias Fatalla, interprète du général en chef en Égypte.

arrondissement de justice de paix des départements du Morbihan et des Côtes-du-Nord, deux places au prytanée de Compiègne.

ART. 2. — Ces places seront données à des enfants âgés de huit à douze ans, appartenant à de riches fermiers, aux principaux chefs d'atelier ou à de petits propriétaires.

ART. 3. — On prendra ces élèves dans des familles où il y aurait au moins quatre enfants, et, de préférence, parmi celles qui mettraient à leurs frais, au prytanée de Compiègne, un frère ou un cousin de l'élève désigné.

ART. 4. — Le ministre de l'intérieur est chargé de l'exécution du présent arrêté.

BONAPARTE.

Archives de l'Empire.

6310. — AU ROI DE PRUSSE.

Paris, 19 fructidor an X (6 septembre 1802).

Je remercie Votre Majesté des choses aimables contenues dans sa lettre du 11 mai.

Mon vœu le plus doux est de voir de plus en plus la Prusse et la France marcher de concert et, par cette union, asseoir la paix du continent sur des bases sûres, à l'abri des intrigues d'outre-mer.

Les soins que je me suis donnés, en influant pour la reconstruction de la Maison de Bavière, m'ont été dictés par la politique de la France sans doute, mais aussi par l'intérêt et la politique de la Prusse.

Cependant, le cabinet de Vienne paraît persister dans son projet d'occuper Passau, la rive droite de l'Inn et un grand nombre d'abbayes en Souabe, avec le but secret de forcer la Bavière, selon son projet favori, de lui céder le Lech, afin de réduire l'électeur de Bavière à n'être plus qu'un grand seigneur sans puissance et sans indépendance.

Les nouvelles ouvertures que M. de Cobenzl a été chargé de me faire m'ont convaincu de plus en plus de l'impossibilité de faire désister la Maison d'Autriche d'un plan qu'elle nourrit depuis plusieurs siècles, et que le grand Frédéric a rendu nul en 1778. Nous sommes donc appelés, Votre Majesté, le descendant de ce grand homme, et moi, son admirateur, à travailler de concert et sur ses traces.

Dans cette vue, j'ai fait solliciter M. de Lucchesini de signer une convention propre à vaincre toute l'opposition et la résistance de la cour de Vienne; dès l'instant que Votre Majesté l'aura ratifiée, je regarderai les affaires d'Allemagne comme terminées.

Je prie Votre Majesté de compter, dans cette occasion comme dans tout ce qui pourra se présenter, sur le désir que j'ai de faire quelque chose qui lui soit agréable.

BONAPARTE.

Archives de l'Empire.

6311. — AU CITOYEN PORTALIS, CONSEILLER D'ÉTAT, CHARGÉ DE TOUTES LES AFFAIRES CONCERNANT LES CULTES.

Paris, 19 fructidor an X (6 septembre 1802).

Je vous envoie, Citoyen Conseiller d'État, une note, que me fait passer l'inspecteur général de la gendarmerie, sur l'évêque de Rennes [1]. Mon intention est que vous lui écriviez sérieusement qu'il est temps que cela finisse. Dites-lui, en propres termes, qu'il me fait repentir tous les jours de la confiance que je lui ai accordée; qu'il est coupable d'avoir ôté de sa place un constitutionnel, et de l'avoir remplacé par un prêtre nouvellement rentré, sans ma permission; qu'il ait à s'abstenir de toute opération provisoire; qu'un prêtre qui, après dix ans de tourmentes et de révolutions, ne sent pas le besoin de la paix, ne mérite aucune considération ni aucun égard; que je suis mécontent de lui à un point que je veux espérer que, puisque la morale de l'Évangile n'est pas suffisante pour retenir ses passions et donner à sa conduite le caractère pastoral et d'impartialité qui convient à un évêque, il doit agir au moins par politique et par crainte des poursuites criminelles que le Gouvernement pourrait faire contre lui, comme contre un perturbateur de la tranquillité publique.

Écrivez à l'évêque de Clermont [2] dans un style moins dur; mais témoignez-lui aussi mon mécontentement de ce que sa conduite est l'art de rendre la religion odieuse et impuissante; que son diocèse est plein de constitutionnels et amis de l'ordre et qui jouissent de la confiance du peuple; qu'il est à la fois impolitique et immoral d'éloigner de l'État et de l'Église des hommes si utiles; que ce n'est pas là le caractère des véritables prêtres, tels que les archevêques de Paris, Aix, Tours, les évêques de Troyes et d'Autun; c'est une conduite insensée.

Écrivez à l'évêque de Bayeux [3] qu'il a déplacé, dans la commune de Balleroy, le curé qui y était; qu'il n'avait pas ce droit, et que cela est contraire à mon intention.

Répétez à tous les évêques qui peuvent avoir besoin des mêmes conseils que je ne veux aucun changement provisoire; et mettez-leur bien en tête que, dans l'arrangement définitif, je veux des constitu-

[1] De Maillé. — [2] Duvalk-Dampierre. — [3] Brault.

tionnels, tant parmi les curés que parmi les grands vicaires et chanoines; que le peuple français n'estime et que le Saint-Père ne veut que l'union des ecclésiastiques, sans en persécuter aucun. Aurait-on oublié le tort qu'ont fait à la religion le Jansénisme et le Molinisme? Cette querelle l'a perdue en France. Cette seconde querelle, si les évêques n'imitent pas le Pape et le Gouvernement, perdra aussi le nouveau clergé.

BONAPARTE.

Archives de l'Empire.

6312. — AU GÉNÉRAL BERTHIER, MINISTRE DE LA GUERRE.

Paris, 19 fructidor an X (6 septembre 1802).

J'avais eu l'idée, Citoyen Ministre, l'année passée, d'augmenter les appointements des lieutenants et sous-lieutenants. Je désirerais savoir si cela a été fait.

BONAPARTE.

Comm. par M. le prince de Wagram.

6313. — AU CITOYEN LACUÉE, CONSEILLER D'ÉTAT.

Paris, 19 fructidor an X (6 septembre 1802).

Je vous prie, Citoyen Conseiller d'État, de prendre connaissance de différentes pièces relatives à des dissensions qui ont eu lieu à Perpignan, et de m'en faire connaître votre opinion. Que prescrit l'ordonnance des places, lorsque le feu prend dans une ville? N'y a-t-il pas une disposition qui porte que le commandant du poste a droit de faire battre la générale? Quelle espèce de droit notre législation actuelle accorde-t-elle aux préfets et aux maires pour régler le service qui doit maintenir la police des places?

BONAPARTE.

Archives de l'Empire.

6314. — AU GÉNÉRAL BERTHIER, MINISTRE DE LA GUERRE.

Paris, 21 fructidor an X (8 septembre 1802).

Je vous prie, Citoyen Ministre, de donner des ordres pour que la 1re et la 2e demi-brigade helvétique se rendent en Suisse pour y rester à la disposition du Gouvernement helvétique.

Vous écrirez à notre ministre à Berne qu'il prenne des arrangements avec ce Gouvernement pour que ces troupes, qui sont sous ses ordres et à son service tant qu'elles resteront en Suisse, soient soldées et nourries à ses frais.

Engagez le Gouvernement helvétique à profiter du temps qu'elles seront en Helvétie pour les compléter.

BONAPARTE.

Comm. par M. le prince de Wagram.
(En minute aux Arch. de l'Emp.)

6315. — AU GÉNÉRAL BERTHIER.

Paris, 22 fructidor an X (9 septembre 1802).

Je reçois, Citoyen Ministre, de nouvelles plaintes du Piémont. Je vous prie de me faire connaître, 1° si vous avez expédié les nouveaux brevets de pension et de retraite aux anciens militaires qui en avaient sous le roi de Sardaigne; 2° si le bataillon des vétérans est formé; 3° si les secours dont jouissaient les *Giubilati* leur sont également accordés.

BONAPARTE.

Archives de l'Empire.

6316. — AU GÉNÉRAL CAFFARELLI,

AIDE DE CAMP DU PREMIER CONSUL.

Paris, 22 fructidor an X (9 septembre 1802).

Vous voudrez bien vous rendre au château de Joux. Vous y ferez une enquête pour savoir comment d'Andigné et Suzannet se sont échappés. Vous verrez Toussaint, qui m'a fait écrire par le ministre de la guerre qu'il avait des choses importantes à me communiquer. En causant avec lui, vous lui ferez connaître l'énormité du crime dont il s'est rendu coupable en portant les armes contre la République; que nous l'avions considéré comme rebelle dès l'instant qu'il avait publié sa constitution; que, d'ailleurs, le traité avec la régence de la Jamaïque et l'Angleterre nous avait été communiqué par la cour de Londres. Vous tâcherez de recueillir tout ce qu'il pourra vous dire sur ces différents objets, ainsi que sur l'existence de ses trésors, et les nouvelles politiques qu'il pourrait avoir à vous dire.

Vous ne manquerez pas de lui faire connaître qu'une armée aussi forte que celle déjà débarquée à Saint-Domingue est partie pour s'y rendre et réparer les pertes que notre armée aurait pu faire; que, désormais, lui ne peut rien espérer que par le mérite qu'il acquerrait en révélant au Gouvernement des choses importantes et qu'il a intérêt de connaître.

Vous recommanderez qu'on ne se relâche en rien de la garde sévère qu'on doit faire pour empêcher qu'un homme comme lui se sauve.

BONAPARTE.

Archives de l'Empire.

juge de paix et les prisons; l'autre pour y placer la sous-préfecture et les archives;

4° Que vous me présentiez un arrêté et un projet pour achever, dans le courant de l'an XI, la navigation du Blavet;

5° Que vous me proposiez les mesures les plus propres à former, dans cette petite ville, un foyer d'instruction, et à accroître la population.

Comme le ministre de la guerre a ordre de construire à Pontivy des casernes pour 3,000 hommes, et une maison pour un général commandant, il est convenable que vous chargiez un ingénieur de coordonner tous ces différents travaux.

BONAPARTE.

Archives de l'Empire.

6291. — DÉCISION.

Paris, 12 fructidor an X (30 août 1802).

Vestris demande la permission de s'absenter six mois par an et de passer ce temps en Angleterre, où on lui offre 1,300 guinées par saison. Ses dettes, qu'il porte à 40,000 francs, rendent ce voyage indispensable.

Renvoyé au ministre de l'intérieur. Il ne paraît pas convenable que Vestris s'en aille. Je désire que, lorsqu'il ne jouera plus, il lui soit accordé une pension convenable. Le ministre de l'intérieur fera un rapport sur la demande du citoyen Vestris, pour ses dettes.

BONAPARTE.

Archives de l'Empire.

6292. — AU CITOYEN TALLEYRAND,

MINISTRE DES RELATIONS EXTÉRIEURES.

Paris, 12 fructidor an X (30 août 1802).

Le citoyen Schimmelpenninck, Citoyen Ministre, m'a présenté, à la dernière parade, deux Français, et entre autres un colonel Prade, qui est un très-mauvais sujet. Je vous prie de lui en faire connaître mon mécontentement. Des étrangers ne doivent pas me présenter des Français, quand même ils les auraient à leur service, à moins d'une explication particulière.

BONAPARTE.

Archives des affaires étrangères.

de la bande est resté sur la place; on est à la poursuite des autres.

Archives de l'Empire.

que désormais je me ferai rendre un compte exact des communes du département du Var qui se comportent bien, pour leur décerner des récompenses, et que je rendrai responsables les communes qui toléreraient ou protégeraient le brigandage.

BONAPARTE.

6321. — AU CITOYEN TALLEYRAND,
MINISTRE DES RELATIONS EXTÉRIEURES.

Paris, 24 fructidor an X (11 septembre 1802).

Je vous prie, Citoyen Ministre, de me faire connaître si, dans la principauté de Piombino, que nous allons céder au roi d'Étrurie, il y a quelques forêts ou terres dont la propriété appartienne au souverain.

BONAPARTE.

Archives des affaires étrangères.

6322. — AU CONSUL CAMBACÉRÈS.

Paris, 26 fructidor an X (13 septembre 1802).

Je vous prie, Citoyen Consul, de faire venir séparément les ministres de la justice et de la police, et de leur faire connaître que l'intention du Gouvernement est que le ministère de la police générale est désormais inutile, et que ses attributions soient réunies à celles du grand juge, ministre de la justice.

Vous direz au ministre de la police qu'ayant depuis longtemps cette idée, j'ai été déterminé, pour le moment, par l'organisation du service de l'an XI; que, n'ayant eu lieu que d'être satisfait de la conduite du ministre de la police pendant son ministère, je désire lui donner des preuves de la grande confiance que j'ai toujours eue en lui, et que je vous ai chargé de le sonder pour connaître tout ce qui pourrait lui convenir.

Quant au ministre de la justice, faites-lui connaître que, quoique je rende justice à son zèle et à ses talents, la réunion des attributions du ministre de la police à celles du grand juge, ministre de la justice, formant un nouveau ministère, l'intention du Gouvernement est de le commencer par un nouveau ministre; que je désire également faire quelque chose qui lui convienne.

Je me rendrai demain à Paris pour présenter au Conseil d'État l'arrêté relatif à la réunion des deux ministères.

BONAPARTE.

Comm. par M. le duc de Cambacérès.
(En minute aux Arch. de l'Emp.)

6323. — NOTE POUR LE MINISTRE DES RELATIONS EXTÉRIEURES.

Paris, 26 fructidor an X (13 septembre 1802).

Je prie le citoyen Talleyrand de faire connaître au citoyen Rœderer que sa conduite au ministère de l'intérieur est contraire aux principes, puisque l'arrêté qui l'institue veut qu'il travaille avec le ministre. S'il n'a pas d'ambition, pourquoi ne se soumet-il pas à faire tout ce qu'il doit faire? S'il a de l'ambition, pourquoi, dans la première place après le ministre, donne-t-il l'exemple du manque d'égards et de déférence envers le ministre, contre le principe qu'on doit honorer une place que l'on désire occuper? Qu'enfin le bien de l'État passe avant tout; que cette anarchie dans le ministère de l'intérieur est subversive de toutes les idées d'administration et ne peut plus durer; que j'ai chargé le consul Lebrun de le voir demain avec le ministre de l'intérieur, pour arranger tous ces différends; que je désire et qu'il est convenable que tout se termine conformément au but de l'arrêté.

BONAPARTE.

Archives des affaires étrangères.
(En minute aux Arch. de l'Emp.)

6324. — AU CITOYEN CHAPTAL, MINISTRE DE L'INTÉRIEUR.

Paris, 27 fructidor an X (14 septembre 1802).

Je vous prie, Citoyen Ministre, de destiner une somme de 200,000 francs sur l'an XI pour achever la grande route d'Ajaccio à Bastia, dans la 23e division militaire.

Je vous prie de destiner également une somme de 50,000 francs par mois pour continuer les travaux commencés pour faire venir de bonnes eaux à Ajaccio.

BONAPARTE.

Archives de l'Empire.

6325. — AU CONTRE-AMIRAL DECRÈS, MINISTRE DE LA MARINE ET DES COLONIES.

Paris, 27 fructidor an X (14 septembre 1802).

Je vous prie, Citoyen Ministre, de destiner une somme de

30,000 francs pendant l'an XI, sur les fonds affectés pour les travaux hydrauliques, pour continuer le môle d'Ajaccio et faire différents travaux pour signaler les récifs.

BONAPARTE.

Archives de l'Empire.

6326. — MESSAGE AU SÉNAT CONSERVATEUR.

Paris, 28 fructidor an X (15 septembre 1802).

Sénateurs, en vertu de l'article 63 du sénatus-consulte organique du 16 thermidor, le Premier Consul nomme au Sénat les citoyens Abrial, ministre de la justice; de Belloy, archevêque de Paris; Aboville, général de division et premier inspecteur d'artillerie; Fouché, ministre de la police générale, et Rœderer, président de la section de l'intérieur au Conseil d'État.

Le citoyen Abrial, longtemps chargé du ministère public au tribunal de cassation, y a déployé des talents et une probité qui le portèrent au ministère de la justice; il a, dans cette place importante, rendu des services que le Premier Consul croit devoir récompenser en le faisant asseoir parmi vous.

Le citoyen de Belloy a été, pendant cinquante ans d'épiscopat, le modèle de l'Église gallicane. Placé à la tête du premier diocèse de France, il y donne l'exemple de toutes les vertus apostoliques et civiques.

Le général Aboville, connu dans toute l'Europe pour les talents qu'il a déployés dans la guerre de l'indépendance de l'Amérique septentrionale, est à la tête de cette arme qui a tant d'influence sur la destinée des États.

Le citoyen Fouché, ministre de la police dans des circonstances difficiles, a répondu, par ses talents, par son activité, par son attachement au Gouvernement, à tout ce que les circonstances exigeaient de lui. Placé dans le sein du Sénat, si d'autres circonstances redemandaient encore un ministre de la police, le Gouvernement n'en trouverait point un qui fût plus digne de sa confiance.

Le citoyen Rœderer, déjà désigné au Sénat dès sa formation, s'est constamment distingué au Conseil d'État; ses talents et son attachement à la patrie seront encore plus éminemment utiles dans le premier corps de la République.

Le Sénat verra dans ces nominations le désir qu'a le Premier Consul d'ajouter toujours à son respect et à sa considération.

BONAPARTE.

Archives de l'Empire.

6327. — NOTE POUR LE SECRÉTAIRE D'ÉTAT.

Paris, 28 fructidor an X (15 septembre 1802).

Mettre dans le *Moniteur* l'article suivant :

« La revue des inspecteurs vient d'être terminée. Les individus ci-dessous ont obtenu, en conséquence des demandes des corps et de la présentation des inspecteurs, des armes d'honneur. »

Il faut joindre à toutes ces nominations les détails de ce que ces soldats ont fait. Maret demandera ces états à Duroc, qui les a. Il mettra, en attendant, cette mesure dans le *Moniteur*.

BONAPARTE.

Archives de l'Empire.

6328. — NOTE.

Paris, 28 fructidor an X (15 septembre 1802).

En comparant les effets de la loi pour l'an XI avec ce qui existait en l'an IX, on trouve :

1° Que le ministre de l'intérieur est chargé, par l'article 8, titre Ier, de la loi du 17 floréal an X, de 5,038,000 francs ;

2° Que le ministre de la justice est chargé, par le même article, de 9 millions de francs ;

3° Que le ministre des finances est chargé de 3,379,000 francs.

Ces ministres supporteront donc de nouvelles charges pour 17 millions 417,000 francs.

Mais l'article 9 de la même loi décharge le ministre de l'intérieur des dépôts de mendicité, prisons, et enfants trouvés, c'est-à-dire de. 5,500,000f

Et l'article 10 de la même loi fait rentrer au trésor public un nombre de centimes, portés dans l'état n° 5, de. 15,000,000

Ces deux sommes font celle de. 20,500,000
qui doit supporter les charges ci-dessus 17,417,000

Reste. 3,083,000

Il suit de cet exposé :

1° Que les centimes fixes, portés dans l'état n° 5, doivent entrer au trésor public et être considérés comme augmentation du principal ;

2° Que les budgets des ministres des finances, de l'intérieur et de la justice, doivent être faits en conséquence des articles 8 et 9 ;

3° Que, pour l'exécution de l'article 11, les fonds doivent être faits par mois à chaque département, pour un douzième, non des

fonds portés à l'état n° 5, à la colonne des centimes à réserver pour dépenses variables, mais de ceux pour lesquels ils se sont imposés.

Le ministre des finances doit, à cet égard, faire un tableau pour que les fonds soient envoyés aux départements; ils ne doivent être portés en distribution que pour ordre et sans jamais être totalisés.

BONAPARTE.

Archives des finances.

6329. — NOTE POUR UNE RÉPONSE AU GÉNÉRAL CLARKE[1].

Paris, 28 fructidor an X (15 septembre 1802)[2].

Citoyen Consul, la nécessité de m'aboucher avec M. de Saint-Marsan, ainsi que vous me l'avez ordonné, a été un des principaux motifs qui m'ont fait quitter Pise pour revenir ici. J'ai trouvé M. de Saint-Marsan extrêmement pénétré de toutes vos bontés pour lui et manquant d'expressions pour en témoigner sa vive gratitude. Le désir d'y répondre, autant qu'il est en lui, et ses devoirs envers sa mère, son épouse, ses huit enfants et sa nombreuse famille, le détermineront à retourner dans la 27e division militaire. Il a à rendre compte au roi de Sardaigne d'une mission dont il n'a été chargé que par votre insinuation. Il est évident que, cet objet une fois terminé, la conscience de M. de Saint-Marsan ne peut lui défendre de remplir des devoirs que le nouveau gouvernement de sa patrie pourrait juger convenable de lui imposer, et que la perspective d'être utile à son pays, jointe à la certitude de faire quelque chose qui vous fût agréable, sont des motifs bien puissants pour engager M. de Saint-Marsan à se lancer de nouveau, et malgré son goût, dans la carrière des affaires. Mais il me paraît que la crainte d'être mal jugé par ses compatriotes qui calomnieraient peut-être la fidélité qu'il a eue pour son ancien gouvernement, à cause de celle qu'il témoignera franchement au vôtre, pourra faire balancer M. de

J'ai reçu sa lettre; j'ai vu avec plaisir les sentiments de M. de Saint-Marsan; que j'attache une grande importance à ce que cet homme estimable, et en qui j'ai aujourd'hui une longue confiance, devienne tout à fait Français. Je désire qu'il continue de lui faire connaître combien il est important pour lui, sa femme et surtout sa patrie, qu'il emploie ses talents à m'aider à donner une direction aux affaires de Piémont conforme aux désirs des honnêtes gens; mais, si ces honnêtes gens en qui j'ai confiance se retirent, je serai forcé d'avoir recours à des gens qui.....[3]

Je désire que, lorsque M. de Saint-Marsan sera de retour à Florence pour se rendre en Piémont, il le sonde et lui fasse connaître que mon intention serait de le nommer ou sénateur ou conseiller d'État, ou bien de lui donner en France le même grade militaire qu'il avait en Piémont, et, avec ce titre, l'employer immédiatement auprès de moi; qu'enfin, dès l'in

[1] Ministre plénipotentiaire en Toscane. — [2] Date présumée. — [3] La minute s'interrompt ici.

Saint-Marsan à accepter des emplois dont ces calomnies rendraient l'exercice difficile. Quoi qu'il en soit, il a besoin de réfléchir mûrement sur cet objet et sur les considérations que je lui ai présentées. Vous approuverez sans doute, Citoyen Consul, la délicatesse qui interdit à M. de Saint-Marsan de déclarer ses sentiments avant d'être affranchi de toute espèce de devoirs envers un prince qui l'avait laissé dépositaire de ses plus chers intérêts. Il est hors de doute que ces sentiments ne pourront être influencés par d'autres motifs que ceux de la reconnaissance. C'est une dette qu'un galant homme ne nie jamais, malgré la bizarrerie des circonstances où la fortune le jette, et les embarras pénibles qui en résultent quelquefois. M. de Saint-Marsan est incapable de s'écarter d'un tel devoir.

Florence, le 23 fructidor an X.

Clarke.

stant qu'il sera arrivé en Piémont, il est autorisé à m'écrire directement et en mettant sur l'adresse pour moi seul, et à me faire connaître l'administration du Piémont et ce qu'il y aurait à faire. Tout ceci doit être insinué et non écrit.

Bonaparte.

Archives de l'Empire.

6330. — AU CITOYEN REGNIER,

GRAND JUGE, MINISTRE DE LA JUSTICE.

Paris, 29 fructidor an X (16 septembre 1802).

Citoyen, le Premier Consul est informé qu'un grand nombre de Français, étrangers aux anciennes classes privilégiées, ont formé des établissements chez diverses puissances de l'Europe et notamment en Russie; qu'ils y sont employés à l'instruction, ou qu'ils y exercent des arts libéraux ou mécaniques. Les Consuls pensent qu'il convient d'autoriser les ambassadeurs et ministres de la République, et notamment le ministre plénipotentiaire en Russie, à délivrer à ces Français des actes d'amnistie, toutes les fois qu'il ne sera pas connu qu'ils ont porté les armes contre la République et qu'ils appartiennent à des familles ci-devant dites de qualité. Il n'y aura, en même temps, aucun inconvénient à autoriser ces citoyens à continuer leur résidence en pays étrangers, s'ils ne sont point dans le service militaire, s'ils n'appartiennent point à des ordres de chevalerie, ou s'ils n'occupent pas de places ou emplois pour lesquels la noblesse est exigée par les lois ou par les usages du pays.

Vous êtes invité, Citoyen, à écrire, à cet égard, une circulaire aux ambassadeurs ou ministres français.

Vous ferez connaître, dans cette lettre, que la rigueur des lois de la République n'est applicable qu'aux individus qui, après avoir sollicité les puissances à s'armer contre la France, se sont mis sous leur protection, et que ce sont eux qu'il est dans l'intention du Gouvernement d'atteindre. Vous voudrez bien inviter les ambassadeurs et ministres à vous envoyer exactement et successivement les actes d'amnistie qu'ils auront délivrés.

Par ordre du Premier Consul.

Archives de l'Empire.

6331. — ARRÊTÉ.

Paris, 30 fructidor an X (17 septembre 1802).

ARTICLE 1er. — Le Blavet sera rendu navigable depuis Pontivy jusqu'à Hennebon.

ART. 2. — A cet effet, le ministre de l'intérieur disposera de 300,000 francs pendant l'an XI, sur les fonds affectés par le budget de cet exercice à la navigation intérieure.

ART. 3. — Il sera construit à Pontivy, département du Morbihan, deux bâtiments destinés, l'un au tribunal civil de première instance, au juge de paix et aux prisons, et l'autre au sous-préfet et à la municipalité.

ART. 4. — A cet effet, le ministre de l'intérieur disposera, en l'an XI, jusqu'à la concurrence de 60,000 francs sur les fonds des bâtiments civils.

ART. 5. — Le ministre de l'intérieur nommera un ingénieur des ponts et chaussées, pour coordonner ces constructions avec celles des casernes, hôpitaux et autres bâtiments que le ministre de la guerre fera construire; cet ingénieur présentera, au 1er brumaire, le plan des emplacements qui seront désignés.

ART. 6. — La portion du couvent des Ursulines appartenant à la République sera cédée en toute propriété à la ville de Pontivy, à la charge d'y établir une école secondaire.

ART. 7. — Le ministre de l'intérieur est chargé de l'exécution du présent arrêté.

BONAPARTE.

Archives de l'Empire.

6332. — ARRÊTÉ.

Paris, 30 fructidor an X (17 septembre 1802).

ARTICLE 1er. — Les cent places accordées à des jeunes gens des départements du Pô, de la Doire, de la Stura, de la Sesia, de Marengo et du Tanaro, seront complétées dans le courant du premier trimestre de l'an XI. Sur ces cent places, vingt seront spécialement affectées à la ville d'Alexandrie et à son territoire.

Art. 2. — Il ne sera pas exigé qu'un frère soit placé au prytanée aux frais de la famille ; il suffira que ce soit une personne du département.

Art. 3. — Indépendamment des cent places accordées pour les prytanées de Saint-Cyr et de Paris, cent autres places seront accordées pour le prytanée de Compiègne, quarante desquelles seront réparties entre les habitants de la ville d'Alexandrie et de son territoire.

Art. 4. — Le ministre de l'intérieur est chargé de l'exécution du présent arrêté.

Bonaparte.

Archives de l'Empire.

6333. — ARRÊTÉ.

Paris, 30 fructidor an X (17 septembre 1802).

Article 1er. — La mesure de la méridienne de France sera continuée depuis Barcelone jusqu'aux îles Baléares.

Art. 2. — Le ministre de l'intérieur est chargé de l'exécution du présent arrêté.

Bonaparte.

Archives de l'Empire.

6334. — AU GÉNÉRAL BERTHIER, MINISTRE DE LA GUERRE.

Paris, 30 fructidor an X (17 septembre 1802).

Le Gouvernement a résolu, Citoyen Ministre, de former cinq camps de vétérans dans les six départements du Pô, de Marengo, de la Stura, de la Doire, de la Sesia et du Tanaro. Chacun de ces camps sera composé de 400 vétérans, âgés de moins de quarante ans, et qui ont été mutilés ou grièvement blessés dans la guerre de la liberté. Il sera donné à chaque vétéran, à titre de récompense nationale, un nombre d'arpents de terre, dans les lieux qui seront désignés dans lesdits départements, égal au traitement de retraite dont ils jouissent. Ils continueront, en outre, à jouir de leur traitement, dont il leur sera payé un mois d'avance, pour les mettre à même d'acheter les meubles et effets nécessaires à leur établissement. Ils devront ne pas être mariés, et dans l'intention de se marier avec des femmes du département où leurs terres leur seront données. Tous les individus qui ont obtenu les Invalides, qui ont été mutilés ou grièvement blessés dans la guerre, ont droit de prétendre à cette récompense. Vous voudrez bien écrire une circulaire aux préfets, sous-préfets, maires, généraux de division, de brigade, commandants de place et ordonnateurs, pour que tous ceux qui sont dans ce cas et qui voudraient faire partie des camps aient à faire leur demande et à vous l'envoyer par le canal du préfet de leur département. Le double but que se propose le Gouvernement est facile à sentir : récompenser de braves soldats auxquels la République doit tant, et, par des alliances dans ces pays nouvellement réunis à la République, attacher davantage les habitants à la patrie, et y introduire la langue et l'esprit français. Vous ferez connaître que vous présenterez toutes les demandes au Premier Consul le 1er brumaire, pour qu'il ait à choisir ceux qu'il jugera les plus dignes de cette récompense nationale.

Il sera formé également dans les départements du Mont-Tonnerre, de la Roër, de la Sarre et de Rhin-et-Moselle, cinq camps de vétérans, composé chacun de 300 vétérans, et il leur sera donné la même quantité de biens nationaux pour le même objet. Ceux qui voudront en obtenir vous adresseront également leur demande par le canal du préfet de leur département. Ayez soin de spécifier, dans votre circulaire, la manière dans laquelle seront faites ces demandes, et qu'on doit y relater les batailles où l'on s'est trouvé et les blessures qu'on a reçues.

Écrivez aux administrateurs de la 26e et de la 27e division militaire, pour leur faire connaître l'intention du Gouvernement. Pour la 27e division militaire, je désire que les cinq camps de vétérans soient tous placés entre le Pô et la Bormida, sans qu'ils soient éloignés de plus de dix lieues d'Alexandrie, de manière qu'en cas de guerre ils puissent se réfugier, s'il était nécessaire, dans la citadelle d'Alexandrie, avec leurs femmes, leurs enfants et leurs bestiaux. Le général Jourdan fera faire le relevé de tous les biens nationaux qui appartiennent à la République dans cet arrondissement, et enverra le projet de la formation des cinq camps de vétérans. Il faudra donner l'explication du mot *camp :* on n'entend pas par là que les individus seront réunis dans une seule et même enceinte ; mais on définit par *camp* tout partage de terres données à des vétérans, et qui devront se trouver dans le territoire de communes voisines de moins de trois lieues.

Il y aura pour chaque camp des terres pour un chef de bataillon, pour quatre capitaines, quatre lieutenants, quatre sous-lieutenants et vingt sergents et caporaux. En cas de tocsin, générale ou de mouvement, ils seront tenus de prendre les armes, et seront soumis toujours à une discipline particulière qui sera établie par des règlements ultérieurs. Il vous sera facile de faire sentir au général Jourdan que le principal but de ce règlement est d'accroître la population d'Alexandrie d'une masse d'hommes français, l'intention du Gouvernement étant d'augmenter les fortifications d'Alexandrie et de la rendre le centre des mouvements de la guerre d'Italie.

Pour la 26e division militaire, il faut que les camps se trouvent dans l'arrondissement de dix lieues de Mayence ou de Juliers. Il vous sera également facile de faire sentir au citoyen Jean-Bon Saint-André[1] quelle espèce d'intérêt porte le Gouvernement à préférer cette situation pour le placement des camps de vétérans. Chacun de ces individus doit se trouver logé dans une maison de paysan, séparément, afin de se livrer paisiblement aux travaux de l'agriculture. Il sera nécessaire que l'administrateur général présente un emplacement pour les recevoir, en attendant que les établissements soient faits et les parts assignées.

Vous ferez connaître également que les biens nationaux doivent être pris sur le fonds de 10 millions dans la 27e division militaire, et de 6 millions dans la 26e, qui sont affectés pour la formation de ces camps.

BONAPARTE.

Cabinet de l'Empereur.

6335. — AU GÉNÉRAL BERTHIER.

Paris, 30 fructidor an X (17 septembre 1802).

Je vous prie, Citoyen Ministre, de me présenter un projet d'arrêté pour réduire les régiments de grosse cavalerie à dix-huit et deux de carabiniers ; total : vingt. Ces régiments seront tous à quatre escadrons. En conséquence, les six derniers seront supprimés, et fourniront chacun un escadron aux dix-huit premiers. Sur ces dix-huit régiments, les cinq premiers seront cuirassiers, ainsi que le 8e, qui l'est déjà ; ce qui fera six régiments de cuirassiers et douze sans cuirasse. Les deux escadrons restants seront fondus dans les quatre nouveaux régiments de cuirassiers.

BONAPARTE.

Archives de l'Empire.

6336. — DÉCISION.

Paris, 30 fructidor an X (17 septembre 1802).

Rapport du ministre de la marine sur les mesures prises par le général Van-	Se plaindre des agents qui n'ont pas donné l'avis. Écrire une cir-

[1] Commissaire général dans les départements du Rhin.

damme[1] au sujet d'une corvette anglaise qu'il voyait devant Boulogne.

Archives de la marine.

culaire pour défendre de laisser entrer dans les ports des bâtiments anglais chargés de quelques troupes à bord.

BONAPARTE.

6337. — AU GÉNÉRAL BERTHIER, MINISTRE DE LA GUERRE.

Paris, 3e jour complémentaire an X (20 septembre 1802).

Vous trouverez ci-joint, Citoyen Ministre, des notes qui feront voir au général Chasseloup le sens dans lequel on désire que les fortifications d'Alexandrie soient dirigées.

Vous ne sauriez trop lui faire sentir l'importance que j'attache à cette place, et l'intention où est le Gouvernement de faire tous les sacrifices d'argent convenables pour pousser les travaux avec une extraordinaire activité.

BONAPARTE.

NOTES
SUR LES FORTIFICATIONS DE LA 27e DIVISION MILITAIRE.

FENESTRELLE.

Cette place doit être tenue dans le meilleur état, et l'art doit y ajouter tout ce qui est possible pour fortifier une place qui doit être considérée comme la véritable clef de l'Italie.

TURIN.

Il faut démolir la citadelle. Trop près des Alpes, si elle était une fois prise par l'ennemi, elle ne pourrait que gêner les opérations d'une armée qui dépasserait les Alpes. Elle n'a même pas l'avantage de protéger l'arsenal de Turin. Les 2,000 hommes qu'il faut pour sa défense, l'argent qu'il en coûterait pour construire les casemates et la mettre dans un bon état de défense, seront mieux employés à la défense d'Alexandrie.

ALEXANDRIE.

On ne doit épargner ni argent ni travaux pour fortifier Alexandrie.

Cette place, à elle seule, doit tenir lieu de la citadelle de Turin, de Tortone et du château de Milan.

Il faut concevoir que les 10,000 hommes qui ont été employés,

[1] Commandant la 16e division militaire.

dans la dernière campagne, à défendre ces quatre places, sont concentrés pour la défense d'Alexandrie.

Alexandrie doit remplir trois buts :

1er but : être le point d'évacuation de tous les hôpitaux, contenir tous les magasins, être le point d'appui de tous les mouvements de la guerre en Italie.

A peine les places sur l'Adige et le Mincio seraient-elles investies par l'ennemi, que les gros bagages, les dépôts, les munitions, les hôpitaux, doivent se concentrer dans cette place.

2e but : cette place doit être d'une assez grande défense pour qu'une fois investie elle donne le temps à une armée de repasser les Alpes, soit par le Simplon, soit par Fenestrelle, jusqu'à ce qu'une bataille gagnée donne les moyens de retrouver les magasins et l'artillerie nécessaires pour, par le moyen du Tanaro et du Pô, reprendre les places du Mincio et de l'Adige.

3e but : par sa réputation de force, Alexandrie doit remplir le but de donner de la confiance à tout le Piémont, tenir les habitants en suspens et les empêcher de prendre parti contre la France tant que cette place reste en son pouvoir.

On ne pourrait obtenir ces trois buts avec la simple citadelle d'Alexandrie : elle manque de local pour servir de dépôt à une armée.

Pour arriver au résultat qu'on se propose, il faut être maître de l'espace occupé par la citadelle, la ville, et de tout le terrain compris entre la Bormida et le Tanaro.

Alexandrie a 2,000 toises de circuit ; il y en a 6 à 700 le long du Tanaro, flanquées par la citadelle, appuyées par les ouvrages que l'on projette dans les îles du Tanaro ; cela a, dès lors, une force suffisante.

Le côté qui regarde l'embouchure de la Bormida dans le Tanaro, qui comprend le tiers de la circonvallation de la place, doit être défendu par une inondation qui rende impossible à l'ennemi de se placer entre Alexandrie et le point de l'embouchure des deux rivières.

De la porte de Marengo à la Bormida, il n'y a que 400 toises : espace qu'il faut occuper pour que, dans aucun cas, l'ennemi ne puisse jamais passer entre la Bormida et la place.

L'ennemi serait donc obligé, pour cerner Alexandrie, de faire une circonvallation immense, et d'avoir trois ponts sur le Tanaro et la Bormida. Il ne pourrait attaquer que la partie de l'enceinte de 6 à 700 toises, qui regarde du côté d'Asti.

On peut se procurer des inondations par la Bormida et le Tanaro.

Le but que l'on se propose vaudrait la peine d'établir un bon fort qui flanquât et protégeât toute cette portion d'enceinte.

Ainsi, ce que nous appellerions alors Alexandrie comprendrait un espace considérable appuyé sur deux rivières. En tirant parti de la position et des eaux des deux rivières, on pourrait facilement, et sans des dépenses considérables, arriver au résultat que l'on désire. On sent bien qu'un bon fossé plein d'eau, indépendamment des inondations, doit être la chose principale que l'on doit chercher à se procurer pour défendre une aussi grande enceinte.

Les ouvrages que l'on projette dans les îles du Tanaro devraient être construits de manière que, l'ennemi maître de la citadelle, ils pussent servir à la défense de la ville, et que, l'ennemi maître de la ville, ils pussent servir à la défense de la citadelle.

Enfin les fortifications d'Alexandrie auront rempli tout le but qu'on se propose, si les fronts de la citadelle sont les parties faibles de la place.

Il paraît qu'une des principales choses à faire, c'est de creuser les fossés de la citadelle et d'y faire passer un bras du Tanaro; de changer la direction du torrent qui coule parallèlement à la place; de coordonner tout le terrain à 600 toises aux environs; enfin de renforcer les points faibles par un bon cavalier.

Les ouvrages déjà projetés par le général Chasseloup doivent être exécutés sans retard et avec la plus grande activité. Pendant ce temps, il rédigera les projets pour la ville, et pour s'assurer de la possession de la Bormida.

Il est également nécessaire que l'on fasse lever exactement le plan des maisons, afin que l'on puisse disposer des places, pour la réunion des troupes, en assez grande quantité, et que l'on assigne les principaux édifices nationaux à des casernes ou à des magasins.

OBSERVATIONS GÉNÉRALES.

Un objet très-important, c'est de détruire entièrement toutes les petites places qui existent encore en Piémont et qui pourraient être facilement rebâties.

BONAPARTE.

Comm. par M. le prince de Wagram.

6338. — AU GÉNÉRAL BERTHIER.

Paris, 4e jour complémentaire an X (21 septembre 1802).

Vous trouverez ci-joint, Citoyen Ministre, des notes sur les bases que je désire que vous adoptiez pour régler les pensions et traitements de retraite et de réforme.

BONAPARTE.

NOTES.

1° Les dernières lois qui fixent les traitements de retraite ont été abusivement conçues et encore plus mal interprétées.

2° Tout droit à la solde de retraite est annulé par le seul fait de l'émigration; tout individu éliminé ou amnistié ne peut donc avoir ce droit.

3° Pour tous les individus qui n'ont pas servi la République, le traitement de retraite doit être fixé en suivant le tarif de 1790 et la loi du 9 vendémiaire an VI.

Tout individu qui n'est pas réellement blessé ne doit pas être considéré comme tel, et toute assimilation d'infirmités à des blessures est également abusive.

4° Les femmes et enfants de vétérans n'ont pas de droit à la pension; les femmes et enfants des militaires morts sur le champ de bataille ont seuls ce droit.

5° Si l'équité et la justice voulaient que des individus non compris dans les notes ci-dessus méritassent d'être traités plus favorablement, ils seraient portés dans une note à part, et il serait fait un rapport sur chaque individu, en ne les portant jamais en masse dans les travaux généraux.

Archives de l'Empire.

6339. — AU CITOYEN TALLEYRAND,

MINISTRE DES RELATIONS EXTÉRIEURES.

Saint-Cloud, 1er vendémiaire an XI (23 septembre 1802).

Je vous prie, Citoyen Ministre, d'envoyer chercher le colonel Mullinen. Dites-lui que la lettre qu'il m'a écrite m'a été remise; que je l'ai lue avec une grande attention; que rien ne m'a échappé des mouvements de la Suisse; que les proclamations de Soleure et de Berne sont évidemment le plus violent outrage que l'on puisse faire à l'honneur français; que ce n'est ni la conduite ni le style d'hommes sensés, mais la conduite furibonde d'hommes qui poussent la passion et l'inconsidération au dernier degré;

Que les deux cents familles de Berne s'intitulent souverains; que, quoi qu'ils puissent dire, j'estime trop le peuple suisse pour croire qu'il consente encore à être le sujet de quelques familles;

Que la France a d'ailleurs garanti à la Suisse l'égalité de droits; qu'une contre-révolution peut être tentée, mais ne sera jamais consommée en Suisse; que ce qu'il dit de la volonté du peuple est une déraison; que ce n'est point en ameutant une poignée d'hommes armés à force de guinées que l'on a la volonté du peuple; que, d'ailleurs, mes calculs ne sont pas subordonnés seulement à la volonté du peuple suisse, mais aux intérêts de quarante millions d'hommes que je gouverne;

Que consolider les mouvements qui viennent d'avoir lieu, c'est, de gaieté de cœur et sans raison, consolider le règne des ennemis de la République; qu'ils ont poussé l'aveuglement jusqu'à ne pas nommer le canton de Vaud parmi les cantons qu'ils reconnaissaient; que le noyau d'individus avec lequel on a culbuté ce sénat lâche et méprisable a été fait en le composant en secret d'hommes cessant à peine d'être à la solde de l'Angleterre et de l'Autriche; et, certes, ce serait une étrange ineptie de ma part de livrer un pays, que nous avons défendu contre les armées russes ou autrichiennes liguées, à 1,000 ou 1,500 soldats qui faisaient partie de ces mêmes armées; que mon caractère, en Europe et chez eux, était trop connu pour que je pusse manquer à ce point à l'honneur et à la politique; que je n'ai et ne puis avoir d'estime pour le sénat actuel; si j'en eusse eu, sa lâcheté dans ces circonstances la lui eût ôtée;

Que je me persuade bien aujourd'hui de la nécessité d'une mesure définitive; que si, dans peu de jours, les dispositions de ma proclamation [1] ne sont pas remplies, 30,000 hommes entreront en Suisse sous les ordres du général Ney; et, s'ils m'obligent à ce coup de force, c'en est fait de la Suisse;

Que j'ai besoin, par-dessus tout, d'une frontière qui couvre la Franche-Comté; un gouvernement stable et solide, ami de la France, c'est le premier vœu que je forme; si celui-ci ne peut avoir lieu, l'intérêt de la France me dictera la conduite à tenir; qu'il n'y a dans ma proclamation pas un mot qui ne soit un volume; qu'il n'y a rien d'oratoire; elle est toute ma pensée : car ma politique est franche et ouverte, parce qu'elle est le résultat de longues méditations et de la force;

Que sa présence à Paris est inutile et ne pourrait que tromper ses commettants sur mes résolutions; qu'il parte dans douze heures; qu'il arrive à Berne comme un trait, et qu'il rende compte de tout ce que vous venez de lui dire : car, si un drapeau français entre en Suisse, ce sera un malheur pour eux; que je suis impartial dans

[1] Pièce n° 6352.

toutes leurs querelles; que je n'ai d'affection pour aucun homme; que je me suis constamment plaint et de Dolder et de Reding; aucun n'a suivi mes conseils.

Si ma médiation est acceptée, et s'il n'entre point de troupes françaises en Suisse, je la regarde comme entrant dans le port; toute modification, tout faux-fuyant est inutile; rien ne sera écouté; qu'il dise bien à ses compatriotes que, depuis deux ans, cela est un véritable jeu d'enfants; qu'il est temps que cela finisse, et que je ne vois pas de milieu entre *un gouvernement suisse solidement organisé et ami de la France,* ou *point de Suisse.*

Appuyez surtout fortement sur son départ. Il n'a plus rien à faire à Paris; il ne peut plus rendre de services à ses compatriotes qu'à Berne.

BONAPARTE.

Archives des affaires étrangères.
(En minute aux Arch. de l'Emp.)

6340. — AU CITOYEN REGNIER,
GRAND JUGE, MINISTRE DE LA JUSTICE.

Paris, 2 vendémiaire an XI (24 septembre 1802).

Un nommé Truchement, de la commune de Vernègues, département des Bouches-du-Rhône, paraît avoir connaissance de complots qui se trament dans le Midi contre l'État. Je vous prie de lancer un mandat d'arrêt contre lui : vous le ferez remettre au général Moncey, qui le fera exécuter par un officier sûr de gendarmerie, qui le transportera à Paris avec tous les papiers qui se trouveraient chez lui.

BONAPARTE.

Archives de l'Empire.

6341. — AU CITOYEN CHAPTAL, MINISTRE DE L'INTÉRIEUR.

Paris, 2 vendémiaire an XI (24 septembre 1802).

Je vous prie de faire connaître au préfet des Bouches-du-Rhône que je suis très-mécontent que des mesures n'aient pas été prises pour faire arrêter et punir, selon la rigueur des lois, les individus qui ont chanté des chansons provoquant le meurtre et l'assassinat. J'attends de son zèle qu'il sévira contre ces brigands avec toute la vigueur que j'ai droit d'attendre des hommes investis de ma confiance.

BONAPARTE.

Archives de l'Empire.

6342. — AU CITOYEN CHAPTAL.

Paris, 2 vendémiaire an XI (24 septembre 1802).

La barrière de Saint-Cannat n'a été affermée, cette année, que 25,000 francs, au lieu de 43,000 francs qu'elle l'a été l'année dernière. Le public est imbu de l'idée qu'il y a eu de la fraude dans les enchères ou qu'on a empêché le concours. Je vous prie de me faire un rapport sur cet objet.

BONAPARTE.

Archives de l'Empire.

6343. — A S. S. LE PAPE.

Paris, 3 vendémiaire an XI (25 septembre 1802).

Très-saint Père, je ne m'attendais pas, lorsque j'ai fait à Votre Sainteté la demande d'un chapeau de cardinal pour monseigneur l'évêque d'Autun et pour monseigneur l'évêque de Troyes, que ces deux prélats, qui m'étaient si chers et qui étaient encore si nécessaires sur la terre pour le bien qu'ils étaient appelés à y faire, devaient cependant, avant que Votre Sainteté m'eût fait connaître ses intentions, passer à une autre vie. Je m'empresse donc de faire connaître à Votre Sainteté ce malheureux événement, en la priant de vouloir bien considérer comme nulle la demande que je lui ai faite, et de conserver la même bonne volonté pour les deux qu'il me reste à proposer à Votre Sainteté sur les quatre cardinaux qu'elle a accordés au clergé de France. J'attendrai pour les lui présenter que Votre Sainteté m'ait fait connaître qu'elle a reçu toutes les demandes qu'elle désirait attendre pour procéder à ces nominations.

BONAPARTE.

Archives de l'Empire.

6344. — AU CITOYEN REGNIER,

GRAND JUGE, MINISTRE DE LA JUSTICE.

Paris, 4 vendémiaire an XI (26 septembre 1802).

Il existe, Citoyen Ministre, une loge de francs-maçons à Turin, qui est extrêmement dangereuse. Mon intention est que vous écriviez au général Jourdan pour qu'il défende ces loges.

Vous écrirez une lettre particulière au citoyen Delaville, préfet du Pô : c'est un homme très-riche, mais d'un caractère faible. Vous lui ferez connaître qu'il n'est pas convenable qu'un magistrat, investi comme lui de la confiance du Gouvernement, assiste à des loges, tout au moins inutiles si elles ne sont pas dangereuses, et qui sont soupçonnées de se nourrir de principes contraires au Gouvernement.

Vous lui ferez connaître, au reste, que je sais l'attachement qu'il a pour la France et que j'ai confiance en lui.

Vous écrirez au général Jourdan que j'ai nommé le citoyen Boni à une place de commissaire général dans la mer Noire. Cette place est de la plus grande importance, puisqu'il s'agit d'ouvrir une branche essentielle de commerce. Il est nécessaire que le citoyen Boni vienne incessamment à Paris, pour recevoir ses instructions du ministre des relations extérieures, et de là se rendre à Toulon, où la frégate sur laquelle il doit s'embarquer est prête.

Je vous prie d'écrire au préfet de Vaucluse de faire observer la conduite d'un nommé Laudun, Piémontais, qui se trouve dans ce moment aux environs d'Avignon.

BONAPARTE.

Archives de l'Empire.

6345. — AU CITOYEN PORTALIS, CONSEILLER D'ÉTAT, CHARGÉ DE TOUTES LES AFFAIRES CONCERNANT LES CULTES.

Paris, 4 vendémiaire an XI (26 septembre 1802).

On me rend compte, Citoyen Conseiller d'État, que M. André, évêque de Quimper, qui avait montré les meilleures intentions, se laisse environner par de mauvais prêtres qui le conduisent dans de mauvais chemins, ce qui trouble et inquiète la tranquillité de ce département.

Les plus mauvais sont : La Boisière, Tiberge, Liscoit, Denis, Coussoul.

Donnez ordre à ce dernier de se rendre à Paris, parce qu'il est le plus mauvais, afin que, dans des conférences particulières, vous lui fassiez connaître combien il importe que les intentions du Gouvernement sur la réunion des prêtres dans le Finistère s'exécutent scrupuleusement.

BONAPARTE.

Archives des cultes.

6346. — AU CITOYEN MARET, SECRÉTAIRE D'ÉTAT.

Paris, 5 vendémiaire an XI (27 septembre 1802).

Je désire, Citoyen Secrétaire d'État, que, le 8 vendémiaire, toute la partie des archives relative à tous les actes du Gouvernement, depuis le 1er vendémiaire an X jusqu'aujourd'hui, soit transférée à Saint-Cloud, et qu'il y ait jour et nuit des commis chargés d'expédier le travail, et qui puissent remettre les pièces qu'on aurait besoin de consulter.

Je désire également, à compter de cette époque, travailler avec vous tous les jours avant midi.

BONAPARTE.

Comm. par M. le duc de Bassano.

6347. — DÉCISION.

Paris, 5 vendémiaire an XI (27 septembre 1802).

Le général Cervoni expose la situation malheureuse du chef de brigade des Mameluks, Serra, réduit au traitement de réforme avec un entourage considérable; il prie le Premier Consul de lui accorder sa solde d'activité.

Renvoyé au ministre de la guerre, pour convertir son traitement de réforme en une pension de 3,000 fr. en considération des bons services qu'il a rendus à l'armée française en Égypte; elle lui sera payée tout le temps qu'il restera sur le territoire de la République française.

BONAPARTE.

Archives de l'Empire.

6348. — AU CONTRE-AMIRAL DECRÈS, MINISTRE DE LA MARINE ET DES COLONIES.

Paris, 5 vendémiaire an XI (27 septembre 1802).

Je désire, Citoyen Ministre, qu'il soit envoyé un certain nombre de journaux à Saint-Domingue, à la Louisiane, à la Martinique, à la Guadeloupe, à Tabago, à l'île de France et aux Indes. Je vous prie de faire connaître au secrétaire d'État les moyens établis pour communiquer avec les colonies, et pour y faire passer, aux adresses qui seront indiquées, une cinquantaine de *Moniteur* et d'autres journaux.

BONAPARTE.

Archives de l'Empire.

6349. — AU GÉNÉRAL BERTHIER, MINISTRE DE LA GUERRE.

Paris, 6 vendémiaire an XI (28 septembre 1802).

Vous voudrez bien, Citoyen Ministre, envoyer sur-le-champ un courrier extraordinaire au général Ney, qui doit être à Nancy, pour lui porter l'ordre de se rendre en toute diligence à Genève, où il prendra le commandement du Valais. Les 73e et 87e demi-brigades, qui sont dans le Valais, seront sous ses ordres. Donnez l'ordre à un bataillon de la 78e, qui est à Chambéry, qui sera complété à 600 hommes, de se rendre à Genève; donnez l'ordre au général commandant la 5e division militaire de réunir à Huningue, à la disposition du général Ney, six bataillons et six pièces d'artillerie. Donnez également ordre au général commandant la 6e division militaire de réunir à Pontarlier trois bataillons et six pièces d'artillerie, également à la disposition du général Ney. Vous recommanderez aux généraux commandant les 5e et 6e divisions militaires de ne pas prendre de troupes dans les demi-brigades revenues d'Égypte, lesquelles, étant fatiguées, ont besoin de se reformer. Les généraux commandant les 5e et 6e divisions militaires tiendront chacun un régiment de chasseurs à la disposition du général Ney. Vous donnerez l'ordre au général commandant l'armée d'Italie de réunir à Côme trois bataillons, lesquels seront également sous les ordres du général Ney. Dans les troupes qui seront choisies par les généraux des divisions, les demi-brigades qui n'auront que deux bataillons n'en fourniront qu'un, et celles qui en auront trois en fourniront deux; les bagages et les dépôts ne marcheront pas; dans les escadrons de cavalerie, les dépôts ne marcheront pas, ni le 4e escadron.

Vous enverrez dans les 5e et 6e divisions militaires et en Italie les ordres par des officiers en poste, qui se rendront ensuite à Genève pour rendre compte au général Ney du départ des différentes troupes, afin que ce général puisse leur faire passer des ordres ultérieurs, selon les circonstances. Vous ferez connaître, du reste, aux généraux commandant les divisions que, sous quelque prétexte que ce soit, les troupes qui seront sur les frontières ne doivent les dépasser en rien, ni se mêler d'aucune manière des affaires des Suisses, sans les ordres du général Ney.

Vous ferez connaître au général Ney qu'arrivé à Genève il trouvera des instructions sur la mission de conciliation qu'il a à remplir en Suisse, et sur l'emploi qu'il doit faire de ses forces.

BONAPARTE.

Dépôt de la guerre.

6350. — DÉCISION.

Paris, 7 vendémiaire an XI (29 septembre 1802).

Le ministre du trésor public rend compte des causes qui ont donné lieu à la démission d'un chef de ses bureaux. Il fait connaître aux Consuls, par la lecture de la lettre de ce chef, l'opinion où sont plusieurs fonctionnaires qu'ils

Le Premier Consul déclare qu'il faut maintenir la règle qui interdit toute affaire de ce genre aux employés des ministères.

Par ordre du Premier Consul.

peuvent se livrer à des affaires d'intérêt, même avec les comptables qu'ils sont spécialement chargés de surveiller et contrôler. Le ministre insiste sur la nécessité de détruire une erreur aussi dangereuse, et de n'user d'aucune indulgence à l'égard de ceux qui tomberaient en pareille faute.

Archives des finances.

6351. — AU CITOYEN TALLEYRAND,

MINISTRE DES RELATIONS EXTÉRIEURES.

Saint-Cloud, 8 vendémiaire an XI (30 septembre 1802).

Le citoyen Maret vous fera passer, Citoyen Ministre, deux copies de la proclamation adressée aux dix-huit cantons de la République helvétique. Vous les remettrez toutes les deux à l'aide de camp Rapp.

Il est convenable que le sénat fasse sur-le-champ une proclamation, dans laquelle il publiera la démarche qu'il a faite, il y a deux mois environ, en demandant la médiation du Premier Consul, déclare y adhérer, et désigne les trois députés qu'il veut envoyer à Paris. Le sénat ordonnera l'impression et l'envoi de sa proclamation aux différents cantons.

Le citoyen Rapp s'arrêtera, au plus quatre heures, à Lausanne; il continuera sa route pour Berne, où il remettra à la municipalité le second exemplaire de la proclamation.

Le citoyen Rapp restera plusieurs jours à Berne. Le but principal de sa mission est de faire connaître aux chefs la nécessité de se soumettre préalablement à la proclamation, et de recevoir le sénat avant l'expiration des cinq jours. Il insinuera que, dans le cas contraire, il a les pouvoirs nécessaires pour faire entrer de tous côtés des troupes françaises en Helvétie, et qu'alors malheur à ceux qui auraient obligé à une réoccupation !

Vous ferez connaître au citoyen Verninac qu'il est indispensable que le sénat soit rétabli à Berne.

Quand les cinq jours seront écoulés, si le citoyen Rapp, de retour de Berne, fait connaître que les habitants ne sont pas disposés à recevoir le sénat, le citoyen Verninac en fera part au général Ney, qui est à Genève, et il fera dire (sans écrire) à Berne que les cinq jours sont expirés; que, si l'on reconnaît la proclamation du Premier Consul, il faut que le sénat soit reçu à Berne; que, sinon, les troupes françaises entreront dans l'Helvétie et conduiront, avec la force, le sénat à Berne.

Le général Ney fera tous les préparatifs pour entrer ; mais il attendra pour cela les ordres du Premier Consul.

Le citoyen Verninac fera connaître, par un courrier extraordinaire, l'effet qu'aura produit à Lausanne la proclamation.

Le citoyen Rapp expédiera de Berne un courrier pour le même objet.

Si, à Berne, on se soumet, et si on paraît disposé à recevoir le sénat, le citoyen Rapp y restera jusqu'à ce qu'il soit installé. Après quoi, il se rendra dans les petits cantons et dans les Grisons.

Il insistera, à Berne, pour que la proclamation soit sur-le-champ imprimée et envoyée partout.

Dans les petits cantons, et dans toute sa mission, le citoyen Rapp fera connaître que je suis résolu à en finir et à organiser l'Helvétie d'une manière conforme aux vœux des habitants, mais sans donner gain à aucune faction.

Vous écrirez au général Ney qu'il faut qu'il se tienne en mesure avec ses troupes pour pouvoir, s'il est nécessaire, entrer en Suisse ; mais qu'à cet effet il doit attendre les ordres du Gouvernement; que, si une des parties refusait de se soumettre à la médiation, il est autorisé, sur ce que le citoyen Verninac ou le citoyen Rapp lui ferait dire, à envoyer au parti opposant un aide de camp, qui ferait connaître les malheurs auxquels ils sont en proie et ceux qu'ils vont encore s'attirer par leur obstination à marcher dans une fausse direction. Cet aide de camp aura soin de ne rien écrire.

BONAPARTE.

Archives des affaires étrangères.
(En minute aux Arch. de l'Emp.)

6352. — AUX DIX-HUIT CANTONS DE LA RÉPUBLIQUE HELVÉTIQUE.

Saint-Cloud, 8 vendémiaire an XI (30 septembre 1802).

Habitants de l'Helvétie, vous offrez depuis deux ans un spectacle affligeant. Des factions opposées se sont successivement emparées du pouvoir ; elles ont signalé leur empire passager par un système de partialité qui accusait leur faiblesse et leur inhabileté.

Dans le courant de l'an X, votre Gouvernement a désiré que l'on retirât le petit nombre de troupes françaises qui étaient en Helvétie. Le Gouvernement français a saisi volontiers cette occasion d'honorer votre indépendance. Mais, bientôt après, vos différents partis se sont agités avec une nouvelle fureur ; le sang suisse a coulé par des mains suisses.

Vous vous êtes disputés, trois ans, sans vous entendre. Si l'on vous abandonne plus longtemps à vous-mêmes, vous vous tuerez, trois ans, sans vous entendre davantage. Votre histoire prouve d'ailleurs que vos guerres intestines n'ont jamais pu se terminer que par l'intervention efficace de la France.

Il est vrai que j'avais pris le parti de ne me mêler en rien de vos affaires. J'avais vu constamment vos différents gouvernements me demander des conseils et ne pas les suivre, et quelquefois abuser de mon nom, selon leurs intérêts et leurs passions.

Mais je ne puis ni ne dois rester insensible au malheur auquel vous êtes en proie ; je reviens sur ma résolution ; je serai le médiateur de vos différends ; mais ma médiation sera efficace, telle qu'il convient aux grands peuples au nom desquels je parle.

Cinq jours après la notification de la présente proclamation, le sénat se réunira à Berne.

Toute magistrature qui se serait formée à Berne depuis la capitulation sera dissoute, et cessera de se réunir et d'exercer aucune autorité.

Les préfets se rendront à leur poste.

Toutes les autorités qui auront été formées cesseront de se réunir.

Les rassemblements armés se dissiperont.

Les 1re et 2e demi-brigades helvétiques formeront la garnison de Berne.

Les troupes qui étaient sur pied depuis plus de six mois pourront seules rester en corps de troupes.

Enfin tous les individus licenciés des armées belligérantes et qui sont aujourd'hui armés déposeront leurs armes à la municipalité de la commune de leur naissance.

Le sénat enverra des députés à Paris ; chaque canton pourra également en envoyer.

Tous les citoyens qui, depuis trois ans, ont été landammans, sénateurs, et ont successivement occupé des places dans l'autorité centrale, pourront se rendre à Paris, pour faire connaître les moyens de ramener l'union et la tranquillité et de concilier tous les partis.

De mon côté, j'ai le droit d'attendre qu'aucune ville, aucune commune, aucun corps, ne voudra rien faire qui contrarie les dispositions que je vous fais connaître.

Habitants de l'Helvétie, revivez à l'espérance ! ! !

Votre patrie est sur le bord du précipice ; elle en sera immédiatement tirée ; tous les hommes de bien seconderont ce généreux projet.

Mais si, ce que je ne puis penser, il était parmi vous un grand nombre d'individus qui eussent assez peu de vertu pour ne pas sacrifier leurs passions et leurs préjugés à l'amour de la patrie, peuples de l'Helvétie, vous seriez bien dégénérés de vos pères ! ! !

Il n'est aucun homme sensé qui ne voie que la médiation dont je me charge est pour l'Helvétie un bienfait de cette Providence qui, au milieu de tant de bouleversements et de chocs, a toujours veillé à l'existence et à l'indépendance de votre nation, et que cette médiation est le seul moyen qui vous reste pour sauver l'une et l'autre.

Car il est temps enfin que vous songiez que, si le patriotisme et l'union de vos ancêtres fondèrent la République, le mauvais esprit de vos factions, s'il continue, la perdra infailliblement ; et il serait pénible de penser qu'à une époque où plusieurs nouvelles républiques se sont élevées, le destin eût marqué la fin d'une des plus anciennes.

BONAPARTE.

Archives de l'Empire.

6353. — AU CITOYEN TALLEYRAND,

MINISTRE DES RELATIONS EXTÉRIEURES.

Saint-Cloud, 8 vendémiaire an XI (30 septembre 1802).

Je vous prie, Citoyen Ministre, de donner au citoyen Perret, agent de la République à Leipzig, l'ordre de se rendre à Varsovie. Il prendra des renseignements et tiendra des notes exactes sur tous les Français qui arrivent ou partent de cette ville, sur la manière dont y vit le comte de Lille, les personnes qu'il y voit, celles qui l'entourent, et sur tout ce qui peut intéresser le Gouvernement relativement à ce prince. Vous lui recommanderez de vous écrire deux fois par semaine.

BONAPARTE.

Archives des affaires étrangères.

6354. — AU GÉNÉRAL BERTHIER, MINISTRE DE LA GUERRE.

Saint-Cloud, 8 vendémiaire an XI (30 septembre 1802).

Je vous prie, Citoyen Ministre, de faire donner à la commune d'Ajaccio six mille toises de tuyaux en fonte de six pouces avec les écrous, et propres à transporter la bonne eau au milieu de la place publique et vis-à-vis les grandes casernes de la ville. Il serait convenable que ces objets fussent expédiés le plus tôt possible à Ajaccio.

BONAPARTE.

Archives de l'Empire.

6355. — ARRÊTÉ.

Paris, 9 vendémiaire an XI (1er octobre 1802).

Article 1er. — Une statue colossale sera érigée sur la place des Victoires à la mémoire du général Desaix, mort à la bataille de Marengo.

Art. 2. — Sur le piédestal, il sera placé des bas-reliefs relatifs à la conquête de la haute Égypte et à la bataille d'Héliopolis, que ce général a gagnée [1].

Art. 3. — L'exécution de cette statue sera confiée au citoyen Dejoux, sculpteur.

Art. 4. — Le ministre de l'intérieur est chargé de l'exécution du présent arrêté.

Bonaparte.

Extrait du *Moniteur*.
(En minute aux Arch. de l'Emp.)

6356. — DÉCISION.

Paris, 10 vendémiaire an XI (2 octobre 1802).

Projet d'arrêté pour l'établissement à Lyon d'une école spéciale de dessin.

Il faut que cette école soit payée par la ville.

Les appointements des professeurs sont trop forts.

Il faut faire le règlement.

Bonaparte.

Archives de l'Empire.

6357. — NOTES SUR L'ORGANISATION DE L'ILE D'ELBE.

Paris, 10 vendémiaire an XI (2 octobre 1802).

Il y aura à l'île d'Elbe un collége de 60 membres, dont le président sera nommé par le Premier Consul, et le secrétaire par le collége.

Le collége présentera :

1° Les trois candidats parmi lesquels le Sénat doit choisir un député au Corps législatif ;

2° Deux candidats parmi lesquels le Premier Consul choisira chaque juge de paix ; la même présentation aura lieu pour les suppléants ;

3° Trois fois autant de candidats qu'il y aura de membres au conseil d'administration et de justice ;

[1] Voir pièce 5086. La bataille d'Héliopolis a été livrée le 20 mars 1800, et Desaix avait quitté l'Égypte le 3 mars.

4° Les candidats pour les conseils des cinq communes.

Il y aura un capitaine général, un commissaire du gouvernement et un conseil d'administration et de justice.

Le capitaine général et le commissaire du gouvernement feront l'ouverture des séances du collége, qui sera convoqué dans la même forme que les autres colléges électoraux de France; ils auront le droit d'ajourner lorsqu'ils jugeront que les circonstances l'exigent.

Le conseil d'administration et de justice répartit les impositions, dont la quotité est portée dans la loi annuelle des contributions de l'État.

La nature et le mode des impositions qui doivent produire cette quotité sera votée par le conseil d'administration et de justice.

Lorsque ce conseil s'occupera de l'initiative de l'organisation et de la répartition des contributions, il sera présidé par le capitaine général et le commissaire du gouvernement. Toutes les autres délibérations de ce conseil auront lieu sous la présidence du commissaire de justice seulement, qui aura avec lui les mêmes relations que les préfets avec les conseils de préfecture.

Les juges de paix jugeront en dernier ressort jusqu'à la somme de 50 francs.

Ceux de Porto-Longone et de Porto-Ferrajo porteront le titre de juge; ils prononceront en dernier ressort jusqu'à la somme de 50 francs, et, sauf l'appel, jusqu'à celle de 4,000 francs.

L'appel des sentences des juges sera porté devant le conseil de justice et d'administration.

Les affaires qui excéderont 4,000 francs seront portées en première instance au conseil d'administration et de justice, et, par appel, au tribunal d'appel d'Aix.

S'il n'est pas d'usage, dans l'île d'Elbe, qu'il soit établi des juges de paix dans chaque village, le jugement des affaires champêtres et contentieuses sera déféré aux maires.

Le collége déterminera le droit des juges et tout ce qui regarde les frais de justice.

La justice sera rendue en français.

Il sera défendu d'envoyer les jeunes gens aux écoles ou universités de Toscane.

Une école secondaire sera établie à Porto-Ferrajo.

Un maître de langue française sera établi par commune.

L'île d'Elbe dépendra, pour le spirituel, de l'évêché d'Ajaccio.

La correspondance de toutes les autorités qui seront établies dans l'île d'Elbe aura lieu uniquement avec le ministre de la marine.

Le *Bulletin des lois* sera publié dans l'île d'Elbe comme en Corse.

Les lettres parviendront à l'île d'Elbe par les bateaux de poste établis de Toulon en Corse. Il sera pris des mesures pour qu'à l'arrivée de chaque bateau de poste en Corse il soit expédié une chaloupe pour l'île d'Elbe, chargée du paquet de cette île. Cette chaloupe partira dans les douze heures de l'arrivée du bateau de poste.

L'île d'Elbe sera affranchie de toute espèce de douanes.

Deux felouques armées seront établies pour protéger l'île contre les petits forbans, faire la police des bateaux et empêcher la contrebande du minerai.

Le ministre est invité à faire rédiger :

Une organisation municipale de l'île ;

Quelques dispositions de code champêtre, et de prud'hommes pour les matelots ;

Une organisation des classes et de la conscription ;

Une organisation de la garde soldée, en se conformant aux usages établis. Le commandant et les capitaines seront nommés et brevetés par le Premier Consul.

Les casernes et les lits militaires seront entretenus aux frais de l'île.

BONAPARTE.

Archives de l'Empire.

6358. — AU CITOYEN MARESCALCHI,
MINISTRE DES RELATIONS EXTÉRIEURES DE LA RÉPUBLIQUE ITALIENNE.

Saint-Cloud, 10 vendémiaire an XI (2 octobre 1802).

Faites connaître, Citoyen Ministre, au citoyen Melzi la position où nous sommes avec les Suisses, la médiation que je leur ai offerte, et qu'il doit déclarer hautement que les Grisons ne peuvent pas être séparés de la Suisse ; et veillez à ce que les bailliages italiens soient tranquilles. S'ils remuaient, il leur déclarera qu'il fera entrer des troupes dans leur pays.

BONAPARTE.

Archives de l'Empire.

6359. — AU GÉNÉRAL BERTHIER, MINISTRE DE LA GUERRE.

Saint-Cloud, 10 vendémiaire an XI (2 octobre 1802).

La mission du général Ney, Citoyen Ministre, a trois buts :

1° Faire voir aux Suisses, par son arrivée à Genève, que je suis décidé à rétablir l'ordre dans cet infortuné pays ;

2° Être prêt pour remplir, selon les circonstances, le rôle de médiateur ;

3° Enfin réunir tous ses moyens pour employer vivement la force, si cela devient nécessaire.

L'aide de camp Rapp doit être arrivé avec la proclamation. Le ministre des relations extérieures a écrit au général Ney pour lui tracer la conduite qu'il doit tenir. Vous y ajouterez que, si jamais, contre toute probabilité, les insurgés attaquaient le pays de Vaud, il ferait sur-le-champ entrer toutes ses troupes pour le défendre; mais ceci n'est qu'une supposition, car il faudrait qu'ils eussent perdu tout jugement.

Envoyez l'ordre au général commandant la 7e division militaire de faire partir pour Genève un bataillon de la 6e légère, complété à 600 hommes; au directeur d'artillerie et à l'ordonnateur de se rendre à Genève, et au général commandant la division d'obtempérer à tous les ordres du général Ney.

Faites passer sur-le-champ à ce général 100,000 francs pour les dépenses imprévues, organiser quelques pièces de campagne et la marche des corps.

Quoique j'aie donné l'ordre qu'on n'employât pas les demi-brigades venant d'Égypte, si les circonstances devenaient urgentes, le général Ney pourra compléter à 500 hommes un bataillon de la 2e légère, et s'en servir.

Du reste, il ne doit pas faire entrer de troupes sans un ordre du Gouvernement, à moins que les insurgés ne menacent d'envahir le canton de Vaud.

Le général Ney se préparera à agir de la manière suivante au premier ordre du Gouvernement :

La 87e et la 73e, qu'il va réunir à Villeneuve le plus tôt possible, les troupes qu'il aura pu réunir à Genève, avec les demi-brigades de ligne helvétiques, formeront une division, qu'il réunira dans le pays de Vaud pour marcher droit à Berne.

Les troupes que le général de la 6e division aura pu réunir à Pontarlier se joindront au général Ney avant son arrivée à Berne.

La division qui se réunit à Huningue se portera, le plus rapidement possible, à Berne.

Deux bataillons de la 13e légère, que vous donnerez l'ordre au général commandant la 27e division militaire de réunir sur-le-champ à Aoste, passeront le Saint-Bernard pour joindre le général Ney à Berne.

Les deux bataillons que vous avez ordonné de réunir à Côme seront mis sous les ordres d'un général de brigade, et se rendront à Lucerne.

Donnez l'ordre au général commandant l'armée d'Italie de compléter cette brigade à quatre bataillons, de manière qu'elle monte à plus de 2,000 hommes.

Les quatre bataillons qui se réunissent dans la Valteline seront mis sous les ordres d'un général de brigade, et se rendront à Coire.

Par ce moyen, le général Ney se trouverait avoir en Suisse vingt-cinq à trente bataillons.

On calcule que la proclamation du Premier Consul ne pourra arriver à Berne que le 12. Le général Ney saura, le 18 ou le 19, si les Bernois veulent se dissoudre ou non.

Dans le cas où ils ne voudraient pas se dissoudre, du 20 au 25 serait le moment où il faudrait que toutes les colonnes entrassent à la fois en Suisse, puisque alors le Gouvernement pourrait en avoir envoyé l'ordre avec des instructions ultérieures.

Il est donc nécessaire que le général Ney prévienne les généraux commandant sous ses ordres de se munir de vivres pour six jours, et de se tenir, du 20 au 25, prêts à entrer en Suisse.

En envoyant aux généraux des ordres pour entrer en Suisse, le général Ney leur fera connaître qu'ils ne doivent se permettre aucun acte authentique. Il recevra d'ailleurs une instruction détaillée et ultérieure.

Envoyez deux adjudants commandants attachés à votre ministère, pour rester auprès du général Ney et agir selon les circonstances.

BONAPARTE.

Archives de l'Empire.

6360. — DÉCISION.

Saint-Cloud, 10 vendémiaire an XI (2 octobre 1802).

Le citoyen Cretet informe le ministre de la guerre que les travaux des canaux de Carcassonne, Narbonne et Saint-Quentin sont interrompus faute de bras; il demande de faire concourir les troupes à l'exécution de ces travaux.

Le ministre de la guerre prend à ce sujet les ordres du Premier Consul.

Donner des ordres aux généraux commandant dans ces divisions de fournir des troupes pour ces canaux.

BONAPARTE.

Dépôt de la guerre.

6361. — ALLOCUTION A QUELQUES PRÊTRES DU CLERGÉ DE LYON.

Paris, 11 vendémiaire an XI (3 octobre 1802).

Le Premier Consul leur a dit qu'il avait vu avec peine les divisions des prêtres du diocèse de Lyon; que la religion catholique a cela de particulier sur toutes les religions, qu'elle prêche l'oubli des offenses. « Quelle opinion, a-t-il ajouté, doivent donc avoir les séculiers de prêtres qui ont eu réciproquement des sujets de division et qui ne veulent pas les oublier et se pardonner? Si l'orgueil veut qu'on humilie son ennemi, la charité, vertu caractéristique de la religion de Jésus-Christ, veut qu'on se réconcilie. Partout donc où j'entends encore dire que des prêtres se souviennent d'avoir été ou de n'avoir pas été constitutionnels, j'en conclus que ces ministres prêchent une morale qu'ils ne pratiquent pas; qu'ils sont mus, non par des sentiments religieux, mais par des considérations mondaines. Aucun prêtre sensé, s'il est catholique, ne peut méconnaître les principes de sa croyance, qui sont la confiance dans les évêques nommés par le Gouvernement et institués par le Saint-Siége. Il me tarde donc d'apprendre que le clergé du diocèse de Lyon imitera celui de Paris, qui a donné l'exemple, et parmi lequel il n'y a plus aucune espèce de discorde. »

Extrait du *Moniteur*.

6362. — AU CITOYEN CRETET,

CONSEILLER D'ÉTAT, CHARGÉ DES PONTS ET CHAUSSÉES.

Saint-Cloud, 13 vendémiaire an XI (5 octobre 1802).

Je vous ai fait connaître, Citoyen Conseiller d'État, que je désirais que la route de Turin à Alexandrie, qui est interceptée l'espace de deux lieues, depuis Annone jusqu'à Quattordio, fût achevée cette année.

Je désire également que la route de Borgofranco, sur le Pô, depuis Bassignana jusqu'à Novi, soit projetée, et qu'un rapport me soit fait dans deux mois sur son utilité.

BONAPARTE.

Archives de l'Empire.

6363. — DÉCISION.

Saint-Cloud, 14 vendémiaire an XI (6 octobre 1802).

Rapport du ministre des finances sur l'évacuation du ci-devant séminaire de Saint-Sulpice.	Les femmes de mauvaise vie seront mises à Bicêtre. Il sera assigné aux autres une maison nationale hors de Paris. BONAPARTE.

Archives de l'Empire.

6364. — AU CITOYEN TALLEYRAND,

MINISTRE DES RELATIONS EXTÉRIEURES.

Saint-Cloud, 14 vendémiaire an XI (6 octobre 1802).

Je vous prie, Citoyen Ministre, d'envoyer sur-le-champ un courrier extraordinaire à la Haye, au citoyen Semonville, pour lui faire connaître que, sous quelque prétexte que ce soit, je ne souffrirai pas qu'il y ait aucun mouvement en Hollande, ni aucun changement dans le Gouvernement; qu'il doit, au reçu du courrier, demander une conférence au Gouvernement batave, et lui dire que tout changement en Hollande compromettrait les intérêts les plus chers de la nation; qu'il est ridicule de ne pas confirmer des officiers nommés sur le champ de bataille; que, si Dandaels et Demousseaux se permettent quelque chose de contraire au respect qu'ils lui doivent, il doit les destituer et les faire arrêter; que je ne puis croire que Schimmelpenninck soit dans des intrigues tendant à bouleverser sa patrie; que, si cela était, le Gouvernement doit le déclarer et le déshonorer; qu'il est temps que la révolution finisse et qu'on vive tranquille en Europe.

Le citoyen Semonville devra également demander une explication catégorique aux citoyens Dandaels et Demousseaux, s'ils sont à la Haye, sur les bruits qui courent; il déclarera que je ne veux point d'intrigues; que, puisqu'ils ont une constitution acceptée par le peuple, il faut qu'ils vivent tranquilles.

Vous ferez connaître au citoyen Semonville que tout ceci doit être fait douze heures après l'arrivée du courrier, et qu'il m'en rende compte sur-le-champ par le retour du même courrier, que j'attends avec la plus grande impatience.

Envoyez chercher le secrétaire de Schimmelpenninck à Paris, et dites-lui qu'il fasse connaître à son Gouvernement que j'ai appris avec la plus vive douleur que des brouillons voulaient renverser et bouleverser le Gouvernement batave; qu'il doit sévir avec vigueur; que je donne l'ordre qu'il soit vivement soutenu; que j'ai entendu avec peine qu'on s'appuyait du nom de Schimmelpenninck; que je n'ai pas voulu y ajouter foi; mais que, s'il trempait dans des trames obscures contre sa patrie, il perdrait l'estime que je lui ai vouée; qu'enfin, sous quelque prétexte que ce soit, je ne veux aucun mouvement en Hollande. Qu'il écrive ceci par un courrier extraordinaire à son Gouvernement et au citoyen Schimmelpenninck.

Il est nécessaire que ce courrier parte sur-le-champ.

BONAPARTE.

Archives des affaires étrangères.
(En minute aux Arch. de l'Emp.)

6365. — DÉCISION.

Paris, 16 vendémiaire an XI (8 octobre 1802).

L'archevêque de Turin demande à être dispensé de venir à Paris, ou autorisé à retarder ce voyage. Il allègue son grand âge, sa mauvaise santé, le besoin des affaires de son diocèse et des siennes propres, le manque de moyens pour suffire aux frais de ce déplacement.

La saison va devenir rigoureuse; il convient qu'il se hâte d'arriver. Lui envoyer 3,000 francs pour ses frais de voyage.

BONAPARTE.

Archives de l'Empire.

6366. — DÉCISION.

Saint-Cloud, 19 vendémiaire an XI (11 octobre 1802).

Le ministre de la guerre expose que le citoyen Méchin, préfet de la Roër, a décerné des cravates au 1er bataillon de la 36e demi-brigade en garnison à Aix-la-Chapelle.

Il n'y a pas de doute que les préfets n'ont pas le droit de donner des cravates aux troupes. Le ministre rappellera ce préfet à l'ordre.

BONAPARTE.

Dépôt de la guerre.

6367. — AU CITOYEN MARET, SECRÉTAIRE D'ÉTAT.

Saint-Cloud, 20 vendémiaire an XI (12 octobre 1802).

Vous trouverez ci-joint, Citoyen Secrétaire d'État, le budget du ministre des finances. Vous pouvez le lui envoyer ainsi approuvé; il servira de règle pour les dépenses de l'année. Ceux des ministres du trésor public, des relations extérieures et de l'intérieur, doivent déjà avoir été envoyés. Ceux des deux ministères de la guerre se font. Vous trouverez également ci-joint celui du ministre de la marine.

Il est nécessaire que vous fassiez réunir, dans un seul volume du même format que celui que vous m'avez déjà fait, les budgets des différents ministres, avec les pièces justificatives. Vous ferez connaître à chaque ministre qu'il est nécessaire qu'il envoie la copie de son budget au ministre du trésor public, telle qu'elle est approuvée, afin que ce ministre puisse voir si toutes les pièces sont en règle.

BONAPARTE.

Archives de l'Empire.

6368. — AU CITOYEN TALLEYRAND, MINISTRE DES RELATIONS EXTÉRIEURES.

Saint-Cloud, 20 vendémiaire an X (12 octobre 1802).

Je vous prie, Citoyen Ministre, de me faire connaître la constitution qui existait en Suisse avant la révolution, les rapports qui existaient entre l'autorité centrale et l'administration cantonale, et l'organisation politique de chaque canton en particulier. Je désire avoir ce rapport le plus tôt possible.

BONAPARTE.

Archives des affaires étrangères.

6369. — AU GÉNÉRAL BERTHIER, MINISTRE DE LA GUERRE.

Saint-Cloud, 20 vendémiaire an XI (12 octobre 1802).

Des plaintes sont portées, Citoyen Ministre, contre le chef de brigade Prévost, qui aurait été envoyé dans le département de la Loire pour faire exécuter l'amnistie. Je vous prie de me faire un rapport sur cet officier et sur la conduite qu'il a tenue dans ce département.

Il paraît que l'adjudant commandant Champeaux, qui commande dans le département d'Eure-et-Loir, se trouve trop près du département de sa naissance. Il vaudrait mieux l'employer ailleurs.

BONAPARTE.

Archives de l'Empire.

6370. — AU GÉNÉRAL BERTHIER.

Paris, 23 vendémiaire an XI (15 octobre 1802).

Je vous prie, Citoyen Ministre, d'envoyer un courrier extraordinaire au général Ney : donnez-lui l'ordre d'entrer en Suisse, en dirigeant les troupes du Valais, celles qu'il a à Genève, celles de Pontarlier et celles de Bienne, droit sur Berne, où il est indispensable d'arriver d'abord.

Vous lui recommanderez de réunir le plus possible, ses troupes ne devant donner que réunies;

De réunir les deux demi-brigades helvétiques à Fribourg, de manière qu'il en soit sûr, et de faire entrer, un ou deux jours avant lui, la brigade qui part de Huningue, afin qu'elle attire de ce côté les ennemis;

De faire passer le Saint-Bernard à la 13e légère, qui est à Aoste, pour la faire entrer dans le Valais, et de la faire marcher par le plus court chemin pour grossir son armée;

D'augmenter la brigade de Bâle de deux bataillons de la 16e de ligne, qui sont à Fribourg et qui se rendront en droite ligne à Bâle; par ce moyen, la division de Bâle se trouvera d'une force raisonnable.

Donnez ordre à la demi-brigade qui se réunit à Côme de passer le Splugen et de se rendre à Coire;

A la brigade qui se réunit dans la Valteline, de se rendre également, par le plus court chemin, à Coire.

Chargez le général en chef de l'armée d'Italie de donner un commissaire des guerres, et un général de division pour commander ces deux demi-brigades, de manière à combiner ses opérations pour les faire donner de concert dans les Grisons. Le général Murat donnera les instructions nécessaires pour cet objet. Arrivé à Coire, le général de division prendra les ordres du général Ney, pour tous les mouvements qu'il aura à faire.

Le général Murat réunira également à Bellinzona une brigade de 2,000 hommes, qui tiendra une avant-garde sur le Saint-Gothard, s'emparera du pont du Diable, poussera des reconnaissances jusqu'à Uri et Altorf, et se tiendra prête à marcher à Lucerne lorsque le général Ney lui en donnera l'ordre. Le général Murat joindra deux escadrons de hussards, de 130 hommes chacun, à la division qui doit marcher à Coire.

Le général Murat fera encore avancer 3,000 hommes du côté de la Valteline, pour soutenir, s'il y avait lieu, ce corps de troupes.

En prévenant le général Ney, prévenez aussi le général Murat, parce que la division, en attendant qu'elle arrive à Coire, sera sous les ordres de ce général; arrivée à Coire, elle sera sous les ordres du général Ney.

Le général Ney fera une proclamation courte et d'un style simple, par laquelle il dira que les petits cantons avaient demandé la médiation du Premier Consul, que le sénat avait demandé la médiation du Premier Consul, qui, touché enfin des maux auxquels ils étaient en proie, a cédé aux sollicitations de la nation suisse et a interposé sa médiation pour terminer toutes leurs querelles; mais qu'une poignée d'hommes congédiés du service des puissances belligérantes, amis du trouble et indifférents aux maux de leur patrie, contre laquelle ils ont porté les armes pendant toute la guerre, sont insensibles à toute raison et à toute considération, trompent et égarent une portion du peuple, à un tel point qu'ils ont allumé la guerre civile au nom même du Premier Consul;

Qu'il est obligé de se mettre en marche pour dissiper ces insensés, et les punir s'ils osaient persister dans leur rébellion;

Qu'il espère cependant que le peuple, auquel ils ont même caché la proclamation du Premier Consul, en fera promptement justice.

Les troupes, en passant à Bâle, rétabliront le préfet et remettront les choses comme elles étaient avant l'insurrection.

Le général Ney défendra aux généraux de faire aucune espèce de proclamation et de rien imprimer; il leur enverra seulement sa proclamation imprimée en français et en allemand, pour qu'ils puissent la distribuer en entrant en Suisse.

Arrivé à Berne, le général Ney fera sur-le-champ installer le sénat, mais se réservera toute l'autorité nécessaire pour la police; partout où il passera, il désarmera les malintentionnés et fera arrêter les boute-feu, et surtout les chefs connus pour avoir été à la solde de l'Angleterre et de l'Autriche contre nous.

Vous donnerez l'ordre au général commandant la 26e division militaire de faire passer la 50e demi-brigade, qui est à Mayence, à Huningue.

Je suppose que la brigade qui est dans la Valteline avec celle de Coire forme près de 5,000 hommes; si ces deux corps ne faisaient pas 5,000 hommes, le général Murat les complétera. Il peut, en se concertant avec le citoyen Melzi, y mettre un bataillon de 600 Italiens, pour les accoutumer à la guerre.

Recommandez au général Ney de bien réunir ses troupes avant de marcher, afin d'avoir peu d'affaires hasardeuses et d'épargner le sang.

BONAPARTE.

Dépôt de la guerre.

6371. — A S. S. LE PAPE.

Saint-Cloud, 24 vendémiaire an XI (16 octobre 1802).

Très-saint Père, j'ai reçu le bref de Votre Sainteté du 28 septembre, que j'ai lu avec la plus grande attention. Le bien de la religion me fait paraître instant qu'on fixe l'organisation religieuse de la République italienne, soit par un concordat, soit par des brefs. Les dispositions des lois organiques ou autres dispositions ne doivent pas arrêter Votre Sainteté. Il est facile d'y remédier, et, par l'abolition desdites lois, le concordat ne serait point gratuit. Au reste, c'est à Votre Sainteté à voir le parti qu'elle doit prendre, tant il est vrai qu'il faut faire quelque chose.

Je reconnais, dans la résolution où est Votre Sainteté pour les cardinaux et l'évêque d'Orléans, la bonté ordinaire de Votre Sainteté pour moi.

Je verrai avec un grand plaisir le grand maître de l'ordre de Malte que Votre Sainteté a nommé, et je lui donnerai toutes les facilités pour qu'il soit transporté dans l'île avec l'éclat convenable.

BONAPARTE.

Archives de l'Empire.

6372. — AU CITOYEN REGNIER,

GRAND JUGE, MINISTRE DE LA JUSTICE.

Saint-Cloud, 24 vendémiaire an XI (16 octobre 1802).

Je vous prie, Citoyen Ministre, de faire embarquer et partir, pour joindre leurs camarades, tous les individus qui sont aux îles de Ré et d'Oleron, détenus en vertu du sénatus-consulte de l'an VIII. Vous y ferez joindre les généraux Argout, Simon et Bertrand. Je désire que ces individus, qui seront à peu près trente, partent le plus tôt possible et soient embarqués très-secrètement, en tenant le lieu de leur destination très-ignoré.

BONAPARTE.

Archives de l'Empire.

6373. — AU CITOYEN MELZI,

VICE-PRÉSIDENT DE LA RÉPUBLIQUE ITALIENNE.

Saint-Cloud, 24 vendémiaire an XI (16 octobre 1802).

Les trente ou quarante Vénitiens qui avaient été reconnus citoyens de la République au traité de Campo-Formio paraissent avoir des droits acquis, parce qu'ils les ont apportés avec la portion du territoire vénitien qui est un élément primitif de la formation de la République italienne. Mon honneur s'y trouve d'ailleurs personnellement engagé, puisque les circonstances politiques ont voulu qu'on autorisât l'Empereur à s'emparer de ce pays; c'est d'ailleurs une politique qui mérite attention, que de ne pas être injuste envers des hommes qui ont encore le crédit de l'opinion dans les provinces vénitiennes.

Dans les circonstances actuelles où se trouve la République italienne, à cause de l'accroissement d'armée que la France se trouve obligée d'avoir sur pied pendant toutes ces années-ci, en conséquence de l'irritation politique que produisent nécessairement en Europe l'existence et la formation de cet État, et vu surtout le petit nombre de troupes qu'entretient la République italienne, les fournisseurs, soit pour l'habillement, soit pour les remontes, soit pour les fourrages et le pain, seront soldés à Paris par le ministre, et vous tiendrez les 1,600,000 francs à la disposition du ministre Barbé-Marbois, qui les tirera en lettres de change. Le ministre du trésor public de la République italienne ouvrira, à cet effet, une correspondance avec le citoyen Barbé-Marbois.

Le duc de Parme vient de mourir. Je ne sais ce qui va résulter des négociations que l'Espagne a précédemment entamées, prévoyant ce cas. Je sens bien que ce pays arrondirait beaucoup la République italienne. Les événements actuels tiennent à tant de considérations, que je ne prévois pas encore le parti définitif qui sera pris.

Quant aux Suisses, mon intention a été longtemps de ne pas me mêler de leurs affaires; mais les secousses sont devenues trop violentes. J'ai donc été obligé de changer de plan. Beaucoup de gens s'imaginent que c'est une copie du congrès de Lyon; il n'est cependant pas difficile de voir la différence de circonstances et d'intérêts pour la France. Cet événement d'ailleurs serait mauvais, ne serait-ce que parce qu'il est prévu par beaucoup de politiques depuis plusieurs mois.

Il y a ici une discussion pour connaître la partie de dettes piémontaises que le territoire qui a été réuni à la République italienne doit payer. Cet objet mérite d'être examiné, et je vais charger Felici et un conseiller d'État français de s'entendre sur ce point. Je vous prie de faire passer les renseignements, que vous pourriez avoir, qui pourraient éclaircir la question.

BONAPARTE.

Archives de l'Empire.

6374. — AU GÉNÉRAL BERTHIER, MINISTRE DE LA GUERRE.

Saint-Cloud, 24 vendémiaire an XI (16 octobre 1802).

Je vous prie, Citoyen Ministre, de donner l'ordre aux compagnies noires et d'hommes de couleur qui sont à l'île d'Oleron de se rendre à Bayonne. Donnez également l'ordre au général commandant la 11e division militaire de les placer à l'extrême frontière, en les disséminant par compagnies.

BONAPARTE.

Dépôt de la guerre.

6375. — ARRÊTÉ.

Paris, 24 vendémiaire an XI (16 octobre 1802).

ARTICLE 1er. — Les colléges irlandais établis à Toulouse, à Bordeaux, à Nantes, à Douai, à Lille, à Anvers, à Louvain, et le collége écossais de Douai, sont réunis aux colléges irlandais et écossais de Paris.

ART. 2. — Les colléges irlandais et écossais de Paris sont réunis dans un seul et même établissement.

ART. 3. — Il y aura alternativement, à la tête de cet établissement, un Irlandais et un Écossais.

ART. 4. — En attendant que cet établissement soit organisé, les revenus des colléges irlandais et écossais de Paris seront employés à entretenir, dans les colléges du Prytanée, des jeunes Irlandais et des jeunes Écossais.

Art. 5. — Ils recevront la même instruction que celle qu'ils recevraient s'ils étaient dans les colléges de leur nation.

Art. 6. — Le ministre de l'intérieur est chargé de l'exécution du présent arrêté.

Bonaparte.

Archives de l'Empire.

6376. — AU GÉNÉRAL BERTHIER, ministre de la guerre.

Paris, 25 vendémiaire an XI (17 octobre 1802).

Le Premier Consul, Citoyen Ministre, désire que vous envoyiez sur-le-champ au général Ney un courrier extraordinaire, pour lui faire connaître qu'il ait à suspendre tous les mouvements, et à faire passer en conséquence des ordres en Italie. Vous le préviendrez qu'il va recevoir du ministre des relations extérieures des instructions pour se rendre à Berne ; il s'accoutumera à y commander les troupes mises à sa disposition, lesquelles, jusqu'à nouvel ordre, resteront dans leur position.

Par ordre du Premier Consul.

Le ministre des relations extérieures est chargé des dépêches qui partiront par votre courrier.

Archives de l'Empire.

6377. — AU CITOYEN CHAPTAL, ministre de l'intérieur.

Saint-Cloud, 26 vendémiaire an XI (18 octobre 1802).

Je vous prie, Citoyen Ministre, de faire passer, du Havre en Corse, dix mille quintaux de blé, pour être vendus aux communes pour les semailles, ce pays n'ayant pas récolté cette année de quoi semer.

Bonaparte.

Archives de l'Empire.

6378. — INSTRUCTIONS PARTICULIÈRES POUR L'AMBASSADEUR A CONSTANTINOPLE[1].

Saint-Cloud, 26 vendémiaire an XI (18 octobre 1802).

1° L'intention du Gouvernement est que l'ambassadeur à Constan-

[1] Général Brune.

tinople reprenne, par tous les moyens, la suprématie que la France avait depuis deux cents ans dans cette capitale. La maison qui est occupée par l'ambassadeur est la plus belle. Il doit tenir constamment un rang au-dessus des ambassadeurs des autres nations, être entouré d'une suite nombreuse, et ne marcher qu'avec un grand éclat. Il doit reprendre sous sa protection tous les hospices et tous les chrétiens de Syrie et d'Arménie, et spécialement toutes les caravanes qui visitent les Lieux Saints.

2° Notre commerce doit être protégé sous tous les points de vue. Dans l'état de faiblesse où se trouve l'empire ottoman, nous ne pouvons pas espérer qu'il fasse une diversion en notre faveur contre l'Autriche. Il ne nous intéresse donc plus que sous le rapport du commerce. Le Gouvernement ne veut souffrir aucune avanie des pachas, et la moindre insulte à nos commerçants doit donner lieu à des explications fort vives et conduire notre ambassadeur à obtenir une satisfaction éclatante. On doit accoutumer les pachas et beys des différentes provinces à ne regarder désormais notre pavillon qu'avec respect et considération.

3° Dans toutes les circonstances, on ne doit pas manquer de dire et de faire sentir que, si la Russie et l'Autriche ont quelque intérêt de localité à se partager les États du Grand Seigneur, l'intérêt de la France est de maintenir une balance entre ces deux grandes puissances. On doit montrer des égards à l'ambassadeur de Russie, mais se servir souvent de l'ambassadeur de Prusse, qui est plus sincèrement dans nos intérêts.

4° S'il survient des événements dans les environs de Constantinople, offrir sa médiation à la Porte, et, en général, saisir toutes les occasions de fixer les yeux de l'empire sur l'ambassadeur de France. C'est d'après ce principe que, le jour de la fête du Prophète, il n'y a point d'inconvénient à illuminer le palais de France selon l'usage oriental, après toutefois s'en être expliqué avec la Porte.

En fixant les yeux du peuple sur l'ambassade de France, avoir soin de ne choquer jamais ses mœurs et ses usages, mais faire voir que nous estimons les uns et les autres.

5° Le ministre de la marine a des ordres pour tenir toujours deux frégates en croisière dans les mers de Syrie et d'Arménie et à Constantinople. Il y aura également plusieurs avisos. L'ambassadeur s'en servira, dans les circonstances nécessaires, pour s'entendre avec nos commissaires des relations commerciales et protéger notre commerce.

6° Enfin on désire que l'ambassadeur se procure des renseignements très-exacts sur les différents pachaliks et en fasse part au cabinet. Il doit même pousser ses recherches vers la Perse.

Par ordre du Premier Consul.

Archives de l'Empire.

6379. — AU CONTRE-AMIRAL DECRÈS,

MINISTRE DE LA MARINE ET DES COLONIES.

Saint-Cloud, 26 vendémiaire an XI (18 octobre 1802) [1].

Nous avons besoin, Citoyen Ministre, d'avoir deux frégates, deux bricks et deux avisos perpétuellement en croisière dans les mers du Levant. Cette croisière pourrait se relever tous les six mois.

Le but de cette croisière serait d'avoir une frégate sur les côtes de Tripoli, d'Égypte, de Syrie, de Rhodes, de Chypre et de Candie, et une frégate et deux bricks qui mouilleraient à Constantinople, et de là se porteraient sur tous les points de l'Archipel où il serait nécessaire, en ayant soin de faire la tournée de tous les ports où nous avons des commissaires des relations extérieures.

L'instruction générale des capitaines de ces frégates doit être de mouiller dans tous les ports, d'envoyer le relevé des observations qu'ils sont à même de faire dans les endroits où ils vont, et de conférer avec nos agents sur les dispositions des pachas et officiers turcs pour le bien de notre commerce, et d'envoyer chaque fois un rapport pour faire connaître la conduite des différents agents français, les injustices dont on aurait à se plaindre, et le nombre des bâtiments qui ont mouillé dans les lieux où ils passent.

Une frégate et un brick doivent également croiser sur les côtes du Maroc, d'Alger, de Tunis, de Malte, de Sicile et de Sardaigne. Cette croisière serait également relevée tous les six mois, de manière que, deux fois par an, des bâtiments paraîtraient dans ces différentes places.

Au mois de germinal, on tiendra une croisière de deux vaisseaux de guerre dans le Levant; elle rentrera au mois de septembre, et se montrera sur tous les points essentiels.

Il faut s'attendre à de mauvais traitements de la part des Barbaresques, et, dès lors, il faut avoir prêt à leur expédier promptement un vaisseau à deux ponts avec une ou deux frégates.

Ainsi, on aurait trois frégates perpétuellement à la mer.

Une frégate toujours prête à appareiller de Toulon pour la protection de nos côtes et des côtes de Gênes, deux vaisseaux pour la croisière de la bonne saison dans le Levant, et une croisière prête à

[1] Date présumée.

appareiller selon nos besoins, paraissent devoir nous être nécessaires dans la Méditerranée.

Il faudrait profiter de ces croisières régulières pour établir des écoles de jeunes aspirants, afin de leur bien faire connaître les ports que parcourraient ces bâtiments, et leur donner l'instruction nécessaire.

BONAPARTE.

Archives de l'Empire.

6380. — AU CITOYEN PORTALIS, CONSEILLER D'ÉTAT, CHARGÉ DE TOUTES LES AFFAIRES CONCERNANT LES CULTES.

Saint-Cloud, 26 vendémiaire an XI (18 octobre 1802).

Le curé de Saint-Roch, Citoyen Ministre, s'est très-mal conduit, religieusement et politiquement. Faites donner des ordres par l'archevêque de Paris pour que ce curé soit mis deux ou trois mois au séminaire, et que des mesures soient prises pour que de pareilles scènes ne se renouvellent plus désormais. Il ne vous sera pas facile de faire sentir que, si tous les artistes des théâtres de Paris se faisaient protestants, ce serait une chose nuisible pour l'Église, et que ce préjugé, d'ailleurs, qui existait autrefois, est aussi injuste qu'absurde.

BONAPARTE.

Archives de l'Empire.

6381. — A L'EMPEREUR DE RUSSIE.

Saint-Cloud, 27 vendémiaire an XI (19 octobre 1802).

Votre Majesté m'a fait connaître, par sa lettre du 25 juillet, qu'elle verrait avec plaisir qu'il fût possible de faire quelque chose qui pût satisfaire davantage l'Autriche, et la rendre plus facile à terminer les affaires d'Allemagne.

Des conférences ont été ouvertes avec M. de Cobenzl, auquel on a fait connaître les intentions de Votre Majesté. On lui a proposé l'évêché d'Eichstædt, ce qui ferait une diminution de lot pour l'électeur de Bavière, et un accroissement de plus de quatre-vingt mille âmes pour l'archiduc Ferdinand.

Mais cet accroissement, qu'il devait regarder comme inattendu, n'a pas encore eu l'assentiment de la cour de Vienne, et, la voyant insister pour occuper Passau et l'Inn, nous avons pensé qu'une déclaration, faite de concert avec la Prusse dans les termes les plus forts, et appuyée par le ministre de Votre Majesté, autant que ses instructions le lui permettent, pourrait accélérer les affaires d'Allemagne.

Votre Majesté m'a fait connaître, par sa lettre du 8 septembre, qu'elle désirait que l'on fît quelque chose pour l'évêque de Lubeck : j'ai fait donner des instructions en conséquence à Ratisbonne, afin que la protection de Votre Majesté pour l'évêque de Lubeck lui fût efficace et qu'il se trouvât promptement satisfait.

Votre Majesté a paru, dans le temps, s'intéresser au sort des Suisses. J'avais fait évacuer leur territoire par les troupes françaises, pour les laisser jouir de leur indépendance. Mais ils se sont mis de nouveau en révolution, et j'ai été contraint, pour arrêter les troubles de la guerre civile, d'intervenir dans leurs différends. Au reste, quelque chose que l'on puisse dire, Votre Majesté peut rester persuadée que l'indépendance et le territoire de cette petite république seront maintenus dans leur intégrité.

Nous avons été ici un moment fort inquiets d'un attentat contre Votre Majesté. Je la prie de me permettre de lui dire, par l'attachement que je lui porte, qu'un peu de pompe et d'entourage est une des charges que doit supporter une personne qui est dans le rang où elle se trouve.

Je prie Votre Majesté de croire à la haute considération que j'ai pour elle.

BONAPARTE.

Comm. par S. M. l'Empereur de Russie.
(En minute aux Arch. de l'Emp.)

6382. — A L'EMPEREUR D'ALLEMAGNE.

Saint-Cloud, 27 vendémiaire an XI (19 octobre 1802).

Les sentiments que Votre Majesté Impériale veut bien m'exprimer dans sa lettre du 19 août m'ont vivement touché. Je la prie d'en agréer mes remercîments.

Son ambassadeur a dû lui faire connaître ce que je croyais possible de faire pour le prince Ferdinand. Je désire vivement que cela lui soit agréable. La paix avec Votre Majesté est le plus vrai de mes vœux ; je crois lui en avoir donné des preuves dans des circonstances importantes, et je regrette sincèrement que les deux États n'aient pas marché de concert pour terminer les affaires d'Allemagne ; il faut l'attribuer aux événements, qui ne l'ont pas voulu. Cependant il est vrai de dire que, de mon côté, je sens parfaitement que le concert de l'Autriche et de la France peut, plus que tout au monde, assurer la tranquillité de l'Europe.

Après deux guerres aussi longues et aussi sanglantes, peut-être, après tout, n'est-il pas étonnant qu'il y ait de l'éloignement et de la défiance entre les deux cabinets. Cependant Votre Majesté sent que, dans la position où se trouve la France, ayant des engagements pour les affaires d'Allemagne avec la Russie, la Prusse et la Bavière, il m'est impossible de ne pas suivre le système que j'ai adopté. Mais, l'Allemagne pacifiée, les deux cabinets parviendront à se mieux connaître, et pourront alors marcher avec plus de concert.

Je conjure donc Votre Majesté de terminer promptement les affaires d'Allemagne. Elle aura, par là, consolidé le repos de toutes les nations. Que Votre Majesté considère que c'est la fin des événements malheureux qui ont agité l'Europe depuis dix ans, et que désormais elle n'aura plus à s'occuper que de choses agréables, qui feront le bonheur de ses peuples, et la dédommageront des années trop orageuses qui se sont écoulées depuis qu'elle règne.

Que Votre Majesté veuille alors compter sur mon désir de contribuer au bonheur de son règne et à tout ce qui pourra lui être agréable.

BONAPARTE.

Archives de l'Empire.

6383. — A L'ARCHIDUC FERDINAND.

Saint-Cloud, 27 vendémiaire an XI (19 octobre 1802).

Je suis vivement touché des peines de Votre Altesse Royale; celles du cœur nous frappent plus sensiblement que celles de la politique.

Je prie Votre Altesse Royale de rester persuadée que personne ne prend une part plus vraie à la grande perte qu'elle a faite.

Que Votre Altesse Royale croie également au désir que j'ai que les circonstances se présentent enfin telles, que je puisse la convaincre de l'envie que j'ai de lui être agréable.

BONAPARTE.

Archives de l'Empire.

6384. — AU DOGE DE GÊNES.

Saint-Cloud, 27 vendémiaire an XI (19 octobre 1802).

Citoyen Doge de la République de Gênes, je vous prie de faire au Sénat mes remercîments des choses aimables contenues dans la lettre que vous m'avez écrite. Qu'il ne doute jamais de l'intérêt que je prends au bonheur de tous les citoyens de la République, et du désir que j'ai qu'ils vivent entre eux en paix et se livrent exclusivement au commerce et à tout ce qui peut accroître leur aisance, sans se donner aucune inquiétude sur l'avenir, ni se laisser agiter par l'esprit de faction.

Comptez, Citoyen Doge, sur l'estime toute particulière que je vous ai vouée.

BONAPARTE.

Archives de l'Empire.

6385. — AUX GONFALONIER ET ANCIENS DE LA RÉPUBLIQUE DE LUCQUES.

Saint-Cloud, 27 vendémiaire an XI (19 octobre 1802).

Citoyens Gonfalonier et Anciens de la République de Lucques, je vous remercie des sentiments que vous m'exprimez dans votre lettre du 22 septembre. J'apprendrai toujours avec plaisir que l'union règne parmi vous, que les citoyens soumis à la loi et aux magistrats ne sont agités par aucun esprit de faction, et qu'ils emploient en paix tous leurs moyens pour accroître le bien-être et la prospérité de leurs familles.

BONAPARTE.

Archives de l'Empire.

6386. — AU CITOYEN TALLEYRAND, MINISTRE DES RELATIONS EXTÉRIEURES.

Saint-Cloud, 27 vendémiaire an XI (19 octobre 1802).

Vous trouverez ci-joint, Citoyen Ministre, un rapport sur des Français détenus captifs à Alger. Mon intention est que vous écriviez au citoyen Dubois-Thainville pour les faire relâcher. Ces malheureux, s'ils ont déserté, ont assez souffert.

BONAPARTE.

Archives des affaires étrangères.

6387. — DÉCISION.

Paris, 28 vendémiaire an XI (20 octobre 1802).

La commune de Chivasso (département de la Doire) demande l'autorisation de démolir ses anciennes fortifications, comme nuisibles à la salubrité, à la circulation, et comme inutiles à la défense. La commune se chargerait des frais de la démolition, moyennant la cession des décombres et du terrain occupé par les remparts.

Approuvé.

Écrire au général Jourdan que le Gouvernement est disposé à accueillir la même demande de la part de toutes les communes qui ont des remparts et des murailles, Alexandrie, Turin et Fenestrelle exceptés.

BONAPARTE.

Archives de l'Empire.

6388. — AU CITOYEN REGNIER,

GRAND JUGE, MINISTRE DE LA JUSTICE.

Paris, 29 vendémiaire an XI (21 octobre 1802).

J'ai l'honneur de vous envoyer, Citoyen Ministre, la liste des individus désignés comme pouvant faire partie de celle d'exception à l'amnistie.

Le Premier Consul désire qu'à la colonne d'observations l'on ajoute, pour chaque individu, l'indication du lieu où il réside en ce moment, et de celui où il résidait pendant la guerre civile.

Le Premier Consul désire en même temps,

1° Que vous lui remettiez un état nouveau et complet de tous ceux des individus inscrits sur la liste des émigrés qui ont été les agents de la guerre civile;

2° Que vous fassiez recueillir les noms de tous les individus qui ont commandé des corps anglais, suisses ou autrichiens, pendant la campagne des années VII, VIII et IX;

3° Que vous ordonniez les dispositions nécessaires pour que l'on connaisse, avec précision et exactitude, tous les individus français qui composent en ce moment les maisons des princes.

Par ordre du Premier Consul.

Archives de l'Empire.

6389. — AU CITOYEN BIGOT DE PRÉAMENEU,

PRÉSIDENT DE LA SECTION DE LÉGISLATION AU CONSEIL D'ÉTAT.

Saint-Cloud, 29 vendémiaire an XI (21 octobre 1802).

Vous trouverez ci-joint deux mémoires qui me sont remis. En plusieurs endroits, les prêtres, 1° interdisent la sépulture en terre sainte arbitrairement; 2° interdisent l'église arbitrairement; 3° se refusent à admettre pour parrains et marraines ceux qui ne leur plaisent pas. Il est convenable qu'un arrêté du Conseil d'État détermine la marche que les préfets, les commissaires du Gouvernement, les tribunaux et les intéressés doivent suivre. Il faut également s'occuper d'une mesure particulière pour le curé de Saint-Roch.

Bonaparte.

Comm. par Mme la baronne de Nougarède de Fayet.

6390. — ARRÊTÉ.

Paris, 30 vendémiaire an XI (22 octobre 1802).

Article 1er. — Il sera exécuté, tous les deux ans, pour le compte et aux frais du Gouvernement, quatre tableaux d'histoire et deux statues.

ART. 2. — Les sujets des tableaux seront pris dans l'histoire de la nation française, et agréés par le Gouvernement.

Les statues représenteront les Français qui ont rendu des services à leur patrie, et les sujets seront donnés par le Gouvernement.

ART. 3. — Les tableaux seront exécutés dans la proportion de cinq mètres sur quatre, et payés 10,000 francs.

Les statues auront deux mètres de hauteur et seront payées 15,000 francs. Le marbre sera fourni par le Gouvernement.

ART. 4. — Le ministre de l'intérieur est chargé de l'exécution du présent arrêté.

BONAPARTE.

Archives de l'Empire.

6391. — ORDRE.

Saint-Cloud, 3 brumaire an XI (25 octobre 1802).

Le citoyen Estève fera donner 12,000 francs au général Ferrand, ci-devant préfet, 12,000 francs à Girodet, pour le tableau d'*Ossian*, et 100,000 francs pour mon voyage.

BONAPARTE.

Archives de l'Empire.

6392. — AU GÉNÉRAL BERTHIER, MINISTRE DE LA GUERRE.

Saint-Cloud, 5 brumaire an XI (27 octobre 1802).

Je vous prie, Citoyen Ministre, de donner l'ordre à un bataillon de la 20e demi-brigade de ligne, mis au grand complet de 700 hommes, et à un bataillon de la 23e de ligne, mis également au grand complet, de se rendre à Toulon, où ils seront à la disposition du ministre de la marine.

Écrivez au général Murat pour qu'il fasse connaître au citoyen Melzi le désir que j'ai de prendre une demi-brigade polonaise au service de la République française.

BONAPARTE.

Dépôt de la guerre.

6393. — DÉCISION.

Paris, 5 brumaire an XI (27 octobre 1802).

Les habitants de Mortain (Manche) se plaignent de la conduite intolérante

Je prie le citoyen Portalis de prendre cette demande en grande

des prêtres insermentés, et demandent pour curé le citoyen Picot.

Archives de l'Empire.

considération, et de me faire savoir ce qu'il aura fait.

BONAPARTE.

6394. — AU CITOYEN ESTÈVE, TRÉSORIER DU GOUVERNEMENT.

Saint-Cloud, 6 brumaire an XI (28 octobre 1802).

Vous ferez solder, Citoyen, les appointements du citoyen Bourrienne jusqu'au 6 brumaire. Il n'est plus employé auprès de moi à compter de ce jour, étant promu à d'autres fonctions.

BONAPARTE.

Archives de l'Empire.

6395. — AU CITOYEN CHAPTAL, MINISTRE DE L'INTÉRIEUR.

Saint-Cloud, 6 brumaire an XI (28 octobre 1802).

Le conseil général de la ville d'Ajaccio m'écrit, Citoyen Ministre, qu'il désirerait que l'on donnât au grand chemin de la ville à la Chapelle Sainte-Lucie 64 pieds. Il paraît que l'ingénieur a le projet de n'en donner que la moitié. Je vous prie de donner des ordres en conséquence.

BONAPARTE.

Archives de l'Empire.

6396. — AU CITOYEN DUCHATEL,
CONSEILLER D'ÉTAT, DIRECTEUR GÉNÉRAL DE L'ENREGISTREMENT.

Saint-Cloud, 6 brumaire an XI (28 octobre 1802).

Les moines du mont Cenis se plaignent, Citoyen Conseiller d'État, qu'on leur défend la chasse et la pêche sur l'étang; je vous prie de me faire un rapport sur cet objet, et de me faire connaître s'il y aurait quelque inconvénient à les donner à ce couvent.

BONAPARTE.

Archives de l'Empire.

6397. — AU GÉNÉRAL BERTHIER, MINISTRE DE LA GUERRE.

Saint-Cloud, 6 brumaire an XI (28 octobre 1802).

Je vous prie, Citoyen Ministre, de donner ordre au directeur du génie de la 23e division militaire de faire replacer l'horloge, qui a été démolie et qui était au milieu de la ville d'Ajaccio sur la grande place, sur la caserne neuve. Vous mettrez à sa disposition 3,000 francs pour cet objet.

Les canaux en fer qui vous ont été demandés pour procurer des eaux à la ville d'Ajaccio entraîneraient trop de dépense. Je vous prie d'ordonner au génie militaire d'y envoyer 6,000 toises de tuyaux en terre. Je désirerais que cela pût arriver dans le courant de l'hiver.

BONAPARTE.

Archives de l'Empire.

6398. — AU GÉNÉRAL DEJEAN,

MINISTRE DIRECTEUR DE L'ADMINISTRATION DE LA GUERRE.

Saint-Cloud, 6 brumaire an XI (28 octobre 1802).

Je suis instruit, Citoyen Ministre, que les moines du mont Cenis ont fait des avances à des militaires isolés, et leur ont donné des rations de pain et de vin qui ne leur ont pas été remboursées, ce qui les met hors d'état de continuer de fournir à ces besoins. Je vous prie de donner l'ordre à un commissaire des guerres, le plus à portée, de se rendre chez eux et de vous faire un rapport à ce sujet.

BONAPARTE.

Dépôt de la guerre.

6399. — DÉCISION.

Saint-Cloud, 6 brumaire an XI (28 octobre 1802).

La veuve du général d'artillerie Lance demande une pension alimentaire.

Je voudrais qu'il y eût moyen de concilier avec les lois le désir que j'ai de donner 12,000 francs à cette veuve.

BONAPARTE.

Archives de l'Empire.

6400. — AU GÉNÉRAL MURAT,

COMMANDANT EN CHEF LES TROUPES FRANÇAISES EN ITALIE.

Saint-Cloud, 6 brumaire an XI (28 octobre 1802).

J'ai reçu vos lettres, Citoyen Général; j'ai donné des ordres relativement au mont Cenis, pour que les moines soient en mesure de donner des secours aux soldats, à mesure qu'ils passeront.

Vous n'êtes pas nécessaire à Parme. Il est nécessaire que vous vous assuriez de la bonne tenue et de la bonne administration des corps de votre armée; il ne faut pas toujours s'en rapporter aux chefs de brigade, mais voir le soldat et, s'il a des plaintes à faire, lui faire justice.

BONAPARTE.

Archives de l'Empire.

6401. — AU CONSUL CAMBACÉRÈS.

Rouen, 8 brumaire an XI (30 octobre 1802).

J'ai reçu, Citoyen Consul, votre lettre du 6, et je reçois celle du 7. Les Normands ne m'ont point paru ce que m'avait dit le citoyen Lebrun. Je suis arrivé à Évreux, après avoir parcouru une ou deux heures le champ de bataille d'Ivry.

J'ai été fort content de l'état des manufactures de Louviers et de Romilly. Je ne connaissais pas encore les départements de la Normandie, et j'ai éprouvé un plaisir bien grand à parcourir ces riches et fertiles contrées.

Nous nous portons tous fort bien, et nous arrivons dans ce moment à Rouen. Je m'empresse de vous faire expédier un courrier pour vous donner de mes nouvelles.

BONAPARTE.

L'archevêque est venu à ma rencontre et se porte très-bien.

Comm. par M. le duc de Cambacérès.
(En minute aux Arch. de l'Emp.)

6402. — ALLOCUTIONS FAITES A ROUEN
LE 8 BRUMAIRE AN XI (30 OCTOBRE 1802).

AU CLERGÉ.

Le Premier Consul a témoigné au clergé le plaisir qu'il avait de trouver, pour l'Église de Rouen, le même esprit d'union et d'attachement à l'État qui distinguait le clergé de Paris; qu'il en témoignait spécialement sa satisfaction à l'archevêque, qui était animé de cet esprit de piété et d'amour de la patrie qui anime le prélat de Paris.

AU TRIBUNAL CRIMINEL.

Le Premier Consul a témoigné aux membres du tribunal criminel qu'il voyait avec peine que les auteurs des incendies des granges, qui avaient été jusqu'au nombre de six à sept dans le dernier trimestre, n'avaient pas encore été découverts et dès lors punis; que le commissaire du Gouvernement et les magistrats de sûreté devaient employer tout leur zèle et les ressources qu'une imagination bien faite et la connaissance du cœur humain devaient leur suggérer, pour découvrir les coupables, qui laissent toujours après eux quelques traces de nature à les déceler.

AU TRIBUNAL DE PREMIÈRE INSTANCE.

Le Premier Consul a témoigné au tribunal de première instance qu'il voyait avec peine le grand nombre de causes qui se trouvaient en retard; qu'à la prochaine législature on proposerait une nouvelle section pour le tribunal, mais qu'il comptait qu'en attendant les juges emploieraient toute leur activité pour se mettre promptement au courant.

Extrait du *Moniteur*.

6403. — AU CITOYEN BARBÉ-MARBOIS, MINISTRE DU TRÉSOR PUBLIC.

Rouen, 9 brumaire an XI (31 octobre 1802).

J'ai reçu votre lettre du 8 brumaire, Citoyen Ministre. L'aspect de ces départements est extrêmement agréable.

Je ne suis pas d'opinion de négocier les coupes de bois pour 1 pour 100. Je préfère, si vous êtes pressé, que vous mettiez dans le portefeuille de floréal les 7,500,000 francs de coupes de bois qui échoient au 1er germinal, et que vous ôtiez 7,500,000 francs d'obligations échéant en floréal, dont vous vous aiderez pour le service de frimaire, nivôse, etc. J'espère que, dans le courant du mois prochain, nous trouverons à négocier nos coupes de bois à 3/4, et sans commission. Je ne veux pas les donner autrement.

La solde de brumaire, pour tous les corps qui sont en Suisse, sera faite par les divisions où se trouvaient ces corps dans la dernière décade de vendémiaire. Ces divisions sont les 5e, 7e, 27e, et la République italienne. Donnez ordre à ces différents payeurs d'envoyer la solde de brumaire par des commis en poste, pour que ces corps ne souffrent pas un instant. La solde de frimaire sera faite directement par vous à Berne, où vous enverrez un payeur à cet effet. Sous aucun prétexte, ce payeur ne pourra payer rien que pour la solde de frimaire. Vous diminuerez d'autant la solde des divisions où étaient ces corps en vendémiaire, afin que cela ne fasse aucune augmentation au total de la solde. Du reste, le pain, la viande et les fourrages doivent être payés par la République helvétique.

BONAPARTE.

Archives de l'Empire.

6404. — AU GÉNÉRAL BERTHIER, MINISTRE DE LA GUERRE.

Rouen, 9 brumaire an XI (31 octobre 1802).

J'ai reçu, Citoyen Ministre, votre lettre relative aux affaires de Suisse : écrivez au général Ney que toute sa conduite est tracée dans les instructions qu'il a reçues du ministre des relations extérieures.

La solde des corps qui sont en Suisse sera payée, pour le mois de brumaire, par les payeurs des divisions où ces corps étaient au 1er brumaire.

Le général Ney prendra le titre de ministre plénipotentiaire, général en chef de l'armée française. A compter du 1er brumaire, il jouira du traitement de général en chef; indépendamment, il touchera, aux relations extérieures, le traitement accordé au ministre de la République à Berne.

Il aura sous ses ordres : deux bataillons de la 27e de ligne, deux de la 16e de ligne, et deux de la 50e; un des trois bataillons de la 27e continuera à rester à Strasbourg, un des trois de la 16e continuera à rester à Fribourg, et un des trois de la 50e restera à Huningue. Un bataillon de la 104e sera mis en garnison à Bienne. Les détachements de la 61e et de la 2e légère se réuniront à Genève et à Besançon. Indépendamment de ces troupes, le général Ney gardera six bataillons de troupes qui lui viennent de l'armée d'Italie ou du Piémont; ces six bataillons seront composés de corps complets. Il gardera, également complet, le régiment de chasseurs qu'il a dans ce moment-ci.

Vous lui enverrez deux généraux de division et quatre généraux de brigade. La 73e sera également toute réunie à Genève. Une demi-brigade restera seule dans le Valais.

Le pain, la viande et les fourrages seront fournis par la Suisse; vous vous en expliquerez avec le citoyen Stapfer[1]. La solde sera fournie par le Gouvernement français; en conséquence, à compter du 1er frimaire, le citoyen Barbé-Marbois aura un payeur pour la Suisse et fera la solde pour frimaire.

Il y aura un inspecteur aux revues, un commissaire ordonnateur, un chef de brigade et un chef de bataillon d'artillerie, et deux officiers du génie.

Donnez ordre à la 2e légère de partir le 1er frimaire de Genève, pour tenir garnison à Châlon-sur-Saône, où elle passera l'hiver.

Un des généraux de division sera le général Barbou. Vous enverrez à Turin le général Rivaud, qui commandait la cavalerie à Livourne, pour commander la 27e division. L'autre général de division sera pris parmi ceux de l'armée d'Italie.

BONAPARTE.

Dépôt de la guerre.

[1] Ministre plénipotentiaire de la République helvétique à Paris.

6405. — AU CONSUL CAMBACÉRÈS.

Rouen, 9 brumaire an XI (31 octobre 1802).

Il est cinq heures après midi. Je suis monté à cheval, ce matin, à huit heures, pour visiter toutes les hauteurs de Rouen.

M. l'archevêque, qui est fort aimé et estimé ici, a bien voulu nous dire une messe; mais il ne nous a donné ni eau bénite, ni oraison. Nous prendrons notre revanche demain, qui est la Toussaint.

Je viens de recevoir toutes les autorités; il a fallu parler beaucoup et longtemps. Je suis, du reste, extrêmement satisfait de l'esprit de ce pays-ci.

Le grand juge ne doit pas perdre un instant à faire arrêter le notaire Petit, demeurant à Thy-le-Château; à faire mettre les scellés sur ses papiers, faire biffer la protestation, et à le faire conduire au Temple. Les huit curés doivent être sur-le-champ arrêtés, et conduits sous bonne garde en Italie.

Tous les agents qui se disent chargés de commissions par les munitionnaires de la guerre et de la marine doivent être arrêtés, parce qu'il leur a été fourni une assez grande quantité de grains; ainsi, ces agents sont des accapareurs et des hommes qui cherchent à attiser la malveillance du peuple contre le Gouvernement.

Je ne crois pas qu'il y ait rien à dire au général Ney; il a reçu des ministres de la guerre et des relations extérieures des instructions assez détaillées pour que sa situation actuelle s'y trouve comprise.

Je vous envoie un rapport du Morbihan. Je vous prie de faire venir le citoyen Vanlerberghe et de lui demander pourquoi il fait acheter dans ces malheureux départements, où la récolte a été mauvaise, pendant que nous avons tant de blé sur les côtes et à un prix si modique. Je vous prie de lui dire que je ne prétends pas qu'il achète dans ces départements; qu'il lui a été fourni assez de blés.

BONAPARTE.

Comm. par M. le duc de Cambacérès.
(En minute aux Arch. de l'Emp.)

6406. — AU CONSUL CAMBACÉRÈS.

Rouen, 11 brumaire an XI (2 novembre 1802).

J'ai reçu votre lettre, Citoyen Consul. Il faut, à quelque prix que ce soit, faire arrêter le chevalier de Coigny, et le garder au Temple sous bonne et sûre garde.

Depuis trois jours que je suis à Rouen, je n'ai cessé de parcourir les différentes positions de la ville et de visiter les manufactures. J'ai lieu d'être extrêmement satisfait de tout ce que je vois ici.

J'ai assisté hier à une fête que m'a donnée la ville. La société était très-belle et très-nombreuse.

J'assisterai demain au soir à une fête du commerce. Le matin j'irai à Elbeuf, pour y voir les fabriques.

J'aurai parade, jeudi, à Rouen. Je verrai la halle vendredi, jour de marché, où elle est très-curieuse à voir.

Je partirai immédiatement pour le Havre, où je serai samedi ou dimanche.

Je reviendrai par Dieppe et Beauvais, où je coucherai. Je désire que vous en préveniez le préfet, et que vous y envoyiez un piquet de 50 chasseurs et de 50 grenadiers à cheval.

Je resterai trois jours au Havre et un jour à Dieppe. Je ne prévois pas être à Paris avant le 20 du mois.

BONAPARTE.

Comm. par M. le duc de Cambacérès.
(En minute aux Arch. de l'Emp.)

6407. — AU CITOYEN JOSEPH BONAPARTE.

Rouen, 11 brumaire an XI (2 novembre 1802).

Faites mes compliments à Mme Joseph. Elle fait de si belles filles, que l'on peut se consoler de ce qu'elle ne vous a pas donné un beau garçon.

Je suis aussi content de Rouen que de Lyon. Cette ville me donne des preuves d'attachement qui me touchent.

Tout ici est consolant et beau à voir, et j'aime vraiment cette belle, bonne Normandie. C'est la véritable France.

Je vous prie de croire que rien ne peut altérer mon attachement et mon amitié pour vous, pour votre épouse et pour tout ce qui vous touche.

BONAPARTE.

Comm. par M. Guibourg, maire de Senlis.

6408. — A L'ARCHEVÊQUE DE LYON.

Rouen, 11 brumaire an XI (2 novembre 1802).

Monsieur l'Archevêque de Lyon, je suis arrivé depuis trois jours à Rouen; j'ai été extrêmement satisfait du peuple de ce département, et j'ai lieu de l'être de l'esprit du clergé, et spécialement de l'archevêque.

Il est temps que vous partiez, sans tarder davantage, pour votre diocèse; que vous y meniez un train de maison décent, mais sans luxe, vous proportionnant au train des maisons les plus considérables de Lyon, du préfet et du général commandant la division. Vous devez agir avec dextérité, mais réellement placer le plus de constitutionnels possible, et bien vous assurer ce parti. Vous ne devez point vous dissimuler que cette question de constitutionnels et de non-constitutionnels est, parmi le grand nombre de prêtres, une question religieuse, mais n'est, dans les chefs, qu'une question politique. Vous devez unir à cela un grand respect et une grande considération pour le Pape, pour les vertus et pour l'opinion, comme autorité, de l'archevêque de Paris.

Je désire que vous m'envoyiez votre mandement avant de le publier et de le faire imprimer. Enfin vous me déplairiez infiniment et feriez un grand mal à l'État, si vous choquiez les constitutionnels. J'aime encore mieux que quelque forcené s'éloigne de vous que de voir les constitutionnels s'en séparer.

N'oubliez pas que, sur le théâtre où vous allez être placé, vous serez l'objet de tous les regards. Ayez une grande sévérité de mœurs, une grande tenue, et soyez tout entier aux devoirs de votre place. Affectez de ne point vous mêler de politique; si on vous présente des pétitions pour moi, dites que votre ministère est la religion. Ne vous livrez point trop à votre zèle ardent, même pour l'administration des hospices et pour les pauvres.

Votre premier soin, le soin qui vous occupera plusieurs mois, c'est d'administrer les sacrements à votre diocèse, de concilier vos prêtres, de les connaître et d'organiser votre église. Lyon a été un grand centre de travail, et il y a un grand nombre de prêtres qui étaient voués à un parti ennemi de l'État; n'employez pas ceux-là, et, si vous croyiez devoir en employer quelques-uns, faites-moi connaître votre travail, et je les éloignerai, de ma propre volonté. Enfin, dans la position délicate où vous êtes, ne pas faire assez est un grand inconvénient peut-être; mais faire trop est le plus grand de tous les maux. Méfiez-vous de la vivacité de votre caractère, et de votre promptitude à prendre un parti et à vous avancer.

L'évêque de Chambéry n'avait point les talents nécessaires. J'aimerais assez que votre première démarche fût de prendre par la main un de ceux qui ont le plus de consistance dans le parti réfractaire, sans être cependant trop exagéré, et un de ceux qui ont le plus de consistance dans le parti constitutionnel, de les bénir et de les embrasser à la fois, en leur disant que l'union et la fraternité sont la base fondamentale de la religion. Quelque chose de saillant en ce genre serait d'un bon résultat pour la religion et un bien pour l'État.

Quant aux hâbleurs qui vous diront que les constitutionnels se sépareront des non-constitutionnels, répondez que ce qui est de votre ministère n'est pas du leur, et que toute démarche et tout sentiment que produirait l'orgueil serait un péché que vous devrez réprouver; que vouloir humilier son voisin, c'est se ressouvenir qu'il a été ennemi, et que, dès lors, c'est violer le premier principe de la loi. Les archevêques et les évêques d'aujourd'hui ne sont pas les archevêques et les évêques de 1789; ce sont ceux qui approchent le plus de la primitive Église. Vous avez assez de science, et vous connaissez assez la doctrine et les maximes de notre religion pour puiser des règles de conduite et des maximes dans la religion même, sans parler du bien de l'État.

Pénétrez-vous bien de ce que je vous exprime dans cette lettre. C'est la manière de faire le bien de la religion et de l'État, de s'attirer l'estime et la confiance de tous les partis, et de m'être agréable.

Le Pape m'a fait connaître que vous alliez être incessamment promu au cardinalat.

Bonaparte.

Archives de l'Empire.

6409. — NOTE POUR LE MINISTRE DES FINANCES.

Rouen, 11 brumaire an XI (2 novembre 1802).

Je verrais avec peine que le château de Laeken fût démoli; je préférerais le faire acheter 500,000 francs par le domaine. Je désire que le ministre des finances prenne, en conséquence, des mesures.

Bonaparte.

Archives de l'Empire.

6410. — AU CITOYEN TALLEYRAND,

MINISTRE DES RELATIONS EXTÉRIEURES.

Rouen, 11 brumaire an XI (2 novembre 1802).

Je reçois, Citoyen Ministre, vos lettres des 9 et 10 brumaire.

Le roi de l'île de Sardaigne ne se résoudra pas à aller dans son île, par répugnance de localité. Je ne serais pas éloigné de conclure avec lui un traité portant :

1° Qu'il cède et renonce, pour lui et ses successeurs, au Piémont, et qu'il reconnaît le peuple français légitime possesseur et souverain de ce pays;

2° Que, de notre côté, nous nous engagerions à payer, sa vie durant, la pension au roi de Sardaigne qui vient d'abdiquer, et 500,000 francs au nouveau roi, payables pour lui et même pour ses enfants, leur vie durant;

3° Que nous leur garantirions la propriété et souveraineté de l'île de Sardaigne, et lui donnerions en toute souveraineté et propriété Piombino, Orbitello avec un arrondissement, formant en tout au plus 50,000 âmes, et où il y eût une ville et un palais pour sa résidence.

Cette possession porterait le titre de duché de Piombino, ou de la principale ville qui serait dans son arrondissement.

Étant ici en l'air, sans carte, sans renseignements, je ne puis désigner la limite de l'arrondissement qu'on pourrait lui donner; mais causez-en directement avec Marescalchi ou avec le ministre de Toscane, sans qu'ils s'en doutent (ces individus connaissent toutes les villes et positions de la Toscane), et envoyez-moi un rapport avec une carte. Vous sentez qu'il nous serait facile, en cédant le duché de Parme au roi de Toscane, d'obtenir la rétrocession de ce district.

Je vous ferai connaître définitivement le parti qui me paraîtra le plus utile, et la manière dont je pense que cette négociation pourrait être conduite.

La lettre du régent de Portugal m'a paru moitié dilatoire, moitié satisfaisante, et peut-être, comme vous le pensez, l'un et l'autre à la fois. Je suppose que vous en avez reçu la copie; ainsi je ne juge pas convenable de vous l'envoyer. Voyez M. de Souza; dites-lui qu'il expédie un courrier à sa cour; qu'il dise que j'ai reçu la lettre du régent, que je ne puis me désister de mes prétentions; que le moyen que demande le régent de Portugal est simple; que moi, je laisserai l'affaire du ministre en Portugal dans la situation où elle se trouve, sans le renvoyer à Lisbonne et le laissant quelque temps en disgrâce; que lui, sans rien dire des motifs, nomme un autre ministre, mais ôte Almeida et ce misérable douanier; que, de mon côté, je nommerai un autre ministre à Lisbonne; et sans que l'Europe se doute de rien, sans que cela ait fait aucun bruit, cette affaire se trouvera terminée; qu'il est impossible que le Portugal retrouve en Europe crédit, puissance, si le ministre actuel reste, puisqu'il est évident qu'il nous a manqué et qu'il est entièrement dévoué à nos ennemis.

BONAPARTE.

Archives des affaires étrangères.
(En minute aux Arch. de l'Emp.)

6411. — PAROLES DU PREMIER CONSUL
EN VISITANT LES MANUFACTURES D'ELBEUF.

Elbeuf, 12 brumaire an XI (3 novembre 1802).

Cette ville est une ruche où, heureusement, il n'existe pas de frelons. Les magistrats sont heureux d'avoir à gouverner des hommes laborieux ; le travail assure à la fois le repos de la société et le bonheur de l'individu.

Extrait du *Moniteur*.

6412. — AU CONSUL CAMBACÉRÈS.

Rouen, 12 brumaire an XI (3 novembre 1802).

J'ai reçu, Citoyen Consul, votre lettre du 11 brumaire.

J'ai visité hier différentes manufactures de Rouen. Ce matin, à huit heures, je suis parti pour Elbeuf pour visiter cette ville, qui ne forme qu'une seule manufacture. Je l'ai trouvée dans le meilleur état. Sa prospérité s'est accrue d'un tiers depuis 1788. Il y a dans tout ce département un attachement au Gouvernement, franc et dégagé de toute autre pensée. On y retrouve les avantages de ce système de 1789 qui avait armé la nation entière et l'avait réunie dans le même mouvement. Depuis le négociant ou le fabricant le plus riche, et qui, pendant la révolution, ont eu le plus la réputation d'aristocratie, jusqu'au dernier homme du peuple, ils sont tous réunis.

Les nouveaux amnistiés y vivent tranquilles et sans considération.

On envoie à Maret directement des notes pour *le Moniteur*.

BONAPARTE.

Comm. par M. le duc de Cambacérès.
(En minute aux Arch. de l'Emp.)

6413. — AU CONSUL CAMBACÉRÈS.

Rouen, 13 brumaire an XI (4 novembre 1802).

Je reçois, Citoyen Consul, vos deux lettres du 12 brumaire.

Je ne verrais pas grand inconvénient à ce que vous fassiez arrêter le nommé Giguet, imprimeur, s'il y a la moindre probabilité qu'il ait reçu de l'argent de l'étranger pour imprimer des libelles.

Faites faire une nouvelle perquisition pour arrêter le chevalier de Coigny. Nous avons besoin d'un exemple, il faut le donner.

J'ai assisté hier au soir à une fête que m'a donnée le commerce, qui a consisté en une comédie de société et un bal.

Je monte à cheval pour passer la parade. Le soleil vient de se lever et le temps est superbe.

BONAPARTE.

A dix heures du soir.

J'ai passé la parade, qui a été fort belle. J'ai été fort content de la tenue des troupes. L'affluence était immense. Le ministre de la marine est parti ce soir. Demain, à six heures du matin, je pars pour le Havre.

Comm. par M. le duc de Cambacérès.
(En minute aux Arch. de l'Emp.)

6414. — AU CITOYEN TALLEYRAND,
MINISTRE DES RELATIONS EXTÉRIEURES.

Rouen, 13 brumaire an XI (4 novembre 1802).

Vous devez, Citoyen Ministre, faire connaître au citoyen Otto ainsi qu'au général Andréossy :

1° Que l'état du continent tel qu'il était alors, et rien que cet état, ne porterait aucun préjudice à l'état actuel, puisqu'à l'époque de la signature du traité d'Amiens et un mois après nous avions en Suisse 10,000 hommes, en Piémont 30,000 hommes, et dans la République italienne près de 40,000 hommes ; que, par conséquent, en demandant l'état tel qu'il était à la paix d'Amiens, ils ne peuvent pas se plaindre de l'état d'aujourd'hui ;

2° Que, le roi d'Angleterre n'ayant voulu reconnaître ni la République italienne, ni la République ligurienne, ni la République helvétique, l'état du continent ne pouvait être garanti par l'Angleterre, puisqu'elle ne le reconnaissait pas ;

3° Que le traité d'Amiens n'en parle d'aucune manière, et dès lors l'Angleterre n'a rien à demander en bon droit ;

4° Que, d'un autre côté, nous avons aussi à demander l'état des Indes tel qu'il était à l'époque du traité ; et cependant il s'y est opéré de grands changements ;

5° Qu'il est vrai que l'état des négociations d'Allemagne, où le nom même du roi d'Angleterre ne se trouvait pas cité, était fait pour irriter la nation ; mais que ce n'est pas la faute du Gouvernement français, mais celle du Gouvernement anglais ;

6° Que l'esprit d'irritation constante qu'entretiennent les journaux, la protection accordée aux brigands, aux évêques rebelles, aux Bourbons, l'argent qu'on continue à donner aux émigrés, ne peuvent que nous maintenir dans la plus grande méfiance ; qu'on ne doit donc s'attendre à aucune confidence, à aucun concert intime, tant que l'on n'aura pas pris un parti qui fasse cesser l'état de disposition hostile du Gouvernement anglais contre le Gouvernement français ;

7° Que, si même notre commerce réciproque se trouve sans concert, on doit encore l'attribuer à la même cause, qui empêche de compter sur rien de stable de la part d'une nation d'où il ne revient que des accents de fureur, des provocations à la mort, des trames, des complots ;

8° Que, quant à la Suisse, nous ne souffrirons pas que l'Angleterre s'en mêle, parce qu'elle ne s'en occuperait que pour y semer le désordre ; ce serait un nouveau Jersey d'où l'on fomenterait des troubles contre la France.

BONAPARTE.

Je pars demain à six heures pour le Havre. Il est difficile d'être plus satisfait que je le suis de tout ce pays-ci.

Archives des affaires étrangères.
(En minute aux Arch. de l'Emp.)

6415. — AU CONSUL CAMBACÉRÈS.

Le Havre, 15 brumaire an XI (6 novembre 1802).

Je suis parti de Rouen, Citoyen Consul, vendredi à six heures du matin. Je me suis arrêté à Caudebec, à Yvetot et à Bolbec. Je suis arrivé au Havre à six heures du soir. J'ai fait ma route au milieu d'une population immense, obligé de m'arrêter à chaque pas. Il est difficile de se faire une idée de tous les sentiments que j'ai recueillis sur mon passage. Dans tous les villages, à la porte des églises, les prêtres, le dais dehors, entourés d'une grande foule, chantaient des cantiques et jetaient de l'encens.

L'illumination du Havre était extrêmement recherchée. J'ai passé la journée d'aujourd'hui à visiter cette ville et ce port intéressants. Demain, je visiterai l'intérieur des bassins. Lundi, je visiterai la garnison. On doit ce jour-là lancer un petit bâtiment. Mardi j'irai à Honfleur, et mercredi je partirai pour Dieppe. Mon voyage, comme vous voyez, est retardé de quelques jours ; mais il m'est difficile de faire autrement.

BONAPARTE.

Comm. par M. le duc de Cambacérès.
(En minute aux Arch. de l'Emp.)

6416. — AU CONSUL CAMBACÉRÈS.

Dieppe, 19 brumaire an XI (10 novembre 1802).

J'ai reçu, Citoyen Consul, vos lettres des 16 et 17. Il faut faire ouvrir toutes les lettres dont était porteur M. de Stainville, en se fondant sur ce principe, qu'il a été à la solde des Anglais, qu'il a porté les armes contre la République, et que des renseignements de Londres, qui ne m'ont jamais trompé, m'ont appris qu'il avait été à Londres pour se faire payer d'une pension que lui font les Anglais.

Vous avez parfaitement fait de faire éloigner la seconde représentation de *Molière chez Ninon*. Il faut tancer le chef du bureau des théâtres pour n'avoir pas senti qu'une phrase comme celle-là pouvait donner lieu à quelque scandale.

Je ne vois pas d'inconvénient à ce que vous nommiez qui vous jugerez le plus digne, soit pour le tribunal de Trèves, soit pour la judicature vacante.

Je suis arrivé à Dieppe hier à six heures et demie du soir. La ville était illuminée avec un goût particulier ; mais je me trouve logé, par vanité de petite ville, dans une très-mauvaise maison, où toutes les cheminées fument.

J'ai traversé Fécamp, Saint-Valery. La route du Havre à Dieppe étant une route de traverse, les voitures ont dû souvent marcher au pas, ce qui a mis les habitants des villages environnants à même de me suivre sur tout mon passage, et souvent nous avons lié conversation ensemble. Tout ce que j'ai vu, soit dans ce pays, soit dans l'esprit du peuple, m'a paru extrêmement satisfaisant.

BONAPARTE.

Comm. par M. le duc de Cambacérès.
(En minute aux Arch. de l'Emp.)

6417. — AU CONSUL CAMBACÉRÈS.

Dieppe, 20 brumaire an XI (11 novembre 1802).

Je reçois, Citoyen Consul, votre lettre du 19. Je crois que vous avez mal fait de relâcher M. de Stainville ; c'est un acte de faiblesse.

Je ne conçois rien à la conduite de Portalis. J'avais ordonné, non une fois, mais dix fois, que les évêques ne déplaceraient aucun curé provisoirement, et cependant on fait toujours le contraire. Si, cependant, Portalis en a donné l'ordre, les préfets et les évêques doivent être coupables, et il trouve toujours leur conduite toute simple.

Une secte orgueilleuse et implacable a voulu vexer les constitutionnels : ils se sont défendus, et le peuple les a soutenus. Écrivez au grand juge que je désire qu'on ne fasse aucune poursuite, ni contre les constitutionnels, ni contre le peuple de Carcassonne. Mon intention est que, dans ce diocèse plus que dans aucun autre, il y ait beaucoup de constitutionnels.

En général, même dans le diocèse de Rouen, ils ont été trop abandonnés, et, quoique je ne puisse me plaindre des choix ni de Rouen, ni du Havre, ni de Fécamp, ni de Dieppe, il est vrai, cependant, que même l'archevêque de Rouen les tient trop à l'écart. Je désire que vous fassiez éclaircir s'il est vrai que le cardinal Caprara ait imposé une déclaration aux constitutionnels, celle « de rentrer » dans le sein de l'Église » : il paraîtrait bien extraordinaire que Portalis n'en ait rien su. Enfin il paraît convenable que Portalis et le grand juge prennent des renseignements avant d'approuver l'organisation des diocèses.

BONAPARTE.

Comm. par M. le duc de Cambacérès.
(En minute aux Arch. de l'Emp.)

6418. — AU CONSUL CAMBACÉRÈS.

Dieppe, 20 brumaire an XI (11 novembre 1802).

J'ai des renseignements très-précis, Citoyen Consul, sur l'abbé David. Si cet individu n'a pu être arrêté au départ, il sera très-urgent de ne rien ébruiter, afin de le saisir au retour avec tous ses papiers. C'est un des agents les plus actifs de Pichegru.

Je suis de retour d'une visite que je viens de faire au Tréport. Demain, avant le jour, je me mettrai en route pour Gisors. Je serai à Paris, au plus tard, samedi au soir.

BONAPARTE.

Comm. par M. le duc de Cambacérès.
(En minute aux Arch. de l'Emp.)

6419. — AU CITOYEN PORTALIS, CONSEILLER D'ÉTAT, CHARGÉ DE TOUTES LES AFFAIRES CONCERNANT LES CULTES.

Dieppe, 20 brumaire an XI (11 novembre 1802).

Je n'ai pu être que vivement affligé, Citoyen Conseiller d'État, des troubles qui viennent d'avoir lieu à Carcassonne et de la mauvaise conduite que tiennent certains évêques. Vous n'avez donc pas prévenu les préfets que je n'entendais pas qu'il y eût aucun changement provisoire? Si vous en avez donné l'ordre, comment ne me proposez-vous pas la destitution des préfets qui contreviennent à des instructions aussi positives?

Je désire que vous me prépariez un rapport sur cet objet à mon arrivée.

Je ne comprends pas non plus comment le cardinal Caprara a pu imposer une nouvelle déclaration aux prêtres constitutionnels, en exigeant d'eux la formule de rentrer dans le sein de l'Église. Vous trouverez ci-joint le rapport du chef de légion de gendarmerie sur cet objet. Je désire que vous ayez sur cet objet une explication avec le cardinal Caprara.

Dans ce diocèse-ci même, je suis à m'apercevoir qu'on désire plus de constitutionnels qu'il n'y en a. Quelque abandon qu'on puisse faire d'eux, ils ont la majorité de l'opinion.

BONAPARTE.

Archives de l'Empire.

6420. — A L'ARCHEVÊQUE DE LYON.

Paris, 20 brumaire an XI (11 novembre 1802).

Monsieur l'Archevêque de Lyon, je continue à penser que votre présence dans votre diocèse est nécessaire. Je vois avec peine, dans la lettre que vous m'avez communiquée, que vous écrasez les constitutionnels ; vous ne les traitez pas de la même manière que les anticonstitutionnels. Cependant, les uns sont bien plus vos amis et ceux de l'État qu'une partie des autres. Votre lettre au chef des anticonstitutionnels est de l'huile sur le feu ; vous rendrez plus exigeants des gens qui paraissent l'être déjà trop.

Il est évident que les hommes qui sont de retour à Paris ont mal agi avec les constitutionnels, en se vantant, avec si peu de dextérité et tant d'orgueil, qu'ils s'étaient rétractés. Je vois donc avec peine que votre conduite n'est pas propre à ramener la tranquillité, et que vous ne faites que donner de l'orgueil à des hommes qui en ont trop.

Le parti extrême des réfractaires est votre ennemi ; par cette conduite, les constitutionnels seront vos ennemis ; votre conduite sera donc faible et vacillante, et n'aura pas ce caractère qui doit vous faire estimer.

Je regarde votre lettre au chef des anti-constitutionnels comme un compte rendu d'un subordonné à un supérieur, tandis que cela ne le regarde pas. Vous ne faites point là la figure d'un archevêque ; vous faites la figure d'un curé envers un grand vicaire. Vous ne devez jamais entrer dans ces discussions avec vos subordonnés. C'est être ennemi du repos de l'Église et de l'État que vouloir, par satisfaction de son orgueil, écraser un parti et triompher où il n'y a pas sujet de triomphe. Le concordat n'est le triomphe d'aucun parti, mais la conciliation de tous.

Ne vous laissez pas environner par des hommes qui, ayant été subordonnés toute leur vie, en ont nécessairement l'empreinte et le caractère.

Ce qui s'est passé entre vous et tel pénitent ne regarde pas vos subordonnés, et, quand vous blâmez un parti, vous devez surtout avoir attention de ne pas le faire connaître à l'autre, et, au contraire, par cette réserve, vous acquerrez l'estime et la confiance de tous les partis, et vous gouvernerez votre diocèse. Votre conduite, portant le caractère de la faiblesse, n'aura pas cette réunion unanime de tous les suffrages, qui ne va pas sans l'estime de caractère et de réserve. Quant à quelques réfractaires exagérés, dès qu'ils seront connus, je les ferai enlever. Méfiez-vous beaucoup des sulpiciens, je vous le répète : ces hommes ne sont attachés ni à l'État, ni à la religion ; ce sont des intrigants.

BONAPARTE.

Archives de l'Empire.

6421. — AU CITOYEN TALLEYRAND,

MINISTRE DES RELATIONS EXTÉRIEURES.

Dieppe, 20 brumaire an XI (11 novembre 1802).

Je vous envoie, Citoyen Ministre, les pièces relatives aux affaires de Suisse. Je vois avec peine que l'on n'ait pas adopté la mesure que j'avais prescrite, de déclarer une vingtaine d'individus comme ne devant plus être employés. Si le général Ney trouve des difficultés à faire faire cette opération par le sénat, il faut qu'il envoie les noms des vingt individus qui passent pour ennemis déclarés de la France, et les fasse arrêter comme otages.

BONAPARTE.

Archives des affaires étrangères.
(En minute aux Arch. de l'Emp.)

6422. — AU CITOYEN TALLEYRAND.

Dieppe, 20 brumaire an XI (11 novembre 1802).

Les instructions, Citoyen Ministre, que vous avez données au général Beurnonville ne me paraissent pas suffisantes. Il faut encore passer un office à M. d'Azara, pour lui faire connaître que la conduite du ministère de Madrid, qui fait tout ce qu'il peut pour nous nuire et nous déplaire, ne s'accorde pas avec les sentiments du roi et avec ce que j'ai le droit d'attendre de l'Espagne.

BONAPARTE.

Archives des affaires étrangères.

6423. — AU CITOYEN PORTALIS, CONSEILLER D'ÉTAT, CHARGÉ DE TOUTES LES AFFAIRES CONCERNANT LES CULTES.

Dieppe, 21 brumaire an XI (12 novembre 1802).

Je vous prie, Citoyen Conseiller d'État, d'écrire une circulaire aux préfets dans les arrondissements desquels les diocèses ne sont pas encore définitivement organisés, pour leur faire connaître que mon intention est que tous les constitutionnels qui ont de bonnes mœurs soient traités favorablement, et que, dans les observations qu'ils feront sur le travail des évêques, ils fassent connaître les hommes qu'on aurait pu placer, et que l'esprit de parti aurait pu éloigner.

BONAPARTE.

Archives de l'Empire.

6424. — DÉCISION.

Paris, 23 brumaire an XI (14 novembre 1802)[1].

Demande d'une indemnité adressée au Premier Consul par le citoyen Pindray, officier de la 55e demi-brigade, pour la perte de ses biens vendus au profit de la République pendant qu'il était à l'armée.

Le ministre des finances se fera faire un rapport sur l'affaire, pour reconnaître si, lorsque les biens ont été vendus, c'est sur le chef de l'officier, ou si ce n'est pas sous le nom d'un père, frère, allié.

Si les biens étaient sur le chef de cet officier, il ne reste plus qu'à savoir si l'officier a été au corps sans interruption depuis la loi sur les émigrés.

Le ministre écrira au ministre de la guerre pour demander l'extrait des contrôles où cet officier aurait été compris, année par année, depuis 1790.

Six individus du corps, du grade d'officier ou de sergent, se rendront au greffe du tribunal. Le commissaire du gouvernement, après avoir

[1] Date présumée.

exigé le serment de dire la vérité, leur demandera la déclaration qu'ils ont vécu et servi avec l'officier dont il s'agit. Il renouvellera cette interpellation pour chacune des années qui se sont écoulées depuis 1791.

Archives des finances. BONAPARTE.

6425. — CIRCULAIRE AUX MINISTRES.

Paris, 24 brumaire an XI (15 novembre 1802).

Le Premier Consul rappelle aux ministres les dispositions de l'arrêté du 18 fructidor an VIII; il désire qu'ils se conforment d'une manière invariable aux règles établies dans cet arrrêté, et d'après lesquelles chaque ministre, ayant un crédit ouvert pour le mois courant par un arrêté pris dans les derniers jours du mois précédent, doit expédier, dans les dix premiers jours du mois auquel s'applique son crédit, toutes les ordonnances pour les besoins de son service. Le ministre du trésor public ne peut faire rentrer dans la répartition qu'il présente à l'approbation des Consuls, au conseil général du 15, aucune dépense dont l'ordonnance ne soit portée dans le bordereau qui lui aura été adressé par le ministre ordonnateur avant le 10 de chaque mois. La répartition ayant été approuvée le 15, le payement des ordonnances s'ouvre le 21. Toute ordonnance qui n'aurait point été faite dans les dix premiers jours du mois ne pourra être acquittée. Il n'y a d'exceptions à cet égard que celles reconnues par l'arrêté du 19 vendémiaire an IX, contenant une nouvelle rédaction de l'article 8 de celui du 18 fructidor ci-dessus cité.

Au conseil général des finances du 15 de chaque mois, le ministre du trésor public présentera les bordereaux des ordonnances qui lui auront été adressées par chaque ministre. Ces bordereaux contiendront les noms des individus à qui les ordonnances seront destinées, le montant de l'ordonnance, et l'espèce du service pour lequel chaque ordonnance sera délivrée.

Archives de la marine.

6426. — AU CITOYEN REGNIER,

GRAND JUGE, MINISTRE DE LA JUSTICE.

Saint-Cloud, 26 brumaire an XI (17 brumaire 1802).

Citoyen, le Premier Consul désire que vous proposiez un règlement portant pour disposition principale que, lorsqu'un tribunal d'appel aura cassé une sentence d'un tribunal de première instance, le jugement du tribunal d'appel sera notifié au greffe du tribunal de première instance dont la sentence aura été réformée.

Par ordre du Premier Consul.

Archives de l'Empire.

6427. — AU CITOYEN BIGOT DE PRÉAMENEU,

PRÉSIDENT DE LA SECTION DES FINANCES AU CONSEIL D'ÉTAT.

Saint-Cloud, 26 brumaire an XI (17 novembre 1802).

Le Premier Consul pense, Citoyen, que votre législation sur les douanes est insuffisante dans les peines et la procédure :

Dans les peines, en ce qu'un homme qui fait la contrebande ne court pas la chance d'une peine infamante, dans ce sens que, si le prévenu est riche, il trouve moyen de s'échapper sans demeurer quelque temps aux fers; on ne lui suppose aucune flétrissure;

Dans la procédure, en ce que l'esprit des jurés en général attache peu d'intérêt aux douanes; que, communément, ils sont pris dans les villes qui croient devoir à la contrebande leur principal moyen de prospérité.

Le Premier Consul désire que vous fassiez connaître dans un rapport l'ancienne législation française, celle de l'Angleterre, et celle qu'il conviendrait d'adopter.

Par ordre du Premier Consul.

Archives de l'Empire.

6428. — NOTE.

Saint-Cloud, 26 brumaire an XI (17 novembre 1802).

L'opinion du Premier Consul est que le trésor public est en retard des traites de coupes de bois de l'an IX, au moins pour quatre millions;

Qu'au 1er brumaire, sur le quartier de germinal et celui de messidor an X, il restait à effectuer au moins la moitié des rentrées.

Personne ne porte plainte, parce que les receveurs remboursent à échéance et que l'intérêt du particulier est satisfait.

Le trésor public ne s'aperçoit de rien, parce que le résultat n'est autre qu'une diminution de recettes en bons à vue.

Bonaparte.

Archives de l'Empire.

6429. — AU CITOYEN TALLEYRAND,

MINISTRE DES RELATIONS EXTÉRIEURES.

Saint-Cloud, 26 brumaire an XI (17 novembre 1802).

Je vous prie, Citoyen Ministre, de faire passer à la cour de Madrid, à la cour de Florence et à la cour de Naples, des notes officielles pour demander qu'il ne soit souffert dans ces États aucun cordon ni croix tenant aux anciens ordres de France.

Vous aurez une conférence avec M. de Lucchesini; vous lui ferez sentir que, dans plusieurs cours de l'Europe, on ne souffre plus que l'on porte des ordres qui véritablement sont un outrage à la France; qu'aujourd'hui, à Varsovie et dans toutes les parties de la Prusse, et même à Berlin, des émigrés portent des croix et des cordons; que nous désirerions que le roi de Prusse, de son propre mouvement, donnât cette preuve d'attachement à la République, en ordonnant que, sous quelque prétexte que ce soit, aucun individu ne pourra paraître avec des marques distinctives de l'ancienne cour.

Écrivez dans le même sens au citoyen Marescalchi, en Ligurie, en Hollande, en Suisse, à Hambourg, à Francfort et dans les différentes villes d'Allemagne; car, nos ambassadeurs ne sachant pas quelle est l'opinion du Gouvernement sur cet objet, on laisse souvent subsister dans ces pays d'anciennes distinctions.

BONAPARTE.

Archives des affaires étrangères.
(En minute aux Arch. de l'Emp.)

6430. — DÉCISION.

Saint-Cloud, 26 brumaire an XI (17 novembre 1802).

On propose aux Consuls de décider que les conscrits supplémentaires seront constamment à la disposition du ministre de la guerre, soit pour compléter les contingents, soit pour recruter les corps employés dans les colonies, ou recevoir telle autre destination qu'il jugera convenable. On fait observer que cette mesure, qui ne saurait être trop tôt annoncée, paraît la seule qui puisse déterminer les conscrits à se présenter.

Tout individu qui ne s'est pas présenté à la commune pour obéir à la loi sera sur-le-champ arrêté, à la diligence de la gendarmerie et des officiers en recrutement, et envoyé au corps.

Faire de cette disposition une lettre aux préfets, pour leur faire connaître que, dans les villes où il y aurait eu un trop grand nombre d'individus non présentés, ils peuvent commencer le travail.

Au 1er nivôse, tous les suppléments seront envoyés aux armées, et les plus récalcitrants aux colonies.

Communiquer au général Moncey pour mettre à l'ordre de la gendarmerie.

BONAPARTE.

Archives de l'Empire.

6431. — NOTE POUR LE MINISTRE DE LA GUERRE.

Saint-Cloud, 26 brumaire an XI (17 novembre 1802).

Le Premier Consul ayant ordonné, dans son voyage, de faire conduire au Val-de-Grâce plusieurs militaires très-blessés, le ministre de la guerre est invité à ordonner que l'on épuise, pour les guérir, tous les moyens et toutes les ressources de l'art.

Par ordre du Premier Consul.

Archives de l'Empire.

6432. — AU CITOYEN PORTALIS, CONSEILLER D'ÉTAT, CHARGÉ DE TOUTES LES AFFAIRES CONCERNANT LES CULTES.

Saint-Cloud, 26 brumaire an XI (17 novembre 1802).

Je vous prie, Citoyen Conseiller d'État, de faire donner 20,000 francs à l'évêque de Vannes[1], dont 10,000 francs pour servir à l'ameublement particulier du palais épiscopal qui doit lui servir de logement, et 10,000 francs pour être distribués en gratifications aux ecclésiastiques de son diocèse dont il serait le plus satisfait.

Témoignez-lui la satisfaction que j'ai de ses services et de sa conduite, et dites-lui que je compte toujours sur son activité et son zèle pour continuer dans les mêmes principes et éclairer ce bon peuple; que, s'il arrivait que, pour des courses multipliées ou des tournées nécessaires dans son diocèse, il eût besoin d'argent, je vous ai donné l'ordre de tenir à sa disposition jusqu'à concurrence de 50,000 francs, qu'il pourra successivement demander, tant pour lui que pour des aumônes à faire, soit aux prêtres, soit aux malheureux, en choisissant ceux qui sont le plus attachés au Gouvernement.

Faites-lui sentir, en même temps, qu'il est inutile de donner aucune publicité à cette mesure.

BONAPARTE.

Archives de l'Empire.

[1] De Pausemont.

6433. — A L'ÉVÊQUE D'ORLÉANS.

Saint-Cloud, 26 brumaire an XI (17 novembre 1802).

Monsieur l'Évêque d'Orléans, l'ordre est donné pour que le couvent des Carmes, à Vannes, soit destiné au logement de l'évêque, et j'ai donné au citoyen Portalis l'ordre de payer à cet évêque 10,000 francs, pour qu'il puisse se procurer tout ce qui pourrait lui manquer.

Je vois avec plaisir l'activité que vous avez mise à concilier les intérêts d'une classe d'hommes nombreuse; ce qui est à la fois un service rendu à l'État et à la religion.

BONAPARTE.

Archives de l'Empire.

6434. — ARRÊTÉ.

Paris, 27 brumaire an XI (18 novembre 1802).

ARTICLE 1er. — La cathédrale de la ville d'Alexandrie, qui encombre la place d'armes, sera démolie. Les matériaux seront employés aux fortifications.

ART. 2. — Les ministres de l'intérieur, des finances, et de la guerre sont chargés de l'exécution du présent arrêté.

BONAPARTE.

Archives de l'Empire.

6435. — AU CITOYEN LACUÉE,

AIDE DE CAMP DU PREMIER CONSUL.

Saint-Cloud, 27 brumaire an XI (18 novembre 1802).

Vous trouverez ci-joint deux états des employés des douanes et des employés forestiers. Je désirerais deux choses : 1° que l'on pût faire faire des revues, soit en totalité, soit en partie, pour être sûr que nous ne sommes pas trompés sur le nombre d'hommes existant; 2° un projet qui donnât une organisation uniforme à tous ces individus, en leur donnant un habillement et armement qui les mît à même, en cas d'événement, de prêter secours et main-forte à la gendarmerie.

BONAPARTE.

Archives de l'Empire.

6436. — ARRÊTÉ.

Saint-Cloud, 27 brumaire an XI (18 novembre 1802).

ARTICLE 1er. — Les curés des villes dont les maires sont nommés par le Premier Consul sont curés de première classe.

Art. 2. — Chaque année, le Premier Consul, sur la demande des évêques, fera passer de la seconde à la première classe les curés qui se seront distingués par leur zèle, leur piété et les vertus de leur état.

Art. 3. — Les traitements ecclésiastiques seront payés par trimestre.

Le premier jour de chaque trimestre, le conseiller d'État chargé des affaires des cultes remettra l'état des curés qui existaient le premier jour du trimestre précédent.

Cet état présentera le montant de leur traitement et celui de la pension dont ils jouissent, et dont il sera fait déduction sur leur traitement.

Cette déduction n'aura lieu qu'à compter du 1er vendémiaire dernier.

Les traitements des curés septuagénaires n'y seront pas assujettis.

Art. 4. — Le ministre du trésor public présentera les demandes de fonds au conseil général des finances du 15, de manière que les fonds soient faits et qu'au jour de l'échéance de chaque trimestre le payeur des dépenses diverses de chaque département en effectue le payement.

Art. 5. — Le payeur des dépenses diverses de chaque département soldera les traitements ecclésiastiques sur l'état dressé par l'évêque; le décompte en sera fait à la préfecture, et visé par le préfet.

Art. 6. — Chaque curé devra être porteur d'une lettre par laquelle le conseiller d'État chargé des affaires des cultes lui fera connaître que le Gouvernement a agréé sa nomination faite par l'évêque, et fixera l'époque de laquelle datera son traitement.

Art. 7. — Le trésorier du Gouvernement sera chargé du payement des traitements ecclésiastiques des diocèses de Paris, de Versailles et de Meaux.

Art. 8. — Les ministres de l'intérieur et du trésor public et le conseiller d'État chargé des affaires des cultes sont chargés de l'exécution du présent arrêté.

Bonaparte.

Archives de l'Empire.

6437. — AU CITOYEN BARBÉ-MARBOIS,

MINISTRE DU TRÉSOR PUBLIC.

Saint-Cloud, 27 brumaire an XI (18 novembre 1802).

Le citoyen Maret, Citoyen Ministre, vous enverra l'arrêté relatif au payement des curés.

Le citoyen Estève remettra au trésor public les 250,000 francs qui lui ont été versés pour vendémiaire an XI.

Pour l'an X, il ne sera pas exercé de retenue sur les pensions, de manière que vous pouvez faire solder sur-le-champ les 200 curés nommés dans l'an X. Le citoyen Portalis fera, dans la première semaine de frimaire, pour le trimestre, ce qu'il aurait dû faire dans la première semaine de vendémiaire, de manière que dans ce trimestre vous soyez en mesure de faire solder le premier trimestre de l'an XI à tout le monde.

Dans la semaine, avant dimanche, le citoyen Portalis peut vous remettre la division de ces 200 curés en deux classes, savoir : ceux nommés par le Premier Consul, et les autres.

Comme pour l'an X, pour le solde de cette somme, il ne faudra pas 50,000 francs, il sera inutile de faire un fonds exprès pour cet objet, vu que le citoyen Estève a encore des fonds appartenant à l'an X pour le culte, et, quoique j'aie d'autres besoins, j'estime que, si ce qui reste dû sur les traitements ne va qu'à 50, à 100, ou même à 200,000 francs, vous pouvez les demander au citoyen Estève, sans être obligé de faire un nouveau fonds sur l'exercice de l'an X.

BONAPARTE.

Archives de l'Empire.

6438. — AU CITOYEN PORTALIS, CONSEILLER D'ÉTAT, CHARGÉ DE TOUTES LES AFFAIRES CONCERNANT LES CULTES.

Saint-Cloud, 27 brumaire an XI (18 novembre 1802).

Le citoyen Maret, Citoyen Conseiller d'État, vous remettra l'arrêté relatif au payement des curés.

Je désire que, dans la journée de samedi, vous remettiez au trésor public l'état des 200 curés nommés, divisés en deux classes : ceux des communes, nommés par le Premier Consul, et les autres.

Tous ceux nommés dans le trimestre de germinal seront payés à dater du 1er germinal ; ceux nommés dans le quatrième trimestre le seront du 1er messidor.

Vous aurez soin de faire le travail général, au 5 vendémiaire, de tous les ecclésiastiques nommés, avec la pension dont ils jouissent. Vous me remettrez ce travail le 5 frimaire.

BONAPARTE.

Archives de l'Empire.

6439. — ARRÊTÉ.

Saint-Cloud, 28 brumaire an XI (19 novembre 1802).

Article 1er. — Il y aura un directeur général du musée central des Arts.

Art. 2. — Il aura sous sa direction immédiate le muséum du Louvre, le musée des monuments français, le musée spécial de l'École française à Versailles, les galeries des palais du Gouvernement, la monnaie des médailles, les ateliers de chalcographie, de gravures sur pierres fines et de mosaïque, enfin l'acquisition et le transport des objets d'art.

Art. 3. — Les membres du musée central des Arts cesseront leurs fonctions à dater du 1er frimaire prochain.

Art. 4. — Un architecte, un professeur d'antiquités, un commissaire expert, un garde des dessins et de chalcographie, et un secrétaire, seront nommés et révoqués par le Gouvernement, sur la proposition faite par le directeur général au ministre de l'intérieur.

Art. 5. — Les membres de l'administration actuelle jouiront, à titre d'administrateurs honoraires et de gratification annuelle, de la moitié du traitement qui leur était accordé pour l'an XI. Ceux d'entre eux qui rempliront une des fonctions indiquées dans l'article précédent recevront en entier leur traitement.

Art. 6. — Il sera assigné un logement au directeur général.

Art. 7. — Toutes les dépenses de traitements, entretien, réparations, acquisitions, transport d'objets d'art, seront ordonnancées par le ministre de l'intérieur.

Art. 8. — Le ministre de l'intérieur est chargé de l'exécution du présent arrêté.

Bonaparte.

Archives de l'Empire.

6440. — ARRÊTÉ.

Paris, 28 brumaire an XI (19 novembre 1802).

Article 1er. — Aussitôt après la circonscription des paroisses et des succursales d'un diocèse, les préfets remettront, au ministre des finances et au conseiller d'État chargé de toutes les affaires concernant les cultes, un état des églises et des presbytères qui ne se trouveront pas employés dans cette circonscription.

Art. 2. — Les préfets ne pourront mettre en vente aucune des églises, aucun des presbytères non employés dans la circonscription des diocèses, qu'après avoir obtenu une décision du ministre des finances.

Art. 3. — Les ministres de l'intérieur et des finances sont chargés de l'exécution du présent arrêté.

Bonaparte.

Archives de l'Empire.

6441. — AU CITOYEN REGNAUD DE SAINT-JEAN D'ANGELY, PRÉSIDENT DE LA SECTION DE L'INTÉRIEUR AU CONSEIL D'ÉTAT.

Saint-Cloud, 28 brumaire an XI (19 novembre 1802).

Le règlement, Citoyen, pour les opérations à faire dans le département de la Seine, en exécution du sénatus-consulte du 16 thermidor, n'a point été présenté. Le Premier Consul désire que vous en accélériez la rédaction et la discussion.

Il désire, en même temps, que vous soumettiez à l'examen de la section les questions suivantes :

Peut-on être, en même temps, président d'une assemblée de canton et d'un collége électoral ?

Peut-on nommer un président d'une assemblée de canton hors du canton ?

Le Premier Consul invite aussi la section à s'occuper :

1° D'un projet d'acte de nomination des présidents ;

2° D'un projet de lettre au président de chaque assemblée, pour la convocation de l'assemblée, et d'un extrait des délibérations des Consuls pour la convocation et tous les détails qui doivent être prescrits, lequel sera joint à cette lettre ;

3° D'une lettre du Premier Consul au chef de légion de gendarmerie, visée par le grand juge, au général commandant, visée par le ministre de la guerre, pour leur annoncer la convocation de l'assemblée, et leur faire connaître que, le président en ayant la police, ils doivent, pour cet objet, obtempérer à ses réquisitions.

Dans le projet d'acte de nomination on adoptera, autant qu'il sera possible, la solennité des anciennes formes, et on insérera une formule de serment appropriée aux fonctions, et placée assez naturellement pour que l'acte ne paraisse pas avoir pour objet d'imposer un nouveau serment.

Par ordre du Premier Consul.

Archives de l'Empire.

6442. — AU GÉNÉRAL BERTHIER, MINISTRE DE LA GUERRE.

Saint-Cloud, 29 brumaire an XI (20 novembre 1802).

Vous trouverez ci-joint, Citoyen Ministre, une note sur les dernières dépêches du général Chasseloup. Vous pouvez lui donner ordre que, lorsqu'il aura fait les dispositions nécessaires pour répondre aux observations contenues dans cette note, et qu'il aura mis en train les travaux d'Alexandrie, il se rende à Paris avec les plans et les devis, afin d'arrêter les ouvrages à ordonner pour remplir le but du Gouvernement sur cette place si importante.

BONAPARTE.

NOTE SUR LES FORTIFICATIONS D'ALEXANDRIE.

I. On voudrait faire d'Alexandrie une place de première force. On ne craindrait pas d'y dépenser une dizaine de millions.

II. On n'a pas trouvé, dans les dépêches du général Chasseloup, du 3 brumaire, qui ont été communiquées, la réponse aux questions suivantes :

1° Est-il possible de faire une inondation rasant le glacis, et se prolongeant à 3 ou 400 toises de la place, de manière à faire concourir surtout les eaux à la défense de la place ?

2° Si les eaux peuvent concourir à défendre la place sans en augmenter l'étendue déjà trop grande, on voudrait un système de fortifications où la citadelle, la ville et le nouveau fort que l'on ferait du côté de la Bormida, fussent le plus possible indépendants l'un de l'autre, de manière que, deux de ces trois fortifications prises, l'autre pût encore non-seulement servir pour capituler, mais encore résister un certain nombre de jours.

3° L'inondation de la Bormida, du côté de Marengo, est moins avantageuse que le long de la place, soit du côté d'Asti, soit du côté de Bassignana.

4° L'opinion de tous les généraux et officiers qui ont défendu Alexandrie est que la première chose à faire est de disposer tout le local à 600 toises de la place, et surtout de donner un autre cours à la petite rivière ; opération qu'on a toujours éloignée, ce qui est la cause du peu de défense de la place.

5° Après ce travail, celui du creusement des fossés, pour se servir des terres pour couvrir la place et faire entrer le Tanaro, paraît être le plus urgent ;

6° Et enfin les deux ouvrages que l'on projette dans les îles du

Tanaro ; mais il faudrait les faire de manière qu'ils pussent servir à la ville contre la citadelle, et à la citadelle contre la ville.

III. On est entièrement de l'avis du général Chasseloup sur la destination du vieux château : d'y centraliser tous les établissements de l'armée, fonderie, salles d'armes, etc., en ne laissant aucun établissement militaire à Turin.

IV. On désirerait que l'on désignât dès aujourd'hui tous les bâtiments que l'on trouverait dans la ville, propres à caserner 6,000 hommes, à établir des hôpitaux pour 5,000 malades, et des magasins pour l'approvisionnement de 20,000 hommes pendant un an.

V. On désire que le général Chasseloup ordonne sur-le-champ tous les travaux nécessaires à la citadelle, et surtout pour la disposition du local à 600 toises de la place ; qu'il retourne faire un voyage à Alexandrie, pour s'assurer encore par lui-même de tout le parti que l'on peut espérer des inondations, et qu'il visite les principaux établissements nationaux.

Par ordre du Premier Consul.

Comm. par M. le prince de Wagram.

6443. — AU CONSUL LEBRUN.

Saint-Cloud, 1er frimaire an XI (22 novembre 1802).

Je vous prie, Citoyen Consul, de me faire connaître ce que l'on pourrait faire pour améliorer la situation de l'esprit public et surtout du local de Beaupreau (arrondissement d'Angers).

BONAPARTE.

Archives de l'Empire.

6444. — AU CITOYEN CHAPTAL, MINISTRE DE L'INTÉRIEUR.

Saint-Cloud, 2 frimaire an XI (23 novembre 1802).

Je vous prie, Citoyen Ministre, d'apporter vendredi un compte général de nos blés et farines, et l'état de situation de nos approvisionnements au 1er frimaire, avec l'état des 300,000 quintaux confiés à Vanlerberghe, et l'état des lieux où il doit les tenir en magasin.

BONAPARTE.

Archives de l'Empire.

6445. — AU CONTRE-AMIRAL DECRÈS, MINISTRE DE LA MARINE ET DES COLONIES.

Saint-Cloud, 2 frimaire an XI (23 novembre 1802).

Les cinq vaisseaux partis de Brest, Citoyen Ministre, savoir :

l'Argonaute, l'Aigle, etc., se rendront, trois à Gênes, un en Corse, à Ajaccio, et l'autre dans la rade de Livourne.

Les trois vaisseaux de Gênes embarqueront chacun 5 à 600 hommes.

Vous donnerez l'ordre que l'on frète sur-le-champ à Gênes deux gros bâtiments de transport, pour embarquer 4 à 500 hommes, vu que la légion polonaise, qui doit s'embarquer à Gênes, sera au plus de 2,400 hommes.

Le bâtiment de Livourne embarquera un bataillon de 600 hommes de la 60e de ligne.

Le bâtiment qui se rendra à Ajaccio embarquera un bataillon de 600 hommes de la demi-brigade helvétique.

Mais il est nécessaire, pour n'éprouver aucun retard et pour empêcher la désertion, que ces vaisseaux partent de Brest munis des vivres nécessaires, de manière qu'arrivés à leur destination ils n'aient qu'à faire leur embarquement et à disparaître.

Je désirerais que ces trois convois pussent se réunir, car le général Leclerc attache une grande importance à ce qu'une certaine masse de forces lui arrive à la fois. J'imagine qu'il sera convenable de les faire réunir tous au détroit.

Le convoi de Toulon, composé de *l'Indomptable*, du *Mont-Blanc* et du *Duquesne*, porterait un bataillon de la 20e, un de la 23e et un de la 14e légère, chacun complété à 700 hommes, et dès lors faisant en tout 2,100 hommes.

Le convoi formé de *l'Atalante* et autres porterait 1,200 hommes, soit des restes de la légion polonaise, soit des restes de la 86e, soit des restes des bataillons d'expédition.

Je ne vois pas de difficulté à ce que le second convoi parte le plus tôt possible; mais il paraît également être dans le désir du général Leclerc que le convoi de *l'Indomptable* et des trois bataillons puisse se réunir au détroit avec les convois de Gênes et de Livourne, ce qui ferait arriver à la fois dans la colonie 5 à 6,000 hommes de troupes fraîches et bien disposées, si cela toutefois n'a pas trop d'inconvénients.

Vous ferez partir du Havre 300 hommes, dont 200 du bataillon des étrangers; et de Dunkerque 300 hommes des déserteurs français ou anglais.

Je désirerais que vous pussiez vous procurer, pour le 20 frimaire, de quoi embarquer au Havre 1,200 hommes, et pour la même époque, à Dunkerque ou Ostende, 1,200 autres hommes. Faites-moi connaître si vous croyez trouver facilement des moyens de transport dans ces deux places.

Archives de l'Empire. BONAPARTE.

6446. — AU CONTRE-AMIRAL DECRÈS.

Saint-Cloud, 2 frimaire an XI (23 novembre 1802).

Je vous renvoie les lettres de la Martinique et de Cayenne. Le secrétaire d'État vous enverra les autres. Les mesures proposées par le citoyen Hugues me paraissent, au premier coup d'œil, pleines de bonnes choses.

1° Il est urgent que vous me fassiez un rapport et que vous me présentiez un projet d'arrêté au prochain travail.

2° Il me paraît plus urgent encore de fréter un bâtiment et de faire partir sur-le-champ tous les canons et autres munitions de guerre nécessaires pour compléter l'armement de la Martinique.

3° Présentez au prochain travail un projet d'arrêté pour rendre le plus exclusif possible aux nationaux le commerce de Cayenne avec les îles de la Martinique, Tabago, Sainte-Lucie et de la Guadeloupe.

Bonaparte.

Archives de l'Empire.

6447. — AU GÉNÉRAL BERTHIER, ministre de la guerre.

Saint-Cloud, 2 frimaire an XI (23 novembre 1802).

Je vous prie, Citoyen Ministre, de donner ordre au général Murat de faire connaître aux officiers de la légion polonaise qu'ils seront au service de la République et prendront numéro dans nos corps dès leur arrivée à Saint-Domingue, où la première légion s'est déjà distinguée; qu'ils s'embarqueront à Gênes sur des vaisseaux de guerre; qu'ainsi ils feront le passage promptement et commodément.

Après quoi, ce général donnera l'ordre à cette légion de se rendre à Gênes, où elle s'embarquera sur l'escadre qui doit y arriver à chaque instant.

Donnez ordre également à ce général de compléter un bataillon de la 60e à 600 hommes, et de le tenir à Livourne prêt à s'embarquer sur un vaisseau de guerre qui viendra le prendre.

Donnez ordre au général commandant la 23e division militaire de réunir à Ajaccio un bataillon de la demi-brigade helvétique, de compléter ce bataillon à 600 hommes, et de le tenir prêt à s'embarquer sur un bâtiment de guerre qui se rendra à cet effet dans le port d'Ajaccio.

Donnez ordre au général commandant la 8e division militaire de compléter un bataillon de la 14e légère à 700 hommes, et de l'envoyer à Toulon pour être embarqué sur les bâtiments de l'État.

Faites également connaître au général Cervoni qu'indépendamment des 1,600 hommes à fournir par les différents corps pour former les bataillons qui s'embarqueront à Toulon, il peut placer les conscrits et autres individus qu'il aurait, afin de porter, s'il était possible, ces bataillons à 800 hommes.

Il est nécessaire de nommer un général de brigade pour se rendre à Gênes, et un pour se rendre à Toulon, afin de commander chacune de ces expéditions.

BONAPARTE.

Archives de l'Empire.

6448. — AU CITOYEN CORVISART.

Saint-Cloud, 3 frimaire an XI (24 novembre 1802).

Je vous prie, mon cher Corvisart, d'aller voir le grand juge et le citoyen Lacépède. L'un est malade depuis huit jours, ce qui me fait craindre qu'il ne tombe entre les mains de quelque mauvais médecin; l'autre a sa femme malade depuis longtemps; donnez-lui un bon conseil qui puisse la guérir; vous sauverez la vie à un homme bien estimable et que j'aime beaucoup.

BONAPARTE.

Archives de l'Empire.

6449. — DÉCISION.

Saint-Cloud, 3 frimaire an XI (24 novembre 1802).

Projet d'arrêté qui attribue aux préfets du palais la surveillance et la direction principale des théâtres de la République et des Arts.

Je prie le citoyen Cambacérès de se concerter avec le citoyen Lebrun pour un projet définitif. Ne faudrait-il pas que les préfets travaillassent avec le ministre pour l'administration?

BONAPARTE.

Archives de l'Empire.

6450. — AU GÉNÉRAL PÉRIGNON,

VICE-PRÉSIDENT DU SÉNAT CONSERVATEUR.

Saint-Cloud, 3 frimaire an XI (24 novembre 1802).

Mon cher Général, votre idée relative au tableau à faire pour la séance du 3 fructidor an X me paraît belle et bonne. Pour moi, tout ce qui me met au milieu d'un corps aussi distingué me flatte et me plaît.

Je vous salue affectueusement.

BONAPARTE.

Comm. par M. Charavay.

6451. — AU CITOYEN LAPLACE.

Saint-Cloud, 3 frimaire an XI (24 novembre 1802).

Je recevrai, Citoyen, avec un grand intérêt, le travail que vous aviez fait sur les monnaies, au bureau des poids et mesures. Faites quelques recherches sur cette matière, et envoyez-moi un petit mémoire, le plus court et le plus clair possible. Faites-moi connaître également, d'une manière positive, ce qu'a fait Newton sur cet objet.

Bonaparte.

Archives de l'Empire.

6452. — AU CITOYEN TALLEYRAND,

MINISTRE DES RELATIONS EXTÉRIEURES.

Saint-Cloud, 4 frimaire an XI (25 novembre 1802).

Je vous prie, Citoyen Ministre, de faire prendre 500 exemplaires de *l'Argus*, pour la Martinique, Saint-Domingue, Sainte-Lucie, Tabago, Cayenne, en recommandant de les répandre dans toutes les îles anglaises.

Bonaparte.

Archives des affaires étrangères.

6453. — AU CITOYEN CHAPTAL, MINISTRE DE L'INTÉRIEUR.

Saint-Cloud, 5 frimaire an XI (26 novembre 1802).

Mademoiselle de Neufcarrère, de Pithiviers, Citoyen Ministre, a fait des efforts extraordinaires, pendant l'épidémie qui a régné dans cette ville, pour secourir des malheureux. Je désire que vous lui témoigniez ma satisfaction et le désir que j'ai de faire pour elle quelque chose qui lui marque l'estime que m'inspire sa conduite, et que vous mettiez à sa disposition une somme de 20,000 francs, tant pour l'indemniser des avances qu'elle a faites que pour distribuer le surplus aux malheureux qui auraient le plus souffert et qui auraient le plus besoin de secours, m'en rapportant entièrement à son esprit de charité et à ses sentiments de bienfaisance.

Bonaparte.

Archives de l'Empire.

6454. — AU CITOYEN LAPLACE.

Saint-Cloud, le 5 frimaire an XI (26 novembre 1802).

Citoyen Laplace, sénateur, tout ce que j'ai lu de votre ouvrage m'a paru si parfaitement clair, qu'il me tarde de pouvoir consacrer quelques semaines à en achever la lecture; j'éprouve le regret de ne pouvoir y donner le temps et y porter l'attention qu'il mérite. C'est pour moi une nouvelle occasion de m'affliger de la force des circonstances qui m'a dirigé dans une autre carrière, où je me trouve si loin de celle des sciences. Je vous remercie de votre dédicace, que j'accepte avec grand plaisir, et je désire que les générations futures, en lisant votre *Mécanique céleste,* n'oublient pas l'estime et l'amitié que j'ai portées à son auteur.

BONAPARTE.

Comm. par M. le marquis de Laplace.

6455. — AU ROI D'ESPAGNE.

Saint-Cloud, 6 frimaire an XI (27 novembre 1802).

J'ai reçu la lettre qu'il a plu à Votre Majesté de m'écrire, en date du 18 octobre. Je la prie de faire recevoir à la Reine mon compliment de condoléance sur la mort du duc de Parme. Votre Majesté sait parfaitement que, depuis deux ans, la République française aurait été en droit de prendre possession desdits États, d'après le traité du 21 mars 1801, et Votre Majesté elle-même n'ayant manifesté le vœu, pour le duc de Parme, que de lui procurer une ville pour terminer doucement sa vie. Mais, toujours empressé de saisir les occasions d'être agréable à Votre Majesté, je n'ai point pressé l'exécution du traité, et j'ai plusieurs fois donné l'assurance au feu duc de Parme, qui en était vivement inquiet, du désir que j'avais de faire naître des circonstances qui pussent concilier les différents intérêts. Votre Majesté sent aujourd'hui qu'il m'est impossible de violer de mon propre mouvement un traité signé et ratifié, et que l'Europe ne pourrait voir qu'avec jalousie et quelque déplaisir que, pendant le temps que le prince Ferdinand est privé de ses États et que le roi de Sardaigne, auquel s'intéressent plusieurs princes, est sans compensation des pertes qu'il a essuyées, Sa Majesté le roi de Toscane obtînt, indépendamment de son royaume, un accroissement aussi considérable et qui, dans les siècles passés, a été l'objet de longues discussions et de guerres sanglantes. La République française est dans ce moment-ci en possession des États de Parme, et plusieurs sollicitations ont déjà été faites par d'autres puissances. Cependant je saisirai avec un grand empressement tout ce qui pourrait remplir le désir de Votre Majesté; mais cela ne pourrait jamais être sans une compensation équivalente, dont les Florides pourraient faire partie; et même, supposant que la France et Votre Majesté se trouvassent d'accord dans leurs intérêts respectifs, je ne pourrais encore rien promettre, jusqu'à ce que je me sois assuré de la possibilité de terminer différentes discussions avec d'autres puissances, dont ce pays est dans ce moment l'objet.

BONAPARTE.

Archives de l'Empire.

6456. — AU CAPITAINE GÉNÉRAL LECLERC,

COMMANDANT EN CHEF L'ARMÉE DE SAINT-DOMINGUE.

Saint-Cloud, 6 frimaire an XI (27 novembre 1802).

Le général Boudet, mon cher Leclerc, Ornano et votre aide de camp Brugnière sont arrivés, en raison inverse de leur départ et dans une même semaine. Je vous ai suivi avec une vive sollicitude, et je prends un bien grand intérêt aux maux que vous souffrez; ils sont, je l'avoue, plus forts que je ne l'avais calculé. Ce climat a été bien affreux cette année.

Je pense que, dans les premiers jours de brumaire, vous avez dû recevoir la 86e, qui, acclimatée à Tarente, composée de vieux soldats, et arrivant dans une saison favorable, vous sera d'un bon et utile secours. Un vaisseau de guerre et deux frégates sont partis de Toulon avec 1,200 hommes; je compte qu'ils vous seront rendus dans le courant de nivôse. Deux autres convois arment en ce moment, l'un à Toulon, l'autre à Gênes, et sur des vaisseaux de guerre : ils vous porteront 6,000 hommes; j'espère que vous les aurez dans le courant de pluviôse. Une expédition qui part de la Hollande, avec 3,000 hommes, vous arrivera quinze jours après cette lettre, c'est-à-dire à la fin de nivôse. Enfin deux expéditions, chacune de 1,200 hommes, se préparent en ce moment à Dunkerque et au Havre. Mais ne laissez pas passer toute la mauvaise saison, et, dès l'instant que vos troupes se seront un peu remises, que les pluies auront à leur tour fait du mal aux brigands, et que vous aurez reçu une partie de ces différents convois, entrez en campagne; car, après ce qui vous est arrivé, il n'y a rien à espérer que dans l'hiver; cependant ce qui a eu lieu cette année est bien extraordinaire.

J'espère que vous tirerez un bon service du général Watrin, qui a de l'ardeur et du courage.

N'en voulez pas au ministre de la marine, qui fait tout ce qu'il peut pour vous et vous aime plus que vous ne paraissez le croire.

Le ministre vous expédie les différentes récompenses accordées à votre armée. Croyez que je sens vivement les services que vous avez rendus; et votre gloire sera entièrement consolidée lorsque, par le résultat de votre seconde campagne, vous aurez rendu la tranquillité à cette belle et vaste colonie, qui est l'objet de la sollicitude et des espérances de tout notre commerce.

Je suis très-content de la conduite qu'a tenue Paulette. Elle ne doit point craindre la mort, puisqu'elle mourrait avec gloire en mourant dans une armée et en étant utile à son mari. Tout passe promptement sur la terre, hormis l'opinion que nous laissons empreinte dans l'histoire.

Je suis fort content de votre beau-frère et de votre sœur; quand vous lirez cette lettre, elle aura augmenté votre famille.

BONAPARTE.

Archives de l'Empire.

6457. — AU CITOYEN GAUDIN, MINISTRE DES FINANCES.

Saint-Cloud, 9 frimaire an XI (30 novembre 1802).

Je vous prie, Citoyen Ministre, de me faire connaître quels sont les dix départements de la République les plus surchargés de l'imposition foncière, et quels sont les vingt départements qui le sont le moins.

BONAPARTE.

Archives de l'Empire.

6458. — NOTE.

Saint-Cloud, 9 frimaire an XI (30 novembre 1802).

Les départements du Golo et du Liamone sont dans une position particulière; étant séparés par la mer, ayant des mœurs différentes, la police a besoin d'être faite avec plus de vigueur. On désirerait un projet d'arrêté qui contînt les dispositions suivantes :

1° La police de la 23e division sera faite par un adjudant commandant qui, à cet effet, pourra travailler avec le commissaire du Gouvernement près le tribunal criminel, pour accélérer le jugement des procès. Il pourra ordonner les mouvements des troupes et prendre des mesures tendant à faire arrêter les assassins, désarmer les communes où les familles se font la guerre, et enfin correspondre avec tous les agents chargés de la haute police, sans qu'il puisse se mêler ni de l'administration des finances, ni de l'administration du pays, qui est entièrement du ressort du préfet.

2° Le préfet ne doit avoir aucune action sur le payeur des dépenses de la guerre.

3° Les ingénieurs des ponts et chaussées devront faire connaître à l'adjudant commandant tous les travaux qu'ils feront pour les communications des routes, et celui-ci devra donner son opinion sur les travaux à faire, sans cependant rien changer aux travaux une fois arrêtés, ni s'immiscer dans les détails de la comptabilité.

4° Il pourra, dans les circonstances urgentes, lancer des mandats d'arrêt contre des individus qui conspireraient contre la sûreté publique, les mandats d'arrêt attribués par l'article[1] . . . de la Constitution.

Il en instruira le tribunal criminel et les préfets, qui, chacun de leur côté, en rendront compte au ministre de l'intérieur et au grand juge, et il en rendra compte au ministre de la guerre.

5° Il aura une action de police sur la correspondance, à l'île, de manière que son paquet devra toujours lui être donné deux heures avant que les lettres ne soient distribuées aux citoyens.

Renvoyé au citoyen Regnaud, conseiller d'État, pour présenter un projet d'arrêté.

BONAPARTE.

Archives de l'Empire.

6459. — AU CITOYEN CHAPTAL, MINISTRE DE L'INTÉRIEUR.

Saint-Cloud, 9 frimaire an XI (30 novembre 1802).

Vous trouverez ci-joint, Citoyen Ministre, l'arrêté que j'ai pris relativement au général Jourdan.

Faites-lui connaître la satisfaction que j'ai de son administration, le désir que j'ai de le voir près de moi, et l'intention où je suis de le proposer au Sénat, comme il le désire. Je ne me suis décidé à le rappeler que par la raison de sa mauvaise santé. Il laissera la direction de toutes les affaires à un homme de son choix, jusqu'à ce que j'aie nommé quelqu'un pour le remplacer.

BONAPARTE.

Archives de l'Empire.

6460. — AU CONSUL CAMBACÉRÈS.

Saint-Cloud, 10 frimaire an XI (1er décembre 1802).

Je vous prie de faire faire un projet de costume pour le Sénat. Il pourrait en avoir trois :

1° Le costume ordinaire ; celui qu'ils ont, en y joignant l'épée, me paraît convenable.

2° Le costume en séance ordinaire.

3° Le costume en grande séance, lorsqu'il est question d'un sénatus consulte organique.

Archives de l'Empire. BONAPARTE.

[1] Article 77.

6461. — AU CONSUL LEBRUN.

Saint-Cloud, 10 frimaire an XI (1ᵉʳ décembre 1802).

Je vous prie de rédiger un projet de sénatus-consulte relatif aux objets suivants :

1° Les places de secrétaires du Sénat établies par le sénatus-consulte du. . . . . . seront toujours nommées aux deux tiers des voix.

2° Tous les sénateurs nommés secrétaires jouiront, du moment de leur nomination et pendant leur vie, d'une sénatorerie située dans la 26ᵉ division militaire, consistant en une maison d'habitation et un revenu convenable.

3° Tout sénateur jouissant d'une sénatorerie contracte l'obligation d'y passer au moins deux mois de suite dans l'espace de deux ans.

4° Un sénateur se rendant dans sa sénatorerie jouit des honneurs dus à sa place, qui seront déterminés par le Gouvernement.

BONAPARTE.

Archives de l'Empire.

6462. — NOTE POUR LE MINISTRE DES FINANCES.

Saint-Cloud, 10 frimaire an XI (1ᵉʳ décembre 1802).

1° Toute rente provenant du domaine national et dont le payement aurait été interrompu avant le premier jour de l'an Iᵉʳ de la République, sans que la régie de l'enregistrement et des domaines l'ait réclamée depuis par-devant les tribunaux, sera censée appartenir aux hospices.

2° Toutes rentes provenant des corporations ecclésiastiques ou des émigrés, qui ne sont pas encore inscrites sur les registres de la régie des domaines, ou dont cette régie, quoiqu'elle en eût les titres, n'aurait pas fait faire les recouvrements et serait dès lors censée en avoir ignoré l'existence, appartiennent également aux hospices; pourvu, toutefois, que six ans au moins se soient écoulés depuis le moment où la rente a été mise sous la main de la nation.

Par ordre du Premier Consul.

Archives de l'Empire.

6463. — PROJET D'ARRÊTÉ.

Saint-Cloud, 10 frimaire an XI (1ᵉʳ décembre 1802).

ARTICLE 1ᵉʳ. — Les cédules existantes au trésor public seront versées chez les préposés de l'enregistrement, pour en poursuivre le recouvrement, qui devra avoir lieu avant le 1ᵉʳ germinal. Faute par les acquéreurs d'acquitter lesdites cédules, ils seront mis en déchéance.

ART. 2. — Ces cédules seront classées par département. Le directeur général de l'enregistrement les enverra au directeur de chaque département, qui fera connaître les recouvrements qui auront été effectués; de manière qu'il puisse remettre, le 10 germinal, l'état des recouvrements, et celui des acquéreurs qui, n'ayant pas payé, seront déchus.

BONAPARTE.

Archives des finances.

6464. — DÉCISION.

Saint-Cloud, 10 frimaire an XI (1er décembre 1802).

Le ministre du trésor public rend compte d'une demande des ex-régisseurs des hôpitaux militaires, relative à leur service de l'an VII. Il reste à leur payer 101,893 francs. Ils demandent cette somme en rescriptions admissibles en payement de domaines nationaux. Le ministre propose de la leur accorder, à charge par eux de désigner les domaines que ces rescriptions sont destinées à acquitter.

Ceci est un compte de trésorerie dans lequel les pétitionnaires ne sont pas encore en règle, puisqu'ils sont en déchéance. Cependant, lorsqu'ils auront justifié de leur service, jusqu'à concurrence du montant de leurs obligations, on leur donnera tout ce qui sera reconnu leur revenir.

BONAPARTE.

Archives des finances.

6465. — AU CITOYEN BARBÉ-MARBOIS, MINISTRE DU TRÉSOR PUBLIC.

Saint-Cloud, 10 frimaire an XI (1er décembre 1802).

Vous avez, Citoyen Ministre, adressé au citoyen Pichon, il y a environ cinq mois, un crédit d'un million. Je désire savoir s'il en a usé, et vous prie de me transmettre copie des lettres que vous lui avez écrites à ce sujet, ainsi que de ses réponses.

BONAPARTE.

Archives de l'Empire.

6466. — AU GÉNÉRAL MONCEY.

Saint-Cloud, 10 frimaire an XI (1er décembre 1802).

Je vous prie, Citoyen Général, de donner ordre au général Gouvion de se rendre dans les départements qui font partie des 2e, 3e, 4e et 5e légions de gendarmerie, pour y vérifier la comptabilité des différents corps de gendarmerie, y observer leur tenue, la moralité des officiers et soldats, et la manière dont le service se fait, si les brigades sont convenablement distribuées.

Il prendra des renseignements sur les fonctionnaires militaires et civils, ainsi que sur les principaux du pays qui seraient soupçonnés de favoriser les brigands et d'entretenir correspondance avec eux.

Je désire que, dans sa tournée, il porte une attention particulière aux travaux et fortifications de Cherbourg, et à tout ce qui peut intéresser le commerce dans les principales places où il se rendra; la manière dont la police se fait à Brest, dont le service se fait dans les troupes de terre et de mer; la manière dont les différents agents de la marine font leur service devra également fixer son attention. Il verra, à Pontivy, si les travaux que j'ai ordonnés sont commencés, et si les plans que doivent me proposer les ingénieurs sont convenables.

Vous trouverez ci-joint des papiers intéressants relatifs au département de l'Eure. Je désire qu'il commence par là sa mission, qu'il se concerte avec le général Laroche et le commandant de la gendarmerie, qu'il fasse arrêter tous ceux portés dans la note, convaincus de donner protection et refuge à ces brigands, en le faisant cependant de manière à ne pas déconcerter les traces qu'on pourrait avoir. L'arrondissement de Bernay fixera particulièrement son attention. On m'assure qu'ils y sont reçus et favorisés.

Toute maison capable de faire des défenses contre la gendarmerie, qui aurait des murailles crénelées et des fossés, sera l'objet de son attention, et il fera un rapport sur les mesures à prendre. Vous devez lui faire connaître que sa mission est de confiance, et que l'objet est la revue de la gendarmerie, et la sûreté publique, et tout ce qui peut intéresser le Gouvernement sous ce point de vue. Pour la première partie, il correspondra avec vous; pour l'autre, il peut, de chaque chef-lieu de département, m'adresser des renseignements et des notes, en le faisant de manière cependant à ne pas exciter la jalousie des fonctionnaires, et à ne pas laisser soupçonner cette correspondance.

Je n'ai pas besoin d'ajouter que la conduite des évêques et des principaux membres du clergé doit fixer spécialement son attention.

BONAPARTE.

Archives de l'Empire.

6467. — AU CITOYEN TALLEYRAND,

MINISTRE DES RELATIONS EXTÉRIEURES.

Saint-Cloud, 10 frimaire an XI (1er décembre 1802).

Je vous prie, Citoyen Ministre, de me faire connaître la situation du citoyen Pichon sur toutes les parties du service financier concernant la mission qu'il remplit. Je désire avoir tous les détails relatifs à la mission dont le général Leclerc avait chargé le citoyen Vautrin, en cas que le commissaire général Pichon vous en ait rendu compte.

J'ai surtout besoin d'avoir des éclaircissements détaillés sur le montant des fonds qui lui ont été versés par ordre du gouvernement des États-Unis, pour compensation des prises faites depuis la paix. Une copie de sa correspondance sur ce point me paraît le moyen le plus assuré d'être au fait de l'emploi qu'il a fait de ces fonds. Les a-t-il employés à rembourser aux propriétaires français desdites prises ce qui leur revenait, ou les a-t-il employés à son service ? Dans l'un et l'autre cas, je désire avoir communication des comptes qu'il vous a rendus, et connaître les dates de ses recettes et de ses dépenses.

BONAPARTE.

Archives des affaires étrangères.
(En minute aux Arch. de l'Emp.)

6468. — AU CONTRE-AMIRAL DECRÈS,

MINISTRE DE LA MARINE ET DES COLONIES.

Saint-Cloud, 10 frimaire an XI (1er décembre 1802).

Je vous prie, Citoyen Ministre, de me faire connaître si le citoyen Pichon, commissaire général des relations extérieures auprès des États-Unis, vous a transmis le détail de ses opérations, soit pour le compte de la colonie de Saint-Domingue, soit pour fournir aux besoins des bâtiments de la République qui ont relâché dans les ports des États-Unis.

A-t-il un marché passé avec la maison Dupont et compagnie, et vous en a-t-il adressé une expédition ? Y a-t-il joint les bordereaux des prix courants des objets qu'il a achetés ou fait acheter pour le compte de votre département ?

Je vous prie aussi de me faire connaître s'il a adressé des recommandations particulières à votre département, en faveur de porteurs de ses traites.

Je désire surtout connaître par quels moyens il a pourvu à toutes les dépenses de son service, avoir des bordereaux de ses traites, ou des renseignements sur ses marchés, sur les commissions allouées à ses agents ; en un mot, avoir une connaissance, aussi détaillée qu'il dépendra de vous, de ses opérations. Je vous demande aussi de me faire connaître le montant des traites présentées ou dont vous avez eu l'avis. Négocie-t-il lesdites traites à perte ou au pair, et à quelle perte ?

Vous me ferez connaître s'il correspond avec vous avec la régularité que son devoir lui prescrit, et s'il vous adresse des états détaillés de l'emploi des fonds qu'il se procure, soit par ses traites, soit autrement.

Les commandants des navires de la République ont-ils visé les marchés? A-t-il dressé les procès-verbaux de la quantité et qualité des objets fournis, dûment visés et signés?

A l'égard des envois à Saint-Domingue, je présume qu'il aura suppléé à ce contrôle, en vous rendant le compte le plus détaillé de ses opérations et en joignant les pièces à l'appui, et de trimestre en trimestre.

BONAPARTE.

Archives de l'Empire.

6469. — AU CONTRE-AMIRAL DECRÈS.

Saint-Cloud, 10 frimaire an XI (1er décembre 1802).

Je vous prie, Citoyen Ministre, de donner ordre à l'aide de camp Ornano de partir pour rejoindre le général Leclerc, auquel vous ferez connaître, par son canal, tout ce que vous faites pour l'approvisionnement de son armée.

Vous le ferez partir sur un brick qui se rendra à Santander, où il prendra 1,500,000 francs qui y sont à la disposition du ministre du trésor public, et les portera en toute diligence à Saint-Domingue; on les versera à la caisse du payeur pour le service de l'armée.

Je vous prie de charger cet officier des dépêches ci-jointes [1].

BONAPARTE.

Archives de l'Empire.

6470. — NOTE POUR LE CARDINAL-LÉGAT.

Paris, 11 frimaire an XI (2 décembre 1802).

Il est instant d'arranger les affaires ecclésiastiques du Piémont. S'il n'y a en France qu'un évêque par deux départements, il n'y a pas d'inconvénient, 1° à laisser en Piémont six évêques; 2° à concentrer sur ces six évêques tous les biens dont jouissent les évêques existants; 3° à laisser aux chapitres, séminaires, fabriques, collégiales, cures, tous les biens dont ils jouissent aujourd'hui; enfin à laisser tous les évêques actuels comme coadjuteurs des évêchés qui deviendraient vacants. Mais je désire avoir une réponse avant un mois, et, si le légat n'arrange pas par un bref les affaires du Piémont, il deviendra indispensable d'y publier la loi du 10 germinal et le concordat. Les évêques se trouveront par là réduits à l'état actuel des ecclésiastiques

[1] Pièce n° 6456.

en France, ce qui porterait un grand tort à l'état temporel du clergé du Piémont.

BONAPARTE.

Archives de l'Empire.

6471. — PROJET DE LETTRE DU CARDINAL-LÉGAT AU BAILLI RUSPOLI, DE L'ORDRE DE MALTE [1].

Paris, 11 frimaire an XI (2 décembre 1802).

Monsieur, Sa Sainteté avait déjà appris indirectement que vous hésitiez à accepter la grande maîtrise de Malte. Elle m'a ordonné, par un bref exprès de sa main, de vous faire connaître que cet objet intéressait tellement le bien de l'État et de la religion, qu'il ne lui était plus permis de s'en rapporter, sur un objet aussi important, à votre choix; qu'elle attend de l'obéissance filiale que vous lui devez, comme prince de l'État de Rome, et comme lié par votre serment de chevalier de Malte, d'accepter ladite dignité; que nous ne sommes point sur la terre pour nous, mais pour le bien et la prospérité de la religion; qu'en entrant dans l'ordre de Malte, vous avez renoncé au monde, à vos intérêts, pour ne considérer que ceux de la religion et de votre ordre. Le Premier Consul de la République française, à qui Sa Sainteté m'avait ordonné de participer la crainte que vous avez exprimée, parce que la nomination n'en avait été conférée par les grandes puissances au Pape que pour une seule fois, a dit qu'ayant malheureusement participé votre nomination à l'empereur de Russie et aux grandes puissances de l'Europe, qui l'ont agréée, la nomination se trouve faite, et que cet événement ne manquerait pas de ruiner l'ordre de Malte, qui, par un concours inouï de circonstances, était prêt à rentrer dans son ancienne prospérité.

Archives de l'Empire.

6472. — AU CITOYEN GAUDIN, MINISTRE DES FINANCES.

Paris, 11 frimaire an XI (2 décembre 1802).

Le Premier Consul désire, Citoyen Ministre, que vous fassiez un rapport sur les traites de coupes de bois à organiser comme papier-monnaie. Il n'y aura point d'effets au-dessous de 100 francs et au-dessus de 10,000 francs. On payera de manière que les nombres rompus soient acquittés en espèces. Toutes les échéances, quart par quart, seront à la même époque, en prenant, s'il est convenable, le terme commun.

[1] Voir pièce 6487.

Si le payement n'est pas fait à l'échéance, ne pouvant porter l'intérêt au-dessus de l'intérêt légal, qui est toujours inférieur à l'intérêt réel, on stipulera une amende.

Vous êtes invité à rédiger, sur ces bases, un projet d'arrêté qui sera discuté au Conseil d'État.

Par ordre du Premier Consul.

Archives de l'Empire.

6473. — AU CITOYEN BARBÉ-MARBOIS,
MINISTRE DU TRÉSOR PUBLIC.

Saint-Cloud, 11 frimaire an XI (2 décembre 1802).

Mon intention, Citoyen Ministre, est de n'affecter au service de l'an XI, sur la coupe des bois, que les payements qui échoient en germinal et en messidor, et dans les autres mois de l'an XI, et d'affecter au service de l'an XII les échéances des coupes de bois qui échoient dans l'an XII. Je ne puis traiter, pour les obligations des derniers mois de l'an XI, avec les receveurs, qu'autant qu'ils baisseraient leur escompte à un demi pour cent.

Les mois de vendémiaire, brumaire, frimaire et nivôse sont passés. Si je ne puis obtenir la diminution que je demande, je diminuerai le service de pluviôse et ventôse, chacun de 2 millions. Le service de germinal sera couvert par toutes les échéances des coupes de bois en germinal, et par des obligations qui échoient en messidor, remplacées en messidor par les coupes de bois qui échoient en messidor.

En floréal, prairial, messidor, thermidor, je diminuerai également, s'il est nécessaire, le service des sommes qui devaient être négociées; ainsi je me trouverai maître de faire la loi, et je veux la faire : un demi pour cent, ou point de négociation.

Cela une fois établi, je viendrai aussi au secours du service, en faisant verser à la caisse d'amortissement la portion de cè que je dois lui donner sur l'an XI, en obligations à un demi pour cent.

Enfin j'aiderai, tous les mois, le service de 1,500,000 francs ou 2 millions, que je ferai escompter à la Banque à un demi pour cent, ce qui produira le même résultat.

Quant aux coupes de bois, je ne veux pas les donner même à trois quarts. En germinal, je donnerai le quart qui échoit en germinal, à un demi à la Banque, et, en messidor, je donnerai l'autre quart qui échoit en messidor, également à un demi à la Banque. Cependant je ne me refuserais pas à un escompte d'un demi, mais, très-certainement, je ne veux pas donner un escompte de trois quarts.

C'est là mon dernier mot; d'ailleurs, si le service devenait pressant, je saurais où prendre 10 millions.

BONAPARTE.

Archives de l'Empire.

6474. — AU CITOYEN TALLEYRAND,
MINISTRE DES RELATIONS EXTÉRIEURES.

Saint-Cloud, 11 frimaire an XI (2 décembre 1802).

Je vous prie, Citoyen Ministre, de faire connaître au général Brune qu'il ait à réclamer, dès son arrivée, et à demander que le bâtiment du citoyen Ruffin, de la Ciotat, qui a été confisqué par Djezzar-Pacha, avec une riche cargaison, lui soit sur-le-champ restitué, et, si la Porte se trouve dans l'impuissance de faire rendre raison à ce pacha, je m'en chargerai.

BONAPARTE.

Archives des affaires étrangères.

6475. — DÉCISION.

Saint-Cloud, 13 frimaire an XI (4 décembre 1802).

Le citoyen Duroc fera connaître au citoyen Beauvoisin qu'il m'adresse tout ce qu'il a de *l'Ambigu*, ainsi que le pamphlet d'Ivernois. Il lui donnera la commission de faire un numéro sur tout ce qu'il a vu en Angleterre, dans lequel il mettra tout ce qu'il sait sur Pichegru et Willot, sur la vie obscure que mènent les princes qui sont en Angleterre. Mon intention étant de faire imprimer le numéro, il le dirigera contre Pitt, Grenville, Windham et la cour. Il lui fera connaître que, ce numéro fait, il retournera en Angleterre, en le chargeant spécialement d'écrire deux fois par semaine un numéro, qu'il adressera au citoyen Duroc. Il y mettra la note des Français qu'il aura vus, ce qu'ils y font; il enverra tous les pamphlets qui s'impriment contre nous, et enfin saisira les différentes occasions de connaître parfaitement l'Angleterre. Il cherchera différents prétextes pour parcourir toute la côte, depuis la Tamise jusqu'au delà de Plymouth, le golfe de Bristol, Édimbourg et les côtes d'Écosse. Le citoyen Duroc conviendra du traitement qu'il sera nécessaire de lui donner. Il aura un traitement fixe, et une gratification extraordinaire toutes les fois qu'il répondra à l'attente qu'on a de ses talents et de sa fidélité.

BONAPARTE.

Archives de l'Empire.

6476. — AU CITOYEN TALLEYRAND,

MINISTRE DES RELATIONS EXTÉRIEURES.

Paris, 15 frimaire an XI (6 décembre 1802).

Je désire, Citoyen Ministre, que vous écriviez à tous les agents du Gouvernement au dehors, pour leur faire connaître qu'ils doivent inspirer, encourager, favoriser l'esprit de retour dans les ouvriers français qui se sont retirés en pays étrangers pendant l'inactivité de nos manufactures de France. Les ouvriers de la fabrique de Lyon doivent être plus spécialement, à cet égard, l'objet de leurs soins.

BONAPARTE.

Archives des affaires étrangères.

6477. — AU CITOYEN REGNIER,

GRAND JUGE, MINISTRE DE LA JUSTICE.

Saint-Cloud, 16 frimaire an XI (7 décembre 1802).

Vingt-quatre individus, Citoyen Ministre, sont détenus à l'île de Ré, condamnés par différents tribunaux pour faits de royalisme. Beaucoup ne sont coupables que d'avoir donné asile à des émigrés ou à des prêtres réfractaires : ce serait le cas de faire grâce. Je vous prie de charger un substitut du commissaire près le tribunal d'appel de l'arrondissement de l'île de Ré de s'y transporter, de dresser un procès-verbal d'interrogation, et de faire un rapport sur la conduite, la moralité et les pièces du procès de chacun d'eux.

BONAPARTE.

Archives de l'Empire.

6478. — AU CITOYEN REGNIER.

Saint-Cloud, 16 frimaire an XI (7 décembre 1802).

Il est indispensable d'organiser aux îles de Ré, d'Oleron et Sainte-Marguerite, des prisons pour y renfermer tous les individus qui seraient condamnés, par sentences des tribunaux, à la déportation, de manière qu'ils ne puissent ni s'échapper, ni inquiéter la société.

J'apprends que les prisonniers des îles de Ré et d'Oleron sont très-mal, et qu'on ne leur fait point donner ce qui leur revient. Je vous prie de donner des ordres pour que ce qui avait été accordé aux déportés leur soit soldé depuis le 1ᵉʳ vendémiaire an XI.

BONAPARTE.

Archives de l'Empire.

6479. — DÉCISION.

Saint-Cloud, 19 frimaire an XI (10 décembre 1802).

Rapport sur les pensions des ecclésiastiques qui jouissent d'un traitement. Proposition de suspendre le payement des pensions.

Les ecclésiastiques employés, dont les pensions étaient liquidées au 1er vendémiaire an XI, doivent éprouver la retenue du quart de leur pension par trimestre.

Les ecclésiastiques dont la pension n'était pas liquidée à l'époque ci-dessus, et qui le serait dans le cours du premier trimestre, ne la toucheront qu'au 1er germinal.

Ceux dont la pension serait liquidée dans le cours du second trimestre ne la toucheront qu'au 1er vendémiaire an XII.

BONAPARTE.

Archives de l'Empire.

6480. — AUX DÉPUTÉS
DES DIX-HUIT CANTONS DE LA RÉPUBLIQUE HELVÉTIQUE.

Saint-Cloud, 19 frimaire an XI (10 décembre 1802).

Citoyens Députés des dix-huit cantons de la République helvétique, la situation de votre patrie est critique. La modération, la prudence et le sacrifice de vos passions sont nécessaires pour la sauver. J'ai pris, à la face de l'Europe, l'engagement de rendre ma médiation efficace. Je remplirai tous les devoirs que cette auguste fonction m'impose; mais ce qui est difficile sans votre concours devient simple avec votre assistance et votre influence.

La Suisse ne ressemble à aucun autre État, soit par les événements qui s'y sont succédé depuis plusieurs siècles, soit par sa situation géographique et topographique, soit par les différentes langues, les différentes religions, et cette extrême différence de mœurs qui existe entre ses diverses parties.

La nature a fait votre État fédératif; vouloir la vaincre ne peut pas être d'un homme sage.

Les circonstances, l'esprit des siècles passés avaient établi chez vous des peuples souverains et des peuples sujets. De nouvelles circonstances, et l'esprit différent d'un nouveau siècle, d'accord avec la justice et la raison, ont rétabli l'égalité de droits entre toutes les portions de votre territoire.

Plusieurs de vos États ont suivi, pendant des siècles, les lois de la démocratie la plus absolue. D'autres ont vu quelques familles s'emparer du pouvoir, et vous avez eu dans ceux-ci des sujets et des souverains. L'influence et l'esprit général de l'Italie, de la Savoie, de la France, de l'Alsace, qui vous entouraient, avaient essentiellement contribué à établir, dans ces derniers, cet ordre de choses. L'esprit de ces divers pays est changé. La renonciation à tous les priviléges est à la fois la volonté et l'intérêt de votre peuple.

Ce qui est en même temps le désir, l'intérêt de votre nation et des vastes États qui vous environnent, est donc :

1° L'égalité de droits entre vos dix-huit cantons ;

2° Une renonciation sincère et volontaire aux priviléges de la part des familles patriciennes ;

3° Une organisation fédérative, où chaque canton se trouve organisé suivant sa langue, sa religion, ses mœurs, son intérêt et son opinion.

La chose la plus importante, c'est de fixer l'organisation de chacun de vos dix-huit cantons, en la soumettant aux principes généraux.

L'organisation des dix-huit cantons une fois arrêtée, il restera à déterminer les relations qu'ils devront avoir entre eux, et, dès lors, votre organisation centrale, beaucoup moins importante, en réalité, que votre organisation cantonale. Finances, armée, administration, rien ne peut être uniforme chez vous. Vous n'avez jamais entretenu de troupes soldées ; vous ne pouvez avoir de grandes finances ; vous n'avez même jamais eu constamment des agents diplomatiques près des différentes puissances. Situés au sommet des chaînes de montagnes qui séparent la France, l'Allemagne et l'Italie, vous participez à la fois de l'esprit de ces différentes nations. La neutralité de votre pays, la prospérité de votre commerce, et une administration de famille, sont les seules choses qui puissent agréer à votre peuple et vous maintenir.

Ce langage, je l'ai toujours tenu à tous vos députés lorsqu'ils m'ont consulté sur leurs affaires. Il me paraissait tellement fondé en raison, que j'espérais que, sans concours extraordinaire, la nature seule des choses vous conduirait à reconnaître la vérité de ce système. Mais les hommes qui semblaient le mieux la sentir étaient aussi ceux qui, par intérêt, tenaient le plus au système de privilége et de famille, et qui, ayant accompagné de leurs vœux, et plusieurs de leurs secours et de leurs armes, les ennemis de la France, avaient une tendance à chercher hors de la France l'appui de leur patrie.

Toute organisation qui eût été établie chez vous, et que votre peuple eût supposée contraire au vœu et à l'intérêt de la France, ne pouvait pas être dans votre véritable intérêt.

Après vous avoir tenu le langage qui conviendrait à un citoyen suisse, je dois vous parler comme magistrat de deux grands pays, et ne pas vous déguiser que jamais la France et la République italienne ne pourront souffrir qu'il s'établisse chez vous un système de nature à favoriser leurs ennemis.

Le repos et la tranquillité de 40 millions d'hommes, vos voisins, sans qui vous ne pourriez ni vivre comme individus, ni exister comme État, sont aussi pour beaucoup dans la balance de la justice générale. Que rien, à leur égard, ne soit hostile chez vous; que tout y soit en harmonie avec eux, et que, comme dans les siècles passés, votre premier intérêt, votre première politique, votre premier devoir, soient de ne rien permettre, de ne rien laisser faire sur votre territoire qui, directement ou indirectement, nuise aux intérêts, à l'honneur et, en général, à la cause du peuple français.

Et, si votre intérêt, la nécessité de faire finir vos querelles n'avaient pas été suffisants pour me déterminer à intervenir dans vos affaires, l'intérêt de la France et de l'Italie m'en eût lui seul fait un devoir; en effet, vos insurgés ont été guidés par des hommes qui avaient fait la guerre contre nous, et le premier acte de tous leurs comités a été un appel aux priviléges, une destruction de l'égalité, et une insulte manifeste au peuple français.

Il faut qu'aucun parti ne triomphe chez vous; il faut surtout que ce ne soit pas celui qui a été battu. Une contre-révolution ne peut avoir lieu.

Je me plais à vous entretenir, et souvent je vous répéterai ces mêmes idées, parce que ce n'est qu'au moment où vos citoyens en seront convaincus que vos opinions pourront enfin se concilier et votre peuple vivre heureux.

La politique de la Suisse a toujours été considérée, en Europe, comme faisant partie de la politique de la France, de la Savoie et du Milanais, parce que la manière d'exister de la Suisse est entièrement liée à la sûreté de ces États. Le premier devoir, le devoir le plus essentiel du Gouvernement français, sera toujours de veiller à ce qu'un système hostile ne prévale point parmi vous, et que des hommes dévoués à ses ennemis ne parviennent pas à se mettre à la tête de vos affaires. Il convient non-seulement qu'il n'existe aucun motif d'inquiétude pour la portion de notre frontière qui est ouverte et que vous couvrez, mais que tout nous assure encore que, si votre neutralité était forcée, le bon esprit de votre gouvernement ainsi que l'intérêt de votre nation vous rangeraient plutôt du côté des intérêts de la France que contre eux.

Je méditerai tous les projets, toutes les observations que, collectivement ou individuellement, ou par députation de canton, vous voudrez me faire passer. Les sénateurs Barthélemy, Fouché, Rœderer et Démeunier, que j'ai chargés de recueillir vos opinions, d'étudier vos intérêts et d'accueillir vos vues, me rendront compte de tout ce que vous désirerez qu'ils me disent ou me remettent de votre part.

BONAPARTE.

Archives de l'Empire.

6481. — AU GÉNÉRAL BERTHIER, MINISTRE DE LA GUERRE.

Saint-Cloud, 19 frimaire an XI (10 décembre 1802).

Je vous prie, Citoyen Ministre, de donner ordre au premier inspecteur du génie de faire dresser des plans pour mettre le fort Quiberon, ci-devant fort Penthièvre, la place de Belle-Île, les îles Marcouf et les ouvrages et batteries à construire à Boulogne, à l'abri de toute attaque. J'ai déjà mis 200,000 francs, ce mois-ci, pour les dépenses à faire à ces quatre forts; mon intention est d'en pousser les travaux avec la plus grande activité. Dès l'instant que ces plans seront achevés, je vous prie de me les communiquer.

BONAPARTE.

Dépôt de la guerre.

6482. — AU CITOYEN MARET, SECRÉTAIRE D'ÉTAT.

Saint-Cloud, 20 frimaire an XI (11 décembre 1802).

Je vous prie, Citoyen Secrétaire d'État, de me présenter trois projets d'arrêtés pour envoyer en mission le citoyen Pelet, de la Lozère, dans les 24e et 25e divisions militaires; le citoyen Dauchy dans la 26e, et le citoyen Laumond dans la 27e. Vous leur donnerez des instructions ordinaires, et, de plus, une instruction spéciale, pour se concerter avec les généraux, préfets et directeurs des douanes pour empêcher la contrebande. Vous ajouterez aux instructions ordinaires celle de recueillir le plus d'observations possible, et de se faire rendre compte de la manière dont s'est faite la conscription.

BONAPARTE.

Archives de l'Empire.

6483. — ALLOCUTION

AUX CINQ DÉPUTÉS DE LA SUISSE.

Saint-Cloud, 20 frimaire an XI (11 décembre 1802).

Plus j'ai étudié la géographie, l'histoire et les habitudes de votre pays, et plus je me suis convaincu qu'il ne devait pas être assujetti à un gouvernement et à des lois uniformes.

Établir un gouvernement représentatif pour toute la Suisse, c'est retrancher à la liberté des petits cantons, qui se sont toujours gouvernés démocratiquement; c'est leur faire payer des dépenses de gouvernement, à eux qui n'ont jamais payé d'impôts. Leurs mœurs ne s'accordent pas avec celles des autres contrées. Je connais l'âpreté des mœurs des montagnards. Point d'impôts à des peuples si pauvres, point de chaînes aux enfants de Guillaume Tell.

D'un autre côté, vouloir établir la démocratie dans des cantons riches, à Berne, par exemple, serait vouloir l'impossible et jeter le pays dans le trouble et la confusion.

Il faut diversité de gouvernements à des pays si divers.

Il y a d'ailleurs plusieurs cantons qui ne peuvent communiquer avec les autres pendant une partie de l'année : comment les soumettre à une autorité centrale?

Il est très-facile d'avoir autant d'organisations particulières en Suisse qu'il y a de pays distincts. Ce serait à peu près votre ancienne constitution, d'où seraient bannis tous les priviléges et toutes les inégalités de canton à canton, de pays souverain à pays sujet, et de patricien à citoyen. De telles inégalités sont des taches que la nation française ne peut souffrir dans une république voisine.

Quand vos constitutions cantonales seront formées, il sera facile d'instituer une diète pour régler les rapports de canton à canton.

Je comprends ce système, et je n'en comprends pas un autre.

Je ne conçois pas comment vous pourriez former un gouvernement central.

D'abord votre pays ne peut en supporter les frais. Vous ne pouvez avoir de grandes finances. Vous êtes un pays pauvre. La nature vous a tout refusé. Vous ne prospérez qu'à force de sueurs et d'économie. Il n'y a de convenable à l'intérêt de la Suisse, il n'y aura de populaire en Suisse qu'une organisation qui ne demande point d'impôts.

Vous ne devez pas prétendre à jouer un rôle entre les puissances de l'Europe. Vous êtes placés entre la France, qui a 500,000 hommes de troupes; l'Autriche, qui en a 300,000; la Prusse, qui en a 200,000; combien pouvez-vous en entretenir? 10,000? Qu'est-ce que 10,000 hommes contre de telles armées? Si vous avez autrefois tenu un rang entre les puissances militaires, c'est que la France était divisée en trente parties; l'Italie en cent. Vous pouviez tenir tête au duc de Bourgogne, mais aujourd'hui la Bourgogne n'est qu'un point de la France.

L'établissement d'une troupe soldée diminuerait votre force réelle au lieu de l'augmenter. Si vous avez un seul régiment de troupe soldée, il faut renoncer à des milices vigoureuses. Dès que les habitants voient sur pied des soldats qu'ils payent, ils disent : C'est à eux à nous défendre. Une troupe soldée détruit l'énergie nationale; elle vous priverait des ressources qu'au besoin vous trouveriez dans le courage de vos citoyens.

Le système fédéral, qui est contraire à l'intérêt des grands États, parce qu'il morcèle leur force, est très-favorable aux petits, parce qu'il leur laisse toute leur vigueur naturelle. Zurich aura pour défenseurs les Zuricois; Berne aura ses Bernois; les petits cantons auront les enfants de Guillaume Tell.

Il ne faut pas ambitionner l'éclat; il vous coûterait trop cher, et ne vous servirait à rien. Il faut que le peuple paye peu d'impôts : c'est à cela qu'il reconnaîtra que vous avez travaillé pour lui, et c'est ce qui l'affectionnera à votre ouvrage.

Si vous vouliez absolument de la grandeur, vous n'auriez qu'un moyen d'en acquérir : ce serait de vous réunir à la France, d'y former deux grands départements, et de participer à ses destinées. Mais la nature ne vous a point faits pour cela. Elle vous a séparés des autres peuples par des montagnes; vous avez vos lois, vos mœurs, votre langue, votre industrie, votre gloire qui vous sont propres. Votre neutralité est plus assurée que jamais. La France a le Simplon; l'Autriche, le Tyrol. Vous êtes en sûreté entre ces puissances qui sont en équilibre; vous êtes tranquilles, même dans les moments d'oscillation, parce que vous tenez le milieu entre les bras de la balance. Maintenez votre tranquillité, vos lois, vos mœurs, votre industrie, et votre partage sera encore assez beau.

Comment établiriez-vous un gouvernement central? Le confieriez-vous à trois, à quatre, à cinq magistrats? Ils se diviseront; vous en avez l'expérience. Le confierez-vous à un magistrat et à des adjoints? Ils le déposeront; vous en avez l'expérience. Le confierez-vous à un chef unique, sans réserve et sans partage? Mais qui pourriez-vous revêtir d'une telle autorité? Quel est l'homme assez accrédité parmi vous par ses talents et ses services? Moi, à qui les circonstances ont fait obtenir la confiance du peuple français, je ne me croirais pas en état de gouverner le vôtre. Si vous choisissez un Bernois, vous mécontentez Zurich; choisissez-vous un Zuricois, vous mécontentez Berne. Même difficulté entre les catholiques et les protestants. Même embarras pour la fortune. Nommez-vous le plus riche du pays? Vous aurez peut-être un homme à qui de tristes souvenirs et d'invincibles habitudes donneront des vues et des intelligences au moins inquiétantes pour vous. Si vous prenez un homme de mérite sans fortune, il sera sans considération à côté de particuliers opulents qui l'effaceront par leur dépense; à moins que vous ne lui donniez un traitement énorme, ce qui sera une dépense onéreuse et une innovation révoltante dans votre pays.

Votre dernier gouvernement est un gouvernement central. Vous avez vu qu'il ne pouvait se soutenir sans l'appui des troupes françaises. Quand il m'a demandé de retirer les troupes françaises, j'ai reconnu dans cette demande des citoyens attachés à la liberté de leur pays; mais j'ai été aussi étonné de leur imprévoyance, et j'ai vu leur inhabileté. Si j'avais voulu leur tendre un piége, je leur aurais dit : « Voulez-vous ou ne voulez-vous pas que je retire mes troupes? » S'ils m'avaient dit non, j'aurais dit : « Vous n'avez donc pas la confiance du pays? » S'ils m'avaient dit oui, je les livrais au danger qu'ils n'ont pas prévu et auquel ils ont succombé. Mais je n'ai pas voulu tendre de piége, quoique convaincu qu'il était impossible à ce gouvernement de réussir. Je l'ai attendu, et vous voyez ce qui est arrivé.

Au fond, il y aura plus de sûreté pour vous au rétablissement de constitutions cantonales qu'à la formation d'un gouvernement central. Que je veuille quelque chose de la Suisse; avec votre gouvernement central, je n'ai qu'à séduire ou intimider quelques personnes; je n'ai qu'à dire au landamman : « Voilà ce qu'il me faut : si dans vingt-» quatre heures je n'ai pas de réponse, j'entre dans le pays. » Au contraire, avec des gouvernements de canton, si je demande quelque chose, on me répond : « Je ne suis pas compétent; entrez et dévorez » nos montagnes si vous le voulez, mais il faut convoquer la diète. » On convoque la diète, cela prend deux mois; l'orage se dissipe, et le délai a sauvé le pays.

La diversité de gouvernements convient non-seulement au pays, mais aussi aux circonstances du moment. Si, dans les cantons qui auront un gouvernement fort, il y a des amateurs de la démocratie, ils sauront où la trouver. Si, dans les démocraties, il se trouve des personnes qui se déclarent pour un gouvernement fort, elles pourront s'y établir.

Dans ce que je viens de dire, j'ai marché comme un homme de

votre assemblée. Maintenant, comme citoyen français, je vous dirai qu'il faut que la Suisse, toute-puissante chez elle pour tout ce qui la regarde, ne le soit pas pour ce qui regarde la France; soyez indépendants pour vos affaires; vous ne pouvez l'être pour les nôtres. Dans vos affaires, vous n'avez qu'à songer à vous; dans les nôtres, il faut être pour nous. L'histoire prouve que la Suisse a toujours été gouvernée par les influences de la France. C'est par les influences de la monarchie que l'aristocratie bernoise s'est élevée; c'est par celles de la France république que l'égalité a dû s'établir. Quoique l'insurrection ait en dernier lieu écrit à toutes les puissances, aucune n'a récusé ma médiation. L'Empereur m'a écrit qu'il ne se mêlait point des affaires de votre pays. A l'égard des Anglais, ils n'ont rien à faire en Suisse. Je ne puis souffrir que la Suisse soit un autre Guernesey du côté de l'Alsace. Il faut que l'Angleterre ne puisse entretenir en Suisse un seul homme suspect. Elle ne peut avoir là d'émissaires que contre la France. Ce sont eux qui ont fomenté tous vos troubles; vous avez vu, dans une des dernières séances du parlement, qu'un émissaire de Londres, établi à Constance, avait excité votre dernière insurrection. Il faut que, pour ce qui regarde la France, la Suisse soit française, comme tous les pays qui confinent à la France.

Comment organiser vos cantons, quelles formes leur donner? C'est à vous de le dire; là finit mon savoir; j'attends vos réflexions. Je me borne à vous indiquer les bases d'un système général que je comprends; je n'en comprends pas un autre. Il faut faire quelque chose qui convienne aux mœurs et aux intérêts du pays et s'accorde avec les intérêts de la France. Il faut éviter ce qu'a fait l'insurrection en dernier lieu. Au lieu de prendre vos éléments dans vos anciennes chartes de privilége, il faut les prendre dans la révolution et dans les droits du peuple. L'ascendant des patriciens n'est point à craindre dans les élections que vous établirez. L'avantage de la noblesse est de briller de haut et d'être vue de loin; cet avantage est plus grand dans les grands pays que dans les petits. Enfin il faut faire quelque chose qui dure. Si ce qui va se faire venait à tomber, l'Europe croirait ou que je l'ai voulu ainsi, ou que je n'ai pas su faire mieux. Je ne veux pas plus laisser le droit de douter de ma bonne foi que de mon savoir. Pour que ceci dure, il n'y a qu'un point : c'est *que la masse du peuple soit contente, et point d'impôts.*

Archives de l'Empire.

6484. — ARRÊTÉ.

Paris, 20 frimaire an XI (11 décembre 1802).

ARTICLE 1er. — Les préfets du Palais auront désormais la surveillance et la direction principale des théâtres de Louvois, de Feydeau et de l'Opéra-Buffa.

ART. 2. — Le Premier Consul désignera ceux desdits préfets qui devront exercer habituellement ces fonctions, et, en cas d'absence ou d'empêchement, ceux qui devront les suppléer.

ART. 3. — Pour tout ce qui pourrait être relatif au matériel et à la comptabilité, ils travailleront avec le ministre de l'intérieur.

ART. 4. — Le ministre de l'intérieur est chargé de l'exécution du présent arrêté.

BONAPARTE.

Archives de l'Empire.

6485. — AU GÉNÉRAL BERTHIER, MINISTRE DE LA GUERRE.

Saint-Cloud, 20 frimaire an XI (11 décembre 1802).

Les renseignements que vous m'avez donnés, Citoyen Ministre, sur la situation de la conscription militaire dans la 27e division, ne sont rien moins que satisfaisants. Je vous prie de me faire un rapport détaillé sur un objet aussi important.

Le règlement sur la conscription militaire dit que la 27e division militaire doit fournir 4,000 conscrits, dont 100 pour le 21e dragons, 100 pour le 26e chasseurs; les 3,800 autres conscrits sont répartis entre les 111e, 112e, 31e légère et plusieurs autres demi-brigades.

Faites-moi connaître :

1° Si la répartition de ces 4,000 conscrits se fait dans les départements de la division;

2° Si les 111e, 112e, et 31e légère ont envoyé leurs officiers en recrutement;

3° Si les demi-brigades qui doivent aller prendre à Chambéry les différents détachements destinés pour elles sont désignées;

Enfin où en est la conscription de ces départements.

Je ne suis pas satisfait davantage du peu de renseignements que vous me donnez sur la situation actuelle de la conscription des autres départements. Vous devriez, toutes les semaines, recevoir un rapport sur cet objet.

Je ne suis pas assez instruit non plus des mesures qui ont été prises pour le recrutement des corps dont les bataillons sont à Saint-

Domingue. C'est sur le recrutement que vous devez porter constamment une grande attention. C'est la première et la plus grande affaire de l'État.

Donnez l'ordre que tous les conscrits partent sans délai pour les corps, car il n'y a pas un moment à perdre pour qu'ils soient exercés et puissent prendre part aux manœuvres de l'automne.

Dans la distribution qui avait été faite des conscrits faisant partie du dépôt de Chambéry, il y en a de destinés à des corps qui paraissent en avoir aujourd'hui grand besoin.

Je vous prie de me faire remettre un état de situation de l'armée, où soit mentionnée la force actuelle de l'effectif de chaque corps, en mettant sur une colonne le nombre d'hommes qui sont en France; sur une autre ceux qui sont supposés être aux colonies, sur une troisième les conscrits qu'ils doivent recevoir pour les années IX et X, afin que je voie par là quelle sera la situation des corps lorsqu'ils auront reçu cette conscription. Il est nécessaire d'y ajouter une colonne qui me fasse connaître si les congés absolus qui ont dû partir sont compris ou non dans ledit état. Enfin je vous prie de monter votre correspondance de manière à être informé de tout et pourvoir à tout ce qui est relatif au recrutement. Ne passez pas une journée sans vous occuper personnellement d'un objet si important.

BONAPARTE.

Comm. par M. le prince de Wagram.

6486. — AU GÉNÉRAL BERTHIER.

Saint-Cloud, 20 frimaire an XI (11 décembre 1802).

Vous trouverez ci-joint, Citoyen Ministre, un arrêté relatif à la formation des six dépôts pour les colonies. Il est nécessaire de faire connaître par une circulaire :

1° Aux généraux des divisions où se trouvent ces dépôts, qu'ils aient à désigner l'emplacement nécessaire pour ce casernement. Le ministre de la marine tiendra un bâtiment amiral à Dunkerque, au Havre et à Bordeaux, pour renfermer les individus que les commandants des dépôts auraient lieu de craindre qu'ils ne s'échappassent A Nantes, les individus suspects seront tenus dans le château; à Rochefort, dans le château de l'île de Ré, et à Marseille dans le château d'If.

2° Faites connaître aux généraux des divisions, aux commissaires ordonnateurs et officiers de gendarmerie, la conduite à tenir pour faire diriger sur ces dépôts, d'abord tous les hommes de bonne volonté, ensuite tous les soldats déserteurs de leurs corps, et enfin tous les hommes en état de servir et qui seraient sans aveu.

Une circulaire du même genre pourrait être écrite aux préfets.

Il est nécessaire que le directeur de l'administration de la guerre règle la comptabilité à suivre avec les commandants des dépôts, pour que le départ ne soit jamais retardé par raison de solde, ni d'habillement, ni de petit équipement, ni d'armement, et que tous les hommes puissent partir dans les sept jours de leur arrivée. Enfin vous devez avoir soin de maintenir une correspondance exacte avec les commandants des dépôts, pour leur envoyer des lieutenants et sergents, à mesure qu'il en partirait.

Présentez-moi, dans le plus court délai, les chefs de bataillon et officiers qui devront commander ces dépôts. Ces officiers doivent être des hommes probes et sûrs.

BONAPARTE.

Cabinet de l'Empereur.
(En minute aux Arch. de l'Emp.)

6487. — A S. S. LE PAPE.

Saint-Cloud, 22 frimaire an XI (13 décembre 1802).

J'ai reçu, à Rouen, la lettre de Votre Sainteté du 2 novembre. Je m'en rapporte entièrement à tout ce qu'il plaira à Votre Sainteté de faire relativement aux nominations des cardinaux. Elle fera procéder à celles qu'elle fera de son propre mouvement, avant ou après celles des cours, selon qu'elle le jugera le plus convenable aux intérêts de l'Église de France et de la catholicité en général.

Les deux dignes évêques, Moreau, évêque d'Autun, et de Noë, évêque de Troyes, que j'avais proposés à Votre Sainteté pour cardinaux, étant morts, je propose à Votre Sainteté Boisgelin, archevêque de Tours, et Cambacérès, archevêque de Rouen. Le premier était, avant la révolution, archevêque d'Aix; c'est lui qui a lutté contre les évêques réfractaires aux volontés de l'Église. Le second est un prélat plein de mœurs, de lumières et de piété. J'ai parcouru une partie de son diocèse pendant mon voyage, et partout j'ai eu lieu d'être satisfait.

Le légat m'a fait connaître que le grand maître que Votre Sainteté a nommé [1] avait refusé. Je lui ai conseillé de lui écrire [2], et de lui donner, de la part de Votre Sainteté, qui est son supérieur spirituel et temporel, l'ordre d'accepter; de lui dire que, lorsqu'il avait été fait chevalier de Malte, ce n'était pas pour être célibataire ou courir

[1] Le bailli Ruspoli. — [2] Pièce n° 6471.

le monde pour ses plaisirs et sa satisfaction, mais pour soutenir la religion. J'ai lieu d'espérer qu'il àcceptera. Je pense que Votre Sainteté doit faire connaître à sa famille, à Rome, qu'elle n'entend point là-dessus être contredite. Elle est le chef de l'Église, et un commandeur de Malte est un commandeur d'ordre monastique. Je prends un grand intérêt à ce qu'il soit installé, parce qu'il me paraît que le choix de Votre Sainteté est une idée heureuse, et d'ailleurs, ce choix étant publié, il ne convient à sa dignité, sous aucun point de vue, qu'elle ne soit point obéie. Du reste, j'ai promis au légat de faire tout ce qui sera possible pour lever ses scrupules et lui donner tout ce dont il pourrait avoir besoin.

Il y a, dans les petits cantons suisses, un certain nombre de couvents religieux qui, ayant suivi pendant une partie de la guerre l'impulsion des Anglais, restent sous la même influence, sans voir que tout a changé et qu'il n'est pas naturel que des religieux catholiques se livrent à l'influence anglaise de préférence à la nôtre. Je prie Votre Sainteté de leur faire écrire par les généraux de leurs ordres à Rome, pour les éclairer sur leurs devoirs. Il y a, entre autres, un capucin qui porte une croix d'un ordre de protestants, qui lui a été donnée pendant la guerre par le roi d'Angleterre; cela paraît scandaleux et contraire aux principes de la catholicité.

Je désire que Votre Sainteté donne au cardinal-légat une autorisation pour arranger les affaires ecclésiastiques du Piémont. Nous pouvons bien aujourd'hui maintenir le clergé séculier, en lui laissant, ainsi qu'aux fabriques, hôpitaux et séminaires, tous les biens qu'ils ont; au lieu qu'il est à craindre que, si nous n'arrangeons pas cette partie, par la suite ils ne finissent par perdre leurs biens et être réduits, comme le clergé français, à la simple pension.

Du reste, je viens d'ordonner, par un acte public, que, dans toute la Belgique, on laissât aux curés tous les biens qu'ils ont, sans les soumettre, pour cette partie, aux dispositions du concordat.

Le duc de Parme étant mort, et le roi de Toscane ayant renoncé à l'héritage de son père, l'État de Parme devient vacant et à notre disposition. Je désirerais le réunir au royaume de Toscane. Mais, en même temps, je ne serais pas éloigné de chercher à faire quelque chose qui pût asseoir le roi de Sardaigne. Je ne cache pas à Votre Sainteté que je préférerais faire quelque chose pour le roi qui vient d'abdiquer plutôt que pour le nouveau roi. Il serait peut-être possible de donner au roi de Sardaigne le Siennois et Orbitello; par là, il aurait une communication à son île et serait limitrophe avec les États de Votre Sainteté et la Toscane. Je prie Votre Sainteté de me faire connaître si, comme État limitrophe, ce projet peut lui agréer, et d'avoir elle-même une conversation avec l'ancien roi de Sardaigne, pour voir si elle pourra le décider à sortir de son couvent et à se retrouver avec son titre de roi de Sardaigne et de prince de Sienne. Mais, comme ceci n'est qu'un projet, et que Votre Sainteté sent facilement qu'il faut, avant que cela soit consommé, que j'arrête un traité avec l'Espagne, il est essentiel que Votre Sainteté seule soit dans le secret, et, en conférant avec le roi de Sardaigne, lui en parle comme d'une idée qui lui vient.

Je prie Votre Sainteté de se souvenir, dans ses promotions de cardinaux, qu'elle m'avait promis un chapeau pour l'archevêque de Ravenne.

Le bey de Tunis m'ayant envoyé un ambassadeur, j'ai fait conclure avec lui une convention pour que, désormais, tous chrétiens qui tomberaient entre ses mains n'éprouvent aucun mauvais traitement et aient des rations de vivres. Si Votre Sainteté a quelques-uns de ses sujets esclaves, je la prie de m'en envoyer la note, et sur-le-champ je les ferai élargir.

BONAPARTE.

Archives de l'Empire.

6488. — DÉCISION.

Paris, 24 frimaire an XI (15 décembre 1802).

Le général Macdonald demande, en faveur du citoyen Parny, le traitement de 2,400 francs accordé aux hommes de lettres, et une inspection dans la loterie; ce qui équivaudrait à la place de bibliothécaire que lui avait destinée le Premier Consul.

Recommandé au ministre des finances, pour faire placer le citoyen Parny.

BONAPARTE.

Archives de l'Empire.

6489. — AU CITOYEN GAUDIN, MINISTRE DES FINANCES.

Saint-Cloud, 24 frimaire an XI (15 décembre 1802).

Le Premier Consul est informé, Citoyen Ministre, que, dans plusieurs des nouveaux départements de la rive gauche du Rhin, plusieurs communes ayant été forcées de faire des emprunts pour acquitter des contributions de guerre, les habitants ne peuvent se libérer qu'en vendant leurs capitaux, et, se trouvant ensuite hors d'état de payer les contributions ordinaires, abandonnent le pays avec leurs familles. L'intention du Gouvernement est de porter à de tels malheurs les secours que lui paraissent exiger l'équité autant que la bienfaisance.

Vous êtes invité à prendre, sans délai, les informations les plus précises sur les communes dont il s'agit; à vous faire rendre compte des propriétés communales qui pourraient subvenir aux dettes communes, et, dans le cas où aucune propriété de cette nature n'existerait, à proposer aux Consuls les moyens les plus convenables de libérer les malheureux habitants de ces campagnes.

Par ordre du Premier Consul.

Archives des finances.

6490. — AU CITOYEN CHAPTAL, MINISTRE DE L'INTÉRIEUR.

Saint-Cloud, 26 frimaire an XI (17 décembre 1802).

Mademoiselle de Vicq, Citoyen Ministre, fille du célèbre ingénieur du canal de Saint-Quentin, existe encore. Le Premier Consul est informé que, dans un âge fort avancé, elle n'a que des moyens de fortune très-bornés. Il désire améliorer sa position, et me charge de vous inviter à faire donner à mademoiselle de Vicq un logement à Versailles, s'il en existe à votre disposition, et à lui attribuer un secours annuel, qui lui sera offert comme un témoignage de l'estime du Gouvernement pour les citoyens éclairés et les travaux utiles.

Par ordre du Premier Consul.

Archives de l'Empire.

6491. — INSTRUCTIONS POUR LES CONSEILLERS D'ÉTAT EN MISSION[1].

Paris, 26 frimaire an XI (17 décembre 1802).

ADMINISTRATION.

Le conseiller d'État s'informera des dispositions relatives à l'exécution du sénatus-consulte organique pour ce qui concerne les assurances de canton, la formation des listes des imposés et les opérations préparatoires de l'organisation des collèges.

DOUANES.

Le conseiller d'État s'appliquera particulièrement à tout ce qui pourra régulariser et assurer la plus entière exécution de l'arrêté des Consuls du 16 frimaire an XI, sur la répression de la contrebande.

Il vérifiera à quelle somme s'est élevée la perception dans chacun des six derniers mois;

[1] Pièces nos 5214 et 5215.

Quelles sont les causes de la différence des produits à diverses époques;

Quelles sont les marchandises le plus communément introduites dans chaque direction;

Quelles sont celles sur lesquelles la contrebande s'exerce le plus;

A combien peut s'évaluer la perte essuyée sur la perception dans chaque direction;

Si la contrebande se fait à main armée;

Sur quels points s'exerce-t-elle le plus, et pourquoi?

Quelle est la force des attroupements?

Quelle espèce de gens sont les contrebandiers?

Sont-ils Français ou étrangers, de quels pays?

Quels sont leurs chefs?

Y a-t-il des assureurs, quels sont-ils?

De quels endroits partent les objets importés en contrebande ou exportés?

Où sont-ils déposés à leur introduction en France?

Sur quels points de la France sont-ils le plus souvent dirigés?

Connaît-on des maisons de commerce de l'intérieur qui se livrent plus particulièrement à ce genre de fraude?

Quels seraient les moyens de les reconnaître ou de les convaincre?

Il s'assurera si tous les acquits-à-caution, pour la circulation des grains, sont rentrés; si on fait des poursuites contre les soumissionnaires en retard et leurs cautions;

Si les ordres, par l'administration des douanes, sont conformes aux lois; si les préposés se conduisent bien; si l'avancement et la distribution des emplois se font conformément aux règles de la justice, et sans exception ni partialité.

Il recueillera les observations des directeurs sur la rectification des tarifs et la simplification des règlements.

Il donnera lecture, aux généraux commandant les divisions, de l'arrêté des Consuls du 16 de ce mois, et conférera avec eux sur le mode le plus avantageux à adopter, dans chaque localité, pour l'organisation et la direction des détachements de troupes instituées par cet arrêté pour réprimer la contrebande; il stimulera le zèle des généraux pour l'exécution de cette mesure, et les invitera à ne rien négliger pour que les officiers et soldats servant sous leurs ordres concourent, chacun en ce qui le concerne, de tout son pouvoir, à la répression d'un délit qui ne compromet pas moins l'intérêt du commerce français que celui du trésor public.

INSTRUCTION PUBLIQUE.

Le conseiller d'État s'assurera s'il a été établi des lycées dans les divisions militaires qu'il doit visiter.

Il prendra connaissance des dispositions faites pour l'établissement des lycées accordés et pour leur organisation.

Il prendra des renseignements sur les hommes actuellement employés dans l'instruction publique, qui seraient reconnus entièrement propres à exercer des fonctions dans la nouvelle organisation.

Si des villes, dans lesquelles il n'a pas été établi de lycée, en demandent, il s'informera des sacrifices qu'elles sont disposées à faire pour en obtenir, et de leurs moyens.

Les bibliothèques dépendant des écoles centrales, les muséums et jardins de botanique sont-ils bien tenus?

Les pensionnats particuliers sont-ils bien administrés? Quels sont ceux qui méritent d'obtenir le titre d'écoles secondaires?

CULTES.

Le conseiller d'État s'assurera si les dispositions du concordat et celles de la loi du 18 germinal an X, concernant le libre exercice des cultes, reçoivent leur paisible et entière exécution.

Dans les diocèses où la circonscription est faite, il cherchera à savoir si elle est conforme aux besoins des localités et aux opinions les plus générales;

Dans ceux où elle est en retard, quels sont les motifs qui l'ont retardée;

Si les évêques et leurs grands vicaires sont animés de l'esprit de paix, qui fait la base du concordat;

Si les évêques, dans la distribution des emplois, se conforment à l'impartialité qui leur a été recommandée dans leurs instructions;

Si les prêtres ont abjuré toutes les animosités résultant de leurs anciennes querelles;

Quels sont ceux qui troublent l'ordre et tourmentent les consciences à l'occasion des événements passés;

Si le zèle des évêques n'est pas entravé par les autorités civiles ou militaires;

A quelle sorte de prêtres les peuples donnent-ils la préférence?

Quelle est la disposition des esprits sur le culte?

Les conseils généraux de départements ont-ils pourvu à la dotation des séminaires et aux traitements des directeurs, professeurs et chanoines?

S'ils ne l'ont pas fait, quelles sont leurs dispositions à cet égard?

Si les communes sont dans l'intention d'améliorer le sort des curés et desservants, quelles seraient leurs ressources à cet égard?

Si le nombre des églises est suffisant;

Dans les communes où les églises et les presbytères ont été vendus, comment se proposent-elles d'y pourvoir?

Il prendra les mêmes informations à l'égard du culte protestant et du culte juif.

Il s'informera quel est le nombre des individus professant l'un et l'autre culte;

Si les églises protestantes sont organisées et les ministres nommés; quel est leur nombre;

Quelles seraient les améliorations à faire dans la distribution et le placement de ces églises.

Si les dispositions des lois sur la conscription sont observées avec soin; si l'exécution en a été facile ou si elle a éprouvé des obstacles; si le nombre des conscrits qui ont obéi a été suffisant ou peu nombreux; quel nombre a été levé, quel nombre s'est fait remplacer, quel nombre s'est soustrait à la loi, quel esprit s'est manifesté, dans cette circonstance, parmi les fonctionnaires publics.

Le conseiller d'État tiendra, au chef-lieu de la division militaire, un troisième conseil, auquel seront appelés le général commandant la division, les préfets et le directeur ou les directeurs des douanes de la division.

L'objet de ce conseil sera de concerter les mesures les plus convenables à prendre pour l'exécution de l'arrêté des Consuls du 16 de ce mois, concernant la répression de la contrebande.

Il sera dressé un procès-verbal séparé de chacun de ces conseils et des diverses observations qui y auront été faites.

BONAPARTE.

Archives de l'Empire.

6492. — AU CITOYEN REGNIER,

GRAND JUGE, MINISTRE DE LA JUSTICE.

Saint-Cloud, 27 frimaire an XI (18 décembre 1802).

Je suis informé, Citoyen Ministre, que des Italiens dirigent des intrigues dans le même sens que Moliterno, et s'entendent avec l'Angleterre pour faire un mouvement à Rome, à Gênes et dans la République italienne. Un nommé Bai, Romain, est arrivé ou doit arriver ces jours-ci d'Italie à Paris, pour s'aboucher avec un nommé Giutarardi, qui a été consul à Rome dans les temps de la Révolution, lequel vient de Londres. Faites prendre des mesures pour le faire arrêter à son passage à Calais, avec tous ses papiers.

BONAPARTE.

Archives de l'Empire.

6493. — AU CITOYEN TALLEYRAND, MINISTRE DES RELATIONS EXTÉRIEURES.

Saint-Cloud, 27 frimaire an XI (18 décembre 1802).

Je vous prie, Citoyen Ministre, de faire prévenir les citoyens Cacault, Alquier, Clarke et Saliceti, que, par tous les renseignements que j'ai, il paraît que les Anglais cherchent à agiter en Italie; qu'il est nécessaire qu'ils veillent et fassent suivre toutes les démarches des agents anglais qui se trouvent dans leurs pays, surtout au moment où des bâtiments arrivent dans les ports de Gênes, Ancône, Naples et Livourne. On assure même qu'il y a des amas d'armes secrètement faits dans l'Abruzze, à Livourne et à Ancône.

BONAPARTE.

Archives des affaires étrangères.
(En minute aux Arch. de l'Emp.)

6494. — AU GÉNÉRAL BERTHIER, MINISTRE DE LA GUERRE.

Saint-Cloud, 27 frimaire an XI (18 décembre 1802).

Beaucoup d'étrangers, Citoyen Ministre, sous le prétexte qu'ils ont servi dans les armées de la République, portent des uniformes d'officiers français. Je vous prie de faire connaître aux généraux des divisions et aux préfets que, sous aucun prétexte, tout individu qui ne serait pas citoyen français ne doit point porter l'uniforme national.

Il est nécessaire également de déterminer un uniforme autre que l'uniforme national pour les corps suisses et pour les corps de déserteurs.

BONAPARTE.

Archives de l'Empire.

6495. — AU CITOYEN PORTALIS, CONSEILLER D'ÉTAT, CHARGÉ DE TOUTES LES AFFAIRES CONCERNANT LES CULTES.

Saint-Cloud, 27 frimaire an XI (18 décembre 1802).

J'ai reçu, Citoyen Conseiller d'État, plusieurs lettres du Pape. Je vous envoie deux notes qu'elles contiennent, l'une relative aux missions de Chine, l'autre au Piémont. Faites faire des recherches qui indiquent ce qu'il y aurait à faire pour encourager les missions, et la somme qu'il serait nécessaire de destiner à cet objet, et à la disposition de qui elle doit être mise. Quant au Piémont, conférez-en avec le légat, pour qu'il vous fasse connaître ce qu'il peut faire.

BONAPARTE.

Archives de l'Empire.

6496. — PROJET D'ORGANISATION DE L'ÉCOLE SPÉCIALE MILITAIRE.

Paris, 28 frimaire an XI (19 décembre 1802).

1° L'école militaire sera placée aux environs de Paris, soit à Fontainebleau, soit à Compiègne, Rambouillet ou Écouen. Les plans de ces bâtiments, que le ministre de l'intérieur se fera présenter, lui feront connaître celui que l'on doit préférer. L'emplacement doit être tel qu'il puisse contenir un millier de jeunes gens.

2° Pour être admis à l'école militaire, l'on doit avoir au moins seize ans, être d'une constitution forte, n'avoir aucun défaut de constitution, et être tel que toutes les probabilités soient pour que l'élève ait, à vingt ans, plus de cinq pieds deux pouces.

3° On peut y être élève ou pensionnaire;

Élève, si l'on a été élevé dans un des lycées de la République, aux frais de la République;

Pensionnaire; les parents devraient être dans le cas de payer 1,000 francs de pension.

4° Élève ou pensionnaire, l'élève doit avoir fait au moins sa troisième, savoir l'arithmétique, la géométrie, la trigonométrie et les éléments de l'algèbre; écrire et parler correctement sa langue.

5° Un officier supérieur sera gouverneur de l'école militaire; il aura sous ses ordres deux chefs de bataillon, deux adjudants-majors, quatre adjudants sous-officiers, un capitaine d'artillerie, un lieutenant et deux sous-officiers d'artillerie, un capitaine et deux sous-officiers du génie, un directeur des études, quatre professeurs d'histoire, quatre professeurs de géographie, quatre professeurs de mathématiques appliquées, quatre professeurs de dessin, cartes et fortifications, deux professeurs de belles-lettres, quatre maîtres d'armes, deux maîtres de tir d'armes à feu.

6° Les élèves doivent former deux bataillons divisés en compagnies, et chacune commandée par des sous-officiers, comme dans un bataillon d'infanterie.

Le chef de chaque compagnie sera le sergent-major de la compagnie. Ils doivent faire l'exercice avec des fusils de munition, sans aucun allégement.

Les trois premiers mois, chaque élève doit apprendre l'école de peloton ; après quoi, admis dans le bataillon.

Le sixième mois, il doit, à son tour, instruire ceux qui arrivent, de manière que chaque élève, avant de sortir, ait formé au moins deux élèves.

Au bout d'un an, ils doivent avoir le ton du commandement, de manière à commander le maniement des armes et toutes les évolutions à une division.

Au bout de deux ans, ils doivent pouvoir commander le bataillon, tant pour le maniement des armes que pour les évolutions.

Toutes les semaines, les deux bataillons manœuvreront ensemble une fois, et deux autres fois par semaine ils manœuvreront séparément. Une fois par mois ils feront l'exercice à feu.

Dans la bonne saison, à l'automne, ils auront de grandes manœuvres où ils feront toutes les évolutions de guerre pendant cinq jours de suite.

Trois autres fois par semaine, ils seront employés à la manœuvre du canon de bataille, de siége et de côtes ; de manière que, la première année, ils sachent la manœuvre du canon de bataille, les six premiers mois de la seconde, celle du canon de place et de côtes, et, les six derniers mois, toutes les manœuvres de force.

7° La première année, on leur apprendra à faire tout ce qui est nécessaire pour la construction des batteries, saucissons, gabions, pieux, chevaux de frise, palissades, batteries de siége, plates-formes de mortiers ; la deuxième année, les boyaux de sape, et des redoutes et retranchements de toute espèce. Les officiers d'artillerie et du génie seront spécialement destinés à leur faire faire ces différents exercices, sans qu'aucun ouvrier étranger les aide en aucune manière.

8° On leur apprendra à monter et à démonter leurs fusils, et même à pouvoir eux-mêmes y faire les légères réparations ; on les emploiera à dérouiller les armes, de manière que chaque élève en ait au moins approprié deux ; on leur apprendra à faire des cartouches, à fondre des balles, à aiguiser leurs baïonnettes et leurs sabres et haches.

9° Une fois par semaine, chaque élève ira à l'exercice du tir, consistant au tir du pistolet et du fusil, et des carabines rayées.

10° Trois fois par semaine, ils iront à l'école de dessin, où on leur montrera à faire des cartes et à tracer et à lever tous les systèmes de fortifications.

La seconde année, ils iront apprendre à se servir du graphomètre et de la planchette, pour lever des cartes, le mesurage des distances, etc.

11° Une fois par jour, ils iront à la classe de géographie, et une fois par jour à la classe d'histoire. Ces classes d'histoire seront proprement, la première année, des classes de lecture, où on leur fera lire l'histoire de tous les grands capitaines, des campagnes les plus renommées. La seconde année, on y joindra une description des principales batailles.

Trois fois par semaine, ils iront aussi à une classe de mathématiques, où on les appliquera à se former sur le calcul de l'usage habituel, sur la géométrie pour l'arpentage et le toisé des distances.

Les professeurs de belles-lettres auront surtout en vue de leur donner une diction claire et de leur apprendre à faire des rapports de goût; on s'attachera surtout à leur faire saisir la topographie d'un territoire et la narration d'un fait.

12° Le bataillon, la seconde année, fera le service de police de l'école, de manière que tous les quinze jours ils soient de garde. Les corps de garde et les lits de camp seront absolument de même que pour le service des places.

La discipline, les punitions, les rapports et la police, la tenue et les inspections, tout se fera comme dans un bataillon; corvée de chambre, de balayage. Il n'y aura point à l'école de domestiques. Ils seront placés par chambrée, mangeront comme les soldats, et ils feront eux-mêmes leur cuisine; ils auront du pain de munition, ils iront au bois, aux provisions; hormis que d'aller à un marché, ils iront chez l'économe de l'école, qui doit leur fournir; ils mangeront la soupe deux fois par jour, avec un bouilli et un plat de légumes, avec une demi-bouteille de vin le matin. Ils coucheront seuls.

13° Chaque compagnie aura son tambour, qui ne sera pas un élève; il y aura un tambour-major et huit musiciens pour les deux bataillons; un maître tailleur et tous les ouvriers, comme pour les demi-brigades.

L'école aura ses masses. Ils seront habillés avec du drap de sous-officier, et chaque individu aura son décompte de linge et chaussure, retenu sur leur solde, qui sera de six sous par jour, et sur laquelle il ne sera fait aucune retenue pour leur nourriture.

Les contrôles seront tenus par les sergents-majors; tous les registres pour les compagnies ou bataillons seront absolument comme ceux d'un corps.

Quand les élèves prendront les armes pour se promener, ils auront toujours le sac sur le dos, qui sera garni suivant l'ordonnance.

Les visites des sacs et les appels seront comme dans un corps. On leur fera faire, au moins une fois par mois, et d'une seule haleine, six lieues, le fusil, le sac et le pain pour quatre jours sur le dos.

On aura soin, lorsqu'ils seront à leur promenade, de faire toujours placer les sentinelles et les grand'gardes militaires de manière qu'ils ne puissent pas être surpris.

L'été, on leur apprendra à nager.

BONAPARTE.

Archives de l'Empire.

6497. — AU CONTRE-AMIRAL DECRÈS,

MINISTRE DE LA MARINE ET DES COLONIES.

Saint-Cloud, 28 frimaire an XI (19 décembre 1802).

Dans les dépêches secrètes du capitaine de vaisseau, il faut faire connaître que les nouvelles extraordinaires qui arrivent de Saint-Domingue obligent le Gouvernement à donner une nouvelle destination à la 54e ; que, dès lors, il ne suivra pas les instructions qu'il a reçues dans la dépêche du. . . . . mais qu'il fera entrer son convoi au Cap. Cette dépêche doit être datée du 1er nivôse, tandis que les autres doivent l'être du 25 frimaire. Il faut également, dans les lettres du 1er nivôse, annoncer l'arrivée de 15,000 hommes, qui arriveront un mois après, et que tout soit préparé pour leur arrivée.

Lettre du 25 frimaire. — « Le capitaine Topsent pressera le plus possible son appareillage, de peur d'être surpris par les glaces ; il ira reconnaître le Cap, et, en cas de séparation, le point de rendez-vous sera au Cap-Français. S'il n'arrive point de séparation, et que son escadre soit en bon état, il n'entrera point au Cap. Il enverra porter au général Latouche l'ordre de lui fournir tous les bâtiments nécessaires dans son expédition ; et, dès l'instant qu'il sera en Amérique, il sera sous les ordres de l'amiral Latouche. Les vaisseaux que le général pourra fournir ne s'aventureront d'aucune manière dans le pays, mais mouilleront dans la Havane et ses parages.

» Le général Victor enverra un des officiers de son état-major au ministre de la République près les États-Unis, ou au commissaire général, en son absence, pour lui faire part qu'en conséquence d'un traité conclu entre la République et le roi d'Espagne, le Gouvernement prend possession de la Louisiane. Du reste, il n'oubliera rien pour maintenir le bon ordre et resserrer les liaisons d'amitié entre les deux républiques.

» Il sera fourni au général Victor les vaisseaux dont il pourra avoir besoin pour correspondre avec le gouverneur de la Havane, et prendre toutes les mesures et se procurer tout ce dont il pourrait avoir besoin. »

Le reste de la lettre contiendra les détails relatifs à son entrée.

Lettre du 25 frimaire au général Victor. — « Il est indispensable que l'expédition de la Louisiane parte le plus tôt possible, car les glaces pourraient considérablement vous contrarier. Vous avez à traiter, au moment de votre arrivée, avec les États-Unis et les Espagnols. Un ministre de la République part et sera arrivé en Amérique en même temps que vous. S'il n'était pas arrivé; le commissaire général, accrédité auprès des habitants des États-Unis, vous en tiendrait lieu.

» Le général commandant la station en Amérique a ordre de vous fournir des vaisseaux de guerre pour mouiller à la Havane et croiser dans vos parages, pour vous donner sur mer toutes les facilités et vous mettre au-dessus des événements. Le commissaire du roi d'Espagne à la Havane a les mêmes ordres du roi. Avant d'arriver, vous expédierez un officier au ministre de la République, et, en son absence, au citoyen Pichon, pour lui faire connaître que vous prenez possession de la Louisiane. Vous vous servirez toujours du canal des ministres, sans jamais écrire directement au Gouvernement des États-Unis.

» Il faut calculer l'arrivée de votre officier de manière à être au Mississipi lorsqu'il arrivera en Amérique. Il est convenable qu'en entrant dans les mers d'Amérique vous vous fassiez précéder de trois ou quatre jours par un bâtiment portant des officiers du génie et d'artillerie, et des administrateurs qui fassent connaître votre arrivée. Faites connaître au gouverneur que l'intention du Gouvernement est de prendre toutes les troupes que le roi d'Espagne a à sa solde dans ce pays. Le Gouvernement n'a pas lieu de douter que le gouverneur de la Havane ne vous accueille bien et ne vous donne toutes facilités. Enfin il sera convenable, si le général Latouche se trouve à portée, que vous, ou un officier de confiance, vous vous abouchiez avec lui pour assurer votre correspondance de la Havane et du Mississipi, s'il était nécessaire, avec des vaisseaux de guerre. Vous devez également ouvrir une correspondance avec le général Leclerc, puisque vos deux établissements s'aident aussi intimement. Vous devez également en ouvrir avec la Martinique et les autres îles sous le vent.

» Je n'ai pas besoin de vous faire connaître avec quelle impatience le Gouvernement attendra de vos nouvelles, pour être à même d'asseoir ses idées sur les prétentions des États-Unis et leurs usurpations sur les Espagnols. Il ne faut pas préjuger sur ce qu'aurait à faire le Gouvernement, que vous ne lui ayez rendu compte de l'état des choses. Toutes les fois que vous apercevrez que les États-Unis élèvent des prétentions, répondez que l'on n'a aucune idée de cela à Paris, mais que vous avez écrit, et que vous attendez des ordres. »

Du 1er nivôse. — Cette lettre doit être dans la lettre du capitaine et ne doit lui être remise qu'au Cap.

« Les nouvelles extraordinaires qui arrivent en ce moment du Cap obligent le Gouvernement à donner ordre à la 54e de débarquer au Cap et de passer sous les ordres du capitaine général Leclerc. Vous continuerez votre expédition avec les 1,800 ou 2,000 hommes qui vous restent. Un mois au plus tard après votre arrivée, vous recevrez 2,000 hommes, qui ont eu ordre de s'émbarquer, et qui remplaceront à la Louisiane la 54e. Vous êtes autorisé à faire rester les troupes espagnoles dont vous croirez avoir besoin. Le roi d'Espagne nous a fait connaître qu'il y entretenait 1,500 hommes. Vous pouvez garder tout ou partie, au moins jusqu'au moment où de nouveaux renforts vous arriveront. »

BONAPARTE.

Archives de l'Empire.

6498. — AU CITOYEN MARET, SECRÉTAIRE D'ÉTAT.

Saint-Cloud, 30 frimaire an XI (21 décembre 1802).

Je vous prie, Citoyen Secrétaire d'État, d'écrire aux présidents des sections du Conseil d'État de se réunir demain mercredi, pour faire la note de toutes les lois rédigées jusqu'à ce jour, et de celles qui seraient prêtes au 1er pluviôse, afin que je puisse déterminer l'époque de la convocation du Corps législatif.

BONAPARTE.

Comm. par M. le duc de Bassano.

6499. — AU CITOYEN FONTENAY, MAIRE DE ROUEN.

Saint-Cloud, 30 frimaire an XI (21 décembre 1802).

Citoyen Fontenay, maire, je suis satisfait de l'état de la fabrique de Rouen; je le suis des sentiments d'attachement que ses habitants m'ont montrés. Je vous envoie une écharpe d'honneur; je désire que vous la portiez; que les Rouennais y voient une preuve de la satisfaction que j'ai éprouvée au milieu d'eux, et du cas particulier que je fais de votre personne.

BONAPARTE.

Archives de l'Empire.

6500. — AU CITOYEN TALLEYRAND,

MINISTRE DES RELATIONS EXTÉRIEURES.

Saint-Cloud, 30 frimaire an XI (21 décembre 1802).

Je désirerais, Citoyen Ministre, pouvoir faire imprimer et publier, pour le 15 pluviôse, toute la correspondance relative aux traités de Lunéville, d'Amiens, et aux affaires de Ratisbonne. Je désirerais également qu'elle fût précédée d'un projet de message au Sénat et au Corps législatif, dans lequel on dirait : « Le Gouvernement a » désiré que l'on distribuât à chaque membre toutes les pièces offi- » cielles relatives aux négociations de Lunéville, d'Amiens et de » Ratisbonne. Le principal but du Gouvernement, en faisant cette » communication, est de compléter une communication faite, il y a » quelque temps, à un parlement voisin, et de lever le doute jeté » sur le désir du peuple français de parvenir à la pacification géné- » rale. On y verra également comment une puissance continentale, » qui avait embrassé un faux système, en se rendant auxiliaire dans » une querelle qui n'était pas la sienne, mais seulement celle de » l'Angleterre, est cependant restée fidèle à ce faux système et à cette » alliance. On verra par là combien étaient fondés les reproches qui » lui sont faits par une nation voisine d'avoir manqué à son alliance. » Le Gouvernement français ne craint pas de mettre au jour ces » négociations; il y est même porté, pour empêcher l'opinion du » continent d'hésiter un instant sur l'idée que des ennemis veulent » propager, que nous seuls avons gagné et voulons la guerre. »

BONAPARTE.

Archives de l'Empire.

6501. — OBSERVATIONS

SUR LE PROJET DE SÉNATUS-CONSULTE RELATIF AUX SÉNATORERIES.

Saint-Cloud, 1er nivôse an XI (22 décembre 1802)[1].

1° Si tous les secrétaires nommés ont une sénatorerie, les choses s'arrangeront de manière que chacun sera secrétaire.

Mais il y aura un grand combat à qui le sera des premiers. De là des divisions dans le Sénat, que peut-être il serait important d'éviter.

2° Il paraît difficile d'établir toute cette sénatorerie dans la 26e division.

3° Il serait utile de les disséminer sur différents points de la République, pour y répandre la considération du Sénat, et aussi pour exciter l'émulation des citoyens.

[1] Date présumée.

4° Il semble qu'il faudrait compléter, dès ce moment, le sénatus-consulte, en fixant les honneurs dont jouirait le sénateur lorsqu'il se rendrait et lorsqu'il serait rendu dans sa sénatorerie.

BONAPARTE.

Archives de l'Empire.

6502. — NOTE POUR LE CITOYEN PORTALIS.

Paris, 1er nivôse an XI (22 décembre 1802).

Répondre que le grand juge a mis sous les yeux des Consuls la lettre de. . . . que toutes les observations qu'elle contient ne sont pas sensées; que faire des sarcasmes n'est pas administrer; que la croix est le signe de la religion catholique, et que ne pas respecter la religion, c'est n'avoir aucune idée saine de morale, et se livrer à un libertinage d'esprit propre à désorganiser la société; que c'est d'ailleurs montrer peu de respect pour la conscience des citoyens, première propriété de l'homme; car tous les citoyens peuvent prendre le titre de monsieur, parce que tout citoyen peut faire ce que la loi ne défend pas; que, quant à l'ère, il y aurait à faire des observations si l'ère républicaine n'y était pas jointe.

BONAPARTE.

Archives de l'Empire.

6503. — AU CITOYEN CHAPTAL, MINISTRE DE L'INTÉRIEUR.

Saint-Cloud, 2 nivôse an XI (23 décembre 1802).

Le Premier Consul désire, Citoyen Ministre, 1° que vous lui présentiez un projet pour l'établissement, en France, de cent moulins à farine à l'instar de ceux de Hollande; 2° que vous lui remettiez un rapport sur les lieux où ces moulins doivent être établis.

Par ordre du Premier Consul.

Archives de l'Empire.

6504. — AU CITOYEN GAUDIN, MINISTRE DES FINANCES.

Saint-Cloud, 2 nivôse an XI (23 décembre 1802).

Il est essentiel, Citoyen Ministre, que le citoyen Mollien opère de manière qu'aux fêtes de Noël, ce qui forme deux jours de bourse, les cinq pour cent se trouvent fermés au moins à 56. Vous pouvez l'assurer qu'il peut aller en avant; qu'on lui fera verser tout l'argent dont il aura besoin.

BONAPARTE.

Archives de l'Empire.

6505. — AU GÉNÉRAL BERTHIER, MINISTRE DE LA GUERRE.

Paris, 2 nivôse an XI (23 décembre 1802).

Le Premier Consul désire, Citoyen Ministre, que vous lui adressiez, dans le plus court délai, un nouveau rapport sur les progrès de la conscription. Ce rapport doit présenter spécialement l'époque du tirage dans chaque commune, et le nombre des conscrits qu'il a produits, la désignation de celles où le tirage n'a pas encore eu lieu, et les causes du retard.

Vous annoncez qu'il y a des déserteurs dans le département de la Somme. Le Premier Consul désire que vous lui fassiez connaître les ordres que vous avez donnés et les renseignements qui vous sont parvenus.

Il pense que vous devez recevoir, chaque semaine, des capitaines du recrutement, un état dont vous aurez envoyé le modèle imprimé, et dont les colonnes seraient remplies de tous les détails sur les progrès de l'opération, les hommes qu'elle a fournis, les dispositions des esprits, la conduite des autorités diverses, les obstacles qui ont pu se présenter. Le même état doit être envoyé par les généraux commandant les divisions et par les préfets. Les capitaines de gendarmerie doivent avoir la même correspondance avec le premier inspecteur général. C'est de la réunion de ces comptes rendus que peut naître un compte général satisfaisant.

Par ordre du Premier Consul.

Archives de l'Empire.

6506. — AU CITOYEN CHAPTAL, MINISTRE DE L'INTÉRIEUR.

Saint-Cloud, 2 nivôse an XI (23 décembre 1802).

Le Premier Consul désire, Citoyen Ministre, que vous fassiez connaître aux préfets de la Dordogne, du Gers, de la Lozère, qu'il a vu avec peine que leur correspondance avec le ministre de la guerre, sur la conscription, est tout à fait inactive, pour ne pas dire nulle. Plusieurs autres préfets ont aussi une correspondance vague, lente et irrégulière avec le même ministre. Si celle qu'ils entretiennent avec vous, sur le même sujet, n'est pas plus satisfaisante, il est dans l'intention du Premier Consul que vous leur fassiez connaître qu'il a désiré que vous lui en rendissiez compte.

Par ordre du Premier Consul.

Archives de l'Empire.

6507. — NOTE POUR LE MINISTRE DE LA MARINE.

Paris, 3 nivôse an XI (24 décembre 1802).

Le ministre de la marine écrira au général Ganteaume qu'à la réception du présent courrier il envoie sur-le-champ un commissaire à Marseille, pour acheter des vivres à quelque prix que ce soit, fût-ce à 6 francs la ration; qu'il en fasse dresser procès-verbal, afin que la dépense soit portée au compte du munitionnaire.

Que si Marseille ne peut pas fournir ce qui précède, le ministre écrira en même temps de se faire rendre compte des lieux où l'on fabrique des salaisons; d'ordonner de faire acheter à Lyon et expédier en toute diligence, par le Rhône jusqu'à Avignon et d'Avignon en poste à Toulon, la quantité suffisante de salaisons pour approvisionner deux bâtiments de guerre.

BONAPARTE.

Archives de l'Empire.

6508. — DÉCISION.

Paris, 3 nivôse an XI (24 décembre 1802).

Proposition d'approuver la circonscription des cures et succursales et la nomination des curés et desservants du département de la Vendée (diocèse de la Rochelle).

Non. Il y a des cantons de la Vendée où les curés constitutionnels ont rendu les plus grands services. Les destituer serait une persécution et une chose contraire à la raison.

BONAPARTE.

Archives de l'Empire.

6509. — AU CITOYEN BARBÉ-MARBOIS, MINISTRE DU TRÉSOR PUBLIC.

Saint-Cloud, 3 nivôse an XI (24 décembre 1802).

Je vous prie, Citoyen Ministre, de faire verser à la caisse d'amortissement les 1,500,000 francs que vous lui devez, et partie des deux millions, cette caisse en ayant besoin pour ses opérations et pour maintenir la hausse.

BONAPARTE.

Archives de l'Empire.

6510. — A L'ARCHEVÊQUE DE LYON.

Saint-Cloud, 5 nivôse an XI (26 décembre 1802)

J'ai donné ordre qu'on remît 10,000 francs à M. l'évêque de Chambéry, et qu'il fût affecté 30,000 francs à la réparation de la métropole de Lyon.

J'ai également ordonné que le prêtre Fournier fût relevé de sa surveillance et mis à votre disposition. Faites le plus promptement possible votre organisation, afin que vos prêtres puissent être payés sans retard.

Vous pouvez distribuer une somme de 10,000 francs aux prêtres qui se comportent le mieux, et qui en ont le plus besoin. Je vous ferai rembourser de cette somme sur l'état que vous en ferez passer.

BONAPARTE.

Archives de l'Empire.

6511. — PROJET DE SÉNATUS-CONSULTE ORGANIQUE DU SÉNAT.

Paris, 6 nivôse an XI (27 décembre 1802).

TITRE Ier.

DES SÉNATORERIES.

ARTICLE 1er. — Il y aura une sénatorerie par arrondissement de tribunal d'appel.

ART. 2. — Chaque sénatorerie sera dotée d'une maison et d'un revenu annuel, en domaines nationaux, de 20 à 25,000 francs.

ART. 3. — Ces sénatoreries seront possédées à vie ; les sénateurs qui en seront pourvus seront tenus d'y résider au moins trois mois chaque année.

ART. 4. — Ils rempliront les missions extraordinaires et de confiance que le Premier Consul jugera à propos de leur donner dans leur arrondissement, et lui en rendront compte directement.

ART. 5. — Les sénatoreries seront conférées par le Premier Consul sur la présentation du Sénat, qui, pour chacune, désignera trois sénateurs.

ART. 6. — Le revenu de la sénatorerie tiendra lieu au sénateur nommé de toute indemnité pour frais de déplacement et dépenses de représentation.

ART. 7. — Le Sénat présentera, au mois de fructidor prochain, à la moitié des sénatoreries, et dans le mois de germinal de l'an XII, à l'autre moitié.

TITRE II.

DE L'ADMINISTRATION ÉCONOMIQUE DU SÉNAT, DE L'ORDRE ET DE LA POLICE INTÉRIEURE ET EXTÉRIEURE, ET DE LA COMPTABILITÉ.

ART. 8. — Le Sénat aura deux préteurs, un chancelier et un trésorier, tous pris dans son sein. Ils ne pourront être ni vice-présidents, ni secrétaires du Sénat, pendant la durée de leurs fonctions.

ART. 9. — Ils seront nommés pour six ans par le Premier Consul, sur la présentation du Sénat, qui, pour chaque place, désignera trois sujets.

ART. 10. — Les six ans expirés, ils ne pourront être réélus que sur une nouvelle présentation.

ART. 11. — Les préteurs seront chargés de tous les détails relatifs à la garde du Sénat, à la police et à l'entretien de son palais, de ses jardins, et au cérémonial ; ils se diviseront les soins de surveillance et d'administration. Le préteur chargé du service relatif à la garde, à la police et au cérémonial, ne pourra, pendant la durée de ses fonctions, coucher hors du palais du Sénat.

ART. 12. — Les préteurs auront sous leurs ordres deux messagers, six huissiers, six brigades de gardes pour la police du palais et des jardins du Sénat.

ART. 13. — Le chancelier aura sous son administration les archives où seront déposés les titres de propriété du Sénat. Aucun procès ne pourra être suivi, relativement aux propriétés du Sénat, à celles de chaque sénatorerie, que sous sa direction. Il délivrera les certificats de vie et de résidence et les passe-ports aux sénateurs qui en auront besoin.

ART. 14. — Sous les ordres immédiats du chancelier seront le garde des archives, le garde adjoint et le nombre d'employés nécessaires pour ses différentes attributions.

ART. 15. — Le trésorier sera chargé des recettes, des dépenses et de la comptabilité du Sénat.

Il aura sous ses ordres un caissier et le nombre d'employés nécessaires pour l'ordre de la recette, de la dépense et de la comptabilité.

ART. 16. — Les deux préteurs, le chancelier et le trésorier seront logés au palais du Sénat.

ART. 17. — En exécution de l'article 22, titre II de la Constitution, il est affecté à la dotation du Sénat, pour le traitement des sénateurs, l'entretien et la réparation de son palais et de ses jardins, et les dépenses de toute nature, une somme annuelle de quatre millions, à prendre sur le produit des forêts nationales. Il sera donné, dans le courant de l'an XII, au secrétaire des finances, pour dix millions de rentes, pris par moitié dans les départements de . . . . lesquelles seront administrées par lui, et le revenu versé dans sa caisse.

Cette somme sera versée dans la caisse du Sénat à compter du 1er vendémiaire an XII.

ART. 18. — Il sera affecté au Sénat, dans le courant de l'an XII, des biens nationaux affermés pour un revenu annuel d'un million. Ils seront pris, moitié dans les départements de la Sarre, de la Roër, du Mont-Tonnerre et de Rhin-et-Moselle, moitié dans ceux du Pô, du Tanaro, de la Stura, de la Sesia, de la Doire et de Marengo. Ces biens seront administrés par le Sénat, et le revenu en sera versé dans sa caisse.

ART. 19. — Les préteurs, le chancelier et le trésorier travailleront avec le Premier Consul, au moins une fois par trimestre.

ART. 20. — A la fin de chaque année, il sera tenu un conseil d'administration présidé par le Premier Consul. Les deux secrétaires en exercice et sept sénateurs nommés par le Sénat formeront ce conseil.

ART. 21. — Dans ce conseil seront arrêtées les dépenses de toute nature et les traitements qui devront être accordés aux officiers et membres du Sénat.

Il fixera aussi les sommes qui seront prises, s'il y a lieu, sur les revenus du Sénat, pour assurer une subsistance honnête aux familles des sénateurs après leur décès.

BONAPARTE.

Archives de l'Empire.

6512. — ARRÊTÉ.

Paris, 6 nivôse an XI (27 décembre 1802).

ARTICLE 1er. — Les évêques démissionnaires, dont l'état est annexé au présent arrêté, recevront, à compter du 1er vendémiaire an XI, pour pension de retraite, le tiers du traitement accordé par la loi du 18 germinal dernier aux évêques en activité.

ART. 2. — Le montant des pensions ou traitements dont ils jouissent, à quelque titre que ce soit, sera déduit des pensions de retraite réglées par l'article précédent.

ART. 3. — Les pensions de retraite, payables par trimestre, seront acquittées, à Paris, par le trésorier du Gouvernement, et sur les mandats du conseiller d'État chargé de toutes les affaires concernant les cultes.

ART. 4. — Le ministre du trésor public et le conseiller d'État chargé de toutes les affaires concernant les cultes sont chargés de l'exécution du présent arrêté.

BONAPARTE.

Archives de l'Empire.

6513. — AU CITOYEN TALLEYRAND,
MINISTRE DES RELATIONS EXTÉRIEURES.

Saint-Cloud, 7 nivôse an XI (28 décembre 1802).

J'ai reçu la convention, Citoyen Ministre; je l'approuve et vous prie d'en marquer ma satisfaction au plénipotentiaire. Je l'envoie au citoyen Maret, pour qu'il la fasse transcrire sur vélin. Je désire que vous en remettiez copie à MM. de Lucchesini et de Cetto, pour qu'ils l'envoient à leur cour par un courrier extraordinaire.

Vous leur direz que le Premier Consul n'aurait jamais entamé ni conclu ladite convention, sans au préalable s'être entendu avec l'une et l'autre puissance. Vous ajouterez à M. de Lucchesini que, S. M. le roi de Prusse ayant désiré que les bailliages fussent exceptés, ce désir a été une loi pour le Premier Consul; que dès lors il en a fait à son ministre une condition *sine qua non;* que le Premier Consul met particulièrement un grand prix à ce que Sa Majesté Prussienne veuille lui faire connaître, le plus tôt possible, qu'elle en est satisfaite, ainsi que de sa conduite dans cette dernière partie des affaires d'Allemagne.

Que, dans toutes les circonstances qui auront lieu, Sa Majesté soit persuadée que trois sentiments présideront aux opérations du Premier Consul : loyauté, stricte exécution de toutes les stipulations qui seront faites, et désir de marcher de plus en plus de concert avec la Prusse, dans tous les événements et dans toutes les chances possibles.

Vous communiquerez verbalement à M. de Lucchesini la stipulation qu'a faite l'Autriche pour le Piémont.

Je désire que vous fassiez connaître à lord Withworth combien j'ai été surpris et affligé d'apprendre que le comte d'Artois, revêtu d'un ordre d'une monarchie que l'Angleterre ne reconnaît plus, ait passé la revue d'un régiment; que nous avons longtemps gardé le silence; qu'il est cependant de notre dignité, et, nous osons le dire, de l'honneur du Gouvernement britannique, que les princes soient renvoyés d'Angleterre, ou que, si l'on veut leur donner l'hospitalité, on ne souffre pas qu'ils portent aucun ordre d'une monarchie que l'Angleterre ne reconnaît plus; que c'est une injure perpétuelle faite au peuple français; que le temps de la tranquillité est arrivé en Europe;

Qu'enfin nous ne paraissons pas être en paix, mais seulement en trêve; que la faute en est toute au Gouvernement anglais; que vous espérez qu'il rendra compte de sa correspondance à sa cour, et qu'il sera bientôt chargé de vous apprendre qu'on a fait droit à une partie de nos justes demandes ; que, si l'on se montre dans ces dispositions à Londres, on me trouvera de mon côté disposé à faire ce qui est utile et avantageux au Gouvernement et à la nation anglaise.

BONAPARTE.

Archives des affaires étrangères.
(En minute aux Arch. de l'Emp.)

6514. — AU CITOYEN CHAPTAL, MINISTRE DE L'INTÉRIEUR.

Saint-Cloud, 8 nivôse an XI (29 décembre 1802).

J'apprends que plusieurs préfets et fonctionnaires publics exigent des anciennes religieuses et sœurs de la Charité et de prêtres et leur imposent différentes formules de serment et preuves de fidélité.

Veuillez bien leur faire connaître qu'on ne doit leur prescrire aucune autre formule que celle du concordat, sans y rien changer.

BONAPARTE.

Archives de l'Empire.

6515. — NOTE.

Paris, 8 nivôse an XI (29 décembre 1802).

1° La caisse d'amortissement n'a jamais eu de comptes au trésor public tant qu'elle ne devait pas amortir. Elle doit amortir aujourd'hui ce qu'elle a acheté sur les 2,300,000 francs provenant de l'arrêté de vendémiaire an IX. Ainsi les rentes qu'elle a achetées doivent être portées au compte de la République, pour être débitées à celui des différents agents, et les inscriptions de cinq pour cent brûlées.

2° Le compte de la République doit être également arrêté, après l'avoir vérifié et s'être assuré s'il est conforme au compte du ministre des finances.

Il conviendrait, à cette occasion, d'aller plus loin et d'établir ce compte depuis 1793. A cet effet, la régie de l'enregistrement devrait présenter l'état des versements qu'elle a faits en rentes, à commencer du premier recouvrement de cette nature jusqu'à ce jour.

3° Il serait bon d'établir que la caisse d'amortissement aura un compte, et qu'elle fera faire ses transferts tous les trois mois, à moins que ce ne soit pour les objets que le ministre des finances l'autoriserait à conserver sans transfert.

4° Il est nécessaire qu'il soit fait des transferts pour le compte des émigrés.

A cet effet, une commission sera nommée pour rechercher ce qui existe au livre de l'intégral sur les individus amnistiés ou rayés, et le porter au compte de la République.

5° Rien ne doit être porté de l'intégral au grand-livre, depuis l'organisation du conseil de la liquidation générale, que d'après les états examinés par le Conseil d'État et signés par le Premier Consul. Il conviendra de charger la commission, par son instruction, de vérifier si la somme ajoutée au grand-livre est égale au montant des états délibérés au Conseil et approuvés par le Premier Consul.

6° Dans les années VIII, IX et X, la caisse d'amortissement a hérité de toutes les extinctions du viager et des pensions ecclésiastiques : on ne conçoit pas comment on n'a pas ouvert à cette caisse un crédit sur le livre du viager et des pensions, afin de la créditer des extinctions.

7° La commission devra constater, dans son procès-verbal, la situation du grand-livre, étudier son mécanisme et s'assurer qu'il ne peut s'introduire aucune espèce d'abus, moins sous le rapport de ce qui tient à l'exécution, qui appartient au ministre du trésor public, que sous celui de la législation.

Dans le procès-verbal de la commission, tous les comptes autres que ceux relatifs à l'objet spécial pour lequel elle a d'abord été nommée s'arrêteront au 1er vendémiaire an XI.

8° Il paraît, par l'état que remet le ministre du trésor public, qu'il n'y a eu que 76,000 francs de rentes d'émigrés au compte de la République. Cependant tous les princes avaient des rentes sur l'État. Il convient de vérifier si ces rentes existent et si elles ont été transférées. On recherchera, dans ce dernier cas, sous quel nom ce transfert s'est opéré.

Par ordre du Premier Consul.

Archives des finances.

6516. — AU CITOYEN TALLEYRAND,

MINISTRE DES RELATIONS EXTÉRIEURES.

Saint-Cloud, 8 nivôse an XI (29 décembre 1802).

Je vous prie, Citoyen Ministre, de me faire connaître si on a donné des ordres au ministre de la République à Hambourg pour que le sénat de cette ville formât une commission spéciale pour juger le contentieux de toutes les affaires du commerce français, comme le veulent les traités de 1769 et 1789.

Je vous prie de donner des ordres positifs pour que cela soit fait.

BONAPARTE.

Archives des affaires étrangères.
(En minute aux Arch. de l'Emp.)

6517. — NOTE.

Paris, 9 nivôse an XI (30 décembre 1802).

Le directeur de la caisse d'amortissement a fait hier beaucoup d'achats pour rétablir le cours à 56. Elle en fera beaucoup ces jours-ci, et l'intention est de faire tout ce qui sera possible pour maintenir à ce taux les cinq pour cent. On pourrait voir les receveurs et la Banque pour balancer les jeux qu'on fait pour cet effet.

BONAPARTE.

Archives des finances.
(En minute aux Arch. de l'Emp.)

6518. — A L'ÉVÊQUE D'ORLÉANS [1].

Saint-Cloud, 9 nivôse an XI (30 décembre 1802).

J'agrée les preuves de zèle que contiennent les lettres que vous m'avez écrites. Je ne doute pas, parce que je connais votre attachement pour moi, que vous ne continuiez à prendre tous les renseignements qui tendent à faire connaître les deux principaux coupables.

Je lirai toujours avec plaisir tout ce que vous aurez à me dire relativement au bien de votre Église, et à ce qui pourra contribuer à l'intérêt de la religion et de l'État.

BONAPARTE.

Archives de l'Empire.

6519. — NOTE POUR LE CITOYEN DENON.

Saint-Cloud, 10 nivôse an XI (31 décembre 1802) [2].

1° On désirerait faire faire à la manufacture de Beauvais un meuble qui pût être placé dans le cabinet de travail des Tuileries. On y ferait broder les principales plantes et animaux que l'on trouve en Égypte, quelques modèles d'architecture orientale, quelques minarets, les principaux cheiks et individus auxquels l'armée française a eu affaire, avec le costume qui leur est propre.

Le citoyen Denon en ferait faire les dessins, et le ministre de l'intérieur commanderait l'ouvrage complet à Beauvais.

2° On désirerait également plusieurs sujets de tableaux pour occuper la manufacture des Gobelins.

Ces sujets devraient rappeler des souvenirs glorieux pour la nation.

3° On désirerait également un projet pour faire faire un beau service de porcelaine, dont les dessins fussent également relatifs à des sujets qui intéressassent la gloire nationale.

[1] Bernier. — [2] Date présumée.

4° On désire aussi connaître quels sont les ordres qui ont été donnés pour frapper des médailles et faire faire des tableaux relatifs aux événements qui se sont passés depuis dix ans, et où en est ce travail.

BONAPARTE.

Archives de l'Empire.

6520. — AU CITOYEN REGNIER,

GRAND JUGE, MINISTRE DE LA JUSTICE.

Saint-Cloud, 11 nivôse an XI (1er janvier 1803).

Vous trouverez ci-joint, Citoyen Ministre, des pièces fort importantes qu'il est nécessaire que vous preniez en grande considération. Il paraîtrait nécessaire d'avoir quelqu'un à Bayeux et dans les environs, qui pût surveiller et rendre plus facile la communication des lumières qu'on reçoit par cette correspondance.

BONAPARTE.

Archives de l'Empire.

6521. — AU GÉNÉRAL BERTHIER, MINISTRE DE LA GUERRE.

Saint-Cloud, 11 nivôse an XI (1er janvier 1803).

Recommandez au général Gouvion de porter une grande attention au département du Calvados, et spécialement aux environs de Jersey; de se rendre dans les petits ports et de prendre des renseignements sur les douaniers et les mouvements des brigands que l'Angleterre vomit sur nos côtes par les îles de Jersey, etc.

BONAPARTE.

Archives de l'Empire.

6522. — AU CITOYEN TALLEYRAND,

MINISTRE DES RELATIONS EXTÉRIEURES.

Saint-Cloud, 11 nivôse an XI (1er janvier 1803).

Le ministre ligurien, Citoyen Ministre, m'a fait de grandes instances pour que j'intervinsse auprès des puissances barbaresques pour faire reconnaître le pavillon ligurien. Je vous prie de faire connaître à notre ministre à Gênes que cela ne paraît possible que lorsque le Gouvernement ligurien aura des vaisseaux de guerre et des forces maritimes supérieures à celles des Algériens, et pourra les tenir publiquement devant le port d'Alger; qu'il est nécessaire qu'il ait pour cela deux vaisseaux de guerre et deux ou trois frégates; que, jusqu'à cette heure, la France s'était toujours opposée à la formation d'une marine génoise, mais qu'aujourd'hui elle est la première à l'y porter et à l'en presser; que je sais qu'une frégate est sur le chantier, mais que cela ne suffit pas ; qu'il faut aussi un vaisseau de 74 et faire établir une machine à mâter, une corderie et tout ce qui est nécessaire pour la formation et l'entretien d'une petite marine.

Le Gouvernement ligurien demande aussi, 1° un arrangement pour les postes : vous pouvez autoriser le commissaire des postes à en traiter avec son ministre ; 2° un traité de commerce avec la République italienne : vous pouvez faire connaître au citoyen Marescalchi qu'il écoute ces ouvertures. Enfin il demande une démarcation de limites de ses frontières : il est convenable d'en tracer une. Je vous prie, en conséquence, de me présenter un projet d'arrêté qui crée une commission pour cet objet.

BONAPARTE.

Archives des affaires étrangères.
(En minute aux Arch. de l'Emp.)

6523. — AU CONTRE-AMIRAL GANTEAUME,
PRÉFET MARITIME A TOULON.

Saint-Cloud, 11 nivôse an XI (1er janvier 1803).

Citoyen Général, j'ai appris avec peine que deux bâtiments de 80, que je croyais construits au moins aux huit vingt-quatrièmes, n'étaient pas encore sur le chantier. Cependant, avec l'activité et le zèle qui vous sont particuliers, vous ne pouvez manquer d'ouvriers ni de bois. Je n'ai pu regarder comme sensé ce qu'on m'a dit, que les cales n'étaient pas réparées ; car, dans ce cas, on travaille jour et nuit, on lève tous les obstacles, et vous avez le pouvoir et tout ce qui est nécessaire pour les vaincre.

J'ai donné l'ordre qu'indépendamment de ces deux vaisseaux on en mette en construction deux de 74. J'attends de vous que vous m'apprendrez qu'avant le 1er ventôse les deux vaisseaux de 80 ont au moins chacun trois ou quatre vingt-quatrièmes de faits, et que les deux vaisseaux de 74 sont montés sur leurs quilles. Il faut que vous vous arrangiez de manière que les deux vaisseaux de 80 soient lancés en fructidor, et que les deux vaisseaux de 74 le soient dans le courant de frimaire an XII.

Je vous prie de croire à la continuation de mon estime, et à l'assurance que j'ai que vous me donnerez lieu de vous en donner de nouveau des marques, en remplissant promptement le désir que je viens de vous manifester.

BONAPARTE.

Comm. par Mme la comtesse Ganteaume.
(En minute aux Arch. de l'Emp.)

6524. — AU CITOYEN MELZI,
VICE-PRÉSIDENT DE LA RÉPUBLIQUE ITALIENNE.

Saint-Cloud, 12 nivôse an XI (2 janvier 1803).

J'ai été surpris de la lettre que j'ai reçue de l'administration du département de l'Agogna[1]. Assurez-la bien que tout ce qui a été fait à Lyon est solide et ne peut éprouver aucune modification. Je lui ai fait répondre dans ce sens. J'imagine que vous avez mis le nommé Rossi dans les mains de la justice criminelle, et que vous avez ordonné aux magistrats des tribunaux de poursuivre cette affaire avec activité. Il faut que tous ceux qui ont volé le trésor public soient punis, et au préalable obligés à restituer.

BONAPARTE.

Archives de l'Empire.

6525. — DÉCISION.

Saint-Cloud, 13 nivôse an XI (3 janvier 1803).

Deschambeaux, ex-notaire, sollicite l'admission d'un de ses fils à l'école polytechnique.

Recommandé au ministre de l'intérieur. S'il n'a que quatre jours de plus, cela me paraît rigoureux.

BONAPARTE.

Archives de l'Empire.

6526. — OBSERVATIONS
SUR UN MÉMOIRE DU GÉNÉRAL CHASSELOUP.

Saint-Cloud, 14 nivôse an XI (4 janvier 1803)[2].

1° Le comité prétend qu'il n'est point prouvé que l'on soit obligé de prendre la place d'Alexandrie pour détruire l'inondation projetée, et, comme cet objet est tout le fondement du raisonnement du général Chasseloup, il est nécessaire de communiquer les raisons, pour qu'il y réponde.

2° Depuis le 1er vendémiaire, le Premier Consul a ordonné qu'il y ait 200,000 francs par mois pour les travaux d'Alexandrie; il doit donc y avoir en ce moment 800,000 francs pour cet objet. Son intention est que tout soit fait à la fois; on donnera donc, dès ce moment, autant d'argent qu'on en pourra dépenser.

3° Il n'est pas encore question de détruire la citadelle de Turin;

[1] Le département de l'Agogna, chef-lieu Novare, venait d'écrire au Premier Consul pour lui exprimer sa crainte d'être séparé de la République italienne. — [2] Date présumée.

cela ne pourra être fait qu'à la fin de l'an XII, et lorsque Alexandrie aura une physionomie de défense.

L'on approuve parfaitement le projet du général Chasseloup, qui est que, lorsque Alexandrie sera en état de défense, l'on doit y transporter l'arsenal de Turin.

4° Il paraît qu'il n'y a pas d'objection contre tous les travaux projetés par le général Chasseloup. Comme le temps est précieux, on présume qu'il a commencé les travaux pour détourner le lit du Loreto, combler l'ancien lit et les autres travaux ; s'il ne l'avait pas fait, il ne doit pas perdre une heure pour faire les marchés, organiser les ateliers, etc.

5° Il a reçu l'ordre de faire démolir la cathédrale ; l'arrêté en a été pris. L'on approuve la démolition des maisons, etc. Le général Chasseloup est autorisé à en faire l'estimation, et la vente des matériaux.

Il est autorisé à se concerter avec l'administrateur général du Piémont pour acquérir les terrains qui peuvent être nécessaires pour faire des places, des casernes ; il est autorisé à se concerter avec cet administrateur pour acquérir les terrains autour de la place.

Il est plus nécessaire qu'il agisse que d'écrire ; le temps se passe et rien ne finit.

Le ministre de la guerre écrira au ministre des finances, à l'administrateur général du Piémont et au général Chasseloup, que toutes ces acquisitions ne doivent pas coûter un sou à la caisse du génie, mais faire compensation avec les biens nationaux et faire partie de la masse générale.

6° Soit que le général Chasseloup trouve que l'inondation ne peut pas être saignée que la ville ne soit prise, soit qu'elle puisse être saignée avant, le Premier Consul n'en est pas moins dans l'opinion que la ville et la citadelle doivent être indépendantes l'une de l'autre. Mille accidents dont se composent les affaires de ce monde rendent cette mesure indispensable.

La question se réduit donc à savoir comment on organisera la défense des îles inférieures *i* et *h* du Tanaro, de manière qu'elles puissent accroître la défense de la citadelle si l'ennemi s'était emparé de la ville, et accroître la force de la ville si l'ennemi s'était emparé de la citadelle.

L'on ne croit pas que l'ouvrage de la tête du pont *T*, l'ouvrage *L* et celui couronné *R* remplissent le but qu'on s'était proposé. La ville prise, ces ouvrages tombent ; et l'on voudrait, au contraire, que la tête du pont *T*, parce qu'elle est protégée par une inondation, se trouvât liée avec les ouvrages qui doivent remplir le but de l'ouvrage *R*, de manière à former un tout, pour que, la ville prise, le fort de la Bormida fût susceptible de défense. Successivement, par la suite, on y établira des casernes, des casemates, et l'on aurait dans Alexandrie trois places.

On peut perdre la ville par une trahison des habitants, ou par une attaque qui forcerait le front entre le point *R* et le Tanaro ; il faut alors que la citadelle et le fort de la Bormida soient susceptibles de se défendre encore longtemps.

L'on conçoit la chance où la citadelle d'Alexandrie et la ville seraient prises : le fort de la Bormida pourrait, par une défense de huit jours, donner le temps à une armée d'arriver et tout rétablir.

Le général Chasseloup a répondu que l'inondation était impossible entre Alexandrie, la jonction du Tanaro et la Bormida. L'on voudrait alors, puisque cela est ainsi, remplir le même objet en conduisant le Tanaro dans la Bormida (puisqu'il paraît que les eaux en sont plus hautes) par un canal qui jetterait ses eaux dans le fort *T*. Ce canal ne serait que de 800 toises ; il n'y a que 12 pieds à creuser ; ce n'est point un travail hors de proportion avec l'utilité ; on aurait donc l'avantage que la citadelle et le fort *T* se seconderaient dans les sorties.

Le Tanaro passant alors vis-à-vis la lunette *V*, par cela seul donnerait à tous ces ouvrages une force telle, que ce n'est pas là où l'ennemi dirigerait ses attaques, et que l'on pourrait simplifier les autres ouvrages. Par là, la place deviendrait plus petite, aurait plus d'ensemble et de force.

Cependant, l'histoire nous dit que, le prince Eugène ayant placé son camp entre la Bormida, le Tanaro et Alexandrie, il vint une crue d'eau qui l'obligea de repasser la Bormida.

L'on conçoit donc difficilement que l'on ne puisse pas faire par l'art ce que les eaux font dans une crue.

On recommande au général Chasseloup de revoir cet objet.

Il ne faut pas perdre un moment pour organiser les travaux.

Il ne faut pas perdre un moment pour acquérir les maisons et établissements nécessaires au logement des troupes, places et magasins.

On peut faire autant de travaux que l'on voudra, l'argent sera fourni ; on fournira 200,000 francs par mois, on en fournira 400,000 s'il est nécessaire ; mais rien ne doit retarder les travaux.

BONAPARTE.

Comm. par M. le prince de Wagram.

6527. — DÉCISION.

Saint-Cloud, 17 nivôse an XI (7 janvier 1803).

On demande, à l'occasion de la succession d'un Anglais ouverte en France, s'il serait de l'intérêt de la France d'établir la réciprocité quant aux lois anglaises, qui ne permettent point aux étrangers non naturalisés Anglais de posséder ni d'acquérir par succession des biens fonciers dans les États de la Grande-Bretagne.

Les Anglais ne sont point habiles à acquérir par succession des propriétés immobilières.

S'il n'y a pas d'héritier français, l'État héritera. Quant à la question des Anglais qui voudraient acquérir en France, il faudra un acte du Gouvernement qui les relève de la loi générale. L'arrêté du Gouvernement qui les autorisera à acquérir les autorisera en même temps à transmettre par voie de succession.

BONAPARTE.

Archives de l'Empire.

6528. — DÉCISION.

Saint-Cloud, 17 nivôse an XI (7 janvier 1803).

Rapport du ministre de la justice sur la nécessité de défendre la célébration des fêtes supprimées par le concordat, lesquelles se chôment dans différentes communes du département de Seine-et-Oise.

Renvoyé au citoyen Portalis, pour faire sentir aux évêques que, les fêtes supprimées devant être célébrées le dimanche, les curés ne peuvent les célébrer d'autres jours de la semaine sans s'écarter des dispositions du bref du Pape.

BONAPARTE.

Archives de l'Empire.

6529. — NOTE RELATIVE AUX DÉSERTEURS DES DÉPOTS COLONIAUX.

Paris, 17 nivôse an XI (7 janvier 1803) [1].

QUESTIONS.	OPINION DU RAPPORTEUR.	DÉCISIONS DU PREMIER CONSUL.
1re QUESTION. Quelque chose qu'on décide sur les dépôts coloniaux et les conscrits à y envoyer, doit-on faire passer la décision sous les yeux du Conseil d'État?	Le consul Cambacérès a pensé que les Consuls doivent prendre un arrêté de propre mouvement : 1° Parce que l'arrêté du 26 frimaire est de propre mouvement ;	Vu les observations, je me contente de prescrire une circulaire au ministre de la guerre.

[1] Date présumée.

	2° Parce que le conseil ne paraît pas avoir sur cette matière une opinion assez ferme.	
2e QUESTION. Conservera-t-on les six dépôts de l'arrêté du 26 frimaire, qui sont Dunkerque, le Havre, Nantes, Rochefort, Bordeaux et Marseille, ou prendra-t-on les îles de Sainte-Marguerite, Hyères, Oleron, Ré, Belle-Ile ?	Je pense que les dépôts eussent été mieux placés dans les petites îles proposées que dans les grandes villes désignées ; mais l'existence de l'arrêté, les dangers de la versatilité, me font douter si l'on doit préférer aujourd'hui les petites îles aux grandes villes ; sans cela il n'y aurait pas à balancer.	Je vais cependant faire connaître la décision que j'ai donnée sur ces différents articles, afin que la section se trouve au fait pour toutes les décisions ultérieures : on a préféré les villes à des îles parce qu'il y a des moyens de passage, d'équipement et d'armement ; mais on a prescrit d'autres villes à portée des lieux qui remplissent le même objet.
3e QUESTION. Ordonnera-t-on d'envoyer aux dépôts coloniaux les conscrits supplémentaires définitivement jugés tels ?	On n'est conscrit supplémentaire que lorsqu'on a été définitivement jugé tel par le conseil de recrutement.	Je le pense, mais en forme de peine.
	Ces conscrits doivent, d'après les arrêtés, être conduits aux corps dans lesquels le contingent de leur commune doit être placé.	
	On croit que cette punition n'est pas assez forte : on pense que l'envoi aux colonies préviendra, pour l'avenir, les délits de ce genre.	On a jugé que non. La punition d'être conscrit de fait est même déjà trop forte.
	Mais d'autres disent que l'envoi aux colonies est trop sévère, et que, si on fait une peine du service aux colonies, on dégradera ce genre de service.	
	La deuxième objection n'est que spécieuse, surtout d'après l'arrêté du 26 frimaire, qui envoie les déserteurs aux colonies.	
	Quant à la première, elle est fondée jusqu'à un certain point. Cependant, s'il faut des recrues pour	

	les colonies, et s'il ne s'en présente pas volontairement, il me semble qu'il vaut mieux y envoyer ceux qui se sont montrés réfractaires que ceux qui se sont montrés obéissants aux lois.	
4e QUESTION. Ordonnera-t-on d'envoyer aux dépôts coloniaux les conscrits qui ne se présenteront pas à l'appel d'inspection définitive fait par le capitaine de recrutement?	Si le Premier Consul répond affirmativement à la troisième question, celle-ci ne peut être répondue aussi qu'affirmativement; mais, eût-on répondu négativement à la question troisième, il ne s'ensuivrait pas qu'on dût répondre négativement à celle-ci, car l'article 20 de l'arrêté du 18 thermidor déclare déserteurs les conscrits qui manquent à cet appel, et, dès lors, ils paraissent être et devoir être compris dans les dispositions de l'article 4 de l'arrêté du 26 frimaire.	Idem.
5e QUESTION. Doit-on envoyer aux colonies les conscrits qui désertent dans la route en se rendant à leur corps?	Ils sont déclarés déserteurs; ils doivent être traités comme tels.	On a jugé que ceux qui déserteraient sur la route ou arrivés au corps, ou qui ne rejoindraient pas après trois ordres qui leur auraient été délivrés, à trois dimanches de suite, par le capitaine de recrutement, seront considérés comme déserteurs et envoyés pour recruter les corps qui sont aux colonies.
6e QUESTION. Doit-on envoyer aux colonies le conscrit de la réserve qui aura manqué à trois réunions consécutives et qui se sera, pendant ce temps, absenté de sa commune sans autorisation?	L'article 52 de l'arrêté du 18 thermidor déclare déserteur celui qui se trouve dans ce cas, et par conséquent il peut être regardé comme atteint par l'arrêté du 26 frimaire.	Non; mais il sera temps de décider, lors de la première réunion des compagnies de réserve, que, dans tous les cas où ces conscrits ne se présenteraient pas, ils seraient sur-le-champ requis pour marcher aux corps.

7e QUESTION.		
Doit-on envoyer aux colonies tous les sous-officiers et soldats qui, depuis le 1er floréal an X, époque de l'amnistie, ont déserté à l'intérieur, ou n'ont pas rejoint leurs drapeaux à l'époque qui leur avait été fixée ?	Si on a une fois adopté le service aux colonies comme la peine de la désertion à l'intérieur, il n'y a pas à balancer, il faut que tous les déserteurs subissent la même loi.	Non. On a pensé qu'il ne fallait plus parler des vieux soldats. Sans cependant donner aucune décision contre, et loin de là, il paraîtrait convenable, d'ici à deux ans, de faire une amnistie générale ; mais, pour cela, il faudrait que les vieux soldats qui seraient restés fidèles à leurs drapeaux, et auraient été en droit de joindre leurs corps, eussent été maîtres de le faire.
8e QUESTION.		
Dira-t-on qu'à l'avenir tous les déserteurs à l'intérieur seront envoyés aux colonies ?	Cette question sera résolue par les précédentes.	Oui, mais ici comme pour tous les autres articles, à condition qu'il n'y aura aucune circonstance aggravante, qu'ils n'auront pas été condamnés par les tribunaux militaires, et qu'ils n'auront, outre ce, que des motifs de légèreté ou d'inconséquence, car cet envoi aux colonies se fera pour des hommes qui seront reconnus coupables.
9e QUESTION.		
Ordonnera-t-on d'envoyer aux colonies les déserteurs, non conscrits, qui, étant dans le cas de l'amnistie militaire, n'ont pas fait les déclarations que cette loi leur prescrivait ?	Cela serait juste et conforme à la loi ; cependant j'hésiterais à l'ordonner. Ces déserteurs sont des réquisitionnaires et des engagés volontairement ; ils ont, pour la plupart, longtemps et bien servi ; puis cela pourrait, par la multiplicité des coupables, mettre du trouble dans quelques lieux.	Non. Ne point parler des vieux soldats.
10e QUESTION.		
Les conscrits de l'an VII et de l'an VIII qui, après avoir joint un corps, avaient déserté avant le	Cela n'est pas douteux : ils n'avaient été pardonnés qu'à cette condition.	Oui.

mois de floréal an X, et qui, en vertu de la loi sur l'amnistie militaire, devaient être pardonnés à condition qu'ils rentreraient dans leurs corps, doivent-ils être envoyés aux colonies?

11e QUESTION.

Doit-on envoyer aux colonies les conscrits de l'an VII et de l'an VIII qui, n'ayant jamais rejoint un corps, sont arrêtés par la gendarmerie?

S'ils sont arrêtés, cela n'est pas douteux; mais doit-on en arrêter encore? doit-on continuer à jeter la crainte dans les familles, à obliger beaucoup d'entre ces conscrits à se retirer dans les bois ou sur les grandes routes? En cela, je suis d'accord avec le ministre de la guerre, et je pense que non. Il faut laisser ces conscrits tranquilles; mais si on en arrête, il faut les envoyer aux dépôts.

Ne pas parler d'eux.

12e QUESTION.

Doit-on, sans forme de procès, envoyer tous ces individus aux colonies, ou doit-on les juger préalablement?

Je pense qu'on ne peut ainsi condamner sur l'étiquette du sac.

Je pense que l'on doit conduire tous ceux désignés ci-dessus dans les dépôts établis par l'arrêté du 26 frimaire

Je pense qu'un conseil de guerre doit les condamner à la peine portée par les lois contre les déserteurs.

Je pense que, la peine une fois prononcée, le président du conseil de guerre doit de suite, en vertu d'une autorisation du Premier Consul, leur annoncer que leur peine est commuée en un service de cinq ans dans les colonies.

Je pense enfin qu'après cette commutation de peine, on devrait les transporter dans les îles que j'ai désignées ci-dessus.

L'envoi aux colonies ne peut être une peine, et, dès lors, il ne peut y avoir un jugement, et l'individu qui déserte n'appartient plus à un corps, mais à l'armée, et le ministre peut le placer dans le corps qu'il juge à propos.

pour, de là, être transportés aux colonies.

BONAPARTE.

Archives de l'Empire.

6530. — AU CITOYEN GAUDIN, MINISTRE DES FINANCES.

Saint-Cloud, 18 nivôse an XI (8 janvier 1803).

Le compte que vous m'avez remis, Citoyen Ministre, n'est pas complet, parce que tous les états n'y sont pas joints. Vous verrez dans le procès-verbal du dernier conseil tout ce qu'il y a à dire sur les années V, VI, VII, VIII et IX.

Quant à l'année XI, il me paraît que l'enregistrement peut être porté, sans exagération, à 187 millions. Le Piémont seul fait une augmentation de 6 millions; cela ne ferait que 181, ce qui ne donnera que 11 millions d'augmentation sur l'an IX; il y aura davantage; alors le budget de l'an XI sera de 580 millions.

J'ai pensé qu'il serait bon d'augmenter le budget de la guerre d'un million, celui de l'administration de la guerre de 2 millions, l'extraordinaire de la marine de 4. Joignez-y tous les états que vous êtes à même de vous procurer actuellement; après quoi vous me les remettrez.

Il faudrait ajouter à la fin tous les projets de lois dont on pourrait avoir besoin, soit pour le crédit de l'an IX, soit pour le crédit de la restitution de près de 30 millions de l'an X, soit pour les impositions de l'an XII.

BONAPARTE.

Archives de l'Empire.

6531. — AU CITOYEN REGNIER, GRAND JUGE, MINISTRE DE LA JUSTICE.

Paris, 18 nivôse an XI (8 janvier 1803).

Citoyen, le Premier Consul est informé qu'un commissaire de police de la ville de Nancy, s'élevant contre les dispositions de la loi, s'est opposé à la publicité du culte et a osé arracher de sa main le drap mortuaire dont une famille en larmes venait de décorer un cercueil.

Le Premier Consul désire que vous ordonniez sur-le-champ les informations les plus complètes sur un objet aussi contraire aux droits des citoyens.

Par ordre du Premier Consul.

Archives de l'Empire.

6532. — A L'ARCHEVÊQUE DE ROUEN [1].

Paris, 18 nivôse an XI (8 janvier 1803).

Monsieur l'Archevêque de Rouen, Sa Sainteté ayant bien voulu accorder à la France quatre cardinaux, à l'occasion de l'événement du concordat, je lui ai fait connaître qu'il me serait agréable qu'une de ces nominations tombât sur vous.

J'ai voulu par là vous donner une preuve de la satisfaction que j'ai éprouvée dans votre diocèse, où vous avez rétabli la paix des consciences, et du désir que j'ai de voir de plus en plus se rasseoir et prospérer l'église de Rouen.

Sa Sainteté vient de me faire connaître que vous serez proclamé dans le consistoire qu'elle doit tenir du 10 au 17 janvier.

Je vous prie, Monsieur l'Archevêque, de rester persuadé de l'estime particulière que je fais de votre personne.

BONAPARTE.

Archives de l'Empire.

6533. — A L'ARCHEVÊQUE DE TOURS [2].

Paris, 18 nivôse an XI (8 janvier 1803).

Monsieur l'Archevêque de Tours, Sa Sainteté ayant bien voulu accorder à la France quatre cardinaux, à l'occasion de l'événement du concordat, je lui ai fait connaître qu'il me serait agréable qu'une de ces nominations tombât sur vous.

J'ai voulu par là vous donner une preuve de la satisfaction que j'ai éprouvée de la conduite bonne, utile et forte que vous avez tenue lors de la démission des évêques, et du rétablissement de la paix des consciences que vous avez opéré dans votre diocèse.

Sa Sainteté vient de me faire connaître que vous serez proclamé dans le consistoire qu'elle doit tenir du 10 au 17 janvier.

Je vous prie, Monsieur l'Archevêque, de rester persuadé du désir que j'ai de vous donner, dans toutes les circonstances, des preuves du cas particulier que je fais de votre personne, et de voir de plus en plus l'Église de France se rasseoir et prospérer.

BONAPARTE.

Archives de l'Empire.

[1] Cambacérès. — [2] De Boisgelin.

6534. — AU CITOYEN PORTALIS, CONSEILLER D'ÉTAT, CHARGÉ DE TOUTES LES AFFAIRES CONCERNANT LES CULTES.

Paris, 18 nivôse an XI (8 janvier 1803).

Le Premier Consul désire, Citoyen, qu'à l'occasion des deux rapports que vous venez de lui faire vous fassiez connaître son mécontentement au préfet du département de la Meurthe.

Vous lui annoncerez, 1° que la pétition du rabbin de Lixheim a été mise sous les yeux du Gouvernement, qui a vu avec surprise qu'un préfet se permît de fermer une église consacrée à un culte quelconque, à moins que ce ne fût dans une circonstance extraordinaire et à l'occasion d'un flagrant délit important à réprimer sans retard. Aucune des circonstances du fait dont il s'agit ne présente ce caractère, et il paraît nécessaire de rappeler au préfet que tout ce qui tient à la religion doit être traité avec une grande réserve, et que son autorité ne va pas jusqu'aux consciences.

Vous lui annoncerez, 2° que les dissensions qui se renouvellent à Nancy, et qu'il était de son devoir de prévenir, méritent également l'improbation de sa conduite; que l'exercice du culte protestant n'étant point encore autorisé dans cette ville, c'est s'appuyer sur une vaine subtilité que d'y empêcher l'exercice extérieur du culte catholique, sous prétexte qu'une pétition a été présentée par des protestants; qu'il devient responsable du scandale causé par des mauvais sujets, fanatiques d'irréligion, dont il devait prévenir ou réprimer les excès.

Par ordre du Premier Consul.

Archives de l'Empire.

6535. — ARRÊTÉ.

Paris, 18 nivôse an XI (8 janvier 1803).

Article 1er. — Les traitements ecclésiastiques seront insaisissables dans leur totalité.

Art. 2. — Le ministre du trésor public et le conseiller d'État chargé des affaires concernant les cultes seront chargés, chacun en ce qui le concerne, de l'exécution du présent arrêté, qui sera inséré au *Bulletin des lois*.

Bonaparte.

Archives de l'Empire.

6536. — AU CITOYEN DEJEAN,

MINISTRE DIRECTEUR DE L'ADMINISTRATION DE LA GUERRE.

Paris, 20 nivôse an XI (10 janvier 1803).

J'approuve, Citoyen Ministre, la disposition d'une somme de 1,700,000 francs d'extraordinaire pour remonter l'arme de la cavalerie. Il me paraît convenable que vous écriviez à chaque corps pour leur faire connaître ce que vous leur accordez, et qu'ils aient à faire leurs achats, en leur recommandant bien de n'acheter aucuns chevaux vieux, afin que ceux qu'ils achèteront soient dans leur force dans cinq ou six ans, et dans le cas, alors, de servir plusieurs campagnes.

Vous pouvez faire connaître à ces corps que ces fonds sont à leur disposition au trésor public, et leur seront soldés sur les mandats qu'ils tireront, accompagnés des procès-verbaux d'achat; que cependant vous avez toujours cru devoir leur en faire passer le tiers, dont la moitié (de ce tiers) en pluviôse, et l'autre moitié en ventôse; mais qu'ils peuvent hardiment faire leurs achats, que tous leurs mandats seront soldés à leur présentation, et que les conseils d'administration qui aimeraient mieux qu'on envoyât ces fonds à leur disposition chez le payeur, n'auront qu'à en faire la demande; qu'on les leur remettra à raison d'un sixième par mois, ou plus tôt, si les circonstances l'exigeaient.

BONAPARTE.

Dépôt de la guerre.

6537. — AU CITOYEN TALLEYRAND,

MINISTRE DES RELATIONS EXTÉRIEURES.

Saint-Cloud, 22 nivôse an XI (12 janvier 1803).

M. de Souza m'a remis, Citoyen Ministre, la lettre du prince de Portugal. Dans cette lettre, fort longue, il paraît désirer un autre moyen de s'arranger que le renvoi de M. d'Almeida, qu'il déclare avoir rempli positivement ses ordres.

En conséquence, il me paraît convenable de faire partir le plus tôt possible le général Lannes pour Lisbonne; envoyez-le chercher et dites-lui que telle est mon intention; que je me suis fait rendre compte des plaintes qui ont été rendues relativement à son affaire; que je crois ses services utiles en Portugal, et que je désire qu'il s'y rende le plus tôt possible; que je lui donnerai une lettre pour le prince; que vous lui remettrez une lettre pour le cabinet; qu'il me paraîtrait convenable qu'il pût partir dans la semaine, et que vous lui remettrez samedi ma lettre et ses instructions.

Écrivez au cabinet que, d'après la bonne volonté que le prince a montrée de vivre en bonne intelligence avec la France, je pense qu'on fera droit à nos demandes pour le commerce, et surtout qu'on fera cesser les chicanes que les douaniers élèvent journellement pour nos bâtiments; que je m'en suis expliqué avec M. de Souza; que mon intention est, d'ailleurs, autant que mon honneur et l'intérêt de la nation pourront le permettre, d'entretenir des relations d'amitié avec le Portugal.

BONAPARTE.

Archives des affaires étrangères.

6538. — AU CITOYEN LACÉPÈDE.

Saint-Cloud, 22 nivôse an XI (12 janvier 1803).

Vous avez fait une perte affreuse; l'idée de vos peines en est une grande pour moi. Le grand nombre de personnes qui vous aiment partagent votre douleur.

Je vous remercie de la part que vous prenez à ce qui me concerne. Venez à Saint-Cloud, demain jeudi, à cinq heures et demie; j'ai besoin de vous voir.

BONAPARTE.

Archives de l'Empire.

6539. — AU CITOYEN GAUDIN, MINISTRE DES FINANCES.

Saint-Cloud, 24 nivôse an XI (14 janvier 1803).

Vous trouverez ci-joint, Citoyen Ministre, les trois premiers chapitres du compte général pour l'an X.

Relativement au *Chapitre I,* il faudrait, sur les 64 millions que vous comptez rentrer sur l'an VIII et années antérieures, ôter les 30 à 40 millions de décharge qui ont été accordés pour les conseils de préfecture.

Quant aux dépenses, je désire qu'aux années V, VI et VII, après avoir mis 40 millions en trois pour cent, vous en ajoutiez 16 pour liquidations imprévues, et qui pourraient encore se présenter sur ces exercices, et afin que, dans aucun cas, vous ne puissiez vous trouver à court. Il vous resterait toujours d'excédant 20 millions.

Quant à l'an VIII, il vous faut 26 millions; vous avez en cinq pour cent 8,376,000; en domaines nationaux 10 millions; en argent 8,470,000; ce qui vous fait donc plus de 26 millions. Ainsi vous n'avez pas besoin de la conversion des rentes de trois pour cent en cinq pour cent, et il vous resterait 20 millions à trois pour cent, dont vous n'auriez véritablement rien à faire. Tout ce qu'on pourrait dire serait que les 10 millions de biens nationaux de l'an VIII seraient annulés, le crédit de trois pour cent réduit à 56 millions, et les 20 millions restants, représentant une rente de 600,000 francs convertie en un capital de 12 millions, affectés à l'an VIII; que par là le crédit pour les inscriptions n'est pas augmenté, et que dès lors il n'y a pas besoin d'indemnités pour la caisse d'amortissement; que nous gagnons le crédit de 10 millions de domaines nationaux de l'an VIII, qui, joints aux 30 millions que nous avons gagnés sur l'an X, forment 40 millions; et, dès lors, les premiers fonds des domaines seront appliqués à l'an IX.

Chapitre II. — Je préfère que vous portiez les 5 millions des contributions directes de l'an IX, provenant des centimes additionnels des départements, sur les dépenses, plutôt que de dire qu'il y a eu une erreur.

Il me paraît difficile que l'arriéré des années antérieures, pendant l'an XI, puisse rendre 14 millions. Du reste, nous pourrons nous régler sur ce qui sera rentré au 1er germinal. Il n'y aurait pas alors d'inconvénient à faire supporter à l'article du rachat des rentes ce qu'on aurait diminué sur cet article.

Au projet de loi, je ne voudrais pas mettre 521 millions; il faudrait poser les frais de négociation en dehors par un article séparé.

Chapitre III. — Vous dites que le recouvrement de l'an X sera de 510 millions, pendant que, par votre état, il n'est que de 500 millions; ce qui provient des 10 millions de recettes extraordinaires que vous avez ôtés.

Il faudra proposer une loi pour rendre également les 30 millions aux domaines nationaux de l'an X.

Il faudra de ces trois lois n'en faire qu'une à trois titres : le premier titre pour les années V, VI, VII et VIII, le deuxième titre pour l'an IX, et le troisième titre pour l'an X.

Le premier titre me paraît devoir être à peu près ainsi conçu :

1° Le crédit des ministres, pour les années V, VI, VII et VIII, est définitivement réglé conformément au tableau ci-joint.

2° Il sera, en outre, réservé, sur les 90 millions des crédits à trois pour cent ouverts par la loi du 30 ventôse, 40 millions, qui seront employés au solde de ladite dette, et 16 millions, qui resteront pour faire face aux liquidations accidentelles et imprévues qui pourraient encore rester à faire.

3° 20 millions de capital à trois pour cent, fonds de rente pour 600,000 francs, seront affectés à l'an VIII en cinq pour cent.

4° Moyennant quoi, les 10 millions de domaines qui étaient affectés au service de l'an VIII seront annulés.

BONAPARTE.

Archives de l'Empire.

6540. — AU PRINCE RÉGENT DE PORTUGAL.

Saint-Cloud, 24 nivôse an XI (14 janvier 1803).

J'ai reçu la lettre que Votre Altesse Royale s'est plu à m'écrire. Elle me témoigne le désir que les différends survenus entre les deux cabinets puissent se concilier sans qu'elle se trouve dans le cas d'ôter sa confiance à un ministre dont elle a besoin.

J'ai fait connaître à M. de Souza que, désirant toujours être agréable à Votre Altesse Royale, je consentais à tout ce qu'elle voulait.

L'ambassadeur de la République, qui, depuis son retour à Paris, a été malade, se rendra près de Votre Altesse. Il a eu beaucoup à se louer de la manière dont elle l'a accueilli. Je regarderai comme une nouvelle preuve du désir que me témoigne Votre Altesse Royale de resserrer l'union des deux États, qu'elle veuille l'accueillir de manière à lui faire oublier les désagréments que quelques ministres lui ont fait essuyer.

Notre commerce m'a porté beaucoup de plaintes des vexations qu'ont éprouvées nos bâtiments à Lisbonne; M. de Souza a bien voulu me promettre que les auteurs seraient changés. J'ai beaucoup à cœur de protéger le commerce portugais, et je recommande le commerce de France à Votre Altesse Royale. Je la prie de croire au désir que j'ai de lui être agréable.

BONAPARTE.

Archives de l'Empire.

6541. — A L'ÉVÊQUE D'ORLÉANS.

Saint-Cloud, 24 nivôse an XI (14 janvier 1803).

Sa Sainteté m'ayant fait connaître qu'il serait accordé au clergé de France quatre cardinaux, à l'occasion du concordat, je lui ai fait connaître qu'il me serait agréable que son choix tombât sur vous pour une de ces nominations.

Elle m'a fait connaître que son intention était de vous nommer au consistoire qu'elle doit tenir le 17 janvier, mais que des raisons supérieures l'obligeaient à tenir votre nomination *in petto* l'espace d'une année. Il est donc convenable que vous gardiez cette lettre pour vous seul, n'ayant pas voulu tarder davantage à vous donner cette preuve de la satisfaction que j'ai de vos services.

BONAPARTE.

Archives de l'Empire.

6542. — AU CITOYEN REGNIER,

GRAND JUGE, MINISTRE DE LA JUSTICE.

Saint-Cloud, 25 nivôse an XI (15 janvier 1803).

Je désire, Citoyen Ministre, que vous fassiez surveiller la société des francs-maçons d'Arras, qu'on dit être composée du reste du tribunal révolutionnaire de Joseph Lebon.

BONAPARTE.

Archives de l'Empire.

6543. — AU CITOYEN MELZI,

VICE-PRÉSIDENT DE LA RÉPUBLIQUE ITALIENNE.

Saint-Cloud, 25 nivôse an XI (15 janvier 1803).

Je vous envoie quelques notes sur le projet de banque pour la République italienne. Je désire que vous le méditiez, et que vous me fassiez connaître les changements auxquels vos observations auraient donné lieu. Une banque peut être une chose fort utile à la République, mais il faut en bien peser et calculer le plan.

Je vous salue affectueusement.

BONAPARTE.

Archives de l'Empire.

6544. — AU CONTRE-AMIRAL DECRÈS,

MINISTRE DE LA MARINE ET DES COLONIES.

Saint-Cloud, 25 nivôse an XI (15 janvier 1803).

Indépendamment des instructions générales que le ministre donnera au capitaine général des possessions françaises dans les Indes et à l'amiral, l'un et l'autre auront des instructions d'un ordre supérieur, lesquelles seront signées par le Premier Consul.

Il faudra donc ôter des deux instructions ci-jointes tout ce qui a rapport à la haute politique et à la direction des forces militaires, ce qui se réduit à retrancher quelques paragraphes. Les instructions particulières seraient rédigées ainsi :

« Le ministre de la marine a dû remettre au capitaine général des instructions sur l'administration et les différents droits et prérogatives dont nos établissements et notre commerce doivent jouir aux Indes.

Mais le Premier Consul a cru devoir signer lui-même toutes les instructions servant de base à la direction politique et militaire.

» Le capitaine général arrivera dans un pays où nos rivaux dominent, mais où aussi ils pèsent sur tous les peuples de ces vastes contrées.

» Il doit donc s'attacher à ne leur donner aucun sujet d'alarme, aucun sujet de querelle, à dissimuler le plus possible. Il doit s'en tenir aux relations indispensables pour la sûreté et l'approvisionnement de nos établissements; et, dans les relations qu'il aura avec les peuples ou les princes qui supportent avec le plus d'impatience le joug anglais, il s'étudiera à ne mettre aucune affectation, à ne leur donner aucune inquiétude. Ils sont les tyrans des Indes, ils y sont inquiets et jaloux; il faut s'y comporter avec douceur, dissimulation et simplicité.

» Six mois après son arrivée aux Indes, le capitaine général expédiera en France, porteur de ses dépêches, un des officiers ayant le plus sa confiance, pour faire connaître en grand détail tout ce qu'il a connu de la force, situation et disposition d'esprit des différents peuples des Indes, ainsi que de la force et de la situation des différents établissements anglais. Il fera connaître ses vues et les espérances qu'il aurait de trouver de l'appui, en cas de guerre, pour pouvoir se maintenir dans la presqu'île, en faisant connaître la quantité et qualité des troupes, d'armements et approvisionnements dont il aurait besoin pour nourrir la guerre pendant plusieurs campagnes au centre des Indes. Il doit porter la plus grande attention dans toutes les phrases de son mémoire, parce que toutes seront pesées et pourront servir à décider, dans des circonstances imprévues, de la marche et de la politique du Gouvernement.

» Pour nourrir la guerre aux Indes plusieurs campagnes, il faut raisonner dans l'hypothèse que nous ne serions pas maîtres des mers, et que nous aurions à espérer peu de secours considérables.

» Il paraîtrait difficile qu'avec un corps d'armée on pût longtemps résister aux forces considérables que peuvent opposer les Anglais, sans alliances et sans une place servant de point d'appui, où, dans un cas extrême, on pût capituler et se trouver encore maître de se faire transporter en France ou à l'île de France avec armes et bagages, sans être prisonnier, et sans compromettre l'honneur et un corps considérable de Français.

» Un point d'appui doit avoir le caractère d'être fortifié et d'avoir une rade ou un port où des frégates et des vaisseaux de commerce soient à l'abri d'une force supérieure. Quelle que soit la nation à laquelle appartînt cette place, portugaise, hollandaise ou anglaise, le premier projet paraît devoir tendre à s'en emparer dès les premiers mois, en calculant sur l'effet d'une force européenne inattendue et incalculée.

» Après avoir fait un plan d'alliance et de guerre avec une force demandée, il faudrait établir ce que croirait devoir faire le capitaine général si, au lieu de cette force, on ne lui en envoyait que la moitié.

» Après avoir pensé aux alliances et à un point d'appui, les objets qui intéressent le plus une armée dans une campagne sont les vivres et les munitions de guerre, objet que le capitaine général traitera également dans le plus grand détail.

» Six mois après cet envoi, le capitaine général, dans un nouveau mémoire, traitera les mêmes questions en y ajoutant les nouvelles connaissances qu'il aura pu acquérir.

» Ainsi il sera établi que, tous les six mois, le capitaine général enverra en France des officiers sûrs, des mémoires traitant toujours les mêmes questions et confirmant, modifiant ou contredisant les idées des mémoires précédents.

» Si la guerre venait à se déclarer entre la France et l'Angleterre avant le 1er vendémiaire an XIII, et que le capitaine général en fût prévenu avant de recevoir les ordres du Gouvernement, il a carte blanche, et est autorisé à se ployer sur l'île de France et le Cap, ou à rester dans la presqu'île, selon les circonstances où il se trouvera et les espérances qu'il pourrait concevoir, sans cependant exposer notre corps de troupes à une capitulation honteuse et nos armes à jouer un rôle qui ajouterait à notre discrédit aux Indes, et sans diminuer, par l'anéantissement de nos forces, la résistance que peut présenter l'île de France en s'y ployant.

» On ne conçoit pas aujourd'hui que nous puissions avoir la guerre avec l'Angleterre sans y entraîner la Hollande. Un des premiers soins du capitaine général sera de s'assurer de la situation des établissements hollandais, portugais, espagnols, et des ressources qu'ils pourraient offrir.

» La mission du capitaine général est d'abord une mission d'observation sous les rapports politiques et militaires, avec le peu de forces qu'il mène, et une occupation de comptoirs pour notre commerce. Mais le Premier Consul, bien instruit par lui et par l'exécution ponctuelle des instructions qui précèdent, pourra peut-être le mettre à même d'acquérir, un jour, la grande gloire qui prolonge la mémoire des hommes au delà de la durée des siècles. »

Bonaparte.

Comm. par Mme la duchesse Decrès.
(En minute aux Arch. de l'Emp.)

6545. — NOTE.

Saint-Cloud, 26 nivôse an XI (16 janvier 1803).

Le Premier Consul désire que le citoyen Denon lui fasse connaître où en sont les plans de batailles qui ont été donnés par le ministre de l'intérieur pendant l'an VIII et l'an IX, et quand ils seront terminés.

Il désire savoir également si les travaux du monument ordonné pour le général Desaix, au mont Saint-Bernard, sont avancés; son intention est qu'au 25 prairial, anniversaire de la bataille, une cérémonie funèbre y soit célébrée.

Par ordre du Premier Consul.

Archives de l'Empire.

6546. — DÉCISION.

Saint-Cloud, 26 nivôse an XI (16 janvier 1803).

La veuve du comte de Sparre, Suédois, sollicite la bienveillance du Premier Consul pour être réintégrée dans la propriété de ses biens.

Renvoyé au citoyen Defermon, pour qu'il présente un projet d'arrêté pour faire quelque chose pour cette dame, vu la position particulière où elle se trouve, son mari ayant servi la Révolution.

BONAPARTE.

Archives de l'Empire.

6547. — AU GÉNÉRAL BERTHIER, MINISTRE DE LA GUERRE.

Saint-Cloud, 26 nivôse an XI (16 janvier 1803).

Le ministre de la guerre fera une circulaire qui sera envoyée à tous les corps, à tous les généraux, à toutes les autorités administratives, à tous les commissaires ordonnateurs et des guerres, et mise à l'ordre de la gendarmerie.

Elle portera :

1° Que tous les conscrits supplémentaires, définitivement jugés tels, devront partir sur-le-champ pour rejoindre leurs corps; et, si ces corps étaient au complet, les capitaines de recrutement en feront part au ministre de la guerre, qui leur donnera une destination dans les corps qui en auraient besoin;

2° Que tous les conscrits qui déserteraient en route, ou qui, une fois désignés, ne rejoindraient pas après trois appels successifs faits trois dimanches de suite par les officiers de recrutement et par les autorités administratives, et qui, dès lors, seraient considérés comme déserteurs, seraient conduits aux dépôts des colonies, et, de là, envoyés pour compléter les corps qui sont aux colonies;

3° Que les conscrits de l'an VII et de l'an VIII qui ont déserté d'un corps avant le mois de floréal an X, qui ont été pardonnés par l'amnistie, et qui n'ont pas rejoint leurs corps, seront envoyés également aux dépôts des colonies;

4° Que tous les conscrits des années VII, VIII, IX et X, qui déserteraient des corps, seront envoyés également aux dépôts des colonies.

Il faut faire sentir, dans la rédaction, que ceci a lieu non par forme de punition, mais parce que le dommage qu'occasionne à l'administration des corps cette inconstance des jeunes gens, oblige à les mettre dans un endroit où ils aient le temps de s'habituer au service, sans pouvoir se livrer à leur humeur inconstante.

Et pour appuyer le raisonnement qui sera fait en ce sens dans le développement de la lettre, il faut dire que tous déserteurs dont la désertion aurait eu des circonstances aggravantes et aurait été punie par les lois ne pourraient être assimilés aux conscrits dont la désertion n'aurait eu que le caractère de la légèreté et de l'inconséquence.

BONAPARTE.

Archives de l'Empire.

6548. — AU GÉNÉRAL BERTHIER.

Saint-Cloud, 26 nivôse an XI (16 janvier 1803).

L'arrêté du 18 de ce mois, Citoyen Ministre, relatif au traitement des généraux commandant les divisions et des officiers généraux commandant les départements, confirme celui du 4° complémentaire an X, mais rapporte, en ce qu'il ne le relate pas, l'article 6 du titre Ier de l'arrêté du 20 vendémiaire. Ainsi les généraux commandant les divisions, au lieu de 500 francs, auront 1,000 francs. Les généraux commandant à Lyon, Marseille, Bordeaux, Bruxelles, Strasbourg et Turin, au lieu de 1,500 francs, auront 2,000 francs par mois; ce qui forme, pour les six généraux de première ligne, 24,000 francs de traitement extraordinaire et 15,000 francs comme généraux de division, total, 39,000 francs; et, pour les autres généraux, 12,000 francs de traitement extraordinaire et 15,000 francs comme généraux de division, total, 27,000 francs.

Je vous recommande toujours de prendre des mesures promptes pour le logement des généraux de division et des commandants de département, surtout pour que les généraux de division soient plus convenablement.

Vous devez leur faire connaître que l'intention du Gouvernement, par ces dispositions, est qu'ils traitent les officiers des garnisons et les principaux citoyens des villes où ils se trouvent, afin de maintenir l'harmonie et l'union entre les corps militaires et les citoyens.

Le général commandant la 26e division militaire[1], ayant des pouvoirs extraordinaires, doit être traité comme les six généraux de première ligne.

BONAPARTE.

Archives de l'Empire.

6549. — DÉCISION.

Saint-Cloud, 26 nivôse an XI (16 janvier 1803).

Projet présenté par le Conseil d'État, relatif au petit uniforme du corps des inspecteurs aux revues.

Trouver un uniforme, pour les inspecteurs aux revues, plus agréable que celui qu'ils ont, mais où il n'y ait ni or ni argent.

BONAPARTE.

Archives de l'Empire.

6550. — AU CITOYEN PORTALIS, CONSEILLER D'ÉTAT, CHARGÉ DE TOUTES LES AFFAIRES CONCERNANT LES CULTES.

Saint-Cloud, 26 nivôse an XI (16 janvier 1803).

Je vous prie, Citoyen Conseiller d'État, de faire remettre à M. l'évêque d'Arras 5,000 francs, pour être distribués aux pauvres de son diocèse pendant cette saison rigoureuse.

BONAPARTE.

Archives de l'Empire.

6551. — AU CITOYEN GAUDIN, MINISTRE DES FINANCES.

Saint-Cloud, 26 nivôse an XI (16 janvier 1803).

Je vous prie, Citoyen Ministre, de faire donner à madame d'Orléans, indépendamment des cent mille francs ordinaires, cent autres mille francs pendant l'an XI. Cette somme doit lui être remise secrètement et sans aucune espèce d'ostentation.

BONAPARTE.

Archives de l'Empire.

6552. — AU CONTRE-AMIRAL DECRÈS, MINISTRE DE LA MARINE ET DES COLONIES.

Saint-Cloud, 27 nivôse an XI (17 janvier 1803).

J'apprends, Citoyen Ministre, que plusieurs vaisseaux de Marseille se servent du pavillon russe pour naviguer dans la mer Noire. Je

[1] Coblentz.

vous prie de le défendre, soit pour la mer Noire, soit pour les Échelles.

BONAPARTE.

Archives de l'Empire.

6553. — AU GÉNÉRAL BELLIARD.

Saint-Cloud, 27 nivôse an XI (17 janvier 1803).

Je verrai avec plaisir votre union avec mademoiselle Beugen; obtenez-la en mariage; je ferai tout ce qui pourra vous être agréable. Soyez heureux et comptez toujours sur l'estime et l'amitié que je vous ai vouées.

BONAPARTE.

Archives de l'Empire.

6554. — ARRÊTÉ.

Saint-Cloud, 29 nivôse an XI (19 janvier 1803).

Le Gouvernement de la République, vu la protestation reçue le 20 vendémiaire dernier par le citoyen Petit, notaire à Thy-le-Château, département de Sambre-et-Meuse, contre les lois organiques du concordat passé entre le Gouvernement français et le Pape, le 23 fructidor an XI (10 septembre 1801);

La lettre écrite par ce notaire au citoyen Grand fils, huissier au tribunal de première instance séant à Namur, pour le charger de notifier cette protestation au préfet du département de Sambre-et-Meuse et à l'évêque de Namur;

Et la signification faite par Grand fils, huissier, au préfet et à l'évêque du département de Sambre-et-Meuse;

Considérant que ces deux citoyens n'ont pu recevoir et notifier un acte aussi visiblement contraire au respect dû aux lois et aux actes du Gouvernement que par un entier oubli de leurs devoirs,

Arrête :

ARTICLE 1er. — L'arrêté de l'administration du département de Sambre-et-Meuse qui admet le citoyen Petit aux fonctions de notaire est annulé : il est défendu à ce citoyen d'exercer à l'avenir en qualité de notaire.

ART. 2. — La nomination du citoyen Grand fils aux fonctions d'huissier au tribunal de première instance séant à Namur est révoquée.

ART. 3. — Le présent arrêté sera inséré au *Bulletin des lois*; le grand juge, ministre de la justice, est chargé de son exécution.

BONAPARTE.

Archives de l'Empire.

6555. — AU CITOYEN REGNIER,

GRAND JUGE, MINISTRE DE LA JUSTICE.

Saint-Cloud, 29 nivôse an XI (19 janvier 1803).

Citoyen, le Premier Consul désire que vous lui répondiez sur les deux questions suivantes :

1° Les cens féodaux sont-ils abolis dans les quatre départements de la rive gauche du Rhin?

2° La législation française sur les droits féodaux a-t-elle été publiée dans ces départements et dans ceux de la ci-devant Belgique et du ci-devant Piémont?

Par ordre du Premier Consul.

Archives de l'Empire.

6556. — AU GÉNÉRAL DEJEAN,

MINISTRE DIRECTEUR DE L'ADMINISTRATION DE LA GUERRE.

Saint-Cloud, 29 nivôse an XI (19 janvier 1803).

Le Premier Consul désire, Citoyen Ministre, que vous lui envoyiez demain la balance du compte du citoyen Vanlerberghe; vous voudrez bien comprendre dans les sommes qu'il a reçues les trois millions d'obligations dont le trésor public lui a fait l'avance.

Le Premier Consul voit avec peine que chaque jour ajoute de nouveaux retards à la liquidation de ce munitionnaire. Il désire recevoir, le même jour, les comptes des six premiers mois de l'an VIII et des exercices an IX et an X entiers.

Je suis chargé de vous inviter, en même temps, à vous occuper de la liquidation du 1er trimestre de l'an XI, de manière qu'elle puisse être soumise au Premier Consul avant la fin de ventôse prochain.

Par ordre du Premier Consul.

Archives de l'Empire.

6557. — AU GÉNÉRAL DEJEAN.

Saint-Cloud, 2 pluviôse an XI (22 janvier 1803).

Les Polonais sont arrivés, Citoyen Ministre, et les effets d'habillement ne le sont pas; de manière que cette expédition est retardée. Cependant il y a plus de deux mois que les ordres sont donnés. Le commissaire des guerres Dufour, qui est à Gênes, a passé un marché pour fournir des effets d'habillement à ces troupes. Les prix sont doubles des prix ordinaires. Il ne s'est pas contenté de cela : il n'a rien fourni. Il y a évidemment de la dilapidation dans tout ce tripotage. Donnez ordre à ce commissaire des guerres de se rendre sur-le-champ à Paris pour rendre compte de sa conduite, et faites en sorte que, pour toute autre expédition, les mesures que vous prendrez réussissent. Cette expédition n'aurait pas dû être retardée de douze heures.

BONAPARTE.

Dépôt de la guerre.

6558. — ARRÊTÉ.

Saint-Cloud, 3 pluviôse an XI (23 janvier 1803).

ARTICLE 1er. — L'Institut national, actuellement divisé en trois classes, le sera désormais en quatre, savoir :

1re CLASSE. Classe des sciences physiques et mathématiques.

2e CLASSE. Classe de la langue et de la littérature françaises.

3e CLASSE. Classe d'histoire et de littérature anciennes.

4e CLASSE. Classe des beaux-arts.

Les membres actuels et associés étrangers de l'Institut seront répartis dans ces quatre classes.

Une commission de cinq membres de l'Institut, nommée par le Premier Consul, arrêtera ce travail, qui sera présenté à l'approbation du Gouvernement.

ART. 2. — La première classe sera formée des dix sections qui composent aujourd'hui la première classe de l'Institut, d'une section nouvelle de géographie et navigation, et de huit associés étrangers.

Ces sections seront composées et désignées ainsi qu'il suit :

SCIENCES MATHÉMATIQUES.

Géométrie.	6	membres.
Mécanique	6	
Astronomie.	6	
Géographie et navigation.	3	
Physique générale.	6	

SCIENCES PHYSIQUES.

Chimie.	6	membres.
Minéralogie.	6	
Botanique.	6	
Économie rurale et art vétérinaire.	6	
Anatomie et zoologie.	6	
Médecine et chirurgie	6	

La première classe nommera, sous l'approbation du Premier Consul, deux secrétaires perpétuels, l'un pour les sciences mathématiques, l'autre pour les sciences physiques. Les secrétaires perpétuels seront membres de la classe, mais ne feront partie d'aucune section.

La première classe pourra élire jusqu'à six de ses membres parmi ceux des autres classes de l'Institut.

Elle pourra nommer cent correspondants pris parmi les savants nationaux et étrangers.

ART. 3. — La seconde classe sera composée de quarante membres.

Elle est particulièrement chargée de la confection du dictionnaire de la langue française. Elle fera, sous le rapport de la langue, l'examen des ouvrages importants de littérature, d'histoire et de sciences. Le recueil de ses observations critiques sera publié au moins quatre fois par an. Elle nommera dans son sein, et sous l'approbation du Premier Consul, un secrétaire perpétuel, qui continuera à faire partie du nombre des quarante membres qui la composent.

Elle pourra élire jusqu'à douze de ses membres parmi ceux des autres classes de l'Institut.

ART. 4. — La troisième classe sera composée de quarante membres et de huit associés étrangers.

Les langues savantes, les antiquités et les monuments, l'histoire et toutes les sciences morales et politiques dans leur rapport avec l'histoire, seront les objets de ses recherches et de ses travaux. Elle s'attachera particulièrement à enrichir la littérature française des ouvrages des auteurs grecs, latins et orientaux qui n'ont pas encore été traduits.

Elle s'occupera de la continuation des recueils diplomatiques.

Elle nommera dans son sein, sous l'approbation du Premier Consul, un secrétaire perpétuel, qui fera partie du nombre des quarante membres dont la classe est composée.

Elle pourra élire jusqu'à neuf de ses membres parmi ceux des autres classes de l'Institut.

Elle pourra nommer soixante correspondants nationaux ou étrangers.

ART. 5. — La quatrième classe sera composée de vingt-huit membres et de huit associés étrangers.

Ils seront divisés en sections désignées et composées ainsi qu'il suit :

Peinture.	10 membres.
Sculpture.	6
Architecture.	6
Gravure.	3
Musique (composition).	3

Elle nommera, sous l'approbation du Premier Consul, un secrétaire perpétuel, qui sera membre de la classe, mais qui ne fera point partie des sections.

Elle pourra élire jusqu'à six de ses membres parmi ceux des autres classes de l'Institut.

Elle pourra nommer trente-six correspondants pris parmi les nationaux ou les étrangers.

Art. 6. — Les membres associés étrangers auront voix délibérative, seulement pour les objets de sciences, de littérature et d'arts. Ils ne feront partie d'aucune section et ne toucheront aucun traitement.

Art. 7. — Les associés républicoles actuels de l'Institut feront partie des cent quatre-vingt-seize correspondants attachés aux classes des sciences, des belles-lettres et des beaux-arts.

Les correspondants ne pourront prendre le titre de membres de l'Institut.

Ils perdront celui de correspondants lorsqu'ils seront domiciliés à Paris.

Art. 8. — Les nominations aux places vacantes seront faites par chacune des classes où ces places viendront à vaquer. Les sujets élus seront confirmés par le Premier Consul.

Art. 9. — Les membres des quatre classes auront le droit d'assister réciproquement aux séances particulières de chacune d'elles, et d'y faire des lectures, lorsqu'ils en auront fait la demande.

Ils se réuniront quatre fois par an, en corps d'Institut, pour se rendre compte de leurs travaux.

Ils éliront en commun le bibliothécaire et le sous-bibliothécaire de l'Institut, ainsi que les agents qui appartiennent en commun à l'Institut.

Chaque classe présentera à l'approbation du Gouvernement les statuts et règlements particuliers de sa police intérieure.

Art. 10. — Chaque classe tiendra, tous les ans, une séance publique, à laquelle les trois autres assisteront.

Art. 11. — L'Institut recevra annuellement du trésor public 1,500 francs pour chacun de ses membres non associés, 6,000 francs pour chacun des secrétaires perpétuels, et, pour ses dépenses, une somme qui sera déterminée tous les ans, sur la demande de l'Institut, et comprise dans le budget du ministre de l'intérieur.

Art. 12. — Il y aura pour l'Institut une commission administrative composée de cinq membres, deux de la première classe et un de chacune des trois autres, nommés par leurs classes respectives.

Cette commission fera régler, dans les séances générales prescrites par l'article 9, tout ce qui est relatif à l'administration, aux dépenses générales de l'Institut et à la répartition des fonds entre les quatre classes.

Chaque classe réglera ensuite l'emploi des fonds qui lui auront été assignés pour ses dépenses, ainsi que tout ce qui concerne l'impression et la publication de ses mémoires.

ART. 13. — Tous les ans, les classes distribueront des prix dont le nombre et la valeur sont réglés ainsi qu'il suit :

La première classe, un prix de 3,000 francs;

La seconde et la troisième classe, chacune un prix de 1,500 francs;

Et la quatrième classe, des grands prix de peinture, de sculpture, d'architecture et de composition musicale. Ceux qui auront remporté un de ces quatre grands prix seront envoyés à Rome et entretenus aux frais du Gouvernement.

ART. 14. — Le ministre de l'intérieur est chargé de l'exécution du présent arrêté, qui sera inséré au *Bulletin des lois*.

BONAPARTE.

Archives de l'Empire.

6559. — AU CONTRE-AMIRAL DECRÈS,

MINISTRE DE LA MARINE ET DES COLONIES.

Paris, 6 pluviôse an XI (26 janvier 1803).

Quelques altercations, Citoyen Ministre, viennent d'avoir lieu à Alger. Je désire que les frégates *la Cornélie* et *le Rhin* s'y rendent. Vous enverrez cet ordre à Toulon, par un courrier qui prendra une lettre du ministre des relations extérieures, que le commandant de ces frégates remettra à notre agent à Alger.

Si une de ces frégates n'est pas prête, donnez ordre que la première qui le sera parte sur-le-champ; l'autre ira la rejoindre le plus tôt possible.

Ces événements, et d'autres encore qui pourraient survenir, rendent indispensable la présence constante d'une escadre française à Toulon. Il me paraîtrait donc convenable de faire passer des vaisseaux de Brest dans ce port.

BONAPARTE.

Archives de l'Empire.

6560. — CONFÉRENCE

QUE LES DIX DÉPUTÉS, NOMMÉS PAR LES DEUX PARTIS, ONT EUE AVEC LE PREMIER CONSUL, LE 29 JANVIER 1803,

DEPUIS 1 HEURE APRÈS MIDI JUSQU'A 8 HEURES DU SOIR.

« Nous avons, dit Bonaparte, un grand travail aujourd'hui. Il s'agit d'arranger les intérêts des différents partis en Suisse. On m'a dit que les points principaux sur lesquels vous êtes divisés concernaient la liquidation de la dette, et ensuite plusieurs articles des organisations cantonales. Commençons par ceux-ci. »

CANTONS DÉMOCRATIQUES.

(On demande, pour être admis aux *landsgemeinden* [1], l'âge de vingt ans, une propriété de 200 francs; l'initiative des lois pour le *Landrath* [2]; une nouvelle organisation judiciaire à rédiger par le *Landrath* et à sanctionner par la Diète.)

« Le rétablissement de l'ancien ordre de choses dans les cantons démocratiques est ce qu'il y a de plus convenable et pour vous et pour moi. Ce sont eux, ce sont leurs formes de gouvernement qui vous distinguent dans le monde, qui vous rendent intéressants aux yeux de l'Europe. Sans ces démocraties, vous ne présenteriez rien que ce que l'on trouve ailleurs; vous n'auriez pas de couleur particulière; songez bien à l'importance d'avoir des traits caractéristiques; ce sont eux qui éloignent l'idée de toute ressemblance avec les autres États, écartent celle de vous confondre avec eux ou de vous y incorporer.

» Je sais bien que le régime de ces démocraties est accompagné de beaucoup d'inconvénients, et qu'il ne soutient pas l'examen aux yeux de la raison; mais enfin il est établi depuis des siècles; il a son origine dans le climat, la nature, les besoins et les habitudes primitives des habitants; il est conforme au génie des lieux, et il ne faut pas avoir raison en dépit de la nécessité. Les constitutions des petits cantons ne sont sûrement pas raisonnables; mais c'est l'usage qui les a établies. Quand l'usage et la raison se trouvent en opposition, c'est le premier qui l'emporte.

» Vous voudriez anéantir ou restreindre les *landsgemeinden;* mais alors il ne faut plus parler de démocraties ni de républiques. Les peuples libres n'ont jamais souffert qu'on les privât de l'exercice immédiat de la souveraineté; ils ne connaissent ni ne goûtent ces inventions modernes du système représentatif, qui détruit les attribu-

[1] Assemblées souveraines composées de tous les citoyens. — [2] Conseil exécutif.

tions essentielles d'une république. La seule chose que les législateurs se soient permise, ce sont les restrictions qui, sans ôter au peuple l'apparence d'exercer immédiatement sa souveraineté, proportionnaient l'influence à l'éducation et aux richesses.

» Dans Rome, les votes se comptaient par classes, et l'on avait jeté dans la dernière toute la foule des prolétaires, pendant que les premières contenaient à peine quelques centaines de citoyens opulents et illustres. Mais la populace était également contente et ne sentait point cette immense différence, parce qu'on l'amusait à donner ses votes, qui, tous recueillis, ne valaient pas plus que les voix de quelques grands de Rome. Ensuite, pourquoi voudriez-vous priver ces pâtres du seul divertissement qu'ils peuvent avoir? Menant une vie uniforme qui leur laisse de grands loisirs, il est naturel, il est nécessaire qu'ils s'occupent immédiatement de la chose publique. C'est cruel d'ôter à des peuples pasteurs des prérogatives dont ils sont fiers, dont l'habitude est enracinée, et dont ils ne peuvent user pour faire du mal. Dans les premiers moments où les persécutions et l'explosion des passions seraient à craindre, la Diète les comprimera. D'ailleurs, puisque vous insistez là-dessus, et que l'on observe que ce n'est pas contraire à l'ancien usage, on peut obliger les *landsgemeinden* à ne traiter que les objets qui leur seront indiqués par le Conseil, et ne permettre que les motions qui ont eu auparavant l'agrément de cette autorité. On peut aussi, sans inconvénient, exclure les jeunes gens au-dessous de vingt ans. Pour la justice criminelle, elle appartenait aux *landsgemeinden*. Vous avez l'ostracisme dans vos petits cantons, et même plus; vous prenez quelquefois les biens d'un citoyen qui vous paraît être trop riche. C'est bien étrange tout cela, sans doute; mais cela tient à la démocratie pure. Vous voyez dans l'histoire le peuple athénien en masse rendre des jugements.

» Il faut bien établir, dans le pacte fédéral, qu'aucune poursuite pour le passé ne puisse avoir lieu dans aucun canton; et, enfin, un citoyen qui ne trouverait plus de sûreté dans son canton s'établira dans un autre. Cette faculté, et celle d'exercer son industrie partout, doit être générale pour tous les Suisses. On dit que les petits cantons répugnent à ce principe; mais qui est-ce qui se soucierait de s'établir dans leurs vallées et au milieu de leurs montagnes? C'est bon pour ceux qui y sont nés, mais d'autres ne seront pas sûrement tentés d'y aller.

» Les petits cantons ont toujours été attachés à la France jusqu'à la révolution. Si, depuis ce temps, ils ont incliné pour l'Autriche, cela passera. Ils ne pourront pas désirer le sort des Tyroliens. Sous peu, les relations de la France avec ces cantons seront établies telles qu'elles étaient il y a quinze ans, et la France les influencera comme autrefois. Elle prendra des régiments à sa solde, et rétablira ainsi une ressource pécuniaire pour ces contrées pauvres. La France le fera; non qu'elle ait besoin de ces troupes, il ne me faudrait qu'un arrêté pour les trouver en France, mais elle le fera parce qu'il est de l'intérêt de la France de s'attacher les démocraties. Ce sont elles qui forment la véritable Suisse; toute la plaine ne lui a été adjointe que postérieurement. Les démocraties suisses s'attacheront bien plus facilement à la France que ne le feront les aristocrates; mais qu'ils prennent garde à eux, ils se perdront eux-mêmes s'ils continuent à méconnaître la grande vérité, qu'il n'y a plus de bonheur pour la Suisse que par l'attachement à la France; c'est l'intérêt de la défense qui lie la France à la Suisse; c'est l'intérêt de l'attaquer qui peut rendre intéressante la Suisse aux yeux des autres puissances. Le premier est un intérêt permanent et constant; le second dépend des caprices et n'est que passager. La Suisse ne peut défendre ses plaines qu'avec l'aide de la France. La France peut être attaquée par sa frontière suisse; l'Autriche ne craint pas la même chose. J'aurais fait la guerre pour la Suisse, et j'aurais plutôt sacrifié 100,000 hommes que de souffrir qu'elle restât entre les mains des chefs de la dernière insurrection, tant est grande l'influence de la Suisse pour la France. L'intérêt que les autres puissances pourraient prendre à ce pays est infiniment moindre. L'Angleterre peut bien vous payer quelques millions; mais ce n'est pas là un bien permanent. L'Autriche n'a pas d'argent, et elle a suffisamment d'hommes. Ni l'Angleterre, ni l'Autriche, mais bien la France prendra vos régiments suisses à sa solde. Je déclare que, depuis que je me trouve à la tête du Gouvernement, aucune puissance ne s'est intéressée au sort de la Suisse. C'est moi qui ai fait reconnaître la République helvétique à Lunéville; l'Autriche ne s'en souciait nullement. A Amiens, je voulais en faire autant : l'Angleterre l'a refusé. Mais l'Angleterre n'a rien à faire avec la Suisse; si elle avait exprimé des craintes que je voulusse me faire votre landamman, je le devenais. On a dit que l'Angleterre s'intéressait à la dernière insurrection : si son cabinet avait fait à ce sujet une démarche officielle, s'il y avait eu un mot dans la *Gazette de Londres*, je vous réunissais.

Je le répète, si les aristocrates continuent à chercher des secours étrangers, ils se perdront eux-mêmes, et la France finira par les chasser. C'était cela qui avait perdu Reding; c'est cela qui a perdu de Mulinen; c'est le parti aristocratique qui a perdu la Suisse. Et de quoi vous plaignez-vous (*en s'adressant à la section aristocrate*)? Si je m'adresse à vous, j'entends parler de votre parti, et non point de vos individus. Vous avez traversé la révolution en conservant vos vies et vos propriétés. Le parti républicain ne vous a point fait de mal. Même dans la plus grande crise, du temps de La Harpe, il n'a versé aucun sang, il n'a pas commis de violences ni fait de persécutions; il n'a pas même aboli ni les dîmes ni les censes. S'il avait aboli les censes, le peuple se serait rangé de son côté, et la popularité dont vous vous vantez serait tout à fait nulle. C'est pour n'avoir point aboli les dîmes, pour s'être déclaré contre les élections populaires, que le parti unitaire ne s'est point attaché la multitude, et c'est par là qu'il a prouvé que jamais il n'a ni pu ni voulu faire une révolution. Vous, au premier moment où vous avez repris votre autorité, vous avez fait des arrestations à Lucerne, à Zurich, et partout vous avez été loin de montrer la modération des républicains. On a tant crié sur le bombardement de Zurich! Il n'en valait pas la peine; c'était une commune rebelle. Si un de mes départements me refusait d'obéir, je le traiterais de même, et je ferais marcher des troupes. Et vous, n'avez-vous pas bombardé Fribourg et Berne? Ce n'est pas la violence, ce n'est que la faiblesse qu'on doit reprocher au Gouvernement helvétique. Il fallait rester à Berne et y savoir mourir, mais non point fuir comme des lâches devant Watteville et quelques centaines d'hommes. Quelle conduite indigne n'a pas montrée ce Dolder, qui se laisse enlever de sa chambre? Quand on veut se mêler de gouverner, il faut savoir payer de sa personne; il faut savoir se laisser assassiner. J'ai beaucoup entendu critiquer les proclamations du citoyen Monnot; pour moi, je les ai très-approuvées. J'aime l'énergie et je l'estime; il en a montré dans sa conduite. Mais vraiment votre gouvernement central, depuis le temps de Reding, n'a été que méprisable. Reding n'a montré ni bon sens ni intelligence. Il est venu ici : c'était déjà très-hasardé; mais il pouvait en tirer profit. Au lieu de cela, il s'est obstiné et sur le Valais et sur le pays de Vaud; et, quoique je lui eusse dit que le soleil retournerait plutôt de l'occident à l'orient que le pays de Vaud fût rendu à Berne, toujours le pays de Vaud était son cheval de bataille. Ensuite, il fait la sottise d'envoyer à Vienne ce Diesbach qu'on n'avait pas voulu recevoir ici. »

CONSTITUTION POUR LES GRISONS.

« Vous m'en voulez toujours un peu (*en s'adressant à Sprecher*) pour la Valteline. Mais vous avez mérité de la perdre, et je ne ferais que vous tromper, si je vous donnais des espérances de la réacquérir.

Il n'en est pas de même pour les biens séquestrés dans la Valteline appartenant à des Grisons, s'ils ne sont pas vendus. J'ai envoyé votre mémoire à Milan. »

Sur l'observation faite par un membre, que la neutralité devant être rendue à la Suisse, il conviendrait que la Valteline fît partie de la Suisse pour que l'Empereur ne pût entrer par elle en Italie, le Premier Consul trouve que la France en pourra mieux profiter pour l'attaque.

CONSTITUTION DES CANTONS ARISTOCRATIQUES.

« Dans les cantons aristocratiques, vos objections tombent principalement sur les conditions d'éligibilité, sur le *grabeau*[1] et la durée des fonctions. Le grabeau me paraît de rigueur absolue dans les aristocraties. Toutes les aristocraties ont un penchant à se concentrer, à se former un esprit indépendant des gouvernés, de leurs vœux et des progrès de l'opinion, et deviennent à la longue à la fois odieuses et insuffisantes aux besoins des États qu'elles administrent. Le seul remède à ces maux, au moins le seul moyen d'empêcher qu'elles ne prennent des racines et des accroissements trop rapides, et que les gouvernements, en devenant insupportables, ne provoquent des mouvements d'insubordination et d'anarchie, c'est le grabeau. Toutes les aristocraties s'en sont servies. Il paraît donc qu'il est un rouage absolument nécessaire. Les grands inquisiteurs à Venise, les censeurs à Rome, étant toujours des magistrats vénérables et ambitieux de l'estime, n'osaient heurter l'opinion et se voyaient forcés d'éliminer les sénateurs qui devenaient impopulaires ou méprisables.

» Vous avez eu vos grabeaux dans toutes vos anciennes aristocraties. Pour en prévenir l'abus, on peut en régulariser l'exercice. Il peut être aboli pour le petit conseil, comme nullement nécessaire pour ce corps, qui est renouvelé tous les deux ans par tiers ; mais, les places du grand conseil étant à vie, ce principe aristocratique de vos constitutions rend absolument nécessaire le grabeau, qui, au lieu de chaque année, pourra ne s'exercer que tous les deux ans. Les places à vie sont nécessaires pour donner de la stabilité et de la considération au Gouvernement. Il faut que de nouvelles aristocraties se forment : et, pour prendre consistance et s'organiser d'une manière qui promette ordre, sûreté et stabilité, il faut qu'il y ait des points fixes, inamovibles, qui servent de pivot aux hommes en mouvement et aux choses qui changent.

» Quant aux conditions pécuniaires d'éligibilité, les campagnes ont

[1] Enquête annuelle à laquelle étaient soumis les membres du Gouvernement.

intérêt à ce qu'elles ne soient pas trop atténuées. Des membres du grand conseil dont la pauvreté inspirerait le mépris déconsidéreraient leurs commettants dans la capitale et porteraient atteinte au respect dû à leur corps par la mesquinerie de leur existence dans une ville où ils seraient surpassés en dépense par les plus simples bourgeois.

» L'élection immédiate est préférable à des corps électoraux, dont l'intrigue et la cabale s'emparent plus facilement. Nous en avons fait l'expérience en France pendant le cours de la révolution; et vous (*en s'adressant au côté aristocratique*), vous y gagnerez. Le peuple même se laissera plutôt influencer par un grand nom, par des richesses et l'opinion, que des assemblées électorales. Les 1,000 francs pourront être diminués de moitié, de manière qu'il soit nécessaire, pour voter, de posséder au moins 500 francs et un droit de bourgeoisie dans le canton. Il serait même convenable de fixer une somme encore moins forte dans certains districts peu fortunés, comme l'Oberland. L'état de mariage ou de veuvage, qui avait été exigé pour pouvoir voter, se modifiera de manière qu'un citoyen non marié puisse exercer les droits politiques à trente ans. Il est important d'empêcher qu'un jeune militaire, par exemple, qui ne tient par aucun lien de famille à la patrie, ne vienne pour six mois, dans le pays, vous troubler et s'en aller ensuite. »

Sur l'observation qu'il résulterait des avantages du renouvellement simultané d'une partie considérable du grand conseil, le Premier Consul objecte « qu'on pourrait attendre quelques années, afin qu'il entrât plus de nouveaux membres à la fois dans le conseil ».

Le Premier Consul accède à la demande faite par Reinhard, de Zurich, que les tribus puissent nommer librement les candidats dans les divers districts du canton, à l'exception de leur propre district. Il observe que certainement cela sera d'un grand avantage pour les villes, qui offriront un choix infiniment plus nombreux que les districts des campagnes. Les députés du côté droit, à l'exception de Reinhard, conviennent de cet avantage. « D'où vient donc, *dit Bonaparte,* cette animosité de la campagne contre la ville dans votre canton? — *Cela tient,* répond Reinhard, *à des causes physiques et morales, et surtout à la richesse des paysans.* »

NOUVEAUX CANTONS.

« Le grabeau sera mis de côté comme inutile, puisque le grand conseil n'est pas à vie. »

On demande une rédaction de l'article sur l'organisation judiciaire, qui ne dit pas si la loi a la faculté d'établir des juges. Le Premier

Consul veut que l'article soit rédigé en forme très-générale. Il ajoute : « La constitution ne devrait déterminer que le mode selon lequel se fait la loi ; si elle dit plus, c'est mauvais ; si elle dit trop, et qu'on ne puisse faire autrement, on la casse. La constitution ne devrait point parler du pouvoir judiciaire quant aux jurés ; nous trouvons de très-grandes difficultés en France pour cette institution. Les jurés ne jugent que trop souvent par passion. Mais il se peut que, quand les passions seront plus calmes, on puisse tirer avantage de cette institution. Nous sommes à reconnaître que les juges doivent être à vie, et qu'il est bon qu'ils soient des hommes de loi. C'est alors qu'ils s'occupent non-seulement par devoir, mais avec intérêt et plaisir, de leurs fonctions. »

PACTE FÉDÉRAL.

« Vous auriez pu avoir le système d'unité chez vous, si les dispositions primitives de vos éléments sociaux, les éléments de votre histoire et vos rapports avec les puissances étrangères vous y avaient conduits ; mais ces trois classes d'influences puissantes vous ont justement menés au système contraire. Une forme de gouvernement qui n'est pas le résultat d'une longue suite d'événements, de malheurs, d'efforts et d'entreprises d'un peuple, ne peut jamais prendre racine. Des circonstances passagères, des intérêts du moment peuvent conseiller un système opposé, et même le faire adopter ; mais il ne subsiste pas. Nous avons eu aussi des fédéralistes. Marseille et Bordeaux s'en trouvaient bien ; mais les habitudes du peuple français, le rôle qu'il doit, par sa position, et qu'il désire, par caractère, jouer en Europe, s'opposent à ce qu'il consente à un système contraire à sa gloire autant qu'à ses usages. Mais vous êtes dans un cas tout à fait différent : la tranquillité et l'obscurité politiques vous conviennent uniquement. Vous avez joué un rôle dans votre temps, quand vos voisins n'étaient guère plus puissants que vous. A présent, que voulez-vous opposer aux puissances de l'Europe qui voudraient attenter à vos droits et à votre repos ? Il vous faudrait 6,000 hommes pour soutenir le gouvernement central, et quelle figure feriez-vous avec cette force armée ? Ni elle, ni les finances que vous pourriez avoir ne seraient assez considérables pour vous faire jouer un rôle. Vous resteriez toujours faibles, et votre nation serait sans considération. La Suisse a été intéressante aux yeux de l'Europe comme État fédératif, et elle pourra le redevenir comme telle. Plutôt que d'avoir un gouvernement central, il vous conviendrait de devenir Français. C'est là qu'on va la tête levée. »

Un membre fait observer que les Suisses ne pourraient supporter les impôts de la France.

« Sans doute, *réplique le Premier Consul*, cela ne peut vous convenir; aussi jamais n'y avait-on pensé ici. Je n'ai jamais cru un moment que vous puissiez avoir une république une et indivisible. Dans le temps où j'ai passé par la Suisse pour me rendre à Rastadt[1], vos affaires auraient pu s'arranger facilement. Je fis part alors au Directoire de ces affaires. J'étais bien de l'avis qu'on devait profiter des circonstances pour attacher plus étroitement la Suisse à la France. Je voulais d'abord séparer le pays de Vaud de Berne, pour en faire un canton séparé. Cela convenait à la France pour toutes sortes de raisons. Ensuite je voulais quadrupler le nombre des familles régnantes à Berne, ainsi que dans les autres aristocraties, pour obtenir par là une majorité amie de la France dans leurs conseils; mais jamais je n'aurais voulu une révolution chez vous.

» La médiation de la Suisse m'a beaucoup embarrassé, et j'ai hésité longtemps à me mêler de vos affaires. Mais, enfin, il le fallait. C'est une tâche bien difficile pour moi de donner des constitutions à des contrées que je ne connais que très-imparfaitement. Si je ne réussis pas, je serai sifflé; et c'est ce que je ne veux pas.

» Les troupes françaises resteront donc jusqu'à ce que votre organisation soit accomplie. Mais la Suisse ne les payera plus dès le moment que les arrangements ici seront finis. Ce n'est point par besoin d'argent (j'en ai suffisamment à présent) que je vous ai fait payer les troupes, c'est pour punir la diète de Schwitz, qui est la seule cause de l'entrée des troupes, et qui s'est conduite d'une manière indigne. Il fallait poser les armes avant l'arrivée des troupes, ou se battre ensuite, puisqu'on les avait attendues. Elle a fait tout le contraire. Vous avez voulu (*en s'adressant au côté aristocratique*) voir les grenadiers français; eh bien! vous les avez. Toute l'Europe s'attend à voir la France arranger les affaires de la Suisse. Il est reconnu par l'Europe que l'Italie et la Hollande sont à la disposition de la France aussi bien que la Suisse. »

Le député de Berne ayant observé que l'aristocratie suisse n'avait jamais été hostile à la France, mais bien au système insurrectionnel et révolutionnaire du Directoire, Bonaparte répond : « Mais n'y a-t-il pas encore aujourd'hui un parti chez vous qui me désapprouve de même que vous, monsieur Watteville, qui étiez venu à Paris avec cinq ou six personnes? »

[1] Vers la fin de novembre 1797. L'invasion de la Suisse commença un mois après.

Sur la demande faite par le côté aristocrate, que chaque canton à la diète n'ait, comme jadis, qu'une seule voix (demande contestée par le côté démocrate), le Premier Consul paraît incliner à laisser la pluralité des voix.

On parle longuement sur la liquidation de la dette helvétique. Le Premier Consul finit par dire : « La chose n'est pas bien claire encore; il faudra la mûrir davantage. » En attendant, il dicta ensuite à Rœderer les articles suivants, comme proposition faite par le côté aristocrate :

« 1° On restituera à chaque canton ses biens;

» 2° Chaque canton liquidera les biens qui appartiennent à la capitale comme biens communaux;

» 3° On restituera aux couvents et corporations leurs biens;

» 4° Chaque canton payera ses dettes contractées avant la révolution;

» 5° La dette sera répartie entre les cantons, dans la même proportion qu'on leur aura rendu des biens-fonds ou rentes;

» 6° Pour les cantons démembrés du canton de Berne, on payera leurs dettes sur les biens restitués au canton de Berne;

» 7° La Diète sera chargée de la liquidation. »

Sur la demande faite d'avoir un canton directeur permanent, le Premier Consul observe que ce serait un gouvernement central; qu'il serait aussi à craindre que le landamman ne trouvât pas dans le lieu de sa résidence la considération nécessaire, et qu'il ne fût sous l'influence dominatrice de la municipalité de Berne. « Mais (*dit-il*) on pourrait mettre : « La Diète choisira, chaque année, le lieu de sa » séance prochaine. En cas de révolte dans un canton, ce sera sur » la demande du grand ou du petit conseil que le landamman pourra » faire marcher des troupes. Chaque canton pourra battre ou faire » battre monnaie pour son propre compte. Le type et le taux seront » égaux. »

Un membre du côté aristocrate lui ayant demandé la reddition des armes et l'élargissement des prisonniers d'Aarburg, Bonaparte ne répond rien, se détourne et parle d'autres choses.

Publication du temps.

6561. — DÉCISION.

Paris, 10 pluviôse an XI (30 janvier 1803).

Délibération du conseil municipal d'Orléans, en date du 3 nivôse, sur le	Écrire au citoyen Crignon des Ormeaux, maire d'Orléans, que

projet d'ouvrir une souscription pour rétablir le monument élevé en l'honneur de Jeanne d'Arc.

cette délibération m'est très-agréable. L'illustre Jeanne d'Arc a prouvé qu'il n'est pas de miracle que le génie français ne puisse produire dans les circonstances où l'indépendance nationale est menacée.

Unie, la nation française n'a jamais été vaincue; mais nos voisins, plus calculateurs et plus adroits, abusant de la franchise et de la loyauté de notre caractère, semèrent constamment parmi nous ces dissensions d'où naquirent les calamités de cette époque et tous les désastres que rappelle notre histoire.

BONAPARTE.

Archives de l'Empire.

6562. — NOTE POUR UNE CIRCULAIRE AUX PRÉFETS.

Paris, 13 pluviôse an XI (2 février 1803).

Quelques Belges, actuellement au service de l'Empereur, se sont considérés comme étrangers, et ont pensé que le sénatus-consulte portant amnistie pour les émigrés ne leur est pas applicable.

Le sénatus-consulte ne faisant aucune exception, et diverses considérations qu'il est inutile d'exposer ici se joignant à la lettre de cet acte, le droit est contre eux; mais le Premier Consul n'est point dans l'intention que l'on en use avec rigueur envers les peuples nouvellement réunis et depuis plusieurs siècles attachés à leur ancien souverain. Cependant, tout ce que le Gouvernement peut faire pour les Belges actuellement au service de l'Empereur, c'est de leur laisser l'alternative de renoncer au service de l'Autriche et à tout autre service étranger, et de prêter serment de fidélité à la République, ou de vendre, dans un délai qui sera fixé, les biens qu'ils possèdent en France.

Le grand juge devant soumettre incessamment au Gouvernement un rapport sur cet objet, et ayant besoin, pour envisager la question sous plusieurs points de vue, de renseignements positifs, fera connaître aux préfets qu'il convient que les individus qui, étant dans le cas du sénatus-consulte, ne s'y sont pas conformés, soit que leurs biens se trouvent ou ne se trouvent pas séquestrés, se fassent inscrire et déclarent s'ils veulent ou s'ils ne veulent pas être citoyens français.

Dans le cas de l'affirmative, ils renonceront formellement au service étranger et prêteront serment de fidélité à la République. Dans le cas de la négative, ils vendront leurs biens et seront, en France, considérés et traités comme étrangers, tant sous les rapports des droits civils que sous ceux du droit politique.

Les préfets enverront au grand juge, avant le 15 ventôse, l'état des inscrits et des déclarations négatives et affirmatives. Ces états présenteront, dans plusieurs colonnes, des notions détaillées, tant sur l'âge des individus et l'époque de leur entrée au service de l'Autriche, que sur les biens qu'ils possèdent, en distinguant les biens ruraux et les forêts.

Par ordre du Premier Consul.

Archives de l'Empire.

6563. — AU CONSUL LEBRUN.

Saint-Cloud, 14 pluviôse an XI (3 février 1803).

Je vous prie, Citoyen Consul, de prendre connaissance du rapport ci-joint. Je ne conçois pas ce que veut dire ce mot de liquidation des pensions nouvellement créées.

Que le conseil général de liquidation liquide les pensions portées du grand-livre sur le nouveau en conséquence de la loi de l'an VI, qu'il liquide les pensions d'émigrés en conséquence de différentes lois, les différentes fournitures des ministres pendant les années V, VI et VII, en conséquence de la loi du 30 ventôse, cela me paraît en règle; qu'il liquide même les anciennes pensions, c'est-à-dire celles des individus qui en avaient avant l'an VI, en conséquence de la loi de l'an VI, cela me paraît encore en règle; mais créer de nouvelles pensions me paraît un acte de gouvernement de premier ordre.

Je vous prie de me faire un rapport qui me fasse connaître quelle est la loi qui autorise le conseil général de liquidation à présenter ce projet, et dès lors les changements qu'il conviendrait de faire.

Bonaparte.

Comm. par M. le comte Defermon.

6564. — AU GÉNÉRAL BERTHIER, MINISTRE DE LA GUERRE.

Saint-Cloud, 14 pluviôse an XI (3 février 1803).

Je vous prie, Citoyen Ministre, de donner ordre aux directeurs de l'artillerie et du génie de pourvoir à l'approvisionnement des places de l'île d'Elbe, et d'en réparer les fortifications et casernes avec la plus grande activité. Ces places devant toujours être en bon état, je les rends responsables si, au 1er vendémiaire an XII, les magasins de l'artillerie et du génie ne sont pas approvisionnés et les places en état de soutenir un siége et de faire toute la résistance dont elles sont susceptibles.

BONAPARTE.

Archives de l'Empire.

6565. — DÉCISION.

Paris, 14 pluviôse an XI (3 février 1803).

Note sur les passagers détenus, embarqués au Cap-Français, sur le vaisseau *le Swiftsure*, commandé par le capitaine de vaisseau Hubert.

Renvoyé au ministre de la guerre, pour donner ordre que les mulâtres mauvais sujets soient renvoyés du service, et pour ordonner qu'on leur ôte l'épaulette, vu qu'ils ne sont point brevetés par le ministre et ne font partie d'aucun corps; leur défendre de porter l'habit militaire. La note ne dit pas dans quel corps ont servi les blancs et s'ils sont brevetés par le ministre.

BONAPARTE.

Dépôt de la guerre.

6566. — AU CONTRE-AMIRAL DECRÈS,
MINISTRE DE LA MARINE ET DES COLONIES.

Paris, 14 pluviôse an XI (3 février 1803).

Les 1,200 hommes, Citoyen Ministre, qui sont partis du Havre, ceux prêts à partir de Dunkerque, les trois expéditions parties de Toulon, l'expédition de Gênes, celle de Livourne, les deux expéditions de Corse, feront arriver à la fois un assez grand nombre de troupes à Saint-Domingue.

L'instruction donnée, il y a deux mois, dans la supposition que l'expédition de la Louisiane partirait la première, et qui changeait la destination de la 54e, devient aujourd'hui inutile. Je désire donc que vous changiez cette instruction et que l'expédition de la Louisiane aille tout entière directement à sa destination. Je désire seulement que deux vaisseaux de guerre de la croisière de Saint-Domingue aillent à la Havane, et de là puissent se porter, s'il était nécessaire, dans le principal port des États-Unis.

BONAPARTE.

Archives de l'Empire.

6567. — AU CONTRE-AMIRAL DECRÈS.

Paris, 14 pluviôse an XI (3 février 1803).

J'ai pris communication, Citoyen Ministre, des différentes lettres que vous m'avez envoyées. Je n'y vois rien qui puisse faire connaître la véritable situation des colonies. Les gazettes copiées dans *le Moniteur* ont été remises par le citoyen Marbois. Il serait nécessaire de prendre des mesures pour que, du Cap ou du Port-au-Prince, il vous fût toujours expédié un paquet de journaux. Il serait également nécessaire de faire partir tous les mois, du Havre ou de Bordeaux, un bâtiment pour Saint-Domingue. On s'y plaint qu'on n'y reçoit pas de nouvelles du continent, et il est constant que cette colonie reste souvent deux ou trois mois sans nouvelles de la métropole.

BONAPARTE.

Archives de l'Empire.

6568. — AU CAPITAINE GÉNÉRAL ROCHAMBEAU,

COMMANDANT EN CHEF L'ARMÉE DE SAINT-DOMINGUE.

Paris, 15 pluviôse an XI (4 février 1803).

Le ministre de la marine m'a communiqué vos dépêches du 23 frimaire; j'ai vu avec plaisir la reprise du fort Dauphin; je veux directement vous assurer de l'entière confiance que le Gouvernement a en vous, et de son approbation des mesures de vigueur que les circonstances vous obligent ou vous obligeraient de déployer.

Trois convois partis de Toulon, un parti de Gênes, un de Corse, un du Havre, et deux qui vont partir de Dunkerque et de Rochefort, vous portent 15,000 hommes.

Six dépôts ont été formés pour recruter votre armée, et déjà un grand nombre d'hommes s'y rend de tous côtés. On alimentera la colonie tout l'été; mais, si cela devient nécessaire, comme je le présume, on combinera une expédition de 15 ou 18,000 hommes, de manière à les faire arriver dans la colonie dans les premiers jours de brumaire.

Vous avez déjà rendu des services signalés dans les contrées où vous êtes; vous en avez rendu en Italie. Aujourd'hui vous commandez en chef; rien n'intéresse davantage la nation que l'île de Saint-Domingue; soyez-en le restaurateur, et inscrivez votre nom parmi le petit nombre de ceux que le peuple français n'oubliera jamais et que la postérité révérera, parce que ceux qui les ont portés n'auront été animés que par le sentiment de la vraie gloire.

Il est probable que, quand vous aurez reçu cette lettre, la légion d'honneur sera organisée. Vous y serez placé au rang des grands officiers.

BONAPARTE.

Archives de l'Empire.

6569. — DÉCISION.

Paris, 15 pluviôse an XI (4 février 1803).

Rapport concernant la créance réclamée par le citoyen Gérard, de Marseille, pour la valeur d'une prise qui a été conduite à Porto-Ferrajo.

Ce sont les Anglais qui doivent payer cette créance. Nous n'acquittons pas les dettes contractées contre nous.

BONAPARTE.

Archives de l'Empire.

6570. — AU CONTRE-AMIRAL DECRÈS,

MINISTRE DE LA MARINE ET DES COLONIES.

Saint-Cloud, 16 pluviôse an XI (5 février 1803).

Quinze mille hommes, Citoyen Ministre, viennent ou vont finir d'être expédiés à Saint-Domingue. Les dépôts des colonies alimenteront ces troupes pendant tout l'été. Mais il faut combiner, dès aujourd'hui, une expédition de 6,000 hommes, qui s'embarqueront à Toulon ou sur les côtes de Provence; une de 6,000 hommes, qui s'embarqueront à Brest, et une de 3,000 hommes, sur les autres points de la côte de l'Océan. Il faudrait que ces expéditions pussent partir le 1er fructidor, afin d'arriver avant le 1er brumaire à Saint-Domingue.

Je vous prie de me remettre un projet détaillé de cette expédition. Il faudrait, le plus possible, la faire partir sur des vaisseaux ou des transports de l'État.

BONAPARTE.

Archives de l'Empire.

6571. — NOTE.

Saint-Cloud, 16 pluviôse an XI (5 février 1803)[1].

On a besoin, pour faire partir au mois de fructidor et pour Saint-Domingue, de 15,000 hommes.

[1] Date présumée.

On pourrait les former de la manière suivante :

Il y a cinquante-six bataillons d'infanterie légère qui n'ont point fourni de détachements aux îles. Chacun de ces bataillons pourrait fournir une compagnie de 100 hommes, avec les officiers, qui formeraient 5,600 hommes; ce qui ferait six bataillons d'infanterie légère.

Il y a deux cent vingt bataillons de ligne qui n'ont point fourni de détachements pour les îles. En demandant une compagnie par bataillon, ce qui ferait 22,000 hommes, et 5,600 hommes d'infanterie légère formeraient 27,600 hommes, et, comme on n'a besoin que de 15,000 hommes, cela ne ferait que la moitié à prendre.

Il y a cinquante-quatre demi-brigades de ligne à trois bataillons, qui n'ont point fourni de détachements pour les îles. En leur demandant à chacune deux compagnies de 100 hommes, cela ferait 10,800 hommes.

Il y a vingt-neuf demi-brigades à deux bataillons. En leur demandant à chacune une compagnie à 100 hommes, cela ferait 2,900 hommes.

Il y a vingt et une demi-brigades d'infanterie légère qui n'ont point fourni de détachements aux îles. En leur demandant deux compagnies de 100 hommes à chacune, cela ferait 4,200 hommes; cela formerait un total de 17,900 hommes.

BONAPARTE.

Archives de l'Empire.

6572. — AU GÉNÉRAL BERTHIER, MINISTRE DE LA GUERRE.

Saint-Cloud, 19 pluviôse an XI (8 février 1803).

Je vous prie, Citoyen Ministre, d'ordonner à l'officier commandant les troupes dans le Brisgau de recevoir deux compagnies de troupes autrichiennes qui y seront envoyées de Vienne, et de ne porter aucun obstacle à la prise de possession qui en sera faite par l'envoyé du duc de Modène. Quant aux troupes françaises, elles ne quitteront le Brisgau que par de nouveaux ordres; vous préviendrez le commandant de s'y préparer.

BONAPARTE.

Archives de l'Empire.

6573. — AU CITOYEN HAÜY, MEMBRE DE L'INSTITUT, PROFESSEUR DE MINÉRALOGIE AU MUSÉUM D'HISTOIRE NATURELLE.

Paris, 19 pluviôse an XI (8 février 1803).

La confiance que j'ai dans vos grands talents me porte à désirer que vous vous chargiez de faire un ouvrage élémentaire pour la classe de mathématiques des lycées nationaux.

Des ouvrages importants vous occupent; mais j'attends de celui-ci le plus grand résultat que l'on puisse se promettre : la propagation des lumières dans une partie aussi importante des connaissances humaines. Je désire donc que vous vous employiez entièrement à cet ouvrage, de manière à l'avoir terminé avant le commencement de l'an XII.

J'attends de vous cette preuve de votre attachement et de votre zèle.

BONAPARTE.

Archives de l'Empire.

6574. — AU GÉNÉRAL BERTHIER, MINISTRE DE LA GUERRE.

Paris, 20 pluviôse an XI (9 février 1803).

Le Premier Consul désire, Citoyen Ministre, que vous écriviez au général Murat, pour l'inviter à prendre toutes les mesures nécessaires afin que le bataillon de déserteurs étrangers qui se forme à Crémone soit le plus tôt possible porté au complet de 600 hommes; il pourra, si cela est nécessaire, y faire entrer des Polonais et des Suisses, et même des Italiens. Cette formation offrirait ainsi le moyen d'éloigner les hommes turbulents dont la présence peut nuire à la tranquillité de l'Italie.

Le ministre de la marine aura réuni à Gênes les moyens nécessaires pour que l'embarquement de 6 à 700 hommes s'effectue avant le 20 ventôse. Il convient que le général Murat ait pris ses mesures de manière que le bataillon de déserteurs étrangers soit arrivé avant cette époque.

Par ordre du Premier Consul.

Dépôt de la guerre.

6575. — DÉCISION.

Paris, 20 pluviôse an XI (9 février 1803).

Le nègre Télémaque remercie le Premier Consul de l'avoir nommé maire du Cap. Il proteste de son dévouement à la République et lui fait part des regrets que lui a causés la mort du général Leclerc. Il ne fait plus qu'un vœu, c'est de voir renaître la tranquillité, afin qu'il puisse retourner en France.

Cap-Français, 12 brumaire an XI.

Renvoyé au ministre de la marine, pour recommander spécialement ce brave nègre au général Rochambeau.

BONAPARTE.

Archives de la marine.

6576. — AU CITOYEN REGNIER,

GRAND JUGE, MINISTRE DE LA JUSTICE.

Paris, 21 pluviôse an XI (10 février 1803).

Je suis instruit, Citoyen Ministre, que madame de Staël, malgré la défense qui lui a été faite de venir à Paris, arrive le 26 à Melun. Donnez ordre, je vous prie, à un officier de police de s'y rendre, et de la faire sur-le-champ rétrograder sur la frontière, et de la conduire soit dans la patrie de feu son mari, soit à la demeure de son père. L'intention du Gouvernement est que cette étrangère intrigante ne reste pas en France, où sa famille a fait assez de maux.

BONAPARTE.

Archives de l'Empire.

6577. — AU PRINCE RÉGENT DE PORTUGAL.

Paris, 21 pluviôse an XI (10 février 1803).

Je ne veux pas laisser partir l'ambassadeur sans réitérer à Votre Altesse Royale le désir que j'ai de voir se resserrer de plus en plus l'union des deux États. Le Portugal y gagnera plus d'indépendance, et le commerce que font les deux États, en s'accroissant, tournera à l'avantage commun.

BONAPARTE.

Archives de l'Empire.

6578. — AU GÉNÉRAL BERTHIER, MINISTRE DE LA GUERRE.

Paris, 21 pluviôse an XI (10 février 1803).

Le travail des tableaux nos 1 et 2, relatif à la répartition du surplus des conscrits, me paraît, Citoyen Ministre, fait avec soin et remplir le but que je me proposais. Je désire qu'il soit mis en activité; mais il ne faut pas que les conscrits dont la destination est changée aillent jusqu'aux corps auxquels ils devaient appartenir. Il faut envoyer l'ordre aux capitaines de recrutement, dans les départements, de diriger eux-mêmes directement lesdits conscrits à leur nouvelle destination. Par ce moyen, il n'y aura aucune espèce d'embarras dans la comptabilité ni dans les fournitures.

Puisque les glaces retiennent l'expédition du général Victor, donnez-lui l'ordre de ne mener à la Louisiane que trois bataillons, savoir, un de la 17e de ligne et deux de la 54e, et de les porter au complet de guerre. Vous placerez alors les détachements des 17e et 54e dans une petite garnison, à quinze ou vingt lieues du département où ils se recrutent.

Le bataillon de la 7e de ligne me paraît mal placé à Malines; il faudrait le rapprocher dans une place de Flandre.

Le bataillon de la 31e me paraît également mal placé à Morlaix; il faudrait l'envoyer dans une petite place, à vingt lieues de la Charente, où il se recrute.

Le bataillon de la 86e devant se recruter dans le département de la Nièvre, il est convenable de le placer dans une garnison de la 18e division militaire[1].

BONAPARTE.

Archives de l'Empire.

6579. — AU CITOYEN CHAPTAL, MINISTRE DE L'INTÉRIEUR.

Paris, 22 pluviôse an XI (11 février 1803).

Je vous prie, Citoyen Ministre, de donner ordre qu'on travaille à la nouvelle infirmerie du collége de Saint-Cyr; les malades y sont très-mal : l'infirmerie manque de draps, de linge et de beaucoup de meubles nécessaires. Donnez ordre que tout cela soit fourni le plus promptement possible.

BONAPARTE.

Archives de l'Empire.

6580. — AU GÉNÉRAL BERTHIER, MINISTRE DE LA GUERRE.

Paris, 22 pluviôse an XI (11 février 1803).

Je vous prie, Citoyen Ministre, de faire connaître au général qui commande à Strasbourg que mon intention est que les soldats aient leurs cinq nuits de repos, et qu'on ait à diminuer leur service, qui ne peut être augmenté sous aucun prétexte.

BONAPARTE.

Dépôt de la guerre.
(En min. aux Arch. de l'Emp.)

6581. — AU GÉNÉRAL BERTHIER.

Paris, 22 pluviôse an XI (11 février 1803).

Je vous prie, Citoyen Ministre, de donner ordre de diriger sur Mantoue les quatre compagnies noires dernièrement organisées; elles feront le service de la place.

Ces compagnies ne se mettront en marche que le 1er germinal.

BONAPARTE.

Archives de l'Empire.

[1] Dijon.

6582. — AU CITOYEN REGNIER,

GRAND JUGE, MINISTRE DE LA JUSTICE.

Paris, 22 pluviôse an XI (11 février 1803).

J'apprends, Citoyen Ministre, que des embaucheurs espagnols, depuis Lyon jusqu'à Marseille, enrôlent un grand nombre d'individus qu'ils dirigent le long du Rhône. Je vous prie de donner ordre à la police de les surveiller et de les faire arrêter.

BONAPARTE.

Archives de l'Empire.

6583. — AU CONTRE-AMIRAL DECRÈS,

MINISTRE DE LA MARINE ET DES COLONIES.

Paris, 25 pluviôse an XI (14 février 1803).

Citoyen Ministre de la marine, je réponds à votre lettre du 22. Je ne puis que vous engager à prendre toutes les mesures pour transporter hors du territoire de la République cette centaine de brigands, reste impur des guerres civiles.

La confiance que je vous ai témoignée, en vous appelant au ministère, n'a pas été légèrement donnée; elle ne peut être légèrement atténuée.

C'est la marine qu'il faut rétablir. La première année d'un ministère est un apprentissage; la seconde du vôtre ne fait que commencer. Dans l'âge de la force, vous avez, il me semble, une belle carrière devant vous, d'autant plus belle que nos malheurs passés ont été plus en évidence. Remplissez-la sans relâche. Toutes les heures perdues, dans l'époque où nous vivons, sont une perte irréparable.

BONAPARTE.

Comm. par Mme la duchesse Decrès.

6584. — AU CONTRE-AMIRAL DECRÈS.

Paris, 29 pluviôse an XI (18 février 1803).

Le ministre fera un projet sur ces bases :

1° Il y aura un prytanée maritime situé au milieu de la rade de Brest.

2° Aucun individu ne pourra entrer dans la marine qu'il n'ait été élève au pensionnat du prytanée maritime.

3° Les élèves seront reçus depuis l'âge de dix ans jusqu'à l'âge de quatorze ans.

4° Ce prytanée sera composé de 200 élèves, divisés en trois quarts.

Chaque quart se divisera comme un équipage de frégate, ayant des maîtres et des contre-maîtres.

5° On enseignera aux élèves à lire et à écrire, l'arithmétique, la géométrie et la trigonométrie, le nom de toutes les parties du vaisseau, à monter sur toutes les vergues, et on leur fera exécuter toutes les manœuvres navales qui peuvent être faites jusqu'à l'âge de quatorze ans.

6° De quatorze à dix-huit ans, on enseignera l'exercice du canon et du fusil, et on fera exécuter toutes les manœuvres hautes des matelots.

7° Lorsque les élèves auront quatorze ans, et qu'ils sauront le premier volume, le nom des parties du vaisseau et les manœuvres désignées article 5, ils seront examinés pour être admis aspirants.

8° Une fois reçus aspirants, ils demeureront encore à l'école, mais ils en sortiront pour passer à bord d'un vaisseau et commencer leur navigation. Lorsque le vaisseau reviendra dans la rade, ils rentreront à l'école jusqu'à seize ans, âge auquel ils commenceront à entrer dans le corps de la marine.

9° Les élèves seront choisis parmi ceux des lycées ou prytanées, ou parmi les fils des officiers de la marine qui se seront distingués. Les fils des citoyens qui auront rendu des services à l'État, dans toute autre carrière, y seront également admis.

10° Il pourra y être admis des pensionnaires qui payeront 1,200 francs.

11° Les préfets maritimes et les commandants des rades n'auront aucun ordre à donner à l'école; elle recevra tous ses ordres du ministre de la marine.

BONAPARTE.

Archives de la marine.

6585. — ORDRE.

Paris, 29 pluviôse an XI (18 février 1803).

Envoyer Bergevin en Russie, avec un agent du trésor public, pour tenir les comptes des fonds. Il fera tous les approvisionnements des marchandises du Nord nécessaires à la marine.

Faire semer en France du chanvre. Le ministre fera connaître la quantité de cette denrée qu'il peut acheter cette année. Le ministre la répartira entre les différents départements et arrondissements, en donnant ordre aux sous-préfets et préfets de la faire semer dans les communes. Ils donneront l'assurance que ce chanvre sera acheté à un prix déterminé, rendu dans un point central désigné.

BONAPARTE.

Archives de la marine.

6586. — ORDRE.

Paris, 29 pluviôse an XI (18 février 1803).

Le ministre présentera un rapport pour la construction de frégates et même de vaisseaux de guerre dans le port de Villefranche.

Le rétablissement de l'arsenal de Villefranche aurait l'avantage de donner de l'ouvrage aux ouvriers du Piémont, qui le reprendraient volontiers; il protégerait nos convois pour l'Italie, et nous offrirait un autre point d'appui dans la Méditerranée. D'ailleurs, voulant placer dans cette mer des forces considérables, les magasins de Toulon seront insuffisants.

BONAPARTE.

Archives de la marine.

6587. — ORDRE.

Paris, 29 pluviôse an XI (18 février 1803).

Faire passer *le Foudroyant* et *l'Éole* dans la Méditerranée, en leur ordonnant de se rendre sur-le-champ devant Alger.

Donner les mêmes ordres à *la Volontaire* et à *la Romaine*.

Faire armer à Rochefort trois ou quatre bricks ou corvettes, et leur donner la même destination.

Envoyer de même *le Brutus* à Toulon.

BONAPARTE.

Archives de la marine.

6588. — AU CONTRE-AMIRAL DECRÈS,
MINISTRE DE LA MARINE ET DES COLONIES.

Paris, 29 pluviôse an XI (18 février 1803).

Je vous renvoie, Citoyen Ministre, le rapport du capitaine Gourdon. Je pense qu'il serait convenable de donner l'ordre d'armer une frégate et un brick de la même manière que *le Narcisse*. Quelles que soient les objections qu'on puisse y faire, persistez à les faire armer ainsi, et confiez-les à de bons officiers.

BONAPARTE.

Archives de l'Empire.

6589. — AU CITOYEN MATHIEU.

Paris, 29 pluviôse an XI (18 février 1803).

Je réponds à votre lettre du 23. Rien de ce qui peut intéresser la tranquillité et le rétablissement de l'ordre dans un pays qui a été si longtemps agité ne doit être considéré avec indifférence. Je loue le sentiment qui vous a fait écrire. J'aurais fait comme vous à votre place; mais je reste persuadé que, dans ma position, vous agiriez comme moi.

BONAPARTE.

Archives de l'Empire.

6590. — ACTE DE MÉDIATION DE LA SUISSE.

Paris, 30 pluviôse an XI (19 février 1803).

L'Helvétie, en proie aux dissensions, était menacée de sa dissolution; elle ne pouvait trouver en elle-même les moyens de se reconstituer. L'ancienne affection de la nation française pour ce peuple recommandable, qu'elle a récemment défendu par ses armes et fait reconnaître comme puissance par ses traités, l'intérêt de la France et de la République italienne dont la Suisse couvre les frontières, la demande du sénat, celle des cantons démocratiques, le vœu du peuple helvétique tout entier, nous ont fait un devoir d'interposer notre médiation entre les partis qui le divisent. Les sénateurs Barthélemy, Rœderer, Fouché et Démeunier ont été par nous chargés de conférer avec cinquante-six députés du sénat helvétique et des villes et cantons réunis à Paris, et déterminer si la Suisse, fédérale par sa nature, pouvait être retenue sous un gouvernement central autrement que par la force. Reconnaître le genre de constitution qui était le plus conforme au vœu de chaque canton; distinguer ce qui répond le mieux aux idées que les cantons nouveaux se sont faites de la liberté et du bonheur; concilier dans les cantons anciens les institutions consacrées par le temps avec les droits restitués à la masse des citoyens : tels étaient les objets qu'il fallait soumettre à l'examen et à la discussion. Leur importance et leur difficulté nous ont décidé à entendre nous-même dix députés nommés par les deux partis, savoir : les citoyens d'Affry, Glutz, Jauch, Monnot, Reinhard, Sprecher, Stapfer, Ustery, Watteville et Von Flue; et nous avons conféré le résultat de leurs discussions, tant avec les différents projets présentés par les députations cantonales qu'avec les résultats des discussions qui ont eu lieu entre ces députations et les sénateurs commissaires. Ayant ainsi employé tous les moyens de connaître les intérêts et la volonté des Suisses, nous, en qualité de médiateur, sans autre vue que celle du bonheur des peuples sur les intérêts desquels nous avions à prononcer, et sans entendre nuire à l'indépendance de la Suisse, statuons ce qui suit [1].

Archives de l'Empire.

6591. — EXPOSÉ DE LA SITUATION DE LA RÉPUBLIQUE.

MESSAGE AU SÉNAT ET AU CORPS LÉGISLATIF.

Paris, 1er ventôse an XI (20 février 1803).

Les événements n'ont point trompé les vœux et l'attente du Gouvernement. Le Corps législatif, au moment où il reprend ses travaux, retrouve la République plus forte de l'union des citoyens, plus active dans son industrie, plus confiante dans sa prospérité.

L'exécution du concordat, sur laquelle des ennemis de l'ordre public avaient encore fondé de coupables espérances, a donné, presque partout, les résultats les plus heureux. Les principes d'une religion éclairée, la voix du Souverain Pontife, la constance du Gouvernement, ont triomphé de tous les obstacles. Des sacrifices mutuels ont réuni les ministres du culte; l'Église gallicane renaît par les lumières et la concorde, et déjà un changement heureux se fait sentir dans les mœurs publiques : les opinions et les cœurs se rapprochent, l'enfance redevient plus docile à la voix des parents, la jeunesse plus soumise à l'autorité des magistrats; la conscription s'exécute aux lieux où le nom seul de la conscription soulevait les esprits, et servir la patrie est une partie de la religion.

Dans les départements qu'a visités le Premier Consul, il a recueilli partout le témoignage de ce retour aux principes qui font la force et le bonheur de la société.

Dans l'Eure, dans la Seine-Inférieure, dans l'Oise, on est fier de la gloire nationale; on sent, dans toute leur étendue, les avantages de l'égalité; on bénit le retour de la paix; on bénit le rétablissement du culte public. C'est par tous ces liens que les cœurs ont été rattachés à l'État et à la Constitution.

Le devoir du Gouvernement est de nourrir et d'éclairer ces heureuses dispositions.

Les autres cultes s'organisent, et des consistoires se composent de citoyens éclairés, défenseurs connus de l'ordre public, de la liberté civile et de la liberté religieuse.

[1] Voir le *Moniteur* du 1er ventôse.

L'instruction publique, cet appui nécessaire des sociétés, est partout demandée avec ardeur; déjà s'ouvrent plusieurs lycées; déjà, comme le Gouvernement l'avait prévu, une multitude d'écoles particulières s'élèvent au rang d'écoles secondaires. Tous les citoyens sentent qu'il n'est point de bonheur sans lumières; que, sans talents et sans connaissances, il n'y a d'égalité que celle de la misère et de la servitude.

Une école militaire recevra de jeunes défenseurs de la patrie : soldats, ils apprendront à supporter la vie des camps et les fatigues de la guerre; par une longue obéissance ils se formeront à l'art de commander, et apporteront aux armées la force et la discipline unies aux connaissances et aux talents.

Dans les lycées comme dans l'École militaire, la jeunesse des départements nouvellement incorporés à la République vivra confondue avec la jeunesse de l'ancienne France; de là, fusion des esprits et des mœurs; de là, communication des habitudes et des caractères; du mélange des intérêts, des ambitions et des espérances naîtra cette fraternité qui, de plusieurs peuples, ne fera qu'un seul peuple, destiné, par sa position, par son courage, par ses vertus, à être le lien et l'exemple de l'Europe.

L'Institut national, qui a sa puissance sur l'instruction publique, a reçu une direction plus utile, et désormais il déploiera, sur le caractère de la nation, sur la langue, sur les sciences, sur les lettres et les arts, une influence plus active.

Pour assurer la stabilité de nos institutions naissantes, pour éloigner des regards des citoyens ce spectre de la discorde qui leur apparaissait encore dans le retour périodique des élections à la suprême magistrature, les amis de la patrie appelaient le consulat à vie sur la tête du premier magistrat. Le peuple, consulté, a répondu à leur appel, et le Sénat a proclamé la volonté du peuple.

Le système des listes d'éligibilité n'a pu résister au creuset de l'expérience et à la force de l'opinion publique.

L'organisation du Sénat était incomplète.

La justice nationale était disséminée dans des tribunaux sans harmonie, sans dépendance mutuelle; point d'autorité qui les protégeât ou qui pût les réformer; point de lien qui les assujettît à une discipline commune.

Il manquait enfin à la France un pouvoir que réclamait la justice même, celui de faire grâce. Combien de fois, depuis douze ans, il avait été invoqué; combien de malheureux avaient succombé, victimes de l'inflexibilité que les sages reprochaient à nos lois; combien de coupables qu'une funeste indulgence avait acquittés, parce que les peines étaient trop sévères !

Un sénatus-consulte a rendu au peuple l'exercice des droits que l'Assemblée constituante avait reconnus ; mais il les lui a rendus environnés de précautions qui le défendent de l'erreur ou de la précipitation de ses choix, qui assurent l'influence de la propriété et l'ascendant des lumières.

Que les premières magistratures viennent à vaquer, les devoirs et la marche du Sénat sont tracés ; des formes certaines garantissent la sagesse et la liberté de son choix, et la soudaineté de ce choix ne laisse ni à l'ambition le moyen de conspirer, ni à l'anarchie le moyen de détruire.

Le ciment du temps consolidera chaque jour cette institution tutélaire. Elle sera le terme de toutes les inquiétudes et le but de toutes les espérances, comme elle est la plus belle des récompenses promises aux services et aux vertus publiques.

La justice embrasse d'une chaîne commune tous les tribunaux ; ils ont leur subordination et leur censure : toujours libres dans l'exercice de leurs fonctions, toujours indépendants du pouvoir et jamais indépendants des lois.

Le droit de faire grâce, quand l'intérêt de la République l'exige ou quand les circonstances commandent l'indulgence, est remis aux mains du premier magistrat ; mais il ne lui est remis que sous la garde de la justice même ; il ne l'exerce que sous les yeux d'un conseil, et après avoir consulté les organes les plus sévères de la loi.

Si les institutions doivent être jugées par leurs effets, jamais institution n'eut un résultat plus important que le sénatus-consulte organique. C'est à compter de ce moment que le peuple français s'est confié à sa destinée, que les propriétés ont repris leur valeur première, que se sont multipliées les longues spéculations. Jusque-là tout semblait flotter encore. On aimait le présent, on doutait du lendemain, et les ennemis de la patrie nourrissaient toujours des espérances. Depuis cette époque, il ne leur reste que de l'impuissance et de la haine.

L'île d'Elbe avait été cédée à la France ; elle lui donnait un peuple doux, industrieux, deux ports superbes, une mine féconde et précieuse : mais, séparée de la France, elle ne pouvait être intimement attachée à aucun de ses départements ni soumise aux règles d'une administration commune. On a fait fléchir les principes sous la nécessité des circonstances : on a établi, pour l'île d'Elbe, les exceptions que commandaient sa position et l'intérêt public.

L'abdication du souverain, le vœu du peuple, la nécessité des choses avaient mis le Piémont au pouvoir de la France. Au milieu des nations qui l'environnaient, avec les éléments qui composaient sa population, le Piémont ne pouvait supporter ni le poids de sa propre indépendance, ni les dépenses d'une monarchie. Réuni à la France, il jouira de sa sécurité et de sa grandeur; ses citoyens, laborieux, éclairés, développeront leur industrie et leurs talents dans le sein des arts et de la paix.

Dans l'intérieur de la France règnent le calme et la sécurité. La vigilance des magistrats, une justice sévère, une gendarmerie fortement constituée et dirigée par un chef qui a vieilli dans la carrière de l'honneur, ont imprimé partout la terreur aux brigands. L'intérêt particulier s'est élevé jusqu'au sentiment de l'intérêt public. Les citoyens ont osé attaquer ceux qu'autrefois ils redoutaient, lors même qu'ils étaient enchaînés au pied des tribunaux; des communes entières se sont armées et les ont détruits. L'étranger envie la sûreté de nos routes et cette force publique qui, souvent invisible, mais toujours présente, veille sur ses pas et le protége sans qu'il la réclame.

Dans le cours d'une année difficile, au milieu d'une pénurie générale, le pauvre ne s'est point défié des soins du Gouvernement. Il a supporté avec courage des privations nécessaires; et les secours qu'il avait su attendre, il les a reçus avec reconnaissance.

Le crime de faux n'est plus encouragé par l'espoir de l'impunité. Le zèle des tribunaux chargés de le frapper, et la juste sévérité des lois, ont enfin arrêté les progrès de ce fléau, qui menaçait la fortune publique et les fortunes particulières.

Notre culture se perfectionne et défie les cultures les plus vantées de l'Europe. Dans tous les départements, il est des cultivateurs éclairés qui donnent des leçons et des exemples.

L'éducation des chevaux a été encouragée par des primes; l'amélioration des laines, par l'introduction des troupeaux de race étrangère. Partout des administrateurs zélés recherchent et révèlent les richesses de notre sol, et propagent les méthodes utiles et les résultats heureux de l'expérience.

Nos fabriques se multiplient, s'animent et s'éclairent; émules entre elles, bientôt sans doute elles seront les rivales des fabriques les plus renommées dans l'étranger. Il ne manque désormais à leur prospérité que des capitaux moins chèrement achetés; mais déjà les capitaux abandonnent les spéculations hasardeuses de l'agiotage et retournent à la terre et aux entreprises utiles. Plus de 20,000 ouvriers français, qui étaient dispersés dans l'Europe, sont rappelés par les soins et par les bienfaits du Gouvernement et vont être rendus à nos manufactures.

Parmi nos fabriques, il en est une plus particulière à la France, que Colbert échauffa de son génie. Elle avait été ensevelie sous les ruines de Lyon : le Gouvernement a mis tous ses soins à l'en retirer. Lyon renaît à la splendeur et à l'opulence ; et déjà, du sein de leurs ateliers, ses fabricants imposent des tributs au luxe de l'Europe. Mais le principe de leurs succès est dans le luxe même de la France ; c'est dans la mobilité de nos goûts et dans l'inconstance de nos modes que le luxe étranger doit trouver son aliment ; c'est là ce qui fait mouvoir une population immense qui, sans cela, irait se perdre dans la corruption et dans la misère.

Il y aura à Compiègne, il s'élèvera bientôt sur les confins de la Vendée, des prytanées où la jeunesse se formera pour l'industrie et pour les arts mécaniques. De là nos chantiers, nos manufactures tireront un jour les chefs de leurs ateliers et de leurs travaux.

Quatorze millions, produit de la taxe des barrières, et dix millions d'extraordinaire ont été, pendant l'an X, employés aux routes publiques. Les anciennes communications ont été réparées et entretenues. Des communications nouvelles ont été ouvertes. Le Simplon, le mont Cenis, le mont Genèvre, nous livreront bientôt un triple et facile accès en Italie ; un grand chemin conduira de Gênes à Marseille. Une route est tracée du Pont-Saint-Esprit à Gap ; une autre de Rennes à Brest, par Pontivy. A Pontivy s'élèvent des établissements qui auront une grande influence sur l'esprit public des départements dont se composait l'ancienne Bretagne ; un canal y portera le commerce et une prospérité nouvelle.

Sur les bords du Rhin, de Bingen à Coblentz, une route nécessaire est taillée dans des rochers inaccessibles. Les communes voisines associent leurs travaux aux sacrifices du trésor public, et les peuples de l'autre rive, qui riaient de la folie de l'entreprise, restent confondus de la rapidité de l'exécution.

De nombreux ateliers sont distribués sur le canal de Saint-Quentin.

Le canal de l'Ourcq vient de s'ouvrir, et bientôt Paris jouira de ses eaux, de la salubrité et des embellissements qu'elles lui promettent.

Le canal destiné à unir la navigation de la Seine, de la Saône, du Doubs et du Rhin, est presque entièrement exécuté jusqu'à Dole, et le trésor public reçoit déjà, dans l'augmentation du prix des bois, auxquels ce canal sert de débouché, une somme égale à celle qu'il a fournie pour en continuer les travaux.

Les canaux d'Aigues-Mortes et du Rhône, le desséchement des

marais de la Charente-Inférieure sont commencés, et donneront de nouvelles routes au commerce et de nouvelles terres à la culture. On travaille à réparer les digues de l'île de Cadzand, celles d'Ostende, celles des Côtes-du-Nord, et à rétablir la navigation de nos rivières. Cette navigation n'est déjà plus abandonnée aux seuls soins du Gouvernement. Les propriétaires des bateaux qui les fréquentent ont enfin senti qu'elle était leur patrimoine, et ils appellent sur eux-mêmes les taxes qui doivent en assurer l'entretien.

Sur l'Océan, des forts s'élèvent pour couvrir la rade de l'île d'Aix et défendre les vaisseaux de la République. Partout des fonds sont affectés à la réparation et au nettoiement de nos ports; un nouveau bassin et une écluse de chasse termineront le port du Havre, et en feront le plus beau port de commerce de la Manche. Une compagnie de pilotes se forme pour assurer la navigation de l'Escaut et l'affranchir de la science et du danger des pilotes étrangers.

A Anvers vont commencer les travaux qui doivent rendre à son commerce son ancienne célébrité; et dans la pensée du Gouvernement sont les canaux qui doivent lier la navigation de l'Escaut, de la Meuse et du Rhin, rendre à nos chantiers, à nos besoins, des bois qui croissent sur notre sol, et à nos fabriques une consommation que des manufactures étrangères leur disputent sur notre propre territoire.

Les îles de la Martinique, de Tabago, de Sainte-Lucie nous ont été rendues avec tous les éléments de la prospérité. La Guadeloupe, reconquise et pacifiée, renaît à la culture. La Guyane sort de sa longue enfance et prend des accroissements marqués.

Saint-Domingue était soumise, et l'artisan de ses troubles était au pouvoir de la France; tout annonçait le retour de sa prospérité; mais une maladie cruelle l'a livrée à de nouveaux malheurs. Enfin le fléau qui désolait notre armée a cessé ses ravages. Les forces qui nous restent dans la colonie, celles qui y arrivent de tous nos ports, nous garantissent qu'elle sera bientôt rendue à la paix et au commerce.

Des vaisseaux partent pour les îles de France et de la Réunion, et pour l'Inde.

Notre commerce maritime recherche les traces de ses anciennes liaisons, en forme de nouvelles et s'enhardit par des essais. Déjà une heureuse expérience et des encouragements ont ranimé les armements pour la pêche, qui fut longtemps le patrimoine des Français. Des expéditions commerciales plus importantes sont faites ou méditées pour les colonies occidentales, pour l'île de France, pour les Indes.

Marseille reprend sur la Méditerranée son ancien ascendant.

Des chambres de commerce ont été rendues aux villes qui en avaient autrefois ; il en a été établi dans celles qui, par l'étendue de leurs opérations et l'importance de leurs manufactures, ont paru les mériter.

Dans ces associations, formées par d'honorables choix, renaîtront l'esprit et la science du commerce ; là se développeront ses intérêts, toujours inséparables des intérêts de l'État. Le négociant y apprendra à mettre avant les richesses la considération qui les honore, et avant les jouissances d'un vain luxe cette sage économie qui fixe l'estime du citoyen et la confiance de l'étranger.

Des députés choisis dans ces différentes chambres discuteront, sous les yeux du Gouvernement, les intérêts du commerce et des manufactures, et les lois et règlements qu'exigeront les circonstances.

Dans nos armées de terre et de mer se propagent l'instruction et l'amour de la discipline ; la comptabilité s'épure dans les corps militaires ; une administration domestique a succédé au régime dilapidateur des entreprises et des fournitures. Le soldat, mieux nourri, mieux vêtu, connaît l'économie ; et les épargnes qu'il verse dans la caisse commune l'attachent à ses drapeaux comme à sa famille.

Toutes les sources de nos finances deviennent plus fécondes. La perception des contributions directes est plus active et pourtant moins rigoureuse pour le contribuable. On comptait, en l'an VI, cinquante millions en garnisaires et en contraintes, et les recouvrements étaient arriérés de trois ou quatre années. Aujourd'hui on n'en compte pas trois millions, et les contributions sont au courant.

Toutes les régies, toutes les administrations donnent des produits toujours croissants. La régie de l'enregistrement est d'une fécondité qui atteste le mouvement rapide des capitaux et la multiplicité des transactions.

Au milieu de tant de signes de prospérité, on accuse encore l'excès des contributions directes. Le Gouvernement a reconnu, avec tous les hommes éclairés en administration, que la surcharge était surtout dans l'inégalité de la répartition ; des mesures sont arrêtées et déjà s'exécutent pour constater les inégalités réelles qui existent entre les divers départements. Au plus tard, dans le cours de l'an XII, des opérations régulières et simultanées nous auront appris quel est le rapport des contributions entre un département et un département, et quel est, dans chaque département, le taux moyen de la contribution foncière. Une fois assuré d'un résultat certain, le Gouvernement proposera les rectifications que réclame la justice. Mais, dès cette session et sans attendre les résultats, il proposera une diminution importante sur la contribution foncière.

Des innovations sont proposées encore dans notre système de finances. Mais tout changement est un mal, s'il n'est pas démontré jusqu'à l'évidence que des avantages certains doivent en résulter. Le Gouvernement attendra du temps et des discussions les plus approfondies la maturité de ces projets que hasarde souvent l'inexpérience, qu'on appuie sur l'exemple d'un passé dont les traces sont déjà effacées pour la plupart des esprits, et sur la doctrine financière d'une nation qui, par des efforts exagérés, a rompu toutes les mesures des contributions et des dépenses publiques.

Avec un accroissement incalculé de revenus, des circonstances extraordinaires ont amené des besoins qu'il n'avait pas été donné de prévoir. Il a fallu reconquérir deux de nos colonies, et rétablir dans toutes le pouvoir et le gouvernement de la métropole; il a fallu, par des moyens soudains et trop étendus pour être dirigés avec la précision d'une sévère économie, assurer des subsistances à la capitale et à un grand nombre de départements; mais, du moins, le succès a répondu aux efforts du Gouvernement, et, de ces vastes opérations, il lui reste des ressources pour garantir désormais la capitale du retour de la même pénurie et pour se jouer des combinaisons du monopole.

Dans le compte raisonné du ministre des finances, on trouvera l'ensemble des contributions annuelles et des diverses branches du revenu public : ce qu'elles ont dû produire dans l'année révolue; ce qu'on doit attendre d'améliorations, soit des mesures de l'administration, soit du progrès de la prospérité publique; quels ont été, dans les divers départements du ministère, les éléments de la dépense pour l'an X; quelles sommes sont encore à solder sur cette année et les années antérieures; quelles ressources restent pour les couvrir, soit dans les recouvrements à faire sur le passé, soit dans les fonds extraordinaires qui avaient été assignés à la dépense de ces années et qui n'ont point encore été consommés; quel est l'état actuel de la dette publique; quels en ont été les accroissements; quelles en ont été les extinctions naturelles; quelles ont été enfin celles qu'a opérées la caisse d'amortissement.

Dans le compte du ministre du trésor public, on verra dans leur réalité les recettes et les payements effectués dans l'an X : ce qui en appartient aux diverses branches de revenu; ce qui doit être imputé à chaque année et à chaque partie de l'administration.

Des comptes réunis de ces deux ministères sortira le tableau le plus complet de notre situation financière. Le Gouvernement le présente avec une égale confiance à ses amis et à ses détracteurs, aux citoyens et aux étrangers.

Après avoir autorisé les dépenses prévues de l'an XII et approprié les revenus nécessaires à ces dépenses, des objets du plus grand intérêt occuperont la session du Corps législatif. Il faut rétablir l'ordre dans notre système monétaire, il faut donner au système de nos douanes une nouvelle force et une nouvelle énergie, pour comprimer la contrebande.

Il faut enfin donner à la France ce code civil depuis longtemps promis et trop longtemps attendu.

Sur toutes ces matières, des projets de loi ont été formés sous les yeux du Gouvernement et mûris dans des conférences où les commissions du Conseil d'État et du Tribunat n'ont porté que l'amour de la vérité et le sentiment de l'intérêt public. Le même sentiment, les mêmes principes dirigeront les délibérations des législateurs, et garantissent à la République la sagesse et l'impartialité des lois qu'ils auront adoptées.

Sur le continent, tout nous offre des gages de repos et de tranquillité.

La République italienne, depuis les comices de Lyon, se fortifie par l'union toujours plus intime des peuples qui la composent. L'heureux accord des autorités qui la gouvernent, son administration intérieure, sa force militaire, lui donnent déjà le caractère et l'attitude d'un État formé depuis longtemps, et, si la sagesse les conserve, ils lui garantissent une destinée toujours plus prospère.

La Ligurie, placée sous une constitution mixte, voit à sa tête et dans le sein de ses autorités ce qu'elle a de citoyens les plus recommandables par leurs vertus, par leurs lumières et par leur fortune.

De nouvelles secousses ont ébranlé la République helvétique. Le Gouvernement devait son secours à des voisins dont le repos importe à son repos, et il fera tout pour assurer le succès de sa médiation et le bonheur d'un peuple dont la position, les habitudes et les intérêts font l'allié nécessaire de la France.

La Batavie rentre successivement dans les colonies que la paix lui a conservées.

Elle se souviendra toujours que la France ne peut être pour elle que l'amie la plus utile ou l'ennemie la plus funeste.

En Allemagne, se consomment les dernières stipulations du traité de Lunéville.

La Prusse, la Bavière, tous les princes séculiers qui avaient des possessions sur la rive gauche du Rhin, obtiennent sur la rive droite de justes indemnités.

La Maison d'Autriche trouve dans les évêchés de Salzburg, d'Eichstædt, de Trente et de Brixen, et dans la plus grande partie de celui de Passau, plus qu'elle n'a perdu dans la Toscane.

Ainsi, par l'heureux concours de la France et de la Russie, tous les intérêts permanents sont conciliés; et, du sein de cette tempête qui semblait devoir l'anéantir, l'Empire germanique, cet empire si nécessaire à l'équilibre et au repos de l'Europe, se relève plus fort, composé d'éléments plus homogènes, mieux combinés et mieux assortis aux circonstances présentes et aux idées de notre siècle.

Un ambassadeur français est à Constantinople, chargé de resserrer et de fortifier les liens qui nous attachent à une puissance qui semble chanceler, mais qu'il est de notre intérêt de soutenir et de rasseoir sur ses fondements.

Des troupes britanniques sont toujours dans Alexandrie et dans Malte : le Gouvernement avait le droit de s'en plaindre; mais il apprend que les vaisseaux qui doivent les ramener en Europe sont dans la Méditerranée.

Le Gouvernement garantit à la nation la paix du continent; et il lui est permis d'espérer la continuation de la paix maritime. Cette paix est le besoin et la volonté de tous les peuples; pour la conserver, le Gouvernement fera tout ce qui est compatible avec l'honneur national, essentiellement lié à la stricte exécution des traités.

Mais, en Angleterre, deux partis se disputent le pouvoir. L'un a conclu la paix et paraît décidé à la maintenir; l'autre a juré à la France une haine implacable : de là cette fluctuation dans les opinions et dans les conseils, et cette attitude à la fois pacifique et menaçante.

Tant que durera cette lutte des partis, il est des mesures que la prudence commande au Gouvernement de la République; 500,000 hommes doivent être et seront prêts à la défendre et à la venger. Étrange nécessité que de misérables passions imposent à deux nations qu'un intérêt égal et une égale volonté attachent à la paix!

Quel que soit à Londres le succès de l'intrigue, elle n'entraînera point d'autres peuples dans les ligues nouvelles; et le Gouvernement le dit avec un juste orgueil : seule, l'Angleterre ne saurait aujourd'hui lutter contre la France.

Mais, ayons de meilleures espérances, et croyons plutôt qu'on n'écoutera, dans le cabinet britannique, que les conseils de la sagesse et la voix de l'humanité.

Oui, sans doute, la paix se consolidera tous les jours davantage; les relations des deux gouvernements prendront ce caractère de bienveillance qui convient à leurs intérêts mutuels; un heureux repos fera oublier les longues calamités d'une guerre désastreuse; et la France et l'Angleterre, en faisant leur bonheur réciproque, mériteront la reconnaissance du monde entier.

BONAPARTE.

Archives de l'Empire.

6592. — AU CITOYEN REGNIER, GRAND JUGE, MINISTRE DE LA JUSTICE.

Paris, 2 ventôse an XI (21 février 1803).

Je vous prie, Citoyen Ministre, de faire payer 36,000 francs pour compléter les distributions faites aux pauvres par les comités de bienfaisance, ci 36,000f

12,000 francs aux brigadier et gendarmes qui ont arrêté Picot et Lebourgeois, ci 12,000

100,000 francs au général Soult, l'un des généraux de la garde, ci. 100,000

31,000 francs au citoyen Louis d'Affry, landamman de la Suisse, ci. 31,000

Et 15,000 francs au chef de brigade Boyer, qui a une mission dans la Drôme, ci. 15,000

TOTAL. 194,000

Vous prendrez cette somme totale de 194,000 francs sur les fonds secrets de la police.

BONAPARTE.

Archives de l'Empire.

6593. — AU CITOYEN CHAPTAL, MINISTRE DE L'INTÉRIEUR.

Paris, 2 ventôse an XI (21 février 1803).

L'Athénée de Turin, Citoyen Ministre, a plus de 500,000 francs de rentes. Ces attributions lui ont été faites par le gouvernement provisoire. Cela est tout à fait ridicule. Faites-vous faire un rapport et présentez-moi un projet d'arrêté sur cet objet.

BONAPARTE.

Archives de l'Empire.

6594. — AU GÉNÉRAL BERTHIER, MINISTRE DE LA GUERRE.

Paris, 2 ventôse an XI (21 février 1803).

Il serait convenable, Citoyen Ministre, de faire partir les inspecteurs au 1er germinal, pour commencer leur inspection, dont l'objet est,

1° D'accorder des retraites à un grand nombre d'hommes qui n'avaient pas rejoint leurs corps lors de la dernière inspection et qui encombrent encore les dépôts des corps;

2° De s'assurer si les capitaines de recrutement ont rempli leur devoir, en recevant des conscrits ayant la taille et les qualités requises;

3° De vérifier les observations et prendre les différentes notes sur les officiers nommés depuis la dernière inspection.

Je vous prie de me présenter, au prochain travail, le nombre des inspecteurs et la désignation des lieux où ils doivent aller. Il paraît convenable que les mêmes inspecteurs ne retournent pas dans les mêmes arrondissements.

Il n'y a que le temps nécessaire pour pouvoir les prévenir et leur donner leurs instructions.

BONAPARTE.

Archives de l'Empire.

6595. — A LA CONSULTE D'ÉTAT DE LA RÉPUBLIQUE ITALIENNE.

Paris, 2 ventôse an XI (21 février 1803).

Citoyens Consultateurs, j'ai reçu vos lettres des 3 et 19 janvier. Je vous remercie de tout ce qu'elles contiennent d'aimable pour moi. Tout meurt; la mémoire seule des bonnes actions ne périt pas.

Le ministre Marescalchi vous envoie l'acte de médiation que j'ai fait entre les Suisses.

Le repos et l'ordre, dans ce pays, importent au repos et à l'ordre dans la République italienne.

BONAPARTE.

Archives du gouvernement à Milan.
(En minute aux Arch. de l'Emp.)

6596. — AU CITOYEN MELZI, VICE-PRÉSIDENT DE LA RÉPUBLIQUE ITALIENNE.

Paris, 2 ventôse an XI (21 février 1803).

Je réponds à votre lettre du 21 janvier. Le général Leclerc est mort en brave homme et à son poste. Je vous remercie de ce que vous m'en dites.

J'agrée l'espérance de voir enfin un budget à la convocation du mois d'avril. Je remettrai à Marescalchi les comptes des ministres du trésor public et des finances de cette année. Vous y verrez comment nous procédons ici.

Nous sommes toujours en discussion pour le concordat, mais on finira par s'arranger.

Je ne me suis pas encore bien rendu compte de ce que vous demandez pour le Conseil législatif. Je voudrais, autant que possible, ne toucher à rien de ce qui a été fait à Lyon, de peur d'autoriser l'inquiétude dans les esprits.

Marescalchi a dû vous envoyer l'acte de médiation pour les affaires de Suisse. Présentez-le à la Consulte, afin d'assurer la garantie de la République italienne. Vous y verrez beaucoup de constitutions, mais c'est une des choses particulières à ma position, de beaucoup plus m'en occuper que je ne voudrais. Au reste, la manière dont marche la République italienne ne me porte pas à me repentir de ce qui a été fait l'année passée.

Je pense que la République devrait prendre trois bataillons suisses à sa solde, pour tenir lieu des légions polonaises. Il ne paraît pas effectivement convenable que la République italienne ait la moitié de ses troupes composées de Polonais, qui sont aujourd'hui sous la domination autrichienne. Je verrai avec plaisir que les troupes auxiliaires de la République italienne se trouvent à peu près les mêmes, et nous y gagnerons d'avoir trois bataillons suisses au lieu des légions polonaises. Je vous recommande de faire marcher la conscription, afin de compléter les cadres des corps italiens, qui sont très-faibles. Je n'entends pas dire qu'elle aille encore.

Directement ou indirectement, ne souffrez aucune trame contre Naples ; le continent a besoin de repos, et tout ce qui tendrait à le troubler serait le jeu des Anglais, et non le nôtre. D'ailleurs, si la République italienne doit arriver à de plus hautes destinées, il faut désirer de commencer par la tête, et non par les pieds.

Je vous recommande de pousser les travaux de Mantoue et de la Rocca-d'Anfo, et de faire fournir tout ce qui est nécessaire à la confection de la route du Simplon ; elle est très-arriérée du côté de l'Italie.

Il me reste enfin à vous recommander de mettre l'artillerie de la République sur un bon pied, d'activer la fabrication de la poudre, et d'avoir une quarantaine de mille de fusils dans vos arsenaux. Il y en a 500,000 en France, et je n'aurai point de repos que je n'en aie le double. Mettez la main à ce que les fusils soient de notre modèle de 1777, car, en fait d'armes, il faut surtout en avoir de bonnes et de durables.

Je voudrais bien, au lieu d'aller en Belgique et dans les départements réunis, faire le voyage d'Italie; mais j'espère passer une quinzaine avec vous, un peu plus tôt ou un peu plus tard.

BONAPARTE.

Archives de l'Empire.

6597. — DÉCISION.

Paris, 2 ventôse an XI (21 février 1803).

Le ministre des relations extérieures de la République italienne, à Paris, propose de supprimer les péages du Pô dans les États de Parme, et d'accorder à la République italienne la propriété du pont de Plaisance.

Renvoyé au ministre des relations extérieures, pour conférer avec le citoyen Marescalchi, et faire un traité, afin que, sous aucun prétexte, on ne puisse établir de péage sur le Pô, ni pour les citoyens de la République française, ni pour ceux de la République italienne; moyennant ce, tous les péages de Parme seront supprimés.

BONAPARTE.

Archives de l'Empire.

6598. — AU CITOYEN LOUIS D'AFFRY, LANDAMMAN DE LA SUISSE.

Paris, 2 ventôse an XI (21 février 1803).

J'ai donné ordre qu'on vous soldât les sommes que vous avez réclamées. J'ai également ordonné que la pension de 1,000 francs dont vous jouissiez vous fût restituée. Elle vous sera payée à compter du 1er vendémiaire an XI. Je saisirai toutes les occasions de vous être agréable.

BONAPARTE.

Archives de l'Empire.

6599. — AU CONTRE-AMIRAL DECRÈS, MINISTRE DE LA MARINE ET DES COLONIES.

Paris, 2 ventôse an XI (21 février 1803).

Je désire, Citoyen Ministre, que vous fassiez partir un petit bâtiment portant 8 à 900 fusils de tout calibre, 3 ou 400 pistolets, dix milliers de poudre et du plomb en proportion. Ce bâtiment, commandé par un officier intelligent, se rendra à Corfou. L'officier sera porteur d'une lettre de vous à l'agent de la République dans cette île, par laquelle vous lui ferez connaître que le commandant du bâtiment a des fusils et de la poudre, et que, s'il est encore temps d'en donner aux Souliotes et aux habitants qui se défendent contre les Turcs dans la Morée, il doit lui donner des instructions.

Je n'ai pas besoin de vous dire combien cette expédition doit être prompte et secrète. Ce brick sera censé aller à la recherche du contre-amiral Leissègues, et mouillera dans différents ports de la Morée sous différents prétextes; il ira aussi à Athènes, où il prendra, de l'agent que nous y avons, des renseignements sur la situation du pays.

Vous devez donner avis au citoyen Talleyrand du départ de ce bâtiment pour Corfou, sans lui en faire connaître l'objet, afin qu'il envoie des lettres à notre agent, s'il en a.

BONAPARTE.

Comm. par Mᵐᵉ la duchesse Decrès.
(En minute aux Arch. de l'Emp.)

6600. — AU CITOYEN TALLEYRAND,
MINISTRE DES RELATIONS EXTÉRIEURES.

Paris, 3 ventôse an XI (22 février 1803).

Je désire, Citoyen Ministre, que vous expédiiez un courrier extraordinaire au général Ney, pour lui faire connaître que l'acte de médiation a été prononcé; qu'il est convenable que M. d'Affry soit bien reçu et bien traité à Berne; qu'il doit lui donner une garde d'honneur française et suisse, comme au premier magistrat du pays; qu'on doit lui marquer les plus grands égards, devant honorer en lui une nation amie qu'il est de notre intérêt de concilier et de nous attacher;

Qu'il peut mettre en liberté les prisonniers retenus pour leur conduite dans les petits cantons; mais qu'il leur fera connaître que, pour ne pas troubler la tranquillité publique, il faut qu'ils fassent un voyage à Paris, ou seulement à Besançon, jusqu'à l'entière réunion de la diète;

Que les magasins d'artillerie qui ont été transportés dans le pays de Vaud et à Morat seront mis sous le scellé du commandant de l'artillerie française et du landamman, et que, sous aucun prétexte, il n'y sera touché jusqu'au mois de juillet; que je désire que le général Ney emploie toute son influence et mette toute sa sagesse à concilier les partis, à leur faire sentir l'importance de se concilier entre eux, et fasse tout ce qui dépendra de lui pour donner le plus d'influence et de relief possible au landamman;

Que les ordres sont donnés pour qu'à compter du 10 mars toutes les subsistances soient fournies et toutes les administrations de l'armée employées au compte de la République française; qu'il peut en faire la notification;

Que, quant aux troupes helvétiques, il est nécessaire qu'il en fasse passer une revue et en envoie le plus tôt possible l'état de situation, pour qu'il soit définitivement pris un parti à leur égard; qu'il doit constamment assurer que le Gouvernement français ne se souvient plus du passé, veut concilier tous les partis et se les attacher entièrement; que cette conduite est le résultat de sa puissance et du bien qu'il veut aux Suisses; qu'ils seraient eux-mêmes aveugles et ennemis de leur propre bien, s'ils ne faisaient pas le sacrifice de leurs passions;

Qu'enfin il peut envoyer toutes les réclamations qui lui seraient faites par des militaires qui auraient servi la France et dont les pensions ne seraient pas encore liquidées, parce qu'elles le seront immédiatement.

BONAPARTE.

Archives des affaires étrangères.
(En minute aux Arch. de l'Emp.)

6601. — ALLOCUTION
A UNE DÉPUTATION DU CORPS LÉGISLATIF.

Paris, 4 ventôse an XI (23 février 1803).

C'est à l'accord qui a régné entre le Gouvernement et le Corps législatif qu'est dû le succès de la mesure la plus importante et la plus populaire qui ait marqué votre dernière session.

Des travaux non moins utiles sont réservés à la session actuelle; le Gouvernement attend la même harmonie et les mêmes résultats.

Je reçois avec la plus grande satisfaction le témoignage des sentiments que vous m'exprimez. Je les justifierai par le dévouement le plus constant aux intérêts de la patrie.

Extrait du *Moniteur*.

6602. — AU CITOYEN TALLEYRAND,
MINISTRE DES RELATIONS EXTÉRIEURES.

Paris, 6 ventôse an XI (25 février 1803).

Je vous prie, Citoyen Ministre, de donner ordre à l'agent nommé à la résidence de Cagliari de partir sans délai, afin qu'il puisse nous instruire des opérations des Anglais dans la Méditerranée. Il aura 15,000 francs d'appointements.

BONAPARTE.

Archives des affaires étrangères.

6603. — AU GÉNÉRAL BERTHIER, MINISTRE DE LA GUERRE.

Paris, 6 ventôse an XI (25 février 1803).

Je vous prie, Citoyen Ministre, de donner des ordres pour que toutes les troupes françaises qui sont en Suisse soient, à dater du 10 mars, nourries et entretenues aux frais de la République française. Les Suisses fourniront seulement le logement, le bois et la lumière.

BONAPARTE.

Archives de l'Empire.

6604. — AU GÉNÉRAL BERTHIER.

Paris, 6 ventôse an XI (25 février 1803).

Mon intention, Citoyen Ministre, est que les fortifications d'Alexandrie soient poussées avec la plus grande activité. Il est nécessaire d'y avoir des casernes et des fournitures pour 8,000 hommes, qui y seront rendus au 1er floréal.

BONAPARTE.

Archives de l'Empire.

6605. — ARRÊTÉ.

Paris, 7 ventôse an XI (26 février 1803).

ARTICLE 1er. — Il sera donné à chaque cardinal français une somme de 45,000 francs pour subvenir aux frais d'installation.

ART. 2. — Il leur sera payé tous les ans 30,000 francs, indépendamment de tout autre traitement, pour les mettre à même de soutenir la dignité de leur état.

ART. 3. — Le ministre du trésor public et le conseiller d'État chargé de toutes les affaires concernant les cultes sont chargés de l'exécution du présent arrêté.

BONAPARTE.

Archives de l'Empire.

6606. — ARRÊTÉ.

Paris, 7 ventôse an XI (26 février 1803).

ARTICLE 1er. — Le ministre de la marine fera, dans la première semaine de germinal, un rapport au Gouvernement sur les moyens de déblayer le port de Toulon des carcasses provenant des vaisseaux brûlés par les Anglais.

ART. 2. — Il fera en même temps un rapport qui fasse connaître les bâtiments à prendre pour augmenter les magasins de Toulon, de manière à les rendre susceptibles de contenir l'armement et l'approvisionnement de 25 vaisseaux de guerre et 25 frégates pour deux campagnes.

Art. 3. — Le ministre de la marine est chargé de l'exécution du présent arrêté.

BONAPARTE.

Archives de l'Empire.

6607. — AU CITOYEN CRETET,

CONSEILLER D'ÉTAT, CHARGÉ DES PONTS ET CHAUSSÉES.

Paris, 8 ventôse an XI (27 février 1803).

J'attache la plus grande importance, Citoyen Conseiller d'État, au canal, projeté par la commission, de Boulogne à Dunkerque. Il est indispensable de faire partir des ingénieurs pour en faire le projet, mon intention étant de le commencer cette année. Les fonds en seront faits à part et sur un autre crédit que celui du ministre de l'intérieur. Les écluses doivent être assez larges pour que des bateaux canonniers puissent y passer. Il faudrait prendre des mesures pour avoir ce projet à la fin de germinal.

BONAPARTE.

Archives de l'Empire.

6608. — AU CITOYEN GAUDIN, MINISTRE DES FINANCES.

Paris, 8 ventôse an XI (27 février 1803).

Par un compte que je reçois du ministre du trésor public, Citoyen Ministre, il résulterait que, du 1er vendémiaire au 1er ventôse an XI, il n'aurait été inscrit que 1,071,297 francs au grand-livre de la dette perpétuelle, dont 938,853 francs pour tiers provisoire, 26,892 en échange de bons de deux tiers, et seulement, 1° 50,051 francs pour liquidation, dont la jouissance compte du 1er germinal an VI, 2° 289,960 francs pour la loi du 30 ventôse; ce qui ne ferait donc que 339,011 francs; d'où il faudrait conclure que le crédit ouvert par la loi de l'année passée est suffisant.

BONAPARTE.

Archives de l'Empire.

6609. — AU CONTRE-AMIRAL DECRÈS,

MINISTRE DE LA MARINE ET DES COLONIES.

Paris, 8 ventôse an XI (27 février 1803).

Je vous renvoie, Citoyen Ministre, des états. Je désire que vous me présentiez, jeudi à dix heures du soir, un rapport avec un projet pour se procurer les objets particulièrement annotés. Il serait nécessaire que la moitié des approvisionnements contenus dans cet état se trouvât exister, au 1er vendémiaire an XII, dans l'arsenal de Dunkerque, et que l'autre moitié s'y trouvât au 1er germinal, ou, au plus tard, au 1er vendémiaire an XIII.

Il serait également nécessaire de présenter un projet pour construire, dans l'année, sur la Manche, 50 chaloupes canonnières et 100 bateaux canonniers, et de prendre des dispositions, à l'arsenal de Dunkerque, pour que ces bateaux soient tenus sous des hangars; il faudrait également remiser sous des hangars la portion de notre flottille aujourd'hui à Dunkerque, et qui est dans le cas de servir.

Nous avons, au Havre, des bâtiments qu'on pourrait réparer et mettre sous des hangars dans l'arsenal.

Je vous prie de méditer sur cette question, et de me présenter un travail, jeudi, avec le projet d'approvisionnement.

BONAPARTE.

Archives de l'Empire.

6610. — A M. CHARLES DENINA.

Paris, 8 ventôse an XI (27 février 1803).

J'ai vu avec plaisir l'ouvrage que vous m'avez fait remettre. Il m'a rappelé les *Révolutions d'Italie*, que j'ai lues dans le temps avec un véritable intérêt. Cet ouvrage m'a inspiré pour vous beaucoup d'estime, et je désire vous en donner des preuves.

BONAPARTE.

Archives de l'Empire.

6611. — NOTE POUR LE MINISTRE DU TRÉSOR PUBLIC.

Paris, 9 ventôse an XI (28 février 1803).

Je prie le citoyen Barbé-Marbois de faire appeler Deguer [1], et lui faire connaître que j'ai lu avec plaisir l'ouvrage qu'il a fait, et que je désirerais qu'il en fît un plus détaillé sur la véritable situation des finances anglaises.

BONAPARTE.

Archives de l'Empire.

6612. — DÉCISION.

Paris, 11 ventôse an XI (2 mars 1803).

Le ministre du trésor public présente des observations sur six arrêtés relatifs

Désormais les pensions seront proposées par les ministres, pour

[1] Auteur d'un plan de finances.

à des pensions nouvelles, et demande une décision du Gouvernement.

toutes les pensions nouvelles, et seront payées par le trésor public, même en ce qui concerne les secours annuels accordés sur le crédit du ministre de l'intérieur. Le ministre du trésor public fera un rapport.

Par ordre du Premier Consul.

Archives des finances.

6613. — AU CITOYEN TALLEYRAND,
MINISTRE DES RELATIONS EXTÉRIEURES.

Paris, 12 ventôse an XI (3 mars 1803).

Je désire, Citoyen Ministre, que vous fassiez recueillir toutes les pièces qui existent dans votre département sur les négociations relatives à l'expulsion des Stuarts réfugiés dans le royaume de France.

BONAPARTE.

Archives des affaires étrangères.

6614. — AU GÉNÉRAL BERTHIER, MINISTRE DE LA GUERRE.

Paris, 13 ventôse an XI (4 mars 1803).

J'apprends, Citoyen Ministre, que le général Solignac a été, masqué en Savoyard, à un bal, et s'y est attiré de mauvaises affaires. Un général ne doit point se masquer dans un endroit où ses troupes sont réunies. Je vous prie de donner l'ordre au général Murat de lui ordonner les arrêts pendant quinze jours.

BONAPARTE.

Archives de l'Empire.

6615. — AU CITOYEN TALLEYRAND,
MINISTRE DES RELATIONS EXTÉRIEURES.

Paris, 13 ventôse an XI (4 mars 1803).

Je désirerais que vous vissiez M. de Gallo, et que vous lui demandassiez, d'une manière indifférente, des renseignements sur M. de Circello et sa femme, qui sont à Londres, en vous informant s'ils sont capables de tramer un complot contre le Premier Consul.

BONAPARTE.

Archives des affaires étrangères.

6616. — AU GÉNÉRAL ANDRÉOSSY, AMBASSADEUR EN ANGLETERRE.

Paris, 16 ventôse an XI (7 mars 1803).

Je vous envoie une lettre originale de votre médecin; avec le rapport qui le concerne. Il paraît plus convenable de ne faire aucun esclandre, mais d'envoyer cet escroc à Paris, où il sera pris des mesures pour l'empêcher de retourner en Angleterre et de vous donner de l'inquiétude.

Vous ne sauriez nous écrire trop souvent du pays où vous êtes. Je désirerais avoir le plus de détails possible sur la situation des finances.

BONAPARTE.

Archives de l'Empire.

6617. — AU CITOYEN GAUDIN, MINISTRE DES FINANCES.

Paris, 17 ventôse an XI (8 mars 1803).

Je vous prie, Citoyen Ministre, de faire remettre au prince de Conti une somme de 100,000 francs, par la même voie et de la même manière que pareille somme a été donnée à madame d'Orléans.

BONAPARTE.

Bibliothèque impériale.
(En minute aux Arch. de l'Emp.)

6618. — ARRÊTÉ.

Paris, 19 ventôse an XI (10 mars 1803).

ARTICLE 1er. — La cour dite du Cheval-Blanc, et les bâtiments qui l'entourent, au château de Fontainebleau, marqués D, E, Q, R, S, conformément au plan annexé à la minute du présent arrêté, à l'exception de la chapelle et de la partie de la galerie de François Ier donnant sur ladite cour, la portion du parc comprise entre la chaussée et l'aile neuve des bâtiments ci-dessus, et le bâtiment dit *du Carrousel*, sont affectés à l'établissement de l'École militaire spéciale.

ART. 2. — A dater de ce jour, les susdits bâtiments et terrains sont mis à la disposition du ministre de la guerre.

ART. 3. — On fera fermer sur-le-champ toutes les communications desdits bâtiments avec les autres parties du château.

ART. 4. — Le ministre de la guerre, le ministre des finances et le ministre de l'intérieur sont chargés, chacun en ce qui le concerne, de l'exécution du présent arrêté.

BONAPARTE.

Archives de l'Empire.

6619. — AU GÉNÉRAL DEJEAN,

MINISTRE DIRECTEUR DE L'ADMINISTRATION DE LA GUERRE.

Paris, 19 ventôse an XI (10 mars 1803).

Je désire, Citoyen Ministre, que vous vous rendiez demain aux Invalides, aux heures des distributions, et que vous vous fassiez rendre compte de la qualité du pain et du vin, que l'on m'assure être très-mauvaise. Il est convenable que vous provoquiez les plaintes qu'on aurait à porter contre les fournisseurs de cette maison. Depuis longtemps les invalides se plaignent de ne point avoir d'accès auprès de leurs commandants. Je désire que vous ne vous en rapportiez sur tout qu'à vous-même.

BONAPARTE.

Dépôt de la guerre.
(En minute aux Arch. de l'Emp.)

6620. — AU CONTRE-AMIRAL DECRÈS,

MINISTRE DE LA MARINE ET DES COLONIES.

Paris, 19 ventôse an XI (10 mars 1803).

Je suis instruit, Citoyen Ministre, que les Anglais font des démarches pour couper dans l'État romain 100,000 pieds cubes de bois de chêne, pour l'approvisionnement de leur marine. Écrivez au citoyen Cacault de faire faire la recherche de ces bois, et de passer des marchés pour les chantiers de Toulon, puisqu'il est prouvé que la France ne fournit pas en ce moment les bois dont nous avons besoin. Il est nécessaire de charger le citoyen Redon de voir dans la République italienne, à Rome et en Étrurie, tous les bois et chanvres qu'on peut se procurer.

BONAPARTE.

Archives de l'Empire.

6621. — AU CITOYEN BARBÉ-MARBOIS,

MINISTRE DU TRÉSOR PUBLIC.

Paris, 20 ventôse an XI (11 mars 1803).

Nous arrivons au service d'été, et je vois avec peine que le service public est dépourvu. Je viens d'augmenter le service de germinal de 4 millions. Je désire que, dans la matinée de demain, vous négociiez les 30 millions que vous vous étiez réservés pour vendémiaire, savoir : 14 millions en coupes de bois et 16 millions en obligations. Je désirerais que ces 30 millions rentrassent au trésor public, par 5 millions, dans les mois de germinal, floréal, prairial, messidor, thermidor et fructidor.

Si l'agence veut prendre des obligations, il n'y a pas d'inconvénient; si elle n'est pas dans le cas de prendre les obligations de bois, je désire que vous les négociiez à la Banque, et, si les banquiers ne veulent pas, à une compagnie quelconque. Je tiens à ce que demain ces objets soient négociés et le marché fini. Je ne veux pas donner pour les coupes de bois plus d'un demi pour cent. Je vous laisse le maître de régler la commission. J'ai d'assez fortes raisons de désirer de voir, dans la journée de demain, le service assuré.

BONAPARTE.

Archives de l'Empire.

6622. — AU CITOYEN MELZI,

VICE-PRÉSIDENT DE LA RÉPUBLIQUE ITALIENNE.

Paris, 20 ventôse an XI (11 mars 1803).

Je n'ai pu voir qu'avec une vive douleur les principaux fonctionnaires de la République exalter les têtes et provoquer toutes les passions contre la France. Tous les efforts que j'ai faits pour rendre l'Italie à l'indépendance seraient-ils infructueux? Et serait-il irrévocablement dans le sort de ce pays de ne jamais rien être? Quel est le plus grand crime que puisse commettre aujourd'hui un citoyen contre le bonheur et la tranquillité publique? N'est-ce pas d'inviter ses compatriotes à payer les Français de la plus noire ingratitude, et montrer à ceux-ci le compte qu'ils doivent faire sur les sentiments des citoyens de la République italienne? Ce sont des conseillers d'État, des généraux italiens qui parlent de Zama et de Scipion! Mais ces parallèles, qu'on a peine à saisir, se traduisent ici par l'image des Vêpres siciliennes, qui sont plus modernes. La faiblesse du gouvernement, à Milan, passe tout ce qu'il est possible de concevoir.

Si les ministres de l'intérieur et de la police eussent fait leur devoir, les auteurs de pareils pamphlets eussent été sévèrement punis, et l'on n'aurait pas eu le scandale de voir le général français faire arrêter un citoyen de la République.

Je ne puis pas, également, être indifférent à la direction qu'on donne à l'esprit public dans les différents théâtres. On ne lui présente que des conjurations qui se dénouent toujours par des assassinats.

On pervertit également l'opinion en criant sans cesse contre les frais d'entretien des troupes françaises; mais, pour être juste, on devrait calculer ce qu'a coûté et ce que coûte la République italienne au peuple français.

La République est sans armée, et, à cet égard, elle n'a fait depuis un an aucune espèce de progrès. S'en tiendrait-on à évaluer simplement le prix de la réunion du Novarais? Seul, indépendamment de toute autre considération, il compenserait tout ce que la République italienne a pu fournir.

Je suis moins satisfait encore du penchant constant qu'on a à contrarier les prêtres. Mon intention bien formelle est que les séminaires soient exempts de la conscription militaire, et que le culte et les prêtres soient constamment protégés. Ce principe est, surtout sous le point de vue de l'Italie, l'esprit de ma marche.

J'ai chargé Marescalchi de vous écrire plus longuement sur tous ces objets, et sur la peine que j'en éprouvais. Je pense que vous devez soumettre à la Consulte une mesure contre Cicognara et Theulié, et contre ceux qui dirigent avec tant de perfidie l'opinion contre la France.

Le ministre de l'intérieur n'a pas non plus de moyens pour donner à l'opinion une direction stable, et le pays est agité par toute sorte de faux bruits. Il n'en faut chercher d'autre cause que dans l'extrême faiblesse du gouvernement. Déjà il y a eu à Bologne des rixes entre les troupes françaises et italiennes. Mon intention est que vous vous concertiez avec le général en chef, pour tenir toujours à Bologne au moins 2,000 hommes. Je fais connaître aussi au général Murat qu'au moindre mouvement des factieux mon intention est que l'honneur des armes soit soutenu comme il a été acquis. Cette manière d'agir n'est pas particulière à la République italienne : à Caen, à Grenoble, à Cette, j'ai fait juger extraordinairement et condamner à mort plusieurs citoyens pour rixe contre les troupes, ayant vérifié que tout le tort était aux habitants.

La confiance que j'ai dans vous, dans les ministres, dans la Consulte d'État, a été assez marquée dans toutes les circonstances. Je suis constamment occupé de tout ce qui peut donner de la consistance et procurer le bonheur aux peuples ; mais j'ai lieu de commencer à craindre que tous mes efforts ne soient vains, et qu'il n'y ait bien des obstacles à surmonter pour organiser une nation où je vois si peu de véritable caractère et tant d'idées folles et insensées.

Il ne doit y avoir à Milan aucun casino privilégié; sous aucun prétexte, ni général, ni chef de corps de la République italienne ne peut se masquer, et il ne doit être besoin d'aucune autorisation pour recevoir et donner à danser chez soi. A mon sens, on n'avait pas le droit d'empêcher madame Fossati d'avoir chez elle qui elle voulait. Mais, si elle y mettait de l'affectation, je vous autorise à la renvoyer dans ses terres, elle et les autres individus qui tiendraient la même conduite, et à les tenir pendant trois ou quatre mois éloignés à plus de dix lieues de la capitale.

Je vois, dans plusieurs de vos lettres, que vous vous plaignez de tracasseries qu'on vous fait éprouver; il est impossible qu'avec la confiance que je vous accorde vous en éprouviez aucune. Pour cet effet, il faut écrire et parler clair à tout le monde, et tenir les rênes un peu plus fermes. Il est impossible aussi que la capitale d'un grand État soit sans représentation. Vous devez aller habiter le palais et y représenter la République avec la grandeur et la dignité convenables.

Le général Murat ne s'éloignera jamais de vos désirs, lorsque vous les lui exprimerez clairement.

BONAPARTE.

Archives de l'Empire.

6623. — AU GÉNÉRAL MURAT,

COMMANDANT EN CHEF LES TROUPES FRANÇAISES EN ITALIE.

Paris, 20 ventôse an XI (11 mars 1803).

J'ai reçu, Citoyen Général, vos différentes lettres. Je désire que, quelque chose qui arrive, vous restiez uni avec le gouvernement et ne prêtiez point l'oreille aux insinuations des ennemis de la France, qui excitent, par toute espèce de moyens, les esprits contre l'administration.

Je n'approuve pas que vous vous teniez ainsi éloigné de tous les hommes les plus ennemis de l'ancienne domination, et qui ont, dès l'origine, marché dans le sens de l'armée française. Dans le pays où vous êtes, vous devez spécialement vous étudier à réunir tous les patriotes. En les voyant davantage, vous les empêcheriez de s'égarer. Il faut éviter de contrarier d'aucune manière l'administration; les casinos sont des institutions qui blessent beaucoup de personnes, et qui ne sont pas d'ailleurs dans l'usage français. Il n'est pas convenable, non plus, que les loges que vous avez aux spectacles portent aucune décoration extérieure. Le caractère dominant des Italiens est l'intrigue et la fausseté; vous ne vous tenez pas assez en garde contre lui. Je ne puis approuver que vous ayez promis d'aller à un bal où les membres du gouvernement et le parti français n'étaient pas admis. J'ai d'ailleurs été péniblement affecté de vous voir jouer un rôle dans ces tracasseries de petite ville, qui sont au-dessous de votre position et de vous. Vous ne devez aller dîner ni danser nulle part, excepté chez le vice-président et chez ceux de la République qui ont une maison.

A Bologne, vous avez envoyé un seul bataillon; c'est une mesure imprudente. Il fallait envoyer 2,000 hommes, ou n'en point envoyer, car mon intention est que, dans aucune occasion, les troupes françaises ne se laissent manquer, et qu'elles sortent triomphantes de toutes les querelles. Elles doivent avoir des cartouches et des balles pour soutenir ce qu'elles sont et l'honneur du drapeau.

J'ai lu avec attention les papiers que vous m'avez envoyés. Vous avez fort bien fait de faire arrêter l'officier auteur d'un pamphlet aussi infâme. Remettez-le entre les mains du vice-président, et tenez-moi au courant de ce qu'il aura fait.

Le général Solignac s'est fort mal comporté. Un général ne doit point se masquer, et il n'a pas le droit de se plaindre de ce qui lui est arrivé sous un masque. Vous devez le punir et contenir tout le monde dans le devoir. Mon intention est que vous l'employiez en Romagne, à moins que vous ne préfériez lui donner l'ordre de se rendre à Paris.

Faites également connaître au général Chabot qu'un général ne se masque pas comme un sous-lieutenant. Prenez des mesures pour qu'aucun officier général ni supérieur ne se masque, et que chacun soutienne la dignité de sa place.

Vous devez recevoir chez vous, avec des égards tout particuliers, les membres de la Consulte, les ministres et les principaux fonctionnaires publics. Toutes les distinctions doivent être pour eux. Les titres de noblesse ne sont rien.

Je reçois du reste avec intérêt tous les rapports que vous m'envoyez. Quant à Vincent, je le connais mieux que vous : c'est un homme de peu de valeur, qui s'est fort mal comporté aux colonies; qu'il ne s'en mêle plus et s'occupe de la besogne dont vous l'avez chargé.

BONAPARTE.

Archives de l'Empire.

6624. — AU CHEF DE BRIGADE COLBERT.

Paris, 20 ventôse an XI (11 mars 1803).

Vous vous rendrez en Russie. Vous remettrez la lettre ci-jointe à l'empereur. Vous l'entretiendrez de la considération qu'on a à Paris pour les Russes; qu'ils y sont vus d'une manière avantageuse. Vous vous entretiendrez plutôt d'idées libérales et philosophiques, en causant avec l'empereur, que d'autres sujets. Comme vous n'êtes chargé d'aucune affaire, vous devez vous en rapporter et vous vous en rapporterez toujours au général Hédouville.

Si vous voyez le grand-duc Constantin, vous lui direz que j'ai du regret qu'il ne soit pas venu à Paris.

Vous parlerez à l'impératrice du plaisir que l'on a eu de voir son oncle à Paris, de l'amusement qu'il y a trouvé, et de la probabilité que, si je vais à Strasbourg, je verrai sa famille;

Au vieux vice-chancelier, qui est ami de M. de Markof, que M. de Markof paraît avoir bien pris.

En cas que l'on parle de guerre avec l'Angleterre, vous direz que la nation française ne demande pas mieux que de se mesurer avec elle, vu l'antipathie qui existe.

Vous ferez honnêteté au corps diplomatique, au ministre d'Angleterre comme aux autres. Vous direz du bien de celui qui est à Paris, qui est très-connu.

Vous représenterez le Premier Consul comme très-occupé à tracer des canaux, à établir des manufactures, et s'occupant d'objets d'instruction publique.

Vous reviendrez le plus tôt possible; cependant vous attendrez que l'empereur ait fait sa réponse. Si elle tarde, vous irez à Cronstadt.

Vous descendrez chez le général Hédouville.

BONAPARTE.

Comm. par M. le comte de Colbert-Chabannais.
(En minute aux Arch. de l'Emp.)

6625. — A L'EMPEREUR DE RUSSIE.

Paris, 20 ventôse an XI (11 mars 1803).

Le général-major d'Hittorff, qui m'a apporté la lettre de Votre Majesté, a reçu toutes les facilités qu'il pouvait désirer pour remplir le but de son voyage.

Les affaires de Suisse, auxquelles Votre Majesté s'intéresse, paraissent heureusement terminées. J'ai fait tout ce qui a été possible pour calmer les passions et concilier les intérêts. C'est à l'expérience à démontrer si les mesures prises sont bonnes.

Les affaires d'Allemagne paraissent enfin heureusement terminées, grâce aux soins que Votre Majesté a bien voulu se donner.

J'avais écrit, dans le temps, à Votre Majesté pour lui proposer de me concerter avec elle pour empêcher les Barbaresques de faire la course contre les puissances chrétiennes, en les obligeant à cultiver leurs terres. Votre Majesté avait paru sourire à ce projet, tout à fait digne d'elle. Je crois qu'il pourrait être exécuté, puisque c'est l'intérêt de tout le monde et surtout des pavillons civilisés. Si Votre Majesté veut donner suite à ces premières ouvertures, je la prie d'envoyer des instructions et des pouvoirs à son ministre. On verrait à concilier ce que l'on doit à la paix des mers et à l'intérêt de la Porte Ottomane.

Une discussion plus importante s'élève en ce moment avec l'Angleterre : aux termes du traité d'Amiens, elle devait évacuer Malte dans trois mois, comme la France devait évacuer le port de Tarente pour la même époque. J'ai scrupuleusement évacué le port et la rade de Tarente. Ayant demandé pourquoi on n'évacuait pas Malte, on m'a répondu que le grand maître n'était pas nommé : c'était déjà ajouter une clause au traité. Le grand maître a été nommé : on a objecté qu'on attendait l'accession de Votre Majesté, qui est arrivée, et à laquelle je me suis empressé de souscrire; je l'ai fait signifier au cabinet britannique. Alors l'Angleterre a levé le masque et m'a fait connaître qu'elle désirait garder Malte pendant sept ans. J'avouerai à Votre Majesté qu'un manquement de foi si extraordinaire m'a fort étonné, et je crois qu'il est sans exemple dans l'histoire. Comment pourra-t-on donc traiter désormais, si l'on peut violer ainsi l'esprit et la lettre des traités? Je suis bien loin, pour mon compte, de jamais consentir à un tel déshonneur, et je suis résolu à tout pour l'empêcher. Mais il me semble que l'intérêt que Votre Majesté a pris à l'ordre de Malte, l'invitation qu'elle a reçue de garantir l'indépendance de cette île, et les articles qu'elle a proposés, veulent qu'elle prenne quelque intérêt à cette affaire.

Depuis six mois les 2,000 hommes de troupes napolitaines sont à Malte; les Anglais n'en ont fait aucun compte, et ne les ont pas admis dans les forts. Je réclame l'intervention de Votre Majesté; elle me paraît nécessaire pour la continuation de la paix maritime, à laquelle elle a paru toujours s'intéresser.

Je prie Votre Majesté de croire au désir que j'ai de lui être agréable.

BONAPARTE.

Comm. par S. M. l'Empereur de Russie.
(En minute aux Arch. de l'Emp.)

6626. — AU ROI DE PRUSSE.

Paris, 20 ventôse an XI (11 mars 1803).

N'ayant pas, en ce moment, d'ambassadeur auprès de Votre Majesté, j'envoie auprès d'elle, pour une mission momentanée, le général Duroc. Je le charge de lui faire connaître les événements survenus avec l'Angleterre relativement à Malte.

La France devait évacuer les États de Naples, et spécialement le port de Tarente, trois mois après la signature du traité d'Amiens.

J'ai ponctuellement rempli les conditions du traité. L'Angleterre devait, dans le même temps, évacuer Malte. Les trois mois s'étant écoulés, le cabinet de Londres me fit dire qu'il fallait d'abord que le grand maître de Malte fût nommé. Le grand maître a été nommé. Alors il objecta qu'il fallait que la Russie eût garanti l'indépendance de l'ordre de Malte. La garantie de la Russie est arrivée. Pour ne faire aucune difficulté, j'y ai adhéré. Mais aujourd'hui l'Angleterre lève le masque et me déclare qu'elle désire garder Malte pendant sept ans. Cette violation manifeste et sans exemple d'un traité ne saurait être soufferte par la France. Cependant la guerre est un malheur que je ne saurais trop déplorer, et je désirerais que Votre Majesté, comme ayant été si vivement sollicitée par l'Angleterre de garantir l'ordre de Malte, voulût prendre quelque intérêt à ce que l'article du traité fût exécuté.

Dans le cas, ce que je ne saurais encore me persuader, où le roi d'Angleterre voulût manquer à sa foi d'une manière aussi honteuse et où la guerre dût s'ensuivre, j'ai le droit de l'attaquer partout où flotte sa bannière et où il me sera possible de l'atteindre. C'est donc spécialement sur cet objet que j'ai chargé le général Duroc de s'entretenir avec Votre Majesté. Elle sait combien je désire, dans toutes les circonstances, lui être agréable.

Bonaparte.

Archives de l'Empire.

6627. — AU ROI D'ESPAGNE.

Paris, 20 ventôse an XI (11 mars 1803).

Je prends le parti d'adresser directement à Votre Majesté les plaintes que j'ai à porter sur la conduite tenue envers la France dans ses États. Les assurances, que Votre Majesté a bien voulu me réitérer souvent, du désir de maintenir une étroite union entre les deux nations, me font espérer qu'elle daignera s'occuper un moment de ces objets, qui intéressent tant l'honneur et le commerce de la France; en leur donnant un instant d'attention, elle fera disparaître toutes les difficultés et acquerra de nouveaux droits à l'amitié de la France.

1° J'ai fait souvent demander la permission d'extraire des piastres pour le service de Saint-Domingue et des Antilles : les ministres de Votre Majesté l'ont constamment refusée, de manière que la frégate *la Badine,* ayant à bord le capitaine général de Tabago, a été obligée de rester vingt jours sans en obtenir, et n'est parvenue à s'en emparer que par contrebande. Je sais que les Anglais s'en procurent une grande quantité par cette voie dans les États de Votre Majesté; mais ces moyens me répugnent comme contraires à la saine morale.

2° Le gouverneur d'Alicante n'a pas cessé, depuis plusieurs années, de montrer sa haine pour les Français. Il s'est permis dernièrement, dans l'affaire du sloop *le Favori*, des vexations inouïes dont je demande satisfaction à Votre Majesté. Ce gouverneur ne partage point les sentiments qui unissent les deux nations.

3° Votre Majesté avait voulu promettre plusieurs fois la levée du séquestre mis par le Gouvernement espagnol sur les prises ou les produits des prises conduites par des bâtiments français dans les différents ports d'Espagne dans les deux mondes : cependant ce séquestre dure depuis plusieurs années. Je prie Votre Majesté d'ordonner qu'il soit levé.

4° Il y a huit ans, un certain nombre de soldats français, prisonniers de guerre, ont été arrêtés à Valence et condamnés aux travaux dans les *presidios*. Je prie Votre Majesté de les faire remettre entre mes mains.

5° Des propriétés ont été confisquées au Mexique sur des Français qui en ont été chassés.

6° Toutes les affaires pendantes devant les tribunaux commerciaux ou militaires, ou devant des administrations, en Espagne, lorsqu'elles concernent des Français, ne finissent jamais.

Enfin je prie Votre Majesté d'ordonner que les Français jouiront, dans ses États, de tous les droits et priviléges, tant politiques que commerciaux, que les traités assurent, et de ne pas permettre qu'on visite les maisons et magasins sans l'intervention des agents commerciaux.

Après ces plaintes particulières, que Votre Majesté fera cesser d'un mot, et qui cependant m'affectent vivement, je prie Votre Majesté, pour la gloire de son règne et l'intérêt de l'alliance des deux nations, d'ordonner qu'il soit pris des mesures pour l'armement de Minorque. On a mis en place tous les partisans des Anglais, qui ne parvinrent à s'en emparer, dans la dernière guerre, que par trahison. On n'a fait aucune poursuite contre les traîtres, qui jouissent aujourd'hui de la confiance, comme s'ils s'étaient bien comportés. Ce port est toujours l'objet de la convoitise des Anglais, et, si Votre Majesté n'ordonne des mesures politiques et militaires pour le mettre hors de l'atteinte de ses ennemis, ils s'en empareront au moment où on y pensera le moins.

La marine espagnole, qui a souvent acquis tant de gloire, est dans un dépérissement alarmant, et cependant aucun souverain n'a plus d'intérêt que Votre Majesté à avoir une marine qui protége ses immenses établissements, objet de la convoitise de l'Angleterre et de l'Amérique.

Je prie Votre Majesté de pardonner si je prends un si vif intérêt à un objet qui paraît la regarder spécialement; mais l'Angleterre ne s'endort pas; elle veille toujours, et n'aura de repos qu'elle ne se soit emparée des colonies et du commerce du monde. L'Espagne et la France peuvent seules s'y opposer. J'ai, de mon côté, vingt vaisseaux en construction; mais les arsenaux de l'Espagne sont sans approvisionnements, et ses ateliers sans ouvriers. Votre Majesté a cependant le bonheur de posséder dans ses États un homme de la plus haute distinction, l'amiral Gravina; il est propre, par son zèle et par son attachement à votre personne et par son amour de la gloire, à faire exécuter fidèlement tous les ordres qu'elle voudra lui donner pour le rétablissement de sa marine.

J'ai fait connaître à Votre Majesté les plaintes de la France; si l'Espagne en avait à faire, je prie Votre Majesté d'être assurée d'avance que je m'empresserais d'y faire droit, désirant toujours trouver les occasions de lui être agréable.

BONAPARTE.

Archives de l'Empire.

6628. — ARRÊTÉ.

Paris, 20 ventôse an XI (11 mars 1803).

ARTICLE 1er. — Il sera créé, d'ici au 1er vendémiaire an XV, deux flottilles nationales.

La première, réunie à Dunkerque au 1er vendémiaire an XIV, sera composée de 100 chaloupes canonnières et 320 bateaux canonniers, munis de leur armement en agrès, ancres, mâtures et artillerie.

La deuxième, réunie à Cherbourg au 1er vendémiaire an XV, sera composée de 20 canonnières et de 80 bateaux canonniers, également munis du même armement et équipement.

ART. 2. — Outre la flottille construite, qui doit être réunie à Dunkerque au 1er vendémiaire an XIV, il y aura dans le même port, et à la même époque, un approvisionnement en matières suffisant pour la construction, gréement et armement de 100 canonnières et 500 bateaux canonniers.

ART. 3. — Pour l'exécution du présent arrêté, les dispositions qui suivent seront observées.

CHAPITRE Ier.

FLOTTILLE DE DUNKERQUE.

ARTICLE 1er. — Le ministre de la marine ordonnera, sans délai, la revue de toutes les canonnières et bateaux canonniers existant dans les différents ports du Ponant. Il sera fait un rapport sur la situation de chacun d'eux, de manière à faire connaître le degré de réparation dont chacun a besoin, les frais que cette réparation nécessitera pour remettre lesdits bâtiments dans le meilleur état.

On désignera, dans un état particulier, ceux desdits bâtiments qui, par leur situation actuelle, ne sont susceptibles que d'être réformés.

Sur ce rapport, la réforme des bâtiments pour qui elle sera jugée nécessaire sera ordonnée par le ministre; mais il n'y fera procéder qu'au fur et à mesure que des bateaux canonniers ou des canonnières nouvellement construites pourront remplacer ceux dont il aura ordonné la réforme.

ART. 2. — Il sera choisi, parmi ceux existant dans les ports, 30 bateaux canonniers, des meilleurs, et 15 chaloupes canonnières, qui seront réunis à Dunkerque, pour faire partie de la flottille, après avoir été pleinement radoubés et mis dans le meilleur état.

ART. 3. — Il sera, sans délai, pris des mesures pour la construction, dans ce port, de hangars qui seront établis sur la rive nord du canal de Mardick, et placés de manière que l'espace total des bords du canal puisse successivement contenir les hangars nécessaires pour 100 canonnières et 500 bateaux canonniers.

ART. 4. — Les travaux de la construction des hangars seront suivis et exécutés successivement, dans la proportion de l'exécution des constructions des canonnières et bateaux canonniers de la flottille, en sorte que chaque canonnière ou bateau construit soit, aussitôt à son arrivée à Dunkerque, mis à sec sous un hangar.

ART. 5. — Il sera pris toutes les mesures nécessaires pour que, dans vingt ports différents de la Manche, il soit construit, d'ici au 1er vendémiaire an XII, 17 chaloupes canonnières et 58 bateaux canonniers, qui devront être, pour cette époque, réunis, désarmés et mis sous les hangars du port de Dunkerque.

La construction des 75 bâtiments mentionnés dans cet article devra s'ordonner sans publicité, et par six volontés successives, qui s'exprimeront à des intervalles de sept jours chacune.

ART. 6. — Aussitôt qu'un bâtiment de la flottille sera sous les hangars, son gréement, sa mâture et son artillerie seront mis dans des magasins d'où ils ne pourront être extraits sans ordre du ministre.

Art. 7. — Avant la fin de messidor prochain, il sera donné de nouveaux ordres, de la manière indiquée à l'article 5, pour la construction, dans vingt ports différents, de 17 nouvelles chaloupes canonnières et 58 bateaux canonniers, qui devront être construits et réunis au port de Dunkerque dans les six premiers mois de l'an XII, et désarmés, pour être mis sous les hangars, ainsi que ceux dont il a été parlé.

Art. 8. — Avant la fin de nivôse an XII, mêmes ordres seront donnés, de la même manière, pour la construction, dans différents ports, réunion et désarmement, à Dunkerque, du même nombre de bâtiments de la même espèce.

L'exécution des ordres donnés à la fin de nivôse devra être terminée au 1er vendémiaire an XIII.

Art. 9. — Avant la fin de messidor an XII, les dispositions prescrites à l'article 7 seront de nouveau ordonnées, de manière que, dans les six premiers mois de l'an XIII, on ait créé et réuni au port de Dunkerque 75 nouveaux bâtiments de la flottille.

Art. 10. — Avant la fin de nivôse an XIII, les mêmes dispositions seront renouvelées pour la cinquième fois, et devront être exécutées dans les six derniers mois de l'an XIII.

De sorte que, par l'effet des cinq dispositions successivement prises de six mois en six mois, à dater de ce jour, il se trouvera réuni à Dunkerque, et mis sous les hangars, au 1er vendémiaire an XIV, 85 chaloupes canonnières et 290 bateaux canonniers, qui, avec les 30 bateaux canonniers et les 15 chaloupes canonnières dont le radoub est ordonné à l'article 2, feront un total de 420 bâtiments de la flottille, réunis à Dunkerque.

CHAPITRE II.

FLOTTILLE DE CHERBOURG.

Article 1er. — Les 20 chaloupes canonnières et les 80 bateaux canonniers de la flottille de Cherbourg seront construits dans le cours de l'an XIII et de l'an XIV.

Art. 2. — Il sera pris, pour la formation des hangars de la flottille de Cherbourg, et pour la conservation de son gréement, mâture et artillerie, les mêmes dispositions qui sont prescrites par les articles 3 et 6 du chapitre Ier.

CHAPITRE III.

APPROVISIONNEMENTS A RÉUNIR AU PORT DE DUNKERQUE, POUR LA CONSTRUCTION DE CENT CHALOUPES CANONNIÈRES ET CINQ CENTS BATEAUX CANONNIERS.

Article 1er. — Il sera réuni dans le port de Dunkerque, dans le courant des années XI, XII et XIII, tous les objets portés dans l'état général joint au présent arrêté.

Art. 2. — L'état général se divise dans les trois états A, B, C, proposés, ainsi que le premier, par le ministre de la marine, et approuvés par le Premier Consul.

Art. 3. — La réunion des objets portés dans l'état A devra se faire au port de Dunkerque d'ici au 1er vendémiaire an XII.

La réunion des objets portés dans l'état B devra se faire, dans le même port, dans tout le cours de l'an XII.

La réunion des objets portés dans l'état C devra se faire, dans le cours de l'an XIII, au même port de Dunkerque.

De sorte qu'au 1er vendémiaire an XIV la réunion des objets portés dans l'état général joint au présent arrêté se trouvera complétée et emmagasinée à Dunkerque.

Art. 4. — Au fur et à mesure que chacun des objets portés dans chacun des états arrivera au port de Dunkerque, il sera déposé dans un local ou magasin particulier, suivant sa nature. Il ne pourra en être distrait que sur l'autorisation spéciale du ministre, qui, préalablement, en rendra compte au Premier Consul, en lui présentant les moyens et l'époque présumée du remplacement des objets distraits.

Art. 5. — Le ministre de la marine et des colonies est chargé de l'exécution du présent arrêté.

Bonaparte.

Comm. par Mme la duchesse Decrès.
(En minute aux Arch. de l'Emp.)

6629. — INSTRUCTIONS.

Paris, 21 ventôse an XI (12 mars 1803).

Le général Duroc se rendra en toute diligence à Berlin, et sans laisser soupçonner à qui que ce soit où il va. Il remettra la lettre ci-jointe au roi de Prusse.

Si le roi de Prusse n'avait pas encore reçu le message du roi d'Angleterre à la chambre des communes, il le lui montrera. Il lui dira que le cabinet m'a fait prévenir, quarante-huit heures d'avance, de ce message. Mais, comme il est évidemment faux qu'il y ait aucun armement sur les côtes de France, et comme cela est prouvé, ce sont des faits que des paroles et des commentaires ne peuvent pas effacer.

Par le traité d'Amiens, l'Angleterre devait évacuer Malte dans trois mois, et, comme l'on avait prévu que dans ces trois mois l'Ordre ne serait pas organisé, il avait été convenu que le roi de Naples y enverrait 2,000 hommes pour occuper cette place.

Par le même traité, la France devait évacuer Tarente. Plus de cent pièces de canon avaient déjà été placées dans cette place plus importante que Malte, en la considérant comme centre des opérations dans le Levant. Plus de quarante vaisseaux de guerre et un convoi peuvent se trouver, dans cette rade, à l'abri des tempêtes et d'un ennemi supérieur. Il était entré dans les calculs du Premier Consul de ne pas évacuer cette place, qui, étant continentale, ne pouvait pas être enlevée comme une île. Des officiers du génie du premier mérite y avaient travaillé; des remuements de terre y avaient eu lieu; la France y avait dépensé 100,000 écus. Mais, par le traité de paix, le Premier Consul s'engagea à évacuer Tarente dans trois mois, ainsi que la place d'Ancône. La place fut évacuée, et, des opérations militaires et de détail ayant manqué, le Premier Consul témoigna son mécontentement au général Soult qui commandait cette colonne, ne s'informant point si Malte était évacuée ou non. Comment penser que, dans le siècle où nous vivons, deux nations civilisées puissent avoir besoin de ce moyen d'otage pour exécuter des conventions stipulées? Cependant, un brick français revenant dans la Méditerranée apprit que, quatre mois après le traité, Malte n'était pas évacuée.

Le Premier Consul en fit parler, par manière de conversation, au ministère anglais; on lui répondit que, le roi de Naples n'ayant pas pu y envoyer ses troupes, on n'avait pas pu abandonner l'île. Cette raison parut fort bonne. Des convois partirent; les 2,000 hommes du roi de Naples partirent. Un ministre français, le général Vial, s'y rendit. Malte va être sans doute évacuée.

Les troupes napolitaines furent reçues à Malte, mais hors des forts, ayant l'air, non d'une troupe qui va prendre possession d'une place, mais d'une troupe surveillée. De vaines explications furent demandées à Londres; l'on répondit qu'il était difficile au roi d'Angleterre d'évacuer Malte tant que le grand maître ne serait pas nommé. Cette condition commença à donner de l'ombrage. Le cas avait été prévu, dans le traité d'Amiens, que ces nominations entraîneraient des longueurs; c'est pourquoi les troupes de Naples devaient l'occuper provisoirement. Néanmoins on attendit, et l'on se contenta de presser, à Rome, la nomination du grand maître. Le grand maître fut nommé. L'on crut alors que l'Angleterre évacuerait Malte. Le cabinet britannique allégua d'autres raisons; il déclara que la Russie n'avait pas garanti l'indépendance de l'Ordre, et que l'on ne pouvait évacuer que la Russie n'eût donné son accession au traité. La Russie adhéra avec quelques modifications, auxquelles le Premier Consul s'empressa de souscrire ; la notification en fut faite au cabinet de Londres ; plus de délai, plus de prétexte pour ne plus évacuer. Le cabinet de Londres, alors, jette le masque et déclare désirer garder garnison dans Malte pour sept ans. L'indignation pour une proposition aussi étrange est égale à la volonté de s'exposer même aux horreurs d'une guerre plutôt que de la souffrir.

C'est dans ces entrefaites que le roi d'Angleterre prétend obtenir, par des menaces et des armements, ce qu'il ne peut obtenir par la justice et les traités. Est-ce un prétexte pour recommencer la guerre? C'est ce qu'on ne peut savoir ; mais tant il est vrai que le Premier Consul est décidé à ne pas souffrir ce déshonneur.

Si la guerre a lieu, il a pour lui le témoignage de Dieu et des hommes, et rien ne peut l'empêcher de poursuivre le cabinet britannique partout où son étendard est arboré. Il faut trancher le mot : son projet, si le cabinet britannique persévère, est d'envahir sur-le-champ le Hanovre.

C'est là le but et la mission du général Duroc. Ne rien écrire, ni rien signer ; ne rien dire qu'au roi seul, ou à son premier ministre et par son ordre.

Il doit remettre au roi la lettre, et, après qu'il l'aura lue, lui exposer ce qui vient d'être dit, et lui dire que je n'ai pas même voulu menacer le Hanovre, sans que je me sois franchement expliqué avec lui.

Après cet objet, dire au roi que je désire qu'il intervienne pour sa part dans cette discussion ; qu'il fasse connaître, comme grande puissance de l'Europe, l'indignation que lui doit causer une semblable conduite.

Le roi de Prusse a dû garantir l'indépendance de Malte ; il ne l'a point fait, par des raisons connues au Gouvernement français. Il a le droit de dire que, puisqu'il a garanti l'indépendance de Malte, il a le droit aussi d'exiger l'exécution du traité. C'est donc une mission d'égards envers la Prusse ; et lui faire connaître que, si l'Angleterre arme, je dois aussi armer ; et lui faire connaître que je veux envahir son voisin.

Le deuxième objet, que, n'ayant point d'ambassadeur à Berlin, je l'ai chargé de remplir cette mission, et l'engager à faire connaître au ministre d'Angleterre, et au ministère britannique par son ministre à Londres, l'inconvenance de sa conduite, et que, pour une île qui appartient à celui qui occupe la mer, il va s'exposer au commencement d'une deuxième guerre dont le résultat est incalculable. Dire aussi que les expéditions, qui des ports de Hollande allaient partir, ne partiront pas; que la Hollande, qui allait être évacuée, ne le sera pas; que 30,000 hommes s'y rendront au premier armement de l'Angleterre, et qu'enfin le résultat de tout ceci sera que toute la population de l'Angleterre sera obligée de se mettre sous les armes pour défendre son pays.

Le général Duroc, étant nécessaire à Paris, restera le moins possible, et pour maximum une semaine.

Si, ce qu'on ne prévoit pas, le roi de Prusse, ou son premier ministre, faisait des objections pour l'occupation du Hanovre, dire : « Si vous êtes bon pour protéger le Hanovre, vous pouvez exiger » aussi l'évacuation de Malte. »

Si le roi, ou son ministre, demande si le Gouvernement français voit avec peine qu'il communique un peu de tout ceci au Gouvernement anglais, on dira qu'on s'en rapporte à Sa Majesté pour faire ce qu'elle jugera convenable, ou faire ce qu'elle voudra.

On aura soin de dire que la paix est le premier désir du Gouvernement français, mais qu'il préfère recommencer la guerre plutôt que de rien souffrir qui soit déshonorant. Ajouter cependant toujours qu'il est impossible que le Gouvernement britannique veuille, mais qu'il est tiraillé par différents partis; qu'en France il n'y a qu'un seul parti et une seule volonté.

BONAPARTE.

Archives de l'Empire.

6630. — AU GÉNÉRAL ANDRÉOSSY,

AMBASSADEUR DE LA RÉPUBLIQUE PRÈS SA MAJESTÉ BRITANNIQUE.

Paris, 22 ventôse an XI (13 mars 1803).

Le Premier Consul, Citoyen, m'ordonne de vous faire connaître qu'il est nécessaire que vous expédiiez fréquemment des courriers, et que vous teniez le cabinet informé de tout ce qui se passe dans le pays où vous êtes, surtout de ce qui est relatif à la presse et au crédit public.

Votre langage doit être modéré, mais ferme. Nous n'avons point provoqué la guerre. Aux termes du traité, Malte doit être évacuée. Le Premier Consul n'a fait aucune communication à la nation et n'a pris aucune mesure militaire, parce qu'il attend demain le retour du courrier qui vous a été expédié vendredi. Si le cabinet britannique persiste dans ce système de menaces et d'armements, il faudra bien avoir recours au même système.

Le Premier Consul étant à la présentation des étrangers qui a eu lieu aujourd'hui chez madame Bonaparte, et ayant trouvé lord Withworth et M. de Markof, l'un à côté de l'autre, leur a dit ces propres paroles : « Nous nous sommes battus quinze ans ; il paraît » qu'il se forme un orage à Londres et qu'on veut se battre quinze » autres années. Le roi d'Angleterre a dit dans son message que la » France préparait des armements offensifs. Il a été trompé ; il n'y » a dans les ports de France aucun armement considérable, étant » tous partis pour Saint-Domingue. Il a dit qu'il existait des différends » entre les deux cabinets ; je n'en connais aucun. Il est vrai que l'An- » gleterre doit évacuer Malte ; Sa Majesté s'y est engagée par le traité. » On peut tuer le peuple français, mais non l'intimider. »

Dans la suite du cercle, s'étant trouvé seul près de M. de Markof, il lui à dit à demi-voix que la discussion était relative à Malte ; que le ministère britannique veut la garder sept ans ; qu'il ne faut point signer des traités quand on ne veut point les exécuter.

A la fin du cercle, le ministre anglais s'étant trouvé près de la porte, il lui a dit : « Madame Dorset a passé la mauvaise saison à » Paris ; je fais des vœux bien ardents pour qu'elle y passe la bonne. » Mais, si tant il est vrai que nous dussions faire la guerre, la res- » ponsabilité en sera tout entière, aux yeux de Dieu et des hommes, » à ceux qui nient leur propre signature et refusent d'exécuter les » traités. »

J'ai pensé qu'il était important que vous fussiez instruit de cette conversation, afin de pouvoir la communiquer, si jamais lord Withworth, dont il paraît que la correspondance n'est rien moins que sûre, l'eût rendue différemment.

Je vous prie de garder mon courrier moins de vingt-quatre heures, et de le réexpédier avec la plus grande célérité.

Par ordre du Premier Consul.

Archives de l'Empire.

6631. — AU CITOYEN BARBÉ-MARBOIS,

MINISTRE DU TRÉSOR PUBLIC.

Paris, 22 ventôse an XI (13 mars 1803).

J'ai vu, Citoyen Ministre, dans plusieurs états que vous m'avez envoyés, relatifs à l'exécution de la loi du 30 ventôse, qu'il n'est accordé que 4 millions de cinq pour cent, pour dépenses de l'an VIII, à la marine. Je vous avais demandé 6 millions pour cet exercice. Mais vous avez un crédit de 2,934,068 francs, qui n'est pas encore soldé, restant du crédit ouvert par des arrêtés de l'an X et de celui ouvert par l'arrêté du 5 brumaire an XI ; vous ne devez donc demander du crédit que pour 3,075,932 francs, et il resterait à ce ministre un crédit de 2,924,168 francs.

J'ai demandé que 6,359,139 francs soient payés en cinq pour cent au ministre de la guerre ; mais le ministre de la guerre avait des crédits ouverts par les arrêtés des 19 messidor an IX, 3 brumaire, 26 frimaire et 17 nivôse an X, pour 2,101,294 francs, qui n'étaient pas consommés. Il faut commencer par consommer ces crédits. Il ne restera donc plus à le porter en crédit que pour 4,257,845 francs.

Avant d'arrêter ces dispositions, faites-moi connaître si elles sont exactes. Moyennant cela, il resterait disponible, pour le ministre de la guerre, 4,741,155 francs.

Quant aux rentes des années V, VI et VII, il me paraît qu'il n'y a rien à accorder, parce que la guerre et la marine ont des crédits bien plus considérables qu'il ne leur en faut. Au reste, il est nécessaire de bien s'entendre une fois pour toutes sur ces objets.

BONAPARTE.

Archives de l'Empire.

6632. — AU CONTRE-AMIRAL DECRÈS,

MINISTRE DE LA MARINE ET DES COLONIES.

Paris, 22 ventôse an XI (13 mars 1803).

Je vous prie, Citoyen Ministre, de me remettre une note sur cette question : Quel est le moyen, dans la position actuelle et le cas d'une guerre maritime, de faire le plus de mal possible au commerce anglais ?

BONAPARTE.

Archives de l'Empire.

6633. — DÉCISION.

Paris, 24 ventôse an XI (15 mars 1803).

Rapport sur le projet de rétablir la fête de Jeanne d'Arc.	Renvoyé au ministre de l'intérieur, pour faire arrêter le règlement pour cette fête, et faire composer tous les hymnes.

BONAPARTE.

Archives de l'Empire.

6634. — AU GÉNÉRAL BERTHIER, MINISTRE DE LA GUERRE.

Paris, 24 ventôse an XI (15 mars 1803).

Je vous prie, Citoyen Ministre, de donner ordre au général commandant la 14e division militaire de se rendre aux îles Marcouf, d'y placer une bonne garnison, d'y faire mettre les batteries dans le meilleur état de défense, d'y disposer des grils à boulets rouges, d'approvisionner pour deux mois la garnison de ces îles, de nommer un bon officier d'artillerie pour y commander, et de laisser un bon officier du génie pour les travaux à faire.

Donnez ordre que Belle-Ile reste palissadée; que le général commandant la 13e division militaire s'y rende pour en faire l'inspection et s'assurer que les magasins d'artillerie et de vivres sont approvisionnés, et que le fort est entre les mains d'un commandant brave et ferme: s'il n'y a pas de vivres au moins pour trois mois, il prendra les mesures nécessaires pour l'approvisionner.

BONAPARTE.

Dépôt de la guerre.

6635. — AU CONTRE-AMIRAL DECRÈS,

MINISTRE DE LA MARINE ET DES COLONIES.

Paris, 24 ventôse an XI (15 mars 1803).

Je vous prie, Citoyen Ministre, d'envoyer un courrier extraordinaire porter l'ordre de suspendre le départ des deux bataillons de la 23e légère qui doivent s'embarquer à Saint-Florent. Ils continueront à former garnison dans la 23e division militaire.

Donnez ordre à Toulon d'armer avec la plus grande activité tous nos vaisseaux et frégates, et au général commandant la 23e division militaire de faire connaître exactement, et sur-le-champ, l'état des approvisionnements et armements de Porto-Ferrajo et de Porto-Longone, soit en approvisionnements de bouche, soit de guerre; ordonnez qu'ils soient mis dans le meilleur état de défense, et qu'il y tienne garnison. Faites-vous rendre compte si les bataillons de la 90e et de la 107e sont partis de Rochefort. Dans le cas opposé, donnez l'ordre de faire partir les 600 hommes de la 90e pour la Martinique, et au bataillon de la 107e de rester en garnison à l'île d'Aix. La saison étant trop avancée, ces bataillons n'arriveraient à Saint-Domingue qu'au mois de floréal, c'est-à-dire au milieu de la mauvaise saison, au lieu qu'ils pourront s'acclimater à la Martinique.

Employez les moyens de transport destinés à embarquer la 23e légère et le bataillon de Rochefort et tout ce qui est à Marseille, Toulon, Gênes, etc., pour les dépôts coloniaux. Je désire que, jusqu'à nouvel ordre, vous ne vous serviez, pour les expéditions d'Amérique, d'aucun vaisseau de guerre ni frégate.

BONAPARTE.

Archives de l'Empire.

6636. — AU GÉNÉRAL HÉDOUVILLE,

AMBASSADEUR DE LA RÉPUBLIQUE A SAINT-PÉTERSBOURG.

Paris, 25 ventôse an XI (16 mars 1803).

Général, dans les circonstances actuelles, je ne dois pas négliger de vous instruire des suites que peut avoir l'étrange provocation du Gouvernement britannique, dont je vous ai déjà entretenu par ma dépêche du 21, qui vous sera remise par le chef de brigade Colbert.

Le Premier Consul a été profondément affecté de voir qu'à la face de l'Europe on ait cherché à jeter des doutes sur sa bonne foi, et que, dans un acte public, le Gouvernement anglais ait exprimé le soupçon qu'au milieu de la paix le Premier Consul s'occupât d'une expédition de guerre. Cet outrage à sa loyauté est entré vivement dans son cœur, et dimanche dernier, au cercle de madame Bonaparte, il a saisi l'occasion d'exprimer sa juste indignation devant une assemblée faite pour donner de l'éclat à ses paroles. Je dois vous rendre un compte exact de ce qui a été dit par le Premier Consul, afin qu'on n'en fasse pas à Pétersbourg un rapport peu fidèle.

Le Premier Consul passant auprès de lord Withworth, qui se trouvait à côté de M. de Markof, lui a dit ces propres mots : « Nous » nous sommes battus quinze ans ; il paraîtrait qu'il se forme un orage » à Londres; est-ce que le roi d'Angleterre veut que nous nous » battions encore quinze autres années? Dans son message, le roi a » dit que la France préparait des expéditions offensives. Il a été » trompé par les comptes qui lui ont été rendus, car il n'y a pas, » dans les ports de France, un seul bâtiment armé. Le seul armement » qui se fasse aujourd'hui est dans les ports de Hollande, et tout le » monde sait depuis quatre mois qu'il est destiné pour la Louisiane. » Tous les bâtiments français dont nous pouvions faire quelque usage » ont été expédiés pour Saint-Domingue.

» Le roi d'Angleterre a dit qu'il existait des différends entre les » deux cabinets : je n'en connais aucun. Il est bien vrai que le traité » d'Amiens n'est pas encore totalement exécuté, mais ce serait faire » injure à la loyauté anglaise que de croire que, parce que les éva- » cuations n'ont pas été faites au terme de trois mois stipulé par le » traité, elle croit avoir acquis le droit de ne les plus faire.

» Aurait-on eu l'intention, par un armement, d'effrayer le peuple » français? On peut le tuer, mais l'intimider, jamais. »

Quelques moments après, le Premier Consul revenant près de M. de Markof, et seul près de lui, lui a dit à demi-voix « que la » discussion était relative à Malte; que le ministère britannique vou-

» lait garder cette île pendant sept ans ; qu'il ne fallait pas signer des » traités quand on ne voulait pas les exécuter ».

A la fin du cercle, lord Withworth s'étant trouvé près de la porte, le Premier Consul lui a dit : « Madame la duchesse de Dorset a passé » la mauvaise saison à Paris, je fais des vœux ardents pour qu'elle y » passe la bonne ; mais, s'il est vrai que nous devions faire la guerre, » la responsabilité en sera tout entière, aux yeux de Dieu et des » hommes, à ceux qui nient leur propre signature et qui refusent » d'exécuter les traités. »

Telle a été, mot pour mot, la conversation du Premier Consul, et du reste je dois vous dire que, nonobstant ce que je vous ai mandé dans ma première, il n'y a pas encore une demi-brigade qui se soit mise en mouvement. Le Premier Consul attend une réponse de Londres, et il ne veut pas douter qu'elle ne soit telle que toute chose rentre dans l'ordre.

Je vous répète que toute démarche de la cour de Russie qui aura pour objet d'amortir cette chaleur et de consolider le repos de l'Europe sera agréable au Premier Consul.

Le Premier Consul est décidé à ne rien épargner pour conserver la paix ; mais il y a des choses qu'on ne peut pas faire, parce qu'elles répugnent à l'honneur, et de ce nombre serait une transaction par rapport à Malte, et qui laisserait cette place pour un temps quelconque aux mains de l'Angleterre.

Nous venons de proposer à M. de Markof un arrangement relatif au roi de Sardaigne ; et, pour une prompte conclusion, au lieu du Siennois, qui exige une négociation préparatoire avec la cour d'Espagne, nous avons offert de lui procurer l'État de Lucques, Massa-Carrara et les deux bailliages ou enclaves toscanes qui se lient à Massa-Carrara, en y ajoutant la partie qui sépare l'État de Lucques de ces deux bailliages. Cette partie peu considérable appartient à la République italienne et était une dépendance de Modène. Le tout forme 50,000 hommes de plus que le Siennois et les Présides. L'État est plus complet, les établissements plus préparés et le pays meilleur.

M. de Markof a écrit dans ce sens au roi de Sardaigne, et il lui a demandé sa renonciation, sans laquelle le Premier Consul ne veut rien faire.

Par ordre du Premier Consul.

Archives de l'Empire.

6637. — AU CITOYEN MOLLIEN,

DIRECTEUR DE LA CAISSE D'AMORTISSEMENT.

Paris, 25 ventôse an XI (16 mars 1803).

Vous trouverez ci-joint, Citoyen, l'état des sommes existantes dans la caisse des invalides de la marine. Je donne ordre au ministre de la marine de vous les verser, dans le jour, à la caisse d'amortissement. Vous pouvez acheter, encore aujourd'hui, des rentes jusqu'à la somme de 2 millions, s'il est nécessaire. Vous recevrez, savoir : 1,476,813 francs sur la caisse des invalides de la marine, et 500,000 francs que je vous ferai verser dans la journée de demain pour un compte particulier. Vous pouvez vous rendre, dans le jour, chez le trésorier de la caisse des invalides de la marine, qui vous fera verser ces fonds.

BONAPARTE.

Comm. par Mme la comtesse Mollien.
(En minute aux Arch. de l'Emp.)

6638. — DÉCISION.

Paris, 26 ventôse an XI (17 mars 1803).

Projet de règlement pour la deuxième classe de l'Institut[1].

J'approuve ledit règlement; mais je vois avec peine qu'il n'est pas question de quelle manière la compagnie doit se conduire pour remplir son principal but : la confection du dictionnaire et la critique des ouvrages connus de littérature, d'histoire et de sciences. Je désire que le ministre de l'intérieur fasse connaître à la compagnie l'approbation donnée au présent, et qu'il m'en présente un supplémentaire pour remplir le but ci-dessus indiqué.

BONAPARTE.

Archives de l'Empire.

6639. — AU GÉNÉRAL BERTHIER, MINISTRE DE LA GUERRE.

Paris, 27 ventôse an XI (18 mars 1803).

Je vous prie, Citoyen Ministre, de faire connaître au général Ney qu'il est autorisé à se concerter avec le landamman d'Affry, pour

[1] Langue et littérature françaises.

prendre à notre solde les troupes suisses que ce magistrat présumerait que les cantons ne conserveraient pas. Il fera partir sur-le-champ ces troupes par Auxonne, hormis 600 hommes qu'il dirigera sur Milan.

Donnez ordre à la demi-brigade suisse qui est à Besançon de compléter son troisième bataillon à 600 hommes et de le diriger sur Dijon; vous donnerez l'ordre au général commandant la 18e division militaire de lui donner deux jours de séjour à son arrivée dans cette ville et de le faire partir pour Orléans. Vous me préviendrez du jour où il arrivera à Orléans. Ce bataillon partira de Besançon le 15 germinal.

BONAPARTE.

Dépôt de la guerre.
(En minute aux Arch. de l'Emp.)

6640. — AU CONTRE-AMIRAL DECRÈS,

MINISTRE DE LA MARINE ET DES COLONIES.

Paris, 27 ventôse an XI (18 mars 1803).

Il y avait, Citoyen Ministre, au dépôt colonial du Havre, 950 hommes au 21 ventôse; au dépôt de Nantes, 423 hommes au 20 ventôse; à celui de l'île de Ré, au 15 ventôse, 477 hommes; à celui de Bordeaux, le 17 ventôse, 204 hommes; à Marseille, le 15 ventôse, 449 hommes, et à Dunkerque, 244 hommes; en tout : 2,747 hommes. Quand peut-on espérer que ces hommes seront embarqués? Vous sentez combien il est essentiel de forcer les moyens d'embarquement pour envoyer ces hommes à leur destination.

BONAPARTE.

Archives de l'Empire.

6641. — AU CITOYEN BARBÉ-MARBOIS,

MINISTRE DU TRÉSOR PUBLIC.

Paris, 1er germinal an XI (22 mars 1803).

On me rend compte, Citoyen Ministre, que le payeur de la marine à Brest a 500,000 francs en caisse, destinés aux services des années IX, X et XI, les particuliers auxquels ces fonds appartiennent ne s'étant pas présentés pour les toucher. Il serait nécessaire d'avoir un rapport sur cet objet, car c'est une chose bien funeste que cette stagnation de fonds.

BONAPARTE.

Archives de l'Empire.

6642. — AU GÉNÉRAL BERTHIER, MINISTRE DE LA GUERRE.

Saint-Cloud, 1er germinal an XI (22 mars 1803).

Je désire, Citoyen Ministre, que vous me remettiez jeudi trois projets de parcs d'artillerie : 1° d'un équipage d'artillerie de campagne, composé de 24 bouches à feu, à réunir à Breda; 2° d'un équipage de 18 bouches à feu, à réunir à Bologne, en Italie; 3° d'un équipage de 12 bouches à feu, à réunir à Bayonne.

Vous ferez connaître, dans un état, les lieux d'où l'on tirera les pièces, le moyen qu'on prendra pour se procurer des chevaux, combien de temps il faudra pour que ces équipages soient prêts à partir des parcs. Vous y joindrez la proposition des officiers qui devront commander ces différents parcs.

Il est nécessaire que vous teniez ces dispositions secrètes; elles pourront seulement être confiées au premier inspecteur d'artillerie.

BONAPARTE.

Archives de l'Empire.

6643. — DÉCISION.

Paris, 2 germinal an XI (23 mars 1803).

Le ministre de la guerre rend compte des rixes qui ont eu lieu, pendant le carnaval, entre des militaires de la 6e demi-brigade et des habitants de Grenoble. L'animosité restée dans les esprits pourrait produire de nouveaux désordres.

Renvoyé au ministre de la guerre, pour faire connaître au général et au préfet que mon intention n'est pas de changer la demi-brigade; que les soldats et les habitants qui se comporteraient mal doivent être punis; que je regarde comme un mauvais système de changer des troupes pour des rixes; que la justice doit être ferme et personnelle, mais ne jamais atteindre directement ni indirectement un corps entier.

BONAPARTE.

Dépôt de la guerre.
(En minute aux Arch. de l'Emp.)

6644. — DÉCISION.

Paris, 3 germinal an XI (24 mars 1803).

Boyer, aumônier du grand maître de

Le citoyen Estève remettra au

Malte, n'ayant aucune ressource, se recommande à la bienveillance du Premier Consul.

pétitionnaire une somme de 1,000 francs.

BONAPARTE.

Archives de l'Empire.

6645. — DÉCISION.

Paris, 3 germinal an XI (24 mars 1803).

Rapport du citoyen Portalis sur les fonds mis à la disposition des évêques par les conseils généraux des départements.

Renvoyé au ministre de l'intérieur, invité à présenter sans délai un rapport qui fasse connaître les départements qui ont voté des sommes en supplément de traitement pour les évêques, vicaires généraux, chanoines ou curés, les sommes qui ont été votées, et les mesures qui ont été prises pour en assurer le payement.

BONAPARTE.

Archives de l'Empire.

6646. — DÉCISION.

Paris, 3 germinal an XI (24 mars 1803).

Rapport du citoyen Portalis sur des demandes de cloches par différentes communes du département de la Vendée.

Il faudrait s'arranger de manière que chaque commune eût une cloche.

BONAPARTE.

Archives de l'Empire.

6647. — DÉCISION.

Paris, 3 germinal an XI (24 mars 1803).

Ritter, ancien membre de la Législative, n'ayant point encore l'emploi de conservateur forestier pour lequel le Premier Consul l'avait recommandé au citoyen Duchâtel, le prie de l'utiliser le plus tôt possible.

Le citoyen Estève lui payera 2,000 francs, en attendant qu'il soit placé.

BONAPARTE.

Archives de l'Empire.

6648. — DÉCISION.

Paris, 3 germinal an XI (24 mars 1803).

Le citoyen Robertson prie le Premier

Le ministre des relations exté-

Consul de s'intéresser à une maison d'éducation écossaise à Ratisbonne, et de prévenir la suppression de cet établissement.

rieures fera connaître à Ratisbonne que je m'intéresse à cette maison, et que je désire qu'on lui laisse les biens qui lui sont affectés, afin que les catholiques écossais puissent avoir un moyen de s'instruire.

BONAPARTE.

Archives de l'Empire.

6649. — DÉCISION.

Paris, 3 germinal an XI (24 mars 1803).

Le général Montchoisy demande qu'il soit attaché à l'expédition des îles de France et de la Réunion une demi-compagnie d'ouvriers d'artillerie et une demi-compagnie de sapeurs. Le ministre de la marine pense qu'une seule de ces compagnies suffirait.

Il est inutile d'envoyer des sapeurs, puisque les nègres peuvent en tenir lieu; quant aux ouvriers, je pense qu'il ne faut point prendre nos ouvriers d'artillerie, mais former une compagnie d'ouvriers quelconques.

BONAPARTE.

Dépôt de la guerre.

6650. — DÉCISION.

Paris, 3 germinal an XI (24 mars 1803).

Le général Belliard rend compte de la formation de corps de volontaires dans la Belgique, et demande quelle organisation il doit donner à ces compagnies.

Renvoyé au ministre de la guerre, pour lui faire connaître qu'il est convenable qu'il laisse faire les municipalités et n'y porte aucune espèce d'attention.

BONAPARTE.

Dépôt de la guerre.

6651. — AU GÉNÉRAL BERTHIER, MINISTRE DE LA GUERRE.

Paris, 4 germinal an XI (25 mars 1803).

Il est possible, Citoyen Ministre, que, dans le courant de floréal, j'aille parcourir les 16e, 24e, 25e et 26e divisions militaires; je désire qu'il soit donné des ordres particuliers pour que les corps puissent m'être présentés dans la meilleure tenue.

Il est convenable que vous vous fassiez rendre compte de tout ce qui pourrait être dû, pour l'arriéré, à chacun des corps en garnison dans ces quatre divisions, et que vous écriviez aux conseils d'administration pour connaître pourquoi on ne les paye pas, vu que vous avez des fonds à votre disposition pour les payer, et qu'en attendant vous leur fassiez passer de forts à-compte ; que vous donniez les ordres nécessaires, en même temps, pour leur faire envoyer l'habillement de l'an XI, et pour que, préférablement à tout autre corps, ils soient au courant pour leurs masses de l'an XI, ainsi que pour leur solde et leurs différents décomptes de chauffage.

Je désirerais savoir s'il y a des tentes et autres objets nécessaires pour faire un camp dans chacune de ces quatre divisions, et, dans ce cas, quel serait le local le plus convenable avec la saison, où on aurait l'espace de faire manœuvrer une vingtaine de bataillons, et enfin les dépenses qu'occasionneraient ces quatre camps.

Vous ferez prévenir que je demanderai spécialement à voir tous les conscrits. Il est convenable qu'ils soient tous habillés et assez instruits pour être dans l'école de peloton.

BONAPARTE.

Dépôt de la guerre.

6652. — AU GÉNÉRAL BERTHIER.

Paris, 4 germinal an XI (25 mars 1803).

Je vous prie, Citoyen Ministre, de donner ordre que les différents généraux des divisions réunissent, pendant les mois de floréal, prairial, messidor, thermidor et fructidor, tous les détachements que pourraient avoir les différents régiments ; quand le local le permettra, la demi-brigade entière ou tous les escadrons de cavalerie seront réunis ; et, dans les petites places, il y aura au moins un bataillon ou deux escadrons.

Sous aucun prétexte, il ne sera fourni ni ordonnance, ni petit détachement, quelques réclamations que puissent faire les autorités locales. On n'exceptera de cette règle que les détachements d'éclaireurs qui sont envoyés sur les frontières pour empêcher la contrebande.

Recommandez aux généraux des divisions de veiller à ce que l'on travaille à l'instruction, et qu'il y ait de l'ensemble dans les mouvements ; à ce que les conscrits soient sur-le-champ habillés, au moins en vestes, et qu'aux manœuvres d'automne ils soient tous à l'école de bataillon, et puissent dès cette année faire l'exercice à feu.

Recommandez également que les régiments qui sont à portée de l'eau dressent leurs chevaux à passer les rivières ; que tous les régiments de dragons fassent l'exercice à pied, quand même ils n'auraient pas de fusils, et qu'on leur en distribue une cinquantaine pour commencer leur première instruction.

Quant à l'artillerie, je pense que le premier inspecteur aura donné les instructions nécessaires pour que le service en soit suivi avec la plus grande activité. Mon intention est que, dans chaque régiment d'artillerie à cheval, on tienne note des canonniers pointeurs qui auront abattu le plus de blancs; qu'on tienne également note des bombardiers qui auront mis le plus de bombes dans le cercle, et de ceux qui auront tiré le mieux l'obus.

Chacun de ces régiments enverra, du 15 au 20 fructidor, ses dix meilleurs pointeurs à La Fère, où il sera préparé de grands exercices d'artillerie, consistant en tir de canons de siége, de campagne, sur leurs affûts, de batteries d'obusiers et de bombes, boulets rouges et toute autre espèce de tir, afin de savoir qui des huit régiments fournira le meilleur pointeur.

Vous me remettrez un projet d'instruction pour ces grands exercices, que mon intention est de tenir tous les ans. Il faut que les canons et bombes soient tirés à une grande distance.

BONAPARTE.

Comm. par M. le prince de Wagram.
(En minute aux Arch. de l'Emp.)

6653. — AU GÉNÉRAL BERTHIER.

Paris, 4 germinal an XI (25 mars 1803).

Je vous prie, Citoyen Ministre, de faire connaître au général Vandamme qu'il ait à réunir toute la 28e à Boulogne, la 8e à Ostende et Nieuport, et une autre demi-brigade à Calais.

Je désire également que vous donniez ordre à trois compagnies du 8e régiment d'artillerie de se rendre, l'une à Boulogne, l'autre à Calais, et la troisième à Dunkerque. Il est nécessaire que l'artillerie envoie sur cette côte tous les affûts et munitions nécessaires pour l'armer au premier ordre qui serait donné.

Tout cela doit s'exécuter sans précipitation et sans exciter d'alarme. On n'armera que lorsque l'ordre en sera donné.

Je vous prie de m'apporter, dimanche matin, l'état des pièces, affûts, approvisionnements et armements, nécessaires pour la défense de cette côte.

BONAPARTE.

Dépôt de la guerre.
(En minute aux Arch. de l'Emp.)

6654. — AU GÉNÉRAL BERTHIER.

Paris, 4 germinal an XI (25 mars 1803).

Je vous prie, Citoyen Ministre, d'envoyer l'ordre au général Montrichard de réunir sur-le-champ à Flessingue toute la 95e demi-brigade, sous les ordres d'un général de brigade, pour défendre l'île de Walcheren.

Donnez ordre à deux bataillons de la 76e et à deux bataillons de la 48e, portés au grand complet de paix et commandés par les chefs de brigade, de se rendre à Breda ; vous donnerez le même ordre à trois escadrons du 2e de hussards et à trois escadrons du 11e dragons, également portés au complet de paix.

Vous ferez atteler et conduire dans le plus bref délai à Breda douze pièces d'artillerie, dont six pièces d'artillerie légère et six d'artillerie à pied.

Donnez ordre au général Frère de partir sous quarante-huit heures pour Breda, où il servira dans ce corps d'armée.

Donnez ordre au général Dulauloy de s'y rendre également, pour commander l'artillerie.

Vous nommerez un chef de brigade du génie, deux capitaines et quatre lieutenants, pour compléter l'état-major de ce corps ; un commissaire ordonnateur sera désigné pour y servir.

Ce corps, étant destiné à défendre le territoire hollandais, sera payé et soldé par la République batave.

Recommandez au général Montrichard de veiller sur toutes les places fortes.

BONAPARTE.

Dépôt de la guerre.
(En minute aux Arch. de l'Emp.)

6655. — AU GÉNÉRAL BERTHIER.

Paris, 5 germinal an XI (26 mars 1803).

Voulant admettre, Citoyen Ministre, des hommes de tous les points de la République à compléter la garde du Gouvernement, je désire que chaque arrondissement communal fournisse deux hommes pour les grenadiers à pied et deux hommes pour les chasseurs à pied ; les grenadiers devront avoir la taille nécessaire.

Ils devront avoir fait la guerre, avoir leur congé en bonne forme, être âgés de moins de trente ans et être bien famés dans leur département.

Les préfets se feront présenter les candidats par les sous-préfets, et les généraux de division, par les généraux commandant les départements. Les listes devront vous être adressées, avec des notes, avant le 15 floréal. Ce sera sur cette double présentation qu'on choisira.

Invitez aussi le général Moncey à écrire aux commandants de

gendarmerie d'envoyer des notes sur les individus qui seraient présentés par les préfets et les généraux, sans les communiquer à ces derniers.

BONAPARTE.

Dépôt de la guerre.
(En minute aux Arch. de l'Emp.)

6656. — DÉCISION.

Paris, 6 germinal an XI (27 mars 1803).

Richelieu, rayé de la liste des émigrés, sollicite la permission de rester au service de la Russie.

Renvoyé au grand juge, pour lui faire expédier ses lettres de permission de rester au service de la Russie, et de faire expédier le séquestre sur tous ses biens.

BONAPARTE.

Archives de l'Empire.

6657. — NOTE POUR LE MINISTRE DES FINANCES.

Paris, 8 germinal an XI (29 mars 1803).

Le compte du ministre de l'intérieur me paraît renfermer une erreur.

Il y est dit que son crédit pour le service ordinaire est de 14 millions de francs, pour le service extraordinaire de 16 millions, et pour les dépenses imprévues de 10 millions. Ce n'est pas 10 millions qui lui sont accordés pour les dépenses imprévues, mais 7,570,000 fr., et alors il faudrait effacer la somme de 2,782,985 francs qui est au résumé.

Il faudrait ajouter une note qui fît connaître combien a coûté l'opération des blés, afin qu'on ne trouve pas qu'il y a des dépenses qu'on ait voulu déguiser.

Dans le compte du ministre des relations extérieures, de l'an VII, le chapitre de 2,953 francs, pour secours à des Cisalpins réfugiés, est à supprimer comme faux. Les Italiens réfugiés ont coûté plusieurs millions.

BONAPARTE.

Archives de l'Empire.

6658. — AU CITOYEN LACUÉE, AIDE DE CAMP DU PREMIER CONSUL.

Paris, 9 germinal an XI (30 mars 1803).

Vous vous rendrez à Breda, de là à Berg-op-Zoom, de Berg-op-Zoom à Flessingue, de Flessingue à Helvoet-sluys. Vous vous arrêterez à Rotterdam, à Amsterdam, au Texel. Vous irez à Emden à l'embouchure de l'Ems, à Bremen à l'embouchure du Weser.

Vous irez à Hanovre, Osnabrück, Nimègue. Vous continuerez à voir les autres places de la Hollande bordant nos frontières, et vous vous en reviendrez à Paris.

Vous aurez soin, à Breda et à Berg-op-Zoom, d'observer tout ce qui a rapport à l'artillerie, aux munitions de guerre, à la garnison hollandaise, au nombre et à l'esprit de la population, à la garnison française et aux officiers qui y commandent. Vous verrez si le corps qui se réunit à Breda, sous les ordres du général Montrichard, est habillé et équipé convenablement. Vous écrirez de Breda et de Berg-op-Zoom ce qui aura été l'objet de vos observations.

Vous devez trouver la 95e réunie à Flessingue; vous observerez son esprit, l'état de son armement et de son équipement; quel est l'officier qui commande dans cette place; quelles sont les troupes bataves qui s'y trouvent; quel est l'esprit de la population; le siége qu'on pourrait y soutenir, et en général ce qui peut intéresser sous le point de vue des forces de terre et d'utilité maritime; ce qu'il faudrait faire pour, sans secousse, la mettre entièrement à la disposition de la France.

Vous m'enverrez également votre rapport de Flessingue, et parcourrez les différents points importants de l'île de Walcheren. Les différents points où les Anglais pourraient débarquer, la position de l'île, l'esprit des habitants, et les moyens de la reprendre si jamais les ennemis s'en emparaient, fixeront également votre attention.

De là vous irez à Helvoet-sluys; vous verrez la situation de notre expédition, la force des corps embarqués, enfin sa situation sous tous les points de vue. Vous n'oublierez pas tout ce qui peut intéresser, sous le rapport de la défense de terre, de la garnison hollandaise et des moyens maritimes qu'on pourrait trouver dans ces ports. Vous porterez la même attention sur tous les objets, de manière que l'ensemble de votre rapport me donne des notions précises sur l'approvisionnement des arsenaux et le nombre des bâtiments de toute espèce armés ou capables d'être armés, y compris les chaloupes et bateaux canonniers.

Prenez des renseignements sur la force positive actuelle de l'armée hollandaise et sur son esprit. Vous verrez en Hanovre le nombre de troupes qui y est, les obstacles qu'on pourrait opposer à une invasion.

Vous établirez également le nombre de journées de marche qu'il faudrait pour se rendre à Breda, Osnabrück et Hanovre, et prendrez la note des petits princes d'Empire sur les terres desquels il faudrait passer. Vous porterez avec vous le résultat de vos observations en Hanovre. Les rapports de Breda, Flessingue, Berg-op-Zoom, seront envoyés à la première poste française par un de vos gens.

Vous remettrez les rapports des autres points à l'ambassadeur de la République, pour les faire passer par les courriers qui s'envoient fréquemment, mais de manière qu'ils ne soient point interceptés par les Hollandais, qui ont l'habitude de lire tout ce qui passe aux postes.

Vous ne vous arrêterez que le temps nécessaire pour faire vos observations.

BONAPARTE.

Archives de l'Empire.

6659. — AU GÉNÉRAL BERTHIER, MINISTRE DE LA GUERRE.

Paris, 10 germinal an XI (31 mars 1803).

Je vous prie, Citoyen Ministre, de donner ordre au général de brigade Monnet de se rendre à Flessingue, pour y prendre le commandement de cette ville et de l'île de Walcheren. Il aura sous ses ordres toute la 95e, deux compagnies d'artillerie que vous lui enverrez, et trois escadrons du 19e dragons, ainsi que les deux premiers bataillons, au complet de paix, de la 8e demi-brigade de ligne.

Vous donnerez à un chef de bataillon du génie et à deux lieutenants, à un chef de bataillon d'artillerie et à un officier en résidence, l'ordre de se rendre dans cette place, que mon intention est d'armer et de mettre en état de guerre.

Donnez ordre que deux escadrons du 19e dragons se rendent, au reçu de votre ordre, à marches forcées, à Flessingue; l'autre s'y rendra à marche ordinaire. Donnez ordre à la 8e, qui est à Ostende et à Bruges, de compléter ses deux premiers bataillons au grand pied de paix, et de les faire partir pour Flessingue.

Donnez ordre au général Belliard de faire armer la batterie vis-à-vis de Flessingue et qui défend l'entrée de l'Escaut, et d'y placer un détachement d'infanterie et un du 13e dragons.

Le général Monnet partira dans la journée pour Flessingue. Il attendra l'arrivée des deux bataillons de la 8e de ligne, et fera immédiatement publier l'arrêté qui met cette place en état de siége.

Il fera procéder au réarmement de la place en artillerie de terre et de mer. Ses instructions seront de s'emparer de toute l'autorité et de ne souffrir que ni le commandant hollandais, ni toute autre autorité s'y immisce en rien, devant se fonder sur la mise en état de siége.

Il correspondra, tous les jours, avec vous, pour vous rendre compte de ce qu'il aura fait dans la journée pour l'armement de cette place, et des obstacles qu'il rencontrerait.

Cette place étant commune à la France et à la Hollande, l'intention du Gouvernement est que tout s'y fasse spécialement au nom de la France. Il ne doit y laisser, en troupes bataves, que tout au plus 5 ou 600 hommes; du reste, traiter les habitants et les troupes bataves avec les plus grands égards; s'étudier à faire des honnêtetés aux officiers, afin qu'ils marchent dans notre sens; leur parler fréquemment de la conduite des Anglais au Cap.

Il lui sera accordé un traitement extraordinaire de 6,000 francs par mois, pour qu'il soit dans le cas de traiter les principaux habitants et les officiers des troupes des deux nations.

Il doit prendre toutes les mesures pour l'approvisionnement de la place.

En cas d'événement extraordinaire, il correspondra avec le général Montrichard, à Breda, avec le citoyen Semonville, ambassadeur à la Haye, et avec le général commandant la 24e division militaire [1]; mais, pour l'objet principal de sa mission, il ne doit prendre des ordres que de vous. Il doit répondre de la place spécialement et de l'île de Walcheren.

Assurez-vous que les officiers d'artillerie et du génie sont partis dans la journée.

BONAPARTE.

Archives de l'Empire.

6660. — AU CONTRE-AMIRAL DECRÈS,

MINISTRE DE LA MARINE ET DES COLONIES.

Paris, 10 germinal an XI (31 mars 1803).

Il paraît, Citoyen Ministre, que nos besoins les plus pressants et les plus difficiles à satisfaire sont des avirons et des mâts pour notre flottille. On m'assure que la forêt de pins de Rouvray, près Rouen, pourrait nous en fournir. On l'exploite en ce moment. Il faudrait prendre des mesures pour se procurer ces bois, avant qu'on sût le besoin qu'on pourrait en avoir.

Il paraît que des étuves et machines à plier les bois d'orme seraient nécessaires pour la construction des chaloupes et des bateaux canonniers. On m'assure que le citoyen Danet, d'Anvers, pourrait en procurer cinq ou six, pour envoyer dans les ports de la Manche, et par la suite dans nos grands ports.

1° Je désire que vous fassiez faire, avec le moins de frais possible,

[1] Bruxelles.

l'armement des dogres, heux, spricks, bélandres de la Belgique, que mon intention est de réunir sur l'Escaut.

On pourrait prendre des renseignements sur le nombre que la Batavie pourrait fournir.

2° Il faudrait voir quel est le nombre de corvettes de pêche de Dunkerque et autres bateaux de même genre, qu'on pourrait réunir dans ce port; ce qui formerait un second rassemblement;

3° Le nombre de chaloupes canonnières, de bateaux canonniers, de petits bateaux de pêche et de cutters, qu'on pourrait se procurer pour réunir à Boulogne;

4° Le nombre de bateaux destinés à la pêche de Granville, Saint-Malo et autres ports de la Manche, qu'on pourrait réunir à Cherbourg;

5° Le nombre de gros bateaux de tous les ports, qu'on pourrait se procurer à Brest, capables de naviguer avec nos vaisseaux;

6° Le nombre de bâtiments qu'on pourrait se procurer à Bordeaux, pour Rochefort, et capables de naviguer avec nos vaisseaux.

Ces six expéditions seraient destinées à concourir au même but.

Le rassemblement qui serait fait dans l'Escaut pourrait être protégé par une escadre hollandaise qu'on pourrait réunir dans l'Escaut.

Les rassemblements qui seraient faits à Boulogne et à Cherbourg pourraient être protégés par une escadre de trois ou quatre vaisseaux de ligne français.

Je vous prie de me faire un rapport sur ces projets. Vous pouvez consulter le citoyen Forfait, qui a déjà fait un travail sur cet objet. Présentez-moi également la nomination des officiers qui pourraient être chargés de ces six armements.

J'imagine que vous avez déjà donné des ordres pour réparer les flottilles à Dunkerque, au Havre et dans tous les ports où il y a de ces chaloupes.

BONAPARTE.

Archives de l'Empire.

6661. — AU CONTRE-AMIRAL DECRÈS.

Paris, 10 germinal an XI (31 mars 1803).

Il faut faire armer sur-le-champ, Citoyen Ministre, les quatre canonnières qui sont à Brest, les trois canonnières qui sont à Rochefort, les six chaloupes canonnières qui sont à Lorient, les cinq canonnières et bateaux canonniers qui sont au Havre.

BONAPARTE.

Archives de la marine.
(En minute aux Arch. de l'Emp.)

6662. — AU CONTRE-AMIRAL DECRÈS.

Paris, 10 germinal an XI (31 mars 1803).

Faites-moi connaître, Citoyen Ministre, le temps qu'il faudrait pour armer et envoyer à Flessingue quatre chaloupes canonnières, une petite corvette, de manière qu'on pût exercer une police sur l'entrée de l'Escaut et le port de Flessingue. Faites-moi connaître si vous avez des officiers et des commissaires de marine pour commander le port de Flessingue. Ces renseignements me sont nécessaires dans la journée.

BONAPARTE.

Archives de l'Empire.

6663. — AU CITOYEN TALLEYRAND,
MINISTRE DES RELATIONS EXTÉRIEURES.

Paris, 11 germinal an XI (1er avril 1803).

Le Premier Consul désire, Citoyen Ministre, que vous fassiez connaître sur-le-champ au général Bernadotte qu'un séjour plus prolongé à Paris serait très-nuisible à l'objet de la mission qui lui est confiée, et qu'il convient, en conséquence, que ce ministre soit parti demain. La nécessité de sa présence en Amérique n'admet plus une heure de retard.

Par ordre du Premier Consul.

Archives de l'Empire.

6664. — AU CITOYEN MARESCALCHI,
MINISTRE DES RELATIONS EXTÉRIEURES DE LA RÉPUBLIQUE ITALIENNE.

Paris, 12 germinal an XI (2 avril 1803) [1].

Vous pouvez écrire, Citoyen Ministre, au citoyen Melzi que la 16e de ligne se rend à Alexandrie, et que la 42e se rend en Italie, en place d'une demi-brigade que le général en chef enverra également à Alexandrie ; cette réunion est nécessitée par les travaux extraordinaires qu'on fait aux fortifications de cette place ; que, quant à la désignation Milan, c'est une manière de s'exprimer du ministre Berthier qui a désigné Milan comme point central de l'armée française ; il a voulu dire par là en Italie. Des ordres ont été donnés pour que cette demi-brigade soit employée dans les différents points de la République.

Comme la quantité d'occupations que j'ai dans ce moment ne me permet pas d'écrire à Milan, et qu'au milieu des grandes affaires

[1] Date présumée.

que j'ai, toutes ces petites discussions d'étiquette et de querelles me fatiguent plus que l'on ne peut penser, je vous prie de lui dire confidentiellement que je suis toujours le même pour la République et pour lui, et que, s'il y avait eu un changement aussi notable que celui de mettre deux régiments en garnison dans la capitale, cela ne se serait fait que de concert avec les autorités. Mais, par Dieu! recommandez-leur de bien vivre avec les agents français et avec Murat, qui vivra bien avec Melzi. L'union est nécessaire à tous; et, s'ils ont le moindre attachement pour moi, chacun fera la moitié du chemin.

BONAPARTE.

Archives de l'Empire.

6665. — AU CITOYEN MELZI,

VICE-PRÉSIDENT DE LA RÉPUBLIQUE ITALIENNE.

Paris, 12 germinal an XI (2 avril 1803).

Les nombreuses occupations que j'ai ici ne me permettent pas de répondre en détail à vos différentes lettres. Je m'en réfère à ce que vous écrira Marescalchi. Il vous dira que vous avez tort de penser que j'ai jamais varié d'opinion sur vous; que j'espère, si vous avez un peu d'amitié pour moi, que toutes ces tracasseries finiront; que vous tirerez un peu les rênes, et que vous vivrez en bonne intelligence avec les agents français, et spécialement avec le général en chef.

J'ai reçu la lettre de la Consulte relative aux affaires d'Angleterre; faites-lui connaître que j'y suis sensible. Mais je vous dirai, pour vous seul, que je ne pense pas que ce commencement de querelle ait de suite, et que je présume que tout s'arrangera suivant la teneur du traité d'Amiens.

Je vous prie de me faire faire par Trivulzi un projet de formation d'un bataillon de gardes italiennes, qui ferait le service près de moi à Paris, et qui serait composé de 500 hommes; il serait traité comme la garde. Ce serait un moyen de vous former un noyau d'hommes disciplinés et tout à fait pliés à l'esprit militaire.

Je ne puis trop vous recommander la conscription. Je vois avec peine que les corps sont très-incomplets.

BONAPARTE.

Archives de l'Empire.

6666. — AU GÉNÉRAL MURAT,

COMMANDANT EN CHEF LES TROUPES FRANÇAISES EN ITALIE.

Paris, 12 germinal an XI (2 avril 1803).

Je reçois vos différentes lettres, Citoyen Général. Je suis fâché que vous ayez de la peine, mais tout ce qui se passe aujourd'hui à Milan m'en fait beaucoup. J'ai dans ce moment assez de sujets d'occupation, et j'exige que vous fassiez tout ce qui est convenable pour bien vivre avec Melzi et la Consulte.

Mon intention n'a jamais été que la 16e passât à Milan, ni la 42e. Le ministre Berthier a désigné Milan pour dire en Italie. Vous avez dû recevoir des ordres pour former un camp à Bologne. Faites passer la 42e dans cette place.

Je ne pourrai écrire à Milan que la semaine prochaine. Je vous écris ce peu de mots par un courrier que vous garderez, et par lequel vous me répondrez que vous êtes bien avec Melzi, que toutes les querelles sont finies et que tout va bien dans la République italienne.

BONAPARTE.

Archives de l'Empire.

6667. — AU GÉNÉRAL BERTHIER, MINISTRE DE LA GUERRE.

Paris, 16 germinal an XI (6 avril 1803).

Mon intention, Citoyen Ministre, est que les conscrits soient sur-le-champ fournis d'une veste et d'une culotte blanches, à moins que les corps n'aient déjà pu leur fournir des habits. Écrivez aux généraux des différentes divisions d'en faire passer une revue, et de s'assurer que les conscrits ne sont plus habillés en paysans, mais ont tous un costume militaire.

Écrivez à Strasbourg que je vois avec peine que les soldats n'ont pas leurs cinq nuits, et qu'aucun prétexte ne doit empêcher de diminuer leur service.

Il est convenable d'écrire à tous les commissaires ordonnateurs et des guerres, afin qu'on donne aux conscrits des corps qui changent de garnison une nouvelle direction, sans les obliger à passer par l'endroit où étaient les corps.

Il convient également de faire partir sur-le-champ les inspecteurs, et de les autoriser à renvoyer des corps tous les individus qui seraient dans le cas, par leurs infirmités, d'obtenir leur retraite.

BONAPARTE.

Archives de l'Empire.

6668. — DÉCISION.

Paris, 17 germinal an XI (7 avril 1803).

Citoyen Premier Consul, les censeurs de la banque de France, par un réqui-

Le Premier Consul renvoie cette demande au citoyen Barbé-Mar-

sitoire en date du 16 de ce mois, ont demandé que la régence convoquât une assemblée extraordinaire des actionnaires, en vertu de l'article 14 des statuts.

Ce réquisitoire est motivé sur ce que la responsabilité de la régence et des censeurs exige que les deux cents actionnaires représentant la banque soient consultés sur les conditions auxquelles le projet de loi présenté au Tribunat soumet la banque sur l'exercice d'un privilége exclusif.

Les règlements sanctionnés par les actionnaires, en interprétation de l'article 14 des statuts, donnent à la régence cinq jours pour faire droit à la demande des censeurs.

La régence a cru devoir user de ce délai, parce qu'elle a senti que cette assemblée des deux cents représentants des actionnaires pourrait avoir des inconvénients.

Le respect que la banque porte au Gouvernement et à la personne du premier magistrat de la République lui fait désirer que vous consentiez à accorder une audience à une députation de la régence.

Une grande quantité d'actionnaires, alarmés des résultats de la loi à intervenir, a présenté à la régence une réclamation pour obtenir une assemblée des deux cents actionnaires.

La régence a cru devoir se renfermer dans les termes exprès de ses statuts; elle a refusé d'admettre les conclusions des réclamants.

Mais aujourd'hui, les censeurs ayant rempli les conditions imposées par l'article 14, la régence ne peut, sous aucun prétexte, refuser la convocation de l'assemblée des deux cents actionnaires.

Vous fûtes le pacificateur et le restaurateur de la patrie affligée: ne refusez pas à la régence de la banque la demande qu'elle vous fait d'une audience, pour vous mettre sous les yeux des développements qui pourront jeter un bois, pour s'assurer de ce que veulent les régents, et savoir si, dans l'audience qu'ils demandent, il doit y avoir des discours écrits; qui doit porter la parole; de qui sera composée la députation. Il s'arrangera avec eux pour faire sentir aux actionnaires qu'il ne paraîtrait pas convenable qu'il y eût aucune assemblée d'actionnaires avant que la loi fût rendue. Il fera remarquer qu'ayant conféré, par l'intermédiaire des ministres, et personnellement, plusieurs fois avec les régents, ils doivent renoncer à tout espoir de le faire revenir sur la loi présentée; que ce serait vouloir exposer la place de Paris à une secousse.

Le désir du Premier Consul est aujourd'hui de ne les admettre qu'après que la loi sera rendue. Cependant il n'a encore aucune idée formée à cet égard, et il attendra le rapport que le citoyen Barbé-Marbois lui fera ce soir, à dix heures, ou demain à midi, pour prendre une détermination définitive.

Par ordre du Premier Consul.

jour nouveau sur les inconvénients que présente en masse le projet de loi.

Nous vous supplions, Citoyen Premier Consul, de ne pas rejeter la prière que nous vous adressons. L'assemblée des deux cents actionnaires doit avoir lieu avant le 21 de ce mois ; il est urgent que nous puissions leur dire que votre bienveillante sollicitude a pris en considération nos observations nouvelles.

LES RÉGENTS DE LA BANQUE DE FRANCE.

Paris, 1er germinal an XI.

Archives des finances.

6669. — A M. PAESIELLO.

Paris, 17 germinal an XI (7 avril 1803).

Le Premier Consul, protecteur des beaux-arts autant que juste appréciateur du mérite, m'ordonne de vous exprimer la satisfaction particulière qu'il a éprouvée en admirant, dans *la Proserpine*, vos rares talents, que l'Italie entière connaît déjà, et que la France, qui se réjouit de les posséder, s'empressera de célébrer.

En m'acquittant d'une commission aussi agréable, je dois vous assurer de toute la part que je prends à cet événement si glorieux pour vous.

Par ordre du Premier Consul.

Extrait du *Moniteur*.

6670. — AU CITOYEN TALLEYRAND,
MINISTRE DES RELATIONS EXTÉRIEURES.

Paris, 18 germinal an XI (8 avril 1803).

Plusieurs journaux ont publié, Citoyen Ministre, une convention séparée entre la République batave et la République française, qui paraît extraite ou de la *Gazette de Leyde* ou d'une feuille officielle de la Haye. Je désire que vous me fassiez savoir si cette convention existe en effet, ne me rappelant pas que vous ayez pris mes ordres pour la signature d'un acte séparé avec la République batave.

BONAPARTE.

Archives des affaires étrangères.

6671. — DÉCISION.

Paris, 19 germinal an XI (9 avril 1803).

On appelle l'attention du Premier

Renvoyé au ministre de l'inté-

Consul sur un prospectus allemand dans lequel sont expliquées les conditions requises pour être admis en qualité de colon dans la Pologne prussienne.

rieur, pour faire faire, pendant cinq fois consécutives, des brochures qui tournent en ridicule ce projet et présentent les malheurs qui résulteraient pour les habitants s'ils donnaient dans des piéges aussi lourds. Ces pamphlets seront distribués avec profusion dans les départements du Rhin.

BONAPARTE.

Archives de l'Empire.

6672. — AU CITOYEN TALLEYRAND,

MINISTRE DES RELATIONS EXTÉRIEURES.

Paris, 19 germinal an XI (9 avril 1803).

Vous trouverez ci-joint, Citoyen Ministre, la nomination du cardinal de Lyon à l'ambassade de Rome. Mon intention est qu'il soit parti le 1er floréal, et arrivé à Rome avant le 20.

Vous écrirez au citoyen Cacault de rester à Rome jusqu'à l'arrivée du nouvel ambassadeur; il continuera à jouir de son traitement. Vous lui ferez connaître que j'ai toujours eu lieu d'être satisfait de lui, et que, s'il quitte Rome, c'est que les circonstances m'obligent d'y avoir un cardinal. Vous lui demanderez laquelle des missions de Florence ou de Naples il préfère, ou s'il désire une place au Sénat.

BONAPARTE.

Archives des affaires étrangères.
(En minute aux Arch. de l'Emp.)

6673. — AU GÉNÉRAL BERTHIER, MINISTRE DE LA GUERRE.

Paris, 19 germinal an XI (9 avril 1803).

Mon intention, Citoyen Ministre, est qu'on ne fasse aucun préparatif à Angers pour la 65e demi-brigade. Elle s'y reposera simplement deux jours; elle y recevra ordre de se rendre à Vannes, dans le département du Morbihan, d'où elle fournira un bataillon à Belle-Ile; moyennant quoi la 16e légère en sera retirée. Elle recevra ordre de se rendre à Brest pour y tenir garnison.

Je vous prie de me faire connaître quand la demi-brigade qui de la 26e division militaire se rend à Lyon y arrivera.

Vous donnerez ordre au bataillon suisse qui arrive à Orléans de se rendre à la Rochelle pour y tenir garnison.

Il est convenable que ces différents ordres restent secrets, et que les corps ne les trouvent qu'à leur arrivée. En écrivant au chef de brigade de la 65e, dites-lui que le Gouvernement, en confiant à son corps la place de Belle-Ile, et en l'envoyant dans le Morbihan, compte sur son zèle et sur sa vigilance.

BONAPARTE.

Archives de l'Empire.

6674. — AU GÉNÉRAL BERTHIER.

Paris, 19 germinal an XI (9 avril 1803).

Je vous prie, Citoyen Ministre, de donner des ordres pour armer la côte depuis l'embouchure de la Somme jusqu'à l'embouchure de l'Escaut. Mon intention est que cet armement se fasse sans précipitation, et sans exciter d'alarmes. La batterie qui devra être armée tout d'abord est celle du cap Grisnez, entre Calais et Boulogne.

BONAPARTE.

Dépôt de la guerre.
(En minute aux Arch. de l'Emp.)

6675. — AU GÉNÉRAL MENOU,
ADMINISTRATEUR GÉNÉRAL DE LA 27e DIVISION MILITAIRE.

Paris, 19 germinal an XI (9 avril 1803).

J'ai reçu votre lettre du 8 germinal. J'ai vu avec peine que l'on n'avait pas encore commencé à travailler aux chemins du Piémont.

Je vous recommande d'accélérer de tous vos moyens les fortifications d'Alexandrie, car c'est dans cette place que je fonde toute l'espérance de l'Italie. J'ai donné des ordres pour qu'on y fît des travaux considérables. Le ministre de la guerre a dû ordonner au général qui y commande d'y réunir 7 à 8,000 hommes, pour avoir des bras.

La conscription est trop en retard dans vos six départements; ils doivent fournir 4,000 hommes; je ne sache pas qu'il y en ait 500 de partis. Ce pays ne sera cependant français que par la conscription. D'ailleurs, le Piémontais est bon soldat, et c'est un des principaux avantages que j'attends de la réunion de ces départements.

La route du mont Genèvre doit être carrossable; elle peut suppléer pendant longtemps à celle du mont Cenis.

J'avais accordé un grand nombre de places aux prytanées de Paris et de Saint-Cyr pour des Piémontais; le nombre n'en est pas encore complet; faites-en sur-le-champ la proposition au ministre de l'intérieur.

Il y a en Piémont des moulins à poudre; sont-ils tous dans la plus grande activité? Il y avait des manufactures de drap pour l'habillement des troupes; sont-elles rétablies? Il devient bien urgent de le faire, soit pour redonner de la prospérité au pays, soit pour l'habillement des troupes qui sont en Italie.

J'ai ordonné qu'on remît en activité le port de Villefranche, et qu'on y mît une frégate en construction. Faites la recherche des ouvriers qui y travaillaient du temps du roi de Sardaigne, pour les envoyer dans ce port.

Je désire aussi que l'ancien commerce de Nice avec Turin reprenne son activité. Assurez-vous que la route du col de Tende est en bon état, et prenez des mesures pour que la gendarmerie la rende sûre.

Le secrétaire général, pendant son administration par intérim, s'est conduit avec un peu de précipitation. Il a fait beaucoup de choses qui ne paraissent pas dans la nature de sa mission.

Je vous recommande, en général, de ne vous laisser aller à aucun préjugé, et de traiter avec quelques égards ceux qui, dans des temps orageux, ont été pour la France. Ce n'est pas que je ne conçoive que l'opinion n'est pas pour eux. Ceux qui ont quelques talents et que vous supposeriez du parti de l'union avec l'Italie, il faudrait les désigner pour les employer en France. Faites envoyer, par la gendarmerie, au dépôt de Marseille tous les gens sans aveu ou que vous soupçonneriez avoir été dans les Barbets, et qui seraient cependant capables de servir; et, si le nombre en devenait considérable, je ne verrais pas d'inconvénient à former un nouveau dépôt à Nice.

BONAPARTE.

Archives de l'Empire.

6676. — AU GÉNÉRAL MORAND, COMMANDANT LA 23e DIVISION MILITAIRE [1].

Paris, 19 germinal an XI (9 avril 1803).

Je suis instruit de toutes parts de la famine qui désole votre division. Il y a plus de quatre mois que le ministre de l'intérieur a envoyé du Havre un convoi de 20,000 quintaux de blé; il y a plus d'un mois qu'il est arrivé à Bastia. Cependant je n'entends pas que cela ait soulagé le pays. Faites-moi connaître directement ce qui est arrivé, depuis le 1er vendémiaire an XI, des ports de l'Océan ou de la Méditerranée, sans comprendre ce qui est au compte du munitionnaire général.

La 23e légère restera encore sous vos ordres; ce qui, joint aux deux bataillons de la 20e, à la demi-brigade helvétique et à la

[1] Bastia.

gendarmerie, doit vous former une force suffisante pour maintenir l'ordre.

Je vois avec peine que votre division n'a encore fourni aucun conscrit. Faites-les partir sur-le-champ, et employez pour cela toutes les mesures de rigueur convenables. Employez aussi tous les moyens pour vous procurer des recrues, pour former le bataillon qui s'organise à Antibes, et même pour d'autres corps. Les habitants sont bons soldats et fournissaient même des troupes à différentes provinces d'Italie : vous ne devez donc pas être en peine de trouver un millier d'hommes, en les envoyant à la disposition du général de la 8e division militaire, qui les fera d'abord habiller, et, une fois Antibes complet, les fera passer dans les différents corps de la division.

Le ministre de la marine a ordonné la levée de 2 à 300 matelots; faites-les rejoindre, car vous savez combien il est important de les habituer à servir sur nos escadres.

Les ministres ne reçoivent pas assez de nouvelles de votre division, de manière que nous ne sommes au courant de rien. Cependant on avait ordonné à l'administration des postes d'entretenir le nombre de bateaux nécessaire pour la correspondance : cela ne se fait cependant pas. Assurez-vous que ces bateaux, au lieu de porter des lettres, ne font pas le commerce.

J'ai nommé le chef de brigade Constantini au commandement d'armes de Grenoble, place que j'ai pensé lui être extrêmement avantageuse.

Deux à trois cents Maltais doivent être rendus en Corse. Faites-moi un projet dont le but serait de leur distribuer des terres qu'ils cultiveraient, et d'améliorer leur position. S'il y avait là quelque chose d'exécutable, j'y enverrais les trois cents Grecs que j'ai ramenés d'Égypte et qui composent le bataillon qui est en Provence; et, s'il était nécessaire de leur donner quelques noirs pour défricher les terres, cela formerait un bel établissement, qui serait fort bien placé dans quelque petite anse.

Vos ingénieurs ont dû avoir des fonds pour achever la grande route qui traverse l'île. Sous le point de vue des communications et de la position militaire, il est instant qu'elle se finisse. Je désire que vous ayez de bonne eau et en quantité nécessaire.

Le Corse est revêche, mais au fond juste. Parlez avec eux et ayez la patience d'écouter ce qu'ils vous diront; mais soyez un peu sévère dans les fonctions qui vous sont attribuées.

J'apprendrai avec plaisir votre position de vous directement, et ce dont vous auriez besoin. Vous avez dû recevoir des ordres de différents ministres pour le prompt approvisionnement de Porto-Ferrajo. Je n'ai pas besoin de vous faire sentir l'importance de ce poste.

Dans le rapport que me remet chaque semaine le ministre de la guerre sur tous les événements militaires et de police qui se passent dans les divisions, il n'est presque jamais question de la vôtre.

BONAPARTE.

Archives de l'Empire.

6677. — AU GÉNÉRAL BERTHIER, MINISTRE DE LA GUERRE.

Paris, 20 germinal an XI (10 avril 1803).

Mon intention, Citoyen Ministre, est que le 1er et le 2e bataillon de ligne des troupes helvétiques ne forment qu'un seul bataillon. On choisira à cet effet les officiers et sous-officiers les plus dignes de le composer. Il se mettra, immédiatement après son organisation, en marche pour Marseille, d'où il se rendra en Corse, pour y former le 3e bataillon de la 3e demi-brigade helvétique. Tous les officiers qui ne feront pas partie de ce bataillon recevront un ordre de route pour retourner chez eux. L'on pourra assurer ce bataillon qu'il ne s'embarquera point.

Le bataillon d'infanterie légère qui se rend en Italie sera incorporé dans la 2e demi-brigade helvétique, qui est en Italie. Les meilleurs officiers seront gardés pour les places vacantes, et vous chargerez à cet effet le général Murat de réformer ceux qui n'auraient pas les qualités requises, et de les remplacer par ceux de ce bataillon qui seraient préférables. Ce bataillon, réuni à cette demi-brigade, qui n'est forte que de 600 hommes, ne la portera qu'à 1,100 hommes. Il faut écrire au landamman et au chef de brigade qu'il est nécessaire qu'elle se complète.

Il sera formé une compagnie de chasseurs suisses, de 130 hommes, commandée par un capitaine, un capitaine en second, et autant de lieutenants et sous-lieutenants que comporte une compagnie ordinaire de chasseurs. Elle se dirigera sur Marseille et fera le service de la division.

Il sera formé une compagnie d'artillerie de 100 hommes, du détachement d'artillerie qui est à Auxonne. Cette compagnie sera envoyée à Cherbourg et chargée de la défense des batteries de cette côte.

Vous donnerez ordre au citoyen Rapp, mon aide de camp, de se rendre à Auxonne pour choisir les officiers et faire partir ces corps.

Quant au général Von der Wied, ses aides de camp, le commandant du génie et le chef de brigade commandant de la place de Berne, vous demanderez leurs états de service, et prendrez des renseignements qui fassent connaître le degré de confiance qu'on peut leur accorder.

Faites connaître à l'inspecteur aux revues, chef de brigade, et à l'inspecteur, chef de bataillon, au commissaire ordonnateur et au payeur, que, n'ayant pas besoin de ces fonctions en France, ils jouiront, pendant l'année, de leur traitement, et présenteront des demandes d'après esquelles on verra à les employer dans le grade qu'ils avaient.

L'aumônier suivra la demi-brigade helvétique, pour y être attaché en sa qualité.

Vous ferez connaître également aux officiers de l'état-major que, lorsqu'ils auront mis en mouvement ces corps, il leur sera accordé un congé; ils jouiront de leur traitement le reste de l'année, et l'on s'occupera de statuer définitivement sur leur sort.

Quant à la 1re demi-brigade helvétique, vous lui donnerez l'ordre de rejoindre son 3e bataillon à la Rochelle; vous lui ferez connaître que ce n'est point pour s'embarquer, mais pour y tenir garnison, qu'on a cru devoir l'éloigner de son pays, afin qu'elle puisse prendre une organisation définitive et stable; qu'elle doit prendre tous les moyens de se recruter, car il est impossible que nous puissions longtemps tenir tant d'officiers avec si peu de soldats.

BONAPARTE.

Archives de l'Empire.

6678. — AU CITOYEN JOSEPH BONAPARTE.

Saint-Cloud, 22 germinal an XI (12 avril 1803).

Je vous envoie, Citoyen Joseph, le travail relatif aux tribunaux de la Corse, tel qu'il a été arrêté. Il n'était pas encore expédié, lorsqu'on a observé qu'il y avait de mauvais choix. Comme cela est fort important, je vous prie de réunir le cardinal de Lyon et d'autres personnes qui auraient des connaissances sur cet objet, et de rédiger un nouveau travail prêt à signer, avec les changements qui vous paraîtront nécessaires.

BONAPARTE.

Archives de l'Empire.

6679. — AU CITOYEN RAPP,

AIDE DE CAMP DU PREMIER CONSUL.

Saint-Cloud, 22 germinal an XI (12 avril 1803).

Vous vous rendrez auprès du ministre de la guerre pour y recevoir des instructions relativement aux troupes helvétiques qui sont à Auxonne.

Vous y visiterez l'arsenal et les magasins d'artillerie. En passant à Dijon, vous y verrez la 18e de ligne. Vous vous assurerez de sa situation, et me rendrez compte de son armement, équipement, discipline, et du nombre d'hommes qu'elle pourrait mettre en campagne.

Après avoir vu mettre en mouvement les corps helvétiques et fini votre travail, conformément aux instructions du ministre de la guerre, vous vous rendrez à Fribourg, et remettrez la lettre suivante au landamman. Vous verrez comment vont les choses à Lausanne, Berne, etc. Vous pourrez même faire une tournée dans les petits cantons, si le landamman n'y trouve pas d'inconvénient. Vous m'écrirez de chaque chef-lieu de canton ce que vous aurez vu de la situation des troupes et de leur habillement.

Vous vous en reviendrez en toute diligence à Paris, où vous serez de retour avant le 15 floréal.

BONAPARTE.

Archives de l'Empire.

6680. — AU CITOYEN LOUIS D'AFFRY,

LANDAMMAN DE LA SUISSE.

Saint-Cloud, 22 germinal an XI (12 avril 1803).

Je réponds à votre lettre du 12 mars. Je vous fais mon compliment sur la bonne issue que prennent les affaires de la Suisse. Il n'arrivera jamais à votre peuple autant de bien que je lui en augure.

Dès l'instant que vous m'avez fait connaître que vous croyiez utile que des troupes helvétiques entrassent au service de la France, je l'ai fait; mais les trois demi-brigades helvétiques ne sont point complètes; il sera donc convenable de les compléter, et que vous méditiez un projet de capitulation qui organise ce service.

Dites souvent aux Suisses qu'ils doivent oublier toutes leurs haines, calmer toutes leurs passions, et ne pas douter un instant des sentiments du peuple français; il sera toujours pour eux ce qu'il a été pendant quatre cents ans. De leur côté les Suisses, en suivant les conseils d'hommes de votre caractère, seront toujours pour la France ce qu'ils ont été : union si réciproquement avantageuse.

Dans toutes les circonstances, comptez sur le désir constant que j'ai de vous être agréable.

BONAPARTE.

Archives de l'Empire.

6681. — AU CITOYEN CHAPTAL, MINISTRE DE L'INTÉRIEUR.

Saint-Cloud, 23 germinal an XI (13 avril 1803).

Les conclusions du conseil des mines sur l'objet du minerai de l'île d'Elbe, si elles ne remplissent pas entièrement le but que l'on s'était proposé, en approchent cependant le plus possible. Mais, comme il est des compagnies qui acceptent les mêmes conditions et offrent 500,000 francs au lieu de 450,000 francs qu'offre le citoyen Boury, on pourrait donner la préférence à ce dernier, en cas qu'il voulût accepter cette condition. Je vous prie de rédiger, pour le prochain travail, un projet de traité conforme aux conclusions du conseil des mines; mais le payement, au lieu de s'effectuer chaque trimestre, aura lieu le 1er de chaque mois, et sera versé dans la caisse du receveur de l'île d'Elbe.

BONAPARTE.

Archives de l'Empire.

6682. — AU GÉNÉRAL BERTHIER, MINISTRE DE LA GUERRE.

Saint-Cloud, 23 germinal an XI (13 avril 1803).

Vous voudrez bien donner au général Rusca l'ordre cacheté, pour le cas où la guerre serait déclarée, de prendre le commandement de Porto-Ferrajo et de donner au général Campredon celui de Porto-Longone.

Vous ferez connaître au Premier Consul le nom des officiers qui, dans le cas de guerre, seraient employés à la défense de ces deux places. Il doit y avoir au moins deux capitaines en résidence.

Vous ferez porter au complet de guerre la 1re et la 9e compagnie du 4e régiment d'artillerie à pied, qui sont dans la 23e division militaire; vous y enverrez du même régiment deux nouvelles compagnies également au complet de guerre; deux de ces compagnies tiendront garnison en Corse, et les deux autres dans l'île d'Elbe. En cas de guerre, le général Morand ferait passer dans cette île une des deux compagnies de Corse, de manière qu'il y en eût deux à Porto-Ferrajo et une à Porto-Longone.

Vous écrirez au général Morand de composer, en cas de guerre, la garnison de l'île d'Elbe de la manière suivante :

Un bataillon de la 20e de ligne à Porto-Ferrajo;

Un bataillon de la 20e de ligne à Porto-Longone;

Un bataillon suisse, qu'il fera compléter au moins à 400 hommes, à Porto-Ferrajo.

Il serait autorisé à lever deux compagnies franches de Corses, de

100 hommes chacune, pour être envoyées, l'une à Porto-Ferrajo, l'autre à Porto-Longone.

Il compléterait jusqu'à trois compagnies l'artillerie à pied.

Vous écrirez au commissaire du Gouvernement dans l'île d'Elbe et au général Rusca que, s'ils venaient à apprendre que les Anglais eussent commis des hostilités dans la Méditerranée, ils aient sur-le-champ à organiser deux bataillons de gens du pays. Ces bataillons seraient commandés par des chefs de bataillon français, et composés chacun de quatre compagnies de 100 hommes. L'adjudant-major et deux sous-officiers de chaque compagnie seraient aussi français.

Vous ordonnerez que 1,000 hommes des bataillons suisses se rendent en Corse pour compléter la demi-brigade helvétique. Vous recommanderez au général Morand de tenir complète, en Corse, toute la 23e pour le service de l'île, de la réunir cet été et de la faire manœuvrer.

Vous donnerez des ordres précis pour qu'on envoie dans l'île d'Elbe tout ce qu'il faut pour établir quatre grils à rougir les boulets.

Par ordre du Premier Consul.

Archives de l'Empire.

6683. — AU GÉNÉRAL BERTHIER.

Saint-Cloud, 23 germinal an XI (13 avril 1803).

Je vous prie, Citoyen Ministre, de réunir chez vous les membres du Tribunat et du Corps législatif qui sont de Bordeaux, pour leur faire sentir combien vous êtes peiné que cette ville soit la plus en arrière pour la levée de la conscription; vous leur direz que, si elle ne se terminait pas promptement, vous serez forcé de proposer au Gouvernement des mesures de rigueur, et vous les engagerez à écrire chez eux sur cet objet.

Écrivez pareillement aux maires de Bordeaux pour leur faire connaître qu'ils doivent, toute affaire cessante, s'occuper de la conscription, et que vous seriez affligé qu'un plus long retard vous réduisît à proposer des mesures contre cette ville si intéressante et si bien famée.

Bonaparte.

Archives de l'Empire.

6684. — AU CITOYEN REGNIER,

GRAND JUGE, MINISTRE DE LA JUSTICE.

Saint-Cloud, 24 germinal an XI (14 avril 1803).

Suzannet, Citoyen Ministre, a fait la faute capitale, après s'être soumis, de reprendre des engagements avec les ennemis de la France; il n'est donc pas probable que le Gouvernement souffre jamais qu'il retourne dans l'Ouest. Ce qui paraîtrait le plus convenable serait de vendre ses biens dans l'Ouest, de s'attacher au Gouvernement et de s'établir soit dans le Piémont, soit dans les quatre nouveaux départements du Rhin, où il pourrait acheter des biens.

BONAPARTE.

Archives de l'Empire.

6685. — AU CITOYEN GIROD (DE L'AIN), PRÉSIDENT DU CORPS LÉGISLATIF.

Saint-Cloud, 24 germinal an XI (14 avril 1803).

J'ai reçu votre lettre et celle des membres du Corps législatif relative à la demande d'une pension pour la veuve du citoyen Devinck-Thierry, mort dans l'exercice de ses fonctions. L'on m'en fera un prompt rapport, et vous pouvez l'assurer que l'intérêt qu'y prend le bureau du Corps législatif peut l'autoriser à compter sur le prompt succès de sa demande.

BONAPARTE.

Archives de l'Empire.

6686. — NOTE POUR LE MINISTRE DE LA GUERRE.

Saint-Cloud, 24 germinal an XI (14 avril 1803) [1].

Le ministre donnera des ordres pour la mise en bon état des casernes des carabiniers.

Donner aux officiers des cuirassiers une gratification de 150 francs pour l'achat de leurs cuirasses.

Faire faire, pour les grenadiers à cheval de la garde, un modèle de fusil distingué, le plus joli possible, de la longueur d'un fusil de dragon, avec une baïonnette qui permette de manœuvrer sur trois rangs.

Envoyer au Premier Consul des modèles de toutes les armes à feu avec les baïonnettes, et de trois espèces de sabres.

Faire une circulaire pour ordonner que, quand un homme obtient son congé absolu, on lui donne un habit de l'année. Si c'est un sous-officier ou un grenadier, on lui donnera de plus son sabre.

BONAPARTE.

Archives de l'Empire.

1 Date présumée.

6687. — AU CITOYEN CHAPTAL, MINISTRE DE L'INTÉRIEUR.

Saint-Cloud, 25 germinal an XI (15 avril 1803).

Le Premier Consul me charge, Citoyen Ministre, de vous inviter à écrire une circulaire aux préfets, pour leur faire connaître que le culte public doit avoir lieu dans toutes les communes, à l'exception seulement de celles où il y a une église protestante consistoriale reconnue par le conseiller d'État chargé des affaires des cultes.

Vous voudrez bien faire remarquer en même temps aux préfets qu'ils ne doivent point refuser dans les églises l'encens et les autres honneurs qui seraient rendus aux fonctions qu'ils exercent.

Par ordre du Premier Consul.

Archives de l'Empire.

6688. — AU CITOYEN LACUÉE, PRÉSIDENT DE LA SECTION DE LA GUERRE AU CONSEIL D'ÉTAT.

Saint-Cloud, 26 germinal an XI (16 avril 1803).

Je vous prie, Citoyen Président, de lire avec attention le rapport ci-joint, que me fait le ministre de la guerre de la République italienne, sur les dépenses de l'armée italienne, et de me faire un rapport sur les observations économiques que cette lecture vous suggérera. Ce compte devant servir au budget de la République italienne, je vous prie de travailler sur ces errements pour le rendre conforme à notre budget. Si vous n'entendez pas l'italien, il vous sera facile de faire traduire ces états et de me faire le travail en français.

Bonaparte.

Archives de l'Empire.

6689. — AU GÉNÉRAL BERTHIER, MINISTRE DE LA GUERRE.

Saint-Cloud, 26 germinal an XI (16 avril 1803).

Je vous prie, Citoyen Ministre, de donner l'ordre au général Murat de réunir à Faenza une division, qui devra être toujours prête à se porter, au premier ordre, partout où les circonstances l'exigeront. Ce corps sera commandé par un général de division et sera composé :

Des deux premiers bataillons de la 42e complétés au grand pied de paix ; des deux premiers bataillons de la 6e de ligne portés au grand complet de paix ; des deux premiers bataillons de la 1re légère également portés au grand complet de paix ; de trois escadrons du 7e régiment de dragons et de trois escadrons du 9e régiment de chasseurs portés au grand complet de paix ;

Du premier bataillon de la 4e demi-brigade de ligne italienne complété à 700 hommes; du premier de la 2e helvétique complété à 700 hommes; du premier bataillon de la 1re légère italienne complété à 700 hommes, et de deux escadrons du 1er régiment de hussards italiens complétés à 300 hommes; des deux premiers bataillons de la demi-brigade polonaise complétés au pied de guerre, et de deux escadrons du régiment de cavalerie polonais complétés à 300 hommes;

De trois divisions d'artillerie française avec un approvisionnement et demi (chacune de six pièces);

Et d'une division de six pièces d'artillerie de la République italienne avec un double approvisionnement.

Les troupes italiennes seront sous les ordres du général Lechi, lequel aura sous ses ordres deux généraux de brigade, qui seront désignés par le ministre de la guerre de la République italienne.

Pour les troupes françaises, indépendamment du général commandant, il y aura un général pour commander la cavalerie et deux généraux de brigade; et, comme il est inutile de faire des camps, qui d'ailleurs sont toujours coûteux, toutes ces troupes seront cantonnées à Faenza et dans les environs.

Ce qui restera des corps de troupes françaises et italiennes cantonnées à Faenza sera mis en garnison dans les différentes places de la Romagne.

BONAPARTE.

Comm. par M. le prince de Wagram.
(En minute aux Arch. de l'Emp.)

6690. — AU GÉNÉRAL BERTHIER.

Saint-Cloud, 26 germinal an XI (16 avril 1803).

Je vois, Citoyen Ministre, par votre rapport d'hier, que vous avez laissé la direction du parc d'artillerie de Breda à la nomination du général de l'artillerie. Mon intention est que cette place soit toujours assignée par le ministre et ne soit changée que par son ordre.

Donnez des ordres pour réunir le plus promptement possible à Bologne le parc d'artillerie. Il faudrait le composer de pièces de 6 au lieu de pièces de 8. Mon intention est que le 4e bataillon, qui est à Turin, reste intact, et que les 400 chevaux du 6e bataillon, qui est à Plaisance, soient complétés par une levée de chevaux.

Je vois avec peine qu'on laisse aux chefs de brigade la liberté de choisir des capitaines en résidence : les officiers en résidence doivent toujours être désignés par le ministre.

Archives de l'Empire. BONAPARTE.

6691. — AU GÉNÉRAL BERTHIER.

Saint-Cloud, 26 germinal an XI (16 avril 1803).

Je vous prie, Citoyen Ministre, de faire connaître au général commandant la 8e division militaire, qu'il doit toujours laisser au fort Lamalgue un bataillon de Français en garnison, et ne pas confier ce poste important seulement à la garde des déserteurs étrangers.

BONAPARTE.

Dépôt de la guerre.
(En minute aux Arch. de l'Emp.)

6692. — AU GÉNÉRAL BERTHIER.

Saint-Cloud, 26 germinal an XI (16 avril 1803).

Je désire, Citoyen Ministre, que vous placiez le citoyen Dalton au nombre des adjudants commandants attachés à votre ministère, et que vous le chargiez de lier connaissance avec les chefs irlandais et écossais qui se trouvent à Paris, d'accueillir leurs différents projets, et de prendre directement vos ordres sur cet objet important. Recommandez-lui de ne rien écrire, mais de les écouter seulement et de prendre des renseignements verbaux sur leur nombre, leurs moyens et sur ce qu'ils pourraient faire en cas de guerre, et de les voir fréquemment afin de les connaître.

BONAPARTE.

Dépôt de la guerre.

6693. — AU GÉNÉRAL BERTHIER.

Saint-Cloud, 27 germinal an XI (17 avril 1803).

Je vous prie, Citoyen Ministre, de donner des ordres pour l'armement de toutes les côtes de la France. Faites porter une activité particulière à l'armement de Cherbourg, des îles de Ré et d'Oleron, et de l'île d'Aix.

BONAPARTE.

Dépôt de la guerre.

6694. — DÉCISION.

Paris, 28 germinal an XI (18 avril 1803).

Mémoire du citoyen Innez, administrateur du collége des Écossais à Paris, sur la réunion des colléges écossais et irlandais en France.

Je prie le citoyen Talleyrand de me faire un rapport sur cet objet, que je regarde comme politique.

BONAPARTE.

Archives de l'Empire.

6695. — AU GÉNÉRAL BERTHIER, MINISTRE DE LA GUERRE.

Saint-Cloud, 28 germinal an XI (18 avril 1803).

Donnez ordre, Citoyen Ministre, au général Montrichard de réunir à Nimègue, sous le commandement du général de brigade Frère, les deux bataillons de la 48e, les deux bataillons de la 100e, les deux bataillons de la 27e légère, et les six escadrons de cavalerie qui sont sous ses ordres, avec une division de huit pièces d'artillerie attelées, avec les cartouches et approvisionnements de guerre nécessaires pour cette colonne. Vous me ferez connaître le jour où ces troupes seront réunies à Nimègue et seront prêtes à partir au premier ordre.

Il est indispensable que cette réunion se fasse sans bruit et sans ostentation.

Je vous prie de m'envoyer l'état de situation des troupes au 15 germinal; le dernier que j'ai est du 15 ventôse.

BONAPARTE.

Dépôt de la guerre.
(En minute aux Arch. de l'Emp.)

6696. — AU GÉNÉRAL BERTHIER.

Saint-Cloud, 28 germinal an XI (18 avril 1803).

Il y a à Brest, Citoyen Ministre, 600 noirs : le ministre de la marine a ordre de les mettre à votre disposition. Comme ils devaient aller aux Indes, ils sont peut-être déjà formés en compagnies, sous les ordres de blancs; s'ils ne l'étaient pas, vous les distribueriez en compagnies, par 100 hommes, et les dirigeriez dans le plus court délai sur Mantoue. Vous aurez soin qu'ils soient accompagnés par la gendarmerie et par des détachements de cavalerie, surtout à leur passage dans les départements de l'Ouest. Lorsqu'ils seront à Mantoue, vous en ferez former un bataillon de pionniers armés de fusils, et fournissant des travailleurs pour les fortifications de la place, en les réunissant aux 400 noirs qui s'y trouvent. Tous les officiers de ce bataillon seront blancs. S'ils ne sont pas armés en partant de Brest, vous leur ferez distribuer des armes d'une qualité très-inférieure.

BONAPARTE.

Comm. par M. le prince de Wagram.
(En minute aux Arch. de l'Emp.)

6697. — AU CONTRE-AMIRAL DECRÈS, MINISTRE DE LA MARINE ET DES COLONIES.

Saint-Cloud, 28 germinal an XI (18 avril 1803).

Mon intention, Citoyen Ministre, est que les noirs qui sont à Brest, hormis le petit nombre d'ouvriers qui, par leur habileté, sont nécessaires aux constructions, sans excéder le nombre de 100 hommes, soient mis à la disposition du ministre de la guerre pour le service de terre.

Je donne ordre au ministre de la guerre de les former en compagnies et de les diriger dans l'intérieur de la République, car je porte un grand intérêt à ce que Brest et les environs soient purgés de ces individus.

BONAPARTE.

Archives de l'Empire.

6698. — AU CONTRE-AMIRAL DECRÈS.

Saint-Cloud, 28 germinal an XI (18 avril 1803).

Donnez ordre, Citoyen Ministre, au préfet maritime à Rochefort de s'assurer de l'existence de la croisière qui doit avoir été aperçue à l'île d'Yeu. En général, il serait nécessaire que, dans les grands ports, pendant ces circonstances, on tînt en mer deux bricks, avisos ou frégates, pour éclairer à huit ou dix lieues, et être à même de vous instruire promptement de ce qui paraîtrait.

Je suis surpris de n'avoir point de rapports sur Cherbourg. Ces détails, indépendamment de leur utilité militaire, ont un grand but d'utilité politique.

BONAPARTE.

Archives de l'Empire.

6699. — AU CITOYEN TALLEYRAND,
MINISTRE DES RELATIONS EXTÉRIEURES.

Saint-Cloud, 29 germinal an XI (19 avril 1803).

Vous voudrez bien, Citoyen Ministre, faire partir sur-le-champ un courrier pour le citoyen Semonville, pour lui faire connaître qu'il est nécessaire de requérir du Gouvernement batave l'armement du fort de l'île de Goerce, de l'île de Woorn et du fort de Brielle, ainsi que de toutes les batteries de la côte qui peuvent influer sur la sûreté de notre expédition qui est embarquée dans la rade d'Helvoet-sluys.

Votre courrier, avant de partir, prendra les dépêches du ministre de la guerre, qui doit écrire au général Victor.

BONAPARTE.

Archives des affaires étrangères.

6700. — AU GÉNÉRAL BERTHIER, MINISTRE DE LA GUERRE.

Saint-Cloud, 29 germinal an XI (19 avril 1803).

Mon intention, Citoyen Ministre, est que l'île d'Yeu (département de la Vendée) soit armée dans le plus court délai, et d'y maintenir comme commandant d'armes un chef de bataillon, qui aura la haute police sur toute la population. Faites partir sur-le-champ de Nantes pour cette île six pièces de 36, six pièces de 18 en fer, avec un approvisionnement de 200 coups par pièce, deux grils à boulets rouges et trois mortiers à la Gomer.

Vous y enverrez trois compagnies de 100 hommes chacune, avec des vivres pour trois mois. On enrôlera tous les habitants en état de porter les armes; et, s'il est nécessaire, vous y nommerez les officiers nécessaires, sous le titre d'adjudants, pour commander cette population.

Cette île doit avoir 400 hommes en état de porter les armes.

Si l'artillerie n'existait pas à l'arsenal de Nantes, il faudrait la prendre dans les batteries les plus près de cette île.

Il est convenable que tout cela parte le plus promptement et le plus secrètement possible.

Si vous n'avez pas les approvisionnements nécessaires à 400 hommes pour trois mois, vous les demanderez au ministre de la marine, qui les ferait partir de Rochefort.

S'il n'y a pas, à portée, de l'artillerie de terre, vous en demanderez au ministre de la marine, qui vous fera passer 50 hommes d'artillerie de la marine, jusqu'à ce que vous puissiez les remplacer.

Mon intention n'est pas qu'on mette de Suisses dans cette île. Le général commandant la 12e division militaire formera trois compagnies de la 63e demi-brigade.

Il est nécessaire que les hommes, l'artillerie et les approvisionnements arrivent à la fois. Le général commandant la division en passera la revue et classera les habitants en compagnies.

Donnez ordre au général du génie Bertrand de s'y rendre sur-le-champ, pour disposer de la manière la plus convenable les moyens de défense, faire construire les ouvrages de campagne et former un projet de défense permanente, mon intention étant de s'assurer de cette île par un bon ouvrage.

Le général commandant la division établira sur la côte une bonne batterie pour organiser et assurer les communications.

Vous mettrez la somme de 25,000 francs à la disposition du général Bertrand.

Mon intention est que vous donniez ordre au général commandant la 13e division militaire d'envoyer à l'île de Groix un officier du génie, un officier d'état-major et le nombre de troupes et d'artillerie nécessaire pour assurer la possession de cette île.

Donnez ordre également au général commandant la 13e division militaire de s'assurer de la situation de l'approvisionnement, armement et travaux qu'on fait au fort Penthièvre, de la situation de l'armement et approvisionnement de l'île et du fort Cicogne, et de faire les réparations qui pourraient être nécessaires à ce fort, de l'augmenter de quelques pièces d'artillerie, afin que des convois de vaisseaux ou frégates puissent être protégés dans ce mouillage.

Vous donnerez ordre de faire occuper l'île de Méaban, à l'entrée du Morbihan, en y faisant établir une redoute et des détachements, et y nommant un bon capitaine pour y commander.

Faites également occuper l'île de Batz et les îles de Perros.

Apportez-moi demain toutes les cartes et renseignements, soit topographiques, soit géographiques, des côtes depuis l'île d'Yeu jusqu'à l'île d'Ouessant, et les plans des fortifications qui y étaient avant la dernière guerre.

Il est convenable que le général de division se transporte sur tous les points avec un officier du génie, en donnant les ordres les plus pressants et en vous envoyant un rapport détaillé de tout ce qu'il y aurait à y faire.

BONAPARTE.

Dépôt de la guerre.

6701. — AU CONTRE-AMIRAL DECRÈS,

MINISTRE DE LA MARINE ET DES COLONIES.

Saint-Cloud, 29 germinal an XI (19 avril 1803).

Je vous prie, Citoyen Ministre, de me faire un rapport sur les projets d'établissements qu'a présentés le vice-amiral Rosily sur différentes petites îles de la côte de l'Océan, tels que la construction d'un fort à l'île de Méaban, la construction d'une batterie à la pointe de Quiberon, à l'entrée de Port-Haliguen, le rétablissement des forts Hædik et Houat, l'établissement d'un fort sur les Errants, à l'entrée du port de Lorient, l'établissement d'une redoute revêtue à Penfret, l'une des Glénans, etc.

BONAPARTE.

Comm. par Mme la duchesse Decrès.

6702. — AU GÉNÉRAL BERTHIER, MINISTRE DE LA GUERRE.

Saint-Cloud, 30 germinal an XI (20 avril 1803).

Le ministre des relations extérieures écrit à la Haye pour que le gouvernement batave ait à faire établir sur-le-champ des batteries qui défendent le fort de l'île de Goerce, l'île de Voorn et le fort de Brielle.

La mise en sûreté de ces points est tout à fait nécessaire pour mettre à l'abri nos frégates et même les vaisseaux hollandais qui sont dans la rade d'Helvoet-sluys.

Comme il est probable que les Hollandais délibéreront avant d'agir et agiront à leur manière, vous donnerez l'ordre au général Victor d'armer le fort de l'île de Goerce, celui de Brielle, l'île de Voorn, et d'occuper tous les postes les plus importants, qui peuvent mettre à l'abri de toute attaque nos frégates et notre convoi.

Il peut, à cet effet, faire débarquer la moitié de l'expédition.

Vous lui recommanderez d'ordonner la plus grande surveillance, car la mauvaise foi et la perfidie des Anglais est capable de tout.

BONAPARTE.

Dépôt de la guerre.
(En minute aux Arch. de l'Emp.)

6703. — AU GÉNÉRAL BERTHIER.

Saint-Cloud, 1er floréal an XI (21 avril 1803).

Le Premier Consul désire, Citoyen Ministre, que vous écriviez au préfet de la Vendée pour lui demander des détails sur l'île d'Yeu. Ces renseignements doivent faire connaître à quelle sous-préfecture cette île appartient; à quel diocèse; quel est son curé; quels sont les individus du continent qui sont propriétaires dans l'île; s'il y existe des propriétés nationales; quelle est la population; si les moyens de l'île pourraient en entretenir une plus considérable; quelle est la fortune des vingt maisons les plus riches de l'île. Ces familles ont-elles des enfants qu'on puisse admettre au Prytanée? Les habitants sont-ils classés dans la marine? Combien fournissent-ils de matelots? Ont-ils donné des hommes à la conscription actuelle? Quelle espèce de faveur pourrait-on faire aux habitants pour les attacher davantage au Gouvernement? Quelle est la nature et la quantité de l'eau qui se trouve dans l'île? Vous êtes prié, Citoyen Ministre, d'ajouter toutes les questions qui vous paraîtront convenables pour compléter les renseignements propres à faire connaître cette île, presque aussi ignorée jusqu'à ce jour que si elle n'avait jamais fait partie de la République.

Par ordre du Premier Consul.

Dépôt de la guerre.
(En minute aux Arch. de l'Emp.)

6704. — NOTE POUR LE MINISTRE DU TRÉSOR PUBLIC.

Paris, 2 floréal an XI (22 avril 1803).

Le ministre du trésor public enverra à Saint-Domingue un inspecteur de la trésorerie, avec ordre d'arrêter les registres du payeur général, d'annuler les traites et de revenir sur-le-champ en France.

Le même ministre fera connaître aux payeurs de Saint-Domingue et des autres colonies, ainsi qu'aux commissaires des relations extérieures, notamment à ceux qui sont le plus en usage de faire des traites, que toute lettre de change ou traite sur le trésor public, qui ne serait pas motivée sur une lettre d'un ministre autorisant la dépense dont ils feront ainsi les fonds, ne sera pas acquittée, et que le protêt tombera à leur charge, ainsi que toutes les indemnités que les tribunaux pourraient accorder aux porteurs pour raison des dommages résultant du défaut de payement.

Les payeurs généraux de toutes les colonies seront également avertis que toutes les dispositions qu'ils feront sur le trésor public, sans y être spécialement autorisés, ne seront pas allouées dans leurs comptes.

Le ministre de la marine enverra désormais au ministre du trésor public les crédits qu'il ouvrira, tant aux capitaines généraux et préfets coloniaux qu'aux commissaires des relations commerciales, afin que le ministre du trésor public prévienne par ses instructions les payeurs de la somme jusqu'à concurrence de laquelle ces divers agents pourront tirer sur le trésor public.

Le ministre de la marine pourra prévoir les cas de relâche extraordinaire qui obligeraient à des emplois de fonds supérieurs aux crédits ouverts aux commissaires des relations commerciales ou à la portion libre de ces crédits, et autoriser ces commissaires à tirer des lettres de change sur la réquisition du capitaine commandant du bâtiment, après s'être assurés toutefois que les besoins sont véritables. Ces lettres de change seraient en conséquence visées par le capitaine commandant le bâtiment, lequel tiendrait note dans son journal du montant des lettres de change qu'il aurait visées, et des besoins auxquels les fonds auraient pourvu.

Le ministre de la marine fera connaître au citoyen d'Aure qu'il a mis sous les yeux du Premier Consul ses lettres et les détails de son administration; que le Gouvernement a voulu suspendre toute détermination sur une conduite qui, jusqu'à présent, doit paraître aussi étrange que désordonnée. Il lui ordonnera de quitter la colonie sous dix jours pour revenir en France; d'apporter ses registres et les pièces de son administration. Les pièces qui ne seront pas de nature à être déplacées seront apportées par copies certifiées. Le citoyen d'Aure joindra aux registres et pièces tous les documents nécessaires pour établir et justifier les lettres de change qu'il a tirées et l'emploi des fonds dont il a disposé; il y joindra la déclaration signée de tout ce qu'il avait reçu à son départ de Saint-Domingue, et en conséquence des opérations d'un bureau de décompte et autres vérifications. Lorsque le citoyen d'Auré sera arrivé avec les pièces, il sera formé une commission pour l'examen de sa gestion.

Le ministre de la marine réitérera aux capitaines généraux et aux préfets coloniaux l'ordre de se conformer aux règlements, à l'organisation des colonies et aux instructions qui ont été données.

Il fera connaître que les opérations pour les lettres de change, qui seront autorisées à l'avenir, doivent être le moins possible onéreuses à la République.

Par ordre du Premier Consul.

Comm. par Mme la duchesse Decrès.
(En minute aux Archives des finances.)

6705. — DÉCISION.

Paris, 3 floréal an XI (23 avril 1803) [1].

Le ministre de l'intérieur propose l'exportation de 200,000 quintaux de maïs pour l'Espagne.

Accordé; mais écrire, sans en faire une condition, pour réclamer, à cette occasion, l'introduction en Espagne de nos cotonnades.

BONAPARTE.

Archives de l'Empire.

6706. — PROJET D'UNE CONVENTION SECRÈTE AVEC LES ÉTATS-UNIS D'AMÉRIQUE.

Paris, 3 floréal an XI (23 avril 1803) [1].

Le Premier Consul de la République française, au nom du Peuple français, et le Président des États-Unis d'Amérique, désirant prévenir tout sujet de mésintelligence relativement aux objets de discussion

[1] Date présumée.

mentionnés dans les articles 2 et 5 de la convention du 8 vendémiaire an IX, et voulant fortifier de plus en plus les rapports d'union et d'amitié qui, à l'époque de ladite convention, ont été heureusement rétablis entre les deux États, ont respectivement nommés pour ministres plénipotentiaires le citoyen Barbé-Marbois, ministre du trésor public, et . . . . .

Lesquels, après avoir fait l'échange de leurs pleins pouvoirs, sont convenus des articles suivants :

Article 1er. — La République française cède et transmet aux États-Unis d'Amérique tous les droits qu'elle a acquis sur la Louisiane en vertu du traité fait avec S. M. C. le roi d'Espagne, le 9 vendémiaire an IX de la République française (1er octobre 1802); et, en conséquence de ladite cession, la Louisiane, son territoire et ses dépendances propres deviendront partie de l'Union américaine et formeront successivement un ou plusieurs États, aux termes de la constitution fédérale des États-Unis.

Art. 2. — Les États-Unis s'engagent à favoriser, d'une manière spéciale, le commerce et la navigation des citoyens français et des sujets de Sa Majesté Catholique dans les villes, ports, rades, mers, fleuves, etc. de la Louisiane, et nommément de leur assurer, par un privilége qui ne pourra par la suite être accordé à aucune autre nation, le droit perpétuel d'entrepôt et de navigation qui fut concédé aux Américains par le traité du 27 octobre 1795, entre l'Espagne et les États-Unis.

De plus, il est convenu que, dans les ports et villes de la Louisiane, le commerce français et espagnol jouira, pour les importations, d'une franchise entière. Les bâtiments et marchandises françaises et espagnoles ne pourront, à perpétuité, être assujettis à aucun des droits ou charges qui pourraient être imposés au commerce des autres nations; ils seront, dans tous les ports de la Louisiane, assimilés en tous les points aux bâtiments et marchandises américains venant d'un autre port d'Amérique.

Art. 3. — Il sera accordé à la France et à l'Espagne trois autres lieux d'entrepôt commercial sur la rive droite du Mississipi, vers l'embouchure de la rivière Rouge, de celle des Arkansas et du Missouri, et deux entrepôts sur la gauche de la rivière de l'Illinois et vers l'embouchure de l'Ohio. Les négociants français jouiront, dans ces lieux, de tous les avantages qui avaient été accordés aux Américains par le roi d'Espagne le 27 octobre 1795; et il est convenu, de plus, que la France pourra y nommer, comme à la Nouvelle-Orléans, des agents commerciaux qui, conformément à l'article 10 de la convention du 8 vendémiaire an IX, jouiront de tous les droits et prérogatives qui sont attachés à ces sortes d'agences.

Art. 4. — Il est convenu que les engagements pris par le Gouvernement de la République française relativement aux dettes des sujets américains, en vertu de l'article 5 de la convention du 8 vendémiaire an IX, seront tenus pour acquittés de sa part, et que la charge en est transmise par le présent traité au Gouvernement des États-Unis, lequel s'engage à faire droit à cet égard à toute réclamation qui pourrait avoir été ou devoir être adressée sur cet objet au Gouvernement de la République. Bien entendu que les obligations contractées envers les citoyens français par le Gouvernement des États-Unis, en vertu dudit article 5, restent entières, ainsi que les droits des citoyens français pour l'acquit de leurs créances.

Art. 5. — Indépendamment de l'acquit des créances spécifiées dans l'article précédent, le Gouvernement des États-Unis s'engage à payer à la France la somme de 100 millions, en douze payements égaux, le terme de chacun desdits payements étant de douze mois, et le payement du premier terme devant être fait un mois après.

La présente convention sera ratifiée en bonne et due forme, et les ratifications seront échangées dans l'espace de six mois, après la date de la signature des ministres plénipotentiaires, ou plus tôt, s'il est possible.

Par ordre du Premier Consul.

Archives des finances.

6707. — AU CONTRE-AMIRAL DECRÈS,

MINISTRE DE LA MARINE ET DES COLONIES.

Paris, 3 floréal an XI (23 avril 1803).

Le Premier Consul désire, Citoyen Ministre, que vous fassiez dresser les projets des travaux indiqués ci-après :

1° Pour construire à Brest quatre autres bassins dans l'anse du moulin à poudre, et établir six autres cales couvertes dans les points qui seront jugés les plus commodes;

2° Pour établir une forme à Lorient;

3° Pour établir un arsenal de construction et un bassin à l'embouchure de la Loire et de la Vilaine;

4° Pour établir une forme sur l'Escaut, soit à Flessingue, soit à Terneuse : dans le premier cas, en arrangeant ce bassin de manière que nos vaisseaux puissent y entrer; dans le second, en faisant un bassin et un arsenal à Terneuse.

Par ordre du Premier Consul.

Archives de l'Empire.

6708. — AU CONTRE-AMIRAL DECRÈS.

Paris, 3 floréal an XI (23 avril 1803).

Le Premier Consul est informé, Citoyen Ministre, que des Anglais qui habitent aux îles d'Hyères vont fréquemment à Toulon et y visitent librement le port et l'arsenal. Il désire que vous fassiez de nouveau connaître à tous les préfets maritimes qu'ils ne doivent, sous aucun prétexte, permettre l'entrée des ports et des arsenaux aux étrangers qui ne seraient pas porteurs d'une autorisation expresse, accordée par vous et signée de votre main.

Par ordre du Premier Consul.

Archives de l'Empire.

6709. — AU CITOYEN CRETET,

CONSEILLER D'ÉTAT, CHARGÉ DES PONTS ET CHAUSSÉES.

Paris, 3 floréal an XI (23 avril 1803).

Le Premier Consul désire, Citoyen, savoir où en sont les travaux du fort que l'on construit à Port-Haliguen, presqu'île de Quiberon. Il est instant de prendre des mesures de manière qu'un bâtiment tirant douze pieds d'eau puisse trouver refuge dans ce port.

Par ordre du Premier Consul.

Archives de l'Empire.

6710. — AU CITOYEN TALLEYRAND,

MINISTRE DES RELATIONS EXTÉRIEURES.

Saint-Cloud, 4 floréal an XI (24 avril 1803).

Je vous prie, Citoyen Ministre, de faire écrire au citoyen Cacault, à Rome, qu'un nommé Valeri, Corse, très-mauvais sujet, et un curé de San-Pietro-in-Calibano à Pesaro, sont très-suspects d'ourdir des menées contre la France et correspondent avec des agents d'insurrection anglais. Il est convenable de faire arrêter le nommé Valeri, et le curé, si l'on partage à Rome ces soupçons sur ce dernier; sinon, le faire employer sur les confins de Naples.

BONAPARTE.

Archives des affaires étrangères.

6711. — AU CITOYEN MELZI,

VICE-PRÉSIDENT DE LA RÉPUBLIQUE ITALIENNE.

Saint-Cloud, 4 floréal an XI (24 avril 1803).

Votre lettre du 13 avril m'a fait plaisir. L'arrêté de la Consulte m'a paru convenable, et tout ce qui me revient, par les Italiens que j'ai lieu de voir ici, me persuade que vous avez bien fait de débarrasser les conseils de la République d'une tête aussi folle que Cicognara. Je ne laisse pas d'en être un peu peiné, parce que c'est un des premiers hommes que j'ai employés en Italie. Si l'assiette de sa tête se rétablit, il peut compter que j'oublierai tout, par le même principe que je n'oublierai jamais qu'il a été utile au système dans des temps critiques.

J'ai lu et relu le budget, et j'ai dicté plusieurs observations à Felici et Lambertenghi. J'attends le rapport qu'ils doivent m'en faire, pour voir s'ils ont bien saisi ce que j'entendais.

Donnez de la confiance à l'opinion, et faites sentir que, tant que j'existerai, la République ne peut essuyer aucun tort; que tout ce qui a été fait à Lyon sera maintenu, et que des craintes chimériques et des bruits insensés, enfants de la malveillance, ne doivent trouver aucune espèce de croyance. Dans les événements qui pourront survenir, il est des chances qui peuvent augmenter le territoire de la République; mais je n'en vois aucune où elle puisse diminuer.

J'espère encore que Villa se rétablira; il n'est pas vieux. J'attendrai au reste votre prochaine lettre.

BONAPARTE.

Archives de l'Empire.

6712. — AU GÉNÉRAL MURAT,

COMMANDANT EN CHEF LES TROUPES FRANÇAISES EN ITALIE.

Saint-Cloud, 4 floréal an XI (24 avril 1803).

J'ai reçu votre lettre, Citoyen Général. Je vois avec plaisir la bonne intelligence rétablie entre vous et le vice-président. De votre côté, attachez-vous à investir de considération les principaux fonctionnaires de la République. Ne souffrez jamais que, directement ni indirectement par des instigations, on vous mette en opposition avec eux : ce n'est pas là votre rôle. Vous êtes par votre position au-dessus de ces petites intrigues. Portez une grande attention à faire le bien-être de vos troupes. Dès que le cantonnement de Faenza sera organisé, rendez-vous-y, et assurez-vous qu'il ne lui manque rien pour pouvoir marcher au premier ordre.

Faites-moi connaître la quantité de recrues arrivées à chaque corps; combien chacun peut mettre d'hommes en campagne. Je pense que tous les invalides et vétérans sont partis. Envoyez des officiers d'état-major jusqu'à Udine, Gratz, Laybach, Inspruck et Klagenfurt, pour savoir s'il y a des mouvements de troupes et observer la situation du pays. Envoyez aussi des officiers du génie dans le Tyrol. Ayez soin de choisir des hommes prudents et qui ne se compromettent pas. Que votre présence soit utile au pays et avantageuse à l'administration. Faites-moi connaître la marche de l'esprit public, non par des rapports obscurs qui ne méritent, vous le savez, aucune confiance, mais par des rapports généraux auxquels je puisse ajouter foi.

BONAPARTE.

Archives de l'Empire.

6713. — AU CITOYEN LAURISTON,
AIDE DE CAMP DU PREMIER CONSUL.

Saint-Cloud, 5 floréal an XI (25 avril 1803).

Vous vous rendrez au Havre. Vous y resterez trois jours. Vous y verrez la situation du dépôt colonial, celle de son habillement, de son armement; les bâtiments préparés pour l'embarquer; si les préparatifs se font pour l'armement des côtes; les chaloupes canonnières et bateaux canonniers qui sont dans le bassin, les bâtiments en construction, les bâtiments désarmés; si les travaux ordonnés au bassin et au port sont commencés; et tout ce qui peut m'intéresser sous le point de vue militaire et d'administration.

De là vous vous rendrez à Caen, aux îles Marcouf, à la Hougue et à Cherbourg. Vous y prendrez des renseignements sur les mêmes objets. Vous vous assurerez que la Hougue est à l'abri de toute attaque de l'ennemi; si les fortifications permanentes sont commencées à Cherbourg. Vous verrez si la 39e est bien casernée; si elle a perdu des hommes en route; si l'on travaille à rétablir la digue et la rade; ce qu'on y a fait cette année, ce que l'on compte y faire la campagne prochaine; si les préparatifs sont faits pour travailler au bassin; la quantité de bois et chanvre existant dans les magasins de la République; si la boulangerie est en bon état; le nombre de fours qu'il y a.

Vous vous arrêterez dans les ports de commerce un peu importants. Vous verrez à Saint-Malo la situation des constructions, et irez dans les forts qui défendent cette rade. Vous verrez à Saint-Malo et Granville le nombre de bâtiments destinés pour la pêche, leur grandeur, combien d'hommes et de vivres ils peuvent contenir.

Vous continuerez la côte par Saint-Brieuc, Morlaix, Brest. Vous vous arrêterez dans tous les ports, y verrez le nombre de bâtiments de pêcheurs capables d'une traversée et plus forts que 500 tonneaux. Vous observerez tout sans inquisition et sans exciter d'alarme. Partout vous observerez l'état du port, ce qu'on y a fait cette année, ce qu'on compte y faire l'année prochaine; le nombre de matelots au service de la marine ou du commerce qui sont absents du port, ceux qui sont dans le port, ceux qui ne sont point employés. Partout où il y a des troupes, assurez-vous de l'esprit des corps, du nombre de recrues qu'ils ont reçues, de leur habillement, en habits neufs, vieux ou de paysan.

Parcourez toutes les îles qui sont sur les côtes, spécialement les îles de Bréhat, d'Er, les Sept-Îles, le rocher de Saintes, l'île de Batz, d'Ouessant, les îles Glénans.

Vous resterez au moins six jours à Brest. Vous verrez si on se dispose à commencer les travaux du bassin dont j'ai ordonné la construction pour cette année. Vous verrez le nombre de vaisseaux en rade, si l'on travaille à l'armement, aux chantiers, et si les magasins sont fournis de tout ce qui peut être nécessaire.

Vous tiendrez note de toutes les fortifications, surtout dans les petites îles, et vous vous assurerez si l'on a pris des mesures pour les armer et les approvisionner.

Vous verrez les batteries de Brest, spécialement celle de Camaret, et si elles sont disposées de manière à protéger tous nos petits bâtiments.

Vous reviendrez par Quimper, Pontivy, Rennes et Paris, où vous serez de retour le 30. Vous observerez dans les petites îles l'esprit des habitants, s'ils sont formés en compagnies pour leur défense. Vous ferez connaître à Ouessant que je sais que les habitants se sont toujours bien comportés; s'ils ont des demandes ou des plaintes à faire, vous me les apporterez. Vous verrez, à Pontivy, si l'on travaille à la navigation du Blavet; à Rennes, où en sont les travaux de caserne commandés et ceux de l'école d'artillerie.

Avant de partir de chaque port, vous m'enverrez votre rapport sur tous les objets compris dans la présente instruction.

BONAPARTE.

Archives de l'Empire.

6714. — AU CONTRE-AMIRAL DECRÈS,

MINISTRE DE LA MARINE ET DES COLONIES.

Saint-Cloud, 6 floréal an XI (26 avril 1803).

Je vous renvoie, Citoyen Ministre, les différents projets qui ont été présentés pour l'organisation de l'artillerie de la marine. Il devient urgent de prendre un parti sur cet objet. Les sacrifices que je veux faire pour le service maritime, et l'extension que je veux lui donner, me portent à adopter la création de quatre régiments de canonniers de la marine; le 1er et le 2e à quatre bataillons, et les 3e et 4e à deux bataillons chacun. Le 1er et le 2e feront le service des grands ports, et les deux autres, celui des deux petits ports.

Je désire que les bataillons, au lieu d'être de dix compagnies, ne soient que de six, et que la compagnie, au lieu d'être composée de 80 hommes, le soit de 150 hommes en temps de paix, et de 200 au grand complet. Les compagnies seront composées d'un capitaine, d'un lieutenant en premier, d'un lieutenant en second, d'un sergent-major, de 5 sergents, d'un caporal-fourrier, de 10 caporaux, de 25 canonniers de première classe, de 25 de seconde classe, de 80 canonniers aspirants et de 2 tambours; total : 150 hommes.

Quand on voudra les porter au grand complet de guerre, on ajoutera 50 canonniers aspirants.

Les lieutenants en second seront détachés pour l'armement, la défense et la surveillance des principales batteries de l'arrondissement. Ils seront aussi employés à l'arsenal du port.

Au lieu de trois compagnies d'ouvriers, il me paraîtrait plus convenable d'en avoir quatre, et de les porter de 99 à 150 hommes.

Je vous prie de retoucher au projet d'arrêté que je vous ai envoyé, en suivant ces bases, et de me le remettre dans la semaine, car il est urgent d'organiser ce corps. Cette organisation ne portera aucun préjudice à l'organisation des équipages.

Faites joindre à votre projet un tableau des dépenses que nécessitera l'entretien de ce corps, et de ce que coûtaient les sept demi-brigades d'artillerie.

BONAPARTE.

Archives de l'Empire.

6715. — AU GÉNÉRAL LAGRANGE, INSPECTEUR DE GENDARMERIE.

Saint-Cloud, 7 floréal an XI (27 avril 1803).

Vous passerez, Citoyen Général, l'inspection des 15e, 25e, 18e, 17e et 16e légions de gendarmerie. Vous correspondrez directement avec le général Moncey pour tous les détails relatifs à votre arme. Vous enverrez, à moi seul, votre rapport sur la mission particulière et toute de confiance dont je vous charge.

Vous verrez les départements de la Somme, du Pas-de-Calais, du Nord, de l'Aisne, formant la 1re légion. Vous m'enverrez les notes que vous recueillerez sur les préfets, sous-préfets et maires des principales communes, sur les évêques et autres ecclésiastiques; sur l'état des chemins, le prix des subsistances, la manière dont s'annonce la récolte; sur la contrebande, le service des douanes, l'esprit de chaque corps, de chaque demi-brigade, sur les chefs, sur le nombre des conscrits reçus dans chaque corps, sur leur habillement en habits neufs, vieux ou en vestes; enfin un aperçu général qui puisse me mettre au fait de ces objets importants, et de tout ce qui peut m'intéresser sous le point de vue militaire et d'administration.

Après avoir parcouru la 15e légion, vous ferez la même chose dans les départements des Ardennes, de la Meuse, de la Moselle, des Forêts, du Mont-Tonnerre, de la Sarre, de Rhin-et-Moselle, de la Roër, de l'Ourthe, Sambre-et-Meuse, Meuse-Inférieure, Deux-Nèthes, Dyle, Jemmapes et la Lys.

Vous resterez dans chaque ville de garnison le nombre de jours nécessaire pour vous mettre au fait des renseignements demandés. Vous m'adresserez, avant d'en partir, *au Premier Consul seul*, toutes vos observations.

Votre mission patente est l'inspection de la gendarmerie. Ne laissez donc pénétrer, directement ni indirectement, la mission particulière dont vous êtes chargé. Puisez vos renseignements dans les conversations particulières, et en consultant les personnes qui peuvent vous les donner, sans inquisition ni question indiscrète.

Ne manquez pas de m'instruire de l'état des fortifications et de l'artillerie des places fortes que vous rencontrerez.

BONAPARTE.

Archives de l'Empire.

6716. — AU CITOYEN LEBRUN, AIDE DE CAMP DU PREMIER CONSUL.

Saint-Cloud, 8 floréal an XI (28 avril 1803).

Vous voudrez bien, Citoyen, partir dans la journée pour vous rendre à Lorient, en passant par Alençon et Rennes.

Vous vous arrêterez deux jours à Alençon. Vous y prendrez des informations sur la manière dont s'est tenu le collége électoral du département, sur les raisons qui ont empêché un grand nombre de citoyens de s'y rendre.

Vous prendrez des préfets, de la gendarmerie et des commandants militaires tous les renseignements qu'ils pourraient vous procurer sur les cantons qui étaient le plus chouanisés, sur les chefs de chouans qui demeurent dans le département, sur les propos et la conduite qu'ils y tiennent.

Vous prendrez des renseignements sur la situation de l'esprit du clergé, et m'enverrez un rapport détaillé de tout ce qui peut m'intéresser sous le point de vue de la tranquillité publique. Il ne devra pas être seulement le résultat de ce que vous recueillerez des préfets et autres autorités; vous consulterez encore différentes autres personnes.

Vous vous rendrez dans les chefs-lieux de cantons qui passent pour les plus mauvais et qui vous seraient indiqués comme tels. Vous y resterez le temps convenable pour vous procurer les renseignements les plus détaillés sur tous les individus suspects et qui pourraient troubler la tranquillité publique. Vous joindrez aux renseignements personnels que vous recueillerez des notes sur les châteaux où, pendant la dernière guerre, les chouans avaient coutume de se réunir.

Vous vous rendrez de là à Rennes. Vous y resterez deux jours. Vous y prendrez les mêmes renseignements. Vous vous procurerez également des renseignements des chefs de brigade et de bataillon, des officiers qui sont en garnison dans cette place, sur la situation de l'habillement et armement des corps, sur l'esprit des conscrits; vous m'enverrez un état du nombre d'hommes que les demi-brigades pourraient mettre en campagne, et les plaintes qu'ils auraient à faire sur cet objet.

Vous êtes autorisé à vous rendre dans les chefs-lieux des cantons qui ont été le centre de la guerre civile, et qui sont considérés encore comme les plus suspects, afin que, plus près des lieux, vous puissiez rendre plus sûrs les renseignements que vous devez me donner.

De là vous irez à Lorient; vous m'enverrez un état détaillé de tout ce que vous y verrez, des vaisseaux qui sont dans les chantiers, de ceux en armement ou dans le port, du nombre de marins, de la situation des vivres et approvisionnements de la marine. Vous recueillerez tout ce qu'on vous dira, et tous les renseignements directs ou indirects qui viendraient à votre connaissance.

Vous visiterez toutes les batteries des côtes, depuis Lorient jusqu'à l'embouchure de la rivière de Quimper, et depuis Lorient jusqu'à Rochefort. Vous aurez soin de voir avec quelle activité l'on arme; de me faire connaître, dans votre rapport sur chaque batterie, ce qu'on y a fait depuis l'ordre d'armement, et le moment où elle sera armée; d'observer l'esprit et la population des villages à portée des batteries, le nombre de matelots, ceux qui sont à la mer; enfin tout ce qui peut, sur cette côte, m'intéresser sous le point de vue de l'armement et de l'administration.

Informez-vous exactement, dès votre arrivée à Lorient, si les approvisionnements pour Belle-Ile et l'île de Groix sont partis; et, à votre retour à Lorient de la portion de votre course à l'embouchure de la rivière de Quimper, faites-moi connaître la situation de Belle-Ile et de l'île de Groix, leur armement, approvisionnement, l'esprit des habitants, le nombre de compagnies qu'on a formées parmi eux pour la défense du pays, les talents et l'esprit public des commandants.

Partout où vous irez, ayez soin d'inviter à dîner les commandants, les officiers, les administrateurs et habitants que vous penserez pouvoir vous donner des renseignements, sans cependant inviter les préfets et généraux de division, à moins qu'ils ne vous le demandent.

De là vous irez à Vannes, où vous prendrez les mêmes renseignements que dans les départements de l'Orne et d'Ille-et-Vilaine. Vous vous informerez des cantons supposés les plus mauvais. Vous verrez la gendarmerie, les maires, pour tous les renseignements, et vous contribuerez, par votre conduite et par l'accueil que vous leur ferez, à leur laisser une bonne opinion de la sollicitude du Gouvernement pour eux.

En descendant de Lorient à l'embouchure de la Vilaine, vous la remonterez jusqu'à la Roche-Bernard sur l'une et l'autre rive. Vous vous ferez montrer les lieux où une escadre poursuivie par les Anglais monta dans la dernière guerre, et recueillerez l'opinion des marins sur l'endroit où un vaisseau de guerre peut arriver.

Vous ferez la même chose sur l'une et l'autre rive de la Loire jusqu'à Nantes. Vous ferez, pour la marine de Nantes et pour le département d'Ille-et-Vilaine, ce qui vous est prescrit pour les autres départements.

Vous parcourrez l'île de Noirmoutiers. Vous vous informerez avec soin si l'on a mémoire que des frégates ou des vaisseaux aient mouillé dans l'anse de Noirmoutiers, et jusqu'à quel endroit.

Vous verrez les îles de Ré et d'Oleron, l'île d'Yeu et Rochefort, et vous vous en reviendrez à Paris par Poitiers, Tours, Orléans; vous vous arrêterez dans chaque chef-lieu, où vous prendrez les mêmes renseignements, mais d'une manière moins détaillée, surtout pour les troupes et les conscrits.

Vous aurez soin de m'envoyer votre rapport de tous les lieux où vous coucherez et avant d'en partir; vous m'en ferez une description géographique, topographique et militaire, et vous aurez soin d'y relater le nombre de villages et la population des îles de Groix, Belle-Ile, de l'île d'Yeu et Noirmoutiers, et de vous assurer si dans ces îles il y a des biens nationaux.

Partout vous rendrez visite aux évêques, et quand vous coucherez dans des villages, vous vous mettrez en relation avec les curés.

Vous distinguerez dans les îles les habitants les plus attachés au Gouvernement, et recueillerez les grâces qu'ils auraient à demander pour eux ou leurs enfants.

Faites connaître à Noirmoutiers que je suis satisfait de la conduite que les habitants ont tenue à la fin de l'an VIII.

Vous mettrez le temps convenable à cette mission, qui ne doit pas être faite légèrement, et je dois trouver dans vos rapports les mêmes renseignements que je pourrais trouver si j'allais moi-même sur les lieux. Je désire cependant que votre mission ne dure pas plus d'un mois.

Faites-moi connaître ceux des renseignements que vous prendrez qui pourraient être hasardés, et, le plus possible, la source d'où ils viennent. Vous pouvez être certain que vos rapports ne seront lus que par moi.

BONAPARTE.

Tous ces renseignements doivent être pris sans donner aucune inquiétude et sans paraître avoir été envoyés pour cet objet.

Comm. par M. le duc de Plaisance.
(En minute aux Arch. de l'Emp.)

6717. — NOTE.

Paris, 9 floréal an XI (29 avril 1803).

Au prochain travail, le Premier Consul présentera la proposition de douze lycées pour l'année prochaine.

Le ministre présentera un projet pour placer la statue de Charlemagne sur la place de la Concorde, ou sur la place dite Vendôme.

Par ordre du Premier Consul.

Archives de l'Empire.

6718. — AU GÉNÉRAL BERTHIER, MINISTRE DE LA GUERRE.

Saint-Cloud, 9 floréal an XI (29 avril 1803).

Le Premier Consul vous prie, Citoyen Ministre, d'apporter au prochain travail l'ordre suivant, qui a été donné pour les écoles d'artillerie pendant la campagne de l'an XI.

Par ordre du Premier Consul.

« Mon intention est qu'on se serve, dans chaque école, de boulets » rouges; qu'on s'exerce aux obusiers, et qu'on se familiarise avec

» l'usage des boulets creux, en ayant soin de tenir un procès-verbal
» des exercices qui auront été faits avec ces boulets. »

BONAPARTE.

Archives de l'Empire.

6719. — AU LANDAMMAN ET AU CONSEIL GÉNÉRAL DU CANTON D'URI.

Saint-Cloud, 10 floréal an XI (30 avril 1803).

Citoyens Landamman et Membres du conseil général du canton d'Uri, tout ce que vous me dites dans votre lettre du 28 mars m'a vivement touché. J'ai voulu, par l'acte de médiation, vous éviter de grands maux et vous procurer de grands biens. Je n'ai vu que vos intérêts. Oubliez toutes vos divisions. Ne formez qu'un seul peuple.

Je regarderai comme une de mes occupations les plus importantes de maintenir dans toute son intégrité la vieille amitié qui, depuis tant de siècles, vous unit à la nation française.

Dites au peuple de votre canton que je serai toujours prêt à l'aider dans tous les maux qu'il pourrait éprouver, et qu'en retour je compte sur la continuation des sentiments que vous m'exprimez.

BONAPARTE.

Comm. par la Chancellerie d'État du canton d'Uri.

6720. — AU CITOYEN TALLEYRAND, MINISTRE DES RELATIONS EXTÉRIEURES.

Saint-Cloud, 11 floréal an XI (1er mai 1803) [1].

J'ai reçu votre lettre, qui m'a été remise à la Malmaison. Je désire que la conférence ne se tourne pas en parlage. Montrez-vous-y froid, altier et même un peu fier.

Si la note contient le mot ultimatum, faites-lui sentir que ce mot renferme celui de guerre, que cette manière de négocier est d'un supérieur à un inférieur; si la note ne contient pas ce mot, faites qu'il le mette, en lui observant qu'il faut enfin savoir à quoi s'en tenir, que nous sommes las de cet état d'anxiété; que jamais on n'obtiendra de nous ce que l'on a obtenu des dernières années des Bourbons; que nous ne sommes plus ce peuple qui recevait un commissaire à Dunkerque; que, l'ultimatum remis, tout deviendra rompu.

Effrayez-le sur les suites de cette remise; s'il est inébranlable, accompagnez-le dans votre salon; au point de vous quitter, dites-lui :

[1] *Date présumée.*

« Mais le Cap et l'île de Gorée sont-ils évacués? » Radoucissez un peu la fin de la conférence, et invitez-le à revenir avant d'écrire à sa cour, afin que vous puissiez lui dire l'impression qu'elle a faite sur moi, qu'elle pouvait être diminuée par l'assurance de l'évacuation du Cap et de l'île de Gorée.

BONAPARTE.

Comm. par M. Croker, employé supérieur de l'amirauté anglaise.

6721. — AU CITOYEN TALLEYRAND.

Saint-Cloud, 11 floréal an XI (1er mai 1803).

Je vous envoie, Citoyen Ministre, les notes et votre discours. Je vous prie de les mettre en ordre le plus tôt possible. Lord Withworth a présenté deux notes différentes, l'une relative à la suzeraineté de l'Angleterre sur Malte, l'autre pour garder cette île pendant dix ans; les jours où ces deux notes ont été présentées ne sont pas spécifiés.

J'y joins quelques notes qui vous feront connaître dans quel sens je désirerais que le commencement fût traité.

BONAPARTE.

Archives des affaires étrangères.

6722. — DÉCISION.

Paris, 12 floréal an XI (2 mai 1803).

Ritter, ancien membre du conseil des Cinq-Cents, demande une place de juge près le tribunal criminel de la Seine.

Renvoyé au citoyen Cambacérès pour me proposer quelque chose qui pût lui convenir. Je crois que les membres du tribunal criminel sont nommés; mais, comme il parle bien l'allemand et qu'il est dévoué, on pourrait l'employer dans les départements réunis.

BONAPARTE.

Archives de l'Empire.

6723. — AU CONTRE-AMIRAL DECRÈS, MINISTRE DE LA MARINE ET DES COLONIES.

Saint-Cloud, 12 floréal an XI (2 mai 1803).

Des hommes instruits pensent qu'il serait praticable de construire un bassin au pied de la côte d'Ingouville, dans l'anse appelée Sainte-

Adresse, près du Havre, dont on pourrait alimenter les chasses par les eaux du bassin actuel; que les eaux sortant de ce bassin trouveraient une passe très-saine sous l'abri du banc de l'Éclat. Ce ne serait jamais qu'un port de construction pour profiter de l'embouchure de la Seine. Si un projet de cette nature pouvait être praticable, il suffirait de construire un bassin capable de contenir deux ou trois vaisseaux.

BONAPARTE.

Archives de l'Empire.

6724. — AU LANDAMMAN ET AU CONSEIL D'UNTERWALD.

Saint-Cloud, 13 floréal an XI (3 mai 1803).

Citoyens Landamman et Membres du conseil du canton d'Unterwald, je vous remercie des sentiments que vous m'exprimez au nom de votre canton par votre lettre du 3 avril. Le titre de restaurateur de la liberté des enfants de Tell m'est plus précieux que la plus belle victoire. Je n'ai eu en vue, dans l'acte de médiation, que vos intérêts; quand je l'ai discuté avec vos députés, j'ai été par la pensée au de vos concitoyens.

Assurez le peuple de votre canton que, dans toutes les circonstances, il peut compter qu'il me trouvera toujours dans les mêmes sentiments. Oubliez toutes vos anciennes querelles, et comptez sur le désir que j'ai de vous donner des preuves de l'intérêt que je vous porte.

BONAPARTE.

Archives de l'Empire.

6725. — NOTE POUR L'AMBASSADEUR D'ANGLETERRE [1].

Paris, 14 floréal an XI (4 mai 1803).

Après la dernière communication qui a été adressée à Son Excellence, on conçoit moins que jamais comment une nation grande, puissante, sensée, pourrait vouloir entreprendre de déclarer une guerre dont les résultats entraîneraient des malheurs si grands, et dont la cause serait si petite, puisqu'il s'agit d'un misérable rocher.

Son Excellence a dû comprendre que la double nécessité de s'entendre avec les puissances garantes du traité d'Amiens et de ne pas

[1] « Malgré l'insistance que mettait lord Withworth à demander ses passe-ports, le Premier Consul, continuellement appliqué à réfléchir aux moyens qui pouvaient prévenir la rupture, résolut de tenter un dernier effort, et il chargea le ministre des relations extérieures de remettre cette note à l'ambassadeur d'Angleterre. » (*Moniteur*.)

violer un pacte dont l'exécution intéresse aussi essentiellement l'honneur de la France, la sûreté de l'avenir et la loyauté des relations diplomatiques entre les nations européennes, avait fait une loi au Gouvernement français d'éloigner toute proposition diamétralement contraire au traité d'Amiens.

Cependant le Premier Consul, accoutumé depuis deux mois à faire des sacrifices de toute espèce pour le maintien de la pacification, ne repousserait pas un terme moyen qui serait de nature à concilier les intérêts et la dignité des deux pays.

Sa Majesté Britannique a paru croire que la garnison napolitaine qui devait être établie à Malte ne présenterait pas une force suffisante pour assurer véritablement l'indépendance de cette île.

Ce motif étant le seul qui puisse au moins expliquer le refus qu'elle fait d'évacuer l'île, le Premier Consul est prêt à consentir que l'île de Malte soit remise aux mains d'une des trois principales puissances qui ont garanti son indépendance, soit l'Autriche, la Russie ou la Prusse; bien entendu qu'aussitôt que la France et l'Angleterre seront d'accord sur cet article, elles réuniront leurs demandes pour y porter pareillement les différentes puissances, soit contractantes, soit adhérentes au traité d'Amiens.

S'il était possible que cette proposition ne fût pas adoptée, il serait manifeste que non-seulement l'Angleterre n'a jamais voulu exécuter le traité d'Amiens, mais qu'elle n'a même été de bonne foi dans aucune des demandes qu'elle a faites, et qu'à mesure que la France eût cédé sur un point, les prétentions du Gouvernement britannique se fussent portées sur un autre; et, si une pareille démonstration devait être acquise, le Premier Consul aura du moins donné encore un gage de la sincérité de son application à méditer sur les moyens d'éviter la guerre, de son empressement à les saisir, et du prix qu'il mettait à les faire prévaloir.

Par ordre du Premier Consul.

Extrait du *Moniteur*.

6726. — AU LANDAMMAN ET AU CONSEIL DE SCHWITZ.

Saint-Cloud, 16 floréal an XI (6 mai 1802).

Citoyens Landamman et Membres du conseil du canton de Schwitz, j'ai éprouvé une vive satisfaction d'apprendre par votre lettre du 14 avril que vous étiez heureux par l'acte de médiation. L'oubli des querelles passées et l'union entre vous, voilà le premier de vos besoins.

Je serai toujours votre ami, et l'esprit qui m'a dicté l'acte de médiation ne cessera jamais de m'animer.

Quelles que soient les sollicitudes et les occupations que je puisse avoir, je regarderai toujours pour moi comme un devoir et une douce jouissance de faire tout ce qui pourra consolider votre liberté et votre bonheur.

BONAPARTE.

Comm. par la Chancellerie d'État du canton de Schwitz.

6727. — DÉCISION.

Paris, 16 floréal an XI (6 mai 1803).

Rapport sur la question de savoir si l'on peut accepter des biens-fonds pour l'entretien des desservants des succursales.

Il est possible de recevoir des biens-fonds, non pour le clergé, parce que la loi s'y oppose, mais pour les communes, qui en emploieront le produit aux payements des succursaux.

Écrire, en conséquence, aux évêques qu'ils peuvent accepter, si l'on insère dans la donation la clause que les dons sont faits aux communes, pour les aider à entretenir les succursaux.

BONAPARTE.

Archives de l'Empire.

6728. — AUX BOURGMESTRE ET SÉNATEURS DE LA VILLE LIBRE ET HANSÉATIQUE DE BRÊME.

Saint-Cloud, 16 floréal an XI (6 mai 1803).

Le sénateur Groening, votre député, m'a remis la lettre par laquelle vous lui avez accordé la permission de revenir dans sa patrie, après avoir rempli les différents objets de la mission dont vous l'aviez chargé auprès du Gouvernement de la République française. C'est avec plaisir que je reçois les témoignages que vous me donnez, à cette occasion, de votre reconnaissance pour la protection que vous avez éprouvée de ma part, quand il s'est agi de l'intérêt des villes hanséatiques en général et de la vôtre en particulier. Je ne puis que vous témoigner ma satisfaction de la conduite de votredit député dans l'accomplissement des divers points de sa mission, et je le charge de vous renouveler, à son retour auprès de vous, les assurances de l'intérêt que je prends à tout ce qui concerne la prospérité de votre ville, et de mon désir de trouver des occasions de multiplier, à son égard, les preuves de ma bienveillance et de ma protection.

BONAPARTE.

Archives de l'Empire.

6729. — AU CITOYEN MARESCALCHI,

MINISTRE DES RELATIONS EXTÉRIEURES DE LA RÉPUBLIQUE ITALIENNE.

Saint-Cloud, 19 floréal an XI (9 mai 1803).

Je vous prie, Citoyen Ministre, de faire connaître au vice-président que mon intention est qu'il y ait en Romagne, indépendamment des bataillons italiens et polonais qui ont ordre de s'y rendre, deux autres bataillons italiens, de manière que les forces italiennes, infanterie, cavalerie et artillerie, y compris les Polonais, soient au moins de 6,000 hommes.

BONAPARTE.

Archives de l'Empire.

6730. — ARRÊTÉ.

Paris, 21 floréal an XI (11 mai 1803).

Le Gouvernement de la République, sur le rapport fait par le grand juge et ministre de la justice, de la demande de Joseph-Marie de Maistre, à l'effet d'obtenir la permission de rester au service de Sa Majesté le roi de l'île de Sardaigne, arrête :

ARTICLE 1er. — Il est permis à Joseph-Marie de Maistre, régent de la chancellerie et chef du tribunal suprême de l'audience royale en Sardaigne, de rester au service de Sa Majesté le roi de l'île de Sardaigne.

En conséquence il conservera, pendant tout le temps de la durée de la présente permission, sa qualité de Français, ainsi que les droits qui y sont attachés, conformément aux dispositions de la loi du 17 ventôse an XI; toutefois sous la condition expresse de ne point porter les armes contre la France.

ART. 2. — La présente permission, scellée du sceau de la République, sera déposée aux archives du grand juge et ministre de la justice, et expédition en sera délivrée à l'impétrant, qui jouira de son contenu tant qu'il ne sera point révoqué.

BONAPARTE.

Archives de l'Empire.

6731. — DÉCISION.

Saint-Cloud, 22 floréal an XI (12 mai 1803).

Le citoyen Dubois, préfet du département de la Gironde, rend compte des difficultés qu'il a éprouvées à Bordeaux dans l'exécution de la loi sur la conscription.

Le ministre de l'intérieur fera connaître au préfet que, quelque chose qu'il puisse dire, il est de fait que les conscrits ne sont pas partis; que je serais extrêmement peiné que l'insouciance apportée dans l'exécution d'une loi aussi importante me forçât de mettre cette grande et belle cité sous l'autorité militaire; qu'il doit rassembler les maires et les principales autorités, donner des ordres à la gendarmerie et se concerter avec les commandants d'armes, car, à quelque prix que ce soit, il faut que les conscrits de Bordeaux marchent et rejoignent leurs corps.

Bonaparte.

Archives de l'Empire.

6732. — NOTE POUR LE MINISTRE DE L'INTÉRIEUR.

Saint-Cloud, 22 floréal an XI (12 mai 1803).

Je prie le ministre de l'intérieur de me faire connaître le temps où il sera possible de faire placer le corps du général Desaix dans l'église de Saint-Bernard, dans le monument qui y a été commandé. Mon intention n'est point de faire construire une nouvelle église, mais de le placer dans l'église actuelle, dans l'endroit le plus visible. Cette église est grande et vaste. Je désirerais savoir s'il est possible de faire cette cérémonie, cette année, à l'anniversaire de la bataille de Marengo.

Bonaparte.

Archives de l'Empire.

6733. — AU CITOYEN CRETET,

CONSEILLER D'ÉTAT, CHARGÉ DES PONTS ET CHAUSSÉES.

Saint-Cloud, 22 floréal an XI (12 mai 1803).

Il y a, Citoyen Cretet, quatre lieues de chemin de Valognes aux îles Marcouf. Deux lieues sont faites, deux restent à faire. Je désire que vous preniez des mesures pour les terminer avant fructidor.

Une portion de la digue qui conduit au fort de Querqueville, rade de Cherbourg, a été enlevée par la mer. On évalue son rétablissement à 30,000 francs. Prenez des mesures pour qu'il soit fait avant fructidor.

BONAPARTE.

Archives de l'Empire.

6734. — NOTE POUR LE MINISTRE DE LA GUERRE.

Saint-Cloud, 22 floréal an XI (12 mai 1803) [1].

Saint-Constant et les environs d'Auray.

Dans le département de la Vendée, Saint-Jean-de-Mont est la commune par laquelle on a toujours communiqué avec l'Angleterre. Il faut y faire mettre une petite garnison et y faire exercer une surveillance particulière.

S'il convient de réarmer le fort de l'île d'Houat et d'Hædik.

Donner ordre qu'on réarme l'île Dumet.

Faire connaître l'officier qui commande à Groix; si les soldats sont enrégimentés; quelle est leur discipline; quel esprit il y a dans cette île.

Mêmes renseignements pour Belle-Ile.

Se faire rendre compte si on a approvisionné le fort de l'île des Signes [2].

L'île de Batz et le fort des Sept-Iles.

BONAPARTE.

Dépôt de la guerre.

6735. — AU GÉNÉRAL MENOU.

Saint-Cloud, 22 floréal an XI (12 mai 1803).

Citoyen Général Menou, administrateur général de la 27e division militaire, j'ai reçu votre lettre du 13 floréal. On m'a fait le rapport sur la route du mont Cenis; mais ne serait-il pas convenable de terminer la route du mont Genèvre avant de faire cette nouvelle route? Car, en entreprenant trop, on met nécessairement beaucoup de lenteur à finir, et il est cependant indispensable d'avoir le plus promptement possible, entre la France et le Piémont, une communication telle qu'il ne faille point dételer. On m'assure qu'il serait possible de l'achever dans la campagne et à peu de frais. Il ne faudrait pas perdre un instant.

Faites-moi connaître la situation des troupes.

J'approuverai toujours fort tout ce que vous ferez pour activer les

[1] Date présumée. — [2] Ile de Sein?

travaux des fortifications d'Alexandrie. Ayez l'œil à ce qu'on ne fasse aucun établissement militaire à Turin ; mon intention secrète est de concentrer toute l'administration des approvisionnements, de l'artillerie, du génie, etc., à Alexandrie. S'il se faisait quelque disposition contre cette pensée secrète, prévenez-m'en, afin que, sans en faire connaître le motif, je puisse la faire suspendre.

J'apprends avec grand plaisir ce que vous me dites du départ de 3,000 conscrits. Les états qui m'ont été remis ne les portent qu'à 1,300.

J'ai fait quelque chose pour vos manufactures de draps. Visitez-les, encouragez-les de tous vos moyens, tant pour le bien du pays que pour nous éviter les frais de transport pour l'habillement de nos troupes en Italie.

J'appellerai volontiers aux places d'auditeur au Conseil d'État deux jeunes gens de familles accréditées dans le pays, de l'âge de vingt à vingt-cinq ans, et qui auraient des dispositions. Il serait nécessaire qu'ils eussent de l'aisance, puisque les appointements de cette place ne sont que de 2,000 francs.

Je désirerais plus de détails sur ce que vous me dites de la diminution des droits d'entrée dans le port de Gênes, et que vous me fissiez connaître comment cela peut détourner le commerce du Piémont avec Nice.

Je viens de créer un nouveau dépôt colonial à Villefranche.

Il faut qu'il y ait en Piémont une ou plusieurs maisons de reclusion, pour y enfermer et y faire travailler les mendiants et les hommes dangereux, car on ne doit point envoyer cette canaille au dépôt colonial.

Je ne saurais trop vous dire, ce que vous savez parfaitement, qu'il n'y a rien de pire que la réaction. Il ne peut y avoir de bien que ce qui s'opère insensiblement.

BONAPARTE.

Archives de l'Empire.

6736. — AU GÉNÉRAL LAGRANGE.

Saint-Cloud, 22 floréal an XI (12 mai 1803).

J'ai reçu de vous différentes lettres, Citoyen Général, et spécialement celle datée de Boulogne. Je désire beaucoup plus de détails ; au moins quatre pages de chaque ville où vous couchez.

Vous me dites que la 22e de ligne a reçu 1,000 conscrits ; j'ai peine à le croire, mes états n'en portent que 550.

J'aurais voulu, sur Boulogne et Calais, de très-grands détails.

Faites votre course lentement, voyez beaucoup, et écrivez-moi tout ce que vous voyez.

BONAPARTE.

Archives de l'Empire.

6737. — AU CONTRE-AMIRAL DECRÈS,

MINISTRE DE LA MARINE ET DES COLONIES.

Saint-Cloud, 22 floréal an XI (12 mai 1803).

J'apprends, Citoyen Ministre, que, sur 16,000 toises cubes qui devaient être faites, cette année, à Cherbourg, il n'y en a encore que 4,000.

Il est donc nécessaire que vous preniez de nouvelles mesures pour achever ces travaux, afin que, dans le courant de la campagne, les 100 toises de digue qu'on avait promis d'élever le soient effectivement et puissent porter des canons.

Il est aussi convenable que vous vous fassiez instruire quelle est la portion de la digue qu'on élèvera immédiatement après les 100 toises arrêtées.

BONAPARTE.

Archives de l'Empire.

6738. — AU CITOYEN PORTALIS, CONSEILLER D'ÉTAT,

CHARGÉ DE TOUTES LES AFFAIRES CONCERNANT LES CULTES.

Saint-Cloud, 22 floréal an XI (12 mai 1803).

Citoyen Portalis, Conseiller d'État, je vous prie de faire connaître au préfet de la Vendée et à l'évêque de la Rochelle que mon intention est qu'ils fassent distribuer 150 francs aux soixante vicaires ou succursaux qui ont le plus d'instruction, qui se conduisent le mieux et montrent le plus d'attachement au concordat, à la religion et au Gouvernement. Vous leur ferez passer la somme de 9,000 francs, montant de ces distributions, sur l'état nominatif que vous transmettra l'évêque, approuvé du préfet.

Écrivez également à l'évêque du Morbihan de vous envoyer la note des cent vicaires ou succursaux qui ont le plus de lumières et d'attachement au concordat et au Gouvernement, à chacun desquels mon intention est d'accorder une gratification de 150 francs. Vous lui ferez passer les fonds lorsqu'il vous en adressera l'état nominatif.

BONAPARTE.

Archives de l'Empire.

6739. — A L'AMBASSADEUR D'ANGLETERRE.

Paris, 22 floréal an XI (12 mai 1803).

Le soussigné est chargé de faire connaître à Son Excellence lord Withworth, ambassadeur de Sa Majesté Britannique, que, le Premier Consul ayant proposé, dans la note du 14 de ce mois, que l'île de Malte fût remise dans les mains d'une des trois puissances garantes, la Russie, l'Autriche ou la Prusse, il ne suffirait pas, pour écarter cette proposition, d'arguer du refus que ferait S. M. l'empereur de Russie de recevoir ce dépôt, puisqu'il resterait à connaître les intentions de LL. MM. l'empereur d'Allemagne et le roi de Prusse;

Que, d'ailleurs, l'assertion contenue dans la note de Son Excellence, en date du 20 de ce mois, et qui est exprimée en ces termes, « Par le refus de S. M. l'empereur de Russie de s'y prêter, » est entièrement contraire à la garantie que Sa Majesté Impériale a formellement offerte, sous la condition de quelques légers changements que le Premier Consul n'a fait aucune difficulté d'adopter, et auxquels il est à sa connaissance que le ministère anglais s'est refusé, méditant sans doute alors l'étrange prétention de garder Malte;

Que, de plus, cette assertion se trouve encore en opposition absolue avec les assurances que le Premier Consul a reçues de Pétersbourg, depuis que le message de Sa Majesté Britannique y a été connu, et qui viennent de lui être renouvelées par une communication authentique que M. le comte de Markof a donnée hier des intentions de sa cour;

D'où il résulte qu'il est impossible de concilier la dernière transmission faite par Son Excellence lord Withworth avec la nouvelle confirmation qui vient d'être acquise des dispositions de S. M. l'empereur de Russie, et qu'on ne peut se refuser à croire que Sa Majesté Britannique, mieux informée, sera elle-même empressée à faire donner à Son Excellence des instructions différentes de celles qu'elle a reçues et communiquées au nom de son Gouvernement.

Par ordre du Premier Consul.

Extrait du *Moniteur*.

6740. — AU CITOYEN TALLEYRAND,

MINISTRE DES RELATIONS EXTÉRIEURES.

Saint-Cloud, 23 floréal an XI (13 mai 1803).

Envoyez, Citoyen Ministre, la note à lord Withworth et au général Andréossy; envoyez-la aussi en Espagne et en Hollande.

Donnez ordre au général Andréossy que, lorsqu'il sera assuré que le Gouvernement anglais a communication de cette note, il fasse connaître, par le citoyen Schimmelpenninck ou par tout autre moyen indirect, que, si l'Angleterre rejette absolument la proposition de remettre Malte à une des puissances garantes, on ne serait pas éloigné ici d'adopter que l'Angleterre resterait à Malte pendant dix ans et que la France occuperait la presqu'île d'Otrante et les positions qu'elle occupait, au moment de la signature du traité d'Amiens, dans le royaume de Naples, pendant le même espace de temps; ainsi, il serait autorisé à signer une convention dans ces propres termes :

« Le Premier Consul, au nom du Peuple français, et Sa Majesté » Britannique, animés du désir de maintenir la paix si heureusement » rétablie à Amiens, conviennent de ce qui suit :

» I. Les troupes de Sa Majesté Britannique pourront occuper l'île » de Malte pendant dix ans.

» II. Les troupes françaises occuperont, pendant le même espace » de temps, les positions de Tarente et d'Otrante, telles qu'elles » les occupaient au moment de la signature du traité d'Amiens et » qu'elles n'ont évacuées qu'en conséquence de l'article 11 dudit traité.

» III. La présente convention sera ratifiée dans l'espace d'un mois » ou de quinze jours, si faire se peut. »

Faites connaître au général Andréossy, 1° qu'il est important que, si cette proposition ne peut réussir, il n'en fasse aucune communication qui en laisse des traces, et qu'on puisse toujours nier ici que le Gouvernement ait pu adhérer à cette proposition; 2° qu'il est autorisé à faire ces ouvertures dans le cas où il ne lui en aurait pas été fait quelque autre de la part de l'Angleterre, ou que les hostilités n'auraient pas recommencé.

On s'en remet donc entièrement à lui sur le parti à prendre, et on ne saurait lui recommander trop de prudence.

Recommandez-lui spécialement de se servir du citoyen Schimmelpenninck; et, en parlant à lord Hawkesbury, il doit lui dire qu'il n'a pas d'autorisation précise, mais qu'il met sa responsabilité en avant, qu'il se fait fort de signer et qu'il ne sera pas désavoué.

BONAPARTE.

Archives des affaires étrangères.
(En minute aux Arch. de l'Emp.)

6741. — AU GÉNÉRAL BERTHIER, MINISTRE DE LA GUERRE.

Saint-Cloud, 23 floréal an XI (13 mai 1803).

J'ai lu le rapport du général Chasseloup sur la situation d'Alexandrie à la fin de l'an XII. Le général Menou a ordre de prendre toutes les mesures pour activer les travaux de cette place. J'y ai mis un grand nombre d'hommes en garnison, et je ne ferais point de difficulté de l'augmenter sur la demande du général Chasseloup. Si les 200,000 francs par mois ne suffisent pas, j'augmenterai les fonds.

Mandez au général Chasseloup de diriger les travaux de manière que la place se trouve dans la situation qu'il a décrite pour le mois de mai de l'année prochaine.

Le roi de Sardaigne ayant toujours fait construire des forteresses, on doit trouver des moyens immenses aux environs de Suse, Fenestrelle, Coni, etc. Il doit y avoir des entrepreneurs et des ouvriers; le général Chasseloup doit les réunir tous; et, dût-on dépenser le double des fonds accordés, j'y ferai fournir. Je considère cette place comme tout : le reste de l'Italie est affaire de guerre; cette place est affaire de politique.

Demandez au général Chasseloup un plan arrêté de ses projets, que je veux avoir sous les yeux, et faites-vous adresser, chaque mois, une note de ce qui a été fait.

Écrivez au général Menou que, si le général Chasseloup le lui demande, il requière tous les entrepreneurs et ouvriers qui auraient travaillé aux forteresses du Piémont, pour les employer aux fortifications d'Alexandrie.

Désignez le général Robin pour commander le cantonnement d'Alexandrie.

Faites connaître au général Chasseloup que j'ai approuvé ses observations, et que, cette année, on travaillera au mont Genèvre; car, avant d'entreprendre d'autres communications, il nous en faut une de sûre.

BONAPARTE.

Comm. par M. le prince de Wagram.

6742. — AU GÉNÉRAL BERTHIER.

Saint-Cloud, 23 floréal an XI (13 mai 1803).

Le camp de Nimègue se mettra en marche pour se rendre à Coeverden, où il sera arrivé le 1er ou le 2 prairial.

Le général commandant [1] prendra les mesures nécessaires pour faire transporter à Coeverden quatre jours de vivres et six jours de biscuit, de manière à pouvoir, douze heures après la réception d'un courrier, se mettre en marche avec ses vivres.

Il prendra toutes les informations nécessaires sur la route qu'il doit

[1] Le général Mortier.

tenir pour occuper le Hanovre en passant par Meppen, et ayant soin de ne pas passer sur le territoire prussien.

Il enverra des agents pour connaître le mouvement que pourront faire les Hanovriens, et les positions qu'ils prennent.

BONAPARTE.

Dépôt de la guerre.

6743. — AU GÉNÉRAL CLARKE,

MINISTRE DE FRANCE A FLORENCE.

Paris, 23 floréal an XI (13 mai 1803).

L'ambassadeur d'Angleterre en France, Citoyen Ministre, vient de quitter Paris.

La guerre n'est cependant pas encore déclarée; mais cette conduite de l'ambassadeur, déterminée par des ordres de son Gouvernement, exige des précautions sur le résultat desquelles il sera statué selon le parti que prendra le Gouvernement anglais.

En conséquence, le Premier Consul m'a ordonné de vous faire savoir que son intention est qu'un embargo général soit mis dans les ports dépendants de Sa Majesté le roi de Toscane.

Les bâtiments chargés pour le compte de l'Angleterre ne devront éprouver aucune molestation; mais l'intention du Premier Consul est qu'il soit veillé à ce que ces bâtiments ne puissent disposer, jusqu'à nouvel ordre, d'aucune partie de la cargaison.

Telles sont, Citoyen, les dispositions que le Premier Consul m'a ordonné de vous faire connaître, pour que vous pourvoyiez à leur exécution.

Par ordre du Premier Consul.

Archives de la marine.

Même lettre au citoyen Semonville pour la République ligurienne, et au citoyen Saliceti pour la République batave.

6744. — AU CITOYEN MARESCALCHI,

MINISTRE DES RELATIONS EXTÉRIEURES DE LA RÉPUBLIQUE ITALIENNE.

Paris, 24 floréal an XI (14 mai 1803).

L'ambassadeur d'Angleterre ayant quitté Paris, le citoyen Talleyrand lui a remis la note ci-jointe, qui est une récapitulation de toute la négociation.

Je désire que vous l'expédiiez par un courrier extraordinaire, pour être communiquée à la Consulte d'État en comité secret, et sans que, sous quelque prétexte que ce soit, il en soit donné aucune copie, ni aucune communication à toute autre personne qu'aux membres de la Consulte, désirant ne faire aucune communication publique avant que l'ambassadeur de la République soit de retour à Calais.

BONAPARTE.

Archives de l'Empire.

6745. — AU GÉNÉRAL BERTHIER, MINISTRE DE LA GUERRE.

Saint-Cloud, 25 floréal an XI (15 mai 1803).

Je vous prie, Citoyen Ministre, de témoigner mon extrême mécontentement au général Olivier, qui commande à Livourne, pour avoir donné une garde d'honneur à lord Elgin. Il ne connaît point lord Elgin et ne doit de garde d'honneur à personne, si ce n'est au roi d'Étrurie, dans les États duquel il se trouve employé. Je n'ai pu qu'être extrêmement peiné de voir qu'un général aussi distingué ait traité avec la plus grande faveur un des plus grands ennemis de la nation.

BONAPARTE.

Archives de l'Empire.

6746. — AU CITOYEN REGNIER, GRAND JUGE, MINISTRE DE LA JUSTICE.

Saint-Cloud, 27 floréal an XI (17 mai 1803).

Je vous envoie, Citoyen Ministre, un rapport qui m'a été fait. Je vous prie de donner ordre au commissaire du Gouvernement près le tribunal criminel de Maestricht, sans dire de quelle source vous viennent ces renseignements, qu'une enquête générale soit faite pour constater l'existence du corps du délit. Évitez de parler du général Charbonnier, parce qu'il peut être innocent. J'attache la plus grande importance à cette affaire, parce qu'elle tient à la sûreté publique et à l'existence de l'armée.

BONAPARTE.

Archives de l'Empire.

6747. — AU CITOYEN GAUDIN, MINISTRE DES FINANCES.

Saint-Cloud, 27 floréal an XI (17 mai 1803).

Je vous prie, Citoyen Ministre, de porter la pension de madame d'Orléans-Bourbon à 100,000 francs par an, à compter du 1er vendémiaire an XI.

BONAPARTE.

Archives de l'Empire.

6748. — AU GÉNÉRAL LANNES[1].

Saint-Cloud, 27 floréal an XI (17 mai 1803).

Citoyen Général, je reçois à l'instant votre lettre du 27 germinal. J'ai vu ce matin le citoyen Gueheneuc, qui arrive de Londres, et qui m'a appris que tous vos différends étaient arrangés à Lisbonne.

L'ambassadeur d'Angleterre est parti jeudi; mais il est encore aujourd'hui à Calais. Je n'ai pas encore de nouvelles qu'Andréossy ait quitté Londres. Ainsi, tout n'est pas encore définitivement décidé. Cependant il y a peu d'espoir pour la paix, l'arrogance et l'injustice du cabinet anglais n'ayant aucune limite.

BONAPARTE.

Remettez cette lettre au prince.

Comm. par M. le duc de Montebello.

6749. — AU PRINCE RÉGENT DE PORTUGAL.

Saint-Cloud, 27 floréal an XI (17 mai 1803).

J'ai reçu les différentes lettres qu'il a plu à Votre Altesse Royale de m'écrire. J'y ai vu avec plaisir les sentiments qu'elle m'y témoigne. Les circonstances actuelles deviennent de plus en plus graves, et la guerre est sur le point de se rallumer entre la France et l'Angleterre. J'ai tout fait pour épargner au monde cette calamité; mais l'Angleterre s'est refusée à l'exécution du traité d'Amiens. Le ministre de la République à Lisbonne fera connaître à Votre Altesse Royale la marche de la négociation dans cette circonstance extraordinaire. Toutes les puissances intéressées à l'indépendance de l'ordre de Malte doivent réunir leurs efforts, et je suis autorisé à compter sur les sentiments que Votre Altesse Royale a bien voulu témoigner.

BONAPARTE.

Archives de l'Empire.

6750. — A L'ÉLECTEUR DE SALZBURG.

Saint-Cloud, 27 floréal an XI (17 mai 1803).

J'ai reçu la lettre qu'il a plu à Votre Altesse Royale de m'écrire le 24 avril. Je la prie de recevoir mon compliment sur son installation à Salzburg. Je lui désire bien sincèrement tout le bonheur qu'elle mérite; et qu'elle fera éprouver à ses peuples par son gouvernement doux et paternel. La France a été dix ans en lutte avec la Maison d'Autriche; tout est enfin terminé. Il ne tiendra pas à moi que les

[1] Ministre de France à Lisbonne.

deux États ne recommencent une nouvelle époque sur des principes différents. Au reste, quelle que soit la marche que suivront les deux cabinets de Vienne et de Paris, je verrai toujours avec une extrême satisfaction que le cabinet de Votre Altesse Royale se conduise d'après les principes qui lui sont propres.

BONAPARTE.

Archives de l'Empire.

6751. — AU LANDAMMAN DE LA SUISSE.

Saint-Cloud, 27 floréal an XI (17 mai 1803).

Monsieur Louis d'Affry, Landamman de la Suisse, j'ai reçu votre lettre du 22 avril, que m'a remise le colonel Rapp. Dans les circonstances actuelles, où la guerre entre la France et l'Angleterre est sur le point de se déclarer, je ne veux vous laisser aucun doute sur la justice de la guerre que la France est obligée de faire. Je vous envoie, pour vous seul, la note qui a été remise à lord Withworth, au moment de son départ de Paris.

Je vous prie d'être toujours convaincu du désir que j'ai de faire ce qui peut être agréable à votre pays, et à vous en particulier.

BONAPARTE.

Archives de l'Empire.

6752. — A S. S. LE PAPE.

Saint-Cloud, 27 floréal an XI (17 mai 1803).

Très-saint Père, je remercie Votre Sainteté de la nomination des cardinaux français qu'elle a bien voulu faire.

J'ai reçu avec un véritable plaisir le dessin que l'ablégat m'a remis.

Autant j'ai eu de plaisir, il y a un an, d'instruire Votre Sainteté de la paix conclue avec l'Angleterre, autant j'éprouve de peine aujourd'hui à lui annoncer que la guerre est près de troubler l'Europe, par l'injustice des Anglais qui, au mépris des traités, ne veulent pas évacuer Malte.

Votre Sainteté verra, par la copie de la dernière note remise à l'ambassadeur d'Angleterre et que je joins ici pour elle seule, que j'ai été poussé à bout. L'ambassadeur d'Angleterre a quitté Paris jeudi passé.

Le ministre de la République fera une demande à Votre Sainteté d'un passage de troupes par la Marche d'Ancône, pour se rendre dans le royaume de Naples. Mais cela ne doit porter en rien préjudice ni aux États ni aux finances du Saint-Siége.

J'apprendrai avec grand intérêt que Votre Sainteté juge que, dans cette circonstance, je ne suis point la cause de la guerre, ni des malheurs qui pourront en résulter, et que j'y ai été en tout contraint et obligé.

Il me reste à faire à Votre Sainteté un nouveau remercîment sur son bref pour le Piémont.

BONAPARTE.

Archives de l'Empire.

6753. — AU CARDINAL CONSALVI.

Saint-Cloud, 27 floréal an XI (17 mai 1803).

Monsieur le cardinal Consalvi, Secrétaire d'État de Sa Sainteté, j'ai reçu votre lettre du 31 janvier. Je vous remercie des sentiments que vous m'y exprimez. Je désire trouver des occasions qui puissent me mettre à même de vous donner des preuves de l'estime particulière que je vous porte. Vos bons conseils et vos talents sont utiles à l'Église, et je ne puis que me louer de la direction que vous donnez à la chancellerie de Rome. Vous pouvez donc compter sur mon assistance, et le Saint-Père me trouvera toujours, en fidèle et zélé enfant de l'Église, disposé à faire tout ce qui peut contribuer à sa prospérité.

BONAPARTE.

Archives de l'Empire.

6754. — DÉCISION.

Paris, 29 floréal an XI (19 mai 1803).

Mauduit, de Rouen, présente au Premier Consul une pièce d'harmonie sur son passage dans le département de la Seine-Inférieure.

Renvoyé à M. Paesiello, pour me rendre compte si la musique en est bonne.

BONAPARTE.

Archives de l'Empire.

6755. — MESSAGE AU SÉNAT.

Paris, 30 floréal an XI (20 mai 1803).

L'ambassadeur d'Angleterre a été rappelé; forcé par cette circonstance, l'ambassadeur de la République a quitté un pays où il ne pouvait plus entendre des paroles de paix.

Dans ce moment décisif, le Gouvernement met sous vos yeux, il mettra sous les yeux de la France et de l'Europe ses premières relations avec le ministère britannique, les négociations qui ont été terminées par le traité d'Amiens, et les nouvelles discussions qui semblent finir par une rupture absolue.

Le siècle présent et la postérité y verront tout ce qu'il a fait pour mettre un terme aux calamités de la guerre, avec quelle modération, avec quelle patience il a travaillé à en prévenir le retour.

Rien n'a pu rompre le cours des projets formés pour rallumer la discorde entre les deux nations.

Le traité d'Amiens avait été négocié au milieu des clameurs d'un parti ennemi de la paix. A peine conclu, il fut l'objet d'une censure amère; on le représenta comme funeste à l'Angleterre, parce qu'il n'était pas honteux pour la France. Bientôt on sema des inquiétudes, on simula des dangers sur lesquels on établit la nécessité d'un état de paix tel qu'il était un signal permanent d'hostilités nouvelles. On tint en réserve, on stipendia ces vils scélérats qui avaient déchiré le sein de leur patrie, et qu'on destine à le déchirer encore. Vains calculs de la haine! Ce n'est plus cette France divisée par les factions et tourmentée par les orages : c'est la France rendue à la tranquillité intérieure, régénérée dans son administration et dans ses lois, prête à tomber de tout son poids sur l'étranger qui osera l'attaquer, et à se réunir contre les brigands qu'une atroce politique rejetterait encore sur son sol pour y organiser le pillage et les assassinats.

Enfin un message inattendu a tout à coup effrayé l'Angleterre d'armements imaginaires en France et en Batavie, et supposé des discussions importantes qui divisaient les deux gouvernements, tandis qu'aucune discussion pareille n'était connue du Gouvernement français.

Aussitôt des armements formidables s'opèrent sur les côtes et dans les ports de la Grande-Bretagne; la mer est couverte de vaisseaux de guerre; et c'est au milieu de cet appareil que le cabinet de Londres demande à la France l'abrogation d'un article fondamental du traité d'Amiens.

Ils voulaient, disaient-ils, des garanties nouvelles, et ils méconnaissaient la sainteté des traités, dont l'exécution est la première des garanties que puissent se donner les nations.

En vain la France a invoqué la foi jurée; en vain elle a rappelé les formes reçues parmi les nations; en vain elle a consenti à fermer les yeux sur l'inexécution actuelle de l'article du traité d'Amiens dont l'Angleterre prétendait s'affranchir; en vain elle a voulu remettre à prendre un parti définitif jusqu'au moment où l'Espagne et la Batavie, toutes deux parties contractantes, auraient manifesté leur volonté; vainement, enfin, elle a proposé de réclamer la médiation des puissances qui avaient été appelées à garantir et qui ont garanti en effet la stipulation dont l'abrogation était demandée : toutes les propositions ont été repoussées, et les demandes de l'Angleterre sont devenues plus impérieuses et plus absolues.

Il n'était pas dans les principes du Gouvernement de fléchir sous la menace; il n'était pas en son pouvoir de courber la majesté du peuple français sous des lois qu'on lui prescrivait avec des formes si hautaines et si nouvelles. S'il l'eût fait, il aurait consacré pour l'Angleterre le droit d'annuler, par sa seule volonté, toutes les stipulations qui l'obligent envers la France; il l'eût autorisée à exiger de la France des garanties nouvelles à la moindre alarme qu'il lui aurait plu de se forger; et, de là, deux nouveaux principes qui se seraient placés dans le droit public de la Grande-Bretagne, à côté de celui par lequel elle a déshérité les autres nations de la souveraineté commune des mers et soumis à ses lois et à ses règlements l'indépendance de leurs pavillons.

Le Gouvernement s'est arrêté à la ligne que lui ont tracée ses principes et ses devoirs. Les négociations sont interrompues, et nous sommes prêts à combattre si nous sommes attaqués.

Du moins nous combattrons pour maintenir la foi des traités et pour l'honneur du nom français.

Si nous avions cédé à une vaine terreur, il eût fallu bientôt combattre pour repousser des prétentions nouvelles; mais nous aurions combattu déshonorés par une première faiblesse, déchus à nos propres yeux et avilis aux yeux d'un ennemi qui nous aurait une fois fait ployer sous ses injustes prétentions.

La nation se reposera dans le sentiment de ses forces. Quelles que soient les blessures que l'ennemi pourra nous faire dans des lieux où nous n'aurons pu ni le prévenir ni l'atteindre, le résultat de cette lutte sera tel que nous avons droit de l'attendre de la justice de notre cause et du courage de nos guerriers.

BONAPARTE.

Archives de l'Empire.

6756. — AU CITOYEN BARBÉ-MARBOIS,

MINISTRE DU TRÉSOR PUBLIC.

Saint-Cloud, 1er prairial an XI (21 mai 1803).

Sur les 240,000 francs, Citoyen Ministre, que doivent les six banquiers du trésor public, 48,000 francs seront donnés en gratification, conformément à ma lettre de ce jour; 192,000 francs seront à votre disposition pour suppléer à l'insuffisance de votre traitement, ayant l'intention que vous voyiez dans cette disposition le désir que j'ai de vous témoigner ma satisfaction de vos travaux importants et du bon ordre que vous avez mis dans votre ministère, qui ont valu à la République un grand nombre de millions.

BONAPARTE.

Archives de l'Empire.

6757. — DÉCISION.

Saint-Cloud, 1er prairial an XI (21 mai 1803).

Rapport sur les inconvénients de la suppression de la succursale des Invalides à Avignon.

Renvoyé au général Dejean. Dans les moments actuels, il paraîtrait convenable de laisser ces 700 invalides à Avignon, d'abord pour servir de point de réunion pour les gens du Midi, et pour éviter ces inconvénients de voyages qui sont d'un mauvais effet.

BONAPARTE.

Archives de l'Empire.

6758. — AU CONTRE-AMIRAL DECRÈS,

MINISTRE DE LA MARINE ET DES COLONIES.

Saint-Cloud, 1er prairial an XI (21 mai 1803).

Je vous prie, Citoyen Ministre, d'envoyer quatre lettres de marque à la disposition du général commandant à l'île d'Elbe, six au général commandant la 23e division militaire [1], une au ministre de la République à Gênes, une à l'agent commercial de la République à Ancône, quatre au général Murat, commandant les troupes françaises en Italie. Ces lettres seront données en blanc, pour qu'ils puissent être à même de profiter de toutes les occasions, et de ne perdre aucun moment pour faire au commerce anglais tout le tort possible.

Je vous prie d'en envoyer également quatre au général Victor, commandant les troupes françaises en Hollande, quatre au général Mortier, commandant le camp de Nimègue, pour qu'ils puissent en disposer dès l'instant qu'ils pourront arriver sur les côtes.

Recommandez au général Murat de les distribuer principalement à des armateurs qui voudraient armer dans les petits ports d'Italie, afin de rendre difficile et périlleux aux Anglais le commerce de l'Adriatique.

BONAPARTE.

Archives de l'Empire.

[1] La Corse.

6759. — AU CITOYEN MARESCALCHI,

MINISTRE DES RELATIONS EXTÉRIEURES DE LA RÉPUBLIQUE ITALIENNE.

Paris, 2 prairial an XI (22 mai 1803).

Je vous remets ci-joint l'arrêté de ce jour, que vous adresserez, par un courrier extraordinaire, à la Consulte d'État, pour qu'il soit publié aussitôt qu'il aura été reçu.

Toutes les marchandises anglaises qui se trouveront dans la République italienne seront confisquées au profit de la République, et tous les Anglais qui s'y trouveront seront arrêtés et constitués prisonniers de guerre. Vous vous adresserez au ministre de la marine, pour qu'on vous remette le modèle des lettres de marque; vous me le présenterez demain. Vous annoncerez que vous en enverrez d'abord vingt, et ensuite autant qu'il sera jugé nécessaire, au ministre de la guerre faisant les fonctions de ministre de la marine.

L'état des prisonniers vous sera envoyé par le ministre de la guerre. Ceux qui ne seraient pas reçus sur leur parole seront envoyés au fort Urbain. En général, on n'en laissera aucuns sur leur parole au delà du pont du Tessin; on les enverra sur Novare.

Comme le commerce des Anglais sera fort actif dans l'Adriatique, parce qu'il sera une de leurs principales ressources, faites connaître au vice-président qu'il faut encourager les armements en course.

Vous verrez le citoyen Berlier, président du conseil des prises, pour qu'il vous fasse connaître l'organisation de ce conseil, afin qu'il en soit établi un semblable à Milan.

Le citoyen Maret, secrétaire d'État, vous fera passer une copie du règlement qui a été fait pour l'armement en course. Le vice-président pourra en faire faire un pareil par le conseil législatif.

Il est aussi nécessaire de prendre des mesures pour que l'introduction des marchandises anglaises soit prohibée.

BONAPARTE.

Archives du gouvernement à Milan.
(En minute aux Arch. de l'Emp.)

6760. — AU GÉNÉRAL BERTHIER, MINISTRE DE LA GUERRE.

Saint-Cloud, 2 prairial an XI (22 mai 1803).

Je vous prie, Citoyen Ministre, de donner ordre que les 252 hommes partis du dépôt colonial du Havre pour Saint-Domingue, et qui ont relâché à Cherbourg, soient transférés aux îles Marcouf. Vous donnerez ordre que la garnison de ces îles soit au moins de 500 hommes. Les 250 hommes seront incorporés dans les demi-brigades qui fournissent garnison aux îles Marcouf. On les placera dans des compagnies qui restent dans ces îles, afin qu'ils aient le temps de s'accoutumer au service.

BONAPARTE.

Archives de l'Empire.

6761. — AU GÉNÉRAL BERTHIER.

Saint-Cloud, 2 prairial an XI (22 mai 1803).

Il sera nommé un commandant d'armes de 4e classe dans l'île de Bréhat. Les batteries de cette île seront augmentées de quatre pièces de 36, de trois de 18 et de trois de 12, et de six mortiers à grande portée; de manière qu'il y aura dans cette île dix pièces de 36, dix de 18 et quatre de 12. Il y sera tenu, non compris les habitants, une garnison de 300 hommes, qui sera approvisionnée pour trois mois. Je vous prie de donner ordre que l'artillerie et la garnison soient établies sous quinze jours dans cette île, et de recommander au général commandant le département une surveillance particulière sur ce point.

BONAPARTE.

Archives de l'Empire.

6762. — AU CONTRE-AMIRAL GANTEAUME, PRÉFET MARITIME A TOULON.

Paris, 2 prairial an XI (22 mai 1803).

Les hostilités déjà commencées par l'Angleterre, Citoyen Préfet, appellent la sollicitude du Gouvernement sur le commerce de Marseille, et doivent y fixer la vôtre. L'intention du Premier Consul est que tous les bâtiments de guerre disponibles soient constamment en appareillage, que les capitaines soient prêts à mettre sous voiles à toute heure de jour et de nuit, et que le port de Marseille, particulièrement, ne puisse être bloqué par des forces inférieures à celles qui sont disponibles à Toulon. Et, comme il a été observé qu'à la distance où vous êtes du siége du Gouvernement, l'attente de ses ordres peut paralyser nos forces dans des moments où leur emploi subit serait utile, je vous préviens que vous êtes autorisé d'avance à les employer selon l'exigence des cas qui pourront survenir.

Les équipages doivent être retenus à bord. Vous tiendrez la main à ce que les capitaines y tiennent leur table, que les officiers y fassent leur résidence, et que, sous aucun prétexte, aucun commandant, officier ou maître employé sur un bâtiment de guerre, puisse en découcher par une autre raison que celle du service, ce qui ne peut arriver que très-extraordinairement. Toutes les embarcations devront, tous les soirs, être mises à bord, au coucher du soleil, et celles qui ne reviendront que plus tard, être embarquées immédiatement après leur arrivée, conformément aux règlements et à ce qu'exige l'ordre naturel du service.

Je vous préviens, Citoyen Préfet, que ces dispositions sont impérativement commandées par le Premier Consul, et que leur exécution est mise sous votre responsabilité personnelle.

Par ordre du Premier Consul.

Archives de la marine.

6763. — AU GÉNÉRAL MURAT.

Saint-Cloud, 3 prairial an XI (23 mai 1803).

L'intention du Gouvernement est que le général Saint-Cyr parte sur-le-champ de Rimini, avec le corps à ses ordres, pour traverser le duché d'Urbin et la Marche d'Ancône, entrer dans les États du roi de Naples, mettre garnison à Pescara, marcher sur Otrante, occuper cette place, Tarente, Brindisi, et enfin toutes les positions qui l'étaient par le général Soult et qui ont été évacuées en conséquence de l'article 11 du traité d'Amiens. En entrant sur le territoire du roi de Naples, il fera un ordre du jour conçu en ces termes :

« Le roi d'Angleterre a faussé sa signature et refusé d'exécuter le traité d'Amiens en ce qui concerne l'évacuation de Malte. L'armée française se trouve par là obligée d'occuper les positions qu'elle avait quittées en vertu de ce traité. L'ambition démesurée de l'Angleterre se trouve démasquée par cette conduite inouïe. Maîtresse de l'Inde et de l'Amérique, elle veut encore l'être du Levant. Le besoin de maintenir notre commerce et de conserver l'équilibre nous oblige à occuper ces positions, que nous garderons tant que l'Angleterre persistera à garder Malte. »

Les troupes aux ordres du général Saint-Cyr seront soldées, nourries et habillées par le roi de Naples; il sera passé, à cet effet, un traité pareil à celui qui avait été fait par le général Soult. Le général Saint-Cyr se concertera, à cet égard, avec le citoyen Alquier.

Le général Saint-Cyr ne mettra pas de garnison à Ancône; il y placera seulement un officier d'état-major, nécessaire pour la correspondance qui se fera avec les troupes du Pape. Vous recommanderez au général Saint-Cyr de maintenir la plus exacte discipline dans les États du Pape, où tout ce que l'armée consommera sera liquidé et payé.

Arrivé à Tarente, le général Saint-Cyr fera sur-le-champ travailler aux ouvrages de cette place, conformément au plan qui avait été arrêté par le général Soult. Son premier soin doit être que, dan tous les ports qu'il occupera, les batteries soient armées en force suffisante pour protéger tous les bâtiments qui seront dans le cas de s'y rendre. Le général Saint-Cyr devra prendre les moyens qui lui paraîtront les plus convenables pour remonter sa cavalerie. Il correspondra avec le chargé d'affaires de la République à Corfou, et il aura soin de m'envoyer, le plus souvent possible, le bulletin de tout ce qui se passera à sa connaissance, soit dans l'Adriatique, soit dans le Levant.

Donnez, le plus promptement possible, l'ordre au général commandant les troupes françaises dans la Toscane de réunir toutes ses troupes à Livourne, à Piombino, Orbitello et sur la côte. Vous ferez un arrêté pour mettre la place de Livourne en état de siége, et vous le lui adresserez. Cet arrêté sera ainsi conçu :

« Le général en chef dans la République italienne arrête :

» Article 1er. — La place de Livourne est mise en état de siége.

» Art. 2. — Le général Olivier est revêtu de tous les pouvoirs ordinaires de l'autorité militaire dans les places en état de siége. »

Le général Olivier nommera à Livourne et à Piombino un bon commandant d'armes, afin de pouvoir communiquer avec l'île d'Elbe et en recevoir des nouvelles. Quoique cette île soit de la 23e division militaire, le général Olivier doit se mettre en correspondance avec le général Rusca, et même avec le général Morand, commandant en Corse. Il doit exactement, tous les jours, envoyer un bulletin de tout ce qui pourrait se passer de nouveau dans la Méditerranée e dans cette contrée.

Ordonnez à la 87e demi-brigade, qui doit être arrivée à Parme, de continuer sa route pour Livourne, où elle sera nourrie et soldée par le roi d'Étrurie.

Tous les Anglais qui sont à Livourne doivent être arrêtés par les ordres du général Olivier, qui s'y trouve suffisamment autorisé, puisque la place est en état de siége.

Envoyez-moi l'état de situation des troupes du roi d'Étrurie, afin de faire connaître ce qu'il pourra fournir à la défense de la cause commune.

Je vous préviens que je donne l'ordre au 6e régiment de chasseurs, qui est en Helvétie, de se rendre en Italie.

J'expédie en Ligurie les ordres ci-après :

La 91e demi-brigade, qui est dans la 27e division, se rend dans la Ligurie, où elle sera soldée et habillée par ce Gouvernement.

J'ordonne de réarmer les côtes, et particulièrement le golfe de la Spezzia, afin de protéger le cabotage.

J'ai demandé au Gouvernement ligurien de lever deux bataillons d'infanterie de 600 hommes chacun, composés de troupes liguriennes, lesquelles se rendront à Pistoja, où le général Saint-Cyr leur enverra des ordres pour rejoindre son corps, dont elles doivent faire partie, et alors elles seront soldées, comme les troupes françaises, par le roi de Naples.

J'ordonne de mettre une garnison française dans le fort de Gavi, et de faire démolir le fort de Vintimille du côté de la terre, en conservant les casernes et le front du côté de la mer.

Je vous préviens que je viens de donner l'ordre au général Mortier d'entrer dans l'électorat de Hanovre avec un corps de 25,000 hommes.

Vous devez, Citoyen Général, ordonner des inspections, dans toutes les parties de l'armée, de l'artillerie, des munitions, des places, de l'armement, des magasins, afin de mettre tout en état d'entrer en campagne, s'il y avait lieu.

Par ordre du Premier Consul.

Dépôt de la guerre.

6764. — AU GÉNÉRAL BERTHIER, MINISTRE DE LA GUERRE.

Saint-Cloud, 3 prairial an XI (23 mai 1803).

Le chef de bataillon Quesnel, qui commande à l'île de Groix, est malade de la poitrine, et dès lors hors d'état de commander une place de cette importance. Il faudrait lui donner sa réforme ou sa retraite, et nommer à cette place un officier brave et intelligent.

Donnez ordre qu'on envoie à l'île de Groix huit affûts de côtes qui y manquent, pour monter les pièces qui y sont, et deux mortiers de 12 pouces à la Gomer.

On n'a rien payé à Belle-Ile aux habitants qui travaillent avec activité au réarmement; il est nécessaire d'y faire passer des fonds.

Il manque à Belle-Ile six affûts; donnez ordre qu'on les y fasse passer promptement, avec les affûts de rechange qui pourraient être nécessaires. Joignez-y trois mortiers de 12 pouces à la Gomer.

Bonaparte.

Archives de l'Empire.

6765. — AU CITOYEN BARBÉ-MARBOIS, MINISTRE DU TRÉSOR PUBLIC.

Paris, 4 prairial an XI (24 mai 1803).

Je ne vois pas, Citoyen Ministre, pourquoi la banque de France ne met pas une plus grande quantité de ses billets en circulation. Elle a 14 millions en caisse et seulement 33 millions en émission. Ce resserrement, dans les circonstances actuelles, fait le plus grand tort dans la place.

BONAPARTE.

Archives des finances.

6766. — PAROLES ADRESSÉES PAR LE PREMIER CONSUL AUX MEMBRES DU SÉNAT, DU TRIBUNAT ET D'UNE DÉPUTATION DU CORPS LÉGISLATIF.

Paris, 5 prairial an XI (25 mai 1803).

Nous sommes forcés à faire la guerre pour repousser une injuste agression. Nous la ferons avec gloire. Les sentiments qui animent les grands corps de l'État et le mouvement spontané qui les porte auprès du Gouvernement dans cette importante circonstance sont d'un heureux présage.

La justice de notre cause est avouée même par nos ennemis, puisqu'ils se sont refusés à accepter la médiation offerte par l'empereur de Russie et par le roi de Prusse, deux princes dont l'esprit de justice est reconnu par toute l'Europe.

Le Gouvernement anglais paraît même avoir été obligé de tromper la nation dans la communication officielle qu'il vient de faire. Il a eu soin de soustraire toutes les pièces qui étaient de nature à faire connaître au peuple anglais la modération et les procédés du Gouvernement français dans toute la négociation. Quelques-unes des notes que les ministres britanniques ont publiées sont mutilées dans leurs passages les plus importants. Le reste des pièces données en communication au parlement contient l'extrait des dépêches de quelques agents publics ou secrets. Il n'appartient qu'à ces agents de contredire ou d'avouer leurs rapports, qui ne peuvent avoir aucune influence dans des débats aussi importants, puisque leur authenticité est au moins aussi incertaine que leur véracité. Une partie des détails qu'ils contiennent est matériellement fausse, notamment les discours que l'on suppose avoir été tenus par le Premier Consul dans l'audience particulière qu'il a accordée à lord Withworth.

Le Gouvernement anglais a pensé que la France était une province de l'Inde, et que nous n'avions le moyen ni de dire nos raisons, ni de défendre nos justes droits contre une injuste agression. Étrange inconséquence d'un Gouvernement qui a armé sa nation en lui disant que la France voulait l'envahir! On trouve dans la publication faite par le Gouvernement anglais une lettre du ministre Talleyrand à un commissaire des relations commerciales. C'est une simple circulaire de protocole, qui s'adresse à tous les agents commerciaux de la République; elle est conforme à l'usage établi en France depuis Colbert, et qui existe aussi chez la plupart des puissances de l'Europe. Toute la nation sait si nos agents commerciaux en Angleterre sont, comme l'affirme le ministère britannique, des militaires. Avant que ces fonctions leur fussent confiées, ils appartenaient pour la plupart ou au conseil des prises ou à des administrations civiles.

Si le roi d'Angleterre est résolu de tenir la Grande-Bretagne en état de guerre jusqu'à ce que la France lui reconnaisse le droit d'exécuter ou de violer à son gré les traités, ainsi que le privilége d'outrager le Gouvernement français dans les publications officielles ou privées, sans que nous puissions nous en plaindre, il faut s'affliger sur le sort de l'humanité. Certainement nous voulons laisser à nos neveux le nom français toujours honoré, toujours sans tache. Nous maintiendrons notre droit de faire chez nous tous les règlements qui conviennent à notre administration publique, et tels tarifs de douanes que l'intérêt de notre commerce et de notre industrie pourra exiger.

Quelles que puissent être les circonstances, nous laisserons toujours à l'Angleterre l'initiative des procédés violents contre la paix et l'indépendance des nations, et elle recevra de nous l'exemple de la modération, qui seule peut maintenir l'ordre social.

Extrait du *Moniteur*.

6767. — AU CITOYEN REGNIER,

GRAND JUGE, MINISTRE DE LA JUSTICE.

Saint-Cloud, 5 prairial an XI (25 mai 1803).

Je vous prie, Citoyen Ministre, de mettre à la disposition du préfet du Morbihan 12,000 francs, pour être employés soit en dépenses secrètes pour la recherche des brigands cachés, soit pour donner 12 francs par fusil qui serait rendu.

Donnez ordre au préfet du Doubs de veiller avec soin à ce que Bourmont ne s'échappe point; dans ces circonstances, il serait dangereux.

BONAPARTE.

Archives de l'Empire.

6768. — DÉCISION.

Saint-Cloud, 5 prairial an XI (25 mai 1803).

Le ministre directeur de l'administration de la guerre demande si le rassemblement qui doit se former à Villefranche peut être regardé comme un dépôt colonial.

Il sera dépôt colonial comme les autres.

Les individus qui sont au dépôt de Marseille et qui ne peuvent pas servir seront envoyés en Corse. On écrira au général Morand pour lui faire connaître la nécessité de purger la 27e division, et lui annoncer qu'on lui enverra des individus assez mauvais sujets, pour en faire une espèce de colonie sur un bien national, en ayant grand soin de les éloigner des villes.

BONAPARTE.

Dépôt de la guerre.

6769. — A S. S. LE PAPE.

Saint-Cloud, 5 prairial an XI (25 mai 1803).

Très-saint Père, en rappelant auprès de moi le citoyen Cacault, qui a rempli jusqu'à présent les fonctions de ministre plénipotentiaire de la République française auprès de Votre Sainteté, mon intention a été de ne laisser aucune interruption dans la correspondance entre la République française et le Saint-Siége, et j'ai cru ne pouvoir fixer mon choix sur un personnage qui fût plus agréable à Votre Sainteté que le cardinal Fesch, archevêque de Lyon, auquel je confie le soin et la gestion des affaires de la République auprès du Saint-Siége. Ses connaissances, son attachement et son zèle pour le bien du service de la République française me persuadent qu'il fera son possible pour rendre son ministère agréable à Votre Sainteté et pour justifier la marque de confiance que je lui donne en cette occasion. Je vous prie donc de vouloir bien ajouter une créance entière à tout ce qu'il dira de ma part à Votre Sainteté, et surtout lorsqu'il lui exprimera les sentiments sincères et inviolables de ma tendre amitié et de mon respect filial.

BONAPARTE.

Archives de l'Empire.

6770. — A S. S. LE PAPE.

Saint-Cloud, 7 prairial an XI (27 mai 1803).

Très-saint Père, je me suis déterminé à rappeler auprès de moi le citoyen Cacault, qui vient de résider auprès de Votre Sainteté en qualité de ministre plénipotentiaire de la République française. Le motif qui m'a guidé n'a sa source dans aucune raison de mécontentement; sa conduite, pendant toute la durée de ses fonctions, a mérité, au contraire, mon entière approbation. Mais le désir de le remplacer auprès de Votre Sainteté par un personnage revêtu d'un caractère éminent, et de donner à Votre Sainteté une preuve plus manifeste de mon attachement et de mon respect filial, est la seule raison qui a pu me déterminer à ordonner son rappel. Je lui enjoins, en conséquence, de prendre congé de Votre Sainteté, et mon intention est qu'en remplissant cette dernière fonction de son ministère, il renouvelle à Votre Sainteté les assurances de mon attachement et de mon respect filial, ainsi que des vœux que je ne cesserai de former pour la conservation de Votre Sainteté et la prospérité de son pontificat.

BONAPARTE.

Archives de l'Empire.

6771. — AU GÉNÉRAL BERTHIER, MINISTRE DE LA GUERRE.

Saint-Cloud, 7 prairial an XI (27 mai 1803).

Il reste, Citoyen Ministre, dans les prisons de la Grande-Force, vingt-quatre officiers ou sous-officiers des troupes coloniales de la Guadeloupe, qui ont été envoyés en France comme prévenus de complicité avec les auteurs de l'attentat commis, le 2 brumaire an X, contre le capitaine général de cette colonie.

Du compte particulier que je me suis fait rendre du degré de culpabilité de ces individus, il résulte que vingt et un n'ont contre eux aucune accusation formelle, et doivent être plutôt considérés comme des hommes faibles ou trompés que comme auteurs, instigateurs ou même complices du délit du 2 brumaire. Donnez ordre, en conséquence, de les mettre en liberté. Mais, comme il pourrait être dangereux de leur permettre de retourner à la Guadeloupe, vous ferez transférer les hommes de couleur dans l'île de Corse, et les blancs dans l'un des dépôts coloniaux destinés pour Saint-Domingue [1].

Quant aux nommés Lajaille, capitaine de dragons, aide de camp de Pélage; Boudinier, lieutenant de grenadiers, et Mentor, noir,

[1] Suivent les noms des vingt et un individus à transférer.

sous-lieutenant, ils resteront à la Grande-Force jusqu'au jugement définitif à intervenir contre les auteurs et complices du 2 brumaire, parce qu'ils peuvent ou être accusés d'avoir pris part à ce délit, ou être nécessaires au tribunal dans le cours de l'instruction du procès.

Vous ferez donner un secours de 50 centimes par jour à ces trois individus, jusqu'au moment où le procès dans lequel ils sont impliqués sera définitivement jugé.

Ceux qui doivent être conduits soit en Corse, soit dans les dépôts coloniaux, seront traités ainsi que les autres individus qui ont précédemment eu la même destination.

BONAPARTE.

Archives de l'Empire.

6772. — AU GÉNÉRAL MURAT.

Saint-Cloud, 8 prairial an XI (28 mai 1803).

Citoyen Général, j'ai appris avec plaisir les couches de madame Murat; elle a bien fait de faire un beau garçon. J'espère que vous m'apprendrez bientôt qu'elle est entièrement rétablie.

Encouragez et excitez le vice-président et le ministre de la guerre à compléter les corps et lever les conscrits. Il me tarde beaucoup que la République ait 30,000 hommes sur pied.

BONAPARTE.

Archives de l'Empire.

6773. — AU CITOYEN BARBÉ-MARBOIS,
MINISTRE DU TRÉSOR PUBLIC.

Saint-Cloud, 9 prairial an XI (29 mai 1803).

Le ministre de la marine, Citoyen Ministre, aura besoin de faire acheter pour une vingtaine de millions de bois, de mâtures, de chanvre et autres objets nécessaires à l'approvisionnement de la marine. Voulant acheter tous ces objets de suite et à la fois, je voudrais charger la compagnie des cinq banquiers de tous les détails de cette opération et du détail des payements.

Je vous prie d'en parler au principal d'entre eux, pour voir s'ils seraient portés à faire ce service.

BONAPARTE.

Archives de l'Empire.

6774. — NOTES POUR LE MINISTRE DE LA MARINE.

Saint-Cloud, 9 prairial an XI (29 mai 1803).

1° Il faudrait adopter un modèle de bateau plat qui pût transporter

100 hommes et traverser le canal. On placerait un obusier à la poupe et à la proue.

Il faudrait que ce bateau ne coûtât pas plus de 4 ou 5,000 francs.

Un grand nombre de particuliers et de corps voulant fournir à leurs frais de ces bateaux, il faudrait en avoir des modèles, et en mettre tout de suite un en construction à Paris.

2° Il faudrait profiter du premier moment pour acheter en Hollande tout ce qu'il est possible d'acheter, en courbes, en bois, en chanvre et en mâts.

3° Il faudrait réunir une partie de ces objets à Flessingue, organiser cet arsenal, mettre en réquisition tous les ouvriers dans la Belgique et sur le Rhin, mettre cinq vaisseaux en construction; on les construirait sur le modèle hollandais.

4° Il faudrait parler aux citoyens Cambacérès, Lebrun, Talleyrand, pour trouver des individus qui feraient construire, chacun à leurs frais, un bateau plat qui porterait leur nom.

BONAPARTE.

Archives de l'Empire.

6775. — AU CONTRE-AMIRAL DECRÈS, MINISTRE DE LA MARINE ET DES COLONIES.

Saint-Cloud, 10 prairial an XI (30 mai 1803).

Je désirerais, Citoyen Ministre, que les 50 chaloupes canonnières, les 170 péniches et les 90 bateaux soient construits au 1ᵉʳ vendémiaire an XII, au lieu du 1ᵉʳ nivôse. Comme il y a possibilité, il faut absolument qu'ils soient faits.

BONAPARTE.

Archives de l'Empire.

6776. — AU GÉNÉRAL BERTHIER, MINISTRE DE LA GUERRE.

Saint-Cloud, 11 prairial an XI (31 mai 1803).

Je vous prie, Citoyen Ministre, de donner ordre au général Chasseloup de vous envoyer un plan avec un rapport sur la situation actuelle de la place de Pizzighettone, et d'en ralentir les travaux, sans cependant les suspendre, jusqu'à la campagne prochaine et jusqu'à ce que j'aie arrêté le degré définitif de force à donner à cette place. Il faut donc qu'il y dépense cette année très-peu d'argent.

Recommandez de nouveau à cet inspecteur de pousser les travaux d'Alexandrie avec la plus grande activité, car cette place nous intéresse sous tous les points de vue politiques et militaires.

Je suis instruit qu'on fait des réparations à la citadelle et à la ville de Turin. Faites-moi un rapport sur les travaux ordonnés, cette année, pour ces deux objets.

Je vous prie de me remettre également un projet d'armement pour la citadelle et la ville d'Alexandrie. Il faut qu'il n'y ait que des pièces françaises dans cette place, et que rien ne soit épargné pour sa défense.

BONAPARTE.

Comm. par M. le prince de Wagram.
(En minute aux Arch. de l'Emp.)

6777. — AU GÉNÉRAL BERTHIER.

Saint-Cloud, 11 prairial an XI (31 mai 1803).

Donnez ordre au général Mortier de ne point violer l'indépendance des villes de Hanovre et d'Oldenbourg, de n'y point mettre de garnison, mais de faire une négociation avec ces villes pour se faire livrer de gré à gré les bâtiments français qui s'y trouvent.

BONAPARTE.

Archives de l'Empire.

6778. — DÉCISION.

Paris, 12 prairial an XI (1er juin 1803).

Le grand juge soumet au Premier Consul un rapport sur les bohémiens des Basses-Pyrénées.

Il faut placer ces bohémiens dans les Landes, leur distribuer quelques terres, leur ordonner de les cultiver, et leur faire connaître que tous ceux qui passeraient une limite de quatre lieues seraient poursuivis. On établira des ateliers de travail pour les femmes.

BONAPARTE.

Archives de l'Empire.

6779. — AU GÉNÉRAL BERTHIER, MINISTRE DE LA GUERRE.

Saint-Cloud, 13 prairial an XI (2 juin 1803).

La carte topographique des cantons suisses, Citoyen Ministre, se fera désormais aux frais de la République, et les Suisses ne payeront plus rien pour cet objet. Je vous prie d'informer le landamman de cette disposition.

BONAPARTE.

Archives de l'Empire.

6780. — AU CITOYEN REGNIER,

GRAND JUGE, MINISTRE DE LA JUSTICE.

Paris, 14 prairial an XI (3 juin 1803).

Citoyen, le Premier Consul me charge de vous inviter à faire venir le propriétaire du *Journal des Débats* et celui du *Publiciste*, et à leur représenter l'inconvenance de la publicité qu'ils ont donnée aujourd'hui à des nouvelles publiées sans doute par des journaux d'Allemagne sous la dictée de l'Angleterre : elles supposent des armements dans les ports de la Russie, et ont pour objet de répandre de fausses inquiétudes que nos ennemis ont intérêt à faire circuler, non-seulement dans les autres États de l'Europe pour effrayer les amis de la République, mais encore en France pour attiédir le zèle et affaiblir le noble dévouement que manifestent tous nos départements, toutes nos cités.

La note que le *Journal des Débats* a mise à la suite de ces nouvelles n'est qu'un inutile correctif, et pourrait donner lieu de penser que le rédacteur, se trouvant placé entre l'intérêt de l'État et celui de son journal, a pris sciemment le parti qu'il devait s'interdire.

Par ordre du Premier Consul.

Archives de l'Empire.

6781. — AU CITOYEN REGNIER.

Paris, 14 prairial an XI (3 juin 1803).

Le Premier Consul me charge de vous rappeler les intentions qu'il vous a fait connaître relativement au rédacteur du *Citoyen français*. Ce journal publie encore aujourd'hui un article propre à exciter le trouble et à ranimer l'esprit de parti, ainsi qu'à faire croire à l'étranger qu'il reste encore parmi nous des cœurs dévoués à des hommes qu'aucun vœu ne rappelle.

Le Premier Consul a désiré qu'en faisant une réprimande sévère au propriétaire du papier intitulé *le Citoyen français*, vous lui renouveliez l'injonction de changer le rédacteur de sa feuille, et l'observation qu'il s'expose à la voir supprimer, s'il n'en exclut pas l'esprit de faction dont elle est aujourd'hui le dernier asile.

Par ordre du Premier Consul.

Archives de l'Empire.

6782. — AU CITOYEN REGNIER.

Paris, 14 prairial an XI (3 juin 1803).

Les journaux continuent à annoncer les mouvements des ports.

Leurs rédacteurs ne savent point qu'un récit, indifférent en apparence, peut, dans cette matière, avoir des conséquences fâcheuses. En annonçant, par exemple, l'entrée de deux vaisseaux des Indes orientales, l'un à Bordeaux, l'autre à Lorient, ils avertissent les ennemis d'établir des croisières à l'entrée de la Gironde et devant Lorient, et de fermer ainsi ces voies, qui pouvaient demeurer ouvertes aux retours de notre commerce.

Le Premier Consul désire que vous enjoigniez aux propriétaires des journaux de ne laisser rien mettre dans leurs feuilles qui soit relatif aux travaux, aux constructions, aux mouvements des ports, à l'armement des corsaires, au départ et à l'arrivée des vaisseaux de l'État, des navires du commerce et des bâtiments employés à la course.

Le Premier Consul juge convenable que vous ajoutiez à cette injonction la recommandation de porter la plus grande réserve dans la publication des nouvelles politiques et de guerre que les rédacteurs peuvent tirer, soit des gazettes étrangères, soit de leur correspondance particulière.

Il demeure toujours libre aux journalistes de répéter les nouvelles de toute nature qui pourront être publiées par le journal officiel.

Par ordre du Premier Consul.

Archives de l'Empire.

6783. — NOTES POUR LE MINISTRE DE LA MARINE.

Paris, 14 prairial an XI (3 juin 1803) [1].

Je vais, dans ces différentes notes, passer en revue ce que les circonstances actuelles me paraissent exiger. Je prie le ministre de la marine de me faire connaître sur chaque article ce qu'il a fait ou ce qu'il va faire.

Escaut. — 1° Mettre dans le port de Flessingue autant de vaisseaux en construction qu'il sera possible : pour cela, organiser ce port. Je désire connaître les ingénieurs, administrateurs, agents militaires, garde-magasins, etc., qui y ont été envoyés ou que l'on se propose d'y envoyer.

2° Diriger sur Flessingue les coupes de bois que produisent les pays formant le bassin de l'Escaut.

3° Il serait à désirer d'avoir une escadre de six vaisseaux de 74 ou de 64, modèle hollandais. Un serait construit à Flessingue, deux à Nantes, un à Bordeaux, un à Marseille, un à Ostende. Ces vaisseaux formeraient l'escadre du Nord.

[1] Date présumée.

4° Mettre des vaisseaux en construction sur les bords de l'Escaut, le plus près possible d'Anvers ou de Flessingue; connaître les lieux choisis pour cet objet, et les moyens.

5° Faire construire des chaloupes canonnières et autres espèces de bateaux plats, pour servir au rassemblement de Flessingue.

6° Connaître les mesures qui ont été prises pour la levée d'ouvriers dans la Belgique, et sur le Rhin et la Meuse, pour les travaux du port de Flessingue, et le nombre qu'on espère s'en procurer.

Hanovre. — 1° Connaître l'officier de marine envoyé avec le général Mortier.

2° Désigner quelques contre-maîtres pour pouvoir faire des coupes de bois pour la marine dans le Hanovre.

3° Construire des bateaux plats dans le Weser et l'Elbe; envoyer quelques enseignes de vaisseau pour commander à Cuxhaven et autres petits ports.

Hollande. — Acheter pour 20 millions de chanvre, mâts, courbes et autres objets nécessaires à la marine; faire connaître les mesures prises et celles que l'on doit prendre.

Le Havre. — Une grande partie du bois qui est au Havre, et qui ne peut être transporté, pourrira; prendre des mesures pour l'utiliser, et faire connaître ce qu'on pourrait en faire.

Brest. — 1° Connaître quelles sont les courbes qui manquent pour terminer *le Vengeur,* et le poids de chacune de ces courbes, afin qu'il soit avisé aux mesures à prendre pour les transporter par terre, si on ne peut le faire par mer. Il est indispensable de rendre disponible le bassin qu'occupe *le Vengeur*.

2° Faire connaître les mesures prises pour concentrer tous les ouvriers de la Bretagne à Brest, et, avec ce surcroît de bras, les mesures extraordinaires établies pour faire réparer une partie des vaisseaux sans les mettre dans le bassin, car il est nécessaire d'avoir vingt vaisseaux de guerre en rade à Brest avant le mois de frimaire.

Il y en a actuellement quatre.	4
Il est probable que d'ici à ce temps neuf seront réparés dans les bassins.	9
Il y en a trois neufs.	3
Il y en aura cinq qui ne passeront point dans les bassins. . .	5
Total.	21

3° Remettre l'état des vaisseaux qui ne doivent pas passer par les bassins, et l'état de ceux qui doivent y passer.

LORIENT. — Au lieu de trois vaisseaux qui doivent être lancés avant le mois de frimaire. 3
en avoir deux autres. 2

En tout, les cinq qui sont commencés. 5

Le surcroît d'ouvriers que doit procurer la guerre doit considérablement activer les constructions.

SAINT-MALO. — Je désire qu'on mette un vaisseau de 74 en construction dans ce port, et connaître les mesures à prendre pour cet objet.

NANTES. — 1° Mettre en construction dans ce port, indépendamment des deux frégates qui vont être achevées, quatre autres frégates, ne serait-ce que pour employer le bois qui est du côté d'Indret et qui se pourrit.

2° Savoir s'il ne serait pas possible de construire quelques vaisseaux de 74, de forme hollandaise, vaisseaux qui peuvent être utiles pour l'escadre de l'Escaut, et pour combiner ses mouvements avec l'escadre hollandaise.

ROCHEFORT. — 1° Il faudrait que *le Lyon, le Magnanime* et *l'Achille* fussent lancés en frimaire, afin que, réunis à l'escadre de Lorient, ils pussent former un groupe de neuf ou dix vaisseaux de guerre dans la rade de Rochefort.

2° Mettre en construction à Rochefort trois autres vaisseaux.

BORDEAUX. — Mettre en construction dans ce port une frégate et un vaisseau hollandais de 74 pour l'escadre de l'Escaut.

TOULON. — 1° Faire connaître les mesures prises pour réunir dans ce port les ouvriers de la Méditerranée, désormais inutiles au commerce.

2° Faire connaître les mesures prises pour réparer et mettre en bon état les sept vaisseaux en ce moment à Toulon; s'ils doivent passer dans le bassin, ces réparations ne seront jamais terminées. Ordonner que les vaisseaux soient réparés en les virant.

3° Activer les travaux de construction du *Neptune* et du *Bucentaure*, et faire commencer les deux autres.

MARSEILLE. — 1° Faire mettre deux frégates en construction à Marseille, et un vaisseau de 74, pour l'escadre de l'Escaut.

2° Faire connaître si l'on a commencé la construction de la frégate à Villefranche.

GÊNES. — 1° Faire connaître les mesures prises pour faire construire à Gênes un vaisseau et une frégate.

2° Envoyer à Gênes, dans la semaine, au ministre de la République, le plan d'un vaisseau de 74 et d'une frégate.

3° Lui faire connaître qu'il doit les faire mettre aussitôt sur le chantier.

4° Lui envoyer un sous-ingénieur et un commissaire de marine pour passer les marchés.

5° Lui faire connaître qu'une corderie doit être établie et toutes les mesures prises pour la construction de ce vaisseau; cela procurera l'avantage d'occuper à Gênes le grand nombre d'ouvriers qui, par le résultat de la guerre, se trouvent sans travail et oisifs.

Il y a du bois, et il sera facile de se procurer tout ce qui sera nécessaire.

BONAPARTE.

Comm. par Mme la duchesse Decrès.

6784. — DÉCISION.

Paris, 14 prairial an XI (3 juin 1803).

Proposition de règlements pour les cérémonies religieuses publiques.

Laissez faire : les mœurs prononceront.

BONAPARTE.

Archives de l'Empire.

6785. — NOTE.

Saint-Cloud, 15 prairial an XI (4 juin 1803).

Le trésorier du Gouvernement ajoutera la somme de 60,000 francs à celle déjà accordée par le budget pour les travaux des parcs de Saint-Cloud pendant l'an XI.

BONAPARTE.

Archives de l'Empire.

6786. — AU CITOYEN REGNIER,

GRAND JUGE, MINISTRE DE LA JUSTICE.

Saint-Cloud, 15 prairial an XI (4 juin 1803).

Je vous prie, Citoyen Ministre, de demander des renseignements sur les maires et les curés des communes de Grandchamp, Locmaria, Sainte-Anne, Moréac, Saint-Allouestre, Radenec, Josselin, Brech, Saint-Jean-de-Brévelay, Plumergat et Bignan, du département du Morbihan, ainsi que sur la situation de l'esprit public de ces communes, et ceux des habitants qui pourraient être soupçonnés d'être les chefs de correspondance avec Georges.

Georges a à Auray deux frères, un ou plusieurs beaux-frères et plusieurs oncles. Ce sont tous des coquins, et il faut les faire arrêter tous à la fois et les envoyer dans le château de Saumur sous bonne et sûre garde.

Les chouans passaient ordinairement la Loire à Saint-Florent, Champtocé, la Fosse et la Pommeraye. Faire surveiller ces points.

BONAPARTE.

Archives de l'Empire.

6787. — AU CITOYEN CHAPTAL, MINISTRE DE L'INTÉRIEUR.

Saint-Cloud, 15 prairial an XI (4 juin 1803).

Le Premier Consul désire, Citoyen Ministre, que vous écriviez au citoyen Menou pour l'inviter à diminuer, autant que la sûreté des départements dont l'administration lui est confiée pourra le permettre, les déportations qu'il opère de la 27e division [1] dans la 8e [2]. Cette mesure, qui est bonne à l'égard des brigands, ne doit pas s'appliquer aux pauvres, aux mendiants, aux hommes sans aveu, qui doivent être secourus, surveillés ou détenus par les moyens ordinaires que doivent offrir les départements du Piémont comme les autres départements de la République.

Par ordre du Premier Consul.

Archives de l'Empire.

6788. — AU CITOYEN CRETET,

CONSEILLER D'ÉTAT, CHARGÉ SPÉCIALEMENT DES PONTS ET CHAUSSÉES.

Saint-Cloud, 15 prairial an XI (4 juin 1803).

Le Premier Consul désire, Citoyen, que vous lui rendiez compte de l'état actuel des travaux de Port-Haliguen, dans la presqu'île de Quiberon, et que vous lui fassiez connaître le nom de l'ingénieur des ponts et chaussées qui, ayant eu ordre de se rendre à Rochefort à la fin de ventôse, a occasionné, par sa désobéissance, la stagnation de travaux à l'accélération desquels le Gouvernement attachait beaucoup d'importance.

Le Premier Consul vous prie en même temps de lui faire un rapport sur le droit que les ingénieurs des ponts et chaussées peuvent avoir au sou pour livre des travaux dont ils sont chargés.

La durée des travaux du pont de Sèvres paraît se prolonger beaucoup, et les dégâts que le passage des voitures dans le parc de Saint-Cloud occasionne deviennent chaque jour plus considérables. Le Premier Consul me charge de vous inviter à faire mettre, à com-

[1] Turin. — [2] Marseille.

mencer de lundi prochain, un nombre d'ouvriers suffisant au chemin qui établit la communication entre Saint-Cloud et Sèvres par le bord de la rivière, pour qu'il soit terminé dans dix jours.

Par ordre du Premier Consul.

Archives de l'Empire.

6789. — ARRÊTÉ.

Saint-Cloud, 15 prairial an XI (4 juin 1803).

Il sera fait un présent à M. de Markof, ministre plénipotentiaire de Sa Majesté l'empereur de Russie auprès de la République française, de la valeur de 100,000 francs, à l'occasion de l'accession de Sa Majesté l'empereur de Russie au traité conclu entre le Premier Consul et Sa Majesté l'empereur d'Allemagne et relatif aux indemnités du grand-duc de Toscane.

Le ministre des relations extérieures est chargé de l'exécution du présent arrêté.

Bonaparte.

Archives de l'Empire.

6790. — AU CITOYEN MELZI,

VICE-PRÉSIDENT DE LA RÉPUBLIQUE ITALIENNE.

Saint-Cloud, 15 prairial an XI (4 juin 1803).

En ne destinant au corps d'armée de Naples qu'un bataillon par régiment, on a laissé les officiers et sous-officiers disponibles pour exercer les conscrits à mesure qu'ils arriveront. J'ai préféré mettre les Polonais avec cette partie de l'armée italienne, parce que j'ai pensé que, dans tous les cas, il valait mieux les éloigner des frontières de l'Autriche. Quant aux 3,000 hommes de l'armée italienne, il était convenable de les exercer aux marches et aux fatigues militaires, et rien ne remplissait mieux ce but que de les mêler avec les Français, parmi lesquels ils trouveront les moyens de se former, puisqu'ils ne doivent pas avoir une grande opinion des troupes auxquelles ils sont dans le cas de se trouver opposés.

La guerre actuelle ne portera aucun préjudice à la République italienne; je ne serai pas dans le cas de lui rien demander davantage. La seule chose que je désirerais serait que la trésorerie continuât à solder les troupes italiennes du corps d'armée de Naples; comme ces troupes seront entretenues aux frais du roi de Naples, j'emploierai le montant de leur solde à subvenir aux immenses dépenses que les circonstances exigent.

Je pense qu'il serait convenable que vous fissiez construire quelques chaloupes canonnières et un ou deux bricks, afin de protéger les côtes de l'Adriatique contre les corsaires.

BONAPARTE.

Archives de l'Empire.

6791. — AU GÉNÉRAL BERTHIER, MINISTRE DE LA GUERRE.

Saint-Cloud, 15 prairial an XI (4 juin 1803).

Le ministre de la guerre préviendra le commandant de la 13e division militaire et le général Moncey, afin qu'ils prennent des mesures pour établir des garnisons et des brigades de gendarmerie dans les communes par lesquelles on correspond avec l'Angleterre et le Morbihan.

Ces communes sont Quiberon, Penerf, Locoal, Crach, Carnac, Plouharnel, Saint-Constant et les environs d'Auray.

Dans le département de la Vendée, Saint-Jean-de-Mont est la commune par laquelle on a toujours communiqué avec l'Angleterre. Il faut y faire mettre une petite garnison et y faire exercer une surveillance particulière.

BONAPARTE.

Archives de l'Empire.

6792. — AU CITOYEN CHAPTAL, MINISTRE DE L'INTÉRIEUR.

Saint-Cloud, 17 prairial an XI (6 juin 1803).

L'éperon qui forme le port de Saint-Gilles, département de la Vendée, menace de s'écrouler; ce qui fermerait l'entrée de ce petit port, qui nous est nécessaire dans ce moment pour nos communications avec l'île d'Yeu, où nous avons une garnison considérable. Il faudrait donc le faire réparer.

BONAPARTE.

Archives de l'Empire.

6793. — AU GÉNÉRAL BERTHIER, MINISTRE DE LA GUERRE.

Saint-Cloud, 17 prairial an XI (6 juin 1803).

Je vous prie, Citoyen Ministre, de donner ordre au lieutenant général Victor de prendre le commandement des troupes françaises et bataves qui se trouvent en Hollande; son titre sera seulement : général commandant en Hollande.

Il divisera son corps en trois brigades. La première sera destinée à la défense de Flessingue et de l'île de Walcheren; la deuxième sera destinée à la défense des embouchures de la Meuse; la troisième sera destinée à la défense du Texel.

La première sera commandée par le général Monnet, auquel vous ferez connaître que, Flessingue étant destiné à être un grand chantier de construction de la marine française, il doit correspondre directement avec vous et recevoir directement vos ordres. Le général Victor ne devra donc se mêler de la défense de Flessingue que sous le point de vue d'intérêt général et de supériorité de pouvoir militaire.

La première brigade sera composée des 41e et 71e de ligne; la deuxième, des 17e et 35e de ligne; la troisième, des 11e et 109e de ligne.

Le général Victor réunira à chacune trois bataillons bataves.

Les troisièmes bataillons des corps formant l'expédition de Hanovre doivent rester sous son commandement, mais toujours soumis aux ordres qu'ils recevraient de l'état-major du général Mortier.

Faites connaître également au général Victor que le général Dessolle se rend à Deventer, pour y réunir une division de réserve formée des 14e, 45e et 54e demi-brigades, et de six bataillons bataves; que cette réserve doit être l'arrière-garde de l'expédition de Hanovre; qu'elle ne doit donc pas être sous ses ordres jusqu'à nouvel ordre, parce que, si la guerre de Hanovre ne tirait pas en longueur, et que le général Mortier pût s'en passer, elle servirait de réserve pour la formation d'un camp à Utrecht, qui, dès lors, se trouverait sous ses ordres.

Vous lui ferez connaître que le ministre des relations extérieures a notifié que l'ambassadeur anglais quitte la Haye, et que mon intention est qu'il y ait aucun parlementaire, au moins très-rarement et par des ordres spéciaux; qu'il fallait que la Hollande soldât, 1° les six demi-brigades composant son corps d'armée, et qui ne se montent pas à 9,000 hommes; 2° le corps du général Dessolle, qui ne se monte pas à 5,000 hommes; 3° les neuf troisièmes bataillons de l'expédition de Hanovre, qui ne se montent pas à 3,000 hommes; ce qui ne forme qu'un total de 17 à 20,000 hommes; que, si le général Dessolle va dans le Hanovre, et que les neuf troisièmes bataillons y aillent, ces troupes seront remplacées, et que le Gouvernement batave doit compter, pendant la guerre, sur 25,000 hommes à entretenir.

Donnez donc l'ordre à la 109e, qui est à Metz, de se rendre à Breda, où elle recevra les ordres du général Victor, ainsi qu'à la 11e de ligne et au 8e régiment de chasseurs. Vous préviendrez le général Victor qu'il doit employer le 8e régiment de chasseurs à faire le service de son quartier général, et à se porter partout où les circonstances l'exigeraient.

Je vous prie de me faire connaître s'il y a en Hollande un ordonnateur, le nombre de commissaires des guerres, d'officiers de santé, d'officiers du génie nécessaire, et tout ce qui est convenable pour compléter ce corps. Écrivez au général Dejean, et concertez-vous avec lui pour proposer tout ce qui est nécessaire pour l'organiser complétement.

BONAPARTE.

Dépôt de la guerre.

6794. — AU GÉNÉRAL BERTHIER.

Saint-Cloud, 17 prairial an XI (6 juin 1803).

Le chef de bataillon Cantagrel, Citoyen Ministre, commandant d'armes de l'île d'Yeu, est goutteux, malade, et a demandé sa retraite. Veuillez présenter, pour le remplacer dans le commandement de cette île si importante, un officier brave et intelligent.

Indépendamment du commandant d'armes, envoyez dans cette île un adjudant commandant, que vous chargerez de faire exercer les troupes. On m'assure que la 93e n'a pas une bonne discipline; vous pourriez envoyer là l'adjudant commandant Brouard.

Faites connaître au chef de bataillon commandant la 93e qu'il est nécessaire qu'il établisse une bonne discipline dans le corps qu'il commande; qu'il le fasse exercer et lui fasse faire toutes les semaines l'exercice à feu. Il doit aussi l'exercer aux manœuvres du canon.

Le 12 prairial, aucune pièce d'artillerie n'était encore arrivée à l'île d'Yeu. Faites-moi connaître les ordres donnés au ministère pour l'artillerie, et comment il arrive que cette île soit encore sans défense.

Donnez ordre aux détachements de la 63e de ligne et de la 24e légère, qui sont dans cette île, de rentrer à leurs demi-brigades. Faites-les remplacer par deux compagnies de la demi-brigade helvétique, qui est à la Rochelle. Ces deux compagnies seront complétées à 200 hommes; ce qui, joint aux 500 hommes de la 93e, formera 700 hommes de garnison.

Donnez ordre qu'on fasse partir du dépôt de l'île de Ré 300 hommes pour l'île d'Yeu, lesquels seront incorporés dans le bataillon de la 93e qui est dans cette île, ce qui portera sa garnison à 1,000 hommes. Donnez ordre que ces 1,000 hommes soient approvisionnés pour six mois, et que l'artillerie tienne dans l'île d'Yeu les cartouches et approvisionnements de guerre nécessaires; envoyez-y un chirurgien, et faites-y établir une petite ambulance.

BONAPARTE.

Dépôt de la guerre.
(En minute aux Arch. de l'Emp.)

6795. — AU GÉNÉRAL BERTHIER.

Saint-Cloud, 17 prairial an XI (6 juin 1803).

Je suis instruit, Citoyen Ministre, que la 11e demi-brigade de ligne a la plus mauvaise tenue, que les soldats sont déguenillés, et que les chefs ne portent pas tout le soin qu'ils devraient à mettre ce corps sur un bon pied. Faites-vous faire un rapport particulier sur cette demi-brigade, et surtout sur le chef de brigade et les chefs de bataillon.

BONAPARTE.

Dépôt de la guerre.
(En min. aux Arch. de l'Emp.)

6796. — AU CITOYEN TALLEYRAND,

MINISTRE DES RELATIONS EXTÉRIEURES.

Saint-Cloud, 18 prairial an XI (7 juin 1803).

Je vous prie, Citoyen Ministre, de faire faire les démarches nécessaires pour que MM. de Coucy, ancien évêque de la Rochelle, de Thémines, ancien évêque de Blois, et Gain de Montagnac, ancien évêque de Tarbes, qui se trouvent en Espagne et viennent, par des mandements séditieux, de chercher à troubler l'État, soient arrêtés et retenus au secret dans des couvents et dans les lieux de l'Espagne les plus éloignés de la France.

Quant à MM. Asseline, ancien évêque de Boulogne, qui est à Hildesheim, Montmorency, ancien évêque de Metz, qui est à Munster, Sabran, ancien évêque de Laon, qui est à Vienne, demandez que celui-ci soit envoyé au fond de la Hongrie, et que le roi de Prusse renvoie en Pologne Montmorency et Asseline, en leur enjoignant de ne point se mêler de faire des mandements s'ils veulent avoir un refuge dans ses États.

BONAPARTE.

Archives de l'Empire.

6797. — AU CITOYEN LOUIS D'AFFRY.

Saint-Cloud, 18 prairial an XI (7 juin 1803).

Citoyen Louis d'Affry, Landamman de la Suisse, j'ai reçu votre lettre. J'ai vu avec plaisir votre envoyé, dont on ne m'a dit que du bien. J'apprends avec bien de la satisfaction que les affaires de Suisse marchent bien. Je prendrai toujours une grande part à tout ce qui peut intéresser votre pays et vous en particulier.

BONAPARTE.

Archives de l'Empire.

6798. — A L'ÉLECTEUR ARCHICHANCELIER DE L'EMPIRE [1].

Saint-Cloud, 18 prairial an XI (7 juin 1803).

J'ai reçu la lettre par laquelle Votre Altesse Sérénissime me fait connaître qu'elle vient de prendre un nouveau titre. Je la prie d'en recevoir mon compliment.

J'ai vu avec plaisir le neveu de Votre Altesse. Elle peut être persuadée du désir que j'ai de faire ce qui peut être utile à sa Maison et agréable à sa personne.

BONAPARTE.

Archives de l'Empire.

6799. — A L'ÉLECTEUR DE WURTEMBERG.

Saint-Cloud, 18 prairial an XI (7 juin 1803).

J'ai reçu la lettre par laquelle Votre Altesse Sérénissime me fait connaître le nouveau titre qu'elle vient de prendre. Il était dû à l'illustration de sa Maison. Je la prie d'en recevoir mon compliment et de rester persuadée du désir que j'ai de lui être utile et agréable.

BONAPARTE.

Archives de l'Empire.

6800. — A L'ÉLECTEUR DE BADE.

Saint-Cloud, 18 prairial an XI (7 juin 1803).

J'ai reçu la lettre de Votre Altesse Sérénissime. Elle m'annonce qu'elle vient de prendre le titre que méritait l'illustration de sa Maison. Je la prie d'en recevoir mes compliments, et d'être persuadée de l'intérêt que je prends à tout ce qui peut être utile à sa Maison et agréable à sa personne.

BONAPARTE.

Archives de l'Empire.

6801. — AU GÉNÉRAL BOURCIER.

Saint-Cloud, 18 prairial an XI (7 juin 1803).

Citoyen Général Bourcier, Conseiller d'État, votre projet sur l'organisation de la cavalerie me paraît renfermer beaucoup de bonnes choses. Je désirerais,

1° Que, pour les dragons, les maréchaux des logis et brigadiers des escouades à pied fussent aussi à pied, et formassent des escouades séparées. Je verrais beaucoup d'inconvénient à ce que les hommes à pied fussent mêlés dans les escouades à cheval.

[1] Charles, baron de Dalberg.

2° Je voudrais qu'en temps de guerre la différence des hommes à pied aux hommes à cheval fût du tiers, c'est-à-dire que, s'il y a 1,170 hommes, 390 restent à pied.

3° Je voudrais que vous ajoutassiez un article qui porterait qu'une fois entrés en campagne, tous les hommes à pied formeraient un escadron, et les hommes à cheval formeraient les trois premiers escadrons. L'escadron à pied serait commandé par un chef d'escadron et par les officiers du 4e escadron. Leurs sous-officiers les suivraient.

4° Je voudrais que vous changeassiez la botte du dragon.

5° Je pense qu'il est nécessaire de laisser les deux pistolets à toute la cavalerie, et de leur prescrire de les lier au pommeau de la selle.

6° Les grenadiers à cheval devraient avoir la baïonnette, que je voudrais donner également aux chasseurs et aux hussards.

Je vous prie de rédiger un projet d'arrêté sur les bases de votre travail avec ces modifications.

Bonaparte.

Archives de l'Empire.

6802. — DÉCISION.

Saint-Cloud, 19 prairial an XI (8 juin 1803).

Le ministre du trésor public fait un rapport sur l'emploi du cuivre existant en nature dans les ateliers monétaires ; tout en proposant de fournir les espèces monnayées demandées, il fait connaître la grande perte qui en résultera, et demande par qui elle doit être supportée.

Les cuivres non mis en œuvre, qui sont en nature dans les ateliers monétaires, seront livrés sans délai aux arsenaux maritimes. L'évaluation en sera faite et portée au compte de la marine et sur son crédit. Un essai sera fait en sous, à convertir en feuilles, pour 15 ou 20,000 francs.

Bonaparte.

Archives de l'Empire.

6803. — AU CITOYEN CHAPTAL, MINISTRE DE L'INTÉRIEUR.

Saint-Cloud, 19 prairial an XI (8 juin 1803).

Le Premier Consul me charge, Citoyen Ministre, de vous inviter à écrire au citoyen Briot, commissaire du Gouvernement, de ne contrarier en aucune manière les opérations du général Rusca, et, au contraire, de le seconder de tous vos moyens dans les mesures qu'il prendra pour la défense de l'île d'Elbe.

Par ordre du Premier Consul.

Archives de l'Empire.

6804. — AU GÉNÉRAL BERTHIER, MINISTRE DE LA GUERRE.

Paris, 19 prairial an XI (8 juin 1803)[1].

Renvoyer au premier inspecteur de l'artillerie tous les ordres qui ont été donnés pour l'armement de l'île d'Elbe, et les rapports du citoyen Dutaillis, pour voir ce qui manque, et par la faute de qui les ordres n'ont pas été exécutés; il faut qu'il y ait au moins double nombre complet d'affûts. En attendant, donner l'ordre au général qui commande à Livourne d'y faire passer, immédiatement après la réception de cet ordre, 30 affûts, 20,000 sacs à terre, 1,000 outils de pionniers, et tous les objets de défense d'artillerie dont la demande lui serait faite par le général Rusca.

Réitérer l'ordre au général Murat de mettre un adjudant général à Piombino; il lui sera fourni, de la garnison de Livourne, 100 hommes et une escouade de canonniers; il mettra la place en bon état de défense; il correspondra avec Porto-Ferrajo et Porto-Longone; il y fera passer les approvisionnements et tous les bois nécessaires.

Écrire en même temps au général Murat que Piombino appartient à la France; que la justice doit y être rendue au nom de la République, le prince n'y ayant plus aucun droit; que c'est spécialement par Piombino qu'il aura des moyens faciles de correspondre avec l'île d'Elbe.

Il faut que l'on ordonne de faire armer à Piombino trois ou quatre petites felouques pour la correspondance; avoir soin, si cette place était bloquée, de faire toujours porter les papiers par des officiers ou sous-officiers, de manière qu'ils ne puissent jamais tomber dans les mains des ennemis.

Écrire au général Rusca de bien organiser les troupes qui sont sous ses ordres; de correspondre par la Corse et par Piombino, où il y aura un adjudant commandant qui lui fera passer des nouvelles ainsi que les approvisionnements dont il pourra avoir besoin; d'organiser plusieurs felouques ou gondoles pour communiquer avec Piombino et Bastia.

Sa garnison étant considérable, il doit occuper la hauteur qui est à 400 toises de Porto-Ferrajo et y faire sur-le-champ construire un bon ouvrage, ce qui pourra par-dessus tout contribuer à la longue défense de cette place.

Il doit aussi, en supposant que le débarquement soit opéré et que l'ennemi ne puisse être forcé à se rembarquer, entretenir le plus possible la communication avec Porto-Longone, et une redoute sur la

[1] Date présumée.

hauteur entre ces deux places contribuera efficacement à cet objet.

Au reste, y compris les habitants, il se trouve avoir près de 5,000 hommes de garnison ; il faudrait donc, pour réaliser la descente, que l'ennemi l'attaquât avec au moins 9 à 10,000 hommes, ce qui n'est nullement probable dans les circonstances actuelles.

Le ministre s'informera si le nouveau chef de la 20e de ligne est parti. Dans le cas où il ne le serait pas, il lui ordonnera de rejoindre en poste.

Enfin recommander de nouveau au général Morand de faire occuper l'île de Capraja, d'y mettre une bonne garnison et des approvisionnements convenables ; il doit former des habitants une ou deux compagnies, et charger de la défense un chef de bataillon intelligent et résolu.

Le ministre nommera un bon chef de bataillon pour aller prendre le commandement dû bataillon étranger, à l'île d'Elbe.

Enfin recommander au général Rusca de faire faire au moins une fois par semaine le service à boulets rouges.

Le ministre ordonnera au général inspecteur des invalides de former une 15e compagnie de canonniers vétérans qui sera envoyée dans le département des Côtes-du-Nord, et il se fera rendre compte si, après cette compagnie formée, on pourrait en former une 16e, qui serait envoyée dans le Morbihan ; avoir soin qu'on n'y admette que des hommes ayant servi dans l'artillerie.

En cas que le débarquement eût eu lieu à l'île d'Elbe et qu'on n'aurait aucun moyen de forcer l'ennemi à se rembarquer, les trois quarts de la garnison de l'île doivent être destinés à Porto-Ferrajo et l'autre quart à Porto-Longone, en ayant soin de partager entre ces deux places les troupes des différentes nations.

Répéter l'ordre de compléter les deux bataillons de la 20e avec les hommes du dépôt de Marseille.

Le ministre de la guerre fera faire le décompte de la solde de toute la garnison de l'île d'Elbe, en y comprenant, comme arrivés, les deux compagnies, les chasseurs corses et les 500 hommes du pays.

Donner l'ordre au premier inspecteur d'artillerie d'envoyer un de ses aides de camp à Nantes, et de là à l'île d'Yeu, pour accélérer le départ de toute l'artillerie nécessaire à cette île, faire toutes les enquêtes pour savoir quelle raison a empêché cette artillerie d'arriver, et prescrire toutes les dispositions pour que l'île soit promptement armée. Cet aide de camp écrira de Nantes et de l'île d'Yeu au premier inspecteur.

Donner ordre au général qui commande le département de la Vendée de se rendre à l'île d'Yeu, organiser les services, passer la revue des troupes, et ne quitter cette île que quand toutes les mesures auront été prises, soit pour sa défense, soit pour sa correspondance avec le continent.

L'aide de camp du premier inspecteur, revenu de Nantes et de l'île d'Yeu, après avoir rempli sa mission, et sans revenir à Paris, ira à l'île d'Aix, à l'île de Croix, visitera ensuite toute la côte de Bretagne, et enverra de chaque point des rapports sur toutes les parties du service de l'artillerie, et propres à informer complétement le ministre.

Activer le départ de l'artillerie pour l'île de Bréhat.

BONAPARTE.

Comm. par M. le prince de Wagram.

6805. — AU GÉNÉRAL BERTHIER, MINISTRE DE LA GUERRE.

Paris, 19 prairial an XI (8 juin 1803).

Le Premier Consul désire, Citoyen Ministre, que désormais il ne soit donné aucun ordre de mouvement du matériel de la marine sans qu'il ait été préalablement mis sous ses yeux.

Par ordre du Premier Consul.

Archives de l'Empire.

6806. — AU CITOYEN MARET, SECRÉTAIRE D'ÉTAT.

Saint-Cloud, 20 prairial an XI (9 juin 1803).

Les tableaux joints au présent arrêté relatif à l'appel de 16,000 conscrits de la réserve ne seront pas insérés au *Bulletin des lois*. Le ministre enverra aux préfets l'état de ce que doivent fournir les départements, et pour quels corps. Il enverra le même état au corps. Cependant le ministre fera imprimer séparément dix exemplaires de l'arrêté avec les tableaux, dont un pour le Premier Consul, deux pour le secrétaire d'État, un pour le ministre de la guerre, un pour le ministre directeur de l'administration de la guerre, un pour être déposé aux archives de la guerre, un pour la section de la guerre du conseil d'État, un pour le ministre inspecteur général de la gendarmerie, un pour le ministre de l'intérieur et un pour le grand juge. Il est indispensable que l'arrêté soit expédié dans la journée de demain; il est de la plus grande urgence.

BONAPARTE.

Archives de l'Empire.

6807. — AU GÉNÉRAL BERTHIER, MINISTRE DE LA GUERRE.

Saint-Cloud, 20 prairial an XI (9 juin 1803).

La 93e demi-brigade, Citoyen Ministre, tiendra un bataillon à l'île d'Yeu et l'autre à l'île de Ré. Le bataillon de l'île d'Yeu sera complété par les dépôts de l'île de Ré et de Bordeaux, jusqu'à ce qu'il soit au complet de 1,000 hommes; or, à cet effet, quand 100 hommes seront disponibles à l'un ou à l'autre de ces dépôts, ils seront dirigés sur l'île d'Yeu. Il est nécessaire que ces hommes ne traversent pas la Vendée pour se rendre à l'île d'Yeu, mais s'embarquent à la Rochelle et à Rochefort.

Le bataillon de la 93e, qui sera à l'île de Ré, sera aussi complété à 1,000 hommes, et à cet effet tous les conscrits seraient envoyés à l'île de Ré, après toutefois que le bataillon de l'île d'Yeu sera complété. Recommandez au chef de brigade et aux commandants de l'île d'Yeu et de Ré de maintenir une sévère discipline dans l'un et l'autre de ces bataillons.

BONAPARTE.

Dépôt de la guerre.
(En minute aux Arch. de l'Emp.)

6808. — AU GÉNÉRAL BERTHIER.

Saint-Cloud, 20 prairial an XI (9 juin 1803).

Je vous prie, Citoyen Ministre, de faire placer dans l'île Dumet, à l'embouchure de la Vilaine, six pièces de 18, et d'ordonner qu'il soit formé un plan pour la défense de cette île.

BONAPARTE.

Archives de l'Empire.

6809. — AU GÉNÉRAL MORTIER.

Saint-Cloud, 20 prairial an XI (9 juin 1803).

Citoyen Lieutenant Général Mortier, commandant l'armée française en Hanovre, je vous félicite de la promptitude de votre marche et des bonnes dispositions que vous avez faites. J'attends votre premier courrier pour vous féliciter sur les prises que vous ne manquerez pas de faire sur l'Elbe et le Weser. J'espère que le roi d'Angleterre ratifiera la convention que vous avez faite. Dans ce cas, je me trouverai entièrement satisfait; car, par cette ratification, il consentira à l'échange de ses soldats contre nos matelots. S'il ne la ratifiait pas, nous serions obligés de prendre d'autres mesures. Dans tous les cas, tenez-vous prêt à tout. La promptitude de votre marche vous a occasionné des embarras, mais elle a épargné du sang et beaucoup de tracasseries diplomatiques.

BONAPARTE.

Comm. par M. le duc de Trévise.
(En minute aux Arch. de l'Emp.)

6810. — NOTE POUR LE MINISTRE DE LA MARINE.

Paris, 21 prairial an XI (10 juin 1803).

L'intention positive du Premier Consul est que, sous aucun prétexte, on ne laisse faire dans l'arrondissement aucun travail de commerce ou corsaire que l'on n'ait dans les ports assez d'ouvriers pour les travaux de la République; et le Premier Consul me charge de vous faire connaître que, s'il apprend qu'on travaille pour le commerce et les corsaires, il ne pourra prendre en considération l'allégation du défaut d'ouvriers que vous pourriez alléguer pour justifier ce qui serait omis dans l'exécution des travaux ordonnés pour l'État.

Si cela excite des réclamations, on fera connaître que telle est la volonté positive et nominale du Premier Consul.

Par ordre du Premier Consul.

Archives de la marine.

6811. — AU CITOYEN REGNIER,

GRAND JUGE, MINISTRE DE LA JUSTICE.

Saint-Cloud, 22 prairial an XI (11 juin 1803).

Je vous prie, Citoyen Ministre, de faire suspendre le jugement du gendarme qui a été condamné à mort par le tribunal de la 1re division, ce gendarme s'étant pourvu en grâce.

BONAPARTE.

Archives de l'Empire.

6812. — AU CITOYEN REGNIER.

Saint-Cloud, 22 prairial an XI (11 juin 1803).

Je vous prie, Citoyen Ministre, de faire remettre au colonel Sebastiani 100,000 francs pour dépenses secrètes; à M. Chatillon, 25,000 francs; à M. l'évêque d'Orléans, 30,000 francs, et au préfet de la Loire-Inférieure, 25,000 francs.

BONAPARTE.

Archives de l'Empire.

6813. — AU CITOYEN REGNIER.

Saint-Cloud, 22 prairial an XI (11 juin 1803).

Je vous prie, Citoyen Ministre, de faire remettre au préfet du département du Morbihan 15,000 francs, qu'il emploiera en entier à meubler l'hôtel de la préfecture, me paraissant convenable que le magistrat du Morbihan surtout soit convenablement logé.

Vous lui ferez connaître qu'à dater du 1er messidor vous lui ferez payer, tous les mois, 2,000 francs, pour dépenses extraordinaires, et dont il ne devra aucun compte. Cette augmentation de traitement le mettra à même d'avoir un train de maison convenable, et d'avoir des chevaux pour se porter partout où les circonstances l'exigeront. Vous lui témoignerez en même temps ma satisfaction sur la marche de son administration.

BONAPARTE.

Archives de l'Empire.

6814. — AU GÉNÉRAL BERTHIER, MINISTRE DE LA GUERRE.

Saint-Cloud, 25 prairial an XI (14 juin 1803).

Je vous renvoie, Citoyen Ministre, les projets que vous aviez rédigés pour le camp de Saint-Omer. Voici définitivement les bases auxquelles je me suis arrêté :

Six camps seront formés, lesquels, destinés à ne composer qu'une seule armée, seront commandés par six lieutenants généraux commandant en chef. Ils auront chacun un parc d'artillerie commandé par un général d'artillerie et par un colonel directeur du parc. Les six parcs seront tous soumis à un général commandant en chef l'artillerie et à un général de brigade directeur général des parcs des six camps. Chacun de ces camps aura un ordonnateur, lequel correspondra avec un ordonnateur en chef des six camps.

Ces six camps seront : un en Hollande, un à Gand, un à Saint-Omer, un à Compiègne, un à Saint-Malo, un à Bayonne.

Le camp de Hollande sera composé de 30,000 hommes, dont 18,000 de troupes françaises et 12,000 de troupes bataves. Les 54e, 84e, 45e, 17e, 109e, 11e, 71e, 35e et 41e demi-brigades seront d'abord destinées à faire partie de ce camp; avant un mois d'autres troupes seront désignées pour compléter le nombre de 18,000 hommes; 6e de hussards et 1er régiment de chasseurs qui seront désignés, trois compagnies d'artillerie à pied, une compagnie d'artillerie à cheval, une compagnie d'ouvriers.

Pour le camp de Gand, les 6e et 13e légères; 12e, 33e, 51e, 108e,

14e, 36e, 61e, 85e de ligne; le 2e régiment de chasseurs, le 7e hussards, les 4e, 14e, 16e et 17e de dragons.

Pour le camp de Saint-Omer, la 10e légère, 25e, 28e, 55e, 57e de ligne; 26e légère, 22e, 43e, 46e et 75e de ligne; 8e et 11e régiment de chasseurs; 2e, 5e, 10e et 21e de dragons.

Pour le camp de Compiègne, les 9e et 24e légères; les 18e, 44e, 63e, 64e, 4e, 32e, 96e et 111e de ligne; le 3e régiment de hussards; le 10e de chasseurs; les 1er, 3e, 8e et 9e de dragons.

Chacune des demi-brigades ci-dessus ne fournira que ses 1er et 2e bataillons, lesquels seront complétés à 1,000 hommes. Il est donc nécessaire que ces corps soient prévenus sur-le-champ que leurs deux premiers bataillons doivent marcher vers la fin de l'été, afin qu'ils activent l'instruction, l'habillement, etc.

On se réserve de désigner postérieurement les corps de grosse cavalerie qui devront faire partie de ces trois camps.

Le personnel de l'artillerie sera composé, 1° de compagnies fournies, au nombre de six, par chacun des quatre régiments ci-après, savoir : les 1er, 5e, 7e et 3e régiments; lesquelles six compagnies seront complétées au pied de guerre; 2° de deux escadrons de chacun des 2e, 5e et 6e régiments d'artillerie à cheval, complétés au pied de guerre; ce qui fera vingt-quatre compagnies d'artillerie à pied et douze compagnies d'artillerie à cheval; 3° un demi-bataillon de pontonniers.

Le premier inspecteur du génie désignera deux compagnies de mineurs et un bataillon de sapeurs mis sur le pied de guerre.

Le premier inspecteur de l'artillerie désignera le nombre de compagnies nécessaires aux six parcs.

Le général Marmont, premier inspecteur général, commandera en chef l'artillerie des six camps.

Le général Faultrier sera directeur général des parcs des six camps.

Le conseiller d'État Petiet sera commissaire ordonnateur en chef des six camps. Au travail de samedi, le ministre m'apportera tous ces arrêtés avec les projets de cantonnement.

BONAPARTE.

Comm. par M. le prince de Wagram.
(En minute aux Arch. de l'Emp.)

6815. — AU GÉNÉRAL BERTHIER.

Saint-Cloud, 25 prairial an XI (14 juin 1803).

Je vous prie, Citoyen Ministre, de me présenter, samedi prochain, les mesures à prendre,

1° Pour qu'il y ait, au 1er vendémiaire, dans les salles d'armes de Douai, de Saint-Omer, de Dunkerque, de Calais, de Boulogne et autres places environnantes, 60,000 fusils d'infanterie, 4,000 fusils de dragons, 15,000 baïonnettes de rechange, 2,000 sabres de dragons, 1,000 sabres de chasseurs, 6,000 briquets et 2,000 paires de pistolets;

A Brest, 3,000 fusils, un quart de baïonnettes de rechange;

A Saint-Malo, 3,000 fusils, avec un quart de baïonnettes de rechange;

A Rochefort, 3,000 fusils;

2° Pour qu'il y ait, prêts à mettre en mouvement à la même époque, à Douai et à La Fère, pour les camps de Gand, de Saint-Omer et de Compiègne, trois parcs d'artillerie, composés chacun de quarante pièces de canon, savoir : quatorze de 4, quatorze de 8, six de 12, et six obusiers, dont quatre pièces de 8 pouces et deux obusiers attelés pour l'artillerie légère;

De plus, un équipage général de réserve de quarante bouches à feu, réunies à Douai pour la réserve générale de tous les camps formés sur les bords de l'Océan;

3° Pour qu'il y ait à Saint-Omer deux millions de cartouches, renfermées dans des caisses dont les dimensions seront données par l'inspecteur général de la flottille, le citoyen Forfait; plus, deux millions de cartouches pour le camp de Saint-Malo, et deux millions pour Rochefort, dans des caisses ordinaires;

4° Pour réunir à Saint-Omer 300 charrettes, les plus légères possible, et qui puissent se monter et se démonter sans le secours d'aucun ouvrier;

5° Pour réunir à Douai 200 pièces de 24, dont 50 de 24, courtes et légères, 100 pièces de 18 ou de 16, et 100 obusiers de 6 ou 8 pouces, avec 200 coups à tirer par pièce; une partie doit être destinée à être mise à la disposition du ministre de la marine pour l'armement de la marine : il sera toutefois pourvu à l'approvisionnement nécessaire pour mettre ces 400 pièces en batterie, et à ce qui est nécessaire pour la construction des batteries;

6° Pour lever 6,000 chevaux d'artillerie et en réunir à chaque camp le nombre proportionné à ses besoins.

BONAPARTE.

Dépôt de la guerre.

6816. — AU GÉNÉRAL BERTHIER.

Saint-Cloud, 25 prairial an XI (14 juin 1803).

Il est nécessaire, Citoyen Ministre, de faire arrêter tous les convois d'artillerie dirigés sur l'armée de Hanovre, qui sont désormais inutiles, et de les destiner à organiser l'artillerie du camp de Deventer.

BONAPARTE.

Dépôt de la guerre.

6817. — AU GÉNÉRAL DEJEAN,

MINISTRE DIRECTEUR DE L'ADMINISTRATION DE LA GUERRE.

Saint-Cloud, 25 prairial an XI (14 juin 1803).

Je vous prie, Citoyen Ministre, de me présenter, samedi prochain, des projets,

1° Pour faire confectionner 1,200,000 rations de biscuit, qui seraient rendues le 15 vendémiaire à Saint-Omer, et renfermées dans des caisses dont le modèle sera donné par l'inspecteur général de la flottille, le citoyen Forfait;

2° Pour rassembler à Saint-Omer trois millions de rations d'eau-de-vie, qui devront être contenues dans des barils dont les dimensions seront données par l'inspecteur général de la flottille;

3° Pour faire construire des fours à Boulogne, à Étaples et à Ambleteuse, et faire rétablir les fours à Saint-Omer et dans les places du Nord, en quantité suffisante pour la réunion d'une armée de 80,000 hommes;

4° Pour organiser des hôpitaux pour le service de ces troupes, et préparer à Boulogne tous les magasins nécessaires;

5° Pour assurer les moyens de subsistance, en pain, viande, vin et eau-de-vie, des camps de Gand, Saint-Omer et Compiègne, composés chacun de 25 à 30,000 hommes, pendant tout l'hiver;

6° Pour réunir et confectionner 80,000 capotes et 120,000 paires de souliers, au 1er vendémiaire prochain, afin de distribuer ces fournitures aux troupes et de les mettre à même de faire une campagne d'hiver et de rester cantonnées tout l'hiver.

BONAPARTE.

Archives de l'Empire.

6818. — AU GÉNÉRAL BERTHIER, MINISTRE DE LA GUERRE.

Saint-Cloud, 25 prairial an XI (14 juin 1803).

Je désirerais savoir quels sont les magasins d'artillerie et dépôts d'armes qui sont à Turin ou aux environs. L'ordre a été donné de réunir à Alexandrie, à Fenestrelle et à la citadelle de Turin, toute l'artillerie qui se trouverait dans la 27e division militaire. Il ne doit donc y avoir à Turin que l'arsenal, qui est suffisamment gardé par l'artillerie, et quelques moulins à poudre. D'ailleurs, mon intention est qu'on n'accoutume pas les grandes places à de fortes garnisons, afin que, le cas venant de les en retirer, elles en sentent moins la privation.

BONAPARTE.

Dépôt de la guerre.

6819. — NOTE POUR LE MINISTRE DE LA MARINE.

Paris, 26 prairial an XI (15 juin 1803).

Le citoyen Fleurieu [1] prendra les mesures convenables pour faire mettre en chantier un vaisseau de 74 à Saint-Malo; ce vaisseau sera celui de *la Ville-de-Rouen;* s'informer si toutes les mesures ont été prises pour cet objet.

Il me rendra compte des mesures prises pour la construction des chaloupes canonnières et bateaux canonniers.

Faire connaître le nombre des chaloupes, bateaux et péniches composant la flottille et auxquels nous avons donné le nom de bateaux plats de 1re, 2e et 3e classe. Combien y a-t-il de ces bateaux en construction sur les rivières?

J'avais ordonné qu'on en construisît un de chaque espèce devant les Invalides, un à la Râpée; qu'on en construisît un de chaque espèce à Compiègne, un de chaque espèce à Saint-Germain.

Un particulier de Saint-Michel avait proposé d'en construire cinquante sur la Marne : savoir si on a connaissance de cette offre aux bureaux; si on n'en a aucune, écrire au citoyen Laplace, sénateur, qui fera connaître quel est ce particulier, et l'inviter à venir pour s'aboucher avec lui.

Écrire au directeur de l'école polytechnique de désigner trente élèves, qui assisteront au tracé et suivront la construction, afin que, d'ici à un mois, ils soient envoyés dans les départements pour y diriger la construction de ces bateaux.

La ville de Versailles a offert un bateau plat de première espèce : lui désigner Saint-Germain pour le lieu de la construction.

Écrire au préfet de Seine-et-Marne (Melun) qu'on est instruit que des particuliers ont offert la construction de bateaux plats : lui désigner Meaux pour le lieu où devront s'exécuter ces constructions; lui mander que les charpentiers de la rivière seront chargés de ce

[1] Chargé par intérim du portefeuille de la marine.

travail; que les souscripteurs pour cette offre nommeront un d'entre eux pour pourvoir à la fourniture des matériaux, et qu'un ingénieur de la marine dirigera les travaux.

S'informer si, par le canal du Centre, qui joint la Saône avec la Loire, des bateaux de la première et de la deuxième espèce pourraient y passer; et, dans le cas de la possibilité, on en construirait sur le Rhône et sur la Saône.

En demandant ces renseignements, envoyer les dimensions principales de chacune des espèces.

Recueillir tout ce qui a été fait ou proposé dans l'intérieur pour des constructions de bateaux.

Écrire au ministre de l'intérieur que le Premier Consul lui avait demandé de faire connaître les mesures à prendre pour construire des bateaux sur toutes les rivières; lui demander un rapport pour vendredi.

BONAPARTE.

Archives de la marine.

6820. — AU CITOYEN GAUDIN, MINISTRE DES FINANCES.

Saint-Cloud, 27 prairial an XI (16 juin 1803).

Je vous prie, Citoyen Ministre, de donner des ordres pour que le droit de tonnage soit rétabli dans l'île d'Yeu, et que le produit en soit affecté en entier à la réparation du port.

BONAPARTE.

Archives de l'Empire.

6821. — AU GÉNÉRAL BERTHIER, MINISTRE DE LA GUERRE.

Saint-Cloud, 27 prairial an XI (16 juin 1803).

Je vous prie, Citoyen Ministre, d'écrire au général Mortier que le général Dessolle a reçu ordre de se rendre dans l'évêché d'Osnabrück avec ses trois demi-brigades. Il sera nécessaire que le général Mortier fournisse à cette division l'artillerie dont elle aura besoin. Je désire qu'elle reste à Osnabrück, de l'administration duquel évêché le général Dessolle sera chargé sous les ordres du général Mortier. Cette division sera en force suffisante pour surveiller les troupes hanovriennes, et, selon les circonstances, pouvoir appuyer contre toute espèce d'événements le général Mortier, qui se trouvera par là avoir plus de 30,000 hommes sous ses ordres. Le corps batave continuera à rester à Deventer, et il sera nommé incessamment au commandement de cette réserve; il sera envoyé trois nouvelles demi-brigades pour remplacer les trois qui partent, et l'artillerie française destinée pour le général Dessolle restera à Deventer.

BONAPARTE.

Dépôt de la guerre.

6822. — AU GÉNÉRAL BERTHIER.

Saint-Cloud, 27 prairial an XI (16 juin 1803).

Je vous prie, Citoyen Ministre, d'écrire au général Mortier que j'attends de connaître les intentions de Sa Majesté Britannique pour ratifier la convention; qu'il doit faire connaître aux chefs de l'armée hanovrienne qu'ils peuvent compter sur la parole qui leur a été donnée; mais qu'en attendant que la résolution de Sa Majesté soit connue, il est convenable qu'ils se rendent dans l'évêché d'Osnabrück, au lieu de Lauenburg.

Faites sentir au général Mortier combien il est dangereux d'avoir un corps de 12 à 14,000 hommes et une nombreuse cavalerie entre l'Elbe et nous; qu'il vaut mieux les avoir à Osnabrück, où on les fera surveiller par le corps du général Dessolle.

Recommandez au général Mortier de faire placer des batteries et des pièces de gros calibre à l'embouchure de l'Elbe, et dans les autres endroits les plus favorables pour être toujours à portée d'intercepter l'Elbe et le Weser.

BONAPARTE.

Dépôt de la guerre.
(En minute aux Arch. de l'Emp.)

6823. — AU GÉNÉRAL BERTHIER.

Saint-Cloud, 27 prairial an XI (16 juin 1803).

Ayant besoin, Citoyen Ministre, de compléter rapidement notre train d'artillerie, afin de pourvoir à la levée des 6,000 chevaux qui va être faite et qui, avec les 2,000 du général Mortier et les 2,000 de l'Italie, feront 10,000 chevaux du train, ce qui exigera une levée de charretiers, il me paraît convenable de faire un appel de 4,000 conscrits de la réserve de l'an IX et de l'an X, et de les faire choisir parmi des individus ayant l'habitude de conduire des attelages, et dès lors de commencer le dédoublement des huit bataillons du train. Je vous prie de m'apporter samedi un projet de répartition et un projet d'arrêté sur ces objets.

BONAPARTE.

Dépôt de la guerre.

6824. — AU GÉNÉRAL BERTHIER.

Saint-Cloud, 27 prairial an XI (16 juin 1803).

Je vous prie, Citoyen Ministre, de me faire connaître l'état des fusils français et de calibre qui existent dans la République italienne et dans la 27e division militaire, ainsi que l'état de l'artillerie et des affûts. Faites faire l'armement d'Alexandrie, en supposant déjà finis les travaux commencés, et en exécutant entièrement le projet de fortification qui y est établi. Et comme je désirerais qu'il n'y eût dans cette place que des pièces de calibre français, il est indispensable de s'y prendre d'avance, afin qu'au mois de mai toute l'artillerie de la 27e division militaire se trouve renfermée dans les places d'Alexandrie et de Fenestrelle.

BONAPARTE.

Archives de l'Empire.

6825. — AU CONTRE-AMIRAL DECRÈS,

MINISTRE DE LA MARINE ET DES COLONIES.

Saint-Cloud, 27 prairial an XI (16 juin 1803).

Je vous prie, Citoyen Ministre, de donner ordre à l'ingénieur et à l'officier de marine français qui sont en Hanovre de faire réparer la frégate hanovrienne qui a été prise à Stade, et de faire les préparatifs nécessaires pour faire mettre en construction sur l'Elbe vingt chaloupes canonnières de chaque espèce, et autant sur le Weser. Recommandez également à cet officier de marine de voir s'il y a en Hanovre une assez grande quantité de cuivre pour mériter de fixer votre attention. Il devait y avoir des mâts à Cuxhaven et à Stade.

BONAPARTE.

Archives de la marine.

6826. — ARRÊTÉ.

Paris, 28 prairial an XI (17 juin 1803).

ARTICLE 1er. — Il sera construit, dans le plus court délai, à la fonderie de Douai, douze mortiers de 12 pouces à la Gomer.

On donnera de telles dimensions à la chambre qu'elle puisse contenir vingt et une livres de poudre.

Ces mortiers seront coulés à semelle et les parois renforcées en conséquence.

ART. 2. — Les mesures seront prises pour que les mortiers soient placés en batterie pour la défense de Boulogne avant le 1er thermidor.

ART. 3. — Il sera construit, à la fonderie de Strasbourg, douze mortiers à la Gomer de 12 pouces et à chambre sphérique. La chambre devra contenir vingt et une livres de poudre. Les pièces seront renforcées en conséquence.

Art. 4. — Ces mortiers seront dirigés sur Boulogne, où ils seront mis en batterie avant le 1er fructidor.

Art. 5. — Les deux mortiers à la Comminges qui sont à Strasbourg seront éprouvés sur-le-champ, et si, à chambre pleine, ils ont une portée de plus de 1,800 toises, ils seront sur-le-champ transportés à Boulogne.

Art. 6. — Le ministre de la guerre est chargé de l'exécution du présent arrêté.

Bonaparte.

Archives de l'Empire.

6827. — NOTE POUR LE MINISTRE DE LA MARINE.

Paris, 28 prairial an XI (17 juin 1803).

Indépendamment des chaloupes que l'on construit à Saint-Dizier, faire construire du n° 3.

Écrire au citoyen Forfait que les demandes qui lui ont été faites pour le 1er vendémiaire sont le minimum; que, si les ressources peuvent offrir le double, le Premier Consul entend qu'elles soient toutes employées; l'argent ne manquera pas. Il voit donc avec peine qu'on ne construise qu'une chaloupe canonnière à Rouen et six au Havre. Il lui semble qu'on pourrait quintupler ce nombre et construire trente chaloupes canonnières au Havre et six à Rouen.

On ne voit pas non plus qu'il soit question des constructions qu'on peut faire à Honfleur et dans tous les petits ports.

On désirerait que les péniches pussent porter un petit obusier, sans que cela nuisît à leur marche.

Les bateaux de pêche qui vont être achetés au compte de la République pour la flottille, et qui seraient susceptibles de porter un obusier ou une pièce de canon d'un calibre quelconque, devraient aussi être notés.

Le citoyen Fleurieu donnera connaissance des nouvelles qu'il a de la 5e commission pour la flottille.

Le ministre de la marine écrira sur-le-champ que, dans le cas où la commission pour la flottille ne serait pas encore arrivée, on passe sur-le-champ des marchés pour des chaloupes canonnières. Le prix de la coque d'une chaloupe canonnière ne doit pas excéder 30,000 francs.

Par ordre du Premier Consul.

Archives de la marine.

6828. — AU CITOYEN FORFAIT.

Saint-Cloud, 28 prairial an XI (17 juin 1803).

Citoyen Forfait, Conseiller d'État, Inspecteur général de la flottille nationale, je reçois votre lettre du 26. Je ne saurais trop vous recommander de hâter le plus possible toutes les constructions. Le ministre ne vous a désigné, pour être construit au 1er vendémiaire, que le minimum; tâchez d'en avoir le double; l'argent ne manquera pas. Je désirerais qu'on pût placer un obusier sur chaque péniche.

On offre de beaucoup construire à Abbeville et à Saint-Valery sur la Somme. Je serai, dans le courant de la première semaine de messidor, à Saint-Valery et Boulogne; je vous y verrai. Songez que les heures sont précieuses.

BONAPARTE.

Archives de l'Empire.

6829. — AU CITOYEN GAUDIN, MINISTRE DES FINANCES.

Saint-Cloud, 29 prairial an XI (18 juin 1803).

Je vous envoie, Citoyen Ministre, les états des sénatoreries, avec des observations qui me sont remises et que j'adopte.

La vénerie, en Piémont, doit rester aux domaines; tous les biens provenant des fortifications, également.

Veuillez vous concerter avec la commission du Sénat pour changer ces biens.

En général, je désirerais que, le plus possible, la sénatorerie eût son apanage dans l'arrondissement du tribunal d'appel. Quant aux bois, je pense qu'il est essentiel d'étendre le plus possible notre administration forestière. Je désire donc que vous me présentiez un arrêté par lequel tous les parcs ayant plus de 500 arpents de bois, qui se trouveraient administrés aujourd'hui par les domaines, seraient remis à l'administration forestière. Il est convenable de porter une grande attention à ce que, dans les sénatoreries et les biens réservés, il y ait des biens nationaux de toute nature, car tous ont un même titre de légitimité aux yeux de la loi. Du reste, la masse du travail me paraît bien; il ne s'agit que de le modifier sur ces principes et conformément à la note ci-jointe.

BONAPARTE.

Archives des finances.
(En minute aux Arch. de l'Emp.)

6830. — AU CITOYEN GAUDIN.

Saint-Cloud, 29 prairial an XI (18 juin 1803).

Je vous envoie, Citoyen Ministre, un mémoire fort important sur tout ce qu'il y a à faire pour le séquestre de la rive gauche du Rhin. J'avais chargé, il y a plusieurs mois, le citoyen Duchâtel de prendre des renseignements sur cet objet. Il doit donc savoir, 1° si ce mémoire décide du séquestre sur tous les biens sur lesquels il n'a pas été prononcé; 2° la somme totale des biens dont on augmenterait le domaine national en adoptant ces bases, et les masses totales des biens que nous restituerions en levant les séquestres conformément aux principes du mémoire. Il y a aux relations extérieures des hommes qui pourront vous donner des renseignements pour éclaircir cette matière. Je vous prie de m'apporter mercredi un travail sur cet objet.

Bonaparte.

Archives de l'Empire.

6831. — ARRÊTÉ.

Saint-Cloud, 29 prairial an XI (18 juin 1803).

Article 1er. — Les citoyens Charles-Étienne et Charles-Stanislas Grosourdy, défenseurs de la patrie, sont remis en possession des biens qu'ils possédaient dans le département de l'Orne.

Art. 2. — Le ministre des finances est chargé de l'exécution du présent arrêté.

Bonaparte.

Archives de l'Empire.

6832. — NOTE POUR LE MINISTRE DE LA MARINE.

Paris, 29 prairial an XI (18 juin 1803).

Je suis très-mécontent de ce qu'on expose une seule frégate [1], tandis qu'il y a dans le port plusieurs vaisseaux qui doivent tenir la mer. Il était bien plus naturel que le général Dumanoir restât à croiser entre la Corse, Gênes, Toulon et Marseille, ayant de tous côtés des refuges, plutôt que de rester ancré dans la rade. Il est extrêmement honteux que quelques frégates anglaises se fassent signaler à Toulon et puissent faire des prises sur nos côtes, lorsque la République a des vaisseaux armés.

Bonaparte.

Archives de la marine.

[1] *L'Uranie*.

6833. — AU CITOYEN CHAPTAL, MINISTRE DE L'INTÉRIEUR.

Saint-Cloud, 30 prairial an XI (19 juin 1803).

Donnez ordre, Citoyen Ministre, au préfet de la Manche de prendre les mesures nécessaires pour employer 3,000 ouvriers aux travaux du bassin du port de Cherbourg.

BONAPARTE.

Archives de l'Empire.

6834. — AU CITOYEN CHAPTAL.

Saint-Cloud, 30 prairial an XI (19 juin 1803).

Le Premier Consul me charge, Citoyen Ministre, de vous renvoyer la lettre ci-jointe et de vous faire connaître qu'il juge convenable que le citoyen Garat ne cesse pas de recevoir le traitement dont il a joui jusqu'au 1er vendémiaire dernier. Les services que le citoyen Garat a rendus à l'art du chant, ceux qu'il rend encore en formant des sujets qui sont l'espoir de nos théâtres, le talent célèbre qui le place à la tête de l'école française, dont il peut être considéré comme le fondateur, sont des considérations qui ne vous auront point échappé. Ce sont elles qui déterminent les dispositions du Premier Consul.

Par ordre du Premier Consul.

Archives de l'Empire.

6835. — AU CITOYEN TALLEYRAND, MINISTRE DES RELATIONS EXTÉRIEURES.

Saint-Cloud, 30 prairial an XI (19 juin 1803).

J'ai reçu, Citoyen Ministre, la traduction des deux notes : ni l'une ni l'autre ne me paraissent mériter de réponse.

J'ai fait expédier l'ordre au général Mortier de signifier à l'armée hanovrienne que le roi d'Angleterre avait refusé de ratifier la convention du 14 prairial; que, dès lors, elle ait à capituler. J'ai prescrit à ce général de la faire défiler avec les honneurs de la guerre, de la désarmer, de mettre la cavalerie à pied, et de l'envoyer prisonnière en France.

Comme il sera obligé, avant cette signification, de faire faire un mouvement à ses troupes, et que ce mouvement ne pourra être exécuté que cinq ou six jours après la réception de l'ordre, il me paraît nécessaire de prévenir le citoyen Laforest[1] qu'il doit, en forme de conversation, instruire la cour de Berlin que je n'ai pas ratifié la

[1] Envoyé extraordinaire et ministre de la République française à Berlin.

convention, et que je l'ai envoyée à Londres, en faisant connaître que je la ratifierais lorsque Sa Majesté Britannique aurait communiqué sa résolution de la ratifier. Quatre jours après cette communication, le citoyen Laforest pourra notifier que le roi d'Angleterre n'a pas voulu approuver la convention, et qu'en conséquence je me suis refusé à le faire. Il fera sentir toute l'inconséquence et la mauvaise foi de ce refus de l'Angleterre, qui dénote à la fois l'incapacité et le manque de foi des conseils du roi.

Il sera nécessaire d'écrire au citoyen Reinhard, à Hambourg, et au citoyen d'Aguesseau, à Copenhague, pour qu'ils s'expriment à peu près dans le même sens.

BONAPARTE.

Archives des affaires étrangères.
(En minute aux Arch. de l'Emp.)

6836. — AU GÉNÉRAL BERTHIER, MINISTRE DE LA GUERRE.

Saint-Cloud, 30 prairial an XI (19 juin 1803).

Les travaux d'Alexandrie, Citoyen Ministre, ne marchent point avec la rapidité que je désirerais. On me rend compte que les troupes de la garnison fournissent 2,000 travailleurs, les sapeurs 600, et le pays 1,000, ce qui ne fait que 3 à 4,000 ouvriers ; pourquoi n'en prendrait-on pas 3 à 4,000 parmi les gens du pays ? Il ne manque pas d'oisifs qu'on pourrait facilement employer. Je désirerais que le nombre d'hommes employés aux travaux d'Alexandrie montât au moins à 6,000.

Je suis instruit également qu'il n'y a pas 200 maçons y travaillant. Écrivez au général Chasseloup que mon intention est qu'il y ait 1,000 maçons, afin que les travaux avancent avec la plus grande rapidité.

Écrivez au général Menou de prendre des mesures pour faire fournir 3,000 ouvriers et 500 maçons du pays pour les travaux d'Alexandrie.

Je vous prie de me renvoyer les pièces relatives au travail de l'artillerie du Piémont, que vous avez emportées hier.

BONAPARTE.

Comm. par M. le prince de Wagram.
(En minute aux Arch. de l'Emp.)

6837. — AU GÉNÉRAL BERTHIER.

Saint-Cloud, 30 prairial an XI (19 juin 1803).

Les plates-formes des forts du port de Cherbourg, Citoyen Ministre, sont en mauvais état ; elles auraient besoin d'être enduites de pouzzolane. Je vous prie de donner des ordres pour que cela soit fait promptement.

Il y a des affûts commandés à la Fère pour Cherbourg ; donnez des ordres pour qu'ils y soient envoyés dans le plus court délai.

BONAPARTE.

Archives de l'Empire.

6838. — AU GÉNÉRAL BERTHIER.

Saint-Cloud, 30 prairial an XI (19 juin 1803).

Toute la 32e demi-brigade, Citoyen Ministre, a eu ordre de rester réunie à Cherbourg ; cependant j'apprends qu'il n'y en a que deux bataillons. Veuillez vous faire rendre compte d'où vient cette désobéissance aux ordres donnés. Elle doit fournir au moins 900 hommes aux travaux du port.

BONAPARTE.

Dépôt de la guerre.
(En minute aux Arch. de l'Emp.)

6839. — AU CITOYEN FLEURIEU,

CHARGÉ PAR INTÉRIM DU PORTEFEUILLE DE LA MARINE.

Saint-Cloud, 30 prairial an XI (19 juin 1803).

Je vous prie, Citoyen Ministre, de témoigner mon mécontentement au préfet maritime de Dunkerque. Il n'avait pas le droit de diriger des canonnières de Boulogne sur Flessingue, puisque tous les ordres du ministre de la marine sont, au contraire, que toutes les canonnières se réunissent à Boulogne. La raison qu'il allègue pour avoir exposé ces canonnières au trajet de Flessingue est tout à fait futile ; le moindre bateau pêcheur remplissait ce but. Le capitaine qui commandait ces canonnières s'est lâchement conduit. Comment, avec deux pièces de 24, a-t-il pu se rendre sans tirer un coup, et comment, étant échoué, n'a-t-il pas brûlé ses canonnières ? Il y a tout à la fois de l'ineptie et de la lâcheté dans cette conduite. Il faut faire un exemple sur cet officier.

BONAPARTE.

Archives de la marine.
(En minute aux Arch. de l'Emp.)

6840. — ARRÊTÉ.

Paris, 1er messidor an XI (20 juin 1803).

ARTICLE 1er. — A dater de la publication du présent arrêté, il ne sera reçu dans les ports de la République aucune denrée coloniale provenant des colonies anglaises, ni aucune marchandise venant directement ou indirectement de l'Angleterre.

En conséquence, toutes denrées et marchandises provenant de fabrique ou de colonie anglaise seront confisquées.

Art. 2. — Les bâtiments neutres destinés pour les ports de la République devront être munis d'un certificat délivré par le commissaire ou agent des relations commerciales de la République au port d'embarquement, lequel certificat portera le nom du vaisseau, celui du capitaine, la nature de la cargaison, le nombre d'hommes d'équipage et la destination du bâtiment.

Dans cette déclaration, le commissaire certifiera qu'il a vu le chargement s'opérer sous ses yeux, et que les marchandises ne sont point de fabrique anglaise et ne proviennent ni de l'Angleterre ni de ses colonies.

Un double de cette déclaration sera adressé au ministre de l'intérieur par le commissaire de la République, le jour même du départ du bâtiment.

Art. 3. — Tout capitaine qui, par oubli de formes ou par changement de destination, ne se trouvera pas muni d'une semblable déclaration, ne sera admis dans les ports de la République qu'à condition de charger en retour, en produits des manufactures françaises, pour une valeur égale à celle de sa cargaison.

Le directeur des douanes enverra au préfet du département l'état de la cargaison et celui des marchandises prises en retour; sur cet état, le préfet délivrera le permis de sortir du port.

Art. 4. — Les ministres de l'intérieur, des relations extérieures et des finances, sont chargés de l'exécution du présent arrêté, qui sera inséré au *Bulletin des lois*.

Bonaparte.

Archives de l'Empire.

6841. — AU CONTRE-AMIRAL DECRÈS,

MINISTRE DE LA MARINE ET DES COLONIES.

Saint-Cloud, 2 messidor an XI (21 juin 1803).

J'ai reçu vos lettres de Cherbourg, du Havre et de Boulogne.

Je ne serai probablement que mardi 9, au soir, à Saint-Valery-sur-Somme; vous avez donc le temps d'aller jusqu'à Flessingue.

J'ai chargé le citoyen Fleurieu de témoigner mon mécontentement au préfet de Dunkerque, qui a ordonné des mouvements opposés à notre position actuelle.

Chargez un officier de marine de parcourir la côte de Boulogne à Dunkerque, pour désigner les points où l'on pourrait construire des batteries. Il est nécessaire d'en avoir un si grand nombre sur cette côte que les canons pour ainsi dire se croisent, afin que nos chaloupes soient toujours protégées. Comme il nous sera difficile de nous passer de Dunkerque, il faut le plus possible faciliter les communications.

BONAPARTE.

Archives de l'Empire.

6842. — AU CITOYEN FLEURIEU,

CHARGÉ PAR INTÉRIM DU PORTEFEUILLE DE LA MARINE.

Saint-Cloud, 2 messidor an XI (21 juin 1803).

Mon intention, Citoyen Ministre, est que l'on donne à l'atelier de Paris une nouvelle activité. Je désire avoir au 1er vendémiaire vingt chaloupes canonnières, vingt bateaux canonniers et vingt péniches construites, armées, mâtées et gréées. Chaque chaloupe portera quatre pièces de 24 légères; si cela est nécessaire, elles seront en bronze. Chaque bateau canonnier portera une pièce de 24 et une pièce de campagne de 8. Chaque péniche portera un obusier. Ces soixante bâtiments seront sur la Seine et prêts à partir au 1er vendémiaire; ils feront le plus bel ornement de la fête de la fondation de la République.

Il y a aujourd'hui deux chantiers à Paris où il y a six bâtiments en construction. Il est indispensable que, d'ici au 15 messidor, les soixante bâtiments soient sur le chantier.

Il faut établir des chantiers, s'il n'y a aucun inconvénient, hors des barrières de Paris. Les bois reviendraient moins cher, puisqu'ils ne payeraient point d'octroi. Dans le cas contraire, on fera exempter de l'octroi les bois destinés à cet objet.

Il faudrait donner à ces constructions une direction uniforme; on pourrait donc établir tout ce qui est relatif au parc et à l'artillerie à Vincennes ou au Champ-de-Mars; et, pour cet effet, on nommerait un officier d'artillerie de la marine et on établirait un atelier. On choisirait un endroit convenable pour travailler aux mâtures, voilures, gréements, etc. On nommerait un commissaire de marine, un garde-magasin et un ingénieur en chef.

Vous vous concerterez avec le ministre de l'intérieur pour que tous les ouvriers existant sur les rivières, dans les départements de la Seine, de Seine et-Oise, de l'Oise, de Seine-et-Marne, soient requis et appelés aux travaux de Paris.

Comme d'ici au 1er vendémiaire il n'y a que le temps nécessaire pour qu'une pareille opération soit possible, il est nécessaire d'y porter la plus grande activité.

Apportez-moi vendredi un travail détaillé.

Ces soixante bâtiments devraient porter les noms des soixante principaux quartiers de Paris.

BONAPARTE.

Archives de la marine.
(En minute aux Arch. de l'Emp.)

6843. — AU CITOYEN REGNIER,

GRAND JUGE, MINISTRE DE LA JUSTICE.

Saint-Cloud, 3 messidor an XI (22 juin 1803).

Je désire que vous lanciez un mandat d'arrêt contre les prêtres du diocèse de la Rochelle dont les noms suivent : Kemme, Gautier, Croisetière, Archambaud, François, et contre l'imprimeur Commandite.

Vous donnerez l'ordre de saisir à la fois leurs papiers, et d'envoyer ces individus en toute diligence à Paris. Faites saisir toutes les brochures qui se trouveraient chez l'imprimeur Commandite et imprimées par lui.

Envoyez un courrier extraordinaire. Il me paraît convenable que cette arrestation se fasse par la gendarmerie. Expédiez à cet effet un capitaine, qui prendra ses mesures pour que ces individus soient arrêtés à la même heure et à la fois.

BONAPARTE.

Archives de l'Empire.

6844. — ARRÊTÉ.

Paris, 3 messidor an XI (22 juin 1803).

1° Les dispositions présentées par le ministre de la guerre, en conséquence du travail rédigé par le premier inspecteur général de l'artillerie, relatif à l'artillerie des camps de Saint-Omer, Gand et Compiègne, annexé au présent arrêté, sont approuvées en tout ce qui n'est pas contraire aux dispositions ci-après :

2° Il ne sera pris aucune pièce d'artillerie à Maëstricht.

Il n'en sera pris aucune ni à Metz ni à Strasbourg.

Il sera fondu cent pièces de 24 courtes.

Les fonderies de Douai, Metz, Strasbourg, seront, à cet effet, mises en activité.

3° Le premier inspecteur général d'artillerie soumettra au ministre tous les mouvements à faire pour l'artillerie de siége; il fera autant de rapports qu'il y aura de places d'où il proposera d'en tirer, afin de faire connaître quel est l'armement de la place, et s'il restera complet indépendamment des pièces qu'on en tirera. Le ministre présentera au Gouvernement ces dispositions pour être autorisé à ordonner les déplacements.

4° Il sera fondu deux cents pièces de 24 longues, avec les pièces de différents calibres inutiles qui sont à Toulon, et que le ministre de la marine doit mettre à la disposition du ministre de la guerre.

Le ministre de la guerre prendra les mesures nécessaires pour que la fonderie de Toulon puisse fondre des pièces de ce calibre.

5° Aucun directeur des parcs des six camps ne sera choisi parmi les colonels des régiments d'artillerie, qui doivent rester à leurs corps pour commander les batteries.

Le 4e bataillon du train d'artillerie restera à Turin.

6° Les troupes d'artillerie destinées aux camps de Saint-Omer, Gand et Compiègne, seront composées de dix compagnies du 1er régiment à pied, de dix du 5e, de dix du 7e.

7° Parmi le nombre des compagnies ci-dessus, quatre du 5e régiment et quatre du 7e seront sur-le-champ complétées au pied de paix et se rendront le plus tôt possible à Douai.

8° Il sera dirigé de suite sur Douai deux compagnies de chacun des bataillons du train, destinées aux camps de Saint-Omer, Gand et Compiègne; ces compagnies mèneront avec elles les chevaux du bataillon.

9° Il sera dirigé sans délai sur Douai quatre compagnies de pontonniers, ainsi que la 1re et la 7e compagnie d'ouvriers.

Quant à la 4e compagnie, qui est à Auxonne, et à la 15e, qui est à Grenoble, elles recevront l'ordre de se rendre à Douai aussitôt que ce mouvement pourra s'exécuter sans inconvénient; en conséquence, il sera pris des mesures pour que les travaux de ces arsenaux soient continués, malgré le départ de ces compagnies.

10° Les huit bataillons du train seront sur-le-champ dédoublés.

11° Le ministre de la guerre fera la reprise de 6,000 chevaux d'artillerie, pris parmi ceux qui ont été placés chez les cultivateurs.

Dans ce nombre sont compris les chevaux levés pour le train d'artillerie de la garde des Consuls.

12° Le ministre de la guerre fera confectionner 3,000 harnais et 3,250 selles pour les bataillons du train.

13° Le premier inspecteur général d'artillerie donnera tous les ordres pour les mouvements du matériel du parc, d'après ceux qui lui auront été envoyés directement par le ministre

Le premier inspecteur général soumettra au ministre successivement tous les ordres pour les travaux dans les deux arsenaux de Douai et de la Fère.

14° Les arsenaux de la Fère et de Douai seront sous l'inspection particulière du directeur des parcs des six camps des côtes de l'Océan.

Chacun de ces arsenaux conservera néanmoins son mode de comptabilité ordinaire pour les nouveaux travaux à y exécuter.

BONAPARTE.

Archives de l'Empire.

6845. — ORDRE.

Saint-Cloud, 3 messidor an XI (22 juin 1803).

1° Toutes les pièces du calibre de 4 et de 8 qui se trouvent dans la 27e division militaire et dans la République italienne, appartenant à l'équipage de campagne, seront fondues et remises au calibre de 6 et de 12 du nouveau modèle, de manière qu'au 1er germinal il y ait, entre Alexandrie, Fenestrelle et Plaisance, trois cents pièces de campagne du calibre de 12, de 6, de 3, et obusiers.

La moitié de cet équipage sera réunie à Alexandrie.

2° On travaillera sur-le-champ à l'approvisionnement d'Alexandrie.

Il sera composé de cent pièces de 24, dont vingt légères, cent pièces de 12, cent pièces de 6, cinquante pièces de 3, cinquante obusiers ou mortiers; total, quatre cents pièces, indépendamment de l'équipage de campagne.

L'approvisionnement de Fenestrelle sera le tiers de celui d'Alexandrie.

Les pièces des calibres conservés qui se trouveront à l'arsenal, ou à la citadelle de Turin, ou dans toute autre position du Piémont, seront dirigées sur ces deux points, de manière qu'il n'y ait à Turin, ni dans aucune autre place, aucune salle d'armes ni dépôt de munitions de guerre, et surtout aucune bouche à feu.

On travaillera à la construction des affûts dans l'arsenal de Turin; il devra y avoir deux affûts pour chaque pièce.

3° Il sera choisi, à Alexandrie, un emplacement pour l'établissement d'un arsenal et de magasins et chantiers de toute espèce, nécessaires à une place de cette importance et destinée à être le centre des opérations de l'armée française sur cette frontière.

On choisira un emplacement tel qu'on puisse, avec le temps, y transporter tout l'arsenal de Turin.

4° Tout le nouveau système d'artillerie sera mis sur-le-champ en exécution pour l'Italie et dans la 27e division militaire.

On conservera toutes les pièces de 3 et de 16.

5° La citadelle de Turin restera armée des cinq pièces de 23 qui s'y trouvent, de cinquante pièces du parc de campagne qui doit être transporté à Fenestrelle, ainsi que de quelques mortiers et pièces irrégulières, jusqu'à ce qu'elles soient fondues.

Sous quelque prétexte que ce soit, il ne pourra y avoir, au 1ᵉʳ germinal de l'an XII, aucune bouche à feu dans les villes de la 27ᵉ division militaire, tout devant être réuni à Fenestrelle, Alexandrie, et à la citadelle de Turin pour ce qui est nécessaire à son armement.

BONAPARTE.

Archives de l'Empire.

6846. — ARRÊTÉ.

Paris, 3 messidor an XI (22 juin 1803).

ARTICLE 1ᵉʳ. — Il sera confectionné sur-le-champ 50,000 outils, comme pioches, louchets, pelles rondes, pics à hoyau, haches, scies et serpes, dans les proportions nécessaires. Cette confection aura lieu dans les places du Nord. Ils seront rendus le 15 vendémiaire à Saint-Omer.

ART. 2. — Il sera confectionné 6,000 sacs à terre, dont 4,000 pour le service de l'artillerie et 2,000 pour celui du génie.

ART. 3. — Le ministre de la guerre est chargé de l'exécution du présent arrêté.

BONAPARTE.

Archives de l'Empire.

6847. — AU CITOYEN FLEURIEU,

CHARGÉ PAR INTÉRIM DU PORTEFEUILLE DE LA MARINE.

Paris, 3 messidor an XI (22 juin 1803).

Je vous prie, Citoyen Ministre, de faire connaître au vice-amiral Truguet que mon intention est qu'il prenne le commandement de l'escadre qui s'arme à Brest. Il est donc indispensable qu'il s'y rende dans le plus court délai, afin d'arborer son pavillon en rade. Recommandez-lui de veiller, dans le plus grand détail, à l'armement de ses vaisseaux et à l'exercice de ses équipages.

BONAPARTE.

Archives de la marine.

6848. — DÉCISION.

Paris, 3 messidor an XI (22 juin 1803).

Il est rendu compte que l'on n'a pas envoyé de lettres de marque à Ancône.	Savoir pourquoi on s'est permis de contrarier l'ordre donné.

Envoyer sur-le-champ des lettres de marque à Ancône.

BONAPARTE.

Archives de la marine.

6849. — AU CITOYEN ROEDERER, SÉNATEUR.

Saint-Cloud, 4 messidor an XI (23 juin 1803).

J'aurais éprouvé un vrai plaisir de vous avoir auprès de moi pendant le voyage que je vais entreprendre; mais, le Sénat devant immédiatement s'occuper d'une de ses fonctions les plus importantes, la nomination du cinquième des membres du Corps législatif, j'ai pensé que votre présence était nécessaire au Sénat pour cette nomination. Cette opération terminée, quelque part que je me trouve, je vous verrai toujours auprès de moi avec plaisir, car vous ne doutez pas des sentiments tout particuliers que vous m'avez inspirés.

BONAPARTE.

Comm. par M. le baron Rœderer.

6850. — AU CITOYEN TALLEYRAND, MINISTRE DES RELATIONS EXTÉRIEURES.

Saint-Cloud, 4 messidor an XI (23 juin 1803).

Je n'ai point répondu, Citoyen Ministre, aux cantons de Zug, de Bâle, de Lucerne, de Fribourg, de Berne, de Glaris, des Grisons, de Ticino, de Schaffouse, de Zurich et d'Argovie. Vous trouverez les lettres que ces cantons m'ont écrites, dans le *Moniteur*. Je vous prie d'y faire des réponses, de les faire transcrire sur vélin par le citoyen Maret, et de me les apporter à signer.

Je vous prie de répondre également à la lettre ci-jointe du conseil d'État du Valais.

BONAPARTE.

Archives des affaires étrangères.

6851. — AU GÉNÉRAL BOURCIER, CONSEILLER D'ÉTAT.

Saint-Cloud, 4 messidor an XI (23 juin 1803).

Je vous renvoie votre projet de travail sur la cavalerie. J'y ai encore fait quelques changements. Je désire que le nombre d'hommes dont on augmente chaque compagnie en temps de guerre soit égal au sixième des hommes qui composent un escadron sur le pied de paix. La raison en est qu'au moment de la guerre on doit former, des quatre escadrons sur le pied de paix, trois seulement sur le pied de guerre, et laisser le cadre d'un escadron pour recevoir le complément de guerre. Une fois cet escadron complété, il rejoint le régiment; on rend, s'il est nécessaire, à chaque escadron ses hommes, et on forme alors une compagnie de dépôt; ce qui peut être vers la moitié ou la fin de la première campagne.

Cette manière est plus simple et économique. On a diminué deux hommes sur le nombre d'hommes à pied dans les chasseurs, et quelques hommes sur ceux à cheval, afin de conserver de l'uniformité avec les régiments de cuirassiers et de cavalerie.

BONAPARTE.

Archives de l'Empire.

6852. — ARRÊTÉ.

Saint-Cloud, 4 messidor an XI (23 juin 1803).

ARTICLE 1er. — La veuve de Léon Aune, officier de la garde qui s'est distingué par des actions d'éclat et est mort des suites des blessures nombreuses qu'il a reçues à la guerre, jouira d'une pension de 500 francs par an.

ART. 2. — Les ministres de la guerre et du trésor public sont chargés de l'exécution du présent arrêté.

BONAPARTE.

Archives de l'Empire.

6853. — AU GÉNÉRAL VICTOR.

Saint-Cloud, 4 messidor an XI (23 juin 1803).

Citoyen Lieutenant Général Victor, commandant les troupes françaises en Batavie, j'ai appris avec un vif plaisir, par votre lettre du 3 prairial, que vous vous mariez avec la fille du contre-amiral hollandais Vosch van Avezaet. Je ne puis voir qu'avec satisfaction des liens qui tendent à unir les citoyens distingués des deux républiques.

BONAPARTE.

Archives de l'Empire.

6854. — ORDRES POUR LE MINISTRE DE LA MARINE.

Paris, 4 messidor an XI (23 juin 1803).

Écrire au général Ganteaume de presser la 6e commission d'exécuter avec activité ses instructions et de mettre sur-le-champ en construction une trentaine de chaloupes canonnières. Quels que soient les objections et les inconvénients que l'on voie à envoyer les bâtiments à Boulogne, il faut que l'on obéisse.

Écrire au commissaire à Bordeaux de recommander à la 5e commission de mettre en construction le plus tôt possible, et surtout à Bayonne, où les ouvriers sont sans travail. Et, comme on a besoin de tous les moyens, il faut interdire toutes autres constructions que celles de l'État, surtout défendre les constructions pour l'Espagne et la sortie des bâtiments construits.

Écrire au citoyen Forfait qu'il y a encore bien peu de bâtiments en construction sur tous les points; qu'on en voit bien peu à Honfleur; qu'on n'en voit point à Dieppe, Fécamp, Tréport, Caen, Cherbourg, la Hougue, etc.

Lui dire d'assurer les commissions que tout sera exactement payé; que deux millions d'extraordinaire viennent encore d'être donnés pour cet objet, etc.

Demander à Lorient pourquoi la quille de *l'Alcide* n'est pas encore sur le chantier.

Demander à Rochefort pourquoi *l'Ajax* et *le Triomphant* ne sont point encore sur leur quille.

Par ordre du Premier Consul.

Archives de la marine.

6855. — DÉCISION.

Paris, 5 messidor an XI (24 juin 1803).

Rapport de la police sur une brochure où la Révolution française est traitée par le citoyen de Sales avec les plus noires couleurs.

Je prie le Consul Cambacérès de prendre connaissance de cette brochure, et de savoir pourquoi on n'a pas empêché cet insensé d'écrire et s'il n'y a pas moyen d'empêcher cette publication; savoir si l'on ne pourrait pas exclure de l'Institut un homme qui écrit contre l'État.

BONAPARTE.

Archives de l'Empire.

6856. — AU CONSUL CAMBACÉRÈS.

Amiens, 7 messidor an XI (26 juin 1803).

J'ai reçu votre lettre, Citoyen Consul. Je suis arrivé samedi à sept heures du soir à Amiens. Une voiture où était madame Talhouet a versé. Cette dame a reçu une légère contusion.

J'ai lieu d'être très-satisfait de l'esprit de cette ville et de toutes les communes que j'ai traversées. Partout j'ai reçu l'expression des sentiments qui animent la nation dans la guerre injuste que nous sommes obligés de faire.

Je suis resté ce matin quatre ou cinq heures à cheval. J'ai descendu la Somme pendant une lieue. Ce pays est très-beau et est appelé à un plus haut degré de prospérité. J'ai reçu après la messe toutes les autorités constituées.

J'envoie à Paris les quatre cygnes qui m'ont été offerts par la ville d'Amiens selon une antique coutume; je compte les faire mettre dans le bassin des Tuileries.

Demain la ville me donne une petite fête. Je partirai mardi pour Abbeville.

BONAPARTE.

Comm. par M. le duc de Cambacérès.
(En minute aux Arch. de l'Emp.)

6857. — NOTE POUR LE MINISTRE DE LA GUERRE.

Amiens, 7 messidor an XI (26 juin 1803).

Le ministre de la guerre fera réparer le clocher de l'île d'Yeu. Il fera réparer et agrandir le port.

Il fera dresser le plan de l'ouvrage permanent, et prendra toutes les dispositions nécessaires pour qu'on travaille à cet ouvrage en temps de guerre, afin d'y employer la nombreuse garnison de l'île.

Le ministre de la guerre se concertera avec le général Dejean pour l'établissement régulier du bateau de poste. Il fera établir et monter par les matelots du pays deux chaloupes dans le genre des chaloupes espagnoles, sur lesquelles on placera une pièce de 18 et une pièce de 24, servies par les canonniers garde-côtes de la compagnie de l'île d'Yeu.

BONAPARTE.

Archives de l'Empire.

6858. — AU GÉNÉRAL BERTHIER, MINISTRE DE LA GUERRE.

Amiens, 7 messidor an XI (26 juin 1803).

Je vous renvoie, Citoyen Ministre, les lettres dont j'ai pris connaissance. J'imagine que vous avez écrit au général Rusca que tout ce qui concerne la police doit être sous sa dépendance, et que la chaîne ne doit se fermer et s'ouvrir que par ses ordres.

Il n'y a aucune espèce de doute qu'il ne doive former une commission et punir sévèrement les déserteurs.

Donnez ordre que les batteries soient approvisionnées dans les îles de Ré et d'Oleron, et prenez des mesures pour que le commandement de l'île d'Aix soit entre les mains d'un officier ferme et intelligent.

BONAPARTE.

Comm. par M. le prince de Wagram.
(En minute aux Arch. de l'Emp.)

6859. — AU CITOYEN FLEURIEU.

Amiens, 7 messidor an XI (26 juin 1803).

Citoyen Fleurieu, Conseiller d'État, chargé par intérim du portefeuille de la marine, l'atelier de Compiègne offre les plus grandes ressources : bois, ouvriers, local, tout s'y rencontre. Donnez des ordres pour qu'on construise dans le chantier de cette ville quatre bâtiments de chaque espèce, en tout douze. Cette commune n'étant pas éloignée, les constructions pourront servir à compte de ce que doit fournir Paris.

BONAPARTE.

Archives de la marine.
(En minute aux Arch. de l'Emp.)

6860. — AU CONSUL CAMBACÉRÈS.

Amiens, 8 messidor an XI (27 juin 1803), à midi.

Quoiqu'il n'y ait que quatorze procès-verbaux, Citoyen Consul, il me paraît nécessaire de les expédier sur-le-champ au Sénat. Avant qu'il ait fini son travail, on lui enverra les autres.

Je vais aujourd'hui visiter les manufactures d'Amiens. Demain je partirai pour Saint-Valery.

Le citoyen Talleyrand est arrivé à deux heures après minuit.

BONAPARTE.

Comm. par M. le duc de Cambacérès.
(En minute aux Arch. de l'Emp.)

6861. — AU CITOYEN REGNIER,

GRAND JUGE, MINISTRE DE LA JUSTICE.

Amiens, 8 messidor an XI (27 juin 1803).

J'ai reçu, Citoyen Ministre, la lettre que votre courrier extraordinaire m'a apportée. Je vous prie de montrer aux consuls Cambacérès et Lebrun la brochure de ce fou de l'Institut, et de voir s'il n'y a pas moyen d'empêcher ce corps d'être déshonoré par une conduite aussi folle que coupable. La seule punition à infliger à l'auteur serait de le faire chasser de l'Institut.

Vous trouverez ci-joint une série de questions à faire au vicomte de Caraman. Dans tous les cas, il faut le tenir au secret. Il m'est prouvé que cet homme a eu des liaisons coupables avec le ministère anglais.

Questions à faire à Caraman :

1° Combien de fois a-t-il vu MM. Merry, Jackson et Withworth?

2° Quelle espèce de conversations, de liaisons, de renseignements avait-il à leur donner ou à en recevoir?

BONAPARTE.

Archives de l'Empire.

6862. — ARRÊTÉ.

Amiens, 8 messidor an XI (27 juin 1803).

ARTICLE 1er. — Le port d'Amiens sera prolongé de toute la longueur du rempart jusqu'au fossé qui borde la Somme.

ART. 2. — Il sera construit un bassin dans la prairie située entre la porte de la Hautoye et la Somme.

ART. 3. — Les portes de Noyon et de Beauvais seront élargies de ce qui est nécessaire pour le passage des grandes voitures chargées.

ART. 4. — Tous ces travaux seront conduits de manière que la place ne se trouve point ouverte, et qu'elle conserve toujours l'avantage qu'elle a de pouvoir facilement être mise à l'abri d'un coup de main.

ART. 5. — Le maire d'Amiens fera faire les projets de ces différents travaux, qui seront exécutés par la commune, avec l'approbation du directeur du génie.

ART. 6. — Les ministres de l'intérieur et de la guerre seront chargés de l'exécution du présent arrêté.

BONAPARTE.

Archives de l'Empire.

6863. — AU CITOYEN GAUDIN, MINISTRE DES FINANCES.

Amiens, 8 messidor an XI (27 juin 1803).

J'ai reçu, Citoyen Ministre, votre lettre du 7 messidor. J'y ai lu avec plaisir que, dans ce seul mois, vous avez vendu pour 4,400,000 francs de biens nationaux. On ne saurait trop presser ces ventes, car l'exercice de l'an IX ne laisse pas d'avoir besoin de ses 20 millions. Activez-les donc le plus possible.

BONAPARTE.

Archives de l'Empire.

6864. — AU CITOYEN TALLEYRAND,

MINISTRE DES RELATIONS EXTÉRIEURES.

Amiens, 8 messidor an XI (27 juin 1803).

Écrivez au cardinal-légat, Citoyen Ministre, que je le verrai avec plaisir à Bruxelles; sa présence ne pourra qu'être fort utile à la religion et à l'Église. J'ai donné des ordres pour que, dans tout son voyage, il fût servi par les postes aux frais du Gouvernement.

BONAPARTE.

Archives des affaires étrangères.

6865. — AU GÉNÉRAL BERTHIER, MINISTRE DE LA GUERRE.

Amiens, 8 messidor an XI (27 juin 1803).

Le roi de Prusse, Citoyen Ministre, ayant accordé le passage sur une lisière de son territoire pour des détachements et convois qui se rendraient à l'armée de Hanovre ou qui en reviendraient, il me paraît convenable de diriger une route qui passerait par Dusseldorf et irait droit en Hanovre.

Il faudra avoir soin, 1° de bien marquer les journées d'étape; 2° de faire des marchés avec des habitants du pays pour fournir ce qui sera nécessaire; 3° que ce passage ne soit d'aucune charge aux habitants; 4° que la solde et une indemnité de route soient payées aux détachements qui iront à l'armée de Hanovre et en reviendront.

Il faudrait de plus charger un adjoint d'état-major et un commissaire des guerres de s'assurer que le service se fait bien, et d'instruire le commandant du pays où doit passer la route du nombre d'hommes qui passeront et du jour de leur arrivée. L'avis doit précéder d'au moins vingt-quatre heures.

Il faudrait de plus qu'il ne passât jamais plus de 200 hommes et de 200 chevaux à la fois.

BONAPARTE.

Archives de l'Empire.

6866. — AU GÉNÉRAL BERTHIER.

Amiens, 8 messidor an XI (27 juin 1803).

Je vous prie, Citoyen Ministre, de recommander au général Mortier de laisser la place de Hameln en approvisionnement de siége. Donnez ordre de faire passer en France toute l'artillerie française qui avait été prise dans la guerre de Hanovre, ensuite tout ce qui est inutile à la défense de cette place. Nommez un commandant, un commissaire des guerres, un garde-magasin, un officier d'artillerie et un officier du génie, qui y soient à demeure, afin que dans toutes les circonstances cette place puisse servir de point d'appui à l'armée.

BONAPARTE.

Archives de l'Empire.

6867. — ARRÊTÉ.

Amiens, 8 messidor an XI (27 juin 1803).

ARTICLE 1er. — Il sera mis en construction 30 bateaux plats sur l'Elbe et 30 sur le Weser. De ces 60 bateaux plats, 20 seront de la première espèce, 20 de la seconde et 20 de la troisième.

ART. 2. — Les bois, fers, canons, munitions de guerre et tous les objets nécessaires à l'armement et à l'équipement de ces bateaux seront pris dans les forêts, magasins, arsenaux du pays de Hanovre.

ART. 3. — Chacun de ces bateaux portera le nom d'une des demi-brigades qui sont en Hanovre, et d'un général de division ou de brigade qui s'y trouvent

ART. 4. — Les ministres de la marine et de la guerre sont chargés de l'exécution du présent arrêté.

BONAPARTE.

Archives de l'Empire.

6868. — AU CITOYEN FLEURIEU.

Amiens, 8 messidor an XI (27 juin 1803).

Citoyen Fleurieu, Conseiller d'État, chargé par intérim du portefeuille de la marine, les départements du Haut et du Bas-Rhin ont offert de construire chacun 15 chaloupes canonnières à leurs frais; le département de l'Ourthe en a offert le même nombre. Il est nécessaire que vous vous mettiez en correspondance avec ces trois préfets, et que vous leur fassiez connaître qu'il est important que ces bâtiments soient construits pour vendémiaire, et que les ingénieurs de la marine dirigent ces constructions. Il y a un grand nombre de charpentiers sur le Rhin et sur la Meuse, qui traversent les départements qui ont fait l'offre de ces constructions.

Le département de l'Eure a offert plusieurs chaloupes canonnières; écrivez au préfet de les faire mettre en construction sur l'Eure.

Le ministre de la marine, qui est à Flessingue, me mande que de tous côtés on construit sur la Manche. Il paraît que nous aurons besoin d'une grande quantité de canons. Il faudrait faire en sorte de s'en procurer deux cents nouvelles pièces de 24, deux cents de 18 et deux cents obusiers, qu'il faudrait diriger sur Boulogne. Il serait nécessaire que ces pièces fussent rendues dans cette place dans le courant de vendémiaire.

Les fonderies de la marine doivent nous fournir de grands moyens. Faites-vous faire un rapport sur les mesures à prendre pour se procurer promptement le nombre de canons nécessaire, sans dégarnir nos ports.

Écrivez au préfet maritime de Toulon pour lui faire connaître l'importance de travailler avec la plus grande activité à réparer et armer ses vaisseaux.

Je pense que nous aurons bientôt 500 chaloupes. Si vous pensez que l'on puisse être embarrassé pour des ancres, commandez-en.

BONAPARTE.

Archives de la marine.
(En minute aux Arch. de l'Emp.)

6869. — AU CONSUL CAMBACÉRÈS.

Abbeville, 10 messidor an XI (29 juin 1803).

J'ai reçu votre lettre du 8 messidor, Citoyen Consul. Je suis parti d'Amiens hier mardi, à huit heures du matin, après avoir été en pompe à la cathédrale faire les prières de partance.

J'ai traversé Abbeville ; je me suis rendu à Saint-Valery ; j'y suis resté six heures à cheval, en parcourant les points les plus importants de la côte. Je suis revenu coucher à Abbeville, d'où je vais partir, dans une heure, pour Étaples et Boulogne.

Partout les constructions commencent à se mettre en train. J'ai trouvé à Abbeville, Saint-Valery et sur toute ma route le même esprit qu'à Amiens.

BONAPARTE.

Comm. par M. le duc de Cambacérès.
(En minute aux Arch. de l'Emp.)

6870. — AU CONSUL CAMBACÉRÈS.

Calais, 12 messidor an XI (1er juillet 1803).

J'ai reçu, Citoyen Consul, vos deux courriers. L'extrême fatigue et la grande quantité de courses que j'ai faites m'ont empêché de vous expédier mon courrier.

D'Abbeville j'ai été déjeuner à Étaples ; j'en ai parcouru la baie, et je me suis rendu à Boulogne, où je suis arrivé à dix heures du soir. J'ai employé la journée, depuis trois heures du matin, à visiter à cheval tout le port. J'ai fait sortir les canonnières, qui ont eu un engagement assez vif avec deux frégates anglaises, qui ont fini par s'en aller; une d'elles a laissé une ancre.

Aujourd'hui j'ai été déjeuner à Ambleteuse; de là j'ai fait à cheval la tournée des côtes. J'ai trouvé, dans un marais, un point important à mes projets, situé dans l'endroit du cap le plus près de l'Angleterre.

J'ai fait l'entrée à Calais à cheval; il est neuf heures; je vais dîner.

J'ai vu tous les bâtiments du commerce et de l'État; je me suis embarqué pour aller au fort Rouge; il ne me reste plus qu'à partir demain pour Dunkerque, où je trouverai ma femme, les ministres de l'intérieur et des relations extérieures, et où je resterai trois jours, tant pour me remettre au courant que pour laisser reposer ceux qui m'accompagnent.

BONAPARTE.

Archives de l'Empire.

6871. — ARRÊTÉ.

Dunkerque, 13 messidor an XI (2 juillet 1803).

ARTICLE 1er. — A l'avenir les officiers généraux ne pourront prendre des officiers d'artillerie pour leurs aides de camp, à moins que ceux-ci ne consentent à être rayés du tableau du corps. Les officiers d'artillerie aides de camp auront un mois pour opter.

ART. 2. — Les officiers généraux d'artillerie sont seuls exceptés de cette disposition; mais ceux de leurs aides de camp, officiers d'artillerie, seront remplacés dans leur corps; ils compteront seulement à la suite de l'artillerie et conserveront la faculté d'y reprendre le premier emploi vacant.

ART. 3. — Le ministre de la guerre est chargé de l'exécution du présent arrêté, qui sera imprimé.

BONAPARTE.

Archives de l'Empire.

6872. — AU CONSUL CAMBACÉRÈS.

Dunkerque, 14 messidor an XI (3 juillet 1803).

Je réponds, Citoyen Consul, à vos trois lettres du 11. Je vous remercie de l'envoi du Code, que vous m'avez fait.

De Boulogne j'ai été à Ambleteuse. De là j'ai visité à cheval toute la côte le long de la mer, depuis Boulogne jusqu'à Calais. J'ai été extrêmement content de l'esprit de la ville de Calais.

Je suis parti de Calais pour Gravelines, et samedi, à quatre heures après midi, je suis arrivé à Dunkerque. J'ai été ce matin en grande rade; ensuite j'ai reçu toutes les autorités. On ne peut rien ajouter à l'éloge du bon esprit de toutes ces villes de commerce. J'ai trouvé la marine de Dunkerque mal organisée et dirigée par des hommes plus que médiocres.

BONAPARTE.

Comm. par M. le duc de Cambacérès.
(En minute aux Arch. de l'Emp.)

6873. — AU CONSUL CAMBACÉRÈS.

Dunkerque, 14 messidor an XI (3 juillet 1803).

Je réponds, Citoyen Consul, à votre lettre du 12. Après avoir longtemps discuté avec la chambre de commerce de cette ville et le ministre de l'intérieur, il m'a paru qu'on ne devait apporter aucun adoucissement à l'arrêté du 1er messidor; et au contraire le ministre de l'intérieur a donné des ordres pour qu'il fût exécuté avec rigueur. Cette mesure a déjà fortement blessé l'Angleterre.

BONAPARTE.

Comm. par M. le duc de Cambacérès.
(En minute aux Arch. de l'Emp.)

6874. — AU CITOYEN REGNIER,
GRAND JUGE, MINISTRE DE LA JUSTICE.

Dunkerque, 14 messidor an XI (3 juillet 1803).

J'ai reçu votre lettre, Citoyen Ministre. Je verrai avec plaisir l'extrait des papiers trouvés chez l'homme qui a été arrêté. Ce misérable est déjà connu depuis longtemps par sa mauvaise conduite. Je ne doute pas que vous ne portiez un œil attentif sur les menées des Anglais dans les départements de l'Ouest, que vous n'y fassiez saisir leurs agents.

Faites appeler chez vous le général Junot; faites-vous remettre l'état des Anglais qui sont à Paris, et éloignez-en une centaine : il y en a beaucoup trop. J'ai trouvé des Anglais à Boulogne et à Calais. Ne souffrez pas qu'il en reste sur les côtes sous aucun prétexte.

On me rend compte qu'un Anglais a été arrêté sur les côtes comme prévenu d'espionnage. Faites-le juger comme tel selon la rigueur des lois.

BONAPARTE.

Archives de l'Empire.

6875. — NOTE POUR LE CITOYEN TALLEYRAND.

Dunkerque, 14 messidor an XI (3 juillet 1803).

Le Premier Consul désire que le citoyen Talleyrand fasse faire un article pour *le Moniteur*, qui frappe fortement sur la conduite des Anglais relativement aux pêcheurs.

Par ordre du Premier Consul.

Archives des affaires étrangères.

6876. — AU GÉNÉRAL BERTHIER, MINISTRE DE LA GUERRE.

Dunkerque, 14 messidor an XI (3 juillet 1803).

Il y a plusieurs mois, Citoyen Ministre, qu'un arrêté a ordonné que les détachements que la 8e et la 46e demi-brigade ont outre-mer fussent remplacés. Cependant je viens de voir que la 46e n'a encore reçu aucun ordre; cette lenteur des bureaux est bien préjudiciable.

Les canonniers garde-côtes ne s'organisent point encore.

Les batteries de la direction du Havre, surtout depuis Saint-Valery jusqu'à Étaples, ne sont pas montées par défaut d'affûts. Il est inconcevable que, depuis le temps qu'ils sont annoncés de la Fère, ils ne soient pas encore arrivés. Donnez des ordres pour qu'ils arrivent.

J'ai été extrêmement mécontent du génie à Boulogne. La pointe du musoir, qui est la principale batterie, n'a pas été réparée, par étiquette entre le génie de terre et le génie maritime. Cependant un arrêté ordonne au génie maritime de faire ces travaux. J'ai été également très-mécontent de ce que le gril à boulets rouges de cette pointe n'était pas en état de faire feu.

Les places de la côte n'ont pas encore été armées. Il serait cependant nécessaire de prendre cette précaution; et, si l'on ne fait pas un armement complet dans les places de Calais, Gravelines, Dunkerque, on peut y faire un demi-armement pour les mettre à l'abri d'un coup de main.

Ordonnez qu'on arme surtout les forts de Cherbourg, les places de Brest, Rochefort, l'île de Ré, d'Oleron, etc., sinon en totalité, du moins en partie.

Je n'approuve pas la mesure d'avoir fait partir le 3e régiment de hussards; mais enfin cela est fait. Faites punir les auteurs du trouble, soit civils, soit militaires.

BONAPARTE.

Archives de l'Empire.

6877. — ARRÊTÉ.

Dunkerque, 14 messidor an XI (3 juillet 1803).

ARTICLE 1er. — Tous les mortiers de 12 pouces, à petite portée, qui se trouvent sur les batteries de la côte, aux environs de Boulogne, en seront retirés. Ils seront remplacés par des mortiers à grande portée.

Art. 2. — Les pièces de 24 de la batterie du moulin Hubert en seront retirées. Elles seront placées sur la plate-forme qui existe au-dessus de ladite batterie.

Art. 3. — Il sera établi, à l'extrémité de la jetée du Pidou, deux pièces du calibre de 36, sur affûts de côtes.

Art. 4. — Il sera établi dix nouvelles batteries, composées chacune de deux pièces du calibre de 24 ou supérieur, sur la côte située entre Boulogne et Calais; leurs positions seront désignées par le premier inspecteur général d'artillerie.

Elles seront construites en terre et dans le plus court délai.

Art. 5. — Les magasins et le corps de garde seront construits en planches.

Art. 6. — Il sera construit une batterie à l'embouchure de la Somme, sur la pointe du Hourdel, port de Saint-Valery. Cette batterie sera de deux pièces de 24, et sera placée vis-à-vis de la réunion des deux passes, de manière à protéger tous les bâtiments qui rentreraient dans la rade.

Art. 7. — Le ministre de la guerre est chargé de l'exécution du présent arrêté.

Bonaparte.

Archives de l'Empire.

6878. — ARRÊTÉ.

Dunkerque, 14 messidor an XI (3 juillet 1803).

Article 1er. — La lanterne et le four à réverbère situés à l'extrémité de la jetée de Boulogne seront rasés.

Art. 2. — Les réparations dont cette jetée a besoin seront terminées dans le plus court délai.

On agrandira la tête du musoir, soit en pierres, soit en charpente, de manière à pouvoir y placer une batterie de dix pièces de canon de 36, savoir, trois de chaque côté de la jetée, et quatre au milieu; et deux mortiers à grande portée. Ces pièces seront placées sur des affûts de côtes.

Art. 3. — Il sera placé un gril à boulets rouges. La lanterne sera construite en bois, beaucoup plus élevée et assez éloignée pour ne pouvoir, en aucune manière, gêner la manœuvre de la batterie.

Art. 4. — Les ingénieurs des ponts et chaussées et de la marine seront spécialement chargés de ces travaux : ils les dirigeront de manière que pendant leur exécution il reste quatre pièces de canon en batterie prêtes à tirer.

Art. 5. — Les ministres de la guerre et de la marine sont chargés de l'exécution du présent arrêté.

Bonaparte.

Archives de l'Empire.

6879. — AU CITOYEN PORTALIS, CONSEILLER D'ÉTAT, CHARGÉ DE TOUTES LES AFFAIRES CONCERNANT LES CULTES.

Dunkerque, 14 messidor an XI (3 juillet 1803).

Citoyen Portalis, faites passer les gratifications que j'ai accordées aux soixante succursaux qui se sont le mieux conduits dans le département de la Vendée.

Écrivez une lettre de satisfaction à l'abbé Paillou, et faites-lui payer une gratification de 4,000 francs.

Bonaparte.

Archives de l'Empire.

6880. — AU CONSUL CAMBACÉRÈS.

Dunkerque, 16 messidor an XI (5 juillet 1803).

J'ai reçu, Citoyen Consul, votre lettre du 14. Je ne croyais pas avoir été trois jours sans vous écrire.

Je ne vois pas d'inconvénient à faire ce que le Sénat peut désirer pour les listes. On pourrait même remettre les procès-verbaux, si cela est utile et peut aider les sénateurs dans leur travail.

J'ai passé les deux derniers jours à cheval ou sur mer. La journée d'aujourd'hui, que nous avons passée sans monter à cheval, nous a tous reposés. Nous sommes tous bien portants. J'ai lieu d'être très-satisfait de l'esprit qui anime les différentes classes de citoyens.

Un brick anglais pris par un petit corsaire vient d'entrer à Dunkerque.

Le citoyen Barbé-Marbois me mande qu'il est arrivé à Lille; je partirai demain matin pour m'y rendre.

Bonaparte.

Comm. par M. le duc de Cambacérès.
(En minute aux Arch. de l'Emp.)

6881. — AU CITOYEN REGNIER, GRAND JUGE, MINISTRE DE LA JUSTICE.

Dunkerque, 16 messidor an XI (5 juillet 1803)

Je réponds, Citoyen Ministre, à votre lettre du 10. J'imagine que vous réunirez tous les griefs qui existent contre le chef de brigands arrêté à Bruxelles, afin de lui faire expier ses crimes, si les preuves sont assez évidentes.

Je ne vois pas d'inconvénient à faire arrêter l'Anglais Coxburn, à saisir tous ses papiers et à le faire transférer au château de Joux.

Je vous envoie une note qui pourrait servir à faire découvrir la correspondance des chouans.

BONAPARTE.

Archives de l'Empire.

6882. — ARRÊTÉ.

Dunkerque, 16 messidor an XI (5 juillet 1803).

ARTICLE 1ᵉʳ. — Il sera abattu, sans délai, dans les forêts de Boulogne, Desvres et Hardelot, deux mille pieds d'arbres qui seront mis à la disposition du ministre de la marine.

ART. 2. — Le martelage de ces arbres sera terminé avant le 1ᵉʳ thermidor.

ART. 3. — L'ingénieur des travaux maritimes du port de Boulogne désignera les arbres convenables aux travaux auxquels ils sont destinés.

ART. 4. — Le ministre des finances et celui de la marine sont chargés de l'exécution du présent arrêté.

BONAPARTE.

Archives de l'Empire.

6883. — AU GÉNÉRAL BERTHIER, MINISTRE DE LA GUERRE.

Dunkerque, 16 messidor an XI (5 juillet 1803).

Je vous prie, Citoyen Ministre, de donner des ordres pour qu'il ne soit plus rien dirigé sur les dépôts coloniaux, et de convoquer la section du Conseil d'État pour connaître notre législation actuelle sur la désertion et proposer un arrêté. L'opinion générale est que le meilleur moyen est de faire juger les déserteurs par les conseils des corps, et de les condamner à des peines graves, surtout lorsqu'ils désertent en emportant leurs armes ou leurs habits, sans quoi il sera impossible d'établir de comptabilité pour les corps et d'organiser notre armée.

Il serait nécessaire que ce qui existe actuellement aux dépôts coloniaux de Bordeaux et de l'île de Ré, qui va à l'île d'Yeu, ne traversât pas la Vendée, mais s'embarquât à Rochefort ou à l'île de Ré pour cette place, puisqu'un grand nombre déserte en route et infeste les départements de l'Ouest, ce qui peut avoir de graves inconvénients.

Écrivez au général Menou d'établir en Piémont une maison de correction, pour enfermer et y faire travailler tous les gens sans aveu. Il est temps d'arrêter ce mouvement de mauvais sujets de l'Est sur l'Ouest, et de préserver un pays dont la tranquillité a le plus besoin d'être protégée.

BONAPARTE.

Comm. par M. le prince de Wagram.
(En minute aux Arch. de l'Emp.)

6884. — AU CONSUL CAMBACÉRÈS.

Lille, 18 messidor an XI (7 juillet 1803)

J'ai reçu, Citoyen Consul, votre lettre du 16. Le ministre de l'intérieur m'a présenté l'affaire de Blachier; je crois qu'il est destitué.

Il me semble que le choix de Lucien est extraordinaire dans un objet de cette nature, où l'on avait besoin d'un homme qui s'occupât de tous les détails et de l'évaluation de ces biens.

Je suis parti de Dunkerque hier, et je suis arrivé à Lille à six heures du soir. J'ai traversé, de Dunkerque ici, un pays aussi beau que la Lombardie, et j'ai continué à être extrêmement satisfait de l'esprit public, du zèle que montrent les habitants et des superbes moissons qui couvrent la terre.

Je resterai ici vendredi et samedi.

BONAPARTE.

Comm. par M. le duc de Cambacérès.
(En minute aux Arch. de l'Emp.)

6885. — AU CONSUL CAMBACÉRÈS.

Lille, 18 messidor an XI (7 juillet 1803).

Je vous envoie, Citoyen Consul, l'état des Anglais qui sont à Paris. Il y en a beaucoup trop; renvoyez-les à Fontainebleau ou dans toute autre petite ville à portée, en en laissant tout au plus une quarantaine à Paris.

Je crois que lord Elgin ne peut rester à Paris sans inconvénient; faites-le éloigner de plusieurs lieues.

La présence d'un si grand nombre d'Anglais à Paris ne peut qu'y faire et y fait réellement le plus grand mal.

BONAPARTE.

Comm. par M. le duc de Cambacérès.
(En minute aux Arch. de l'Emp.)

6886. — AU CITOYEN REGNIER,

GRAND JUGE, MINISTRE DE LA JUSTICE.

Lille, 18 messidor an XI (7 juillet 1803).

Par l'interrogatoire de cet Hanovrien, Citoyen Ministre, il est évident que ce n'est qu'un misérable escroc.

Il faut faire dépouiller avec le plus grand soin les papiers de Lesbros.

La dame Lainé Barbesan paraît être une intrigante. Faites-la arrêter, si vous le croyez utile, car c'est un crime de chercher à inquiéter le Gouvernement sans cause. Faites saisir ses papiers, faites-la interroger, et sachez ce qui la porte à agir ainsi, et qu'elle vous nomme le chouan qui était son confident.

Faites interroger Marchais et sa femme.

Il n'y aurait point d'inconvénient à faire arrêter Bernet, à saisir ses papiers et à le faire interroger dans le plus grand détail.

BONAPARTE.

Archives de l'Empire.

6887. — AU CITOYEN REGNIER.

Lille, 18 messidor an XI (7 juillet 1803).

Comme il paraît qu'il existe un système de corrompre l'opinion par la presse, et que je dois rendre le grand juge et les préfets responsables de tout ce qui se répandrait dans le public avant qu'il lui en fût rendu compte, je pense qu'il est convenable que le préfet de police écrive une circulaire à chaque libraire pour leur défendre de mettre en vente aucun ouvrage que sept jours après vous en avoir remis un exemplaire, afin que, dès qu'il y a un mauvais ouvrage, tel que le livre du citoyen de Sales, la *Correspondance de Louis XVI* et le poëme de *la Pitié,* on puisse l'arrêter.

BONAPARTE.

Archives de l'Empire.

6888. — AU GÉNÉRAL BERTHIER, MINISTRE DE LA GUERRE.

Lille, 18 messidor an XI (7 juillet 1803).

Je vous renvoie, Citoyen Ministre, la lettre du colonel directeur d'artillerie à Toulon. Les objets d'artillerie de Grenoble sont arrivés deux mois après qu'ils étaient nécessaires, et aujourd'hui, pour les faire passer à l'île d'Elbe, on les exposera à être pris. Tant que l'artillerie fera venir de loin ce qu'elle peut se procurer près, ce sera toujours la même chose.

La note que vous m'avez envoyée pour justifier le retard du remplacement des détachements des 8e et 46e demi-brigades ne m'a point satisfait. Il n'y avait pas d'inconvénient qu'il y eût quelques conscrits de plus ou de moins; mais, dans les vingt-quatre heures de l'arrêté que j'ai pris il y a cinq mois, les officiers des nouvelles compagnies devaient être nommés, afin que les cadres se trouvassent sur-le-champ formés.

Je n'ai pu être satisfait non plus de la réponse pour justifier l'artillerie de ce que plusieurs batteries étaient démontées par défaut d'affûts. Le directeur du Havre devait en envoyer, et il ne manque pas d'affûts marins au Havre; le ministre de la guerre devait en faire passer en poste, si cela était nécessaire; car il est bien étrange que, quatre mois après le message du roi d'Angleterre, j'aie trouvé des côtes sans défense et sans aucune protection pour le commerce. Cela ne peut pas s'appeler administrer l'artillerie et subvenir aux besoins de l'État.

J'ai, en général, été beaucoup plus satisfait de l'artillerie de la direction de Saint-Omer.

Vous dites qu'il y avait à la Fère des affûts prêts au 10 prairial : comment n'étaient-ils pas arrivés à l'embouchure de la Somme au 10 messidor? Je ne puis trop le répéter, il y a la plus coupable lenteur. Des envois d'artillerie ne sont point comme des envois de ballots, et ce n'est pas quatre mois après qu'il a été ordonné d'armer, qu'il est pardonnable que des batteries importantes à l'embouchure de la Somme soient désarmées.

Relativement à la tête du musoir de la jetée de Boulogne, ce n'est point le génie maritime qui a tort, c'est le génie de terre et le ministre de la guerre : le ministre de la guerre, parce qu'il n'a pas tenu la main à l'exécution de l'arrêté de l'an IX; le génie de Boulogne, parce que, lorsque le génie maritime lui a montré l'arrêté, il lui a refusé l'entrée des batteries, ce qui l'a empêché d'y travailler.

Vous me répondez, au mécontentement que j'ai marqué de ce qu'aucunes précautions n'ont été prises pour armer les places de la côte, que les batteries des forts du côté de la mer ont été armées. Ces deux choses ne se correspondent pas. On a bien armé les batteries des côtes, mais aucune précaution n'a été prise pour armer les places. Aussi n'y a-t-il aucune pièce en batterie à Calais, Gravelines, Dunkerque, etc. Un armement complet serait inutile, mais une pièce de canon par bastion suffit pour les places de la côte qui regardent la mer. Quant à Cherbourg, Brest, Toulon, les îles de Ré, d'Oleron, de Belle-Ile, ces places doivent être entièrement armées.

Faites connaître au colonel du 3e de hussards mon mécontentement de ce que j'apprends; que j'espère qu'il prendra des mesures pour faire arrêter les coupables et pour qu'il ne reste aucune espèce de préjugés contre le régiment.

BONAPARTE.

Archives de l'Empire.

6889. — AU GÉNÉRAL BERTHIER.

Lille, 18 messidor an XI (7 juillet 1803).

Mon intention, Citoyen Ministre, est de former une légion composée de deux escadrons de chasseurs et de trois bataillons d'infanterie. Chaque bataillon sera composé de cinq compagnies, et chaque compagnie de cent hommes. Je désirerais en donner le commandement, avec le titre de colonel, à M. d'Autichamp. Ce corps serait tout composé d'officiers et de soldats qui auraient fait la guerre de l'Ouest. Je désire que vous accordiez, à cet effet, un rendez-vous à M. d'Autichamp, qui est à Paris.

Mon intention serait que cette légion se formât à Turin; on pourrait placer un dépôt soit à Moulins, soit à Poitiers, où l'on habillerait les soldats, et d'où on les ferait partir, par détachements de cinquante, pour Turin. Cette légion doit être composée, officiers et soldats, des hommes qui ont fait la guerre de la Vendée contre nous.

Le bataillon expéditionnaire piémontais, qui se réunit à Montpellier, n'est encore qu'à 400 hommes; je ne vois pas ce qui s'oppose à l'organisation de ce bataillon. Chargez le général de brigade Louis Bonaparte d'en passer l'inspection, de le faire manœuvrer, et de vous faire connaître pourquoi il n'est pas à 1,000 hommes.

BONAPARTE.

Comm. par M. le prince de Wagram.
(En minute aux Arch. de l'Emp.)

6890. — AU CONSUL CAMBACÉRÈS.

Lille, 19 messidor an XI (8 juillet 1803).

J'ai reçu, Citoyen Consul, votre lettre du 17, avec celle du citoyen Montalivet. Je n'avais encore reçu aucun détail sur la prise de la frégate.

J'ai été hier à une assez belle fête. J'ai fait manœuvrer d'assez belles troupes, au milieu d'une immense population animée des meilleurs sentiments.

Maret a dû vous envoyer hier deux projets d'arrêtés pour le chanvre et les mâtures, qui deviennent de la plus grande urgence. Il vous envoie aujourd'hui un projet d'arrêté pour transférer le chef-lieu du département de Douai à Lille. Il est ridicule de voir une ville, le centre de tout le commerce, privée de la présence du premier administrateur qui doit diriger et surveiller le commerce.

Il est convenable que le receveur général soit à Lille, puisque c'est là qu'est tout l'argent.

Il n'est pas moins ridicule que la sous-préfecture soit à Bergues au lieu d'être à Dunkerque. Il faut être sur les lieux pour concevoir de telles absurdités. Une ville de 25,000 âmes, qui compte parmi les principales places de commerce, n'avoir pas de chef-lieu d'administration et être obligée d'aller à trois lieues, dans une bicoque, pour tous les objets d'administration!

Un corsaire de Boulogne vient de rentrer dans le port de cette ville. Il a fait sept prises.

BONAPARTE.

Comm. par M. le duc de Cambacérès.
(En minute aux Arch. de l'Emp.)

6891. — AU GÉNÉRAL BERTHIER, MINISTRE DE LA GUERRE.

Lille, 19 messidor an XI (8 juillet 1803).

Je lis, Citoyen Ministre, dans le rapport de l'île d'Yeu que les pièces d'artillerie qui y sont arrivées sont sans chèvres ni crics, instruments nécessaires pour leur réarmement. Comment l'artillerie fait-elle aussi mal son métier? Le directeur sait bien qu'on ne peut pas remuer une pièce de 36 sans chèvre. Il y a donc dans ce service bien du décousu et bien peu de prévoyance.

Je désire qu'après avoir procédé à l'armement de l'île d'Yeu on travaille sur-le-champ aux ouvrages permanents.

Envoyez dans cette île tout ce dont elle peut avoir besoin.

BONAPARTE.

Dépôt de la guerre.

6892. — AU GÉNÉRAL BERTHIER.

Lille, 19 messidor an XI (8 juillet 1803).

Je désire que vous mettiez les îles de Ré, d'Oleron, d'Yeu et d'Aix sous le commandement d'un général de division, qui formera une sous-division et sera sous les ordres du général commandant la 12e division militaire.

Ce général inspectera ces îles, veillera à ce qu'elles soient en bon état, surveillera les gardes nationaux, les canonniers garde-côtes et les troupes qui sont en garnison, surtout de l'île d'Aix, qui est la plus importante des quatre, et correspondra souvent avec vous.

Nommez à ce commandement le général Chabran, et donnez-lui l'ordre de s'y rendre sur-le-champ.

BONAPARTE.

Archives de l'Empire.

6893. — AU CITOYEN DEJEAN,

MINISTRE DIRECTEUR DE L'ADMINISTRATION DE LA GUERRE.

Lille, 19 messidor an XI (8 juillet 1803).

Aucun des corps, Citoyen Ministre, que j'ai visités jusqu'à cette heure, n'a rien reçu de l'habillement de l'an XI.

Les 19e et 25e demi-brigades devraient cependant l'avoir reçu en germinal. Voilà quatre mois d'écoulés depuis, et elles n'ont rien reçu. La 55e n'a rien reçu de l'an X et de l'an XI. Nos troupes sont loin d'être bien habillées; cependant les chefs cherchent le plus possible à les bien tenir et à me montrer ce qu'ils ont de mieux. Je vous prie de me faire un rapport sur cet objet et de me faire connaître sur quoi nous pouvons compter.

Envoyez-moi l'état de tout ce que les corps ont reçu, au 15 messidor, de l'habillement de l'an XI, et de ce que vous comptez pouvoir être fourni au 1er vendémiaire.

BONAPARTE.

Dépôt de la guerre.
(En minute aux Arch. de l'Emp.)

6894. — NOTE POUR LE MINISTRE DE LA MARINE.

Lille, 19 messidor an XI (8 juillet 1803) [1].

Le ministre écrira :

1° L'injustice et la mauvaise foi des Anglais, et le caractère extraordinaire qu'ils veulent donner à la guerre, et que les habitants des côtes ne doivent voir là qu'une raison de se servir de tous leurs moyens pour mettre un terme à tant d'outrages;

2° Qu'il y a embargo;

Qu'aucun bateau portant plus de cinq tonneaux ne pourra sortir; qu'aucun homme, excepté les vieillards âgés de plus de soixante ans, les enfants âgés de moins de quinze ans et les impotents, ne pourra s'embarquer sur ces bateaux;

3° Que tous les matelots qui étaient employés à la pêche seront sur-le-champ envoyés au service de l'État;

[1] Date présumée.

4° L'intention du Premier Consul n'est point qu'on use de représailles; que le peuple français ne confond pas la cause du peuple et du malheureux, qui n'est point auteur des mesures oppressives et illibérales du Gouvernement britannique.

Par ordre du Premier Consul.

Archives de la marine.

6895. — AU CONSUL CAMBACÉRÈS.

Lille, 20 messidor an XI (9 juillet 1803).

Le ministre de l'intérieur, Citoyen Consul, a dû vous écrire relativement à la fête du 14 juillet : je ne vois pas de raison pour ne pas faire comme à l'ordinaire.

J'ai lu avec intérêt les détails que vous m'avez envoyés sur la prise de la frégate *la Minerve*.

J'ai été hier au soir à une fête que m'a donnée le commerce.

Je pars dans une demi-heure pour Ostende.

BONAPARTE.

Comm. par M. le duc de Cambacérès.
(En minute aux Arch. de l'Emp.)

6896. — AU CITOYEN FLEURIEU.

Lille, 20 messidor an XI (9 juillet 1803).

Citoyen Fleurieu, Conseiller d'État, chargé par intérim du portefeuille de la marine, je vous prie de donner ordre que tous les prisonniers anglais qui sont à Saint-Malo, Cherbourg, Boulogne et autres points de la côte, soient renvoyés dans l'intérieur, dans les dépôts que le ministre de la guerre désignera. Mon intention est qu'il n'en reste aucun sur la côte.

La Minerve avait quatorze caronades de 32. Il est impossible après cela à une de nos frégates de se trouver en égale force. Il y a trois ans que j'ai ordonné de faire foudre trois cents caronades de 36, modèle anglais. Faites-moi connaître où cela en est, et faites-en mettre sur tous les vaisseaux de guerre et frégates. Je ne conçois pas le genre d'obstacles que peut éprouver un objet aussi important et aussi facile à exécuter.

Dans les distributions de fonds qui ont été faites, ayez soin avant tout d'envoyer de l'argent pour les constructions de la flottille.

BONAPARTE.

Archives de la marine.
(En minute aux Arch. de l'Emp.)

6897. — AU GÉNÉRAL BERTHIER, MINISTRE DE LA GUERRE.

Lille, 20 messidor an XI (9 juillet 1803).

Je vous prie, Citoyen Ministre, de donner ordre à un bataillon de la 14e de se rendre à Maëstricht, et à un bataillon de la 17e légère de se rendre à Huningue.

Donnez ordre à tous les directeurs d'artillerie de partager sur la côte l'inspection avec les sous-directeurs, et de s'assurer que les batteries sont en bon état et que les grils à boulets sont approvisionnés de tout ce qui est nécessaire.

J'ai été surpris avec raison que les 3es bataillons ne sont pas à Hanovre. Le général Mortier doit savoir moins que le Gouvernement s'ils devaient y aller ou non. Après la capitulation, j'avais ordonné qu'ils y allassent, car ces 4,000 hommes devaient y être utiles; s'ils ne l'ont pas reçu, donnez-leur l'ordre de se rendre en toute diligence à Hanovre.

Je ne puis pas être plus satisfait de ce que vous m'envoyez sur la tête du musoir à Boulogne. Si cette batterie eût été armée, une frégate qui s'en était trop approchée aurait eu le sort de celle de Cherbourg.

Le rapport de l'officier du génie n'est pas du tout exact. J'ai passé quatre heures à la batterie sans pouvoir tirer un boulet; il y avait trois ans qu'on n'avait essayé de les faire chauffer dans les fours à réverbère; il n'y avait pas de bois pour l'approvisionnement, il a fallu en couper.

Quant au musoir, le rapport n'est pas plus exact. J'ai vu la lettre par laquelle le génie en interdit l'entrée au génie maritime; au moins dans ce cas devait-il le réparer; c'est le seul point qui véritablement défende la rade de Boulogne.

Il y a à Saint-Malo, Cherbourg et Boulogne des prisonniers anglais; donnez ordre qu'ils soient envoyés dans l'intérieur, dans les dépôts désignés, sans qu'aucun puisse s'échapper.

Il résulte des rapports de Cherbourg qu'au fort Liberté il n'y avait que trois pièces en état de tirer. Comment un fort aussi important que celui-là n'est-il pas armé?

BONAPARTE.

Archives de l'Empire.

6898. — AU GÉNÉRAL BERTHIER.

Ostende, 21 messidor an XI (10 juillet 1803).

Je vois, Citoyen Ministre, par l'état de situation du 1er messidor, que le bataillon piémontais commence à être dans une situation respectable ; mais on l'a disséminé sur plusieurs points. Donnez ordre qu'il soit réuni dans un seul endroit, pour l'exercer aux manœuvres. Le bataillon piémontais ne doit pas être comme un corps ordinaire ; c'est un corps dont je veux me servir. Recommandez au chef de veiller à son instruction.

Je n'approuve pas que vous vouliez ôter 500 hommes à la 55e pour les donner à la 56e. La 55e faisant partie d'un des camps ne saurait être trop nombreuse ; elle n'a que 2,000 hommes sous les armes, et son complet doit être à 2,300. On se contentera, dans la conscription de l'an X et de l'an XI, de donner peu de monde à cette demi-brigade, et on aura soin d'en fournir un plus grand nombre à la 56e.

Vingt et une pièces d'artillerie me paraissent beaucoup pour le fort de l'île d'Yeu, surtout avec les batteries de côtes. Pour avoir une opinion, faites-moi passer l'état des batteries de côtes et de l'armement de l'île. Je n'approuve point les dispositions qui ont été faites.

Je ne veux rien tirer de Brest ; on a trop de difficultés à faire passer quelque chose dans ce pays. Une fois que l'artillerie y est, on ne doit plus en rien tirer.

Par l'état que je vous renvoie, vous verrez que j'approuve que vous tiriez de Strasbourg neuf mortiers à la Gomer et neuf affûts, mais non 1,800 bombes. Vous trouverez des bombes de 12 pouces dans les points situés sur les rivières qui se rendent dans la Loire, tels que Valence, Auxonne, etc., sinon faites faire 1,800 bombes par des forges à proximité de la Loire. A faire venir ce matériel de Strasbourg, le transport serait plus cher et plus long que la fabrication. Nantes, Rochefort et la Rochelle doivent avoir une grande quantité de bombes.

J'approuve que vous retiriez vingt mortiers de 12 pouces à la Gomer de Douai, ainsi que quatre affûts de la Fère, mais non point les dix-sept de Metz. Il vaut mieux les mettre en confection. Des crapauds faits avec de grosses pièces de bois valent mieux que des crapauds en fonte, qui finissent par se fendre.

On pourvoira aux quatorze de 24 et aux douze pièces de 36 que j'ai demandées, en se servant des pièces de 33 qui sont à Calais ou qui se trouvent encore dans différentes places ; on achètera douze pièces de 36, et, si ce n'est pas suffisant, on achètera un supplément aux fonderies de la marine.

Ostende n'est pas armé convenablement ; il lui faut huit mortiers à la Gomer de 12 pouces et douze pièces de 36 ; envoyez-les le plus tôt possible. J'ai ordonné au génie maritime de construire au bout du musoir et de la digue d'Ostende deux batteries, l'une à 100 toises, l'autre à 250 toises en mer, ce qui mettra ce port à l'abri de tout bombardement.

Le ministre de la marine vous fera connaître les dispositions qui ont été arrêtées pour assurer le cabotage de Dunkerque à Boulogne.

BONAPARTE.

Archives de l'Empire.

6899. — AU CONSUL CAMBACÉRÈS.

Ostende, 22 messidor an XI (11 juillet 1803).

J'ai reçu, Citoyen Consul, votre lettre du 19. Je suis parti de Lille pour Nieuport et Ostende. J'ai traversé plusieurs points de la Belgique; je suis content de l'esprit des habitants. J'ai parcouru Ostende toute la journée d'hier, et j'ai fait différentes expéditions utiles au port et aux habitants. Je pars dans ce moment-ci pour suivre la côte jusqu'à Blankenberghe. Je serai ce soir à Bruges, où ma femme est déjà rendue.

Priez le consul Lebrun de nous donner souvent des nouvelles comme celle de *la Minerve*, et surtout de se bien porter.

Je ne vois pas d'inconvénient à ce que lord Elgin aille à Barrèges.

BONAPARTE.

Comm. par M. le duc de Cambacérès.
(En minute aux Arch. de l'Emp.)

6900. — AU CITOYEN REGNIER,

GRAND JUGE, MINISTRE DE LA JUSTICE.

Ostende, 22 messidor an XI (11 juillet 1803).

J'approuve la mesure que vous avez prise pour les communications de Jourdan avec Londres, sauf à revenir si l'on s'aperçoit qu'il nous trompe.

J'ai reçu des plaintes de Cayeux. Faites-vous rendre compte de l'esprit de cette commune et du maire. Il ne peut y avoir d'espionnage ni de communication avec l'ennemi dans une si petite commune sans que le maire en soit instruit.

Faites ce qui est convenable pour Coxburn. Éloignez le plus d'Anglais possible de Paris. Je suis assez content de la Belgique, que je viens de parcourir. Je pars dans une demi-heure pour suivre la côte jusqu'à l'embouchure de l'Escaut. Je serai ce soir à Bruges.

BONAPARTE.

Archives de l'Empire.

6901. — AU CITOYEN GAUDIN, MINISTRE DES FINANCES.

Ostende, 22 messidor an XI (11 juillet 1803).

J'ai reçu la lettre par laquelle vous m'annoncez le petit échec qu'a reçu la loterie. Il n'y a pas beaucoup de mal si cela ne coûte que 5 ou 600,000 francs. Si vous n'en avez pas d'autres en thermidor et fructidor, vous n'aurez point trop à vous plaindre.

Je suis content de ces départements de la Belgique, et il me semble qu'ils font de grands pas pour se franciser.

Je vois avec plaisir que vous poussez nos rachats de rente. Il faut s'occuper un peu d'accélérer à Paris la coupe des bois nationaux. Il m'a paru des endroits où la vente éprouve des difficultés. Cependant il me semble que vous m'avez répété souvent qu'on doit tout vendre, hors les biens réservés par l'arrêté qui a été pris il y a dix ans.

Je pense que le directeur de l'enregistrement, qu'avant de partir j'ai désiré que vous envoyassiez dans les quatre départements pour dépouiller tout ce qui est relatif aux biens des princes, est parti.

BONAPARTE.

Archives de l'Empire.

6902. — ARRÊTÉ.

Ostende, 22 messidor an XI (11 juillet 1803).

ARTICLE 1er. — Les ingénieurs des travaux maritimes feront les travaux nécessaires pour établir, à la tête de la jetée de l'est, de l'entrée d'Ostende, une plate-forme capable de contenir cinq pièces de 36, et trois de 36 à la tête de la jetée de l'ouest.

ART. 2. — Ils rétabliront le chemin de halage de la jetée de l'est.

ART. 3. — Le ministre des finances ordonnera sur-le-champ une coupe de cinq cents pieds d'arbres dans les forêts le plus à portée d'Ostende.

ART. 4. — Toutes ces dispositions seront prises de manière que la batterie soit armée et prête à faire feu au 1er vendémiaire.

ART. 5. — Il sera établi six mortiers à la Gomer sur la digue servant de chemin couvert. Au lieu de la batterie actuelle, la batterie du phare sera armée de quatre pièces de 36.

ART. 6. — Il sera établi trois batteries, chacune de trois pièces de 24, sous les trois petites places d'armes rentrantes qui se trouvent derrière la digue servant de chemin couvert. Elles seront dirigées de manière à défendre l'issue du port. Chacune de ces batteries aura un gril à boulets rouges.

ART. 7. — Les ministres de la marine, de la guerre, et des finances, sont chargés de l'exécution du présent arrêté.

Archives de l'Empire. BONAPARTE.

6903. — AU CONSUL CAMBACÉRÈS.

Bruges, 22 messidor an XI (11 juillet 1803).

J'arrive à Bruges, Citoyen Consul. Je réponds à votre lettre du 20. Nous avons besoin de mâts et de chanvres. Ce ne sont point des phrases qui nous en donneront. Si l'on propose des équivalents aux propositions du ministre de la marine, à la bonne heure; sans cela j'adopterai ces dernières. J'attends donc avec grande impatience les projets d'arrêtés du Conseil d'État.

BONAPARTE.

Comm. par M. le duc de Cambacérès.
(En minute aux Arch. de l'Emp.)

6904. — AU GÉNÉRAL MORTIER.

Bruges, 22 messidor an XI (11 juillet 1803).

Citoyen Lieutenant Général Mortier, commandant les troupes françaises en Hanovre, j'approuve la convention que vous avez faite, puisqu'elle remplit politiquement le même objet, et qu'elle épargne le sang d'un grand nombre de braves. Je vous recommande d'être inflexible sur l'exécution; de ne pas souffrir, en aucune manière, l'introduction de malles, courriers, marchandises anglaises dans le pays que vous occupez, ni dans l'Elbe et le Weser. Les gazettes anglaises se flattent, je ne sais pourquoi, que les malles passent par Hambourg en traversant l'Elbe. Veillez rigoureusement, et vous-même, à l'exécution de cette mesure, car vous avez porté un coup funeste à l'Angleterre; beaucoup de maisons ont fait faillite. Ces nouvelles ont ranimé leurs espérances. Pour un objet aussi important, vous ne devez vous fier qu'à vous-même.

Faites-nous passer des chevaux en France, surtout pour la grosse cavalerie. S'il y en avait deux ou trois cents pour la garde, envoyez-nous-les à Paris. Ayez soin de désarmer le pays, et renfermez toutes les armes dans les places fortes, jusqu'à ce que vous puissiez les faire passer en France.

Je partirai demain matin pour Flessingue. Je serai sous peu de jours à Bruxelles. Je suis fort content de l'esprit des départements que j'ai traversés, et il me paraît que les Belges se francisent beaucoup.

BONAPARTE.

Comm. par M. le duc de Trévise.
(En minute aux Arch. de l'Emp.)

6905. — AU CONSUL CAMBACÉRÈS.

Bruges, 24 messidor an XI (13 juillet 1803).

J'ai été hier à Flessingue, Citoyen Consul. J'ai visité l'île de Cadzand et l'île de Walcheren. Le temps était très-beau à l'aller et au retour. J'ai fait la traversée en une heure. Je suis rentré dans Bruges à deux heures du matin.

J'ai reçu vos lettres des 21 et 22. Je ne vois pas d'inconvénient à garder quelques charpentiers pour les constructions de bateaux pour l'approvisionnement de Paris. J'ai dit au ministre de l'intérieur de faire appeler pour ce service des charpentiers des villes.

Je compte me rendre demain à Gand.

BONAPARTE.

Comm. par M. le duc de Cambacérès.
(En minute aux Arch. de l'Emp.)

6906. — AU CITOYEN REGNIER,
GRAND JUGE, MINISTRE DE LA JUSTICE.

Bruges, 24 messidor an XI (13 juillet 1803).

Puisque le rédacteur du journal officiel a promis d'être plus circonspect, il ne faut pas faire d'éclat. Ce n'est pas le moment de sévir contre ces individus.

Tâchez donc de prendre des mesures pour faire arrêter ce misérable Hyde.

BONAPARTE.

Archives de l'Empire.

6907. — AU GÉNÉRAL BERTHIER, MINISTRE DE LA GUERRE.

Bruges, 24 messidor an XI (13 juillet 1803).

J'ai reçu, Citoyen Ministre, votre lettre du 22. Il ne me reste qu'à approuver la conduite du général Mortier.

Il faudrait faire tenir dans les villes à portée des côtes un certain nombre de fusils non de calibre, ou de calibre étranger, que l'on distribuerait aux gardes nationales, pour se défendre des insultes de quelques chaloupes.

Activez la formation des compagnies de garde-côtes.

L'état de l'artillerie de l'île d'Elbe, que je vous renvoie, me paraît satisfaisant; il y a peu de places aussi bien armées.

Je ne conçois pas d'où peut provenir la plainte du général Laroche. Il a les 39e et 49e de ligne, la 28e légère et un régiment de dragons; c'est plus qu'il n'en faut pour garder sa division.

Relativement à l'affaire du colonel Lassalle, il faut avoir le rapport du général. Si tout cela est vrai, il faut que cet officier soit devenu fou.

BONAPARTE.

Comm. par M. le prince de Wagram.
(En minute aux Arch. de l'Emp.)

6908. — ARRÊTÉ.

Bruges, 24 messidor an XI (13 juillet 1803).

ARTICLE 1er. — 8,000 courbes et 20,000 pieds d'arbres propres au service de la marine seront coupés dans les bois nationaux de la 25e conservation forestière.

ART. 2. — Les agents de la marine procéderont au martelage sur-le-champ. Lesdits bois seront coupés du moment que la saison sera favorable, et transportés sur-le-champ dans les ports de Boulogne et de Dunkerque.

ART. 3. — Les bois seront pris dans la limite au plus de six lieues de distance des rivières et canaux navigables.

ART. 4. — Les ministres de la marine et des finances sont chargés de l'exécution du présent arrêté.

BONAPARTE.

Archives de l'Empire.

6909. — AU GÉNÉRAL BERTHIER, MINISTRE DE LA GUERRE.

Bruges, 25 messidor an XI (14 juillet 1803).

Je reçois, Citoyen Ministre, vos lettres du 23; ce que dit le directeur de l'artillerie ne justifie pas ce que j'ai vu; les batteries de Saint-Quentin n'étaient pas du tout armées lorsque je suis passé à Saint-Valery.

La réserve qui est à Deventer ne dépend plus du général Dessolle; il doit simplement faire venir à Osnabrück les détachements des 45e, 54e et 84e.

Changez l'uniforme piémontais. On peut donner la couleur qu'on voudra, pourvu qu'elle ne soit ni bleue, ni rouge.

Je ne vois pas d'inconvénient à ce que les terres de la famille Bernstorff soient ménagées en Hanovre.

Recommandez au général Menou d'activer le plus possible le recrutement de cette légion.

Envoyez des fonds pour continuer les travaux de l'île d'Yeu avec la plus grande activité. Faites-y passer un lieutenant et 20 hommes du 4e de chasseurs. Envoyez-y également 60,000 cartouches.

Le plan proposé par les ingénieurs pour la réparation du musoir aurait coûté 300,000 francs. Ce que j'ai imaginé ne coûtera rien et ne nécessitera aucun agrandissement.

Donnez ordre que les six batteries que j'ai ordonnées, de Boulogne à Calais, soient promptement faites.

BONAPARTE.

Archives de l'Empire.

6910. — AU CONSUL CAMBACÉRÈS.

Gand, 26 messidor an XI (15 juillet 1803).

Je reçois votre lettre du 24, Citoyen Consul. Je suis arrivé hier à Gand à six heures du soir. Je resterai ici trois jours; je compte en rester autant à Anvers; après quoi je partirai pour Bruxelles.

La ville a fait hier une illumination qui m'a paru très-bien.

Vous trouverez ci-joint la réponse à la lettre de l'amiral Truguet. Il me paraît convenable qu'il parte pour Brest. Il ne suffit pas d'avoir des vaisseaux; il faut que celui qui les commande les fasse manœuvrer, mette son pavillon sur un vaisseau de guerre, fasse rester tout le monde à bord, y reste lui-même pour donner l'exemple, fasse appareiller tous les jours, et empêche la désertion de l'équipage par sa surveillance immédiate.

BONAPARTE.

Comm. par M. le duc de Cambacérès.
(En minute aux Arch. de l'Emp.)

6911. — AU CITOYEN GAUDIN, MINISTRE DES FINANCES.

Gand, 26 messidor an XI (15 juillet 1803).

Je reçois votre lettre du 24 messidor, Citoyen Ministre. Je partage votre opinion relativement à l'inconvénient d'accroître les impositions directes. Il est fort essentiel de prendre tous les moyens pour faire accélérer tous les comptes.

Les impositions directes du département de la Lys me paraissent plus considérables que celles du Nord et de l'Escaut.

BONAPARTE.

Archives de l'Empire.

6912. — AU GÉNÉRAL BERTHIER, MINISTRE DE LA GUERRE.

Gand, 26 messidor an XI (15 juillet 1803).

J'ai reçu les nouveaux détails que vous m'avez envoyés sur *la Minerve*. Il n'y a pas de doute que les forts n'aient contribué beaucoup à la prise de cette frégate, mais il faut en laisser la gloire à la marine; la prise d'une frégate ne peut pas ajouter à la gloire de l'armée de terre. Faites-moi connaître les canonniers qui ont le mieux tiré et les officiers qui commandaient les batteries.

Au lieu de Gand, le camp aura lieu à Bruges; il sera beaucoup plus à la portée d'Ostende, de Nieuport et de l'embouchure de l'Escaut. J'imagine que vous ne perdez pas un moment, tant pour l'organisation de l'artillerie que pour la confection et la préparation des vivres. Nous touchons à thermidor, c'est-à-dire que nous n'avons plus que deux mois.

On ne peut pas tenir à Boulogne moins de deux compagnies d'artillerie de ligne, une à Ostende, une à Dunkerque, une à Calais, indépendamment des garde-côtes. Je n'ai point vu de vétérans sur cette côte.

J'avais ordonné la formation d'une compagnie de vétérans à l'hôtel des Invalides; faites-moi connaître si elle est formée.

BONAPARTE.

Archives de l'Empire.

6913. — ARRÊTÉ.

Gand, 26 messidor an XI (15 juillet 1803).

ARTICLE 1er. — Le cœur de Latour-d'Auvergne, premier grenadier de la République, mort à la bataille de Neubourg, le 9 messidor an VIII, continuera à être porté ostensiblement par le fourrier de la compagnie de grenadiers de la 46e demi-brigade, dans laquelle il servait.

ART. 2. — Le nom de Latour-d'Auvergne sera maintenu dans les contrôles et dans les revues; il sera nommé dans tous les appels, et le caporal de l'escouade dont il faisait partie répondra par ces mots: *Mort au champ d'honneur!*

ART. 3. — Le ministre de la guerre est chargé de l'exécution du présent arrêté.

BONAPARTE.

Archives de l'Empire.

6914. — AU VICE-AMIRAL TRUGUET, CONSEILLER D'ÉTAT.

Gand, 26 messidor an XI (15 juillet 1803).

Le ministre de la marine a dû répondre à votre première lettre, qui renfermait des vues sur l'emploi de la flotte de Brest; mais elle ne peut être en état d'agir que dans quatre ou cinq mois. Elle pourra alors être portée à 18 ou 20 vaisseaux, indépendamment de l'escadre de Rochefort. D'ici à ce temps, il deviendra nécessaire de porter tous vos soins à bien discipliner et organiser l'escadre. Je n'ai pu vous donner une plus grande preuve de la confiance que j'ai en vous qu'en vous donnant le commandement de la plus belle escadre qu'ait la marine française.

BONAPARTE.

Archives de l'Empire.

6915. — AU CITOYEN PORTALIS, CONSEILLER D'ÉTAT, CHARGÉ DE TOUTES LES AFFAIRES CONCERNANT LES CULTES.

Gand, 26 messidor an XI (15 juillet 1803).

J'ai reçu les différentes lettres que vous m'avez écrites. Le cérémonial que vous avez envoyé aux évêques est tout à fait impraticable par rapport à nos mœurs actuelles; il faudra en substituer un plus simple.

BONAPARTE.

Archives de l'Empire.

6916. — ARRÊTÉ.

Gand, 27 messidor an XI (16 juillet 1803).

ARTICLE Ier. — Le citoyen Jacques-Auguste Chassériau, âgé de huit ans, fils du capitaine de frégate de ce nom, qui a péri, le 2 thermidor an IX, en défendant la corvette *la Chevrette*, est admis au Prytanée.

ART. 2. — Le ministre de l'intérieur est chargé de l'exécution du présent arrêté.

BONAPARTE.

Archives de l'Empire.

6917. — AU CONSUL CAMBACÉRÈS.

Gand, 28 messidor an XI (17 juillet 1803).

J'ai reçu, Citoyen Consul, vos lettres du 25 et du 26.

J'ai été hier à une très-belle fête que m'a donnée le commerce au milieu de la grande place de Gand.

J'ai été aujourd'hui, en grande pompe, entendre la messe à la cathédrale de Gand.

Je partirai demain matin pour Anvers.

J'ai approuvé l'arrêté du Conseil d'État du 9 messidor.

BONAPARTE.

Comm. par M. le duc de Cambacérès.
(En minute aux Arch. de l'Emp.)

6918. — AU CITOYEN REGNIER,

GRAND JUGE, MINISTRE DE LA JUSTICE.

Gand, 28 messidor an XI (17 juillet 1803).

Les régiments Watteville et Dillon, suisses, viennent d'être licenciés à Gibraltar et traversent l'Espagne par pelotons de 30 à 40 hommes. Donnez ordre de les arrêter à nos frontières pour connaître quels sont ces hommes, et de veiller à ce qu'il ne s'en glisse aucun dans la Vendée.

BONAPARTE.

Archives de l'Empire.

6919. — AUX CITOYENS PRÉSIDENT ET MEMBRES

DU GRAND CONSEIL DU CANTON DE THURGOVIE.

Gand, 28 messidor an XI (17 juillet 1803).

Citoyens Président et Membres du grand conseil du canton de Thurgovie, je suis extrêmement sensible aux témoignages de confiance et de reconnaissance que vous m'exprimez dans votre lettre du 13 juin. Je n'ai voulu que votre bien. J'ai vu que la discorde seule et de malheureuses suggestions vous empêchaient d'être heureux et libres. Je suis charmé que ma médiation ait fait disparaître les obstacles qui s'opposaient à l'accomplissement de vos vœux.

La constitution de votre pays vous a rendu des droits que vous méritez d'exercer, puisque vous êtes libres et citoyens, et que vous avez dans le cœur les sentiments qui conviennent à des citoyens libres.

Soyez unis, chérissez vos lois, confiez-vous à la France, et soyez assurés de l'intérêt que je ne cesserai de prendre à votre bonheur.

BONAPARTE.

Comm. par la Chancellerie d'État du canton de Thurgovie.
(En minute aux Arch. de l'Emp.)

6920. — AU GÉNÉRAL BERTHIER, MINISTRE DE LA GUERRE.

Gand, 28 messidor an XI (17 juillet 1803).

J'ai reçu, Citoyen Ministre, votre lettre du 26. Je vous renvoie les lettres qui y étaient jointes.

Je ne sais pas de quoi veut parler le général Saint-Cyr. Il n'y a eu, depuis son départ, aucun changement fait à ses rapports avec le ministre de la République à Naples et avec le général Murat. Je trouve très-déplacé que le général Murat ait envoyé un agent à l'armée du général Saint-Cyr, pendant qu'il y était. Il ne doit pas oublier les grands services qu'a rendus le général Saint-Cyr, ainsi que la latitude que le Gouvernement a donnée à sa mission. Écrivez dans ce sens au général Saint-Cyr.

Écrivez au général Cervoni qu'il doit faire passer à l'île d'Elbe les détachements des dépôts de Villefranche et de Marseille, en les embarquant sur des felouques et autres bâtiments légers, et les faisant diriger ainsi, de batterie en batterie, jusqu'à Piombino, d'où leur arrivée à l'île d'Elbe est infaillible.

Il doit faire la même chose pour la Corse quand les circonstances le demanderont. Il a l'île de Ratonneau où il peut mettre des détachements en partance, sans qu'il puisse en déserter.

J'ai lu les lettres du général Rusca du 4 messidor. Je suis fâché de ne pas avoir l'état de sa garnison. Écrivez-lui de vous l'envoyer fréquemment. Demandez-lui si le chef de la 20e demi-brigade de ligne est arrivé.

Envoyez de France deux chefs de bataillon pour commander les deux bataillons francs du pays.

Enfin écrivez aux directeurs de l'artillerie et du génie que vous désirez avoir au moins tous les mois l'état des travaux faits pour mettre Porto-Ferrajo et Porto-Longone dans un bon état de défense. Faites-moi connaître les travaux projetés sur les hauteurs de Porto-Ferrajo pour tenir l'ennemi éloigné de la ville. Faites-moi connaître également ce qu'est devenu le général Campredon et les mesures qui ont été prises pour suppléer à son absence.

Écrivez au ministre de la République à Gênes qu'à mesure qu'il aura 100 hommes du bataillon des déserteurs allemands, il les fasse embarquer pour Porto-Ferrajo.

Demandez au ministre Dejean s'il a envoyé la quantité de farine et de blé qui a été demandée.

Faites payer à Gênes les affûts qui ont été fournis, à condition qu'on rétablira ceux qui ont été ôtés des remparts ; car il ne faut point trop appauvrir cette république.

Aux îles Marcouf, cent coups à tirer par pièce ne sont pas suffisants. Ordonnez que l'approvisionnement soit fait à raison de deux cents coups par pièce et cent cartouches par homme.

La même observation s'applique à l'île d'Yeu.

Je n'ai pas besoin de vous recommander de prendre des mesures efficaces pour que l'artillerie que j'ai demandée pour compléter l'armement de Boulogne et d'Ostende y arrive dans le plus court délai. Il est possible que, dans le courant de thermidor ou de fructidor, les Anglais bombardent ces deux places.

Il paraît que les garde-côtes s'organisent bien lentement. Rendez-moi un compte particulier de la manière dont marche cette organisation.

Donnez ordre aux 200 hommes du dépôt de Nantes, qui sont prêts, de se rendre à Belle-Ile. Donnez ordre aux 170 qui sont prêts au Havre de se rendre aux îles Marcouf.

Ordonnez également qu'on forme à Bergues un bataillon des hommes provenant du dépôt de Dunkerque. Donnez-en le commandement à un chef de bataillon ferme et vigoureux, avec des pouvoirs un peu étendus pour qu'il ait les moyens de les contenir.

Si le 26e régiment de chasseurs n'est pas parti, contremandez l'ordre de son départ pour le Hanovre.

J'imagine que la levée de chevaux s'y fait avec la plus grande activité pour l'artillerie.

Le pain blanc sera donné aux troupes campées, comme aux autres.

Beaucoup de corps qui doivent recevoir des conscrits de la réserve n'en ont pas encore reçu l'avis. Prévenez-en surtout les généraux Mortier, Murat et Saint-Cyr, afin qu'ils fassent des dispositions pour l'habillement de leurs conscrits.

Donnez ordre au général Mortier de laisser recruter les Hollandais, les Espagnols et les Prussiens dans l'armée hanovrienne, et de lever, s'il le croit possible, une légion composée d'autant de bataillons qu'il pourra en former ; chaque bataillon composé de cinq compagnies, et chaque compagnie de cent cinquante hommes.

BONAPARTE.

Comm. par M. le prince de Wagram.
(En minute aux Arch. de l'Emp.)

6921. — AU GÉNÉRAL DEJEAN,

MINISTRE DIRECTEUR DE L'ADMINISTRATION DE LA GUERRE.

Gand, 28 messidor an XI (17 juillet 1803).

La 57e demi-brigade, Citoyen Ministre, n'a reçu ni l'habillement de l'an X, ni celui de l'an XI.

Les 46e, 33e et 51e sont mieux, et ont déjà reçu une partie du drap de l'an XI.

Par l'état que vous m'avez envoyé, je vois qu'en général l'habillement est très-retardé. Un grand nombre de ces corps va recevoir un nouveau supplément de conscrits, et ils seront fort embarrassés. Il serait essentiel de prendre des mesures efficaces pour que le drap de l'an XI fût fourni dans les trois premiers mois ; sans quoi, nous n'aurons jamais une armée équipée.

Le mois de vendémiaire s'approche. Je ne suis point en peine pour les vivres. Saint-Omer, Bruges, Compiègne sont des endroits où ils sont abondants. Je pense que vous prenez des mesures pour les fourrages et surtout pour la viande. La viande est dans ce pays-ci beaucoup moins chère qu'à Paris.

BONAPARTE.

Dépôt de la guerre.

6922. — RÉPONSE DU PREMIER CONSUL AU MAIRE D'ANVERS.

Anvers, 29 messidor an XI (18 juillet 1803).

Les clefs de la ville d'Anvers ne peuvent être en de meilleures mains qu'en celles du maire. J'accepte la jeunesse de la ville pour ma garde, et j'éprouve un très-grand plaisir à me trouver au milieu de ses habitants.

Extrait du *Moniteur*.

6923. — AU CONSUL CAMBACÉRÈS.

Anvers, 1er thermidor an XI (20 juillet 1803).

J'ai reçu, Citoyen Consul, vos lettres des 27 et 28 messidor.

Je suis fort content du peuple d'Anvers. On aperçoit ici des traces d'anciens établissements, mais tout couverts de ruines.

Puisqu'on a transféré le siége de la préfecture de Douai à Lille, il paraît convenable que le sous-préfet de Lille soit à Douai ; il faudrait que cette clause fût comprise dans l'arrêté.

Faites ce qui vous paraîtra convenable sur les accusés de Saint-Domingue.

J'ai fait l'arrêté pour le fils de madame La Poype ; faites-moi connaître l'espèce de secours dont elle aurait besoin.

Je crois que je serai demain à Bruxelles.

BONAPARTE.

Comm. par M. le duc de Cambacérès.
(En minute aux Arch. de l'Emp.)

6924. — DÉCISION.

Anvers, 1er thermidor an XI (20 juillet 1803).

Le préfet de Loir-et-Cher demande la déportation d'un individu prévenu de fabrication de fausse monnaie et acquitté probablement à défaut de preuves. Il est

La déportation ne peut point être ordonnée, cet individu ayant été acquitté. Si, par la suite, il est

très-dangereux et a déjà été condamné aux galères.

prévenu de crimes, les tribunaux doivent faire leur devoir.

BONAPARTE.

Archives de l'Empire.

6925. — DÉCISION.

Anvers, 1er thermidor an XI (20 juillet 1803).

Le préfet de la Vienne propose la déportation à l'île de Ré d'un émigré amnistié dont l'éloignement est demandé par sa famille elle-même. Il est d'ailleurs soupçonné d'avoir des correspondances dangereuses.

Il est sous la main du Gouvernement comme émigré amnistié. Dès qu'il abuse de la grâce qu'on lui a faite en portant le trouble dans sa famille, il est dans le cas d'être relégué à l'île de Ré.

BONAPARTE.

Archives de l'Empire.

6926. — AU CITOYEN GAUDIN, MINISTRE DES FINANCES.

Anvers, 1er thermidor an XI (20 juillet 1803).

J'ai reçu, Citoyen Ministre, votre lettre du 27 messidor. Je vois avec plaisir que les recettes de la régie de l'enregistrement se soutiennent. Ici les biens nationaux se vendent trente fois le revenu. Je vous renvoie les pièces relatives à la dette des quatre départements réunis. Il faut consulter tous les renseignements, pour savoir s'il y a des dispositions à prendre.

BONAPARTE.

Archives de l'Empire.

6927. — AU CITOYEN BARBÉ-MARBOIS, MINISTRE DU TRÉSOR PUBLIC.

Anvers, 1er thermidor an XI (20 juillet 1803).

La République ligurienne, Citoyen Ministre, fera verser 100,000 fr. par mois dans la caisse de l'armée d'Italie ; moyennant quoi les dépenses seront faites par les ministres de la guerre et de l'administration de la guerre, et payées par vos payeurs.

Je ne pense pas qu'il y ait rien dans l'arrêté du général Mortier de contraire aux dispositions du Gouvernement. Le commissaire qu'il a provisoirement nommé est pour la surveillance de l'administration du pays. Dès le moment que tout est versé dans les mains du receveur et payé par le payeur que vous avez nommés, on se trouve à même de savoir où l'on en est. Tenez la main à ce que tout entre dans la caisse du receveur et que rien ne soit payé que par les mains du payeur. Exigez de l'un et de l'autre qu'ils vous envoient leurs états fréquemment, afin de savoir les rentrées qu'ils font.

BONAPARTE.

Archives de l'Empire.

6928. — AU GÉNÉRAL BERTHIER, MINISTRE DE LA GUERRE.

Anvers, 1er thermidor an XI (20 juillet 1803).

Je ne vois que de l'avantage, Citoyen Ministre, à envoyer à Juliers le bataillon de la 30e demi-brigade pour travailler aux fortifications.

Vous verrez, par le rapport ci-joint, que la batterie près de Menton n'avait pas de poudre, ce qui est cause qu'un bâtiment a été pris. Faites une enquête pour savoir quel est l'officier d'artillerie qui a fait cette faute impardonnable, et proposez-moi une sévère punition.

Je vous prie de faire connaître au général Mortier que mon intention est qu'il ne corresponde d'aucune manière avec les ambassadeurs. Toutes les fois qu'on lui demande des explications, il doit dire qu'on s'adresse au Gouvernement. Je vois avec peine qu'il ait répondu au ministre russe à Berlin. Il aurait dû accuser réception de la lettre, en renvoyant au ministre des relations extérieures, qui doit donner les explications diplomatiques convenables.

BONAPARTE.

Archives de l'Empire.

6929. — AU GÉNÉRAL MURAT,

COMMANDANT EN CHEF LES TROUPES FRANÇAISES EN ITALIE.

Anvers, 1er thermidor an XI (20 juillet 1803).

Citoyen Général Murat, j'ai reçu vos différentes lettres. Vous devez tenir la main et réunir vos efforts à ceux des Italiens pour activer et compléter la conscription. J'ai été satisfait de la fête de Marengo. Il est tout simple qu'on témoigne de l'attachement à Melzi, qui administre bien, et qui d'ailleurs représente aux Italiens un gouvernement national. Vivez bien avec lui. Saint-Cyr est un homme de mérite ; il me semble qu'il n'était pas convenable d'envoyer un officier traiter avec le roi de Naples, pendant qu'il était à l'armée. Je ne vois pas quelle sagesse il y a à exciter davantage la jalousie et à se faire des ennemis. J'ai vu avec plaisir ce que vous avez fait pour Gênes ; les ministres ordonnanceront.

BONAPARTE.

Archives de l'Empire.

6930. — ARRÊTÉ.

Anvers, 1er thermidor an XI (20 juillet 1803).

Article 1er. — L'administration forestière désignera, dans les forêts le plus à portée d'Ambleteuse, Wissant et Gravelines, et notamment dans celle de Guines, les taillis où l'on pourra exploiter sans délai un million de fascines de 15 pouces de diamètre sur 6 pieds de long, avec les piquets nécessaires à l'emploi de ces fascines.

Art. 2. — Cette exploitation sera faite par les entrepreneurs des travaux ordonnés dans les susdits ports, de manière à être terminée au plus tard dans deux mois.

Art. 3. — Les ministres de la marine et des finances sont chargés de l'exécution du présent arrêté.

Bonaparte.

Archives de l'Empire.

6931. — AU CITOYEN PORTALIS, CONSEILLER D'ÉTAT, CHARGÉ DE TOUTES LES AFFAIRES CONCERNANT LES CULTES.

Anvers, 1er thermidor an XI (20 juillet 1803).

S'il doit y avoir une fête au 15 août, je ne voudrais pas qu'il y eût de procession, pour ne point renouveler de souvenirs inutiles. Mais on pourrait très-bien faire dire une grand'messe avec un discours et les psaumes et oraisons propres à la circonstance. La commémoration de ce jour se bornerait là.

Bonaparte.

Archives de l'Empire.

6932. — ARRÊTÉ.

Anvers, 2 thermidor an XI (21 juillet 1803).

Article 1er. — Les ingénieurs des travaux maritimes feront construire, sur la laisse de basse mer, à droite de la jetée de l'est du port de Boulogne, une plate-forme en charpente, capable d'être armée de cinq pièces de gros calibre et de deux mortiers.

Art. 2. — La construction de cette plate-forme aura lieu conformément au plan ci-joint, approuvé par le Premier Consul.

Art. 3. — Cette plate-forme sera terminée au 1er brumaire an XII, et remise à cette époque à l'artillerie, pour être armée sans délai.

Art. 4. — Les ministres de la marine et de la guerre sont chargés de l'exécution du présent arrêté.

Bonaparte.

Archives de l'Empire.

6933. — AU CONSUL CAMBACÉRÈS.

Bruxelles, 3 thermidor an XI (22 juillet 1803).

J'ai reçu, Citoyen Consul, vos lettres du 30 messidor et du 1er thermidor. Je suis arrivé hier à Bruxelles, à huit heures du soir. Les chaleurs ont été assez fortes ces deux jours-ci. J'ai trouvé ici M. Lombard, secrétaire intime du roi de Prusse, chargé de me remettre une lettre dont on dit l'objet important. Je le recevrai demain.

J'ai appris que le citoyen Fleurieu n'a pris aucune mesure pour faire payer les frais de route aux ouvriers qu'on a fait venir à Paris et à ceux qu'on en a renvoyés : c'est une mauvaise manière d'agir avec des gens qui viennent pour nous servir. Il serait plus convenable de les envoyer à Boulogne, à Cherbourg, etc., où les travaux sont arrêtés faute de bras ; on en aurait besoin de 5 à 6,000. Veuillez vous faire rendre compte de cet objet et y porter remède.

Le Conseil d'État n'a pas fait de réponse au projet d'arrêté relatif aux coupes de pins pour les mâtures des chaloupes canonnières.

Vous recevrez un projet d'arrêté pour faire employer 4,600 ouvriers des conscriptions de l'an XI et de l'an XII dans les arsenaux de la marine ; il est urgent de le faire discuter le plus tôt possible. A Paris, on prétend qu'ils ne valent rien ; et dans les ports tout le monde en demande. Les ouvriers de la conscription de l'année passée qui sont dans les ports y font merveille.

Je croyais que le citoyen Lebrun avait eu le projet de venir à Bruxelles. J'imagine qu'il est parfaitement rétabli de l'indisposition qu'il a eue.

BONAPARTE.

Comm. par M. le duc de Cambacérès.
(En minute aux Arch. de l'Emp.)

6934. — AU CITOYEN GAUDIN, MINISTRE DES FINANCES.

Bruxelles, 3 thermidor an XI (22 juillet 1803).

Je reçois votre lettre du 1er thermidor, Citoyen Ministre ; il n'y a aucune espèce de doute que la caisse à l'adresse de M. de Markof, qui contenait des objets de contrebande, ne doive être soumise, comme les autres, aux lois générales des douanes.

Faites témoigner ma satisfaction aux préposés des douanes pour la manière dont ils défendent les côtes.

BONAPARTE.

Archives de l'Empire.

6935. — AU CITOYEN FLEURIEU.

Bruxelles, 3 thermidor an XI (22 juillet 1803).

Citoyen Fleurieu, Conseiller d'État, chargé par intérim du portefeuille de la marine, je ne puis qu'être extrêmement mécontent de l'abandon dans lequel on laisse les ouvriers qui ont été appelés à Paris; plusieurs sont obligés de vendre leurs boucles et leurs boutons de manches d'argent pour subsister. Puisqu'ils ont été appelés par ordre du ministre de la marine, ils devaient être enregistrés à leur arrivée et soldés. Il devait y avoir un tarif de frais de route pour leur arrivée et pour leur retour. Je désire que vous preniez les mesures les plus efficaces pour faire solder ces ouvriers du jour de leur arrivée à Paris, et pour faire envoyer ceux qui ne seraient pas employés aux chantiers de Paris dans les ports de Boulogne, de Rouen et du Havre, où on en a le plus grand besoin. Faites également solder pour l'aller et le retour ceux qui auraient été renvoyés de Paris.

Je vous prie de me faire un rapport sur la marche de ces travaux, le nombre d'ouvriers qui ont été demandés, sur le nombre de ceux arrivés à Paris et de ceux qui en ont été renvoyés. Il paraît qu'on a étendu la mesure à trop de départements; mais, dans tous les cas, ce ne sont point les hommes requis qui doivent souffrir; quel que soit l'état des choses, l'ouvrier doit être payé.

BONAPARTE.

Archives de la marine.
(En minute aux Arch. de l'Emp.)

6936. — AU CONSUL CAMBACÉRÈS.

Bruxelles, 4 thermidor an XI (23 juillet 1803).

J'ai reçu, Citoyen Consul, vos lettres des 30 messidor et 1er thermidor. Depuis deux jours que je suis à Bruxelles, je ne suis point sorti. J'ai reçu les différentes autorités, et expédié quelques affaires. La mission de M. Lombard paraît n'avoir pour but que de resserrer davantage nos liaisons avec la Prusse.

J'ai vu la commission du Gouvernement batave.

Demain ou après, je réglerai mon itinéraire pour le reste de mon voyage.

Je vais, dans une heure, à une fête que me donne la ville.

Je vous renvoie la demande du Sénat. Il n'y a pas d'inconvénient à lui répondre qu'on y pourvoira de quelque manière que ce soit.

BONAPARTE.

Comm. par M. le duc de Cambacérès.
(En minute aux Arch. de l'Emp.)

6937. — AU GÉNÉRAL BERTHIER, MINISTRE DE LA GUERRE.

Bruxelles, 4 thermidor an XI (23 juillet 1803).

Je reçois vos différentes lettres, Citoyen Ministre. Il est très-intéressant que les garde-côtes soient complétés le plus promptement possible ; s'il y a de la difficulté à les compléter, il faudrait accorder une exemption d'une portion de la conscription aux villages qui fournissent les hommes.

Relativement à la levée de la légion de la Vendée, il faut qu'elle se fasse en règle. Il ne faut donner ni commission, ni autorité, ni avance à qui que ce soit. Il faut qu'on vous propose un plan d'organisation, qu'on croie à la possibilité de former le corps ; car, quelle que soit la foi qu'on puisse accorder aux chefs, elle ne doit pas être imprudemment mise en avant.

BONAPARTE.

Comm. par M. le prince de Wagram.
(En minute aux Arch. de l'Emp.)

6938. — AU CONSUL CAMBACÉRÈS.

Bruxelles, 5 thermidor an XI (24 juillet 1803).

Je reçois, Citoyen Consul, votre lettre du 3. J'ai été hier à une fête de la municipalité de Bruxelles, qui m'a paru assez mal ordonnée. Il y avait cinq ou six fois plus de monde que le local n'en pouvait contenir.

J'ai été aujourd'hui à la messe en grande cérémonie. Le cardinal-légat a dit une petite messe.

Vous trouverez ci-joint mon itinéraire ; vous pouvez le faire publier, non dans *le Moniteur,* mais dans quelques-uns des autres journaux. Je ne crois pas que j'y fasse de grands changements. Je compte être de retour à Paris le 24 ou le 25 thermidor. Je finirai mon voyage avec plaisir. La saison est chaude et va le devenir davantage.

A la manière dont je voyage, je n'aurais pu voir les départements réunis sans m'exposer à ne rentrer à Paris qu'au milieu de septembre. La saison est trop chaude. Je remettrai ce voyage à une autre circonstance.

BONAPARTE.

Comm. par M. le duc de Cambacérès.
(En minute aux Arch. de l'Emp.)

6939. — AU GÉNÉRAL BERTHIER, MINISTRE DE LA GUERRE.

Bruxelles, 6 thermidor an XI (25 juillet 1803).

J'approuve, Citoyen Ministre, que vous tiriez de Luxembourg sept pièces de 36, trois de 24, vingt-sept de 18 et onze de 12 en fer, qui s'y trouvent. Il faudrait les diriger sur Ostende, où elles seront employées, partie à la défense de la ville, partie selon les dispositions qui seront faites par la marine. Elles doivent être rédigées de manière à arriver à Ostende avant le 10 fructidor. Vous avez l'expérience que, si on les envoie sans des précautions particulières, elles n'arriveront pas avant dix-huit mois.

Faites faire le relevé des pièces en fer de 18, de 24 et de 36 qui existent dans les différentes places de la République ; faites mettre à côté l'état de l'armement en bronze qui y est, afin de donner une destination aux pièces de fer. Il y a de l'inconvénient à mettre sur les côtes des pièces de bronze ; elles peuvent être facilement enlevées ; j'en ai cependant aperçu beaucoup dans ma tournée.

Donnez ordre aux officiers du génie du Havre de tracer sur un plan les positions de nos bateaux canonniers et celles des bâtiments ennemis à l'affaire du 2 thermidor, ainsi que la position des batteries.

Faites diriger une compagnie d'artillerie de ligne sur le Havre. Envoyez-en une à l'île d'Aix. Je pense qu'il y en a une à Cherbourg.

J'ai vu à Anvers une compagnie de canonniers vétérans qui y est inutile : il faudrait l'envoyer sur la côte, dans l'île de Cadzand et à Blankenberghe.

Il paraît qu'il y a des difficultés pour la levée des compagnies garde-côtes. Il n'y a pas d'autre moyen à prendre que d'exempter de la conscription les communes qui doivent fournir leur contingent auxdites compagnies.

Je suis étonné qu'il n'y ait pas encore un conseil militaire établi à l'île d'Elbe. Je ne suis pas moins étonné d'apprendre que les troupes couchent sur le pavé des casernes, et n'ont ni paille ni fournitures.

Je ne comprends pas comment le général Rusca a incorporé des Polonais et des déserteurs étrangers dans les bataillons français. Il me semble que l'ordre avait été donné de compléter les bataillons polonais en y incorporant les étrangers, et d'incorporer dans les demi-brigades de ligne tout ce qui proviendrait des dépôts coloniaux. Mais, puisque cela est fait, il n'y a plus à y revenir. Recommandez-lui de ne plus incorporer les déserteurs avec nos troupes ; il doit en former, au contraire, deux petits corps, l'un à Porto-Ferrajo, l'autre à Porto-Longone.

Mettez 2,000 francs par mois à la disposition du général Rusca, pour dépenses extraordinaires et secrètes. Donnez-lui l'ordre de désarmer et de former en compagnies de pionniers, qu'il emploiera aux travaux de la place, toutes les compagnies de déserteurs étrangers qui arriveront à l'île d'Elbe, dont il ne serait pas sûr.

Quant à ses difficultés avec le commissaire du Gouvernement, il doit les oublier et se concerter avec lui pour la défense de l'île.

J'ai communiqué au ministre de l'intérieur la lettre du général Menou. Il me paraît étonnant qu'il y ait en Piémont un si grand nombre de brigands. Il peut y avoir beaucoup d'hommes avec peu de moyens d'existence qui peuvent entrer dans les légions qu'on lève dans le pays. Activez la levée de ces légions.

Donnez l'ordre au général Rusca que, la 20e demi-brigade étant à son complet de guerre, tous les détachements qui arriveront désormais de Villefranche, de Marseille ou d'autres dépôts, soient formés en deux bataillons, composés chacun de cinq compagnies, et chaque compagnie composée de 100 hommes.

Les déserteurs étrangers qui viendront soit de Gênes, soit de Toulon, seront réunis aux compagnies qui existent actuellement, et seront formés également en bataillons de cinq compagnies.

BONAPARTE.

Comm. par M. le prince de Wagram.
(En minute aux Arch. de l'Emp.)

6940. — AU CONTRE-AMIRAL DECRÈS,

MINISTRE DE LA MARINE ET DES COLONIES.

Bruxelles, 6 thermidor an XI (25 juillet 1803).

Par les renseignements reçus du Havre, Citoyen Ministre, il résulte que la marine est tellement mal organisée, que deux chaloupes canonnières n'ont pu sortir faute de monde et d'organisation dans le port; que, d'un autre côté, on se sert au Havre de chaloupes canonnières pour escorter des convois du côté de Brest; cela est tout à fait contraire à notre but, qui est de réunir le plus de chaloupes canonnières possible.

BONAPARTE.

Archives de la marine.
(En minute aux Arch. de l'Emp.)

6941. — AU CONSUL CAMBACÉRÈS.

Bruxelles, 7 thermidor an XI (26 juillet 1803).

Le citoyen Lebrun, Citoyen Consul, est arrivé à deux heures après midi; il m'a paru un peu fatigué de la route.

Toutes les dames belges ont été présentées aujourd'hui à ma femme. Il y a dans ce moment illumination à l'Allée-Verte; ayant monté à cheval aujourd'hui, je préfère expédier mon courrier pendant que toutes les dames y sont allées.

Je vous enverrai demain plusieurs projets d'arrêtés pour le Conseil d'État.

J'ai vu ici fort longtemps Schimmelpenninck et la commission batave. Ils promettent beaucoup; nous verrons s'ils tiendront leurs promesses.

Le colonel Rapp, qui est arrivé de Hanovre, donne d'assez bons renseignements sur notre situation dans ce pays.

Après avoir fait d'assez grandes chaleurs pendant ces deux jours-ci, il fait aujourd'hui presque froid.

Bonaparte.

Comm. par M. le duc de Cambacérès.
(En minute aux Arch. de l'Emp.)

6942. — AU CITOYEN TALLEYRAND,

MINISTRE DES RELATIONS EXTÉRIEURES.

Bruxelles, 7 thermidor an XI (26 juillet 1803).

Douze régiments de milices de Castille, Citoyen Ministre, formant environ 8,000 hommes, ont eu ordre de se réunir entre Valladolid et Burgos. Mon intention est que vous fassiez connaître, par un courrier extraordinaire, au général Beurnonville mon étonnement de ce que je ne suis pas instruit de cela; que je désire qu'il fasse connaître au prince de la Paix que, pour peu qu'il y ait des raisons de supposer des intelligences entre les cours de Madrid et de Londres, cet armement sur terre, au moment où l'on désarme la mer, est un commencement d'hostilités.

Un bâtiment de Marseille, venant de la Martinique, a été pris par les Anglais sous le château de Carnero. Il faut que l'Espagne en paye l'équivalent, puisqu'elle a laissé violer son territoire.

Bonaparte.

Archives des affaires étrangères.
(En minute aux Arch. de l'Emp.)

6943. — AU GÉNÉRAL DEJEAN,

MINISTRE, DIRECTEUR DE L'ADMINISTRATION DE LA GUERRE.

Bruxelles, 7 thermidor an XI (26 juillet 1803).

La mesure prise à Gênes par le général Murat, Citoyen Ministre, aura l'avantage de centraliser le service et de soulager considérablement la République ligurienne, d'autant plus que, dans la situation actuelle et jusqu'à ce que le roi de Naples ait pourvu à la solde de nos troupes, il faudra que la République ligurienne pourvoie à la solde des deux bataillons qu'elle a envoyés à Naples.

Relativement au corps du général Saint-Cyr, n'ayant pas ici sous les yeux tous les arrêtés qui ont été pris, je ne conçois pas d'où vient ce changement de principes. Il a été dans mon intention de ne rien innover à ce corps depuis le départ du général Saint-Cyr. Je pense donc que vous devez continuer à correspondre avec l'ordonnateur qui est à Tarente, sans quoi nous n'aurons aucun compte de ce corps. Celui-ci doit également correspondre avec le commissaire général Amalasi.

Je persiste à penser que l'on ne saurait avoir les fours trop près de l'endroit où se réunissent les troupes, et qu'il faut établir deux fours à Étaples et deux à Ambleteuse (ce qui n'empêcherait pas ceux de Montreuil), qui serviraient de supplément lors des rassemblements extraordinaires. Ces constructions, d'ailleurs, ne sont point pressées.

La manière de placer les troupes autour des ports de Boulogne, d'Étaples et d'Ambleteuse, est un objet important et qui fait une partie essentielle des opérations. En effet, les troupes doivent embarquer et débarquer souvent; leur embarquement doit être extrêmement prompt. De l'instant où il est ordonné à celui où il doit être exécuté, il ne doit pas y avoir un intervalle de plus d'une ou deux heures. Il faut donc que les troupes soient placées le long du port, à la seule distance nécessaire pour se trouver sur un terrain élevé et en bon air, mais ayant un espace de moins de 500 toises à parcourir pour que chaque bataillon arrive à son bateau d'embarquement.

Les troupes devant rester dans cette situation plusieurs mois, peut-être l'hiver, on économisera la santé et l'habillement du soldat si on prend le parti de faire des baraques en planches. Chaque baraque pourrait contenir une compagnie ou même un bataillon. Je désire que vous fassiez faire par les ingénieurs un projet et un devis, pour connaître la quantité de planches et l'emplacement qu'exigerait le cantonnement d'une trentaine de bataillons dans ces baraques.

On pourrait également construire des baraques pour les officiers, en réunissant dans la même les officiers de la même compagnie ou du même bataillon.

Il est indispensable de faire passer à Boulogne autant de lits que les casernes et autres établissements peuvent en contenir. Il faudrait également garnir de lits Saint-Omer et les autres petites places le plus à proximité de la côte.

Il est inutile d'observer que les troupes cantonnées dans ces baraques n'auraient pas besoin de lits et seraient couchées sur la paille.

BONAPARTE.

Dépôt de la guerre.
(En minute aux Arch. de l'Emp.)

6944. — AU GÉNÉRAL DEJEAN.

Bruxelles, 7 thermidor an XI (26 juillet 1803).

Un grand nombre de villes, Citoyen Ministre, fatiguées par l'obligation de loger des troupes, vu le dénûment où sont les casernes de fournitures et d'effets militaires, ne demanderaient pas mieux que de faire des sacrifices pour avoir en propre des fournitures de casernes, qui seraient considérées comme leur propriété, et qu'on ne pourrait leur ôter sous aucun prétexte. Je pense qu'il serait utile de faire connaître aux différentes communes que celles qui voudraient se fournir d'effets militaires se trouveraient par là exemptes de loger des gens de guerre; que le Gouvernement les respectera comme leur propriété, et que, dans aucun cas, elles ne s'en trouveront dégarnies.

BONAPARTE.

Dépôt de la guerre.
(En minute aux Arch. de l'Emp.)

6945. — AU GÉNÉRAL BERTHIER, MINISTRE DE LA GUERRE.

Bruxelles, 8 thermidor an XI (27 juillet 1803).

Je vous prie, Citoyen Ministre, de présenter au Conseil d'État un arrêté pour qu'à dater du 1er vendémiaire le pain blanc et la haute paye résultant des chevrons pour ancienneté de service soient communs à tous les sous-officiers. Cette demande est faite par tous les corps.

BONAPARTE.

Archives de l'Empire.

6946. — AU GÉNÉRAL BERTHIER.

Bruxelles, 8 thermidor an XI (27 juillet 1803).

Je vous prie, Citoyen Ministre, de donner ordre à l'officier qui commande le génie à Flessingue de faire quelques travaux pour mettre cette place en état de se défendre : 1° deux demi-lunes devant les deux portes; 2° deux bouts de glacis et de chemin couvert sur les deux digues; ces glacis auront un relief tel que les deux bastions qui ferment la place sur les deux digues où il n'y a point de fossés soient couverts de manière à ne pas être battus en brèche; 3° enfin d'arranger le système d'eau tellement qu'à l'aide des écluses existantes on puisse inonder une partie de la campagne.

J'ai pris à Anvers des sentiments tout différents de ceux qu'on voulait m'y donner, et je suis de l'opinion que cette place doit être mise dans le meilleur état de défense. Les officiers du génie de la place m'ont paru ne pas la connaître parfaitement. Je pense qu'elle peut être défendue par les inondations. Si l'on n'a pas le nivellement au comité des fortifications, il faudra le faire faire, pour bien déterminer la partie qu'on peut défendre par les eaux.

Du côté de l'Escaut, un quai va être établi tout le long de la ville. On pourra élever en temps de guerre, sur ce quai, un épaulement en terre, et bien armer la partie saillante de ce quai. A ce premier moyen de défense il faudrait joindre celui de mettre la Tête-de-Flandre dans le meilleur état, et rétablir un fort que Joseph II a fait raser sur la rive gauche de l'Escaut et vis-à-vis l'autre extrémité de la rive.

Je désire connaître également si le fort et la Tête-de-Flandre pourraient être protégés par une grande inondation.

Faites connaître au premier inspecteur général du génie que je désire que, vers la fin de fructidor, il puisse me présenter les projets pour mettre Anvers dans le meilleur état de défense. Un grand chantier de construction va être établi, et avant la fin de l'année prochaine nous y aurons douze à quinze vaisseaux.

On va travailler à un canal qui communiquera du Rhin à l'Escaut et qui donnera un nouvel intérêt à cette place et à son port, qui, étant destiné par sa position à être un grand centre de commerce, doit être à l'abri le plus possible de l'avidité et des entreprises de l'ennemi.

La Belgique possède des places, telles que Bruxelles, Gand, Ypres, Menin, qui, démolies par Joseph II, sont trop mauvaises pour présenter de grands moyens de défense, pour nous qui avons, en avant, la frontière de Hollande et, derrière, l'Escaut et la Flandre. Je désire que le premier inspecteur général du génie me présente un projet pour démolir et vendre toutes les fortifications qui n'entrent pas dans notre ancienne ligne et qui ne sont pas utiles.

BONAPARTE.

Comm. par M. le prince de Wagram.
(En minute aux Arch. de l'Emp.)

6947. — NOTE POUR LE CITOYEN PORTALIS.

Bruxelles, 8 thermidor an XI (27 juillet 1803).

Le Premier Consul désire que tout ce qui est relatif au diocèse de Bordeaux soit examiné avec le plus grand soin. L'archevêque paraît être un homme de peu d'esprit et dont les vues sont bornées; il semble s'être livré à une faction, sous l'influence de laquelle il opprime tout ce qui a tenu au régime constitutionnel. Cette conduite afflige le plus grand nombre des bons citoyens.

On peut prendre des renseignements auprès du conseiller d'État Dubois (des Vosges). Le sénateur Journu-Aubert, qui a présidé le collége électoral, n'a point été à l'abri de l'influence qui a agi sur l'archevêque; il serait possible que ses opinions se rapprochassent du système de partialité qui s'est manifesté, et qui est entièrement opposé aux intentions du Premier Consul. Le concordat a été fait dans la vue de rapprocher tous les partis, de concilier toutes les opinions. On ne peut s'écarter de ses principes et suivre ce que prescrit l'Évangile; ils sont seuls compatibles avec les vertus chrétiennes.

Par ordre du Premier Consul.

Archives de l'Empire.

6948. — AU CONSUL CAMBACÉRÈS.

Bruxelles, 9 thermidor an XI (28 juillet 1803).

Je reçois, Citoyen Consul, votre lettre du 7 thermidor.

Je vois avec plaisir que le Sénat s'occupe des nominations. Tâchez de nous faire de bons choix.

Le consul Lebrun a été hier à la campagne. Il a déjà parcouru les environs de Bruxelles. Le commerce a donné hier une fête où il y a eu autant d'ordre et de décence qu'il y avait eu de désordre et de mauvaise ordonnance dans la dernière fête. Je comptais partir d'ici ce soir ou demain; mais, comme il y a encore une fête ce soir, je ne partirai que samedi matin.

BONAPARTE.

Comm. par M. le duc de Cambacérès.
(En minute aux Arch. de l'Emp.)

6949. — AU CITOYEN REGNIER,

GRAND JUGE, MINISTRE DE LA JUSTICE.

Bruxelles, 9 thermidor an XI (28 juillet 1803).

Faites arrêter Hyde sans écouter aucune considération, quel que soit l'état où il se trouve et la maison où il soit.

Il y a à Chambéry un prêtre qui a été, pendant la révolution, à la tête du diocèse de Lyon, et qui y a fait tout le mal possible. Il s'appelle Linsolade. Donnez ordre qu'on l'arrête et qu'on le retienne dans la citadelle de Turin.

Dans les mesures ordonnées par la police pour les ouvrages qui s'impriment, les ouvrages littéraires et les grands ouvrages ne devaient point être compris; car, si la police ne connaît pas un ouvrage de plusieurs volumes avant qu'il soit imprimé, c'est de sa faute. Cela tient à des idées qui peuvent choquer bien des principes.

BONAPARTE.

Archives de l'Empire.

6950. — AU ROI DE NAPLES.

Bruxelles, 9 thermidor an XI (28 juillet 1803).

J'ai reçu la lettre de Votre Majesté; j'ai donné des ordres pour que l'armée française soit le moins possible à charge à son peuple. Je prends une part vraie à sa situation. Je désire que la France et Naples aient entre eux les principes d'union et d'accord qui peuvent être utiles à leur tranquillité et à leur bonheur. Votre Majesté ne saurait trop se méfier de tout ce qui peut tenir à une nation qui a, dans tous les siècles, porté une haine si prononcée à sa maison, et qui ne voit dans le continent qu'un instrument de haine contre la France. Que Votre Majesté me permette de la remercier de la confiance qu'elle m'a témoignée, et reste persuadée du désir que j'ai de lui être utile.

BONAPARTE.

Archives de l'Empire.

6951. — A LA REINE DE NAPLES.

Bruxelles, 9 thermidor an XI (28 juillet 1803).

J'ai lu avec la plus grande attention la lettre de Votre Majesté.

Je la prie de rester persuadée qu'après lui avoir fait beaucoup de mal j'ai aussi besoin de lui être agréable.

Dans la conjoncture actuelle, il est de la politique de la France de consolider la tranquillité chez tous ses voisins, et de sa politique extérieure d'aider un État plus faible, dont le bien-être est utile au bien-être du commerce de la France.

Mais je veux répondre par une confiance sans réserve à celle de Votre Majesté. Comment veut-elle que je considère le royaume de Naples dans ses rapports géographiques et politiques, lorsque je vois à la tête de toutes les administrations un homme étranger à son pays et qui a centralisé en Angleterre ses richesses et toutes ses affections? Cependant le royaume de Naples se gouverne moins par la volonté et les principes du souverain que par ceux de son premier ministre.

J'ai donc été décidé par une sage prévoyance à considérer Naples comme un pays gouverné par un ministre anglais. Il me répugne beaucoup de me mêler des affaires intérieures des autres États; ce n'est que pour être sincère envers Votre Majesté que je lui donne la véritable raison qui justifie toutes les mesures prises envers Naples et dont elle pourrait avoir à se plaindre.

Je désire que Votre Majesté soit convaincue, du reste, du grand prix que j'attache à tout ce qui peut tranquilliser et ordonner le continent, et contribuer à son repos et à son bonheur.

BONAPARTE.

Archives de l'Empire.

6952. — AU GÉNÉRAL BERTHIER, MINISTRE DE LA GUERRE.

Bruxelles, 9 thermidor an XI (28 juillet 1803).

Je vous prie, Citoyen Ministre, de donner ordre au général Victor de tenir dans le Beveland un bataillon français, cinq bataillons bataves et deux escadrons bataves, faisant en tout au moins 3,000 hommes, et d'organiser et disposer ces troupes de manière qu'à la première menace d'une attaque réelle sur l'île de Walcheren elles puissent se porter sur-le-champ dans cette île pour en renforcer la garnison.

Donnez également ordre au général Victor de renforcer la garnison de l'île de Walcheren par des troupes bataves, de manière qu'il y ait 2,000 Bataves et 500 canonniers, total 2,500 hommes de troupes bataves dans l'île de Walcheren, au lieu des 1,100 qui s'y trouvent aujourd'hui.

BONAPARTE.

Archives de l'Empire.

6953. — AU GÉNÉRAL BERTHIER.

Bruxelles, 9 thermidor an XI (28 juillet 1803).

Le corps de noirs qui est à Mantoue, Citoyen Ministre, sera composé de 1,400 hommes, formés en deux bataillons de cinq compagnies, chacune de 150 hommes. Ces deux bataillons ne seront jamais tenus réunis; l'un restera employé aux travaux de Mantoue, et l'autre aux travaux de Legnago.

BONAPARTE.

Archives de l'Empire.

6954. — AU CONTRE-AMIRAL DECRÈS,

MINISTRE DE LA MARINE ET DES COLONIES.

Bruxelles, 9 thermidor an XI (28 juillet 1803).

Je reçois avec grand plaisir, Citoyen Ministre, la nouvelle de l'arrivée de *l'Aigle* à Cadix et de l'escadre du contre-amiral Bedout au Ferrol; vous ne pouviez m'en donner une plus agréable. Je partage votre opinion qu'il ne faut s'exposer à aucune espèce d'échec, dont le moindre inconvénient serait la perte que nous ferions, mais qui risquerait de soutenir le courage et l'opinion dans un pays qui paraît avoir besoin de quelques succès. Servez-vous du bassin du Ferrol.

Faites doubler en cuivre *l'Argonaute*, s'il ne l'est pas, et faites réparer les deux autres vaisseaux; faites-les gréer, armer et approvisionner de manière à les mettre en état de tout entreprendre. Faites partir de Rochefort un détachement de canonniers et de matelots suffisant pour compléter les équipages. Il serait peut-être plus sûr que ces canonniers s'y rendissent par terre. Je vais aussi prendre des mesures pour y envoyer un bataillon de 500 hommes pour former les garnisons.

Le général Bedout doit rester à son poste. L'air de la terre le rétablira promptement. Je ne m'oppose pas à ce que vous envoyiez le capitaine Gourdon pour chef d'état-major, mais non le tribun Daugier, dont le sort est irrévocablement fixé à la flottille. Faites payer les mois de solde dus à l'équipage, et envoyez l'argent nécessaire pour accélérer le gréement et l'armement; écrivez-en à Beurnonville. De son côté, le cabinet écrira d'ici en Espagne pour faire fournir les secours convenables. Mais j'estime que, pour aplanir toute difficulté, indépendamment de quelques mois de solde dus à l'équipage, il faudrait envoyer 400,000 francs au moins pour cette escadre.

Quant à *l'Aigle*, plusieurs bâtiments de commerce sont arrivés en Espagne; les ventes s'en sont faites; ce qui doit rendre disponibles plusieurs centaines de matelots français; faites-les réunir de tous les points, et envoyez-les à Cadix. Il sera peut-être facile d'envoyer par terre une soixantaine de canonniers de Toulon à Cadix.

Donnez l'ordre au général Laplume de se rendre par terre en France, et recommandez à nos agents de le bien traiter. Il s'est bien conduit, et, quelle que soit sa couleur, la République lui doit des marques de satisfaction pour ses services.

Une fois que l'escadre du contre-amiral Bedout sera en état de reprendre la mer, approvisionnée de plusieurs mois de vivres et d'eau, parfaitement équipagée et prête à tout entreprendre, on pourrait la faire débloquer au moment opportun par les onze vaisseaux dont elle devait faire partie. Mais je vois avec peine *l'Aigle* à Cadix; il attirera l'ennemi dans le détroit. Je pense que, lorsque ce vaisseau sera en état, il faudrait le faire rejoindre à Toulon, ce qui compléterait l'escadre à douze vaisseaux. Le principal actuellement est de faire connaître au général Bedout et à l'ambassadeur Beurnonville les dispositions à faire pour la mise en état de ces vaisseaux, et d'envoyer l'argent nécessaire pour payer les équipages et travailler au ravitaillement de ces vaisseaux.

BONAPARTE.

Archives de l'Empire.

6955. — AU CONSUL CAMBACÉRÈS.

Bruxelles, 10 thermidor an XI (29 juillet 1803).

Il n'y a aucune espèce de doute, Citoyen Consul, que tous les ouvrages des sociétés littéraires, de sciences, d'arts, et même les gros ouvrages, ne sont pas compris dans cette mesure de surveillance, et je ne puis que me plaindre de la police de donner lieu à des réclamations de cette espèce.

BONAPARTE.

Comm. par M. le duc de Cambacérès.
(En minute aux Arch. de l'Emp.)

6956. — AU ROI DE PRUSSE.

Bruxelles, 10 thermidor an XI (29 juillet 1803).

M. Lombard m'a remis la lettre de Votre Majesté. Je ne puis que la remercier de m'avoir donné l'occasion de connaître un homme aussi distingué. Je suis entré avec lui dans tous les détails relatifs à votre lettre. Que Votre Majesté me permette cependant de lui témoigner la douleur que j'éprouve en pensant que les armements actuels ont pu être un sujet d'alarme pour quelques puissances et pour quelques individus de la cour de Prusse.

Votre Majesté connaît les raisons et les principes de l'occupation du Hanovre. Elle a bien voulu donner à ces principes son assentiment.

Cuxhaven restait un objet de discorde qui eût compromis Hambourg, si les Anglais avaient pu y entrer et s'y comporter avec l'arrogance qui les caractérise. D'ailleurs, je ne puis que réitérer que je n'eusse pas fait difficulté d'évacuer ce port, si le blocus de l'Elbe et du Weser avait été fondé sur cette occupation. C'est la première fois que l'on bloque des rivières, et c'est étrangement abuser de tout que de se porter à cette extrémité. Que l'Elbe et le Weser soient fermés aux bâtiments français, c'est le droit de l'Angleterre; mais que les Prussiens, les Danois ne puissent arriver chez eux par ces rivières, parce que les Français occupent les rives du Hanovre, je le dirai sans détour à Votre Majesté, les pertes qui peuvent s'ensuivre pour les puissances neutres ne sont rien auprès de la dignité de leurs droits et de leur indépendance, qui se trouvent par là méconnus. On ne peut se dissimuler que l'Angleterre, à force de procédés injustes, obligera tôt ou tard les puissances du Nord à se réveiller, sous peine de méconnaître leurs plus saints devoirs envers leurs sujets, et Votre Majesté, qui commande à une nation brave et célèbre, ne sera pas la dernière lorsqu'il s'agira de faire respecter les propriétés de ses sujets.

Quant à la France, elle se conduit comme le ferait Votre Majesté dans une circonstance pareille : elle soutient ce qu'elle a le droit de faire avec énergie; mais elle ne tentera jamais ce qui n'est pas dans son droit.

Il me reste à remercier Votre Majesté de la confiance qu'elle me montre avec raison. Dans les circonstances actuelles[1], je me confie à vos sentiments d'amitié. Je crois devoir aussi compter sur ceux de l'empereur Alexandre; mais il est entouré d'hommes aussi peu attachés à leur prince qu'à ses principes; c'est du moins l'opinion que j'ai conçue après la conduite de M. de Markof.

J'ignore la durée d'une guerre qui s'annonce avec des caractères d'animosité tout particuliers. Je crois que l'Angleterre ne pourrait la soutenir longtemps sans l'appui du continent; et cet appui, elle ne peut le trouver que dans Votre Majesté et l'Autriche, la Russie, à cause de son éloignement, ne pouvant être qu'en seconde ligne.

Je ne puis qu'être satisfait de tous les sentiments que me montre la cour de Vienne et de la conduite de son cabinet dans ce moment-ci;

mais les temps peuvent changer, et Votre Majesté ne peut désapprouver que, dans cette position, j'aie le désir d'avoir quelque garantie qui m'assure la tranquillité du continent dans la guerre actuelle avec l'Angleterre. Le caractère personnel de Votre Majesté et celui de l'empereur de Russie me sont une garantie suffisante ; mais la cour de Vienne peut facilement se souvenir d'une guerre à peine éteinte, et la Russie elle-même peut être égarée, ayant tant d'hommes si faciles à corrompre.

Votre Majesté voit que je ne lui déguise aucune de mes pensées, et en cela je réponds à la confiance qu'elle m'a montrée. Il me reste à la prier de rester convaincue du désir que j'ai de faire tout ce qui peut être agréable à sa personne.

BONAPARTE.

Archives de l'Empire.

6957. — A L'EMPEREUR DE RUSSIE.

Bruxelles, 10 thermidor an XI (29 juillet 1803).

Quoique les efforts de Votre Majesté pour maintenir la paix entre la France et l'Angleterre n'aient pas réussi, je ne puis cependant me dispenser de lui faire mes remerciements de tout ce qu'elle a fait pour contribuer au repos de l'Europe.

Ayant pour principe d'accorder ma confiance à tous les ministres à Paris qui ont celle de leur cabinet, j'ai différé pendant longtemps à instruire Votre Majesté des mécontentements réitérés que m'a constamment donnés M. le comte de Markof, en se mêlant fréquemment, et d'une manière désagréable, des intrigues du pays ; mais je dois aujourd'hui à la confiance que Votre Majesté m'a si souvent montrée, de lui faire connaître combien il m'est pénible d'avoir auprès de moi, et de devoir traiter avec la confiance et les égards que je dois et que j'accorderai toujours à ses ambassadeurs, un ministre qui m'est personnellement si désagréable. M. de Markof ne s'aperçoit pas et ne s'apercevra jamais des sentiments qu'il m'inspire ; mais, pour sortir de cette position pénible, je n'ai trouvé d'autre moyen que d'écrire à Votre Majesté avec cette confiance à laquelle elle m'a accoutumé.

Je prie Votre Majesté d'être persuadée du désir que j'ai de lui être agréable.

BONAPARTE.

Comm. par S. M. l'Empereur de Russie.
(En minute aux Arch. de l'Emp.)

6958. — AU GÉNÉRAL BERTHIER, MINISTRE DE LA GUERRE.

Bruxelles, 10 thermidor an XI (29 juillet 1803).

Vous ne m'avez pas fait connaître, Citoyen Ministre, pourquoi le général Campredon ne fait que d'arriver à Porto-Ferrajo, et comment il justifie un manque aussi extraordinaire à ses premiers devoirs.

Donnez ordre au commandant de l'artillerie à Porto-Ferrajo de faire placer quatre pièces de canon sur le point le plus important du port, montées sur des affûts de côtes ou marins, qu'il fera faire exprès de manière à tirer sur l'angle de 45 degrés, seul moyen d'éloigner l'ennemi.

BONAPARTE.

Archives de l'Empire.

6959. — AU GÉNÉRAL BERTHIER.

Bruxelles, 10 thermidor an XI (29 juillet 1803).

Je vous prie, Citoyen Ministre, d'écrire au général Mortier de prendre des mesures pour que les directeurs de roulage établis à Lunebourg et à Hambourg, appelés *spéditeurs*, ne se chargent point de porter des marchandises anglaises aux foires de Francfort et de Leipzig, et, en cas de contravention, de les faire arrêter; d'établir un poste de douane, et surtout de ne laisser passer aucun objet anglais sous prétexte de transit. Cette mesure est de la plus grande importance.

L'armée de Hanovre doit avoir reçu, depuis la convention de Suhlingen, 300,000 livres sterling venant de l'Angleterre.

Faites connaître au général Mortier qu'il ne doit pas acheter de bois à Hambourg pour la construction des chaloupes canonnières, mais se servir des forêts du Hanovre. Il n'y a aucune difficulté à faire couper sur-le-champ ces bois dans ces forêts et à s'en servir. Ils dureront moins sans doute, mais au moins dureront-ils plusieurs années. Il faut abandonner l'idée de rien acheter à Hambourg.

BONAPARTE.

Dépôt de la guerre.

6960. — AU CONTRE-AMIRAL DECRÈS, MINISTRE DE LA MARINE ET DES COLONIES.

Bruxelles, 10 thermidor an XI (29 juillet 1803).

Vous trouverez ci-joint, Citoyen Ministre, une lettre du vice-amiral Truguet. Faites-lui connaître que mon intention n'est pas de nommer un amiral pour les grands ports, ayant une entière confiance dans les préfets qui dirigent ceux de Brest et de Toulon; qu'il n'est pas non plus dans mon intention de voir O'Connor ni aucun autre chef irlandais ; que tout au plus il pourra vous les présenter. Vous leur ferez connaître, en mon nom, que le général Truguet est autorisé à traiter avec eux.

Vous devez donner des ordres à Marseille pour que le navire *la Prudente* et le brick *le Timoléon* soient sur-le-champ évalués ; car il faudra bien que l'Espagne en paye l'équivalent. Écrivez en conséquence au préfet.

Le citoyen Olivier, agent de la marine à Hambourg, a fait connaître au général Mortier que, pour construire les soixante bateaux plats, il fallait acheter à Hambourg pour 1,500,000 francs de bois vieux. Donnez-lui ordre de faire couper dans les forêts de Hanovre les bois nécessaires, et de n'en pas faire acheter pour un sou. Il doit employer ce bois et faire travailler sans délai aux constructions.

BONAPARTE.

Archives de l'Empire.

6961. — AU CONTRE-AMIRAL DECRÈS.

Bruxelles, 10 thermidor an XI (29 juillet 1803).

Je vous envoie, Citoyen Ministre, le rapport de l'administration forestière. Il serait nécessaire que cette coupe extraordinaire ne coûtât point d'argent. Ainsi il ne faudrait pas qu'elle se vendît, mais établir pour cela une comptabilité en matières, du chantier de Compiègne avec l'administration forestière, ce qui épargnerait une perte de temps et un emploi d'argent assez considérable, qui, rentrant en lettres de change, formerait un emploi de numéraire qu'il est bon de réserver pour un autre objet.

BONAPARTE.

Archives de l'Empire.

6962. — AU CONSUL CAMBACÉRÈS.

Maëstricht, 12 thermidor an XI (31 juillet 1803).

Je reçois, Citoyen Consul, la liste des nominations faites par le Sénat. Il est convenable de les faire mettre dans le journal officiel. J'y remarque un nommé Partarrieu-Lafosse, conseiller de préfecture de la Gironde, qui s'est toujours très-mal montré.

Je suis arrivé hier à Maëstricht, après une journée très-fatigante.

Le consul Lebrun avait le projet de s'en retourner par Anvers, Gand, et Ostende, et d'être à Paris dans dix jours.

BONAPARTE.

Comm. par M. le duc de Cambacérès.
(En minute aux Arch. de l'Emp.)

6963. — AU GÉNÉRAL BERTHIER, MINISTRE DE LA GUERRE.

Maëstricht, 12 thermidor an XI (31 juillet 1803).

Il me paraît convenable, Citoyen Ministre, que vous donniez ordre que les troupes qui sont à Juliers, pour les travaux de la place, soient cantonnées dans les campagnes environnantes ; elles sont extrêmement mal logées chez le bourgeois.

Donnez ordre au 26e régiment de chasseurs de rester en garnison à Maëstricht.

Donnez ordre aux 1er, 8e et 26e régiments de chasseurs, au 7e de hussards, et en général à tous les régiments de cavalerie qui n'ont pas encore envoyé en Hanovre, d'y envoyer vingt-cinq hommes chacun pour prendre soixante chevaux. Recommandez au général Mortier d'envoyer prendre ces vingt-cinq hommes, et, s'il peut donner soixante et quinze chevaux, de les donner, un homme pouvant bien mener trois chevaux.

Donnez au général Mortier l'ordre de faire une recherche sévère de tous les chevaux des écuries du roi d'Angleterre et de les faire passer en France ; qu'il envoie surtout une centaine d'étalons pour nos haras.

Donnez ordre à la 21e demi-brigade légère de se rendre à Venloo ; elle laissera à Juliers un bataillon pour les travaux.

Il n'y a sur la place de Maëstricht aucune bonne carte, aucun nivellement, aucune carte des environs ; de manière qu'en cas de siége on ne trouverait aucun secours pour les sorties. On ignore les parties qu'on peut inonder. Cette place, qui est la seule que nous ayons comme point d'appui d'une armée sur le bas Rhin, devrait être tenue dans un très-bon état. Elle a besoin d'être étudiée, afin de déterminer le parti à prendre pour l'améliorer ; elle m'a paru en avoir besoin.

BONAPARTE.

Dépôt de la guerre.
(En minute aux Arch. de l'Emp.)

6964. — AU CONTRE-AMIRAL DECRÈS, MINISTRE DE LA MARINE ET DES COLONIES.

Maëstricht, 12 thermidor an XI (31 juillet 1803).

J'ai lu avec attention, Citoyen Ministre, les détails sur les pertes faites par le port de Bordeaux. Il serait important d'avoir des états pareils de tous les ports de France, en y ajoutant les sommes d'argent payées pour les assurer, et les déboursés en retour des valeurs portées par ces bâtiments.

Je souhaite que, par les mesures que vous avez prises, vous ayez du chanvre de France. Je crains que Larue ne vous en procure pas. Ce qu'il y a de plus clair, c'est l'argent que vous lui avancez. Au reste, nous en verrons le résultat.

Faites mettre dans les journaux français la note des bâtiments que nos corsaires ont pris, et la récapitulation des prises faites depuis la guerre, et qui peuvent monter à une vingtaine ; ce serait fort agréable pour des personnes qui pensent que nous n'en faisons pas du tout.

Il serait utile d'avoir une frégate à Flessingue. Faites-y passer une des deux frégates, si vous n'y voyez pas d'inconvénient.

Il faut que le général Missiessy parte, l'arrêté étant signé, et qu'il mette en ordre l'administration du Havre ; ce qui n'empêchera pas, lorsqu'il sera convenable, de l'employer sur mer.

Les mesures ont été prises pour qu'il y ait à l'île d'Aix 5 ou 600 hommes.

Je compte être sous huit ou dix jours à Paris.

J'imagine qu'à l'heure qu'il est l'amiral Bruix est déjà de retour sur la côte.

Le citoyen Talleyrand a dû vous communiquer une convention faite à Bruxelles avec la commission batave, par laquelle elle nous cède la frégate qui est à Flessingue, ainsi que tout ce qui est dans les magasins. Je pense que vous y avez fait passer des ouvriers pour continuer les constructions.

BONAPARTE.

Archives de l'Empire.

6965. — AU CONSUL CAMBACÉRÈS.

Liége, 14 thermidor an XI (2 août 1803).

Je reçois, Citoyen Consul, vos lettres des 10 et 11 thermidor. Les chaleurs ne sont pas moins fortes ici qu'à Paris. Je suis extrêmement content de l'esprit des habitants de Liége.

BONAPARTE.

Les chaleurs sont tellement fortes qu'il serait possible que, de Sedan, je me dirigeasse droit sur Paris.

Comm. par M. le duc de Cambacérès.
(En minute aux Arch. de l'Emp.)

6966. — AU CITOYEN REGNIER,

GRAND JUGE, MINISTRE DE LA JUSTICE.

Liége, 14 thermidor an XI (2 août 1803).

Vous avez bien fait, Citoyen Ministre, de faire arrêter M. Christin; c'est un misérable couvert d'un grand nombre de crimes. Vous devez trouver dans ses papiers le fil de beaucoup d'intrigues. Qu'il soit ou non attaché à la légation russe, cela ne doit vous importer en rien; vous ne devez l'en tenir que plus sévèrement. Nous ne sommes point à Rome; il n'y a pas ici d'immunités, et la légation russe ne se compose que de l'ambassadeur et de son secrétaire de légation.

Un nommé Pierre Gosselin, de la commune de Pirou, département de la Manche, est prévenu d'avoir des correspondances fréquentes avec les îles de Jersey. Donnez ordre de surveiller cet individu et de le faire saisir avec ses papiers.

BONAPARTE.

Archives de l'Empire.

6967. — AU GÉNÉRAL BERTHIER, MINISTRE DE LA GUERRE.

Liége, 14 thermidor an XI (2 août 1803).

L'affût de côte, Citoyen Ministre, ne permet de tirer des pièces que sur l'angle de 10 degrés, et une pièce de 24, sur l'angle de 10 degrés, ne porte le boulet qu'à 13 ou 1400 toises, tandis que, sur l'angle de 45 degrés, elle porte le boulet à 2,100 et 2,200 toises, ce qui fait une différence de portée de 800 toises; c'est la raison véritable qui fait que nos batteries de côte n'atteignent point les vaisseaux de l'ennemi, tandis que les boulets de ceux-ci dépassent nos batteries de 300 toises, parce que les pièces des vaisseaux, montées sur des affûts marins, permettent de tirer à 25 degrés et portent le boulet à 1,800 toises, l'inclinaison du vaisseau ajoutant aussi très-souvent quelques degrés. Il est donc indispensable de faire faire des affûts pour tirer avec quelques pièces de canon sur l'angle de 45 degrés. Je ne pense pas qu'il soit possible de se servir à toutes les batteries de ces affûts, vu qu'ils ne peuvent résister longtemps, mais on pourrait en avoir aux batteries principales; au Havre, par exemple, six pièces de 24, placées sur des affûts permettant de tirer à 45 degrés, pourraient être placées dans la position la plus près du mouillage; on pourrait en avoir à Boulogne, à la tête du musoir, à Ostende également.

J'ai déjà fait écrire au citoyen Faultrier, à Douai, d'essayer ces affûts ; mais c'est un objet si important, qu'il doit être le sujet de la méditation du comité d'artillerie.

Je désirerais aussi qu'on fît des recherches pour connaître quelle était la forme des mortiers de galiotes qui portaient les bombes à 2,300 toises et recevaient trente livres de poudre dans leur chambre. Quelques mortiers de cette espèce peuvent être aussi d'une très-grande utilité.

Il est constant que les Anglais se servent, pour le bombardement des places maritimes, de bombes qui vont très-loin.

Les batteries des côtes dont on se plaint le plus fréquemment sont celles des Côtes-du-Nord.

BONAPARTE.

Dépôt de la guerre.

6968. — AU GÉNÉRAL BERTHIER.

Liége, 14 thermidor an XI (2 août 1803).

Les craintes que témoigne le général Murat, Citoyen Ministre, d'une insurrection en Romagne, dans la position actuelle, me paraissent ridicules. D'ailleurs, écrivez au général Murat qu'il connaît trop ce pays-là ; que c'est faire plaisir à nos ennemis et donner lieu véritablement à du trouble que de paraître craindre une pareille insurrection, et de l'avoir communiquée aux autorités de la République italienne ; qu'il ne tienne point de détachements, mais qu'il réunisse ses troupes par bataillons ; qu'il organise en Romagne quatre colonnes mobiles, depuis Rimini jusqu'à l'embouchure du Pò ; chaque colonne, composée de 100 hommes de cavalerie française, de 50 hommes de cavalerie italienne, et de trois pièces d'artillerie servies par une demi-compagnie d'artillerie légère. Chaque détachement d'artillerie sera composé d'une pièce de 4, d'une de 12 et d'un obusier. Recommandez-lui de faire placer l'un de ces corps à Rimini, l'autre à Casatico, et les autres à égales distances sur la côte, de Rimini à l'embouchure du Pô ; qu'il ait un corps des demi-brigades, soit françaises, soit italiennes, à Rimini, et surtout qu'il ne se laisse point aller à un misérable espionnage ; n'y aurait-il point de troupes françaises, il n'y aurait rien à craindre de la République italienne avec un seul régiment de cavalerie ; que mon intention est de mettre peu de troupes en Romagne ; qu'elles doivent rentrer à Brescia et du côté de l'Adige.

BONAPARTE.

Comm. par M. le prince de Wagram.
(En minute aux Arch. de l'Empire.)

6969. — AU GÉNÉRAL MURAT,

COMMANDANT EN CHEF LES TROUPES FRANÇAISES EN ITALIE.

Liége, 14 thermidor an XI (2 août 1803).

Citoyen Général Murat, j'ai reçu vos lettres. J'ai peine à concevoir que vous craigniez sérieusement une insurrection dans les Légations. Je vois que vous ajoutez trop de foi aux rapports qui vous sont faits. Faites simplement des dispositions pour mettre ces côtes à l'abri des insultes des frégates anglaises, et, pour cela, quelques corps mobiles légers sont suffisants.

Vous me paraissez craindre que les Anglais veuillent s'emparer d'Ancône. Il est possible que quelques chaloupes s'y présentent. Si cela avait des abus, on pourrait changer quelque chose aux dispositions. On peut attendre, au reste.

Vous m'avez envoyé sur le Tyrol un rapport faux; faites-le vérifier, et vous vous en convaincrez. Ce pays doit être tranquille. Je désire que vous gardiez pour vous ces rapports, et ne m'envoyiez que ce que vous pouvez garantir, car je n'ai pas le temps de lire toutes les rêveries de quelques agents subalternes; je ne lis pas seulement ceux de Paris.

BONAPARTE.

Archives de l'Empire.

6970. — AU CONTRE-AMIRAL DECRÈS,

MINISTRE DE LA MARINE ET DES COLONIES.

Liége, 14 thermidor an XI (2 août 1803).

Je suis très-surpris, Citoyen Ministre, que le général Bruix ait pris sur lui de donner l'ordre au contre-amiral Magon de partir, et encore plus que celui-ci l'ait exécuté. On ne doit point souffrir de tels abus. Témoignez-en votre mécontentement à l'amiral Bruix et au préfet maritime. Sans ordre, il n'y a point d'État.

Donnez ordre au contre-amiral Villeneuve de se rendre à Rochefort, d'arborer son pavillon sur *le Majestueux*, et de prendre le commandement de l'escadre qui se réunit dans ce port.

Le général Missiessy doit se rendre à son poste, puisque l'arrêté est signé. Il sera toujours temps, lorsqu'il le faudra, de l'envoyer en mer. Faites-le donc partir sans délai.

Il est bon de recueillir avec soin toutes les plaintes qui vous reviennent sur l'Espagne, et d'en tenir des procès-verbaux en règle; car, si les choses continuent à mal aller là, il pourrait y avoir un coup de foudre, et il sera bon d'avoir toutes ces pièces.

Pressez l'amiral Bruix de se rendre à Boulogne. Je vous renvoie les lettres des généraux Rochambeau et Latouche.

Je ne vois pas d'inconvénient à adopter l'état A, s'il est convenable, au conseil d'administration du 15 thermidor; mais je n'y vois rien porté pour l'achat des bâtiments que nous mettons en réquisition. Il me semble qu'on devrait mettre au moins 500,000 francs pour cet objet.

On a acheté un bâtiment à Bordeaux qui, d'après le rapport de l'ingénieur, est pourri et hors de service. C'est le commissaire de la marine qui en a fait l'acquisition, pour le compte de la République, pour 40 à 50,000 écus. Lorsque ce marché passera à votre approbation, refusez-le.

BONAPARTE.

Archives de l'Empire.

6971. — AU CITOYEN REGNIER,
GRAND JUGE, MINISTRE DE LA JUSTICE.

Namur, 15 thermidor an XI (3 août 1803).

Donnez ordre, Citoyen Ministre, de faire arrêter l'adjudant commandant Mentor, noir, qui se rouve à Saint-Valery-en-Caux; de faire saisir ses papiers et les hommes qui sont avec lui, et de le tenir sous bonne et sûre garde.

M. Latour-du-Pin a été à Lisbonne; on sait qu'il a des intelligences avec Coigny. Donnez des ordres pour qu'il soit arrêté à la frontière et ses papiers saisis.

BONAPARTE.

Archives de l'Empire.

6972. — AU CITOYEN TALLEYRAND,
MINISTRE DES RELATIONS EXTÉRIEURES.

Namur, 15 thermidor an XI (3 août 1803).

Soixante-huit Français, Citoyen Ministre, arrivés dans le port de Belem, ont été arrêtés par ordre du Gouvernement portugais, qui ne les a relâchés que plusieurs jours après. Faites passer une note à M. de Souza, pour vous plaindre de cette violation. Indépendamment de cela, un corsaire anglais s'est ravitaillé dans le Tage et y est resté huit jours.

BONAPARTE.

Je vais de Namur à Givet, Mézières, Sedan, Laon, Paris.

Archives des affaires étrangères.

6973. — AU GÉNÉRAL BERTHIER, MINISTRE DE LA GUERRE.

Namur, 15 thermidor an XI (3 août 1803).

Le rapports que je reçois, Citoyen Ministre, et tout ce que l'on me dit sur les côtes, me convainquent de la nécessité de prendre une mesure pour les garde-côtes. Présentez-moi donc un arrêté par lequel les communes qui fourniraient des garde-côtes seraient exemptes de la conscription, et pour que tous les conscrits de ces communes soient tenus de faire le service des côtes jusqu'à la concurrence nécessaire; autorisez aussi tous les conscrits des années VIII et antérieures, qui ne feraient partie d'aucun corps et qui appartiendraient à ces communes, à entrer dans les garde-côtes.

Je désirerais connaître le nombre de conscrits de l'an VIII et des années antérieures que chaque département doit encore fournir, afin d'en finir pour cette conscription. Plusieurs départements disent que cette nécessité de faire rejoindre ces conscrits rend errants beaucoup de citoyens, et rend impopulaire et difficile la conscription présente, à laquelle les citoyens s'accoutumeraient volontiers sans cet arriéré. Il me paraît donc nécessaire de finir la conscription des années VIII et antérieures; et, pour se mettre d'accord avec ce principe, il me paraîtrait qu'il suffirait d'ordonner que les conscrits des années VIII et antérieures, que les départements auraient encore à fournir, se présenteraient chez le maire de leur commune, qui formerait l'état des conscrits conforme à celui donné par les départements, et sur lequel il serait fourni seulement le dixième des conscrits de l'an VIII et des années antérieures que les départements auraient à fournir. Par ce moyen, on aurait encore 5 à 6,000 hommes, et on ferait tout ce qui peut rendre populaire la conscription. Ces deux choses doivent être faites avant d'appeler la nouvelle conscription de l'an XII et XIII.

Je n'ai pas assez présente la législation de la conscription pour pouvoir prendre cet arrêté. Faites-moi rédiger un projet sur ces bases.

Vous trouverez ci-joint une lettre du préfet maritime de Brest. Je crois que les troupes de la 13ᵉ division militaire sont mal distribuées. Donnez ordre que toute la 24ᵉ demi-brigade de ligne se rende à Brest, pour en renforcer la garnison et celle des environs. Il y aura alors dans le département du Finistère les 40ᵉ, 15ᵉ, 24ᵉ, 37ᵉ et 107ᵉ de ligne; dans aucun temps il n'y en a eu autant.

Donnez ordre que le 7ᵉ régiment de chasseurs se rende également à Brest. Il sera partagé sur les côtes du Finistère par compagnies et par escouades; chaque escouade commandée par un officier. On peut faire aussi du régiment une vingtaine de détachements qui peuvent être distribués sur les points les plus importants de la côte de ce département, et se trouver partout où il sera nécessaire pour protéger les convois contre les péniches ennemies, veiller sur la correspondance de l'intérieur avec l'extérieur, et, en cas d'événements, renforcer les batteries et donner tout le secours possible à la côte. Il faut simplement avoir soin que les chevaux soient bien nourris, et que chaque homme ait une bonne carabine et des cartouches.

Le 1er régiment de hussards sera destiné au même usage : deux escadrons pour le Morbihan et deux pour les Côtes-du-Nord. Le général de la division désignera les points les plus importants des côtes de chacun de ces départements. L'état-major du 7e régiment de chasseurs restera à Brest, et celui du 1er de hussards à Pontivy. Ayez soin de faire rédiger une instruction pour que les chefs d'escouade rendent compte au capitaine de tout ce qu'ils auront aperçu sur la côte et de tout ce qui peut intéresser le Gouvernement ; le capitaine en rendra compte au chef d'escadron ; celui-ci, au général commandant le département ; le général commandant le département, au général de la division, qui fera passer tous les jours ce rapport au ministre de la guerre. Les chefs d'escadron auront soin, dans leur tournée aux différents postes, de visiter les batteries des côtes, et de se mettre au fait de tout ce qui peut intéresser le Gouvernement.

Dans le rapport sur les cuirassiers que vous m'avez envoyé, vous dites que les 7e et 8e régiments de cuirassiers manquent seuls de cuirasses ; ayant passé en revue le 6e régiment, je l'ai trouvé sans cuirasses et sans casques.

Le général Saint-Cyr, au fond de la Calabre, n'aura aucun moyen pour habiller ses conscrits, si le général Dejean ne fait acheter dans le royaume de Naples tout ce qui est nécessaire pour leur fournir au moins des culottes et des vestes ; ce pays étant chaud, des vestes suffiront. Il n'y a pas d'inconvénient à ne les habiller qu'à leur arrivée aux corps.

BONAPARTE.

Les conscrits pourraient partir de Breda par détachements de 500 hommes, et toujours conduits par un officier et un détachement de 15 hommes à cheval et de 25 hommes à pied des troupes qui sont à Deventer, qui les conduiraient ainsi jusqu'à la première ville de Hanovre. Chaque corps qui est à Hanovre pourrait envoyer quelques officiers et sous-officiers pour marcher chacun avec leur détachement.

Comm. par M. le prince de Wagram.
(En minute aux Arch. de l'Emp.)

6974. — DÉCISION.

Namur, 15 thermidor an XI (3 août 1803).

Le ministre directeur de l'administration de la guerre propose, vu l'insuffisance de la fabrication française, de faire acheter du drap pour la troupe dans les manufactures d'Allemagne.

Le Premier Consul ne peut adopter cette proposition. Les fabriques des départements de la Belgique et du Rhin ont augmenté considérablement les moyens de la Répubblique en ce genre. Cette circonstance devait être prise en considération dans le rapprochement que l'on a fait de l'état ancien à l'état actuel. Il en est de même d'une autre observation faite par le Premier Consul et relative à l'accroissement progressif de la prospérité de notre ancienne fabrique de draps.

Il faudrait donc, pour que le raisonnement fût concluant et qu'une détermination pût être prise en connaissance de cause, que la direction de l'habillement présentât un état complet des fabriques existantes dans toutes les parties de notre territoire, et de l'extension qu'elles peuvent donner à leur fabrication pour le service des armées. On jugerait, sur cet état, s'il est vrai que la quantité de leur produit est insuffisante.

Mais, dans ce cas, la direction devrait proposer les moyens propres à élever leur fabrication jusqu'à nos besoins; car, sous quelque prétexte que ce soit, le Gouvernement ne peut se décider à demander à l'étranger ce qu'il doit obtenir de l'industrie nationale excitée et bien dirigée.

BONAPARTE.

Archives de l'Empire.

6975. — DÉCISION.

Namur, 15 thermidor an XI (3 août 1803).

Le ministre de la marine demande au Premier Consul ses ordres pour transférer la famille de Toussaint Louverture du port de Bayonne dans un lieu moins voisin de la frontière et de la mer.

Sera transférée et mise en surveillance à Agen.

BONAPARTE.

Archives de la marine.

6976. — AU CONSUL CAMBACÉRÈS.

Namur, 16 thermidor an XI (4 août 1803).

Je reçois, Citoyen Consul, votre lettre du 14. Le ministre du trésor public n'est pas encore arrivé.

J'arriverai à Saint-Cloud au moment où l'on m'attendra le moins, peut-être de nuit. Je recevrai le lendemain les autorités. Je n'en suis pas moins sensible à l'empressement du Tribunat.

BONAPARTE.

Mortier m'envoie à l'instant même un manuscrit en latin de Leibniz, adressé à Louis XIV, pour lui proposer la conquête de l'Égypte. Cet ouvrage est très-curieux.

Comm. par M. le duc de Cambacérès.

6977. — AU CITOYEN RIOUFFE, PRÉSIDENT DU TRIBUNAT.

Namur, 16 thermidor an XI (4 août 1803).

J'arriverai probablement de nuit à Saint-Cloud. Je n'en apprécie pas moins la démarche du Tribunat. J'aurais regardé comme extrêmement agréable pour moi d'entrer à Paris au milieu des grandes autorités. Je vous prie de recevoir particulièrement mes remercîments pour les sentiments contenus dans votre lettre.

BONAPARTE.

Archives de l'Empire.

6978. — AU CITOYEN TALLEYRAND, MINISTRE DES RELATIONS EXTÉRIEURES.

Namur, 16 thermidor an XI (4 août 1803).

Je reçois votre courrier, Citoyen Ministre ; je vous renvoie toutes vos dépêches.

Je désire que vous remettiez une note forte à M. de Souza, pour vous plaindre du commandant portugais qui a retenu les soixante-huit Français plusieurs jours sans leur donner de vivres, et a ajouté à leur malheur celui de les mettre en prison, et pour lui faire connaître qu'en écrivant aux ministres de la République il prenne un style plus conforme à la décence ; que l'on arme en Portugal ; qu'il y a de l'impudence à dire que le général Lannes n'a pas été attaqué ; que je ne puis voir, dans toutes les menées et dans les mauvais traitements faits aux agents de la République, que la haine de M. d'Almeida et autres ministres ; que je suis instruit que le Portugal a donné 200,000 francs à des chouans et autres rebelles ; que j'attends une prompte satisfaction pour ce brigandage ; que j'approuve la conduite du ministre de France dans cette circonstance ; que, si le Portugal ne fait pas une sévère punition du commandant qui a osé retenir les soixante-huit Français en captivité, je serai obligé de considérer le ministère portugais comme gouverné, non par le prince, mais par l'influence anglaise ; que je demande l'arrestation de Coigny et de tous les hommes qui fomentent le brigandage en France.

BONAPARTE.

Archives des affaires étrangères.
(En minute aux Arch. de l'Emp.)

6979. — AU PRINCE RÉGENT DE PORTUGAL.

Namur, 16 thermidor an XI (4 août 1803).

Je n'ai cessé de faire connaître à Votre Altesse Royale l'intention où je suis de vivre en bonne intelligence avec elle. Cependant, tant que M. d'Almeida, tout dévoué à l'Angleterre, sera en place, dans la position actuelle où l'Angleterre fait une guerre injuste à la France, je ne puis m'empêcher de faire sentir à Votre Altesse Royale qu'il m'est impossible de considérer le Portugal comme puissance neutre ou amie, s'il n'est gouverné par Votre Altesse Royale et non par des ministres tout à fait anglais, qui ne cessent de se porter aux plus grands abus contre le commerce français, et qui même aujourd'hui recommencent de nouveau et avec effronterie à se comporter de manière à attirer sur l'État de Votre Altesse Royale les plus grands des malheurs.

Le ministre de la République a été insulté deux fois de suite à Lisbonne, et sa sûreté y est journellement compromise, conduite qu'on cache à Votre Altesse Royale et dont je suis obligé de me ressentir.

Soixante-huit Français débarqués en Portugal, au lieu d'être accueillis comme devraient l'être des Français, ont été jetés en prison et traités avec la plus grande barbarie.

Votre Altesse Royale ne pense pas que je puisse rester spectateur indifférent de tant d'insultes réitérées. Si elle veut que je regarde le Portugal comme ami, elle chassera de son cabinet tous ces hommes dominés par l'influence anglaise et s'entourera de véritables Portugais, animés de l'esprit de neutralité ; elle fera un exemple sévère du commandant portugais qui a osé attenter à l'amitié qui unit les deux nations. Certes, le peuple français n'a jamais souffert d'insultes.

J'attendrai la réponse de Votre Altesse Royale ; j'espère qu'elle me convaincra que j'ai affaire au Gouvernement portugais, et non à des ministres dominés et asservis par le Gouvernement anglais.

BONAPARTE.

Archives de l'Empire.

6980. — AU GÉNÉRAL BERTHIER, MINISTRE DE LA GUERRE.

Namur, 16 thermidor an XI (4 août 1803).

La 75e demi-brigade, Citoyen Ministre, ne doit pas être détachée Elle ne peut pas surtout envoyer des hommes à la Fère, puisqu'elle se recrute dans le département de l'Oise, ce qui mettrait les conscrits beaucoup trop près de chez eux.

Un grand nombre d'anciens militaires se sont présentés pour rentrer dans leurs corps ; mais une lettre du ministre de la guerre s'oppose à leur bonne volonté. Il serait bien essentiel de revoir cette décision et d'écrire une circulaire par laquelle tous les anciens militaires ayant leur congé en règle, qui veulent rentrer dans leurs corps, fassent leur déclaration à leur municipalité, et qu'il leur soit sur-le-champ donné une feuille de route pour rejoindre les corps qu'ils ont désignés, sans s'informer si le corps est complet ou non.

Tous nos corps sont faibles ; il leur manque à tous au moins 2 à 300 hommes pour être à 2,000 hommes.

Vous ne m'avez pas encore fait connaître le résultat des demandes que vous avez faites aux préfets pour le complément de la garde.

Sur l'état de situation de l'armée de Hanovre, je vois qu'il n'y a que les 1re et 20e compagnies du 8e régiment d'artillerie, tandis que je trouve sur l'état de situation de l'artillerie les 1re, 2e, 5e, 6e, 18e et 20e compagnies. Si ces six compagnies sont en Hanovre, c'est assez ; mais, s'il n'y en avait que deux, ce ne serait pas suffisant. Je trouve également, sur l'état de situation de l'armée de Hanovre, une seule compagnie du 3e régiment d'artillerie à cheval, tandis que, sur l'état de situation de l'artillerie, je trouve les 1re, 2e, 3e et 4e compagnies à cheval. S'il y a quatre compagnies à cheval, elles suffisent ; mais, s'il n'y en a qu'une, ce n'est pas assez.

Sur le même état de situation, il est dit qu'il n'y a en Hanovre que 500 chevaux d'artillerie, ce qui ferait 400 de trait. Il est évident que ce nombre est insuffisant ; l'armée de Hanovre doit avoir au moins 2,000 chevaux d'artillerie. Comme je n'ai point la situation de l'artillerie de l'armée de Hanovre, je ne puis voir s'il y a assez de pièces d'artillerie attelées. Ce corps d'armée devrait être au moins de 60 à 80 pièces de campagne, avec double approvisionnement.

J'imagine que vous avez ordonné qu'il n'y ait dans cette armée qu'un seul bataillon de train, et que ses compagnies fussent dédoublées, afin de fournir le nombre d'hommes nécessaire.

L'état de situation de l'artillerie et du génie que j'ai est du 15 messidor ; je désire en avoir un autre du 15 thermidor.

Donnez des ordres pour la réunion des différents détachements des bataillons du train.

Par le plan que vous m'avez envoyé du Havre, il résulte que l'ennemi n'était qu'à 1,200 toises de la place. Comment est-il possible qu'à cette distance nos canons et nos bombes ne l'incommodassent pas, nos bombes et nos mortiers à la Gomer portant très-certainement à 13 et 1400 toises ? Je suis donc fondé à croire qu'il n'y avait que des mortiers à petite portée, qui ne vont qu'à 800 toises. Les batteries de côte, sur l'angle de 10 degrés, doivent tirer à 12 et 1300 toises ; et, si le directeur d'artillerie avait été un peu intelligent, il aurait placé quelques pièces sur affûts marins, lesquels, permettant de tirer sur l'angle de 25 degrés, auraient porté les mobiles à 1,800 toises. Voilà les détails qui devraient regarder le premier inspecteur, car il est affreux de penser que les Anglais peuvent bombarder une ville comme le Havre à 1,200 toises. Je vous ai écrit pour faire faire des affûts pour tirer sur l'angle de 43 à 45 degrés.

Faites-moi connaître les mesures que compte prendre le général Mortier pour faire passer en France les 40,000 fusils qu'il a, toute l'artillerie de bronze qui lui est inutile, et les autres munitions d'artillerie. Les cartouches de 22, de calibre, n'étant pas bonnes pour nos fusils, il faut les faire refondre.

Je n'approuve pas l'ordonnance que j'apprends que vous avez faite pour changer les uniformes. Je ne conçois pas que vous ayez ôté le panache et le baudrier aux généraux de brigade, ce dont ils ont le plus besoin ; que vous ayez donné un uniforme particulier au lieutenant général, qui n'est pas un grade; que vous ayez changé les couleurs des aides de camp. A quoi aboutit de changer tous les uniformes, si ce n'est à gêner des hommes qui avaient leur uniforme tout fait? Vous me disiez que c'était la réunion de tout ce qui existait; il me paraît, par ce que je vois, que vous avez tout changé.

Vous ne m'avez pas envoyé la lettre du général Saint-Cyr. Recommandez-lui de reprendre toutes les fortifications qu'occupait le général Soult, et de vous envoyer l'état de l'artillerie qu'il a trouvée à Tarente et dans les différents postes. Il doit armer l'île et les côtes de manière qu'une escadre française de dix vaisseaux de guerre puisse être protégée contre une escadre supérieure. Envoyez-moi l'état de situation de son corps, pour voir s'il a besoin de canons. Dans tous les cas, il doit exercer un bataillon de ligne à faire le service de canonniers.

Donnez ordre à trois escadrons du 10e de hussards, complétés sur le pied de paix, de se rendre à Bayonne, ainsi qu'à trois escadrons du 25e de chasseurs.

Donnez ordre au général qui doit commander l'artillerie de ce camp, et au général de cavalerie, de s'y rendre dans le plus court délai. Assurez-vous que toutes les mesures ont été prises pour que le nombre de canons demandés pour le camp de Bayonne soient attelés et prêts à partir au premier moment.

Donnez ordre au bataillon expéditionnaire piémontais, qui est à Montpellier, de se mettre en marche pour le camp de Bayonne. Je suppose qu'il est en état.

Pressez le plus possible la formation de la légion piémontaise, dont je n'entends plus parler. Vous savez que le bataillon qui est à Montpellier n'en fait pas partie; c'est un bataillon séparé.

Donnez ordre au 18e régiment de cavalerie de se rendre au camp de Bayonne;

A deux bataillons de la 105e demi-brigade, complétés sur le pied de paix, de se rendre au camp de Bayonne;

A la 3e légère, qui est à Béziers, de se rendre à Perpignan, d'où le général commandant la division la mettra en garnison dans les places frontières de l'Espagne, telles que Bellegarde, etc.

Recommandez à ce général de placer ces troupes sans affectation, et de se faire rendre compte de l'état des frontières d'Espagne, de l'état de leurs munitions de guerre et de bouche, et des ressources qu'on pourrait trouver pour y former rapidement une division d'artillerie.

Écrivez au général Mortier que les compagnies d'élite de cavalerie ne doivent jamais quitter le régiment, et qu'elles doivent marcher à leur tour avec leur régiment.

BONAPARTE.

Comm. par M. le prince de Wagram.

6981. — AU GÉNÉRAL MORTIER.

Namur, 16 thermidor an XI (4 août 1803).

Citoyen Lieutenant Général Mortier, commandant l'armée française en Hanovre, votre aide de camp m'a remis, avec votre lettre, le manuscrit de Leibniz [1], que je reçois avec un grand intérêt et que je ferai traduire.

J'approuve la dépense de 1,700,000 francs que vous avez faite en gratifications extraordinaires au moment de votre entrée en Hanovre; mais je vous recommande de porter la plus grande économie dans votre armée, qui, devant être composée de 30 à 35,000 hommes, doit être nourrie pendant longtemps par le pays.

Faites faire un inventaire des bois et domaines du roi d'Angleterre, sur lesquels, avec votre approbation, la régence peut faire emprunter ailleurs. Le roi d'Angleterre a tous les moyens de les dégrever, et, par ce moyen, votre armée serait abondamment pourvue.

Les conscrits de la réserve des années IX et X marchent à force pour renforcer vos corps. Il en part près de 400 pour chacune de vos demi-brigades, ce qui vous fera près de 6,000 hommes; armez-les et habillez-les.

Organisez votre artillerie et ayez 80 pièces de campagne attelées, car on ne sait jamais ce qui peut arriver. Tous ces résultats ne peuvent s'obtenir qu'avec économie.

Si vous étiez mécontent de quelques généraux, faites-le connaître: on les ôterait.

Quoique j'aie tout lieu de penser que votre armée ne se battra point sur le continent pendant cette guerre, et qu'une partie alors sera appelée pour la descente, il n'en est pas moins vrai qu'il faut se tenir prêt à tout. Je vous recommande surtout les 80 pièces d'artillerie attelées, car vous savez qu'un renfort d'hommes s'envoie plus vite qu'un train d'artillerie.

BONAPARTE.

Comm. par M. le duc de Trévise.
(En minute aux Arch. de l'Emp.)

[1] Pièce nº 6976.

6982. — AU CONSUL CAMBACÉRÈS.

Sedan, 20 thermidor an XI (8 août 1803).

Je suis resté un jour à Mézières, Citoyen Consul. Je suis arrivé ce matin à six heures à Sedan, et, sur les instances très-réitérées de la ville de Reims, je me décide à y passer. Les chaleurs sont toujours assez fortes. Je pense être à Saint-Cloud le 24 ou le 25. Je vous écrirai, au reste, plus positivement de Reims.

BONAPARTE.

Comm. par M. le duc de Cambacérès.
(En minute aux Arch. de l'Emp.)

6983. — AU CITOYEN REGNIER,

GRAND JUGE, MINISTRE DE LA JUSTICE.

Sedan, 20 thermidor an XI (8 août 1803).

Je vois, Citoyen Ministre, dans le rapport de police du 18, que les nommés Lachaise et Babin, officiers chouans, se font remarquer par leurs propos contre le Gouvernement. Faites vérifier ce fait. Mettez à leur suite deux officiers de police, de manière que, lorsque publiquement ils témoigneront des regrets, ou parleraient du comte de Lille, on les arrête comme gagés par les Anglais.

BONAPARTE.

Archives de l'Empire.

6984. — DÉCISION.

Sedan, 20 thermidor an XI (8 août 1803).

Rapport du ministre de la guerre sur de faux certificats de réforme délivrés à prix d'argent et sur les mesures à prendre pour prévenir ce délit.	Renvoyé au grand juge, pour faire demander au général Dejean des renseignements sur un objet aussi important, et prendre des mesures pour réprimer un crime dont le but est la désorganisation de l'armée.

BONAPARTE.

Archives de l'Empire.

6985. — AU CITOYEN TALLEYRAND,

MINISTRE DES RELATIONS EXTÉRIEURES.

Sedan, 20 thermidor an XI (8 août 1803).

J'ai reçu, Citoyen Ministre, vos lettres des 15 et 16 thermidor. J'ai lu avec intérêt les nouveaux détails sur l'insurrection d'Irlande.

Je ne crois point du tout au Portugal. Toutes les lettres que je reçois par tous les moyens m'instruisent de menées, de provocations, d'armements. Il est possible que les hommes sensés soient affligés de ce qui se passe; mais le prince régent s'attirera de grands malheurs, parce qu'il est dominé par des ministres soutenus par la faction et l'esprit anglais.

Prévenez le général Brune[1] que les Anglais font débarquer des armes sur différents points de la Morée par des bâtiments portant pavillon français et commandés par des capitaines parlant français; que c'est une ruse pour indisposer la Porte contre nous. Je ne crois pas qu'il faille répondre à la lettre de M. de Markof sur l'État libre et indépendant de la République des Sept-Iles, où le gouverneur Moncenigo fait et défait des constitutions et gouverne seul; cette conduite de la part du ministre russe est trop bête et trop impertinente.

Écrivez au ministre de la République à Rome qu'il est nécessaire que le Pape fasse armer ses forteresses de Cività-Vecchia et d'Ancône, pour que ses ports soient protégés contre les pirateries des Anglais.

Écrivez au général Ney que la diète ne doit pas passer le temps prescrit par l'acte de médiation.

La réclamation de M. de Lucchesini, relative aux quatre bâtiments prussiens, ne demande point de réponse; il est trop ridicule que, dans les ports de France, le Gouvernement ne puisse se conduire comme il l'entend.

BONAPARTE.

Archives des affaires étrangères.
(En minute aux Arch. de l'Emp.)

6986. — AU CITOYEN MELZI.

Sedan, 20 thermidor an XI (8 août 1803).

Citoyen Melzi, Vice-Président de la République italienne, j'ai reçu votre lettre. Dès le moment que la légion italienne sera en état de marcher, je la ferai passer en France dans une petite garnison. Il est nécessaire qu'il n'y ait dans cette légion aucun déserteur autrichien, mais qu'elle soit toute composée d'Italiens de tous les points de l'Italie.

Faites-moi connaître l'état des officiers qui la commandent, de l'habillement, de l'armement et du nombre d'hommes de cette légion.

L'état de situation de cette légion que m'envoie le ministre de la guerre, en date du . . . juillet 1803, n'est que de 224 hommes. Il

[1] Ambassadeur à Constantinople.

faudrait la faire compléter sur le pied de guerre, et alors l'envoyer en France; car, s'il n'y a que des officiers, que voulez-vous que j'en fasse?

Je désire que vous formiez le plus tôt possible la garde du président. Il y aura tout cet hiver des camps de manœuvres, et je désire beaucoup qu'elle s'y trouve. Il faudrait peut-être faire quelques corps pareils à ceux que j'avais formés avant Campo-Formio, afin que cette jeunesse prenne là l'orgueil et le goût militaires.

Je ne pense pas qu'il soit convenable que vous ayez des aides de camp; cela vous met trop sur une ligne militaire; et, comme les généraux de la République, et, à plus forte raison, les généraux français, ont la confiance qu'ils sont meilleurs que vous pour ce métier, cela est contraire à la dignité du Gouvernement. Cependant il vous faut des colonels et des officiers; mais, au lieu de les appeler aides de camp, ce qui suppose un service personnel sur le champ de bataille, appelez-les adjudants du palais.

Je ne vois pas d'inconvénient à ce que les Suédois s'en aillent. Il n'y a rien à craindre du roi de Suède, qui, pour avoir fait quelques algarades, parce qu'il est jeune et d'âge et de caractère, voulait au contraire me venir trouver à Mayence, si j'y eusse été.

Je n'aime pas que vous disiez que les troupes françaises sont insuffisantes en Italie, dans le même temps que vous dites n'avoir rien à craindre des Autrichiens : les troupes que vous avez et la gendarmerie suffiraient pour maintenir l'ordre, si quelque révolte se manifestait; il n'y a rien à craindre; en s'alarmant à tort, on fait bien du mal à la chose. Il y a, en Italie, dix fois plus de monde qu'il n'en faut pour la police du pays.

BONAPARTE.

Archives de l'Empire.

6987. — AU GÉNÉRAL BERTHIER, MINISTRE DE LA GUERRE.

Sedan, 20 thermidor an XI (8 août 1803).

Je ne conçois pas, Citoyen Ministre, pourquoi vous avez donné une autorisation au nègre Mentor de parcourir les côtes de Normandie.

Je vous ai fait plusieurs fois demander les raisons qui avaient empêché le général Campredon d'arriver à sa destination.

J'avais oublié de vous parler des invalides de Louvain. J'ai été très-mécontent de leur habillement; ils sont couverts de lambeaux. Un grand nombre d'individus ayant un bras et une jambe de moins attendent, depuis plus d'un an, le grade de lieutenant auquel ils ont droit; le ministère de la guerre n'a pas répondu. Veuillez vous faire rendre compte de ces affaires et les expédier de suite. Du reste, la nourriture m'a paru assez bonne et le local bien distribué par le génie. Je joins la note qui m'a été remise par le général commandant pour s'excuser de ce que les invalides avaient de si mauvais habits.

Ne serait-il point convenable d'envoyer à Alexandrie un sous-directeur d'artillerie?

J'ai vu en grand détail les manufactures d'armes de Liége et Charleville. Celle de Charleville fournirait, cette année, 50,000 armes, si elle avait des canons; elle a assez de platines et de montures. Celle de Liége, qui ne fournit, cette année, que 14,000 armes, en aurait fourni davantage, si elle avait eu assez de platines et de montures. Le directeur de la manufacture de Charleville a demandé qu'on lui vendît sept à huit cents arpents de bois nationaux, qui le mettraient à même d'établir de nouvelles usines. Écrivez au ministre des finances pour que ces bois lui soient vendus sur-le-champ. Faites connaître à ce directeur qu'il s'est engagé à fournir 50,000 fusils cette année, et que j'entends qu'il les fournisse, et que, comme la sécheresse et les grandes chaleurs ont empêché de fournir les canons nécessaires, il achète 10,000 canons à Liége, afin qu'il puisse remplir son engagement. Quant à la manufacture de Liége, j'ai longtemps discuté les différents intérêts; cette manufacture, qui ne fournit que 12 à 14,000 armes, devrait en fournir 40,000.

La 12e demi-brigade de ligne a reçu un bataillon de la 11e de ligne; cette demi-brigade a eu ses papiers pris à Liége, de manière que l'ancienneté de service des hommes ne peut être constatée. Il faudrait une ordonnance ministérielle sur les matricules des hommes incorporés. J'ai vu un grand nombre de vieux et bons soldats qui étaient singulièrement peinés de ce que, par un défaut de formes, tant d'années et de blessures ne leur étaient pas comptées. Cette demi-brigade a reçu dernièrement un bataillon de la 86e. Ce bataillon est arriéré de plusieurs mois de solde. Comme le reste se trouve en ce moment payé de son arriéré, activez le plus qu'il vous sera possible le complément de ce bataillon de la 86e, afin qu'il soit payé. Cette demi-brigade doit faire partie du camp de Saint-Omer. Vous sentez combien il est nécessaire que je ne sois pas rebattu, toutes les fois que je la verrai, de ses justes réclamations.

J'ai lu votre rapport du 6 thermidor. Mon intention n'est pas de rien ôter à la 17e de ligne; ce serait appauvrir cette demi-brigade sans ajouter à la 109e. Il sera nécessaire de ne rien donner à cette demi-brigade sur les conscriptions des années XI et XII; et certainement, dans l'espace de deux ans, l'excédant qu'elle a sera fondu, soit par quelques désertions, soit par mort; et, pour être en règle, il n'y a qu'à porter cette demi-brigade au nombre de celles dont le complet doit être de 200 hommes par bataillon, au lieu de 100.

Le ministre du trésor public me fait connaître que vous serez en mesure pour fructidor, parce qu'une partie du matériel sera imputée sur la solde. Préparez-moi un rapport sur cet objet. Tous les préparatifs extraordinaires que vous commencez à solder pour les camps de l'Océan peuvent être soldés pour l'an XII, puisque ce n'est qu'à dater du 1er vendémiaire de cette année qu'ils doivent servir. Ceci n'est qu'une idée pour vous ménager des fonds sans déranger votre budget, si vous en avez besoin.

BONAPARTE.

Comm. par M. le prince de Wagram.
(En minute aux Arch. de l'Emp.)

6988. — DÉCISION.

Sedan, 20 thermidor an XI (8 août 1803).

Proposition d'accorder une gratification au capitaine Dandalle, de la 7e demi-brigade, pour sa conduite exemplaire et les soins qu'il donne à l'école d'écriture.

Il ne paraît pas convenable de donner une gratification à un capitaine pour des motifs de cette nature.

BONAPARTE.

Archives de l'Empire.

6989. — DÉCISION.

Sedan, 20 thermidor an XI (8 août 1803).

Le ministre de la guerre propose d'ordonner la levée du séquestre apposé sur des munitions de la guerre et des pièces d'artillerie qui se trouvent dans le pays de Vaud.

Mon intention est que les scellés ne soient levés sur les armes que lorsque la diète aura fini ses séances et que le reste des Français aura évacué le pays.

BONAPARTE.

Dépôt de la guerre.

6990. — DÉCISION.

Sedan, 20 thermidor an XI (8 août 1803).

Le général Murat transmet une lettre du général Olivier, qui rend compte de l'arrestation, à Lucques, d'un officier autrichien soupçonné d'embauchage.

Si cet individu est soupçonné d'avoir des intelligences avec les ennemis de l'État, il faut le faire juger selon la rigueur des lois; s'il n'est soupçonné d'avoir des correspondances qu'avec les Autrichiens, il faut le renvoyer sans faire de bruit.

BONAPARTE.

Dépôt de la guerre.

6991. — AU CITOYEN PORTALIS, CONSEILLER D'ÉTAT, CHARGÉ DE TOUTES LES AFFAIRES CONCERNANT LES CULTES.

Sedan, 20 thermidor an XI (8 août 1803).

Citoyen Portalis, le cardinal de Franckenberg peut très-bien aller à Rome. Le Pape peut lui réitérer l'invitation de partir. Il peut passer par l'Allemagne, où il ne verra point de troupes.

L'évêque de Namur est très-mauvais ; il n'a pas l'esprit de son état ; il vit avec des filles, etc. Il faudrait lui insinuer de donner sa démission. C'est le seul moyen de rétablir la paix dans son diocèse. On lui conservera son traitement.

BONAPARTE.

Archives de l'Empire.

6992. — AU GÉNÉRAL MURAT.

Sedan, 20 thermidor an XI (8 août 1803).

Citoyen Général Murat, la Toscane n'est pas chargée en proportion de la guerre que nous soutenons. C'est une charge pour la France dont il est juste que la Toscane paye une partie.

Le général Campredon ne s'est rendu à l'île d'Elbe que deux mois après en avoir reçu l'ordre. Ce n'est pas ainsi que l'on sert. Il a besoin de réparer cette extrême négligence.

BONAPARTE.

Archives de l'Empire.

6993. — AU CONTRE-AMIRAL DECRÈS, MINISTRE DE LA MARINE ET DES COLONIES.

Sedan, 20 thermidor an XI (8 août 1803).

J'ai lu avec un grand intérêt, Citoyen Ministre, les détails relatifs aux constructions de Gênes. Passez sur-le-champ un marché pour mettre en construction deux vaisseaux de 74, deux bonnes frégates de 18, quatre bricks et quatre grosses flûtes. Nous y aurons l'avantage d'occuper les ouvriers de la Rivière de Gênes, qui doivent en avoir grand besoin, et d'avoir des constructions qui nous seront d'une grande utilité.

BONAPARTE.

Archives de l'Empire.

6994. — AU CONTRE-AMIRAL DECRÈS.

Sedan, 20 thermidor an XI (8 août 1803).

Les affaires d'Irlande, Citoyen Ministre, font sentir l'importance d'avoir des conférences particulières avec les chefs des Irlandais-Unis, qui sont à Paris. Vous pouvez leur dire qu'on leur offrira 25,000 hommes, 40,000 fusils et toute l'artillerie et les munitions nécessaires; que le Gouvernement s'engage à ne pas faire la paix avec l'Angleterre que l'indépendance de l'Irlande ne soit constatée; pourvu, toutefois, que 20,000 Irlandais-Unis, au moins, se joignent à l'armée française dans les premiers jours de son débarquement en Irlande.

Dépêchez-vous de me donner des nouvelles du *Duquesne*, du *Duguay-Trouin*, de *la Créole*, de *la Guerrière*, de *la Poursuivante*. Nous allons recevoir là un bon renfort.

BONAPARTE.

Archives de l'Empire.

6995. — AU CONSUL CAMBACÉRÈS.

Sedan, 21 thermidor an XI (9 août 1803).

Je pars dans une heure pour Reims, Citoyen Consul. Je suis très-content des manufactures de cette ville; je le suis beaucoup de son esprit.

Toutes les nouvelles que je reçois de tous côtés m'apprennent que nos bâtiments rentrent à force dans les ports d'Espagne, et même du Nord.

La chaleur est toujours ici très-forte.

BONAPARTE.

Comm. par M. le duc de Cambacérès.
(En minute aux Arch. de l'Emp.)

6996. — ARRÊTÉ.

Sedan, 21 thermidor an XI (9 août 1803).

Le Gouvernement de la République, sur le rapport du ministre de l'intérieur,

Considérant que la famille Des Rousseau a contribué à établir et perfectionner la fabrique de Sedan; que le nom de cette famille est encore en grand crédit dans le commerce; que le chef de cette maison, maire de la ville, a péri dans la révolution; que sa fortune a été ruinée par suite des mêmes événements; qu'il n'y a plus que deux métiers des quatre-vingts à cent dont se composait la fabrique de cette maison,

Arrête :

Article 1er. — Il sera donné, sur le fonds des encouragements des manufactures, une somme de 60,000 francs à la veuve Des Rousseau, pour être employée à rétablir sa fabrique.

Art. 2. — Les ministres de l'intérieur et des finances sont chargés de l'exécution du présent arrêté.

Bonaparte.

Archives de l'Empire.

6997. — ARRÊTÉ.

Sedan, 21 thermidor an XI (9 août 1803).

Article Ier. — Il sera construit un pont en pierre sur la Meuse, à Givet, au point qui sera déterminé par les ingénieurs du génie militaire et des ponts et chaussées, de manière que la navigation ne soit pas gênée.

Art. 2. — Ce pont sera terminé en quatre ans, à compter de l'an XI; et, à cet effet, il sera fourni, sur les fonds extraordinaires de l'an XI, une somme de 40,000 francs pour les travaux de la première année.

Art. 3. — La porte de la ville de Charleville, dite *de France*, sera démolie aux frais de la commune. Les matériaux lui en sont concédés, et le conseil municipal avisera aux moyens d'assurer la clôture de la ville par une grille.

Art. 4. — Les fronts de la citadelle de Mézières, du côté de la ville, seront démolis.

Il sera ouvert un canal de communication et de navigation entre la haute et la basse Meuse, à Mézières.

A cet effet, il sera soumis au Gouvernement trois projets d'exécution :

Le premier, suivant lequel la communication aurait lieu par les fossés extérieurs de la citadelle ;

Le second, sur l'emplacement des fronts de la citadelle démolis ;

Le troisième, par les fossés du front Saint-Julien.

Les ingénieurs militaires se concerteront avec ceux des ponts et chaussées pour arrêter et présenter ces projets et devis.

Art. 5. — Il sera fait un devis estimatif des frais de la démolition des fronts intérieurs de la citadelle, ainsi que de la valeur des matériaux et de celle du terrain qui pourra être concédé pour bâtir.

Art. 6. — Le bastion n° 7, la courtine et la porte situés dans l'intérieur de la ville de Sedan, seront démolis aux frais et à la diligence de la commune. La vente des matériaux et celle du sol serviront à payer les frais de démolition. Le surplus sera employé à acheter des rentes sur l'État, au profit des hospices de la ville.

Art. 7. — Les moulins situés dans l'intérieur de la ville de Sedan, et appartenant à la nation, seront vendus suivant les formes voulues par les lois.

Le canal de Torcy, communiquant à la haute et à la basse Meuse, sera achevé dans le courant de l'an XII. Il sera assigné 40,000 francs sur les fonds de l'an XI pour cet objet, et pour les travaux à faire dans le mois de fructidor prochain.

Art. 8. — Les ministres de l'intérieur, des finances et de la guerre sont chargés, chacun en ce qui le concerne, de l'exécution du présent arrêté.

Bonaparte.

Archives de l'Empire.

6998. — AU CITOYEN LACUÉE,

PRÉSIDENT DE LA SECTION DE LA GUERRE AU CONSEIL D'ÉTAT.

Sedan, 21 thermidor an XI (9 août 1803).

Citoyen Lacuée, votre projet de répartition de la conscription est sujet à beaucoup d'observations. Aujourd'hui que les revues sont faites, il faudrait établir chaque corps au pied de paix. Tous ceux que j'ai vus ont besoin de 3 à 400 hommes. J'ai trouvé dans la nomenclature beaucoup de fautes. Vous portez, par exemple, la 23e de ligne à trois bataillons, tandis qu'elle n'en a que deux. Depuis un mois que je fais, presque tous les matins, le métier d'inspecteur, il me paraît impossible d'avoir plus longtemps des demi-brigades à deux bataillons, et, pour ne point rompre de demi-brigades, je préfère en réunir deux en une. Par ce moyen, il n'y aura dans les masses ni dans l'administration aucun embarras. Chaque demi-brigade aura un colonel en second et un major. Changez le nom de demi-brigade en régiment. Établissez un major, et ôtez le nom de chef de brigade pour mettre celui de colonel. Nous aurons, par ce moyen, seize demi-brigades de ligne à quatre bataillons, et trois demi-brigades légères. Nous en aurons, indépendamment, une de ligne et une légère à quatre bataillons, mais dont l'un sera aux Indes. Ce changement ne comporte point de délai et doit être fait pour l'an XII.

Chaque demi-brigade a 40 à 50 hommes ouvriers, autant de musique, toujours autant aux bagages, ce qui finit par réduire un régiment de deux bataillons à rien. Ils n'offrent d'ailleurs aucun jeu pour se compléter, et je répugne beaucoup à prendre un bataillon dans une demi-brigade et un dans une autre. D'ailleurs, j'estime plus utile d'avoir des demi-brigades de quatre bataillons ; on maintient la régularité en n'en envoyant que trois à la guerre, et en mettant l'autre dans les places les plus importantes. Je vous envoie une note dictée de mémoire, qui peut être fautive. J'ai cherché à réunir les demi-brigades qui sont dans la même division, afin que l'arrêté se trouve exécuté sans délai.

Le tableau de la conscription doit se ressentir de ce changement ; le travail en deviendra, je crois, plus facile. Les 21e, 36e et 77e sont ordinairement portées à trois bataillons ; mais elles ont des détachements si forts aux colonies, qu'elles peuvent être considérées comme ne formant que deux bataillons.

J'estime, avant tout, qu'il faut avoir le tableau des revues ; le ministre doit avoir toutes celles de la dernière inspection. Il faut opérer en conséquence de la revue des corps et de ce que vous leur avez donné pour la réserve, pour arriver à leur complet.

Vous avez donné, pour le Hanovre, à peu près 500 hommes de la réserve par demi-brigade, c'est suffisant. D'abord, il faut les habiller ; ensuite, 2,000 hommes des dépôts coloniaux ont augmenté l'effectif des corps ; enfin, je n'ai point, pour cette année, de raison d'être alarmé, et je ne veux point alarmer l'Allemagne.

Ainsi, sans rapporter la mesure qui doit compléter ces bataillons à 900 hommes, il faut se compléter d'hommes donnés par la réserve. Nous verrons dans trois mois ce qu'il y aura à faire. La même chose pour Naples. Moyennant cela, vous devez ne pas leur donner 100 hommes de plus par bataillon. Si vous n'en avez pas assez, laissez plutôt en arrière les demi-brigades à quatre bataillons.

L'essentiel est d'être au complet de paix ; tous les corps que j'ai vus en sont très-loin. Il faut aussi compléter toute la cavalerie au pied de paix. Il faudra prendre en considération un arrêté que j'ai pris pour porter trois bataillons d'artillerie sur le pied de guerre.

Quoique je compte être sous peu de jours à Paris, j'ai voulu vous envoyer ces notes qui me sont venues à l'idée, afin qu'à Paris je vous trouve tout préparé pour mettre en vigueur la conscription.

L'arrêté que vous prendrez pour les vingt demi-brigades sera le même que celui qui établira l'état de l'armée pour l'an XII, et qui doit servir à la formation du budget.

BONAPARTE.

Archives de l'Empire.

6999. — AU CONSUL CAMBACÉRÈS.

Reims, 22 thermidor an XI (10 août 1803).

Je suis arrivé à Reims, Citoyen Consul, à quatre heures du matin. Je pense y passer la journée. Je suis satisfait de l'esprit que j'ai trouvé par toute la Champagne.

Je vous prie de faire demander à tous les ministres l'état des ordonnances de floréal, prairial et messidor, au compte de leurs ministères, qui n'auraient pas encore été payées soit à Paris, soit dans les départements, et cela dans le plus grand détail, afin qu'au premier travail qui aura lieu après mon arrivée on puisse évaluer de combien la trésorerie se trouve en retard.

BONAPARTE.

Archives de l'Empire.

7000. — AU CITOYEN BARBÉ-MARBOIS,

MINISTRE DU TRÉSOR PUBLIC.

Reims, 22 thermidor an XI (10 août 1803).

Citoyen Ministre, le trésor public commence à mal marcher. Je reçois des plaintes que les ordonnances ne sont pas payées ; et certainement, si une ordonnance n'est payée que quatre-vingts jours après qu'elle a été délivrée, il n'y a plus de finances ni de services dans l'État. Cela a lieu depuis plusieurs mois par le système qui a été pris par les receveurs généraux. Quand on renvoyait les bons à vue, on était payé sur-le-champ. S'il y a des complaisances pour les receveurs à la trésorerie, et si les ordonnances ne sont pas payées, nous retombons dans le plus affreux chaos, et toutes nos opérations manqueront.

Je vous envoie un rapport du génie de Boulogne ; je ne puis que vous en témoigner mon mécontentement. Prenez des mesures pour que ces abus disparaissent promptement. Il a été convenu de tout temps que l'ordonnance a dû être payée dans les vingt jours qu'elle a été délivrée à Paris. Ce doit être la faute ou de la trésorerie ou du payeur de la division. On a été obligé de ralentir les travaux, de renvoyer les voitures ; cela rendra le prix des travaux dix fois plus cher. Préparez-moi un rapport détaillé à mon arrivée à Paris, pour que je sache à quoi m'en tenir sur la manière dont se fait le service et sur les mesures à prendre pour le réorganiser, car il a fléchi depuis plusieurs mois.

BONAPARTE.

Archives de l'Empire.

7001. — AU GÉNÉRAL BERTHIER, MINISTRE DE LA GUERRE.

Reims, 22 thermidor an XI (10 août 1803).

Plusieurs corps, Citoyen Ministre, que j'ai vus sur mon passage, se sont plaints d'une circulaire qui portait que, plusieurs corps étant complets, les soldats qui s'offraient pour servir devaient se présenter devant leurs municipalités et attendre la destination que leur donnerait le ministre; ce qui dégoûtait ceux qui voulaient avoir la certitude de rentrer dans tel ou tel corps.

Je crois qu'il faut envoyer à Hanovre des détachements de tous les corps de cavalerie de la République. Vous pouvez en excepter seulement ceux qui sont en Italie et au camp de Bayonne, comme se trouvant trop éloignés.

J'ai accordé aux troupes de la 16e division militaire quinze jours de gratification ; à celles que j'ai vues dans la 24e division militaire, un mois de gratification; et aux 12e, 14e et 111e de ligne, aux 6e, 25e et 26e légères, aux 4e, 6e, 7e de cavalerie, au 21e de dragons et au 27e de chasseurs, quinze jours de gratification.

Donnez, je vous prie, des ordres pour que le général commandant la 1re division militaire n'envoie aucun détachement pour mon escorte; cela écrase la cavalerie sans aucun résultat.

BONAPARTE.

Comm. par M. le prince de Wagram.
(En minute aux Arch. de l'Emp.)

7002. — AU CONTRE-AMIRAL DECRÈS, MINISTRE DE LA MARINE ET DES COLONIES.

Saint-Cloud, 23 thermidor an XI (11 août 1803).

1° Je désire que vous fassiez faire, avec le moins de frais possible, le compte des dogres, heus, spricks, bélandres de la Belgique, que mon intention est de réunir sur l'Escaut.

On pourrait prendre des renseignements sur le nombre que la Batavie pourrait en procurer.

2° Il faudrait s'assurer quel est le nombre de corvettes de pêche de Dunkerque et autres bateaux du même genre qu'on pourrait réunir dans ce port.

3° Quel est le nombre de chaloupes canonnières, de bateaux canonniers, de petits bateaux de pêche et de cutters, qu'on pourrait se procurer pour réunir à Boulogne?

4° Quel est le nombre de bateaux destinés à la pêche de Granville,

Saint-Malo et autres ports de la Manche, qu'on pourrait réunir à Cherbourg ?

5° Quel est le nombre de bâtiments qu'on pourrait se procurer à Brest, capables de naviguer avec nos vaisseaux ?

6° Quel est le nombre de bâtiments qu'on pourrait se procurer à Bordeaux pour Rochefort, et capables de naviguer avec nos vaisseaux ?

BONAPARTE.

Archives de la marine.

7003. — AU CITOYEN CHAPTAL, MINISTRE DE L'INTÉRIEUR.

Saint-Cloud, 25 thermidor an XI (13 août 1803).

Je vous prie, Citoyen Ministre, de donner ordre que les bâtiments suivants, *la Marguerite-Christine, l'Amphion,* chargés en fers, planches et goudron, qui sont sous le séquestre dans le port du Havre, ainsi que *la Fortuna,* chargée de fil de laiton et de planches, qui est à Rouen, soient libres et puissent vendre leurs marchandises, l'arrêté du 1er messidor ne pouvant avoir lieu pour des marchandises du Nord dont nos ports ont besoin, et d'ailleurs évidemment suédoises; n'entendant déroger, pour ces bâtiments, qu'à l'arrêté du 1er messidor et non à aucune autre loi.

Faites connaître au ministre de Suède l'ordre que vous donnez.

BONAPARTE.

Archives de l'Empire.

7004. — AU CITOYEN TALLEYRAND, MINISTRE DES RELATIONS EXTÉRIEURES.

Saint-Cloud, 25 thermidor an XI (13 août 1803).

Je vous envoie, Citoyen Ministre, des décisions sur la capitulation suisse ; expédiez-les par un courrier au général Ney, car je désire que cela soit terminé promptement. Ces trois demi-brigades sont incomplètes, coûtent beaucoup d'argent, et ne nous servent à rien ; il faut donc en finir. Écrivez au général Ney qu'il est autorisé à conclure et à signer.

Toutes les nouvelles que je reçois d'Espagne me confirment la levée de milices et d'armées de terre. Je suis étonné que le général Beurnonville n'en dise rien. Comme il est convenable, pour un objet aussi important, de ne pas s'en rapporter à un seul homme, qui peut se tromper et qui, en méprisant les Espagnols, peut n'ajouter que très-peu d'importance à des choses auxquelles j'en attache beaucoup, écrivez aux citoyens Belleville [1], Le Roy [2], aux commissaires des relations extérieures à Santander, à la Corogne, etc., de vous faire connaître les mesures prises pour la levée des troupes espagnoles depuis six mois.

Écrivez également au général Beurnonville pour lui faire connaître ce que j'apprends ici, et que je désire être éclairci sur cet objet ; dites-lui de vous envoyer l'état de situation de l'armée espagnole.

BONAPARTE.

Archives des affaires étrangères.
(En minute aux Arch. de l'Emp.)

7005. — AU GÉNÉRAL BERTHIER, MINISTRE DE LA GUERRE.

Saint-Cloud, 25 thermidor an XI (13 août 1803).

Les troupes de Hanovre, Citoyen Ministre, celles qui sont dans le royaume de Naples, celles qui sont en Hollande, n'auront point de congés de semestre.

Les troupes qui sont en Bretagne, celles qui sont dans les différentes îles, celles qui composent le camp de Bayonne, celles qui sont à la disposition de la marine à Toulon, celles qui sont dans la 23e division militaire et celles désignées pour faire partie des camps, n'auront point de congés de semestre.

Je désire que vous me remettiez, au prochain travail, l'état des demi-brigades qui ne sont point comprises dans cette mesure, afin d'autoriser les semestres par demi-brigades, vu que quelques demi-brigades doivent encore faire partie de ces différentes expéditions.

Écrivez au général Rusca que le général Campredon est à l'île d'Elbe ; que c'est lui qui a ordonné l'ouvrage dont il est question ; que Porto-Ferrajo ne peut se défendre s'il se renferme dans ses murs ; qu'il faut des ouvrages avancés ; qu'il tienne un conseil de guerre composé du général Campredon et des officiers du génie, pour déterminer les ouvrages à faire hors de la place.

Par la lettre du citoyen Panetier, l'amiral Bruix paraît croire que c'est quatorze adjoints que vous devez lui fournir ; je ne sais si c'est une erreur de l'arrêté ou de votre lettre ; ce n'est point quatorze, mais quatre que porte l'arrêté.

Le général Marmont, commandant l'artillerie de l'armée, doit vous faire connaître les mesures qu'il a prises, soit pour les batteries volantes, soit pour les officiers d'artillerie commandant à Ostende et à Boulogne.

[1] Commissaire général des relations commerciales à Madrid.
[2] Commissaire général des relations commerciales à Cadix.

Donnez ordre au 6e régiment d'artillerie d'envoyer 30 hommes à Hanovre pour y recevoir 70 chevaux, afin de se compléter.

BONAPARTE.

Comm. par M. le prince de Wagram.
(En minute aux Arch. de l'Emp.)

7006. — DÉCISION.

Saint-Cloud, 25 thermidor an XI (13 août 1803).

Le ministre directeur de la guerre demande l'autorisation de faire payer une somme de 18,938 francs à différents corps stationnés dans la République italienne, pour indemnités de vivres pendant l'an X.

Ceci demande un grand examen : car enfin les fonds de la République italienne ont tout payé pour l'an X ; comment arrive-t-il que ces hommes viennent réclamer ?

BONAPARTE.

Archives de l'Empire.

7007. — AU CITOYEN TALLEYRAND,

MINISTRE DES RELATIONS EXTÉRIEURES.

Saint-Cloud, 26 thermidor an XI (14 août 1803).

Ce qu'il y a de plus important dans notre position actuelle avec l'Espagne n'est point l'affaire des subsides ; ce n'est point l'exécution du traité qui nous lie, mais c'est, 1° l'étrange conduite d'avoir laissé enlever deux bâtiments ancrés à Algésiras, et de ne pas même offrir d'en payer l'équivalent ; 2° c'est de voir quatre vaisseaux de guerre français arriver à la Corogne et de les laisser exposés aux attaques de l'ennemi, en les traitant avec tous les mauvais procédés qu'on peut avoir pour des Barbaresques ; 3° c'est l'impertinence avec laquelle on ose dire qu'on arme 100,000 hommes de milices, qui évidemment ne sont point pour faire la guerre aux flottes anglaises. Je désire que vous remettiez à M. d'Azara une note ainsi conçue :

« Le Premier Consul m'ordonne de faire connaître à Votre Excellence que la mesure des outrages qu'on se permet en Espagne contre la France depuis quatre mois est près d'arriver à son comble. Ce n'est pas ce que le Premier Consul avait le droit d'attendre de Sa Majesté Catholique. Il se plaît encore à croire qu'elle est étrangère à ces menées et à tous les outrages qu'on n'épargne pas au pavillon français. Mais cela tient sans doute aux calculs perfides d'hommes qui, insatiables d'or, ont vendu les intérêts de leur prince et de leur pays à l'Angleterre, où ils espèrent trouver un refuge contre l'abîme où ils veulent évidemment entraîner l'Espagne.

» Deux bâtiments de Marseille, richement chargés, venant de la Martinique, sont arrivés à portée de pistolet du fort d'Algésiras. Le gouverneur, qui avait été averti, a fait tirer un coup de canon à poudre et a laissé amariner les bâtiments français. Le Premier Consul demande que la valeur de ces bâtiments, estimés trois millions, soit versée à Marseille pour indemniser les propriétaires ; que l'officier qui commandait les batteries soit jugé par un conseil militaire, comme ayant laissé violer le territoire espagnol ; que le gouverneur de Cadix, qui s'est permis d'arrêter des Français et de vouloir les forcer à entrer dans une levée de milices évidemment dirigées contre leur patrie, et que les hommes ennemis de leur roi et de leur pays qui entendent armer contre la France, soient sur-le-champ destitués ; que les Français qui ont débarqué à Malaga par le mauvais temps et par les événements de la guerre soient traités, non comme s'ils étaient des Turcs, mais comme des soldats d'une nation amie de l'Espagne, et surtout d'une nation voisine qui a assez de force pour venger les outrages faits à ses drapeaux et à son sang ; que l'officier qui, à Algésiras, s'est conduit avec autant d'inhumanité que d'outrage envers les bâtiments français, soit destitué ; que l'escadre de quatre vaisseaux français qui a relâché à la Corogne depuis un mois, et, ce qui est sans exemple, à l'équipage de laquelle on n'a pas permis de descendre à terre pour faire la quarantaine et qu'on a contraint de rester encombré sur les vaisseaux, après les fatigues d'une traversée de soixante jours, sans lui permettre d'entrer dans le port et les bassins, mouillée au delà des jetées et exposée aux insultes des Anglais, puisse débarquer à terre et être mise en réparation ; car, si elle était insultée sous le feu de la Corogne, comme c'est peut-être le projet de quelques hommes voués à l'Angleterre, ce nouvel outrage qu'essuierait la France dans les ports espagnols serait vengé par la chute de la monarchie espagnole ; que les 100,000 hommes de milices qui ont été levés soient sur-le-champ contremandés ; que toutes les troupes qui ont été envoyées en Catalogne, dans la Navarre, dans la Biscaye, dans les Asturies, à Valladolid, à Burgos, depuis le 1er vendémiaire an XI, en soient sur-le-champ retirées et dirigées du côté de Gibraltar et de la Corogne ; enfin que l'armée espagnole ne soit pas remise sur le pied de guerre ; ce qui ne peut être évidemment que dans des intentions hostiles contre la France ; que la marine espagnole soit réorganisée, au lieu de souffrir que des hommes ennemis de l'Espagne, ignorant que sa puissance est fondée sur ses immenses colonies, détruisent sa marine et osent menacer et comprimer par ses armées de terre la nation française.

» Après que le Premier Consul aura satisfaction sur ces questions, il restera à voir à Sa Majesté :

» Si elle veut ou non soutenir le traité d'Amiens, qu'elle a signé et que l'Angleterre a violé ;

» Si elle veut faire la guerre à l'Angleterre, ou, dans le cas de neutralité, accorder à la France le subside demandé, et qui peut seul compenser le tort que fera à la France la neutralité de l'Espagne ;

» Ou si Sa Majesté, aveuglée par l'esprit de vertige qui s'est emparé de ses ministres, veut faire la guerre.

» Au reste, le Premier Consul me charge de vous faire connaître que la plus grande responsabilité qui ait pesé sur aucun ministre pèse sur vous par cette déclaration que je suis chargé de vous transmettre. Il est impossible que le roi ne s'aperçoive point qu'il est trahi, ou il a pris véritablement la résolution de se coaliser avec l'Angleterre contre la France. Dans l'un ou l'autre cas, l'intention ferme du Premier Consul est qu'avant le 20 fructidor cette question soit décidée, et qu'il sache à quoi s'en tenir. Il a laissé passer du temps, parce qu'il a vu les vaisseaux espagnols rentrer dans leurs ports ; cette complaisance a été prise pour de la faiblesse de la part des hommes qui dirigent le cabinet de Madrid ; mais le Premier Consul est décidé enfin à faire connaître que Dieu lui a remis l'autorité nécessaire pour faire respecter les traités, et qu'une nation voisine doit avoir pour le sang et le pavillon français les mêmes égards que la France a pour le sang et le pavillon espagnols. »

Je dirai ici dans deux jours un mot à M. d'Azara, pour accréditer cette note. Envoyez-la au général Beurnonville, pour qu'il la garde secrètement, et pour que, deux jours après que M. d'Azara l'aura envoyée à Madrid, il en remette une dans les mêmes termes. Déclarez-lui que je mets sous sa responsabilité personnelle s'il y a en Catalogne, dans la Biscaye, à Burgos et à Valladolid aucunes troupes, si toutes les levées ne sont pas congédiées, si l'on fait quelques approvisionnements dans les forteresses de Pampelune et de Fontarabie. Sous quelque prétexte que ce soit, mon intention est qu'il n'entre dans aucun pourparler qu'au préalable, 1° les vaisseaux français qui sont à la Corogne puissent débarquer à terre leur équipage et être mis en réparation ; 2° que toutes les troupes soient sur le même pied qu'elles étaient au 1er vendémiaire an X ; que toutes les levées de troupes soient contremandées ; enfin que Sa Majesté s'explique net que dans aucun cas elle ne fera la guerre à la France ; que le gouverneur de Cadix soit destitué, et l'officier d'artillerie d'Algésiras puni ; que je ne puis dissimuler que je fais marcher des troupes, et que 80,000 hommes entreront en Espagne avant le 15 vendémiaire. Il doit dire enfin positivement que l'Espagne ne doit pas tenir sur pied d'armée de terre autre que celle qu'elle avait il y a deux ans ; que je suis profondément outragé des 100,000 hommes dont il me menace et qui singent parfaitement avec la levée en masse des Anglais ; qu'il est évident qu'une armée de terre espagnole n'a d'autre but que de se coaliser contre la France ; que, du reste, j'entends qu'avant le 20 fructidor on ait remis dans mes mains les obligations des soixante et douze millions pour l'an XII, payables de mois en mois, et les vingt-quatre millions, échus depuis prairial, qui doivent être réalisés en argent avant le 20 fructidor ; je ne les recevrai pas en lettres de change, mais en piastres rendues à Bayonne ; ou bien que l'ambassadeur anglais soit chassé, l'embargo mis sur tous les bâtiments anglais ; les quinze ou vingt vaisseaux que l'Espagne peut fournir, armés ; le Portugal et Gibraltar attaqués de concert avec l'armée française ; qu'entre cette double alternative et faire la guerre à la France je n'en connais pas une quatrième ; que, si l'on continue à rassembler des recrues, à refuser des semestres et à mettre enfin l'armée en état d'agir, le général Beurnonville doit demander une entrevue au roi, lui donner cinq jours pour se décider, et se retirer à la campagne. Au bout de ce terme il préviendrait autant que possible nos commissaires des relations commerciales, et ferait prendre la mer à nos vaisseaux. Dans ce cas, dans la dernière décade de fructidor, 20,000 hommes entreront dans la Navarre, et 15,000 dans la Catalogne, qui seront soutenus par un nombre pareil.

BONAPARTE.

Archives des affaires étrangères.
(En minute aux Arch. de l'Emp.)

7008. — AU CITOYEN TALLEYRAND.

Paris, 28 thermidor an XI (16 août 1803).

M. d'Azara, Citoyen Ministre, m'a remis une note, qu'il avait faite parce qu'il désespérait de me parler. Je lui ai dit de vous adresser une note en conséquence des ordres de sa cour. Envoyez sur-le-champ un courrier au général Beurnonville, pour lui faire connaître que le bruit court que l'on veut envoyer ici le ministre que le prince de la Paix entretient à Rome ; que je ne veux point ici de ministre intrigant qui se mêle des affaires intérieures du pays ; que je vois d'ailleurs avec peine qu'on donne des désagréments à M. d'Azara, parce qu'on sait que je l'estime ; que la proposition que l'Espagne fera la guerre à l'Angleterre est acceptée ; que si l'on demande le jour auquel la rupture doit se faire : au 15 fructidor, le renvoi du ministre anglais et la mise de l'embargo sur tous les bâtiments anglais qui se trouvent dans les ports de l'Espagne doivent avoir lieu ; qu'immédiatement l'Espagne mettra sur pied deux armées, l'une destinée à attaquer Gibraltar, l'autre le Portugal ; que j'aurai deux corps d'armée, de 16,000 hommes chacun, qui agiront de concert avec les forces espagnoles ; que le nombre de troupes qui se mettent en marche pour Bayonne devient considérable, et que, quoiqu'on dise qu'elles sont dirigées contre le Portugal, on ne tardera pas à s'apercevoir qu'il y a trop de forces pour le Portugal ; que si donc on doit arriver à un arrangement, et que l'Espagne veuille conserver la neutralité en payant un subside, elle doit accorder ce que nous avons demandé, sans attendre l'arrivée d'une aussi grande quantité de troupes, dont la première moitié (25,000 hommes) sera arrivée au 1er fructidor ; comme il y a effectivement une aussi grande quantité de troupes, je serai intéressé à les arrêter dans leur marche, à moins qu'on ne veuille entrer en compensation et qu'il s'agisse de vouloir culbuter ce gouvernement ;

Que, quant au subside à payer, c'est toujours la même chose ; je n'entends point relâcher de six millions par mois et de vingt-quatre millions pour ce qui est échu ; si la somme qu'on proposerait était inférieure à cela, je préfère le parti de la guerre déclarée à l'Angleterre, parce que l'attaque de Gibraltar, que je veux faire, inquiétera beaucoup l'Angleterre et l'obligera à mettre une forte garnison dans cette place.

L'Angleterre a licencié les régiments suisses Dillon et Watteville, et l'Espagne a consenti à donner passage à ces régiments pour venir en France. De quel droit l'Espagne donne-t-elle passage pour la France à des régiments qui étaient licenciés par les Anglais ? Cela a été contre l'usage de tous les temps.

Les gazettes anglaises parlent d'une expédition contre la Corogne, pour y forcer les vaisseaux français. Faites sentir à ces gens-là que cette escadre ne prendra pas la mer qu'elle ne soit ravitaillée et doublée en cuivre ; sans cela elle restera perpétuellement dans leur port, parce que je ne veux point l'exposer à être prise par les Anglais ; qu'ils doivent activer les fournitures de tout ce qui lui est nécessaire, d'autant plus que j'ai envoyé 500,000 francs pour tout payer. Faites en sorte qu'elle puisse partir dans deux mois ; elle peut être prête dans un.

Il sera aussi nécessaire, dans le cas où les choses s'arrangeraient, que l'Espagne donne passage à un bataillon français pour renforcer la garnison des vaisseaux; qu'on le fera passer par 30 et 40 hommes, et à des distances éloignées.

La même chose pour *l'Aigle*, qui est à Cadix. Dès l'instant qu'il sera réparé, il a ordre de partir. Si l'Espagne continue à contrarier l'équipement et l'armement de nos vaisseaux, ils y resteront continuellement, ce qui sera un objet perpétuel de jalousie et de division qu'elle aura avec nous.

Enfin recommandez bien au général Beurnonville que, dans le courant de fructidor, il faut que j'arrive à l'une de ces trois choses: 1° que l'Espagne déclare la guerre à l'Angleterre; 2° ou qu'elle paye le subside spécifié dans les lettres précédentes; 3° ou la guerre déclarée par la France à l'Espagne; car cela ne peut plus durer.

Je vous envoie quatre lettres relatives à la Russie et aux préparatifs que l'on fait en Danemark et en Portugal.

BONAPARTE.

Archives des affaires étrangères.
(En minute aux Arch. de l'Emp.)

7009. — AU CONTRE-AMIRAL DECRÈS, MINISTRE DE LA MARINE ET DES COLONIES.

Paris, 28 thermidor an XI (16 août 1803).

Faites mettre sur le chantier de Paris seize caïques en construction, et quatre sur le chantier de Compiègne. Donnez ordre à Toulon qu'on en fasse construire vingt dans les petits ports voisins, et qu'on en expédie quatre pour la défense des côtes de l'île de Corse, et deux pour la défense des côtes de l'île d'Elbe. Les quatorze autres recevront une destination lorsqu'ils seront faits.

Il serait convenable que ces bâtiments fussent arrivés à leur destination avant brumaire.

Donnez ordre au préfet maritime à Rochefort de faire lancer *le Lyon* au 1er vendémiaire, pour la fête de la République, et *le Magnanime* avant le 10 fructidor.

Donnez ordre au préfet maritime de Lorient de faire lancer *le Suffren* dans le courant de la première quinzaine de fructidor, et *le*. . . . . .[1] au 1er vendémiaire, jour de la fête de la République.

Faites connaître au préfet maritime de Brest qu'il fasse lancer *le Vengeur* au 1er vendémiaire; qu'il faut qu'il s'arrange de manière à avoir prêts, pour l'escadre, trois vaisseaux à trois ponts, y compris

[1] En blanc sur la minute.

le Vengeur, et, au lieu de seize vaisseaux portés dans l'état, vingt vaisseaux prêts à mettre à la voile au 1er frimaire. Ces vaisseaux porteront 12,000 hommes pour l'expédition d'Irlande. Faites-moi connaître le nombre de frégates et de gros transports nécessaires pour porter jusqu'à concurrence de 20,000 hommes.

Il faudra voir les moyens qu'on pourrait avoir à Rochefort pour embarquer 10,000 hommes. Il y aura six vaisseaux de guerre qui pourront porter 4,000 hommes. Il y aura sept ou huit frégates qui pourront en porter 2,000 ; ce qui ferait 6,000 hommes. Il faudrait donc en chercher pour 4,000 hommes.

Il faudra s'assurer si les vaisseaux de Brest, et surtout de Toulon, sont armés de caronades, et si ces derniers seront prêts à partir dans le courant de brumaire. Il faudrait également connaître si, indépendamment des vingt vaisseaux qui doivent être prêts à Brest pour le 1er frimaire, propres à toute expédition, on ne pourrait pas en avoir quatre ou cinq armés de toutes leurs batteries et propres seulement à l'expédition d'Irlande.

BONAPARTE.

Archives de l'Empire.

7010. — AU GÉNÉRAL DEJEAN,

MINISTRE DIRECTEUR DE L'ADMINISTRATION DE LA GUERRE.

Saint-Cloud, 28 thermidor an XI (16 août 1803).

Faites connaître, Citoyen Ministre, au commissaire ordonnateur Michaux que mon intention est que l'ordre de la comptabilité soit rigoureusement maintenu, et que l'indépendance des receveurs et payeurs soit respectée. L'argent ne doit être reçu et donné que par eux, et l'ordonnateur n'a le droit d'avoir aucune caisse particulière.

Je désire que vous fassiez donner des bonnets de grenadiers aux grenadiers de la 111e demi-brigade.

BONAPARTE.

Dépôt de la guerre.

7011. — DÉCISION.

Saint-Cloud, 29 thermidor an XI (17 août 1803).

Proposition d'accorder une indemnité de 200 francs au citoyen Marie, préposé des douanes, blessé dans une action avec les Anglais.

Accordé. Faire vérifier par les commandants militaires des lieux que cette blessure a eu lieu dans un combat contre les Anglais, et étrangère aux affaires de contrebande, afin qu'on puisse lui donner un fusil d'honneur.

BONAPARTE.

Archives de l'Empire.

7012. — OBSERVATIONS

SUR UN TRAITÉ FAIT AVEC LES RECEVEURS GÉNÉRAUX POUR LE SERVICE DU TRÉSOR PUBLIC PENDANT L'AN XII.

Saint-Cloud, 29 thermidor an XI (17 août 1803).

ART. 7. — Dans le cas où l'agence, pour faciliter ses opérations, aurait besoin d'obligations d'une échéance plus rapprochée que celles indiquées dans l'article 5, elle pourra demander au trésor public jusqu'à concurrence de la moitié des échéances desdites obligations, pour chacune des échéances de l'an XII qu'elle indiquera, à la charge de verser, à titre de dépôt, une somme d'autres obligations équivalentes, et son engagement d'en réaliser le montant à Paris, le jour de l'échéance. Si la moitié de quelque échéance ne s'élevait pas à la somme de 8 millions, la différence pour compléter cette somme pourra être réclamée par l'agence, à la charge que ce complément lui sera précompté dans les mois suivants.

Article 7. — On voudrait, au lieu de *à charge d'en réaliser le montant à Paris au jour de son échéance,* « à charge de réaliser, » dans le point de la République » indiqué par le ministre du trésor » public, au jour de l'échéance ; » ou bien « à charge d'en réaliser » le montant, soit à Paris, soit » dans le lieu où était payable » l'obligation qu'ils ont reçue ».

ART. 9. — Si le Gouvernement jugeait convenable, dans le cours de l'an XII, d'assigner au service des mois qui pourront l'exiger une plus forte somme que celle déterminée par l'article 4, et qu'il voulût faire une négociation extraordinaire des obligations foncières, personnelles et mobilières, les versements de l'agence seront faits dans les proportions qui lui seront indiquées, et les obligations qui lui seront remises pour la couvrir de cet excédant seront négociées au taux et d'après les conditions réglées par l'article 6 du présent traité.

Si néanmoins l'agence ne pouvait, à ces termes, se charger d'une opération extraordinaire, et sur son refus, le ministre du trésor public pourra faire faire ladite négociation par qui il avisera, aux conditions qu'il trouvera les plus

Article 9. — Cet article contient une condition trop onéreuse au Gouvernement, celle de ne pouvoir s'aider d'aucune de ses ressources et d'être soumis, pour cet objet, à l'arbitraire de l'agence. On pourrait faire plusieurs propositions pour y remédier :

La première, que l'agence serait obligée d'escompter, aux mêmes conditions, une somme d'obligations échéantes dans le trimestre, sans que cela puisse monter à plus de 20 ou 30 millions dans l'année ;

La seconde, qu'indépendamment des 87 millions que l'agence

avantageuses, à la charge que lesdites obligations négociées ne pourront être mises en circulation avant le mois de leur échéance. Il est convenu aussi que l'article 7 continuera à recevoir sa pleine et entière exécution. Dans tous les cas, la préférence sera donnée à l'agence pour lesdites négociations, lorsque les conditions de l'offre qu'elle aura faite ne seront pas couvertes par une offre plus avantageuse faite par tous autres particuliers ou associations.

escompte, elle serait tenue, si le trésor public le demandait, à escompter, aux mêmes conditions, jusqu'à une concurrence proportionnelle des bons à vue qu'il recevrait. Ainsi, si on leur laisse les bons à vue provenant des décimes pour franc des coupes de bois, des bons à vue de la vente des domaines nationaux, des bons à vue provenant de la taxe d'entretien des routes, des bons à vue des rachats de rente, toutes ces natures de bons à vue, que l'on évalue à 40 ou 50 millions, offrent un avantage, même en partant de l'esprit de l'article 9 du traité, qui fait paraître juste de demander que l'agence s'engage à négocier, suivant la même marche, jusqu'à la concurrence de 25 ou 30 millions. On pourrait, par exemple, déterminer un million ou 1,500,000 fr. par chaque million de bons à vue rentrant à la caisse pour ces objets.

Art. 10. — Les obligations et traites sur les portes et fenêtres et sur les patentes, et les obligations affectées sur le recouvrement des sommes imposées pour les frais de l'armement contre l'Angleterre, dont le Gouvernement autoriserait la négociation pendant le cours de l'an XII, seront escomptées par l'agence aux conditions et de la manière prévue par l'article précédent, en ce qui regarde l'escompte et la préférence à l'agence, sauf la clause y énoncée.

Article 10. — Cet article n'est pas clair. Il y a un sens qui paraît tout à fait inadmissible, c'est celui en l'article 9, que les traites pour patentes et les obligations affectées sur le recouvrement des sommes imposées pour les frais de l'armement de guerre contre l'Angleterre ne peuvent être négociées que moyennant dépôt. En effet, si tel avait été le sens de l'article 10, on n'aurait pas fait un article séparé, puisque, par ce sens donné à l'article, il se trouve subir la même condition que les obligations, et l'on ne verrait pas pourquoi on n'y aurait pas compris les coupes de bois et les autres effets, montant à 100 millions, dont la mauvaise gestion et la mise sur la place influeraient. D'ailleurs, les articles 9 et 10, en ce sens, donnent à l'agence une tutelle inconvenante et inutile. Le Gouvernement a essentiellement intérêt à soutenir le crédit, et des conditions de défense de négocier avec d'autres que l'agence sont bonnes si, comme il a été pratiqué avec les banquiers, l'agence s'engageait à négocier tous les effets : elle mériterait la préférence; autrement, c'est une clause contraire au bien du service de l'an XII ; car l'agence, sûre qu'on ne peut s'adresser qu'à elle, est maîtresse de faire les conditions.

Art. 11. — L'agence continuera à fournir au trésor public, pendant l'an XII, des rescriptions payables sur tous les points de la République, suivant le mode et conformément aux conditions stipulées par les articles 14 du traité du 30 thermidor an X et 6 du traité du 23 frimaire an XI. Ces rescriptions seront versées au trésor public dans les cinq jours qui suivront celui où la demande en aura été faite à l'agence.

Article 11. — Il faudra s'occuper, en l'an XII, d'un système plus naturel ; mais on peut, sans nuire à la lettre et à l'esprit de l'article 12, aider efficacement le service en prenant la détermination suivante :

On ferait deux tableaux des départements : le premier contenant tous ceux qui, dans l'an XI, ont absorbé plus de fonds que n'en produisent les bons à vue et les obligations du mois ; le second, les départements qui, dans l'an XI, ont produit plus de bons à vue qu'ils n'ont fait de dépense, sans compter les obligations qui, étant disponibles au trésor public, peuvent être négociées comme on l'entendrait.

Alors on aurait soin de ne jamais donner aux receveurs qui, en exécution de l'article 3, demandent des obligations pour le service des mois, des obligations du premier tableau, mais seulement du second; et, dès le moment que les bons à vue des départements du premier tableau arriveraient, on les présenterait de suite à l'agence, en lui demandant, non un mandat sur la banque à vingt jours, mais une rescription sur le payeur dont le département fait partie, et les bons à vue provenant des départements du deuxième tableau, ce qui ne doit pas être très-considérable. On aurait soin de demander, à mesure que les bons à vue arriveraient, tout de suite une rescription pour ce qui doit se consommer dans le département, et le surplus en mandats à vingt jours sur la banque, et le service se trouverait d'autant mieux fait que moins de bons à vue auraient été convertis en mandats sur la banque.

Le trésor public pourrait faire ce tableau sur l'an X. Il verra successivement les augmentations ou diminutions qui viendraient à résulter des encaissements qui peuvent avoir lieu dans le cours de l'an XII.

Art. 12. — Les articles 10, 11, 12 et 13 du traité du 30 thermidor an X et 7 du traité du 23 frimaire suivant, relatifs au recouvrement des bons à vue, continueront d'avoir leur exécution pen-

Article 12. — Cet article ne paraît pas assez clairement rédigé. S'il n'y est pas dit que l'agence et les receveurs seront obligés, jus-

dant l'an XII, sauf la clause ci-après : le trésor public, afin de favoriser les opérations des négociants dans plusieurs places de commerce, se réserve la faculté de prescrire à l'agence de faire arriver à l'agence, à Paris, les fonds des bons à vue en billets et lettres de change desdits négociants et des commerçants, jusqu'à concurrence de 4 millions par mois.

Archives de l'Empire.

qu'à la concurrence de 10 millions, de remettre des sommes au commerce dans les départements au pair et sans aucun escompte sous le prétexte du cours de Paris, on n'aurait rien fait. Les receveurs ont l'habitude de recevoir un demi et au moins un quart pour l'argent qu'ils donnent pour le papier sur Paris, qui est payé à vue.

BONAPARTE.

7013. — AU CITOYEN TALLEYRAND,

MINISTRE DES RELATIONS EXTÉRIEURES.

Saint-Cloud, 30 thermidor an XI (18 août 1803).

J'ai reçu votre lettre, Citoyen Ministre. Votre observation sur le bataillon suisse qui doit faire partie de la garde m'a paru assez juste; en contracter l'obligation, surtout, a quelque chose d'étrange. Écrivez au général Ney qu'on peut envoyer ce bataillon, mais qu'on n'a jamais entendu en faire un article de la capitulation, ce qui serait inconvenant, mais que cela sera exécuté.

Je vous envoie des lettres de Lisbonne.

J'ai dicté hier à Durand quelques notes sur les affaires d'Espagne. Il me tarde bien que ces affaires soient finies, soit pour avoir de l'argent, soit pour asseoir définitivement tous mes plans.

Le parlement britannique s'est ajourné au 6 octobre.

BONAPARTE.

La note sur l'Espagne m'a paru bien. Je l'ai fait remettre.

Archives des affaires étrangères.
(En minute aux Arch. de l'Emp.)

7014. — AU LANDAMMAN

ET AUX MEMBRES DE LA DIÈTE GÉNÉRALE DE LA SUISSE.

Saint-Cloud, 30 thermidor an XI (18 août 1803).

Citoyens Landamman et Membres de la diète générale de la Suisse, vous me rappelez l'un des plus heureux moments de ma vie, lorsque vous m'écrivez que l'acte de médiation vous a épargné la guerre civile.

C'est dans cette vue que j'avais déféré au vœu de la Suisse entière et que j'étais intervenu dans ses dissensions.

L'expérience a servi de guide pour la base de vos institutions actuelles : elle peut en servir pour la continuation des rapports qui subsistèrent constamment entre la France et votre pays. Ces rapports sont fondés sur des sentiments d'affection et d'estime dont j'aimerai toujours à donner des témoignages à votre nation.

BONAPARTE.

Comm. par la chancellerie fédérale suisse.
(En minute aux Arch. de l'Emp.)

7015. — AU GÉNÉRAL BERTHIER, MINISTRE DE LA GUERRE.

Saint-Cloud, 30 thermidor an XI (18 août 1803).

Je vous renvoie, Citoyen Ministre, les lettres du général Rusca. Recommandez à ce général de porter une attention particulière aux fortifications de la petite île de Palmajola, et d'y envoyer le général Campredon pour s'assurer s'il y a un gril à boulets rouges et le nombre de mortiers et de canons nécessaire; deux bons mortiers à grande portée y seraient fort utiles. Il est extrêmement important de ne point laisser occuper cette île par l'ennemi. Il faut en renforcer la garnison; le nombre d'hommes qu'on y tient n'est certainement pas suffisant.

Je ne conçois pas comment on déserte de l'île d'Elbe. Je ne conçois pas non plus comment il n'est pas arrivé plus de monde du continent; il en est parti davantage du dépôt de Marseille.

Écrivez au général Rusca pour savoir si l'on a pris des mesures pour exercer une portion de l'infanterie aux manœuvres du canon.

Donnez ordre que la pièce de 36 en fer qui est à la Fère soit envoyée au Havre; les deux qui sont à Lille et les sept qui sont à Metz, à Boulogne.

Je désire connaître quel est le nombre de pièces de 36 qui seraient disponibles à Cherbourg, où il y en a cent vingt-deux de portées dans vos états. Ces états portent vingt-sept pièces de fer de 36 à Saint-Omer, soixante et douze à Lille, trois à Metz; si ces pièces sont autres que celles formant les batteries qui sont sur les côtes, donnez ordre qu'on les dirige sur Boulogne. Il y en a deux désignées comme existant à Bruxelles : faites-les diriger sur Ostende; vingt-neuf à Bruges : si elles sont autres que celles des batteries qui sont sur les côtes, faites-les diriger sur Ostende. La même chose pour les pièces de fer de 18. Faites diriger sur le Havre celle qui est à la Fère; toutes celles de Saint-Omer, Lille, Metz, sur Boulogne; et celles de Bruxelles, de Bruges, sur Ostende.

Nous avons à Namur une mine de plomb qui appartient à la République. Je désire que vous vous concertiez à cette occasion avec le ministre de l'intérieur, mon intention étant de la faire exploiter par les officiers d'artillerie et d'en faire verser le produit dans nos arsenaux pour nos approvisionnements en plomb.

BONAPARTE.

Comm. par M. le prince de Wagr.
(En minute aux Arch. de l'Emp.)

7016. — AU GÉNÉRAL BERTHIER.

Saint-Cloud, 30 thermidor an XI (18 août 1803).

Je vous prie, Citoyen Ministre, de prendre les mesures convenables pour qu'il soit établi, avant le 15 fructidor, deux batteries au Havre, deux à Ostende et deux à Boulogne. Ces batteries seront composées, la première de trois pièces de 36, la seconde de trois pièces de 24. Les trois pièces de 36 seront approvisionnées à 200 boulets creux par pièce, celles de 24, à 200 boulets.

Ces batteries seront placées sur des affûts marins qui permettent de tirer sur l'angle de 45 degrés; ce qui les mettra à même de lancer leurs mobiles à plus de 2,000 toises. Elles ne seront point placées dans le point le plus important, parce que, leur tir étant très-incertain, il faut garder les batteries ordinaires pour les meilleures positions. Ainsi, à Boulogne, elles seront placées sur les points les plus importants après la tête du musoir.

A Ostende, elles seront placées dans les petites places d'armes derrière la digue.

Ces batteries seront exercées souvent; et vous recommanderez, lorsqu'il se présentera des bâtiments ennemis, de les laisser approcher à la distance ordinaire, et, lorsque le feu sera engagé à 12 ou 1300 toises, de faire tirer ces batteries, qui auront l'avantage d'incommoder de leur feu les bâtiments ennemis tout le temps qu'ils mettront à parcourir l'espace de 800 toises. L'importance de ces batteries, pour empêcher le bombardement, est telle, qu'il n'y a pas un moment à perdre pour les établir.

BONAPARTE.

Dépôt de la guerre.
(En minute aux Arch. de l'Emp.)

7017. — AU GÉNÉRAL BERTHIER.

Saint-Cloud, 30 thermidor an XI (18 août 1803).

J'apprends, Citoyen Ministre, que plusieurs conscrits de la réserve qui avaient été appelés pour le recrutement de l'artillerie, n'ayant pas la taille requise, ont été renvoyés chez eux, ce qui me paraît contraire à tout ordre. Donnez ordre aux différents régiments d'artillerie de vous envoyer l'état des hommes qui seraient renvoyés comme n'ayant pas la taille requise, et indiquez les corps où ces conscrits seront incorporés.

Des régiments de dragons ont reçu des hommes de deux pouces, qu'ils ne trouvent pas assez grands. Comme ces régiments ont été beaucoup augmentés, il serait très-difficile de les compléter avec des hommes de quatre pouces. Donnez-leur l'ordre de les recevoir à deux pouces, et de vous envoyer l'état des hommes au-dessous de cette taille, pour que vous les destiniez pour l'infanterie.

BONAPARTE.

Comm. par M. le prince de Wagram.
(En minute aux Arch. de l'Emp.)

7018. — AU CITOYEN CHAPTAL, MINISTRE DE L'INTÉRIEUR.

Saint-Cloud, 1er fructidor an XI (19 août 1803).

Vous êtes invité, Citoyen Ministre, à ordonner que l'on s'occupe sans délai du projet de communication à établir entre la ville de Reims et la rivière de l'Aisne. Le Premier Consul croit qu'il convient de charger de la rédaction des projets un ingénieur plus capable que ne paraît l'être celui du département.

Il y a à examiner si on pourra rendre la Vesle navigable, ou s'il faudra lui donner une nouvelle direction.

L'intention du Premier Consul est que le projet qui sera jugé praticable lui soit présenté au commencement du mois de brumaire prochain.

Par ordre du Premier Consul.

Archives de l'Empire.

7019. — AU CITOYEN CHAPTAL.

Saint-Cloud, 1er fructidor an XI (19 août 1803).

Le Premier Consul a été frappé, Citoyen Ministre, de la situation fâcheuse de la commune de Villers-Cotterets. Il désirerait qu'il fût possible de former quelque établissement qui rendît quelque existence à cette petite ville; il vous prie en conséquence de prendre des informations sur l'état de l'ancien château, et sur le parti que l'on pourrait en tirer.

Par ordre du Premier Consul.

Archives de l'Empire.

7020. — AU CONTRE-AMIRAL DECRÈS,

MINISTRE DE LA MARINE ET DES COLONIES.

Saint-Cloud, 1er fructidor an XI (19 août 1803).

Le Premier Consul désire, Citoyen Ministre, que vous recommandiez au commissaire de la marine à Calais la stricte exécution de l'arrêté du 1er messidor dernier, qui défend l'admission dans les ports de France de tout bâtiment venant d'Angleterre ou y ayant touché. Autant il importe d'user de rigueur envers eux, autant il convient d'accueillir avec toutes sortes d'égards les navires venant du Nord, et notamment ceux qui seraient chargés de planches, mâts, goudrons et de tous autres objets nécessaires à notre marine.

Par ordre du Premier Consul.

Archives de l'Empire.

7021. — AU CITOYEN REGNIER,

GRAND JUGE, MINISTRE DE LA JUSTICE.

Saint-Cloud, 3 fructidor an XI (21 août 1803).

Je désirerais, Citoyen Ministre, que vous fissiez faire un bulletin des personnes que voit le général Hittorf, du logement qu'il occupe, de la dépense qu'il fait, des lieux qu'il fréquente. Cela doit être fait avec la plus grande circonspection, parce que c'est un homme très-bienveillant pour la France, et que cette surveillance n'est point du tout commandée par la méfiance, mais par d'autres considérations.

BONAPARTE.

Archives de l'Empire.

7022. — AU GÉNÉRAL BERTHIER, MINISTRE DE LA GUERRE.

Saint-Cloud, 3 fructidor an XI (21 août 1803).

Donnez les ordres, Citoyen Ministre, au général commandant la 16e division militaire de réunir toute la 10e demi-brigade légère au Havre; ordonnez au chef de brigade de ce corps de compléter de suite ses deux premiers bataillons chacun à 750 hommes.

Le premier bataillon fournira une garnison, composée d'un officier et 25 hommes, à chacune des six chaloupes canonnières qui se trouvent dans le port, portant les numéros 5, 6, 7, 8, 9 et 10.

Chaque compagnie fournira une garnison à trois bâtiments.

Le second bataillon fournira une garnison aux sept bateaux canonniers numéros 98, 99, 100, 101, 102, 103, 104, chaque compagnie fournissant également à trois bateaux.

Les soldats s'exerceront à nager en se familiarisant avec l'usage des avirons. Les garnisons suivront la marche des bâtiments; elles devront servir le canon, et enfin rendre tous les services nécessaires pour la manœuvre du bateau. Ces dernières dispositions sont générales à tous les corps qui fourniront des garnisons sur la flottille.

Ordre au général commandant la 12e division de réunir à Nantes tous les détachements de la 24e d'infanterie légère.

Ordre au chef de brigade de former ses deux premiers bataillons chacun à 750 hommes. Aussitôt que le premier bataillon sera formé, il partira pour Granville, où il mettra garnison sur vingt-deux bateaux canonniers, depuis le numéro 105 jusques et compris le numéro 126, à raison de 25 hommes et un officier par bateau, chaque compagnie fournissant à trois bateaux, ce qui emploiera sept compagnies et une partie de la 8e. L'autre partie de cette compagnie et la 9e compagnie attendront à Granville, pour fournir les garnisons et partir avec les premiers bateaux ou chaloupes canonnières qui seront lancés à l'eau, à raison d'un officier et 25 hommes par bateau. Il sera donné de nouveaux ordres pour désigner le numéro des chaloupes où les détachements fourniront garnison.

Le second bataillon enverra cinq compagnies à Saint-Malo, lesquelles fourniront un officier et 25 hommes de garnison sur les treize bateaux canonniers qui se trouvent dans cette place. Ces treize bateaux ne sont pas encore prêts, et ils ne sont pas portés sur l'état du ministre de la marine. Il sera donné des ordres pour désigner les numéros des bateaux sur lesquels ce second bataillon fournira les garnisons; ce qui emploiera quatre compagnies et 25 hommes de la 5e.

Le restant de cette compagnie attendra pour mettre garnison d'un officier et 25 hommes sur les premiers bateaux ou chaloupes canonnières qui seront lancés à Saint-Malo; les numéros des bateaux seront désignés.

Les quatre autres compagnies partiront le 20 fructidor avec le chef de brigade, la musique, l'adjudant-major, le quartier-maître, le chirurgien et tous les hommes qui tiennent à l'état-major et qui sont nécessaires pour entrer en campagne, et enfin avec les capotes qui doivent avoir été confectionnées pour se rendre à Saint-Omer.

Le 3e bataillon restera à Nantes.

Ordre à la 46e demi-brigade, qui est à Dunkerque, de compléter ses deux premiers bataillons chacun à 750 hommes.

Le 1er bataillon mettra garnison d'un officier et 25 hommes sur chacun des bateaux canonniers composant la 1re division de la flottille, au nombre de 27, numérotés depuis le numéro 1 jusques et compris le numéro 27.

Chaque compagnie mettant garnison sur trois bateaux emploiera le bataillon entier.

Le 2e bataillon mettra garnison de même sur la 2e division, depuis le numéro 28 jusques et compris le numéro 54.

Le 3e bataillon avec le dépôt se rendra à Lille pour y tenir garnison.

Le chef de brigade et l'état-major se rendront à Boulogne; ils partiront de Dunkerque deux jours après les bateaux, et après qu'ils se seront assurés que les bateaux ne seront plus dans une position à pouvoir rentrer.

Si les bateaux étaient obligés de relâcher à Gravelines, à Calais, le chef de brigade s'y rendra.

Ordre aux deux bataillons de la 36e demi-brigade de ligne, qui est à Mons, de se compléter chaque bataillon à 750 hommes, officiers compris, et de se rendre à Dunkerque.

Le 1er bataillon fournira la garnison sur la 3e division de bateaux canonniers, depuis le numéro 55 jusques et compris le numéro 81; un officier et 25 hommes par bateau ou chaloupe.

Le 2e bataillon fournira les garnisons du même nombre d'hommes sur les quinze bateaux restants, depuis le numéro 82 jusques et compris le numéro 97, ce qui emploiera cinq compagnies.

Les quatre compagnies restant du 2e bataillon mettront un officier et 25 hommes de garnison sur les chaloupes canonnières qui se construisent à Dunkerque. Les chaloupes canonnières à Dunkerque ne sont pas achevées; les numéros des batteries seront provisoires. Envoyez-moi l'ordre d'embarquement des garnisons. Le restant des hommes avec l'état-major, la musique, resteront à Dunkerque, où ils attendront des ordres.

Le 3e bataillon et le dépôt resteront à Mons.

Ordre à la 75e demi-brigade de ligne de se rendre à Valenciennes; elle partira le 12 fructidor.

Ordre à la 26e demi-brigade d'infanterie légère de former ses deux premiers bataillons chacun à 750 hommes et de se rendre à Saint-Omer; elle partira le 15 fructidor; le 3e bataillon restera à Sedan.

Ordre à la 28e demi-brigade de ligne et à la 57e, qui sont à Boulogne, de former chacune leurs deux premiers bataillons à 750 hommes par bataillon, et d'envoyer leur 3e bataillon et leur dépôt à Lille.

Ordre à la 25e demi-brigade de ligne de compléter ses deux premiers bataillons chacun à 750 hommes et de se rendre à Dunkerque, où elle tiendra garnison; le 3e bataillon et le dépôt resteront à Maubeuge.

Ordre à la 55e demi-brigade de compléter ses deux premiers bataillons à 900 hommes et de se rendre à Boulogne, en partant vingt-quatre heures après la réception de l'ordre; et de faire partir le 3e bataillon et le dépôt pour Lille.

Ordre à la 2e demi-brigade d'infanterie légère, qui est à Mâcon, de se rendre à Rouen, où elle attendra de nouveaux ordres.

Ordre à la 28e demi-brigade de ligne de fournir un officier et 25 hommes pour tenir garnison sur chacune des quatre chaloupes canonnières qui sont à Boulogne, numéros 1, 2, 3 et 4.

Ordonner à la 57e demi-brigade de ligne de fournir un sous-officier et 12 hommes de garnison pour chacune des caïques qui sont à Boulogne.

Ordre à la 14e demi-brigade de ligne de former ses deux premiers bataillons, chaque bataillon à 750 hommes, et de se rendre à Boulogne; le 3e bataillon et le dépôt resteront à Maëstricht.

Ordre à la 51e demi-brigade, qui est à Ostende, de compléter ses deux premiers bataillons chacun à 750 hommes; envoyer le 3e bataillon et son dépôt à Courtray.

Ordre aux deux premiers bataillons de la 108e, qui sont à Anvers, de se compléter chacun à 750 hommes et de se rendre à Ostende; le 3e bataillon et le dépôt resteront dans la citadelle d'Anvers.

Ordre à la 111e de compléter ses deux premiers bataillons, chaque bataillon à 750 hommes, et de se rendre à Bruges; le 3e bataillon restera à Verdun.

Ordre à la 61e demi-brigade de former ses deux premiers bataillons, chaque bataillon à 750 hommes, et de se rendre à Bruges; le 3e bataillon et le dépôt resteront à Bruxelles.

Donnez l'ordre à la 33e demi-brigade de ligne de former chacun de ses deux premiers bataillons à 750 hommes et de se rendre à Dunkerque; le dépôt et le 3e bataillon resteront à Tournay.

Les ordres doivent être expédiés sur-le-champ pour les corps auxquels on a désigné des chaloupes pour en fournir les garnisons.

Les autres corps pour lesquels je n'ai pas désigné l'époque du départ se mettront en mouvement vers le 12 fructidor.

Vous recommanderez aux chefs de brigade d'entremêler les conscrits avec les anciens soldats, pourvu qu'ils soient habillés et à l'école de peloton.

Donnez l'ordre au général Victor de faire fournir par sa garnison de Flessingue un officier et 25 hommes pour chacun des trois bateaux canonniers qui sont à Flessingue, nommés *le Breskens*, *le Terneuse* et *le Durler*.

BONAPARTE.

Archives de l'Empire.

7023. — AU CONTRE-AMIRAL DECRÈS,

MINISTRE DE LA MARINE ET DES COLONIES.

Saint-Cloud, 3 fructidor an XI (21 août 1803).

Je vous renvoie, Citoyen Ministre, la lettre de l'amiral Bruix. Je lui écris directement par un courrier. Cette affaire me paraît extrêmement honteuse. Il n'y a pas d'énergie ni de service fait. Il est aussi malheureux qu'il n'y ait à Boulogne aucune augmentation de forces depuis trois mois, pas une péniche, pas une caïque, pas un bateau canonnier. Donnez donc l'ordre à tout ce que vous avez sur les côtes de s'y rendre. Les nuits commencent à devenir longues.

BONAPARTE.

Archives de l'Empire.

7024. — A L'AMIRAL BRUIX,

COMMANDANT LA FLOTTILLE DE BOULOGNE.

Saint-Cloud, 3 fructidor an XI (21 août 1803).

La différence remarquée dans la journée du . . . . [1] à l'avantage de l'ennemi, dans la portée des boulets, ne vient pas des qualités différentes de la poudre.

Nos affûts de côtes ne peuvent tirer le boulet que sous l'angle de 10 degrés, et nos affûts de place sous celui de 13 degrés. Les affûts marins tirent sous l'angle de 25 degrés. Les vaisseaux tirent sous l'angle de 25 degrés, leur canon étant monté sur l'affût marin, mais le roulis ajoute encore à l'avantage de leur tir.

Nos boulets, sur affûts de côtes, n'iront jamais au delà de 1,300 toises; sur affûts de siége, au delà de 1,400, et sur affûts marins, au delà de 1,600; tandis qu'une pièce, sur affût au plus grand angle possible, c'est-à-dire à 43 degrés, portera le mobile à 2,500 toises.

Ces observations ont déjà été données par le ministre de la guerre aux officiers d'artillerie chargés d'établir à Boulogne, à Dunkerque et au Havre, deux batteries de pièces de canon, l'une de trois pièces de 36, l'autre de trois pièces de 24.

Elles sont placées sur des affûts construits de manière à pouvoir tirer sous l'angle de 43 degrés. Les pièces de 36 lanceront des obus

[1] Journée du 27 thermidor an XI.

de 6 pouces, et celles de 24 des boulets à une distance aussi considérable que peuvent le faire des vaisseaux.

Cette façon de tirer avait été interdite, parce que, si l'on montait un grand nombre de pièces de la sorte, ce serait souvent de la poudre jetée en l'air; car il y a une grande différence entre tirer sur un vaisseau, qui est un point unique, et tirer sur une plage ou sur une ville. De plus, les canonniers ne manqueraient jamais de tirer sous l'angle de 43 degrés; la batterie se trouverait hors de service au cinquième ou sixième coup, c'est-à-dire dans le moment que le vaisseau s'approcherait et où le tir serait véritablement dangereux.

Si l'artillerie de terre tardait à faire construire ces affûts, l'amiral donnera ordre d'en construire deux; ils suffiraient pour éloigner les vaisseaux ennemis, qui verraient bientôt qu'ils s'exposent à recevoir plus de mal qu'ils n'en peuvent faire.

On a commandé à la fonderie de Douai douze mortiers dont la chambre pourra contenir 25 livres de poudre, et qui tireront à 2,000 toises. L'amiral Bruix peut écrire à Douai et en demander deux, qui doivent lui être envoyés sur-le-champ.

S'il n'y a pas à Boulogne des boulets creux pour des pièces de 36, l'amiral doit sans délai en demander au directeur du parc de Saint-Omer, qui doit en avoir beaucoup. Il convient d'observer que les deux nouvelles batteries ne doivent pas être établies sur le musoir de Boulogne, ce point étant trop important, et 20 ou 30 toises n'étant presque rien pour ce genre de batterie.

On peut, indépendamment des gargousses de 12 livres pour les pièces de 36, et de 8 livres pour les pièces de 24, faire faire de petites gargousses de 1 ou 2 livres, qui pourront servir à augmenter la charge des pièces dans les circonstances extraordinaires. Une augmentation de 2 livres de poudre fait gagner aux boulets une centaine de toises, mais elle fatigue et échauffe la pièce, de telle manière qu'il convient d'user sobrement de cette ressource.

Telle est, Citoyen Amiral, la réponse que le Premier Consul m'a ordonné de faire à l'un des ordres du jour de la flottille, que je lui ai communiqué et dans lequel vous attribuiez à la moindre qualité de vos poudres la différence de la portée des boulets des batteries avec celle des bâtiments ennemis.

Par ordre du Premier Consul.

Archives de la marine.

7025. — AU CONTRE-AMIRAL DECRÈS,

MINISTRE DE LA MARINE ET DES COLONIES.

Saint-Cloud, 4 fructidor an XI (22 août 1803).

Donnez l'ordre, Citoyen Ministre, que, parmi les bateaux canonniers qui doivent partir de Saint-Malo, Cherbourg et Granville, pour se rendre à Boulogne, on en équipe et arme deux comme pour l'expédition, conformément au tableau ci-joint.

Comme il ne se trouvera pas de chevaux là sous la main, vous donnerez ordre aux agents de la marine d'en acheter sept ou huit; et, arrivés à Boulogne, ces chevaux seront remis à l'artillerie. Donnez les mêmes ordres à Dunkerque pour plusieurs bateaux canonniers. Ensuite dressez procès-verbal du tout et de ce que l'on observera dans la traversée.

BONAPARTE.

Archives de l'Empire.

7026.

TABLEAU ANNEXÉ A LA PIÈCE PRÉCÉDENTE.

Un bateau canonnier est armé d'une pièce de 24, approvisionnée à 200 coups, et a un équipage.

Il porte quinze jours de vivres et dix jours d'eau, les fusils, pistolets, sabres et grappins d'abordage, lances nécessaires à l'équipage pour la défense du bâtiment;

Une pièce de canon de campagne sur son affût, avec un armement de 200 coups à tirer, contenu dans des caisses;

Deux caisses contenant ensemble 27 fusils;

Une caisse contenant 30 baïonnettes;

Des caisses contenant 27 outils de pionniers, emmanchés;

Des caisses contenant 12,000 cartouches et 1,500 pierres à feu;

Des caisses contenant 1,200 rations de biscuit;

Des barriques contenant 1,200 rations d'eau-de-vie;

Huit marmites et huit bidons;

25 soldats de garnison,
50 de passage,
3 officiers de régiment,
1 officier d'état-major,
1 domestique,
———
80 hommes.

Chaque soldat aura son sac, sa giberne, son bidon contenant une pinte de vin, 4 livres de pain accrochées à son sac, 30 cartouches et 3 pierres à feu dans sa giberne.

Chaque officier a un portemanteau du volume et du poids de quatre sacs de soldats au plus;

Deux chevaux d'artillerie avec leurs harnais;

Cinq jours d'avoine et cinq jours de son;

Cinq jours d'eau pour les chevaux;

Cinq jours d'eau pour tous les hommes de passage.

CHALOUPE CANONNIÈRE.

Une chaloupe canonnière porte trois ou quatre pièces de 24;

Deux ou trois caronades ou petites pièces;

Quinze jours de vivres et dix jours d'eau pour l'équipage;

Des caisses contenant 12,000 cartouches;

Des caisses contenant 1,200 pierres à feu;

Des caisses contenant 27 fusils;

30 baïonnettes;

27 outils de pionniers, emmanchés;

12,000 rations de biscuit;

2,400 rations d'eau-de-vie;

25 hommes de garnison,
25 hommes de passage,
3 officiers de régiment,
2 d'état-major,
1 domestique,
———
56 hommes;

Un cheval d'état-major avec sa selle;

Une caisse contenant cinq sabres de cavalerie.

Les hommes auront leur sac, pain, giberne, bidon, cartouches, comme dans le bateau canonnier.

Les officiers auront un portemanteau, comme dans le bateau canonnier.

Archives de l'Empire.

7027. — DÉCISION.

Saint-Cloud, 4 fructidor an XI (22 août 1803).

Le ministre de la marine rend compte que la fabrication des obusiers s'élève déjà à cent cinquante, et demande s'il ne conviendrait pas d'arrêter cette fabrication, dans le cas où le Premier

Le nombre de petits bâtiments est si considérable, que, quelque système qu'on adopte, on trouvera toujours les moyens d'employer

Consul serait dans l'intention d'armer les péniches de canons.

Archives de l'Empire.

quatre ou cinq cents obusiers. Il n'y a donc pas d'inconvénient à faire continuer la fabrication des trois cents ordonnés.

BONAPARTE.

7028. — A L'AMIRAL BRUIX.

Saint-Cloud, 4 fructidor an XI (22 août 1803).

Citoyen Amiral Bruix, j'ai reçu votre dernière lettre. Le ministre de la marine vous aura fait connaître le parti à prendre pour le musoir.

On me remet dans le moment votre lettre du 1er fructidor. Je n'ai vu qu'avec peine, et je n'ai point du tout trouvée justifiée par le défaut d'artillerie ou de moyens maritimes, l'entreprise que vous avez laissé faire aux Anglais contre notre fort. Après la première tentative faite par l'ennemi, et l'intérêt qu'il doit prendre à empêcher la construction de ce fort, il était facile de penser qu'il enverrait quelques péniches pour le désarmer et détruire les sonnettes, dès l'instant qu'elles ne seraient pas gardées, et ce n'était point les garder que d'y mettre une seule péniche en forme de corps de garde. Que font donc les sept caïques, et quel inconvénient peut-il y avoir à les tenir toujours dehors? Dans la haute mer, elles peuvent s'approcher autant qu'elles veulent des forts. Dans la basse mer, elles n'ont rien à craindre de se tenir à la laisse, et, en y joignant quelques canots, ce fort aurait été défendu. Quant à l'organisation de la place, vous avez tous les pouvoirs. Il y a à Boulogne trois bataillons de la 28e et trois de la 57e, et il n'y a pas encore eu une attaque assez importante pour que ces troupes ne soient pas suffisantes. Je vous recommande d'établir votre tente sur la tour d'Ordre, car il n'y aura rien à faire à Boulogne tant que vous resterez en ville. Dans des affaires de cette nature, il n'est pas extraordinaire que le chef soit obligé de tout faire. Du reste, le ministre de la guerre vous envoie de nouvelles troupes et des canonniers.

Profitez de la première circonstance pour faire venir les cent bateaux qui sont à Dunkerque.

Le jour, l'ennemi n'osera jamais attaquer les sonnettes; pour la nuit, le moyen de l'empêcher d'approcher est de faire sortir, tous les soirs, les forces que vous avez. Il vous est même facile de tendre un piége à l'ennemi, en ne lui laissant voir, le jour, que quelques caïques, et, du moment que la nuit sera arrivée, faisant sortir tout ce que vous avez, de manière que l'ennemi pourrait faire des dispositions pour attaquer les péniches ou bateaux qu'il aurait vus le jour, et ne s'attendrait pas à trouver des forces considérables qui pourraient lui faire beaucoup de mal. Si vous avez un capitaine ou un lieutenant de vaisseau intelligent, il peut se faire beaucoup d'honneur dans cette espèce de petite guerre. Mon intention est de faire travailler au fort; à quelque prix que ce soit, il doit être fait. Qu'on laisse au musoir et aux autres batteries mèche allumée toutes les nuits, et que nos forces maritimes passent toutes les nuits dehors.

Faites-moi connaître si toutes les batteries mobiles sont organisées, et si elles pourraient protéger les forces que nous avons à Dunkerque et qui doivent se rendre à Boulogne.

Faites-vous rendre compte de l'état de nos constructions de Dunkerque, Saint-Omer, Lille, etc., et faites activer celle des péniches, dont un certain nombre me paraît vous être fort nécessaire.

BONAPARTE.

Archives de l'Empire.

7029.

NOTE ANNEXÉE A LA PIÈCE PRÉCÉDENTE.

On doit, dès ce moment, penser à employer tous les moyens pour soutenir l'avant-garde de notre flottille, lorsqu'elle sera embossée en rade, et pour soutenir notre fort Rouge.

1° Nous avons des pièces de canon de 24 qui, étant légères, seront facilement transportées jusqu'à la laisse de basse mer par six chevaux. Quelques pièces ainsi éparpillées ne laisseraient pas que d'être d'un grand effet. On pourra se servir de forges portatives pour tirer à boulets rouges.

2° Il faudra se servir d'une douzaine de mortiers, que l'on placerait sur la laisse de basse mer, soit en y laissant constamment le crapaud, soit en y laissant annexés et le crapaud et le mortier, soit, si l'expérience prouve que tous ces moyens sont impossibles, en plaçant des mortiers sur des roulettes pour les transporter, et les retirant à chaque marée.

Or le fort Rouge ne peut être avantageusement attaqué qu'à basse mer, puisqu'alors il se découvre. On pourrait donc avoir trente à quarante pièces ainsi disséminées pour le défendre.

Une division de la flottille, qui serait sortie et ne pourrait rentrer qu'avec la marée, ne pourrait pas être attaquée à la marée haute, parce qu'elle aurait la faculté de se serrer contre les forts; elle ne peut donc être attaquée avec succès qu'à basse mer, soit par une flottille plus considérable, soit même par des frégates. La laisse de basse mer, ainsi garnie de pièces, se trouverait sérieusement protégée. L'amiral Bruix pourrait se concerter avec le citoyen Sganzin, pour savoir s'il ne serait pas possible d'établir dans les différents points et à la hauteur de la laisse de basse mer une espèce d'épaulement de cinq pieds de haut fait en bois, et qui mettrait les hommes à l'abri de la mitraille. Cela consisterait tout simplement en une rangée de fiches qui auraient six pouces d'épaisseur.

Archives de l'Empire.

7030. — A L'AMIRAL BRUIX.

Saint-Cloud, 4 fructidor an XI (22 août 1803).

Citoyen Amiral Bruix, je vous envoie la composition de la flottille, telle qu'elle me paraît devoir être définitivement arrêtée :

Douze divisions de chaloupes canonnières.

Chaque division composée de trois sections ou bataillons, chaque bataillon de trois escouades ou neuf chaloupes ou compagnies.

Ce qui ferait.	324 chaloupes canonnières.
Chaque chaloupe canonnière aurait une grande et une petite péniche.	
Ce qui ferait.	324 grandes péniches.
et.	324 petites péniches.
Seize divisions de bateaux canonniers.	
Chaque division sera composée de la même manière que celles des chaloupes canonnières.	
Ce qui ferait.	432 bateaux canonniers.
Chaque bateau canonnier aurait une péniche.	
Ce qui ferait.	432 péniches.
Quatre divisions de bateaux de pêche, armés en guerre chacun d'une pièce de 24.	
Ce qui ferait.	112 bateaux de pêche.
60 bateaux de grand échantillon.	60
Total général de la flottille de guerre.	2,008 bâtiments.

Il y aurait 5 ou 600 bateaux de pêche pour porter les non-combattants, les bagages et approvisionnements extraordinaires.

Tout nous porte à penser que ces bâtiments seront disponibles avant frimaire, car il y en a un plus grand nombre en construction, et toutes ces constructions sont à près de moitié.

La première question qui se présente est celle-ci : où placera-t-on tous ces bateaux ?

Ostende aurait deux divisions de chaloupes canonnières, quatre divisions de bateaux de pêche armés de pièces de 24, six divisions de bateaux canonniers ; le tout avec leurs péniches.

	Bâtiments de la flottille de guerre.
Ce qui ferait.	722
Ambleteuse aurait une division de chaloupes canonnières, une division de bateaux canonniers ; le tout avec leurs péniches.	
Ce qui ferait.	135
Étaples aurait deux divisions de bateaux canonniers avec leurs péniches.	
Ce qui ferait.	270
Total.	1,127

Il n'en resterait donc plus que 8 à 900 à placer à Boulogne.

Faites-moi connaître ce qu'il vous semble de cette distribution, qui n'est qu'en projet, et si Boulogne, Ostende, Ambleteuse et Étaples pourront facilement contenir ce nombre de bâtiments, en y ajoutant quelques parties des 5 à 600 bateaux de la flottille de transport.

Donnez ordre que, parmi les bâtiments canonniers qui doivent se rendre de Dunkerque à Boulogne, il y en ait deux ou trois parfaitement équipés, comme ils doivent l'être pour l'expédition, conformément à l'état ci-joint.

Je désire que vous étudiiez les vents et que vous établissiez la ligne que nous devons prendre devant Boulogne. Comme on ne parviendrait jamais à sortir dans une marée un aussi grand nombre de bâtiments, il faudra donc, comme l'a fait le général Latouche, les tenir en rade.

Faites tracer sur un plan l'espace que doivent occuper les chaloupes canonnières, les bateaux canonniers, péniches et convois. Nos bâtiments de grand échantillon seraient très-propres à fortifier cette ligne, ainsi que quelques bombardes. Cette ligne de défense serait parfaite si nous pouvions avoir le fort pour la construction duquel le citoyen Forfait presse. Il pense que les travaux du port seront terminés au 15 vendémiaire, et qu'on pourrait alors mettre une nouvelle activité au fort, qui peut être fini pour le mois de frimaire, et qui, une fois placé, n'aura rien à craindre des orages. Avant d'établir une chose qui paraît si extraordinaire, je désire que vous voyiez sur les lieux, avec le citoyen Sganzin, où l'on pourrait le placer, si vous croyez à la probabilité de ce projet.

Il est possible que les Anglais viennent attaquer notre flottille une fois en rade, et, s'ils sont battus, comme il y a deux ans, je ne doute pas que leur frayeur ne redouble et ne produise un grand effet dans le pays. Enfin je désire que vous me fassiez connaître l'époque où le port sera fini, ainsi que le fort Rouge, que les Anglais, j'espère, ne nous empêcheront pas de continuer à construire. Dès que le moment sera fixé pour placer la charpente, il faut que le citoyen Sganzin prenne des mesures telles, que le canon soit immédiatement placé.

Enfin il me reste à connaître ce que l'on fera au port après que les travaux arrêtés seront achevés, et si l'on pourra sur-le-champ travailler aux barrages et aux écluses de chasse.

Faites-moi connaître si les bois pour la construction du fort Rouge ont été martelés, et s'ils se coupent; et, s'ils ne le sont pas, ce qui s'y oppose. Pourrait-on encore trouver dans les bois, aux environs de Boulogne, de quoi construire le fort du citoyen Forfait?

BONAPARTE.

Archives de l'Empire.

7031. — AU CITOYEN BARBÉ-MARBOIS, MINISTRE DU TRÉSOR PUBLIC.

Saint-Cloud, 5 fructidor an XI (23 août 1803).

On négocie à la Bourse, Citoyen Ministre, des ordonnances de la trésorerie à deux pour cent de perte. Je vous prie de me faire un rapport sur cet objet.

BONAPARTE.

Archives des finances.

7032. — AU CITOYEN TALLEYRAND, MINISTRE DES RELATIONS EXTÉRIEURES.

Saint-Cloud, 5 fructidor an XI (23 août 1803).

Je pense qu'il est utile, Citoyen Ministre, que vous envoyiez à Laforest la dernière note de la Russie. Il peut la communiquer à M. de Haugwitz dans tous ses détails, et lui en faire sentir toute l'absurdité; lui déclarer que l'Angleterre n'obtiendra jamais de moi d'autre traité que celui d'Amiens; que je suis résolu à tout, mais que jamais je ne souffrirai qu'elle ait rien dans la Méditerranée; que je ne veux point traiter avec elle du continent; que je suis décidé à évacuer la Hollande et la Suisse; mais que je ne stipulerai jamais cette clause dans un article; la seule chose que je consentirai qui y paraisse, comme conforme au traité d'Amiens, sera l'évacuation d'Otrante, de Tarente et du Hanovre, mais en même temps que l'Angleterre évacuera Malte et la Méditerranée; que j'attribue à une extrême malhabileté de M. de Woronzof, ou à une grande folie de sa part, de proposer, avant que la médiation soit acceptée par l'Angleterre, les conditions de ladite médiation, c'est-à-dire le traité; que c'est un coup monté entre Markof et Woronzof pour mettre de la froideur entre les deux États; mais qu'après tout je n'y sais que faire; que j'ai toujours compté sur l'Empereur, mais non sur le cabinet; que j'ai demandé le rappel de M. de Markof; que je n'ai donné aucune suite aux propositions, mais que j'ai fait écrire à l'ambassadeur de la République que cette marche me paraît tellement folle que je n'y comprends rien. Il répétera les lieux communs de notre cause, que Lampedouse est la même chose que Malte pour nous, etc. Il ajoutera que la Russie parle beaucoup de l'intégrité de l'empire ottoman, tandis qu'elle la viole de tous côtés (du côté de la Perse, elle s'est emparée des villes vassales de la Turquie; elle garde les Sept-Iles; la Valachie est presque sous sa domination); que j'ai été seulement fâché pour l'Empereur que, dans les affaires de cette nature, il accordât tant de confiance à un cabinet dont il doit personnellement être si peu sûr.

Laforest pourra donner une copie des propositions de la Russie. Vous retrancherez seulement le dernier paragraphe du rescrit relatif à M. de Markof.

BONAPARTE.

Archives des affaires étrangères.
(En minute aux Arch. de l'Emp.)

7033. — AU CITOYEN TALLEYRAND.

Saint-Cloud, 5 fructidor an XI (23 août 1803).

Je vous renvoie les pièces, Citoyen Ministre, avec des observations et des notes sur lesquelles devrait être appuyée une note en réponse au cabinet russe. Vous devez affecter d'accueillir fort bien l'officier russe et le renvoyer à M. de Markof, si cela dépend de vous, avec deux simples mots évidemment froids, pour lui faire connaître que vous avez reçu ses deux notes et que vous les avez mises sous les yeux du Premier Consul. Là finira le rôle de M. de Markof; car il est ridicule que ce polisson, qui est aux eaux de Barréges, devienne le centre de toutes nos affaires.

Expédiez un courrier au général Hédouville, pour lui faire connaître combien cette note a paru extravagante; qu'avec les sujets de mécontentement qu'a le Premier Consul contre M. de Markof, qui sont connus de tous les Russes et que lui-même ne peut ignorer, il n'a pas cru devoir répondre sur des choses qui, toutes de confiance, se pervertissent en passant par les mains d'un ministre aussi malveillant; qu'en parlant à M. de Woronzof, il lui fera connaître qu'il n'y a aucune différence pour nous entre Lampedouse et Malte; que, si les Anglais doivent avoir Lampedouse, autant vaut-il leur laisser Malte; que l'arbitrage était simple, puisqu'il n'exigeait aucun préliminaire, et qu'après avoir écouté les deux parties l'Empereur aurait prononcé, dans sa conscience et dans sa justice; qu'une fois l'arbitrage manqué, la médiation proposée ne peut conduire à rien; qu'on s'invectiverait pendant deux ans sans être d'accord sur les principes sur lesquels on doit traiter.

Quels doivent être les principes de la médiation? Les points contenus dans l'ultimatum de lord Withworth. Depuis longtemps on les discute, et les Anglais paraissent ne pas vouloir de cette base; cependant elle a été établie par eux. Si l'on adopte cette base, il ne faut pas proposer des choses qui ne sont pas dans cet ultimatum. Si l'on n'adopte point l'ultimatum de lord Withworth, il faut prendre les traités de Lunéville et d'Amiens pour base, et il ne faut point ajouter d'autres articles à ce traité. Les Anglais n'en veulent point encore.

On a proposé de négocier sur cette base, que l'une et l'autre nation émettrait ses plaintes et ses griefs, et qu'on tâcherait de les arranger. L'Angleterre s'y est refusée, et effectivement cela n'avance point la question et n'aboutit à rien. Nos différends avec l'Angleterre ne se bornent point à l'Europe. L'équilibre des villes de la Méditerranée, des mers, sont autant d'objets importants qu'il faudrait décider pour arriver avec honneur à un congrès et à un résultat stable.

L'Angleterre a fait sonner bien haut les plaintes qu'elle a à faire contre la France, qui n'a fait que répondre et n'a pas exposé ses griefs, parce que ses griefs, plus graves que ceux des Anglais, ne l'ont point portée à la guerre, et qu'elle y a été poussée par l'Angleterre. Un préliminaire de traité, pour être sensé, doit contenir les plaintes de part et d'autre, et le projet remis par les Anglais ne contient que les leurs. Enfin l'arbitrage pouvait conduire à la paix, puisqu'on s'en rapportait à un homme juste, à la décision duquel il n'y avait pas de déshonneur de déférer. Une négociation dans les circonstances actuelles ne conduit à rien, et, quand l'Angleterre voudra la paix et la croira utile à ses desseins, elle n'est pas délicate sur les moyens; elle la fera.

Le général Hédouville peut dire hardiment que, si le Premier Consul était assez lâche pour faire une paix ainsi plâtrée avec l'Angleterre, il serait désavoué par la nation; et si, après des insultes de toute espèce, au lieu de faire une paix loyale, il faisait un traité moins avantageux que celui d'Amiens, la France perdrait toute sa considération; qu'enfin le Premier Consul se prêtera à tout ce qui est grand, pourvu qu'il ne s'agisse point de le déshonorer et de peser sur la France, en accordant tout et en souscrivant à toutes les injustices de l'Angleterre; mais qu'il voit bien que la guerre était dans l'ordre du destin, et qu'il ne ploiera point la tête devant une nation orgueilleuse, en possession depuis vingt années de la faire ployer à toutes les autres puissances.

Si l'on ne comprenait point ce langage à Saint-Pétersbourg, il insistera pour établir comme première base la liberté des mers, question qui nous intéresse, non pour les puissances neutres, mais pour nous, puisqu'à la première guerre avec l'Angleterre, cela constitue toutes nos manufactures en guerre avec toute l'Europe.

Le général Hédouville peut très-bien, dans la conversation, laisser apercevoir à M. de Woronzof que nous avons parfaitement senti qu'il avait fort bien ménagé les affaires de l'Angleterre, et que les préliminaires qu'il propose sont plus avantageux pour elle que son ultimatum; mais qu'il faudrait que nous eussions de terribles revers pour adhérer à notre déshonneur. Du reste, il doit laisser tomber net la question de la médiation.

Comme il serait très-malhonnête de ne pas répondre, je ferai une lettre à l'Empereur, qui vaudra mieux que toutes les notes. A tout événement, envoyez au général Hédouville les observations et la note, non pour répondre, mais pour en faire l'analyse dans ses conversations.

BONAPARTE.

Archives des affaires étrangères.
(En minute aux Arch. de l'Emp.)

7034. — OBSERVATIONS.

PREMIÈRE ANNEXE A LA PIÈCE N° 7033.

Article II. Pourquoi donner l'île de Lampedouse à l'Angleterre? Dans l'ordre ordinaire des nations, elle n'y a aucun droit, aucun titre, aucun prétexte. Est-ce par la crainte de Malte? Par l'article précédent, elle est entre les mains de la Russie; mais donner Lampedouse à l'Angleterre, c'est lui donner Malte. En y dépensant 30 ou 40 millions en trois ou quatre ans, c'est la même chose que Malte. Maîtres d'un point central comme Lampedouse ou Malte, les Anglais en chasseront nos commerçants en leur faisant faire des avanies par les pachas. Maîtres de Lampedouse, une escadre anglaise y sera perpétuellement en station; dès lors, plus d'indépendance pour la Sicile, l'Italie, l'État de Naples. Et pourquoi cette puissance, maîtresse du commerce de l'Inde, de l'Amérique, voudrait-elle encore outrager une grande puissance à ses portes? Elle l'outrage par la possession injuste de Gibraltar. Le monde est grand; l'Angleterre a assez d'avantages de commerce; c'est d'une ambition démesurée de convoiter ce qui n'est pas dans sa géographie et dans sa nature. Les Anglais occupant Lampedouse, c'est un point de déshonneur pour la France, comme l'occupation de Gibraltar en est un pour l'Espagne; jamais la France n'y consentira.

Pourquoi la France céderait-elle des indemnités au roi de Sardaigne à la considération de l'Angleterre? Que l'Angleterre rende l'île de Ceylan à la Hollande, ou l'île de la Trinité à l'Espagne, et la France consentira à stipuler une indemnité au roi de Sardaigne, sur la demande de l'Angleterre.

Article IV. Cet article contient la définition de la neutralité et de l'indépendance des nations; on l'adopte; c'est celle de la France; mais a-t-on le pouvoir d'être neutre avec une puissance qui ne reconnaît aucun droit des gens, qui a pu s'asseoir à côté d'Alger et de Tunis, qui bloque des côtes entières (Nelson, de Malte, tient toute l'Italie bloquée), qui ose, ce qui a été jusqu'aujourd'hui sans exemple, bloquer des rivières? Il faut assurer la neutralité des petits, mais il faut pourvoir à la dignité, à la gloire et à la sûreté des grands. La mer forme les trois quarts du globe.

Article VIII. « La France s'engage à ne plus faire entrer, à l'avenir, ses troupes dans ces pays. » Mais si la France a fait entrer ses troupes dans ces pays, elle l'a fait parce que l'Angleterre a gardé Malte et a violé l'indépendance germanique. Elle occupe la Hollande, parce que les Anglais n'ont pas évacué le Cap; et, d'ailleurs, ses troupes y sont entrées par le résultat de la guerre, et non depuis la paix. L'Angleterre propose d'évacuer le Hanovre : il ne sera évacué que lorsque l'Angleterre évacuera Malte et la Méditerranée.

Archives des affaires étrangères.
(En min. aux Arch. de l'Emp.)

7035. — NOTE.

DEUXIÈME ANNEXE A LA PIÈCE N° 7033.

Le Premier Consul, pour éviter les maux de la guerre, avait consenti à s'en rapporter à l'arbitrage de Sa Majesté Impériale sur toutes les causes qui divisaient les deux nations. C'était une suite de la confiance extraordinaire que lui inspirent les idées libérales de ce prince. Ce n'était pas la Russie, c'était Alexandre à qui il voulait déférer. L'Angleterre a décliné cet arbitrage, et S. M. l'Empereur lui-même a cru ne pas pouvoir s'en charger.

Elle propose, en place, d'être médiateur pour l'ouverture d'une négociation entre les deux puissances. Le Premier Consul aurait exécuté le résultat de l'arbitrage, quel qu'il eût été, parce que l'Empereur ne l'eût prononcé qu'après avoir ouï les deux parties, et qu'il est persuadé que la situation extraordinaire de deux grandes nations, présentée sous le véritable point de vue, aurait, dans un cœur aussi droit et aussi impartial, porté l'Empereur à une décision équitable et juste, puisée dans les traités et dans l'intérêt de toute l'Europe.

Les prétentions nouvelles qui se présentent aujourd'hui d'entamer une nouvelle négociation avec l'Angleterre sont bien autrement compliquées. Comment, en effet, s'entendre sur les bases de cette négociation au moment où l'on vient de rompre? L'arbitrage éloignait toutes ces difficultés. C'étaient deux grands peuples qui, ne voulant point s'en rapporter à la fortune, qui est si souvent capricieuse, remettaient le jugement de leurs querelles à un homme juste qui était plus à même d'en connaître. Comment, en effet, entamer aujourd'hui une négociation avec l'Angleterre? Celle-ci ne veut reconnaître ni ce qui est établi par le traité de Lunéville, ni ce qu'elle a signé au traité d'Amiens, puisqu'elle fait la guerre pour s'affranchir de celui-ci.

Le Premier Consul se trouvant en paix, quelques sujets de mécontentement que lui eût donnés l'Angleterre, il préférait souffrir et replâtrer la paix que de se remettre en guerre; mais aujourd'hui que la guerre est faite, il préfère la continuation de la guerre à une paix plâtrée, incertaine, qui pourrait être désavouée aussitôt que signée. Mais, enfin, s'il était vrai que, pour le bien permanent de l'Europe, on dût innover quelque chose aux traités, il faudrait, pour le bien permanent de l'Europe, que l'Angleterre voulût aussi permettre que l'on assît sur leurs véritables bases les principes de la neutralité des mers, dont la violation est pour l'Europe, et surtout pour la France, la plus grande de toutes les calamités.

Quelques restrictions dans la situation des affaires de l'Europe ne peuvent point terminer les différends de la France avec l'Angleterre. Leurs intérêts s'étendent aux Indes et en Amérique; il faudrait donc que l'Angleterre voulût restreindre sa puissance et rétablir l'équilibre dans les deux mondes.

Si, outre la possession importante de Gibraltar, l'Angleterre voulait en conserver une quelconque dans la Méditerranée, ce serait afficher évidemment le dessein d'unir au commerce presque exclusif des Indes, de l'Amérique, de la Baltique, celui de la Méditerranée; et, de toutes les calamités qui peuvent survenir au peuple français, il n'en est point de comparable à celle-là.

De toutes les transactions honteuses que la force des événements peut obliger un peuple à signer, il n'en est aucune semblable à la honte de promettre son influence pour dépouiller un petit prince d'une position importante pour la donner à son ennemi, sans que celui-ci ait le moindre droit ni le moindre prétexte légitime pour obtenir cette conquête, et le Premier Consul aime tout autant voir les Anglais à Malte qu'à Lampedouse. En effet, il n'y a aucune différence sous le point de vue politique et commercial.

Le Premier Consul a déclaré à toute l'Europe que les positions de Tarente et de la presqu'île d'Otrante, qu'il avait occupées, n'étaient qu'un équivalent à la possession de Malte et des autres positions que l'Angleterre peut occuper dans la Méditerranée, hormis Gibraltar.

Les prétentions de l'Angleterre, jointes au rescrit de Sa Majesté, font voir que les circonstances de conciliation ne sont pas encore arrivées, puisqu'elles sont plus exigeantes que l'Angleterre ne l'a été dans son ultimatum, élevant de nouvelles prétentions et n'offrant aucune garantie propre à rassurer l'Europe contre l'ambition de l'Angleterre et les principes exclusifs qu'a l'Angleterre sur les deux mondes et la législation des mers.

Aidé du bon droit et de Dieu, la guerre, quelque malheureuse qu'elle puisse être, ne réduira jamais le peuple français à fléchir devant ce peuple orgueilleux, qui se fait un jeu de tout ce qui est sacré sur la terre, et qui, surtout depuis vingt ans, a pris en Europe un ascendant et une audace qui menacent l'existence de toutes les nations dans leur industrie et leur commerce, sources de la vie des États.

Archives des affaires étrangères.

7036. — AU GÉNÉRAL BERTHIER, MINISTRE DE LA GUERRE.

Saint-Cloud, 5 fructidor an XI (23 août 1803).

Je vous envoie, Citoyen Ministre, les numéros des bâtiments. Renvoyez-les-moi dès que vous en aurez pris connaissance. Je n'y vois aucun changement, si ce n'est de ne pas envoyer le détachement de la 10e à Cherbourg, puisque le ministre veut garder les deux canonnières pour la défense de cette rade; de n'en fournir d'abord que quatre au lieu de six, et de ne pas envoyer de garnison au bateau qui est à Gravelines.

Les villes d'Ostende et de Boulogne vont être le centre d'une réunion d'un grand nombre d'hommes. Il est convenable de faire éclairer les rues comme elles sont à Paris, à moins qu'elles ne le soient déjà. Le génie peut être chargé de cette dépense extraordinaire. Il faudra aussi éclairer deux ou trois débouchés qui conduisent du port au camp, car ce sera souvent de nuit qu'on sera obligé de s'embarquer.

Il faudrait aussi que le génie s'entendît avec la marine pour éclairer le port, de manière à faciliter les mouvements pendant la nuit.

BONAPARTE.

Dépôt de la guerre.

7037. — AU GÉNÉRAL BERTHIER.

Saint-Cloud, 5 fructidor an XI (23 août 1803).

Je vous prie, Citoyen Ministre, de faire faire une analyse de toutes les incursions que les Anglais ont faites sur nos côtes depuis 1700, en y mentionnant le but qu'ils se proposaient par ces expéditions, et le résultat qu'elles ont eu.

BONAPARTE.

Comm. par M. le prince de Wagram.

7038. — AU CONTRE-AMIRAL DECRÈS, MINISTRE DE LA MARINE ET DES COLONIES.

Saint-Cloud, 5 fructidor an XI (23 août 1803).

J'adopte, Citoyen Ministre, les numéros donnés aux différents bâtiments. Il est indispensable d'en dresser procès-verbal, pour constater l'année où il a été fait, la pièce qu'il porte, le nom qu'il avait avant, son tirant d'eau, la longueur de sa quille, etc. Cette opération faite, je prendrai un arrêté, afin qu'il n'y puisse être fait aucun changement.

Il faudrait aussi établir un signe pour reconnaître les divisions, soit en peignant de la même couleur tous les bâtiments de la même division, soit en les distinguant par une flamme particulière. Il y a douze divisions de chaloupes canonnières et seize de bateaux canonniers. Ce nombre n'est pas assez considérable pour ne pas être facilement distingué.

Je vous prie de me communiquer les lettres que vous recevrez de l'amiral Bruix. Je remarque dans sa correspondance qu'il fait de grandes dissertations sur le centre, la droite, la gauche des divisions; cela n'aboutit à rien. Toute ligne a un centre, une droite et une gauche.

La flottille de guerre se divise en flottilles de chaloupes canonnières, composée de douze divisions de vingt-sept chaloupes chacune. Chaque bâtiment doit porter le numéro de sa division et un numéro général, et, pour ne pas confondre ces numéros, peut-être préférera-t-on établir une flamme qui, même au milieu de la plus grande confusion, puisse faire reconnaître de quelle division est un bâtiment.

La flottille de bateaux canonniers est composée de seize divisions de vingt-sept chacune. Ceux-ci ont aussi besoin d'un signe qui fasse reconnaître à quelle division ils appartiennent, outre le numéro général. Je ne vois pas ce qu'a à faire à ceci la droite, le centre et la gauche des divisions, qui, dans l'état d'armement, se trouvent à Dunkerque, Boulogne, Ostende, et qui, dans l'état de mouvement, se trouveront dans une autre direction. Il faut bien s'entendre là-dessus, et écrire directement à l'amiral Bruix. Quant aux ordres donnés à la flottille, ou qui y ont rapport, il doit être mis au fait pour l'ordre.

Annoncez-lui que j'ai donné l'ordre de former deux camps sur la droite et la gauche du port, qui contiendront chacun cinq demi-brigades; que le général Soult commandera en chef le camp de Saint-Omer et établira son quartier général à Boulogne; que les chefs d'état-major et les généraux d'artillerie s'y rendent, et que tout va prendre une nouvelle activité et un aspect menaçant.

BONAPARTE.

Archives de l'Empire.

7039. — DÉCISION.

Saint-Cloud, 6 fructidor an XI (24 août 1803).

Le ministre du trésor public rend compte de la situation de la Banque et de la Caisse d'escompte. Il propose d'étendre à toutes les caisses publiques de Paris, et même à celles de l'octroi et du mont-de-piété, la faculté de re-

Une conférence sera tenue en présence du consul Lebrun. Les citoyens Perregaux, Lecoulteux et Thibon, régents, y seront appelés.

Le ministre ordonnera à tous

cevoir des billets de la Caisse d'escompte. Il expose que, malgré les inconvénients de cette mesure et les suites qu'elle peut avoir, il est nécessaire de l'adopter, en l'accompagnant de toutes les précautions qui pourront en rendre l'exécution moins difficile.

les comptables qui versent au trésor public de ne recevoir à l'avenir aucun billet de la Caisse d'escompte.

BONAPARTE.

Archives de l'Empire.

7040. — DÉCISION.

Saint-Cloud, 6 fructidor an XI (24 août 1803).

Le ministre de la guerre soumet plusieurs questions relatives au marché à passer pour la fourniture des viandes. A quelle compagnie le Gouvernement donnera-t-il la préférence? Le prix de la ration sera-t-il fixé à vingt-deux centimes et demi, vingt-trois centimes trois quarts, etc.?

Il paraît que la compagnie Olry est celle qui a le plus de réputation.

Je ne voudrais pas passer vingt-deux centimes.

Il faudrait ajouter au marché que l'entrepreneur serait obligé de fournir 5,000 moutons, qui seraient toujours prêts pour l'embarquement.

BONAPARTE.

Archives de l'Empire.

7041. — AU CITOYEN REGNIER,

GRAND JUGE, MINISTRE DE LA JUSTICE.

Saint-Cloud, 7 fructidor an XI (25 août 1803).

Il paraît, Citoyen Ministre, qu'il y a aux environs de Boulogne des hommes qui correspondent avec l'ennemi. On a vu des signaux partis de terre auxquels il a été répondu de la mer. J'ai chargé le général Moncey de renforcer ce point par de la gendarmerie. Envoyez un agent secret et intelligent qui puisse parvenir à découvrir ces espions. La sévère punition qu'on infligera à l'un d'eux dégoûtera les autres de cet infâme métier.

BONAPARTE.

Archives de l'Empire.

7042. — AU GÉNÉRAL MONCEY,

PREMIER INSPECTEUR GÉNÉRAL DE LA GENDARMERIE.

Saint-Cloud, 7 fructidor an XI (25 août 1803).

Citoyen Général Moncey, il est convenable, dans les circonstances actuelles, de garnir la côte, de Flessingue au Havre, de renforts de gendarmerie. Il est nécessaire d'en avoir surtout qui puissent exercer une grande surveillance entre Étaples et Boulogne, et Boulogne et Calais. Il faut au moins, pour cela, trois brigades établies dans les petits villages de la côte, d'Étaples à Boulogne, et en proportion sur l'étendue du reste de la côte. Faites des dispositions en conséquence.

BONAPARTE.

Archives de l'Empire.

7043. — AU CONTRE-AMIRAL DECRÈS,
MINISTRE DE LA MARINE ET DES COLONIES.

Saint-Cloud, 7 fructidor an XI (25 août 1803).

Il est temps, Citoyen Ministre, de fixer une attention sérieuse sur l'armement de la flottille. Les bases de ladite flottille une fois arrêtées, conformément à l'état que vous m'avez remis, il reste à savoir le nombre de pièces à mettre sur chaque chaloupe et bateau canonnier et sur chaque péniche. Il faut que les canons ne retardent pas le départ de la flottille et soient rendus au Havre, Saint-Malo, la Rochelle, Bayonne, etc., avant la fin de vendémiaire. Je désire connaître ce que vous avez de canons disponibles pour la flottille dans chacun des ports de l'Océan. Je prévois que vous n'en aurez pas assez. J'ai fait faire un dépouillement des secours que la terre pourrait vous offrir, conformément à l'état suivant :

1° Quatre cent cinquante obusiers de 8 pouces; ces obusiers pèsent 1,120 et lancent, à la distance de 1,200 toises, sous l'angle de 45 degrés, un obus pesant 40 livres et une mitraille de 60;

2° Trois cents obusiers de 6 pouces, pesant 650, et lançant, à une distance de 1,100 toises, un obus de 22 livres;

3° Cent pièces de 24 légères, pesant 2,500 livres chaque, et pareilles à celles qui se trouvent aux Invalides;

4° Cent pièces de 24, ordinaires, en bronze;

5° Cinq cents pièces de 24, en fer, et deux cents de 18, ordinaires.

Mais, pour avoir ces sept cents pièces, il faut désarmer nos batteries de côtes, et les remplacer par des pièces en bronze, travail qui ne laisse pas d'être considérable et qui exige au moins quarante ou cinquante jours. Il n'y a donc pas un moment à perdre pour arrêter le parti définitif à prendre et donner les ordres en conséquence.

BONAPARTE.

Archives de l'Empire.

7044. — AU CONTRE-AMIRAL DECRÈS,

MINISTRE DE LA MARINE ET DES COLONIES.

Saint-Cloud, 7 fructidor an XI (25 août 1803).

On m'écrit de Boulogne, Citoyen Ministre, qu'au lieu de cent bateaux canonniers qui devaient être à Dunkerque, il n'y en a que dix-neuf, une chaloupe canonnière armée de seize caronades, et un bâtiment armé de dix canons de petite espèce, prêts à partir;

Qu'il n'y a aucun établissement de fait, ni même commencé; qu'il n'y a pas de gargousses en parchemin, même pour les sept caïques; qu'il n'y a point de parc d'établi, point de magasin d'artillerie ou d'autres objets d'armement.

On se plaint de n'avoir pas même un havre pour la retraite des caïques; qu'elles n'ont point d'armes blanches, ni sabres d'abordage, ni pistolets; qu'elles n'ont point de filets d'abordage pour s'en garantir la nuit.

Portez-moi demain, au travail, des renseignements sur l'état du port de Boulogne, et sur tout ce que j'y trouverai au 1er vendémiaire, où j'y vais.

BONAPARTE.

Archives de l'Empire.

7045. — A L'AMIRAL BRUIX,

COMMANDANT LA FLOTTILLE DE BOULOGNE.

Saint-Cloud, 8 fructidor an XI (26 août 1803).

Citoyen Amiral Bruix, je reçois vos lettres des 6 et 7 fructidor. J'ai vu avec peine que vous n'aviez à Boulogne rien de ce qui constitue un parc et un commencement d'arsenal.

Je vous prie de m'adresser un procès-verbal des maisons choisies pour les manutentions de la marine, et qui me fasse connaître s'il y a des fours, s'il y a des approvisionnements, et quels approvisionnements s'y trouvent dans ce moment;

S'il y a un établissement d'artillerie de marine; quels magasins on a choisis, quels sont les ouvriers qui y travaillent, les maîtres canonniers et les officiers d'artillerie; combien de mitraille, gargousses et autres objets d'armement et d'approvisionnement y sont arrivés.

Vous me dites qu'il n'y a à Dunkerque que dix-neuf bateaux canonniers prêts à partir; cependant on m'en a annoncé cent. Ordonnez au préfet maritime de voir l'état, par numéro, de ceux qui sont prêts, et de ce qui manque aux autres. Donnez ces ordres par un courrier extraordinaire, et exigez que ce procès-verbal soit fait dans six heures, afin que je sache sans délai à quoi m'en tenir.

Enfin, si, par le procès-verbal que vous ferez dresser, il résulte qu'on n'ait pas fait à Boulogne les dispositions convenables, faites-les sur-le-champ. Il doit y avoir un commissaire de marine pour la comptabilité, et votre qualité d'amiral met toute l'administration de la préfecture à votre disposition.

J'ai vu avec quelque peine qu'il fallait quinze jours pour remonter le fort lorsque tous les pieux seront battus. Quand la charpente sera mise, s'il n'y a pas de canons, l'ennemi pourra l'insulter avec plus de succès.

D'après le travail définitivement arrêté, les chaloupes canonnières ne porteront point de chevaux; mais les bateaux canonniers auront des pièces de campagne, vu qu'il n'y a pas besoin d'affûts avec des pièces de siége.

L'augmentation du bassin aurait sans doute beaucoup d'avantages, mais je crains qu'il ne faille défaire une portion de ce qu'on aura fait, et qu'on n'ait pas fini au 1er brumaire. D'ailleurs, tout considéré, il deviendra peut-être prouvé que nos demi-péniches sont inutiles, puisqu'on assure que les péniches, dans un moment de nécessité et de naufrage, pourraient prendre les hommes de la chaloupe canonnière, c'est-à-dire 111 hommes, indépendamment de leur équipage et de celui de la canonnière, ce qui ferait 180 hommes. Dans ce cas, les demi-péniches seraient inutiles.

Indépendamment de cela, il est évident que les bâtiments ne pourront sortir dans une seule marée; il faudra donc tenir une avant-garde et l'embosser de la manière la plus avantageuse. Alors, l'espace entre l'avant-garde et le port permettra de se servir des deux marées de la journée pour sortir, et, dans ce cas, je pense qu'on pourra placer une grande quantité de bateaux de pêche et de péniches dans le fond du port.

Faites-moi connaître combien de péniches, de chaloupes et de bateaux canonniers on pourrait placer au delà du fort, jusqu'au lieu où la marée monte assez haut pour les déséchouer; car il m'a paru que ce qui embarrassait était la nécessité de tenir les bâtiments près de l'embouchure du port, pour pouvoir les faire sortir dans une marée; enfin, ne sera-t-on pas toujours à temps, le bassin achevé, de l'agrandir ou d'en faire un second? Avant de prononcer sur cette augmentation, envoyez-m'en l'état et un rapport du citoyen Sganzin qui me fasse connaître le temps précis où il aurait achevé la partie qu'il faudrait défaire. J'imagine qu'il y aurait une grande quantité de terre à rapporter plus loin.

Faites-moi connaître à combien de toises la mer remonte dans la petite rivière de Boulogne. Remonte-t-elle jusqu'à 1,500 toises des jetées, et un canot qui tire 18 pouces d'eau peut-il remonter jusqu'à ces 1,500 toises?

Y a-t-il là des granges, des habitations quelconques qu'on pût destiner, moyennant une palissade qu'on ferait autour, à faire un parc ou un lieu de réunion pour nos poulies, cordages, boulets, etc.? Cet éloignement les mettrait à l'abri du feu de l'ennemi, et le service serait facile, puisqu'on pourrait le faire avec des canots sur le lieu[1].

Portez-vous bien et comptez sur mon estime.

BONAPARTE.

Faites mettre à la laisse de basse mer un crapaud de fonte de mortier à la Gomer de 12 pouces. Faites placer, douze pieds en arrière, deux gros piquets, auxquels on amarrera ledit crapaud par les boulons, et voyez l'effet que fera la mer en montant et en s'en allant. Si cela réussit et que le crapaud reste, le jour d'après vous y ferez placer le mortier, pour voir encore quel effet cela produira, en ayant soin que les sous-bandes qui soutiennent les tourillons soient bonnes, et que les chaînettes soient bien placées. On renverserait le mortier du côté opposé à la lumière, et si vous pouviez placer ainsi quelques mortiers sans que la mer les dérangeât, vous sentez l'immense avantage que vous en retireriez pour la flottille.

Archives de l'Empire.

7046. — DÉCISION.

Saint-Cloud, 8 fructidor an XI (26 août 1803).

Rapport sur un annuaire publié par ordre du préfet d'Indre-et-Loire, et qui contenait un calendrier composé de noms empruntés à l'histoire et rangés dans un ordre systématique.

On ne peut donner au baptême que les noms portés dans le calendrier. L'annuaire du préfet n'est qu'une chose ridicule.

BONAPARTE.

Archives de l'Empire.

7047. — DÉCISION.

Saint-Cloud, 8 fructidor an XI (26 août 1803).

Des religieux, Français d'origine,

Prendre sur chacun les rensei-

[1] *Lieu* : ce mot est douteux.

sortant des couvents détruits de l'Allemagne, demandent à être employés en France.

gnements nécessaires; s'ils sont favorables, les employer après un temps d'épreuve.

Archives de l'Empire.

BONAPARTE.

7048. — DÉCISION.

Saint-Cloud, 8 fructidor an XI (26 août 1803).

Le préfet du Lot demande, 1° s'il peut faire arrêter les prêtres qui exercent sans pouvoirs leur ministère; 2° si l'on ne doit pas renvoyer au lieu de leur naissance les ecclésiastiques non employés dans le lieu où ils résident; 3° ce que l'on doit faire des prêtres qui refusent d'être employés.

Prendre à leur égard les mesures que les lois et les règlements autorisent.

BONAPARTE.

de l'Empire.

7049. — AU CONSUL CAMBACÉRÈS.

Saint-Cloud, 9 fructidor an XI (27 août 1803).

Quelques parties du ministère de la marine, Citoyen Consul, sont évidemment négligées, et je commence à soupçonner que le général Decrès n'a pas l'esprit d'ordre et de suite, première qualité d'un administrateur. Cependant il a aussi d'autres qualités, et, quelque lieu que j'aie dans ce moment de me plaindre de son imprévoyance sur les objets les plus importants, j'étais décidé à attendre encore trois mois pour fixer mes idées, car enfin on gagne peu de chose à changer. Mais je reçois la lettre ci-jointe du général Decrès; elle me paraît d'autant plus inconvenante, qu'elle paraît écrite avec la méditation convenable. Il se plaint de la lettre de l'amiral Bruix, qui, comme vous le verrez, lui donne des conseils, puisqu'il les lui demande. Il se plaint du citoyen Forfait; il est certes difficile de voir un homme plus accoutumé à la déférence et au respect dus aux ministres. Ses plaintes du général Rochambeau sont ridicules; s'il n'est pas destitué, c'est qu'il ne l'a pas proposé; et d'ailleurs, l'éloignement de Saint-Domingue doit seul expliquer et déterminer le parti qu'on prendrait.

Faites sentir cela au citoyen Decrès; s'il vous redemande sa lettre, je ferai comme si je ne l'eusse pas reçue. Si sa lettre veut positivement dire que les travaux du ministère sont au-dessus de ses facultés, deux années d'expérience doivent lui avoir appris à quoi s'en tenir; et dès lors vous devez lui dire qu'il donne simplement sa démission, et que je l'accepterai; mais que cette démarche, comme toutes les démarches importantes, demande qu'il y pense de sang-froid, et à mon sens, elle ne peut être justifiée que par la conscience bien réelle qu'il n'est point propre à ses fonctions.

BONAPARTE.

Comm. par M. le duc de Cambacérès.
(En minute aux Arch. de l'Emp.)

7050. — AU CITOYEN MELZI,

VICE-PRÉSIDENT DE LA RÉPUBLIQUE ITALIENNE.

Saint-Cloud, 9 fructidor an XI (27 août 1803).

Je reçois votre lettre du 20 août. Le général Pino pense que la légion italienne ne tardera pas à déserter si elle vient en France. Je ne vois qu'un moyen, c'est de l'envoyer à l'île d'Elbe. Mais il ne faut pas envoyer rien que des officiers. Faites organiser un bataillon de cette légion, fort de 800 hommes, et faites-le diriger sur Piombino, où je donne ordre qu'on les embarque pour renforcer la garnison de l'île d'Elbe. Faites verser un mois de solde dans la caisse du payeur.

La 1re légère, la 1re de ligne, un régiment de hussards et une compagnie d'artillerie formeront un corps que commandera le général Pino, pour arriver à Paris dans les premiers jours de brumaire.

J'ai pris un arrêté pour ordonner la construction de dix caïques à Ferrare et dans les différents ports de la Romagne. Elles seront montées par des matelots et serviront à mettre les côtes à l'abri des péniches anglaises. Marescalchi vous en enverra le modèle. Elles ne coûtent que 15 à 1600 francs et portent une pièce de 24. Nous nous en servons avec une grande utilité sur nos côtes.

BONAPARTE.

Archives de l'Empire.

7051. — AU GÉNÉRAL BERTHIER, MINISTRE DE LA GUERRE.

Saint-Cloud, 9 fructidor an XI (27 août 1803).

La légion italienne, Citoyen Ministre, composée de 800 hommes, doit se rendre à Piombino et de là être embarquée pour faire partie de la garnison de l'île d'Elbe. Donnez des ordres en conséquence.

Recommandez au général Rusca de ne pas écraser de service les troupes; qu'il les fasse souvent exercer, afin de les tenir dans un bon esprit militaire.

BONAPARTE.

Archives de l'Empire.

7052. — AU CONTRE-AMIRAL DECRÈS,

MINISTRE DE LA MARINE ET DES COLONIES.

Saint-Cloud, 9 fructidor an XI (27 août 1803).

Il y a à Toulon, Citoyen Ministre, une grande quantité de fontes de rebut, qui seraient nécessaires pour activer les travaux du Creusot. J'ai lieu d'être surpris qu'on n'y fasse qu'une pièce de 24 par jour. L'organisation de cet établissement, dans des cas comme ceux-ci, doit lui permettre d'en faire jusqu'à dix de 24 par jour; mais il n'a été pris aucune mesure proportionnée à l'urgence des circonstances. Il est dû aux entrepreneurs, sur l'an X et sur l'an XI, 300,000 francs, qui gênent l'établissement déjà mal aisé.

Je désire que vous fassiez venir demain matin les entrepreneurs, et que vous leur fassiez passer un marché pour fournir deux cent cinquante pièces de 24 en vendémiaire, et autant en brumaire, avec un nombre de canons de 18 et de caronades proportionné. En conséquence, donnez des ordres pour leur faire céder toutes les fontes existantes à Toulon et dont ils auraient besoin, pour leur faire payer les sommes reconnues leur être dues sur les années IX, X et XI, et même leur donner les avances dont ils auraient absolument besoin pour faire leurs approvisionnements dans les fourneaux voisins.

BONAPARTE.

Archives de l'Empire.

7053. — ARRÊTÉ.

Saint-Cloud, 10 fructidor an XI (28 août 1803).

ARTICLE 1er. — Il sera construit à Boulogne un fort flottant sur les plans présentés par le conseiller d'État Forfait. Il sera terminé au 15 brumaire et pourra être placé à cette époque.

ART. 2. — Le ministre de la marine et des colonies est chargé de l'exécution du présent arrêté.

BONAPARTE.

Archives de l'Empire.

7054. — DÉCISION.

Saint-Cloud, 11 fructidor an XI (29 août 1803).

On demande la liberté du citoyen Landsheer, prêtre du diocèse de Malines, détenu par ordre du grand juge.

Accordé, avec ordre de le conduire jusqu'aux frontières de la République italienne, où le Pape sera invité à le faire prendre, pour le tenir à Rome dans un séminaire, où il s'instruira des devoirs d'un véritable prêtre.

BONAPARTE.

Archives de l'Empire.

7055. — AU CONTRE-AMIRAL DECRÈS, MINISTRE DE LA MARINE ET DES COLONIES.

Saint-Cloud, 11 fructidor an XI (29 août 1803).

Je viens de parcourir avec attention, Citoyen Ministre, l'état de situation de la flottille, tel que me l'a remis le citoyen Forfait, au 10 fructidor. Je vois qu'elle n'est encore qu'à deux cent cinquante chaloupes canonnières, y compris les constructions de Bayonne et les bâtiments en rade à Brest, à Boulogne et au Havre. Je pense donc qu'il serait utile d'accepter l'offre des Hollandais et de passer un marché pour trente chaloupes canonnières toutes gréées, à remettre à Flessingue du 15 au 20 brumaire.

Il y a plus de cinq cents bateaux canonniers; c'est tout ce qu'il faut. Il nous manque deux ou trois cents péniches; mais, outre que les bateaux de Saint-Malo peuvent nous suppléer, à mesure que les chantiers seront vacants, on pourra les remplacer par des péniches.

La République italienne a offert douze chaloupes canonnières, portant chacune le nom d'un de ses douze départements. Je crois que les endroits les plus favorables pour les mettre en construction seraient Paris et Compiègne. A cet effet, faites organiser le chantier de la Rapée à l'instar des autres, et mettez-le sous la même direction. On pourrait facilement y mettre huit chaloupes en construction; on mettrait les quatre autres à Compiègne, ce qui, avec les trente qui seraient construites en Hollande, ferait quarante-deux.

Les constructions faites sur le Rhin ne sont pas comprises; car je pense qu'il y en aura davantage en construction dans le 5e arrondissement.

Je vous prie de me faire connaître si le port de Dunkerque marche mieux qu'il ne marchait; il me paraît que cela ne va point. Quarante-quatre bateaux canonniers sont portés comme n'étant pas encore carénés, et il n'y en a que vingt en état de partir, depuis six mois; il est difficile de voir un port plus mal organisé.

Sur l'état que vous m'avez remis des officiers commandant ces vaisseaux, je ne vois pas les noms des commandants du *Bucentaure*, de *l'Indomptable*, de *l'Hortense*; je vous prie de me les faire passer. Je n'ai point non plus ceux des officiers commandant *le Diomède*, *le Jean-Bart* et *le Vétéran*.

Faites-moi connaître si le citoyen Violette, commandant *le Majestueux*, est dans le cas de commander un vaisseau aussi important. La frégate *la Gloire* n'a pas encore de commandant désigné.

Le Magnanime est lancé. Faites-moi connaître l'officier auquel vous destinez ce commandement.

Sur l'état de la flottille qui m'est remis, je vois qu'il y avait, au 10 fructidor, 1,300 bâtiments d'arrêtés et capables de porter 78,000 hommes. Faites faire un état de ces bâtiments, en les divisant en trois classes :

1re classe, ceux qui portent plus de 30 hommes;

2e classe, ceux qui en portent plus de 60;

3e classe, ceux qui en portent plus de 100.

Je vous prie de me faire connaître si ces 1,300 bâtiments forment seulement le tiers ou la totalité de ce qu'a trouvé la commission, et quelle est la somme à laquelle seront évalués ces 1,300 bâtiments, ainsi que la partie qui a déjà été payée.

BONAPARTE.

Archives de l'Empire.

7056. — AU GÉNÉRAL BERTHIER, MINISTRE DE LA GUERRE.

Saint-Cloud, 12 fructidor an XI (30 août 1803).

J'approuve, Citoyen Ministre, les idées contenues dans le mémoire du premier inspecteur général du génie sur la suppression de plusieurs places de la Belgique, telles que Mons, Tournay, Courtray, Menin, Furnes, Bruges, Yzendicke, Philippine, Axel, Hulst, Terneuse, Ath, Gand, Termonde, Oudenarde, Bruxelles, Liége et Namur; je pense qu'il faudrait y joindre Malines. Ce serait une place à reconstruire, et, dans ce cas, il vaudrait mieux faire ces dépenses sur la Meuse, à moins que ce ne fût contre la frontière hollandaise, et alors se porter plus haut. Je pense également qu'il faudrait y ajouter Louvain.

J'approuve beaucoup l'idée de vendre les débris de ces fortifications, et d'en faire une caisse particulière qui servirait à la construction des nouvelles places.

J'approuve également l'idée de fixer les garnisons dans la 24e division militaire, de manière qu'on conserve quelques casernes dans les grandes villes pour des circonstances imprévues, mais qu'on supprime cette immense quantité de casernes qui ruinent le trésor public.

Présentez-moi un projet d'arrêté sur ce dernier objet, et demandez au génie un rapport sur la note ci-jointe.

Ne pourrait-on point démolir les fortifications de Sedan? Luxembourg le couvre. Mézières et Montmédy, avec quelques réparations, sont suffisants pour arrêter une avant-garde qui voudrait, par la droite ou la gauche, passer la Meuse et entrer en Champagne. D'ailleurs, on ne peut se dissimuler qu'il faudrait des millions pour réparer Sedan, que le système en est extrêmement vicieux, et que, si l'ennemi était en mesure d'y arriver, il s'en emparerait facilement. Nous perdrions une garnison, une artillerie nombreuse, et cette prise ferait un très-mauvais effet moral, par l'opinion d'avoir perdu une place depuis longtemps connue. Ajoutez à ces considérations que ses fabriques sont importantes.

Il me paraîtrait nécessaire de faire d'Ostende une bonne place; c'est le seul port de la Belgique. Le superbe canal de Bruges, qui conduit à Bruxelles, est une des clefs de ce beau pays. Trois à quatre millions dépensés là seraient très-bien employés.

Le point de la Belgique où l'on doit tenir le plus de troupes est Anvers, parce que de là on est à portée de prévenir les invasions de la Hollande : Maëstricht pour la 25e division militaire.

Il faudrait aussi adopter le principe de donner aux villes les casernes qui sont situées dans les villes qui ne sont point places de guerre, et exiger que ces villes soient chargées de les réparer; c'est le seul moyen de porter un peu d'économie dans ces parties coûteuses de l'administration.

BONAPARTE.

Archives de l'Empire.

7057.

ANNEXE A LA PIÈCE No 7056.

Saint-Cloud, 12 fructidor an XI (30 août 1803).

Le mémoire du premier inspecteur général du génie ne me paraît pas répondre tout à fait à ce qu'on désirerait. On ne préjuge rien à la frontière batave; mais il faut supposer qu'en cas de guerre elle est toujours à nous. Dans cet état notre ligne s'appuie à Grave et de là arrive à Venloo. Si l'on demande à mettre Anvers en état de défense, c'est :

1° A cause de l'arsenal de la marine, qu'on veut y établir;

2° Comme point central où l'on pourra tenir de l'artillerie pour fortifier et ravitailler promptement les places hollandaises.

Ce qui intéresse donc dans ce moment, c'est la frontière du Rhin depuis Grave jusqu'à la Moselle.

De Grave à Venloo il n'y a point de places. Il reste à savoir si l'on préférera Gueldre, qu'on a proposée, et qui effectivement pourrait remplir ce but.

Ruremonde pourrait être fortifiée si la position s'y prête. On pense que, si la position était trop ingrate, il vaudrait mieux se mettre quelques lieues à côté, ou en avant.

Maëstricht et Juliers sont faits. Une place sur la Moselle peut être utile. On voudrait, de cette place sur la Moselle à Juliers, trois places situées dans la position la plus favorable sur le contre-fort qui sépare les eaux du Rhin de la Meuse, ce qui ferait six nouvelles places à établir sur cette frontière. Si elles peuvent être placées de manière qu'on ne puisse absolument se porter sur la Meuse et ne la passer qu'après avoir pris une ou deux de ces places, tant que les autres resteraient, elles peuvent offrir des avantages de toute espèce pour la reprise de l'offensive.

Quant à l'ordre de construction, il faudrait au plus en construire deux à la fois, et les pousser de manière à dépenser deux millions par an, et tout entiers dans les fortifications proprement dites, sans mettre un sou aux bâtiments militaires.

Quelque importante que soit Gueldre, elle ne nous est utile que contre la Prusse. Les deux places les plus importantes paraîtraient celles qui intercepteraient la chaussée de Liége à Coblentz; c'est par là que sont toujours venus les Autrichiens; c'est là où il paraîtrait essentiel de travailler le plus tôt possible.

Ainsi, en l'an XII, on réparerait Anvers; on continuerait les travaux de Juliers, et on dépenserait deux millions à la nouvelle place.

Par-dessus tout, on ne peut trop recommander de déterminer le local pour la convenance des fortifications, car alors elles coûtent très-peu et les fortifications sont bonnes.

BONAPARTE.

Archives de l'Empire.

7058. — A L'AMIRAL BRUIX,

COMMANDANT LA FLOTTILLE DE BOULOGNE.

Saint-Cloud, 12 fructidor an XI (30 août 1803).

Citoyen Amiral Bruix, le citoyen Forfait vous expédie les instructions, les plans et tout ce qui est nécessaire pour la construction de son fort. J'ai pris hier un arrêté pour la coupe de 4,000 pieds d'arbres dans les forêts de Boulogne, à ce destinés. Vous êtes autorisé à passer les marchés et à faire tout ce qui vous paraîtra convenable pour la construction de ce fort. Apprenez-moi, avant le 20 fructidor, que la construction en est commencée. Je compte, du 1er au 15 brumaire, assister à son installation. On a pris des mesures pour faire sur-le-champ transporter les ancres. Si vous avez besoin de voitures, écrivez aux préfets du Nord, du Pas-de-Calais et de la Somme de vous fournir cinquante voitures chaque, qui seront bien payées, pour aider au transport des bois, en leur faisant connaître les conditions que l'entrepreneur leur fera.

J'ai vu avec peine que le port de Dunkerque ne marche pas; faites-m'en connaître les raisons. Vous avez aujourd'hui la haute main; tout est à votre disposition. Vous pouvez y envoyer, appeler qui vous voudrez à Boulogne, vous faire rendre compte de tout, vous faire représenter les états; mais que cela aille. Quoi qu'il arrive, il faut que tout soit prêt, pour que les bateaux profitent du premier moment favorable pour faire leur entrée à Boulogne; nous sommes à l'équinoxe.

Le général Marmont me rend compte qu'il arrive aujourd'hui à Boulogne deux mortiers de nouveau modèle, qui portent les bombes à 1,800 toises; que deux autres vont suivre, et que quatre sont en marche de Strasbourg pour Ostende; qu'il a fait passer un châssis à Boulogne, avec des instructions par lesquelles il devient possible de tirer des pièces de 36 avec des affûts de côte, sur l'angle de 45 degrés. Faites-moi connaître si l'artillerie a monté ainsi quelques batteries; les boulets arriveront, sur cet angle, à 2,200 toises.

Nous avons à Paris 1,600 ouvriers qui travaillent avec la plus grande activité; également à Compiègne; les marins en sont fort contents; ils n'ont cependant qu'un ou au plus deux mois d'exercice. Ceci nous prouve que les ouvriers de l'intérieur peuvent nous être d'un grand secours. Vous êtes autorisé à requérir de chacun des trois préfets du Nord, du Pas-de-Calais et de la Somme, 100 charpentiers de maisons pour la construction de votre fort. Vous aurez soin de leur faire payer leur route et de les bien traiter.

BONAPARTE.

Archives de l'Empire.

7059. — ARRÊTÉ.

Saint-Cloud, 13 fructidor an XI (31 août 1803).

ARTICLE 1er. — Les canonniers sédentaires de la ville de Lille, institués depuis le 2 mars 1483, seront de nouveau organisés.

ART. 2. — Ils porteront un uniforme de canonniers et s'exerceront aux manœuvres. A cet effet, il leur sera donné une maison nationale, pour leur tenir lieu de celle qui a été vendue.

ART. 3. — Il leur sera fait présent de deux pièces de 4, sur lesquelles seront gravés ces mots, *Le Premier Consul aux canonniers de Lille*, avec la date du 29 septembre 1792, afin de conserver la mémoire du siége de Lille.

ART. 4. — Les ministres de la guerre et des finances sont chargés de l'exécution du présent arrêté.

BONAPARTE.

Archives de l'Empire.

7060. — NOTE POUR LE MINISTRE DE L'ADMINISTRATION DE LA GUERRE.

Saint-Cloud, 13 fructidor an XI (31 août 1803).

Le commissaire général ne peut être un intermédiaire entre le ministre et les ordonnateurs en chef des camps que pour les détails d'exécution; mais il ne peut être chargé des ordonnances ni des liquidations. Comment à Boulogne pourra-t-il suivre les détails administratifs de Bayonne? Le directeur de l'administration, étant au centre, doit toujours tout diriger, de la même manière qu'il dirige l'administration de l'armée en Italie. Il est essentiel, pour cela, qu'il conserve la correspondance directe avec chaque ordonnateur, les répartitions de fonds et les liquidations; autrement il dirigerait à l'aveugle. Chaque camp doit avoir ses fonds séparés, mais sous la surveillance du commissaire général, auquel le ministre donnerait avis des crédits ouverts pour chaque service, mais en adressant directement les crédits aux ordonnateurs et à la trésorerie nationale; c'est le seul moyen d'éviter les retards pour l'envoi des fonds et d'en surveiller l'emploi.

D'ailleurs, le service des camps va être confondu avec celui des divisions; si le ministre ne conservait pas sur l'un et sur l'autre la même surveillance, tout rentrerait bientôt dans la confusion.

L'armée sortie du territoire de la République, ce sera différent; il faut bien alors que le commissaire général soit revêtu de tous les pouvoirs administratifs; mais il est impossible de les diviser dans l'intérieur, et qu'une partie des divisions corresponde avec le ministre et l'autre avec le commissaire général.

BONAPARTE.

Archives de l'Empire.

7061. — A L'AMIRAL BRUIX, COMMANDANT LA FLOTTILLE DE BOULOGNE.

Saint-Cloud, 13 fructidor an XI (31 août 1803).

Citoyen Amiral Bruix, je reçois votre lettre du 12 fructidor. J'y vois que le chef de l'administration a pris une maison destinée pour cayenne, capable de contenir 300 marins, mais vous ne me dites pas si cette maison est située sur le port ou sur la Liane; que l'administration a loué une maison particulière destinée à servir de magasin général, mais vous ne me dites pas si elle est située sur le port ou sur la Liane; que le directeur d'artillerie a choisi une maison particulière pour le service de la marine, et vous ajoutez que cette maison est insuffisante, mais vous ne me dites pas si elle est sur le port ou sur la Liane.

Je n'ai rien à dire sur la maison que vous avez choisie pour hôpital.

Le rapport du citoyen Sganzin, nº 2, fait mention d'un emplacement propre à un parc d'artillerie; la marine, à Boulogne, passe avant tout : si l'emplacement choisi pour l'artillerie de la marine n'est pas suffisant, pourquoi ne pas choisir celui-là?

Dans le même rapport, vous parlez d'établir une boulangerie pour la marine; ne perdez pas une heure pour faire servir à cet usage la maison que vous y destinez.

Dans le cas où vous choisiriez la maison dite de Capécure, dont il est question nº 2, faites choisir une autre maison pour le parc d'artillerie de l'armée de terre, plus loin, mais sur la Liane. Il est nécessaire que le parc d'artillerie de la marine soit plus près du port que le parc d'artillerie de terre.

Il faut avant tout que le citoyen Sganzin nous remette, au 15 vendémiaire, comme il l'a promis, le port et le bassin achevés. Nous verrons alors s'il est besoin de l'agrandir. Je suis effrayé de ce qu'il demande encore trois mois.

Du procès-verbal fait à Dunkerque, il résulte qu'il y a douze bateaux canonniers qui n'ont point de pièces de campagne; ils peuvent s'en passer pour venir à Boulogne, et on peut, à Dunkerque, mettre en place une petite pièce de marine.

Faites faire l'état de toutes les fermes et maisons de campagne sur la Liane, jusqu'où elle est navigable, et même à droite et à gauche jusqu'à l'espace de 100 toises.

J'ai vu avec grand plaisir qu'enfin on continue les travaux du fort Rouge.

Il me semble que, dans ma dernière lettre, je vous avais dit qu'après avoir mis un crapaud au bord de la mer, il fallait mettre dessus un mortier; les circonstances des affouillements ne sont rien, vu qu'à toutes les marées on le changerait de place; mais le projet que vous avez de faire des plates-formes est bien meilleur encore. Les batteries me paraissent trop nombreuses de trois pièces; il faut qu'elles ne soient que de deux. Mon intention n'est point de retirer les pièces tous les jours, mais de laisser sur ces batteries les pièces de canon pendant toutes les hautes mers. Je ne pense pas non plus qu'il faille s'éloigner de 50 toises, c'est toujours une distance de perdue. Il faudrait donc, à mon sens, faire établir le tiers de vos plates-formes tout à fait sur la laisse de basse mer, le tiers à 50 toises et le dernier tiers à 80 toises. Mon projet n'est pas non plus de se servir de pièces légères pour cet usage; car, quoi qu'on puisse dire, de grosses pièces vont plus loin. Mon intention est d'avoir quelques pièces de 24 légères, attelées, avec plusieurs divisions d'obusiers de 8 pouces, portant une bombe de 43 livres à 1,300 toises, également attelés; et, au moment où les Anglais approcheraient, tout cela s'avancerait sur la laisse de basse mer et renforcerait les batteries permanentes.

Je vous prie de faire exécuter les dispositions suivantes et de m'en envoyer le résultat : faire prendre une pièce de 36 ou de 33, la faire mettre sur un affût marin, et la laisser sur la laisse de basse mer à toutes les marées; on dressera procès-verbal de ce qui se sera passé, et de la situation dans laquelle elle se trouvera. On tirera deux coups de canon de cette pièce ainsi placée sur le sable, à toute volée et à toutes charges. On tiendra note de ce qui arrivera. On mettra le mortier sur ce crapaud et on le laissera ainsi plusieurs marées; on tirera deux bombes, chambre pleine, et on tiendra note de ce qui sera arrivé.

Artillerie à pied, artillerie à cheval, matériel, tout va se diriger sur Boulogne.

Je vous ai expédié hier un courrier, avec l'ordre et des instructions pour la mise en construction du fort du citoyen Forfait.

Je vous envoie une note.

Le gouverneur du palais doit avoir envoyé des officiers du palais pour préparer mon logement. Je vous prie de me dire quels locaux on pourrait choisir; je ne veux point être en ville. J'ai remarqué deux maisons de campagne près la tour des signaux, à ce que je crois, sur le chemin de Calais. Ces deux maisons paraîtraient me convenir; si elles ne me convenaient pas, alors j'aimerais à être sur la Liane, au delà du pont, dans une maison de campagne.

BONAPARTE.

Archives de l'Empire.

7062. — AU GÉNÉRAL BERTHIER, MINISTRE DE LA GUERRE.

Saint-Cloud, 14 fructidor an XI (1er septembre 1803).

Je charge le général Caulaincourt, Citoyen Ministre, de la formation de la 112e demi-brigade, et, jusqu'à ce que j'aie nommé un colonel, il en remplira les fonctions. Je lui donne l'ordre de se rendre auprès de vous. Communiquez-lui tous les renseignements que vous avez sur les soixante-deux officiers qui se présentent, afin de voir ceux qui sont dignes d'entrer dans cette demi-brigade.

Quant au recrutement, mon intention est que tous les Belges des neuf départements qui voudraient entrer dans ce corps, soit qu'ils soient désignés comme faisant partie de la réserve, soit qu'ils aient servi en Autriche et en Espagne, y soient admis. On pourra aussi prendre tous les hommes de bonne volonté du pays. Tout individu qui aurait été sous-officier, même au service de l'Empereur, pourra y être admis, s'il est né Belge. Le conseil d'administration de ces corps enverra en recrutement dans ces départements; mais il ne pourra, sous aucun prétexte, prendre des hommes désignés pour la conscription des autres corps.

BONAPARTE.

Archives de l'Empire.

7063. — AU CONTRE-AMIRAL DECRÈS,

MINISTRE DE LA MARINE ET DES COLONIES.

Saint-Cloud, 14 fructidor an XI (1er septembre 1803).

Je désirerais, Citoyen Ministre, qu'il fût formé sept équipages pour monter sept péniches qui seraient affectées à mon service. Le premier serait formé à Saint-Malo, le deuxième à Granville, le troisième au Havre, le quatrième à Boulogne, le cinquième à Calais, le sixième à Anvers et le septième à Dunkerque. Chacun de ces équipages devrait être commandé par un officier intelligent et être composé de vingt-cinq bons matelots. Donnez ordre au citoyen Forfait de faire soigner particulièrement, dans ces ports, la construction des sept péniches qui seront destinées à mon service. Mon intention est que chacune soit armée de deux pièces de 6 de bronze, ne pesant chacune que 600 livres; je les ferai fondre par la terre.

Donnez ordre également qu'on me construise sept péniches dans sept différents ports, armées chacune d'un canon de 24 ou même de 36, en bronze, ne pesant pas plus de 3,000 livres. Les sept équipages, dont la garnison et les canonniers seront formés par ma Garde, feront le service quand j'irai en rade. Ces équipages feront partie de ma Garde. Indépendamment de leur traitement de marine, ils jouiront, en gratification, du même traitement que la Garde à cheval.

BONAPARTE.

Archives de l'Empire.

7064. — NOTE POUR LE MINISTRE DE LA MARINE.

Saint-Cloud, 15 fructidor an XI (2 septembre 1803).

Écrire au citoyen Sganzin que, sur les quais de Boulogne, il y a des maisons qui avancent et qui, dans certains points, les rétrécissent beaucoup trop, et qui seraient très-embarrassantes dans les grands mouvements qui auront lieu. Il faut présenter un projet pour qu'elles soient démolies le plus tôt possible.

BONAPARTE.

Archives de la marine.

7065. — DÉCISION.

Saint-Cloud, 15 fructidor an XI (2 septembre 1803).

Le ministre de la marine propose d'admettre dans le port de Bordeaux le navire *la Joanna-Elisabeth*, qui a fait une relâche forcée à Plymouth.

S'il n'y a à bord de ce bâtiment que des productions du Nord, le ministre de l'intérieur le fera admettre.

Si, au contraire, il porte d'autres marchandises fabriquées, ou denrées coloniales, elles seront considérées comme marchandises anglaises, le bâtiment ayant touché en Angleterre.

BONAPARTE.

Archives de la marine.

7066. — AU GÉNÉRAL BERTHIER, MINISTRE DE LA GUERRE.

Saint-Cloud, 16 fructidor an XI (3 septembre 1803).

Je vous prie, Citoyen Ministre, de donner ordre à la 4e demi-brigade de ligne de former ses deux premiers bataillons à 800 hommes chacun, et de se rendre à Boulogne; le 3e bataillon restera à Nancy;

A la 43e, de former son premier bataillon, également à 800 hommes, et de se rendre à Ambleteuse; le 2e et le 3e bataillon resteront où ils sont jusqu'à nouvel ordre. Vous donnerez ordre qu'on envoie, en toute diligence, à Ambleteuse, des effets de campement, et vous les ferez partir de la place la plus près. Du moment où ce bataillon sera campé, il jouira du traitement de campagne et fournira, tous les jours, 200 ouvriers pour les travaux d'Ambleteuse.

Donnez ordre à la 18e demi-brigade de ligne de compléter ses deux premiers bataillons à 800 hommes chaque, et de se rendre à Meaux; et à la 96e, qui est à Meaux, de se rendre à Paris.

Donnez ordre que les 32e et 96e ne fournissent plus de travailleurs au canal de l'Ourcq.

Donnez ordre aux généraux Soult et Davout de partir, le 20, pour se rendre à leur quartier général.

Donnez ordre que l'on commence sur-le-champ, à Boulogne, à former les deux camps. A mesure qu'un corps sera campé, il jouira du traitement de campagne.

Donnez ordre à l'inspecteur en chef aux revues de faire passer la revue des deux bataillons de chaque corps destinés à faire partie des camps; ces revues seront passées au moment de leur arrivée au camp; et, sur cette revue, vous leur ferez payer leur gratification de campagne.

Ordonnez aussi qu'au moment où les troupes camperont on leur distribue des bidons portatifs.

Donnez ordre que le commissaire général parte le 20 fructidor pour se rendre à Saint-Omer, ainsi que le payeur général, etc.

Donnez ordre qu'on choisisse un emplacement à Étaples pour y camper une brigade composée de quatre bataillons de ceux destinés à faire partie du camp de Compiègne. Cette brigade sera arrivée au 1er vendémiaire.

BONAPARTE.

Archives de l'Empire.

7067. — AU GÉNÉRAL BERTHIER.

Saint-Cloud, 16 fructidor an XI (3 septembre 1803).

Donnez ordre, Citoyen Ministre, qu'on fasse partir demain, pour Boulogne, 200 chevaux de trait de l'attelage de l'artillerie de la garde. Arrivés à Boulogne, vous donnerez ordre à des compagnies du train d'artillerie de Douai de se rendre à Boulogne, où ces chevaux leur seront consignés par la compagnie de la Garde, qui, après le procès-verbal de ladite remise dressé, fera son retour sur Paris.

Ces 200 chevaux seront destinés à l'attelage des diverses divisions de pièces de 24 légères et obusiers de 8 pouces, qui doivent agir sur le bord de la mer à Boulogne et à Étaples. Ces chevaux feront aussi le service des batteries de la laisse de basse mer, pour leur approvisionnement et pour les mouvements qui deviendront nécessaires. Il doit y avoir deux divisions de six pièces de 24 légères chaque, et deux divisions de six obusiers de 8 pouces; ce qui fait vingt-quatre pièces; la moitié est destinée pour Étaples; mais elles resteront jusqu'à nouvel ordre à Boulogne. Il faudrait que ces pièces fussent rendues et prêtes à servir, le 25 fructidor, à Boulogne. Ce service, avec les approvisionnements et les mouvements qui seront nécessaires pour le service des batteries stables qu'on établit sur la laisse de basse mer et qui se montent à plus de trente bouches à feu, donnera une occupation suffisante aux 200 chevaux.

Donnez ordre que les chevaux du train, qui sont en ce moment réunis à Douai, fournissent sur-le-champ tout ce qui est nécessaire pour les attelages des batteries mobiles organisées pour la protection des côtes et du passage de la flottille, depuis Dunkerque jusqu'à Boulogne.

BONAPARTE.

Dépôt de la guerre.

7068. — AU GÉNÉRAL MARMONT.

Saint-Cloud, 16 fructidor an XI (3 septembre 1803).

Citoyen Général Marmont, premier Inspecteur général de l'artillerie, le 15 fructidor, à quatre heures du soir, il n'était encore arrivé à Boulogne ni les deux mortiers à grande portée, ni le châssis de côte destiné à tirer des pièces de 36 et de 24 sur l'angle de 45 degrés, ni même aucune espèce d'instruction à ce relative, au commandant de l'artillerie.

Je vous prie de me faire connaître combien pèsent les pièces de 24, de onze calibres de longueur, qui sont à Paris. Dans les épreuves qu'on va faire pour les mortiers, je vous prie d'y joindre un obusier de 24, ainsi qu'un obusier de douze pouces, tels que la marine les fait construire.

BONAPARTE.

Comm. par M. Lefebvre, libraire.

7069. — A L'AMIRAL BRUIX,

COMMANDANT LA FLOTTILLE DE BOULOGNE.

Saint-Cloud, 16 fructidor an XI (3 septembre 1803).

Citoyen Amiral Bruix, je reçois votre courrier. Je vous envoie un projet d'organisation de la flottille, tel que je le conçois, mais que je n'ai pas encore définitivement arrêté, voulant avoir votre avis.

On m'a communiqué un projet du citoyen Sganzin pour un logement à établir à la croix des signaux. Il m'a paru trop grand, trop long et trop cher. Je désire qu'il fasse une tente en bois avec une chambre de la grandeur d'une chambre de vaisseau, avec quatre petites chambres, telles que celles des capitaines à bord, en ayant soin de faire un toit avancé au moins de six pieds, de manière que beaucoup d'hommes puissent s'y mettre à l'abri de la pluie, tout autour. On pourra facilement s'y tenir pour donner de là des ordres dans les nuits importantes de l'embarquement, ou pour y coucher. Telle que je la conçois, cette tente pourra être faite en très-peu de temps et à peu de frais.

On peut destiner des maisons tout près de là, soit pour le logement des officiers, soit pour les chevaux. D'ailleurs, vous devez toujours avoir votre maison en ville. Faites en sorte que la communication soit la plus facile et la plus courte possible, de cet emplacement au port.

J'ai vu avec plaisir que les mortiers à grande portée avaient résisté. Faites-en donc placer de suite trois ou quatre; ils serviront à soutenir les travaux du fort Rouge, en attendant que vos plates-formes soient établies.

Par le plan ci-joint, qu'on m'a envoyé, il m'a paru que l'endroit où l'on veut établir les plates-formes est encore trop éloigné de la mer. J'ai fait marquer sur ce plan la manière dont je conçois qu'elles devraient être placées.

On m'a fait craindre que les mortiers et les pièces de canon qu'on voudrait laisser sur la laisse de basse mer ne fussent entraînés dans les gros temps de l'équinoxe et l'hiver. Si vous et le citoyen Sganzin partagez cette crainte, je croirais convenable de placer, quelques toises derrière, des piquets auxquels on les amarrerait par des câbles, qui les retiendraient aux boulons.

Je vous envoie des projets de fourneaux qui peuvent être utiles au citoyen Sganzin.

Je fais partir demain 200 chevaux d'artillerie pour être uniquement attachés au service des batteries de la laisse de basse mer, et à celui de douze pièces de 24 et de douze obusiers de 8 pouces, que l'on placera, toutes les fois que cela deviendra nécessaire, sur la laisse de basse mer.

Le ministre de la guerre donne l'ordre à la 43e demi-brigade d'envoyer 800 hommes à Ambleteuse et de fournir 200 à 300 hommes par jour pour le travail du port.

BONAPARTE.

Archives de l'Empire.

7070. — A L'AMIRAL BRUIX.

Saint-Cloud, 16 fructidor an XI (3 septembre 1803).

Citoyen Amiral Bruix, il paraît que tout commence à se mettre en train à Boulogne. Il faut actuellement s'occuper d'Étaples. J'ai ordonné que le chemin de Neufchâtel à la mer fût fait, afin qu'on pût aller de Boulogne à Étaples sans traverser les sables : a-t-on commencé ce travail? J'ai ordonné la réparation du chemin d'Étaples à Montreuil : y travaille-t-on? A-t-on commencé à établir des pieux? Y a-t-il une administration maritime, et a-t-on choisi les emplacements pour les divers établissements, soit de la marine, soit de la terre?

Vous voyez, par l'état où il est question de la distribution de la flottille, le nombre de bâtiments qu'il faudra placer à Étaples. Cela nécessitera beaucoup de choses. Quoique, par sa localité, Étaples ne soit pas exposé à des affaires comme Boulogne, cependant il y aura des rencontres, ce qui nécessitera un établissement de guerre de la marine. Faites ce qui est nécessaire pour ce port.

En 1708, au mois d'août, l'amiral Byng, ayant quatorze vaisseaux de ligne et soixante bâtiments de transport, mouilla dans la baie d'Étaples et mit 500 hommes à terre : faites-moi connaître s'il y a des traditions de l'endroit où il a mouillé, et, enfin, l'espèce de danger que pourrait courir une portion quelconque de la flottille.

BONAPARTE.

Archives de l'Empire.

7071. — A L'AMIRAL BRUIX.

Saint-Cloud, 16 fructidor an XI (3 septembre 1803).

Citoyen Amiral Bruix, je vous prie de me faire connaître vos notes sur les officiers de marine compris dans les états ci-joints. Vous sentez que ceci, étant le résultat de la confiance particulière que j'ai en vous, ne doit être connu de qui que ce soit. Vous pouvez donc parler franchement.

Ayant arrêté l'organisation d'un bataillon de marine qui sera attaché à la Garde, je vous prie de me présenter les capitaines de vaisseau et de frégate et les lieutenants de vaisseau qui pourraient être mis à la tête de ce corps.

BONAPARTE.

Archives de l'Empire.

7072. — AU CONTRE-AMIRAL DECRÈS,

MINISTRE DE LA MARINE ET DES COLONIES.

Saint-Cloud, 17 fructidor an XI (4 septembre 1803).

Je vous renvoie, Citoyen Ministre, le projet sur les bassins de Saint-Nazaire. Il est convenable d'ordonner aux ingénieurs de faire un projet en règle. Je ne pense pas que cela puisse coûter beaucoup. On a avancé qu'on ne pourrait point placer de corps-morts, parce que, dans tous les endroits où il en faudrait, on rencontrerait le roc. Donnez ordre de vérifier ce fait avec le plus grand soin. Dans un projet de cette nature, il ne sera possible de savoir à quoi s'en tenir que lorsque les ingénieurs y auront passé le temps nécessaire pour y vérifier les sondes; et, pour que leur travail se mûrisse, il faut leur ordonner la rédaction d'un projet et d'un devis.

BONAPARTE.

Archives de l'Empire.

7073. — A L'AMIRAL BRUIX,

COMMANDANT LA FLOTTILLE DE BOULOGNE.

Saint-Cloud, 17 fructidor an XI (4 septembre 1803).

Citoyen Amiral Bruix, vous trouverez ci-joint les notes du citoyen Forfait sur l'état que vous m'avez envoyé des constructions des différentes parties de la flottille dans le premier arrondissement. Je vous prie de faire dresser un état de situation de tous les bâtiments de la flottille en construction au 15 fructidor. Faites-le faire avec grand soin; comprenez-y ce qui a été payé à chaque constructeur et ce qui leur est dû. Vous pouvez les assurer qu'ils seront exactement payés.

En général, il paraît que nous avons, dans ce moment, assez de bateaux canonniers en construction, mais pas assez de chaloupes canonnières et de péniches. Si vous pouvez donc en mettre un plus grand nombre en construction dans votre arrondissement, faites-le; vous avez tous les pouvoirs. Vous avez dans votre arrondissement plusieurs points qui pourraient en recevoir; je ne vois pas pourquoi on n'y mettrait pas deux chaloupes canonnières. Je suis étonné qu'il n'y ait rien à Amiens.

On me rend compte qu'une grande quantité de toute espèce d'objets nécessaires à l'approvisionnement de la marine doit être arrivée à Anvers, venant de Hollande, et doit se mettre en route pour Boulogne. Envoyez des officiers pour activer l'arrivée du tout. Vous savez assez par expérience que rien n'arrive tout seul, et que tout languit si on n'en accélère l'arrivée par l'envoi d'officiers et de commis qui lèvent tous les obstacles.

Il n'y a non plus aucune difficulté à mettre dans le premier arrondissement une vingtaine de caïques en construction; vous avez tous les pouvoirs. Le premier arrondissement est celui dont les constructions sont les plus sûres, puisqu'il est plus près des lieux. Distinguez bien, dans les bâtiments que l'on construit, ceux que les entrepreneurs doivent fournir tout gréés de ceux que la marine doit gréer; et, dans ce dernier cas, assurez-vous des moyens qu'il y a pour cet objet.

Depuis l'Escaut jusqu'à la Somme, je ne connais ni préfet, ni administration; c'est vous qui répondez de tout; vous devez donc tout faire marcher.

La terre aura besoin d'une grande quantité de bois de chauffage pour les camps. Faites-moi connaître ce que deviennent toutes les branches des bois que l'on coupe, et ce qui provient des équarrissages, et si cela peut former une ressource.

BONAPARTE.

Je vous prie de me renvoyer les observations du citoyen Forfait, lorsque vous en aurez pris connaissance.

Archives de l'Empire.

7074. — A L'AMIRAL BRUIX.

Saint-Cloud, 17 fructidor an XI (4 septembre 1803).

Citoyen Amiral Bruix, je reçois votre lettre du 16. Je vois avec plaisir que le fort Rouge avance. Faites-moi connaître de quel métal et de quel calibre sont les pièces établies à la batterie du fort Rouge, et sur quel affût elles sont; et, puisque le fort Rouge se trouve tout à fait à la laisse de basse mer, il me semble que ces batteries ne pourront bientôt plus tirer.

J'ai reçu le plan que vous m'avez envoyé. Son aspect m'a fait sentir encore plus la nécessité des forts de la Crèche et de l'Heurt. Le génie m'assure que ce qui empêche de travailler, ce sont les ennemis, qui dispersent, tous les jours, les travailleurs à coups de canon. Comme le travail ne se fait qu'à marée basse, ne serait-il pas utile d'établir dans ces deux positions deux pièces de 24, ce qui éloignerait l'ennemi? Du reste, un bataillon de 900 sapeurs est parti pour s'y rendre, de Juliers. Je désire connaître à combien de pieds on s'est élevé, et quand on peut espérer que cette plate-forme sera hors de la haute mer, et qu'on pourra alors y placer une douzaine de canons et quatre ou cinq mortiers.

J'ai reçu votre plan; j'en désirerais un autre sur lequel fût tracée une première position qu'on ferait prendre à une avant-garde simplement composée de deux divisions de chaloupes canonnières, c'est-à-dire 54; d'une division de bâtiments de grande espèce, c'est-à-dire 27; et de six bombardes. Il faudrait que cette avant-garde occupât la position la plus près du rivage, afin d'être protégée par le fort Rouge et par les batteries de terre.

Je désirerais également que vous traçassiez la position à faire occuper à une cinquantaine de caïques, dans la vue d'augmenter les bâtiments et de prolonger la ligne. Il faudrait faire, avec le plus de soin possible, ce tracé, parce que ce ne serait qu'après avoir occupé quelque temps cette première position que nous nous hasarderions à nous porter plus avant. La ligne, telle que vous l'avez tracée, m'a paru faible. Il y a 22 pieds d'eau à basse mer; l'ennemi pourrait donc l'attaquer avec un grand nombre de vaisseaux à deux ponts, de bombardes, et quelques bateaux plats. Supposez que votre ligne fût ainsi attaquée par vingt vaisseaux de 74, dix ou douze bombardes, pensez-vous qu'elle puisse tenir? Or l'intérêt des Anglais à nous forcer à nous retirer de Boulogne est tel, que le sacrifice de trois ou quatre vaisseaux de guerre n'est rien, s'ils espèrent d'enlever une portion de cette flottille, ou l'écraser en l'obligeant à rentrer précipitamment dans le port. C'est à l'aspect de ce plan que j'ai senti l'immense avantage des caïques, puisqu'on peut en placer deux ou trois dans l'intervalle de chaque chaloupe canonnière, et dès lors, présenter une grande masse de feu, gêner et embarrasser l'ennemi.

On m'assure que la Liane n'est point navigable jusqu'au moulin de Saint-Léonard. Faites remonter et descendre un canot à marée basse et haute, afin qu'il n'y ait aucun doute sur ce fait, car il faudra qu'à l'endroit où sera le parc d'artillerie de la marine on puisse rapidement communiquer par eau pour approvisionner le port.

Faites travailler sans relâche au fort du citoyen Forfait; car il est facile sans doute de prendre une ligne qui ne pourrait être tournée, par la manière dont on s'approcherait de terre, mais il est difficile d'empêcher la ligne d'être percée.

J'ai ordonné au ministre de la guerre de faire lever un croquis de tout le local à une lieue de Boulogne, afin de pouvoir dessiner l'emplacement des camps; faites-moi connaître si l'on y travaille, et si ce travail avance.

Bonaparte.

Archives de l'Empire.

7075. — AU CITOYEN MELZI,

VICE-PRÉSIDENT DE LA RÉPUBLIQUE ITALIENNE.

Saint-Cloud, 18 fructidor an XI (5 septembre 1803).

J'ai été fort aise de recevoir ici le général Pino. Il se rend en Italie, plein de zèle pour organiser sa division. Ce sera avec grand plaisir que je verrai cet hiver le drapeau italien flotter sur les rives de l'Océan; ce ne sera pas, à ce que je me souvienne, arrivé depuis les Romains. Il serait peut-être convenable de réunir ce corps dans le département de l'Agogna. Les officiers devront tous avoir la gratification d'entrée en campagne. Les corps devront avoir leurs marmites, bidons, gamelles et fourgons. Si, sans inconvénient pour ce pays, ce corps peut être porté à 6,000 hommes, cela sera d'un excellent effet. En y bien songeant, je n'ai pas voulu de la légion italienne, parce qu'elle est mal composée. Elle se serait portée à quelques excès et aurait donné à ce peuple mauvaise opinion de l'Italie, ce qui serait du plus mauvais effet moral; car il peut arriver que ce pays soit engagé dans de fortes luttes pour soutenir l'indépendance de la République italienne; il faut donc éviter tout ce qui peut tendre à lui en donner une opinion défavorable. Si vous pouvez joindre au corps du général Pino quelques hussards composés de jeunes gens donnant des espérances, ils seront là pour se former.

BONAPARTE.

Archives de l'Empire.

7076. — AU CITOYEN MARESCALCHI,

MINISTRE DES RELATIONS EXTÉRIEURES DE LA RÉPUBLIQUE ITALIENNE.

Saint-Cloud, 18 fructidor an XI (5 septembre 1803).

Je vous envoie, Citoyen Ministre, des pouvoirs pour négocier le concordat de la République italienne. Vous entamerez une négociation sur l'article 2, et vous ne signerez rien jusqu'à ce que je vous aie fait connaître mes intentions définitives sur cet article.

BONAPARTE.

Archives de l'Empire.

7077. — AU GÉNÉRAL MARMONT.

Saint-Cloud, 18 fructidor an XI (5 septembre 1803).

Citoyen Général Marmont, premier Inspecteur général d'artillerie, je n'approuve point les mouvements des pièces de 16 que vous tirez de Metz, Luxembourg, Thionville, Sarre-Libre, Bitche et Longwy. Il me semble qu'il sera difficile d'armer les côtes avec des pièces de 16. Il faudra donc voir le nombre de pièces de 24 qu'on pourrait y laisser; car il y a des positions très-importantes qu'on ne pourra pas armer avec des pièces de 16, dont le résultat est si différent de celui des pièces de 24, quelque opinion qu'on puisse en avoir.

Le mouvement de la division de Bayonne me paraît très-bon.

Je vous renvoie le travail, qui me paraît à refaire.

Le port de Toulon aura besoin que vous lui fournissiez quatre-vingts pièces de 24, prises sur la côte.

BONAPARTE.

Comm. par M. Lefebvre, libraire.

7078. — AU CONTRE-AMIRAL DECRÈS, MINISTRE DE LA MARINE ET DES COLONIES.

Saint-Cloud, 18 fructidor an XI (5 septembre 1803).

Je vous prie, Citoyen Ministre, d'inviter MM. Monge et Berthollet à faire des expériences de la nouvelle préparation des chanvres, inventée par un habitant d'Amiens, et de vous en adresser un rapport. Il sera nécessaire que vous mettiez une petite somme à leur disposition pour suivre ces expériences.

BONAPARTE.

Archives de l'Empire.

7079. — NOTE POUR LE MINISTRE DE LA MARINE.

Saint-Cloud, 18 fructidor an XI (5 septembre 1803).

La ligne de chaloupes canonnières, pour la garde de la flottille qui devra mouiller devant Boulogne, a besoin d'être protégée. Le fort que le citoyen Forfait a proposé et que l'on construit ne peut la protéger que d'un côté, et d'ailleurs sa réussite n'est pas certaine. On désirerait connaître ce que coûterait une prame ou ponton d'un très-gros échantillon, sur lequel on placerait quinze pièces de 36 de chaque côté, à moins qu'on ne préférât les placer sur la ligne du milieu. Ce ponton, devant être embossé, aurait-il besoin de mâture, de manœuvres, etc.? Que coûterait-il? Combien de temps faudrait-il pour le construire? Et pourrait-il être d'un échantillon plus gros qu'un vaisseau de guerre?

BONAPARTE.

Archives de l'Empire.

7080. — AU CITOYEN CHAPTAL, MINISTRE DE L'INTÉRIEUR.

Saint-Cloud, 19 fructidor an XI (6 septembre 1803).

L'hiver sera rigoureux, Citoyen Ministre, la viande très-chère. Il faut faire travailler à Paris :

1° Faire continuer les travaux du canal de l'Ourcq;

2° Faire des travaux aux quais Desaix et d'Orsay;

3° Faire abattre toutes les maisons qu'on a le projet de démolir; en présenter l'état;

4° Travailler au pont du Jardin des Plantes;

5° Faire paver les nouvelles rues;

6° Fournir d'autres travaux au peuple.

Les travaux de Pontivy n'avancent point; ceux ordonnés pendant le voyage ne sont pas commencés.

Je vous prie de me remettre, au travail du vendredi 29 fructidor, un état de tout ce qui a été fait cette année, et une demande de fonds pour les travaux publics de l'an XII.

BONAPARTE.

Archives de l'Empire.

7081. — AU GÉNÉRAL BERTHIER, MINISTRE DE LA GUERRE.

Saint-Cloud, 19 fructidor an XI (6 septembre 1803).

On a envoyé, Citoyen Ministre, les 6e et 42e de ligne et la 1re légère dans le royaume de Naples. Faites-moi connaître les mesures qu'on a prises pour l'habillement et surtout pour l'armement des conscrits. Je suis instruit qu'on n'en a pris aucune pour l'armement.

Il me semble qu'il aurait été convenable de faire arrêter ces conscrits dans la Romagne, et là, de les armer et habiller avant de les envoyer dans le royaume de Naples. S'ils étaient arrivés à Tarente, il serait convenable d'y faire passer des fusils dans le plus court délai.

Envoyez un des adjudants commandants attachés au ministère à Tarente. Il vérifiera à Turin, Plaisance, Rimini et Ancône le nombre de conscrits qui ont passé. Il vous fera un rapport de chacune de ces villes. Il visitera Tarente et les positions qu'occupe l'armée, et vous fera un rapport de chaque endroit, en vous faisant connaître l'état des batteries de côte établies, la situation de l'approvisionnement. Il sera porteur d'un ordre pour l'approvisionnement de Tarente, vu qu'une escadre s'y rendra en novembre, et pour que toutes les mesures soient prises pour se procurer 500,000 rations de biscuit pour une opération extraordinaire.

BONAPARTE.

Comm. par M. le prince de Wagram.

7082. — AU CONTRE-AMIRAL DECRÈS, MINISTRE DE LA MARINE ET DES COLONIES.

Saint-Cloud, 19 fructidor an XI (6 septembre 1803).

Je désire, Citoyen Ministre, que vous voyiez l'officier général de mer que la République batave a accrédité auprès de moi; qu'il vous remette un état de situation des forces navales de la République batave, et vous fasse connaître à quelle époque précise sera réunie l'escadre batave, avec les moyens de transport, et dans quel lieu; demandez son opinion sur le lieu le plus avantageux de l'Escaut et du Texel pour la réunion de l'escadre de guerre. Sachez de lui ce qu'il pense d'une opération qui aurait pour but de faire partir du

Texel 25,000 hommes sur de gros bâtiments, pour aller débarquer en Irlande; quel est le lieu le plus convenable dans la République batave, si cette escadre devait se rendre à Yarmouth; et quel serait le meilleur point pour aborder en Écosse; quel serait le meilleur point pour aborder en Angleterre.

Il doit beaucoup connaître les mers du Nord. Informez-vous de lui des aires des vents qui règnent en janvier et février dans ces parages; si le Texel gèle toutes les années, et à quelle époque il est ordinairement ouvert. Enfin remettez-moi une note qui me fasse connaître tout le parti qu'on pourrait tirer des ports bataves et des moyens maritimes bataves pour l'expédition.

BONAPARTE.

Archives de l'Empire.

7083. — AU VICE-AMIRAL TRUGUET.

Saint-Cloud, 19 fructidor an XI (6 septembre 1803).

Citoyen Truguet, Conseiller d'État, j'ai reçu votre lettre du 18. J'avais lu celle que vous m'aviez écrite précédemment. Je pense que votre présence est nécessaire à Brest; rendez-vous-y; arborez votre pavillon sur un des vaisseaux, et apportez tous vos soins à établir la discipline dans vos équipages; formez-les aux manœuvres, afin que cette armée navale soit à même de remplir l'attente du Gouvernement. Par là vous pouvez me prouver votre attachement à la République et à moi.

BONAPARTE.

Archives de l'Empire.

7084. — NOTE POUR LE MINISTRE DE LA MARINE.

Saint-Cloud, 19 fructidor an XI (6 septembre 1803).

S'il y avait parmi les canonniers de la marine quelques hommes qui sussent tirer la bombe et qui seraient de bonne volonté, il n'y aurait pas d'inconvénient à établir deux compagnies de bombardiers garde-côtes depuis le Havre jusqu'à l'embouchure de la Somme.

BONAPARTE.

Archives de la marine.

7085. — NOTE POUR LES MINISTRES.

Saint-Cloud, 20 fructidor an XI (7 septembre 1803).

Les traitements à payer par les ministres de la justice, des relations extérieures, de l'intérieur, des finances, et du trésor public, ne seront point ordonnancés tous les cinq jours, vu que les traitements de vendémiaire ne sont dus qu'au 30 ; et, par contre, ces ministres pourront ordonnancer du 1er au 5 brumaire tout ce qui leur est accordé. En conséquence, les autres ministres pourront ordonnancer du 1er au 30 vendémiaire plus que leurs douzièmes. Ils ordonnanceront d'autant moins dans le mois suivant.

BONAPARTE.

Archives des finances.

7086. — AU CITOYEN REGNIER,
GRAND JUGE, MINISTRE DE LA JUSTICE.

Saint-Cloud, 22 fructidor an XI (9 septembre 1803).

Ordre de faire arrêter les deux pêcheurs Verger et La Corde qui ont communiqué en plein jour avec les Anglais, ainsi que les hommes composant leurs équipages, et de leur faire subir un interrogatoire contradictoire et séparément.

BONAPARTE.

Archives de l'Empire.

7087. — DÉCISION.

Saint-Cloud, 22 fructidor an XI (9 septembre 1803).

Rapport du ministre de la guerre sur les lenteurs des opérations de la conscription dans le département du Bas-Rhin.

Renvoyé au ministre de l'intérieur. L'on ne conçoit pas comment le département du Bas-Rhin, un des plus militaires et des plus peuplés de la République, n'est pas le premier à fournir sa conscription.

BONAPARTE.

Archives de l'Empire.

7088. — AU CITOYEN PORTALIS, CONSEILLER D'ÉTAT,
CHARGÉ DE TOUTES LES AFFAIRES CONCERNANT LES CULTES.

Saint-Cloud, 22 fructidor an XI (9 septembre 1803).

On dit que le prêtre Collin, desservant de la Martyre, près Brest, a refusé les funérailles à un ministre du culte, parce qu'il était assermenté, ainsi qu'à un acquéreur d'un bien national.

BONAPARTE.

Archives de l'Empire.

7089. — AU CITOYEN CHAPTAL, MINISTRE DE L'INTÉRIEUR.

Saint-Cloud, 23 fructidor an XI (10 septembre 1803).

Le Premier Consul désire, Citoyen Ministre, que vous lui présentiez, dans les premiers jours de la semaine prochaine, un projet pour l'établissement d'un canal qui joindrait la Vilaine à la Rance.

Par ordre du Premier Consul.

Archives de l'Empire.

7090. — ARRÊTÉ.

Saint-Cloud, 23 fructidor an XI (10 septembre 1803).

ARTICLE 1er. — Il sera employé une somme de quinze millions en l'an XII pour les travaux extraordinaires des ponts et chaussées, non compris ce qui sera accordé pour l'extraordinaire des routes, dont les travaux à faire seront fixés dans le courant du mois de vendémiaire sur les états qui seront remis de ce qui a été fait en l'an XI, de ce qui reste à faire, et des fonds qui restent disponibles.

ART. 2. — Cette somme de quinze millions sera distribuée de la manière suivante, savoir :

1° Travaux des routes du Simplon, du mont Cenis, du mont Genèvre et de Vintimille, deux millions, ci. . .	2,000,000 fr.
2° Travaux des grands ponts, un million, ci. .	1,000,000
3° Travaux des quais Bonaparte et Desaix, cinq cent mille francs, ci.	500,000
(Ce qui sera avancé pour ce dernier quai sera remboursé par la commune de Paris.)	
4° Creusement et réparations des canaux de la Belgique, cinq cent mille francs, ci.	500,000
5° Desséchement des marais du Cotentin, cinq cent mille francs, ci.	500,000
6° Desséchement des marais de Rochefort, un million, ci.	1,000,000
7° Navigation intérieure, deux millions cinq cent mille francs, ci.	2,500,000
8° Ports maritimes, trois millions, ci.	3,000,000
9° Travaux du canal de Saint-Quentin, deux millions, ci.	2,000,000
10° Travaux du canal d'Arles, cinq cent mille francs, ci.	500,000
11° Travaux du canal pour joindre la Vilaine à la Rance, cinq cent mille francs, ci.	500,000
12° Travaux du canal entre Dijon et Dole, cinq cent mille francs, ci	500,000
A reporter. . . .	14,500,000 fr.

Report.	14,500,000 fr.
13° Travaux du canal du Blavet, cinq cent mille francs, ci	500,000
Total.	15,000,000 fr.

Art. 3. — Le ministre de l'intérieur remettra, vendredi prochain, le projet de distribution de ces fonds entre les différentes localités.

Art. 4. — Les ministres de l'intérieur et du trésor public sont chargés de l'exécution du présent arrêté.

Bonaparte.

Archives de l'Empire.

7091. — AU CITOYEN BARBÉ-MARBOIS,

MINISTRE DU TRÉSOR PUBLIC.

Saint-Cloud, 23 fructidor an XI (10 septembre 1803).

Les travaux de la flottille vont cesser à Ostende et à Dunkerque, par défaut de fonds. Je vois, dans l'état que vous m'avez remis, qu'une ordonnance de 500,000 francs, qui est datée du 24 thermidor, sera payée en rescriptions du 28 thermidor, à vingt, trente et quarante jours de vue; ainsi une partie de la somme ne sera point soldée avant vendémiaire.

Il y a une autre ordonnance de 600,000 francs, du 18 fructidor, donnée par le ministre de la marine pour la flottille de Dunkerque. Vous n'avez pas porté dans votre état l'espèce de valeurs avec lesquelles cette somme doit être soldée. Si la trésorerie n'a point encore fait son envoi, il est nécessaire d'y envoyer au moins 100,000 francs en poste. Si les dispositions sont faites pour les 600,000 francs, il faut toujours envoyer 100,000 francs, qui serviront à couvrir les ordonnances que le ministre de la marine tirera au 1er vendémiaire.

Les entrepreneurs des travaux maritimes du port d'Ostende sont aussi sur le point de cesser leurs travaux. Faites-moi connaître les ordonnances qui ont été livrées pour cet objet, et en quelles valeurs on les a payées à la trésorerie.

Bonaparte.

Archives de l'Empire.

7092. — AU CONTRE-AMIRAL DECRÈS,

MINISTRE DE LA MARINE ET DES COLONIES.

Saint-Cloud, 23 fructidor an XI (10 septembre 1803).

Vous avez pour le mois de vendémiaire un crédit de vingt-sept millions, qui, étant payable tous les cinq jours par douzième, vous permet d'ordonnancer pour le 1er vendémiaire 2,300,000 francs. Je désirerais que vos ordonnances des 1er et 5 vendémiaire fussent entièrement pour la flottille, ce qui consommerait le fonds de cinq millions; et si, par les comptes qui vous sont rendus, les besoins de la flottille sont très-pressants sur quelques points, vous m'en enverrez la note, et je donnerai l'ordre au trésor public d'envoyer en poste de l'argent pour payer une partie de vos ordonnances, afin qu'elles ne souffrent point de retard d'un mois, car dans ce moment ce serait un grand malheur que le moindre retard apporté aux constructions de la flottille par défaut de fonds.

BONAPARTE.

Archives de l'Empire.

7093. — AU CITOYEN LACÉPÈDE.

La Malmaison, 25 fructidor an XI (12 septembre 1803).

Citoyen Lacépède, Sénateur, Grand Chancelier de la Légion d'honneur, le grand conseil va s'occuper, dans le plus court délai, de l'organisation des cohortes. Il me paraît convenable de prendre, dès à présent, possession de tous les biens qui ont été désignés. Ces prises de possession pourraient se faire par l'Enregistrement même. Il ferait dresser dans chaque département un procès-verbal de la situation des biens et de la manière dont ils sont administrés; il en prendrait possession pour la Légion et vous enverrait le procès-verbal; et, du commencement de l'an XII, l'Enregistrement mettrait en réserve les revenus provenant de ces biens, dont il ferait le versement dans la caisse du trésorier général de la Légion. Ces deux actes me paraissent un préalable nécessaire. Voyez sur cela le ministre des finances.

BONAPARTE.

Archives de l'Empire.

7094. — AU CITOYEN REGNIER,

GRAND JUGE, MINISTRE DE LA JUSTICE.

La Malmaison, 25 fructidor an XI (12 septembre 1803).

D'après le rapport du citoyen Fardel, il me paraît convenable de faire venir à Paris Martel, Robert Lefort, Delpierre, Verlinque et Jutel, matelots marins, prévenus de trahison et d'espionnage avec les Anglais; on les fera voyager séparément. Arrivés à Paris, on les mettra dans différentes prisons, au secret, et on les interrogera sur les événements de la guerre passée et de la guerre présente, afin d'essayer, par des moyens contradictoires, de découvrir la vérité et d'arriver à l'aveu des délits que tant de faits moraux prouvent contre ces hommes.

Vous me ferez un rapport sur les autres détenus de Montreuil.

BONAPARTE.

Archives de l'Empire.

7095. — AU CITOYEN CHAPTAL, MINISTRE DE L'INTÉRIEUR.

La Malmaison, 25 fructidor an XI (12 septembre 1803).

Je désire, Citoyen Ministre, que vous me proposiez de placer le citoyen Masclet, sous-préfet de Boulogne-sur-Mer, dans une sous-préfecture de l'intérieur, et de le remplacer par un homme de caractère, actif et zélé.

La commune de Paris doit beaucoup; cependant il lui est dû plus de 400,000 francs. Donnez ordre pour qu'elle perçoive ce qui lui revient.

BONAPARTE.

Archives de l'Empire.

7096. — AU CITOYEN CHAPTAL.

La Malmaison, 25 fructidor an XI (12 septembre 1803).

Les gardes d'honneur du Rhône et de l'Oise, Citoyen Ministre, ont demandé à conserver leurs uniformes et à se réunir tous les mois, afin de s'exercer et de former un noyau de compagnie, comme détachement de la garde nationale du pays. Je n'y vois point d'inconvénient. Plusieurs autres gardes d'honneur ont fait la même demande. Écrivez aux préfets pour avoir la note des hommes qui composaient les gardes d'honneur, et le projet de l'organisation qu'on pourrait leur donner sans inconvénient.

BONAPARTE.

Archives de l'Empire.

7097. — AU CITOYEN GAUDIN, MINISTRE DES FINANCES.

La Malmaison, 25 fructidor an XI (12 septembre 1803).

La rentrée des bons à vue sur la taxe d'entretien des routes est susceptible d'être convertie en obligations payables par douzième, tous les mois.

Les cautionnements des juges de paix et greffiers sont susceptibles d'être convertis en rescriptions ou obligations.

Les revenus des domaines nationaux sont susceptibles d'être convertis en rescriptions ou obligations.

Approfondissez davantage les différentes branches de l'enregistrement, et peut-être trouverez-vous quelques autres parties susceptibles d'être soumissionnées; les décimes des bois, par exemple, devraient être soumissionnés dès l'instant que la vente est faite.

Enfin, la vente des domaines nationaux, article qui, dans l'an XII, ira probablement à plus de trente millions, est susceptible d'être soumissionnée.

Les avantages que je vois dans le système des obligations consistent non-seulement dans une jouissance plus prompte pour le trésor public, mais encore cela sert de règle et met l'administration à même de vérifier chaque jour ce que chaque chose produit.

Réfléchissez sur toutes ces idées, et faites-moi connaître ce que vous en pensez.

BONAPARTE.

Archives de l'Empire.

7098. — AU CITOYEN TALLEYRAND,

MINISTRE DES RELATIONS EXTÉRIEURES.

La Malmaison, 25 fructidor an XI (12 septembre 1803).

Je vous renvoie, Citoyen Ministre, le courrier de Madrid du 13. Je suis surpris que nous n'en ayons pas d'autres nouvelles. Faites faire un relevé de toutes nos plaintes contre l'Espagne, afin qu'on puisse avoir ces matériaux tout prêts, pour s'en servir selon les événements.

BONAPARTE.

Je resterai demain à la Malmaison. Je désire que vous veniez travailler le jour.

Archives des affaires étrangères.

7099. — AU CITOYEN MARESCALCHI,

MINISTRE DES RELATIONS EXTÉRIEURES DE LA RÉPUBLIQUE ITALIENNE.

La Malmaison, 25 fructidor an XI (12 septembre 1803).

J'approuve la rédaction de l'article 2 de la manière suivante :

« ART. 2. — Le présent concordat est substitué à toutes les lois, ordonnances et règlements émanés jusqu'à ce jour de la République italienne sur les matières de religion. »

Article sept. On veut bien consentir à ce que les administrateurs des hôpitaux, qui étaient jusqu'à présent composés d'ecclésiastiques, soient composés moitié civils, moitié ecclésiastiques; mais il faudrait qu'ils fussent nommés par le Président de la République, sur la présentation de l'évêque.

Article huit. Il faudrait bien exprimer que les évêques ne pourront nommer les curés et les mettre en possession avant d'avoir l'attache du Gouvernement.

Et je vous autorise à signer avec ces modifications.

BONAPARTE.

Archives de l'Empire.

7100. — AU GÉNÉRAL SOULT, COMMANDANT LE CAMP DE SAINT-OMER.

La Malmaison, 25 fructidor an XI (12 septembre 1803).

Citoyen Général Soult, on construit un port à Ambleteuse; on y a besoin de beaucoup d'ouvriers. J'ai ordonné qu'on y campât un bataillon de la 43e; mais je crains que l'air ne soit malsain, et nous sommes dans la saison des fièvres. Veillez à ce que le camp soit placé de manière que les marais qui sont au-dessus d'Ambleteuse n'y aient aucune influence. Si l'on peut trouver un emplacement sain, faites venir des effets de campement pour y camper le deuxième bataillon, de manière à pouvoir fournir 4 à 500 travailleurs par jour, sans que la santé du soldat soit compromise par les travaux. Concertez-vous avec le citoyen Sganzin, et écrivez aux préfets de vous envoyer des ouvriers; la récolte est faite; vous ne tarderez point à en avoir un grand nombre; ceux du Nord et du Pas-de-Calais peuvent vous en fournir beaucoup.

Visitez tous nos établissements à Boulogne. Faites-moi connaître les emplacements de la boulangerie, des magasins de fourrages, des parcs d'artillerie, etc. Le tout doit être sur la Liane, qui offre un moyen de transport dans le port.

Je ne saurais trop vous recommander la santé des troupes. N'en placez point dans les endroits malsains.

BONAPARTE.

Archives de l'Empire.

7101. — AU GÉNÉRAL MARMONT.

La Malmaison, 25 fructidor an XI (12 septembre 1803).

Vos deux mortiers à plaque, de Boulogne, ont fait merveille; la frégate anglaise, qui se croyait en sûreté, a été touchée sur le beaupré; sa mâture a été endommagée; elle a eu plusieurs hommes de tués. Mais il n'y en a encore que deux; quand arriveront les dix autres, et quand aurez-vous à Boulogne des mortiers dont la chambre tiendra 25 à 30 livres de poudre?

Les généraux Soult et Bruix demandent deux mortiers à plaque, à la tour d'Ambleteuse. Faites-moi connaître combien vous en dirigez de Strasbourg sur Ostende. Ostende est moins important que Boulogne.

L'artillerie arrive bien lentement dans cette place. Commencez donc à diriger, de Douai sur Boulogne, des pièces de 24, longues, courtes, des obusiers de 6 pouces et de gros mortiers, et des crapauds pour les mortiers ordinaires. Chaque mortier doit en avoir deux; les crapauds en fonte se cassent comme du verre.

BONAPARTE.

Archives de l'Empire.

7102. — A L'AMIRAL BRUIX,

COMMANDANT LA FLOTTILLE DE BOULOGNE.

La Malmaison, 25 fructidor an XI (12 septembre 1803).

Citoyen Amiral Bruix, je reçois votre lettre du 21. Vous paraissez désirer des demi-péniches. On pourra alors employer les bateaux de pêche de Saint-Malo. Il y en a, je crois, près de 400.

Il a dû être envoyé à Dunkerque pour les travaux de la flottille:

255,000 francs le 22 messidor,
320,000 francs le 29 messidor,
500,000 francs le 24 thermidor,
600,000 francs le 18 fructidor.

En tout 1,675,000 francs.

Faites-moi connaître quelle est la portion de cette somme qui a été consommée, et la portion qui ne serait pas encore rentrée dans la caisse du payeur, afin que par là je voie si l'on ne manque point d'argent. A tout hasard, j'ai ordonné au ministre du trésor public d'envoyer 100,000 francs en or, par la poste, à Dunkerque.

Ces 100,000 francs sont partis; mais je suppose que, sur les 1,675,000 francs, il y en a 800,000 qui ne seront pas encore disponibles. Faites établir le compte de cette somme.

BONAPARTE.

Archives de l'Empire.

7103. — AU CONTRE-AMIRAL GANTEAUME.

La Malmaison, 25 fructidor an XI (12 septembre 1803).

Citoyen Général Ganteaume, Préfet maritime à Toulon, j'ai reçu votre lettre. J'ai vu avec plaisir que deux vaisseaux de 80 avaient été lancés à l'eau avant la fin de l'année. Faites avancer actuellement ceux de 74, et mettez-vous en mesure d'armer toute votre escadre; elle doit concourir à de grandes opérations. Il faut que onze ou au moins dix vaisseaux, et huit ou au moins six frégates, soient prêts à partir dans les premiers jours de janvier, sans embarras, sans troupes qu'autant qu'il en faudrait pour augmenter leur force. Prenez tous les moyens que vous jugerez convenables; mais il faut que cela soit, et que l'escadre puisse être à la voile dans les derniers jours de décembre ou dans les premiers jours de janvier.

BONAPARTE.

Comm. par Mme la comtesse Ganteaume.

7104. — AU CITOYEN CRETET.

La Malmaison, 27 fructidor an XI (14 septembre 1803).

Citoyen Cretet, Conseiller d'État, on ne travaille point aux chemins de Neufchâtel à Étaples et d'Étaples à Montreuil. Laissez tout protocole et toute formule. Le mauvais temps va arriver; l'artillerie va passer par convois sur ces routes, et il arrivera de grands accidents.

J'ai besoin d'une route de 2,000 toises, qui aille d'Ambleteuse au chemin de Calais. Prenez des mesures pour qu'elle soit faite sur-le-champ. Envoyez un ingénieur des ponts et chaussées et deux adjoints sur cette route, au grand quartier général à Saint-Omer, et que tous les trois soient en pleine activité le 5e jour complémentaire. Vous aurez soin de tenir toujours des fonds à la disposition de cet officier. Il faut que l'ingénieur avec ses adjoints parte demain. Il prendra les ordres du général Soult pour tous les chemins qui seraient nécessaires à l'armée. Par exemple, de Boulogne à la forêt, il y a un passage d'une centaine de toises qui est impraticable; il faut qu'il soit réparé sans retard.

Il aura soin que le chemin de Boulogne à Ostende soit dans le meilleur état. Il enverra un de ses adjoints près le général Soult, et l'autre près le général Davout, à Ostende.

BONAPARTE.

Archives de l'Empire.

7105. — AU GÉNÉRAL SOULT,

COMMANDANT LE CAMP DE SAINT-OMER.

La Malmaison, 27 fructidor an XI (14 septembre 1803).

Citoyen Général Soult, j'ai reçu vos lettres du 25. Je ne vois pas d'inconvénient à faire camper le 2e bataillon de la 43e, si l'air n'est pas malsain. Je n'en vois pas à faire placer deux mortiers à plaque à Ambleteuse, ni à faire construire des hangars pour l'établissement de 5 à 600 chevaux sur la place de Boulogne. Joignez à cette mesure celle de faire les recensements de tous les couvents et églises de Boulogne, qui, hormis l'église principale, doivent servir à loger un certain nombre de chevaux.

Si vous avez des charpentiers dans les corps, aidez-en la marine autant que possible. Vous pouvez faire prendre, dans les taillis de cette année des forêts de Boulogne et de Hardelot, les perches et branches nécessaires au campement; et, en général, vous pouvez vous servir des forêts pour tous les bois dont vous aurez besoin, en le faisant en bon propriétaire, et surtout avec les procès-verbaux et formes requises. Prévenez l'inspecteur des forêts qu'il recevra, sous peu de jours, des ordres du ministre des finances pour cet objet.

Il n'y a pas d'inconvénient à faire établir deux batteries sur la pointe de la Rochette. Vous devez avoir à Boulogne le général commandant l'artillerie, le directeur de Saint-Omer et votre ordonnateur. Écrivez au général Faultrier, directeur des parcs, qui se trouve à Douai, de vous tenir au courant des jours où vous devrez recevoir les mortiers à plaque et autres objets d'artillerie dont vous avez besoin. Le général Marmont ne tardera pas, d'ailleurs, à porter son quartier général à Saint-Omer, pour vous aider de tous ses moyens.

Faites rentrer le 2e régiment de dragons à Saint-Omer. Je désire que vous voyiez l'anse où est située la tour de Croï, et que vous confériez avec l'amiral Bruix et le citoyen Sganzin, pour savoir si, dans cette anse où je n'ai pas été, et qui est protégée par cette tour, il n'y aurait pas un refuge pour quelques bâtiments de la flottille, et si les vents qui permettent de sortir de Boulogne sont favorables pour sortir de cet endroit.

Le citoyen Petiet, qui est à Saint-Omer, aura sans doute déjà pris des mesures pour vous faire avoir de la paille. Il doit écrire aux différents préfets pour en faire battre. Faites-moi connaître si, à Dunkerque, Calais, Saint-Valery-sur-Somme et Boulogne, on travaille à des bâtiments de commerce et à des corsaires. Prévenez-en l'amiral, qui doit l'empêcher, car tous les bras doivent travailler pour la marine militaire.

Un ingénieur des ponts et chaussées se rendra près de vous pour rester sous vos ordres. Il aura toujours des fonds à sa disposition. Il est chargé d'activer la réparation des routes d'Étaples à Ambleteuse et de Boulogne à la forêt. Faites-lui faire l'inspection des routes de

Boulogne à Ostende, jusqu'aux confins de votre commandement, de manière à les mettre dans le meilleur état.

Prescrivez au général d'artillerie de ne jamais faire tirer un boulet isolé; pour faire effet, il faut que quatre ou cinq mortiers soient chargés et tirés successivement, le plus promptement possible, en augmentant ou diminuant de quelques degrés, suivant le résultat de la bombe ou du mortier précédent; de cette manière, le bâtiment n'a pas le temps d'échapper et il essuie plusieurs bombes. Pourquoi, pendant que la bombe du mortier à plaque était à la hauteur de la frégate, n'a-t-on pas sur-le-champ tiré un grand nombre de boulets?

BONAPARTE.

Archives de l'Empire.

7106. — AU GÉNÉRAL BERTHIER, MINISTRE DE LA GUERRE.

Saint-Cloud, 27 fructidor an XI (14 septembre 1803).

Je vous prie, Citoyen Ministre, de donner ordre qu'il soit établi à la tour d'Ambleteuse deux mortiers à plaque, et qu'une batterie de deux pièces de canon de 24 soit construite sur la pointe de la Rochette, entre Boulogne et le fort de Croï.

Écrivez pour que les bois et autres objets nécessaires au campement des troupes à Boulogne soient fournis sur-le-champ.

Donnez ordre qu'il soit construit, le long des murs de Boulogne, des hangars de campagne, capables de mettre 600 chevaux à l'abri des injures de l'air, conformément au croquis ci-joint. Faites faire le recensement des couvents et églises de Boulogne, hormis l'église principale, pour les employer à contenir des chevaux.

Faites-moi connaître quel est l'officier supérieur du génie qui commande au camp de Saint-Omer; il devrait déjà y être rendu. Je vois qu'il n'y a qu'un chef de bataillon. Donnez ordre qu'il s'y rende sans délai, et mettez des fonds à sa disposition pour les petits travaux.

BONAPARTE.

Archives de l'Empire.

7107. — A L'AMIRAL BRUIX, COMMANDANT LA FLOTTILLE DE BOULOGNE.

Saint-Cloud, 27 fructidor an XI (14 septembre 1803).

Citoyen Amiral Bruix, je suis fort aise que les deux nouveaux mortiers aient rempli leur but; vous en recevrez qui, j'espère, iront à plus de 2,000 toises.

J'approuve ce que vous avez fait pour le port d'Ambleteuse. Les chemins vont être construits avec la plus grande activité. Faites faire le relevé de tous les charpentiers et ouvriers qui travaillent à Dunkerque. Pourquoi donc se plaint-on toujours de ce port ? Instruisez-moi, par le retour de mon courrier, du jour où les cent bateaux canonniers seront prêts à partir de ce port.

J'espère que le citoyen Sganzin ne perdra pas un moment pour faire avancer le fort Rouge. Faites-moi connaître combien il y a de pieux de battus, combien on en place par jour, et combien il en faut en tout. Pourquoi n'en bat-on pas trente par jour?

Bonaparte.

Archives de l'Empire.

7108. — AU GÉNÉRAL BERTHIER, MINISTRE DE LA GUERRE.

La Malmaison, 29 fructidor an XI (16 septembre 1803).

Le général Caulaincourt, Citoyen Ministre, demande si l'on peut admettre des officiers étrangers dans la 112e demi-brigade. La réponse doit être négative; il ne doit y entrer que des officiers belges. Il n'y a pas d'inconvénient à admettre le quartier-maître qu'il propose.

Quant au serment qu'exige des officiers le Gouvernement autrichien, le général Caulaincourt doit leur déclarer qu'étant Français ils doivent servir contre toute nation avec laquelle la France serait en guerre; que l'Autriche ne se porterait pas à de telles violences, parce qu'en France on userait de représailles; qu'au surplus on fait écrire par le ministre des relations extérieures, et qu'il n'y a pas de doute que l'Autriche ne se désiste d'une mesure contraire à toute justice et à tous les usages.

Bonaparte.

Dépôt de la guerre.

7109. — AU GÉNÉRAL BERTHIER.

La Malmaison, 29 fructidor an XI (16 septembre 1803).

J'ai lu avec attention, Citoyen Ministre, le mémoire du premier inspecteur général du génie [1] sur les fortifications de la rive gauche du Rhin.

Je désirerais avoir une description de la frontière comprise entre le Rhin et la Meuse, depuis la Moselle à Namur et la Hollande.

Dans ce mémoire on décrira les chemins que pourrait suivre l'ennemi pour se porter sur Liége, en partant, soit de Coblentz, soit de Bonn, soit de Cologne. On devra décrire tous les chemins par où il serait obligé de passer, faire connaître la nature de la route, et, s'il n'y a pas de grande route nationale, décrire les routes de traverse; car,

[1] Le général Marescot.

enfin, partout où passent les charrettes du pays, une armée peut à la rigueur passer. On décrira également les routes que pourrait prendre l'ennemi pour passer la Meuse à Ruremonde, en passant le Rhin à Cologne ou plus haut. On joindra à ce mémoire les meilleures cartes que nous ayons de ce pays, sur lesquelles on tracera les routes.

Dans un deuxième mémoire, on décrira Bonn avec les environs, à la distance de 1,200 toises, tant en deçà qu'au delà du Rhin. Si la ligne magistrale de Bonn est d'un bon système et en bon état, si elle n'est pas dominée, et si l'occupation de la rive droite est facile et peut être protégée par les ouvrages actuellement existant sur la rive gauche, Bonn se trouverait avoir de grands avantages pour l'offensive. Il faudrait évaluer ce que valent soit les établissements militaires pour l'artillerie, les magasins, etc., soit la ligne magistrale, et ce qu'il faudrait pour l'établir autre part.

Un troisième mémoire et des plans pareils sont nécessaires pour Cologne.

On remettra un quatrième mémoire et les plans nécessaires pour la place qu'on propose de construire en seconde ligne, aux sources de la Roër, disposée de manière à servir de point d'appui à la première ligne, et à intercepter la communication de Coblentz et de Bonn à Liége. On fera choisir l'endroit; et, s'il s'en présente plusieurs offrant des avantages égaux, on fera lever et niveler sur une grande échelle les différents emplacements.

On me remettra, dans les jours complémentaires, ceux de ces mémoires qu'on pourra se procurer ici, et on enverra les officiers du génie pour travailler et recueillir les matériaux de ceux qu'on n'aurait pas, afin qu'à la fin de vendémiaire on puisse définitivement prendre un parti avec connaissance de cause.

BONAPARTE.

Archives de l'Empire.

7110. — NOTE POUR LE MINISTRE DE LA MARINE.

La Malmaison, 29 fructidor an XI (16 septembre 1803).

Écrire à Gênes s'il ne serait pas possible d'engager 2,000 matelots pour servir sur la flottille. Ils ne seraient tenus que de servir sur les bateaux plats. On leur donnera leur voyage et on leur assurera trois mois d'avance de leur traitement.

BONAPARTE.

Archives de la marine.

7111. — AU GÉNÉRAL SOULT,
COMMANDANT LE CAMP DE SAINT-OMER.

La Malmaison, 30 fructidor an XI (17 septembre 1803).

Citoyen Général Soult, je reçois vos lettres des 27 et 29 fructidor. On m'assure ici qu'on travaille aux différents chemins nécessaires aux communications d'Étaples, d'Ambleteuse et de Boulogne. Vous ne me faites pas connaître si vous avez à Boulogne des batteries sur l'angle de 45 degrés, et si les châssis pour affûts de côte ont été envoyés par l'inspecteur général d'artillerie.

Si la division de six pièces de 24 légères et de six obusiers de 8 pouces n'est pas arrivée, faites-la demander à Douai, car il me paraîtra convenable de réunir au cap Grisnez cette division de pièces de 24 et d'obusiers sur l'estran, afin de favoriser le passage de la flottille. Comme il paraît aussi que, d'ici à quelque temps, il n'y aura aucun mouvement de la flottille de Dunkerque à Boulogne, ordonnez au colonel Foy, qui commande les batteries mobiles, de transporter une partie des batteries de Calais à Dunkerque, pour les réunir à Calais et Boulogne, afin que, le long de l'estran et de la plage du cap Grisnez au cap Blancnez, tout soit couvert de pièces de canon portatives. Les obusiers de 8, pouvant porter un obus de 40 livres à plus de 1,000 toises, doivent être d'un très-bon effet. Je désire que, toutes ces dispositions une fois faites, on profite du premier temps favorable pour faire sortir la flottille à six heures du soir, et la diriger sur Boulogne.

Rendez-vous à Calais pour inspecter cette division de la flottille, et faites-moi connaître le résultat de votre inspection, comment sont placés les soldats, et toutes les observations que vous pourrez recueillir de cette première navigation.

Il n'y a aucune utilité à placer des mortiers à plaque dans la tour d'Ambleteuse; il vaut mieux établir sur la plage, hors de cette tour, une simple plate-forme : car, contre les vaisseaux, il faut avoir pour principe qu'il est préférable de diviser le feu à le réunir en un seul point.

La division qui est à Calais doit avoir un ou deux bâtiments aménagés comme pour la traversée, c'est-à-dire ayant même des chevaux à bord. Vous verrez de quelle manière ces chevaux et ces bâtiments ainsi aménagés se seront comportés. Exigez que, comme à Boulogne, cette division sorte, toutes les marées, lorsque le temps sera favorable. Faites-lui exécuter sur le fort Rouge un simulacre de descente, et voyez si les pièces de 24 se débarquent avec la promptitude dont on m'assure.

Poussez les travaux du génie; sacrifiez tout à être, aux deux forts, au-dessus des hautes marées, afin qu'on puisse placer là des plates-formes de mortiers qui se croisent et des batteries de 36.

Dix pièces de 36 sont parties d'Indret, par terre, pour Boulogne. Donnez des ordres à l'artillerie de terre de tenir des affûts prêts.

Le ministre de la guerre doit vous avoir envoyé l'état de la flottille tel qu'il doit être définitivement arrêté.

Les Anglais ont bombardé Granville; la division de bateaux canonniers, ayant à bord la 24e légère, a marché à eux pour tenter l'abordage. Les Anglais ont alors levé l'ancre et ont disparu.

BONAPARTE.

Dépôt de la guerre.
(En minute aux Arch. de l'Emp.)

7112. — A L'AMIRAL BRUIX,

COMMANDANT LA FLOTTILLE DE BOULOGNE.

La Malmaison, 30 fructidor an XI (17 septembre 1803).

Citoyen Amiral Bruix, je reçois vos lettres des 27 et 29 fructidor. Selon votre calcul, vous me faites espérer que tous les pieux seront placés au fort Rouge au 15 vendémiaire, et, dès lors, le 20 vendémiaire le fort pourra être armé. Cet espoir serait très-satisfaisant. Cependant, comme ce fort est de la plus grande importance, au lieu de huit sonnettes, je désirerais que vous en fissiez mettre dix. Je ne conçois pas bien pourquoi on ne pourrait pas mettre des sonnettes sur des bateaux, de manière à pouvoir travailler sans avoir égard aux marées. Dans les campagnes de terre, lorsqu'on construit un pont, on bat des pieux avec douze et quinze pieds d'eau. Vous me demanderez pourquoi il m'importe de tant activer ces travaux, si je suis certain de les voir finir au 15 vendémiaire; je vous dirai mon secret : c'est que, si ce fort pouvait être construit promptement, j'en ferais faire un second; car je vous avoue que je pense que c'est à Boulogne que commencera la descente, et que c'est là que commenceront des attaques dont le succès ne sera point indifférent au résultat des opérations générales.

Le général Soult va prendre toutes les mesures pour que, le long de l'estran, de Boulogne à Calais, et sur les caps, il y ait des batteries de toute espèce, surtout en pièces de 24 et en obusiers de 8 pouces; et, une fois ces pièces placées, je désire qu'à six heures du soir, au premier moment favorable, ces bâtiments sortent pour se rendre à Boulogne; et, si les vents viennent à leur manquer, ils seront protégés sur toute la côte.

Vous devez commencer à avoir des péniches à Calais; augmentez-en la division; ces péniches, avec une division de cette nature, sont bonnes à tout.

J'imagine que les chaloupes canonnières et les caïques sortent tous les jours de Boulogne avec les garnisons. Ordonnez la même chose à Calais, tant que la division y restera.

Mon intention est qu'on fasse à Boulogne un simulacre de descente, et qu'on juge si les pièces de canon se débarquent avec la rapidité sur laquelle je compte.

Vous avez tort de vous arrêter à de misérables bruits sur le fort du citoyen Forfait. Il faut faire pour le mieux. Vous ne me dites pas encore, dans votre correspondance, qu'il est commencé. Quand m'apprendrez-vous qu'il y en a un vingt-quatrième de fait?

Je ne conçois pas ce qui peut apporter tant de lenteur dans le départ des cent bateaux de l'ancienne flottille qui sont à Dunkerque. On me dit que le citoyen Forfait a ordonné des travaux qui retardent leur départ; mais, comme nous avons beaucoup de bateaux plats et que nous n'avons pas besoin que tous portent des pièces de campagne, je crois qu'on peut tout faire partir de Dunkerque. J'estime qu'un de vos coups d'œil de vingt-quatre heures dans ce port serait utile.

Allez à Calais; visitez la première division de la flottille; faites-la sortir et manœuvrer devant vous, et faites qu'elle n'ait rien à craindre. Envoyez-moi au plus tôt, de là, toutes vos observations, et rendez-vous à Dunkerque. Accélérez tous les travaux et faites partir toute l'ancienne flottille. Il est honteux qu'elle se trouve encore là aujourd'hui. Vous m'écrirez également de Dunkerque pour m'instruire de tout ce que vous aurez fait; après quoi vous retournerez à Boulogne.

Le Duguay-Trouin et *la Guerrière* sont arrivés au Ferrol après de très-belles manœuvres et en combattant une escadre de six vaisseaux de guerre.

Le ministre de la marine a dû vous envoyer l'état de la flottille, tel que je l'ai définitivement arrêté.

BONAPARTE.

Archives de l'Empire.

7113. — AU ROI D'ESPAGNE.

La Malmaison, 1er jour complémentaire an XI (18 septembre 1803).

J'ai fait connaître au cabinet de Votre Majesté, par l'ambassadeur Beurnonville, la nécessité où je me trouve de pourvoir à la défense des vaisseaux français que les événements de la mer ont conduits dans les ports d'Espagne, menacés du même sort que ceux d'Algésiras et d'être livrés à l'ennemi par les agents du prince de la Paix.

Dans des circonstances aussi imprévues, je crois avoir un dernier devoir à remplir auprès de Votre Majesté, en la priant d'ouvrir les yeux sur le gouffre que l'intrigue de l'Angleterre a creusé sous le trône que sa maison occupe depuis cent ans. En effet, que Votre Majesté me permette de le lui dire, l'Europe entière est affligée autant qu'indignée de l'espèce de détrônement dans lequel le prince de la Paix se plaît à la présenter à tous les gouvernements. C'est lui qui est le véritable roi d'Espagne, et je prévois avec peine que, forcé de faire la guerre à ce nouveau roi, j'aurai la douleur de la faire en même temps contre un prince qui, par ses qualités personnelles, eût fait le bonheur de ses sujets et aurait eu la gloire de conserver la paix, s'il eût voulu régner lui-même; car je ne doute pas que, par une suite de la même politique, on ne conseille à Votre Majesté de réunir des troupes pour s'opposer à l'entrée du corps d'armée que je serais obligé d'envoyer dans les ports d'Espagne, afin de mettre les escadres, que les hasards de la mer y ont conduites, à l'abri des forces ennemies, et d'armer les batteries du Ferrol entièrement désarmées.

Le résultat de ces réunions et de ces rassemblements de forces sera la guerre entre les deux États; et je ne dois pas le taire à Votre Majesté, lorsque le prince de la Paix verra la monarchie en danger, il se retirera à Londres avec ses immenses trésors, et Votre Majesté aura fait le malheur de son peuple, de sa couronne et de sa race.

Mais, si Votre Majesté, continuant à avoir en moi la confiance qu'elle m'a quelquefois montrée, me demande le remède à des malheurs si prochains, je ne puis lui faire qu'une réponse, dans laquelle elle reconnaîtra ma sincérité et mon amitié pour elle : qu'elle remonte sur son trône, qu'elle éloigne d'elle un homme qui s'est, par degrés, emparé de tout le pouvoir royal, et qui, conservant dans son rang les passions basses de son caractère, ne s'est jamais élevé à aucun sentiment qui pût l'attacher à la gloire, n'a existé que pour ses propres vices et sera toujours uniquement gouverné par la soif de l'or.

Je dois croire qu'on aura tellement caché tous les événements à Votre Majesté, que la lettre que je lui écris lui sera, pour ainsi dire, toute nouvelle, et je suis réellement affecté de la peine que je prévois qu'elle lui fera; mais enfin ne vaut-il pas mieux, dans une aussi importante circonstance, qu'elle voie clairement le véritable état des affaires de son royaume?

J'ai souvent plaint Votre Majesté de la position où elle est tenue, et il fallait une complication aussi grave de maux présents et de périls prochains pour que j'aie pris sur moi de remplir vis-à-vis d'elle un aussi pénible devoir.

BONAPARTE.

Archives de l'Empire.

7114. — AU GÉNÉRAL BERTHIER, MINISTRE DE LA GUERRE.

La Malmaison, 1er jour complémentaire an XI (18 septembre 1803).

Citoyen Ministre, le Premier Consul me charge de vous transmettre une dépêche télégraphique qu'il vient de recevoir et que je joins à cette lettre. Son intention est que vous témoigniez au général commandant le département de la Manche votre mécontentement de ce qu'il ne s'est pas rendu à Granville au premier coup de canon, et d'avoir laissé les batteries de cette ville manquant des munitions nécessaires.

Il désire que vous ordonniez de mettre les batteries qui défendent la baie de Cancale dans le cas de soutenir telle attaque que l'on pourrait entreprendre.

Par ordre du Premier Consul.

Archives de l'Empire.

7115. — AU GÉNÉRAL BERTHIER.

La Malmaison, 1er jour complémentaire an XI (18 septembre 1803).

Je vous prie, Citoyen Ministre, de donner ordre au 6e régiment de dragons, qui se trouve dans la 27e division militaire, de se rendre à Troyes, département de l'Aube;

Au 12e régiment de dragons, qui est dans la République italienne, de se rendre à Lons-le-Saunier, en passant le Simplon; vous me ferez connaître le jour de son arrivée à Lons-le-Saunier, afin qu'on puisse lui donner de nouveaux ordres, s'il est nécessaire;

Aux 11e, 13e et 19e régiments de dragons, qui sont en Hanovre, de se rendre à Maëstricht, en passant par la route prussienne. Faites-moi connaître le jour de leur arrivée dans cette place, afin de leur donner de nouveaux ordres.

Vous me ferez connaître quels sont les régiments qui ont leurs fusils, et quels sont les régiments qui ne les ont pas.

BONAPARTE.

Dépôt de la guerre.

7116. — AU GÉNÉRAL BERTHIER.

La Malmaison, 1er jour complémentaire an XI (18 septembre 1803).

Dans le premier moment de la guerre, Citoyen Ministre, on a armé beaucoup de petites îles dont les fortifications ont été détruites et ne sont pas réparées; de sorte que, dans toutes ces petites îles, il y a de l'artillerie et des détachements assez considérables de troupes, qui ne seraient point en état de se défendre contre la moindre expédition anglaise. Donnez ordre au général commandant la 13e division de se rendre avec les directeurs de l'artillerie et du génie à l'île Dumet, de faire sa tournée jusqu'à Brest, et de faire évacuer par nos troupes et par toute notre artillerie toutes les îles qui ne seraient point fortifiées et qui ne pourraient point se défendre contre 500 hommes qu'une escadre anglaise y débarquerait; l'île Dumet et les petites îles du Morbihan paraissent être dans ce cas. Autrement, c'est s'exposer à perdre beaucoup de prisonniers par de petites expéditions, et sans qu'il en coûte presque rien à l'ennemi. Ces troupes, d'ailleurs, seront plus utiles sur la terre ferme. Comme on parle beaucoup de légères expéditions des Anglais, je ne doute pas qu'une de ces expéditions n'ait ce but.

Recommandez qu'on arme et qu'on tienne en bon état le fort Penthièvre. Le général commandant la division et le général commandant le département vous instruiront du parti qu'ils auront pris, et qu'ils exécuteront sur-le-champ.

BONAPARTE.

Archives de l'Empire.

7117. — AU GÉNÉRAL BERTHIER.

La Malmaison, 1er jour complémentaire an XI (18 septembre 1803).

Je vous prie, Citoyen Ministre, de donner ordre au 5e régiment de cavalerie de se rendre à Rouen. Recommandez au général commandant la division de tenir ce régiment réuni, et de veiller à son instruction et à son organisation; d'employer, pour la surveillance des côtes, le 16e régiment de chasseurs. Écrivez-lui qu'en envoyant le 5e de cavalerie à Rouen, j'ai voulu mettre à sa disposition des forces qui pussent se porter rapidement sur les côtes, si les circonstances l'exigeaient. Donnez ordre au 2e régiment de cuirassiers de se rendre à Caen. Vous recommanderez également au général commandant la division de tenir ce régiment réuni et en réserve pour des circonstances essentielles, en se servant du 20e régiment de chasseurs, qui est dans cette division, pour la surveillance et les mouvements de la côte.

Recommandez au général commandant la 14e division militaire de renforcer la garnison de Granville, vu qu'il serait possible que les Anglais tentassent un coup de main pour brûler notre chantier, et d'être à portée d'aller au secours de Saint-Malo, si jamais ils tentaient la même entreprise sur cette ville.

BONAPARTE.

Archives de l'Empire.

7118. — AU GÉNÉRAL BERTHIER.

La Malmaison, 1er jour complémentaire an XI (18 septembre 1803).

Il sera formé, Citoyen Ministre, quatre cantonnements de dragons.

Le premier sera réuni sur la Vilaine, à Redon ou aux environs, dans l'endroit qui sera jugé le plus convenable pour le service des fourrages. Il sera composé de six escadrons, savoir : deux de chacun des 1er, 14e et 20e régiments de dragons.

Le deuxième sera réuni à la jonction des départements d'Ille-et-Vilaine, de la Manche, de la Mayenne, de l'Orne et du Calvados, comme pourraient être Vire et Mortain, dans l'endroit le plus convenable pour le service des fourrages. Il sera composé également de six escadrons, savoir : deux du 3e, deux du 8e et deux du 16e régiment de dragons.

Le troisième sera réuni du côté d'Alençon et sera composé de six escadrons, savoir : deux de chacun des 9e, 15e et 17e régiments.

Le quatrième se réunira à Amiens et sera composé de six escadrons également, savoir : deux de chacun des 2e, 4e et 10e régiments.

Chaque régiment fournira deux escadrons au complet de 260 chevaux et de 400 hommes, non compris les officiers.

Chaque cantonnement sera commandé par un général de brigade de dragons, dont vous me présenterez la nomination.

Les trois cantonnements de la Vilaine, de Vire et d'Alençon auront chacun quatre pièces de 8 bien attelées et bien approvisionnées.

Vous donnerez des ordres pour que le cantonnement d'Amiens soit réuni au 15 vendémiaire, et celui de la Vilaine au 9 vendémiaire.

Les escadrons des 3e, 8e et 16e régiments, formant le cantonnement des environs de Vire, se réuniront à Versailles le 4e jour complémentaire, et partiront immédiatement après que j'en aurai passé la revue.

Les escadrons des 9e, 15e et 17e, formant le cantonnement d'Alençon, devront être réunis à Versailles le 10 vendémiaire.

Vous veillerez à ce que ces corps aient chacun un caisson de cartouches d'infanterie, et qu'ils aient leurs fusils; et que l'artillerie des trois cantonnements qui doivent en avoir soit promptement attelée.

Vous donnerez ordre de former également deux escadrons du 5e régiment de dragons à 260 chevaux et à 400 hommes, et vous les dirigerez sur Versailles.

BONAPARTE.

Recommandez qu'on laisse aux deux derniers escadrons assez d'anciens dragons pour pouvoir former des conscrits à mesure qu'ils arriveront au corps.

Archives de l'Empire.

7119. — AU CITOYEN REGNIER, GRAND JUGE, MINISTRE DE LA JUSTICE.

La Malmaison, 3e jour complémentaire an XI (20 septembre 1803).

Mon intention est que vous ne me remettiez plus sous les yeux des rapports secrets qui ne peuvent être écrits que par un sot ou un fripon.

BONAPARTE.

Archives de l'Empire.

7120. — AU CITOYEN CHAPTAL, MINISTRE DE L'INTÉRIEUR.

La Malmaison, 3e jour complémentaire an XI (20 septembre 1803).

Je ne puis, Citoyen Ministre, qu'être mécontent de l'administration de la ville de Paris. Malgré les arrêtés et les ordres les plus positifs, le budget de cette ville, pour l'an XI, n'est pas encore arrêté, et l'année est finie. Il n'est pas encore question de celui de l'an XII. Mon intention est que ces retards finissent, et que vendredi prochain vous me présentiez le projet de budget, soit pour l'an XI, soit pour l'an XII.

BONAPARTE.

Archives de l'Empire.

7121. — AU CITOYEN TALLEYRAND, MINISTRE DES RELATIONS EXTÉRIEURES.

La Malmaison, 3e jour complémentaire an XI (20 septembre 1803).

Je vous prie, Citoyen Ministre, de demander au Gouvernement hollandais que le cardinal Frankenberg soit envoyé dans la Frise, la présence de ce vieillard, tombé en enfance et conduit par de misérables intrigants, ayant des inconvénients sur les frontières de France. Il est à Breda.

BONAPARTE.

Archives des affaires étrangères.
(En min. aux Arch. de l'Emp.)

7122. — AU CITOYEN REGNIER,

GRAND JUGE, MINISTRE DE LA JUSTICE.

Saint-Cloud, 4e jour complémentaire an XI (21 septembre 1803).

On m'instruit, Citoyen Ministre, que Talon est arrêté, et ses papiers n'ont pas encore été dépouillés. Préposez quelqu'un pour y mettre les scellés et en faire l'examen. Faites-le interroger sur ses liaisons avec Dundas, sur la part qu'il a eue à la livraison de Surinam, sur les liaisons qu'il a eues à Paris avec les secrétaires de lord Withworth, sur celles qu'il a aujourd'hui en Angleterre, sur les lettres qu'il y a écrites et qu'il en a reçues depuis qu'il est en France.

Je vous prie de me proposer la ville de province où doit se retirer l'abbé de Montesquiou. Elle doit être à plus de soixante lieues de Paris. Présentez-moi un projet d'arrêté sur cet objet.

BONAPARTE.

Archives de l'Empire.

7123. — AU GÉNÉRAL SOULT.

Saint-Cloud, 4e jour complémentaire an XI (21 septembre 1803).

Citoyen Général Soult, commandant en chef le camp de Saint-Omer, je reçois votre lettre du 3e jour complémentaire. L'ordonnance de 160,000 francs, nécessaire au génie, va être payée par urgence. Ainsi, vous en aurez les fonds dans les premiers jours de vendémiaire.

Il y a eu cette nuit un coup de vent très-fort. Je pense qu'il aura fait du mal à vos constructions. Je désire savoir ce qu'il aura fait aux crapauds, aux mortiers et aux pièces qui sont à la laisse de basse mer. J'approuve fort l'accroissement que vous donnez aux deux batteries des caps Grisnez et Blancnez, surtout en y employant des mortiers de Calais. Il ne faut pas se dégarnir des bouches à feu que nous avons à Boulogne.

Faites-moi connaître si vous pensez que le fort Rouge, de Boulogne, les forts de l'Heurt, de la Crèche et le fort d'Ambleteuse seront finis dans le courant de brumaire.

Faites faire une reconnaissance de la petite rivière de Wimereux, et surtout de son embouchure, et de la quantité d'eau qu'a ce petit ruisseau.

Je désirerais que, parmi les bâtiments qui sont à Calais, on en aménageât un comme ils doivent être pour la traversée. Faites-y mettre deux chevaux. Vous auriez trop de difficulté à débarquer les pièces de 24. Dans le simulacre de débarquement que je désire que vous fassiez exécuter, ce sont les pièces qui se trouvent sur l'affût qui doivent débarquer en même temps que les troupes.

Je désire que les batteries mobiles soient prêtes; ce sont elles qui vous serviront si les bâtiments de la flottille ont le malheur de ne pas pouvoir doubler le cap et sont obligés d'échouer sur la plage de Wissant; mais il paraît qu'on n'a pas suivi l'ordre que j'ai donné, que chaque bateau soit composé d'une pièce de 24, d'une de 12, et de deux obusiers.

Vous devez avoir des sapeurs. Ordonnez qu'ils travaillent sur-le-champ à tracer le chemin par où doivent passer les canons, pour traverser le cap Grisnez et se porter au grand trot et avec la plus grande rapidité d'une plage à l'autre.

Vous avez douze obusiers de 8 pouces. Faultrier est un homme d'ordre, et je suis étonné qu'il n'ait pas envoyé avec, les armements. Il vous faut 1,200 obus; s'il ne vous les a pas fait expédier, envoyez-lui un courrier pour qu'il vous les fasse passer en diligence.

Les 200 chevaux de la Garde ne doivent pas tarder à arriver à Boulogne, et je désire alors qu'une fois par semaine vous ordonniez à une division de six obusiers de 8 pouces de se porter sur la laisse de basse mer, et que vous lui fassiez tirer des obus sur un tonneau ou carcasse que vous établirez. Ces obusiers vont très-loin sur un grand angle.

Je vois avec plaisir que les ouvriers sont arrivés pour arranger les châssis.

J'ai fait hier éprouver, dans la plaine des Sablons, un mortier qui lance la bombe à 2,000 toises; et j'ai, d'un autre côté, fait tirer avec une pièce de 24 des boulets creux, sur l'angle de 45 degrés et sur affût marin. L'affût a parfaitement résisté, et le mobile a été jeté à plus de 1,800 toises. J'ai ordonné à l'artillerie d'en faire arranger quelques pièces de cette manière, et préférablement des pièces de 36, parce que l'obus est plus considérable.

BONAPARTE.

Archives de l'Empire.

7124. — AU GÉNÉRAL SOULT.

Saint-Cloud, 4e jour complémentaire an XI (21 septembre 1803).

Citoyen Général Soult, j'avais désiré qu'on établît sur la laisse de basse mer, aux forts de la Crèche et de l'Heurt, une batterie de deux pièces de canon, afin de protéger les travailleurs.

J'aurais désiré qu'on établît sur la laisse de basse mer une trentaine de bouches à feu, et dès lors des plates-formes sont nécessaires; cependant je n'entends pas dire que l'on y travaille. Je vous prie de songer que, si l'ennemi ne vous inquiète pas aujourd'hui à Boulogne, il vous inquiétera plus tard. Faites vos dispositions pour le recevoir d'une manière à laquelle il ne s'attend pas.

BONAPARTE.

Archives de l'Empire.

7125. — AU GÉNÉRAL DAVOUT, COMMANDANT LE CAMP DE BRUGES.

Saint-Cloud, 4e jour complémentaire an XI (21 septembre 1803).

Citoyen Général Davout, je reçois votre lettre du 28 fructidor. Le premier inspecteur général d'artillerie m'a fait connaître que quatre mortiers à plaque, qui portent la bombe à plus de 2,000 toises, ont été embarqués sur le Rhin, à Strasbourg, depuis plus de quinze jours, pour Ostende. Informez-vous de l'endroit où ils sont arrivés, afin qu'ils ne séjournent pas inutilement en route. Ces mortiers vous seront utiles; car, lorsque les Anglais s'apercevront qu'il y a à Ostende un grand rassemblement, et qu'une partie de la flottille est embossée dans la rade, ils viendront l'attaquer.

J'ai ordonné qu'on plaçât trois pièces de 36 sur des affûts tels qu'ils puissent tirer sur l'angle de 45 degrés, ce qui les met à même de jeter des obus de 6 pouces et des boulets à 2,000 et 2,300 toises; que la batterie qui a été ordonnée sur l'extrémité de la jetée soit armée et prête à servir pour le 30 vendémiaire.

Faites placer à la laisse de basse mer un crapaud de mortier et laissez-le séjourner vingt-quatre heures. A toutes les marées, faites dresser procès-verbal de ce qui se sera passé. Si, vingt-quatre heures après, les affouillements ne sont pas trop considérables, faites mettre dessus un mortier à la Gomer, et faites tirer en cette situation plusieurs bombes. Vous dresserez procès-verbal de ce qui arrivera.

Faites construire à la laisse de basse mer une plate-forme propre à servir à deux pièces de 24. Quand la plate-forme aura résisté trois marées, que vous aurez, par des fascines et de nouveaux piquets, remédié aux affouillements qui auront eu lieu, placez dessus deux pièces de 36 ou de 24, et, par ce moyen, vous aurez deux mortiers de 12 pouces et deux pièces de 36 établis sur la laisse de basse mer, c'est-à-dire à plus de 300 toises en avant, qui protégeront votre flottille lorsqu'elle sera embossée, et aux heures de basse mer, c'est-à-dire lorsqu'elle ne peut s'approcher qu'à une certaine distance des forts. Ces différentes batteries sont établies à Boulogne et ont réussi; mais je ne vous les propose qu'avec doute, car l'expérience seule peut autoriser des choses de cette nature, et la mer ne se comporte pas de même dans toutes les localités.

Le ministre de la guerre doit vous avoir envoyé l'état total de la flottille et de ce qui sera embarqué sur chaque bâtiment. Mais il faut amariner les soldats. Vous devez donc vous concerter avec le contre-amiral pour faire sortir avec les marées les divisions de la flottille avec les garnisons, afin que les soldats s'accoutument à l'exercice du canon, à la rame et à aider la marine de tous leurs moyens.

Vous devez avoir en ce moment à Ostende deux divisions de corvettes de pêche prêtes. Chacun de ces bâtiments, comme vous l'aurez vu par l'état du ministre, doit porter deux chevaux. Il me tarde d'apprendre que vous les faites aller en rade et que vous les faites manœuvrer.

Envoyez-moi l'état de situation de la flottille de corvettes à pêche, de bateaux canonniers, de chaloupes canonnières, de péniches qui se trouvent aujourd'hui à Ostende, Nieuport et Flessingue.

Faites-moi connaître si les travaux du port d'Ostende sont en train, et spécialement les barrages, et si les ventes de terre qui avaient été ordonnées se font. Activez les réparations de Nieuport; je ne conçois pas comment l'ingénieur des ponts et chaussées n'a pas encore réparé la portion du quai qui était tombée.

Je ne saurais trop vous recommander la santé des troupes; cet article est bien important. Si Nieuport est malsain, tenez-y très-peu de monde; et si la saison est encore malsaine à Ostende, retardez de quinze jours vos campements et asseyez vos camps dans des endroits salubres, c'est la première de toutes les considérations.

BONAPARTE.

Comm. par Mme la maréchale princesse d'Eckmühl.
(En minute aux Arch. de l'Emp.)

7126. — A L'AMIRAL BRUIX,

COMMANDANT LA FLOTTILLE DE BOULOGNE.

Saint-Cloud, 4e jour complémentaire an XI (21 septembre 1803).

Citoyen Amiral Bruix, je désire que, de tous les bâtiments qui partiront de Dunkerque, il y en ait quelques-uns d'aménagés en tout comme ils doivent l'être pour la traversée, et surtout qu'il y ait les deux chevaux. Il me semble nécessaire, si la division de la flottille est encore à Calais, que vous ordonniez qu'un bateau soit ainsi aménagé.

J'imagine que chaque bateau de la division qui est à Calais a une pièce de campagne et un pont pour la débarquer. C'est cette pièce que je voudrais qu'on débarquât souvent. Elle est préférable aux pièces de 24, dont l'opération est trop difficile, et sur laquelle je ne compte pas.

Les canons de 18 qu'on vous envoie sont ceux qu'on a le plus près. Où les placera-t-on? Je pense comme vous que ces canons ne devraient pas être sur les bateaux canonniers, puisqu'ils ne portent qu'une pièce; mais ne pourrait-on les placer sur des chaloupes canonnières, puisqu'il y a trois pièces? Cela serait fondé sur la difficulté que nous aurions à nous procurer la quantité de canons nécessaire.

Je ne puis que vous répéter ce que je vous ai dit plusieurs fois : vous avez tout pouvoir dans le premier arrondissement. Activez donc l'arrivée de tout ce qui est à Anvers; activez également à Boulogne l'arrivée d'un grand nombre de boulets et de munitions de toute espèce; car il faut vous attendre qu'on consommera beaucoup, et que l'on aura là plus d'un combat à essuyer.

Quant à la distribution de la flottille, vous concevez facilement que ce ne sera que lorsque je serai à Boulogne et au dernier moment, et en partie d'après votre opinion et ce que vous direz, que je me déciderai à en faire la répartition dans les différents ports. Ce que vous ne voulez pas recevoir à Boulogne, vous pouvez, en attendant, le faire entrer à Étaples.

Une section de deux chaloupes canonnières et de sept bateaux canonniers est partie du Havre et est entrée à Fécamp.

Vous devez tenir la main à ce que les commandants de division ne se placent point sur des prames ou bateaux de grosse espèce; ils doivent se placer sur des chaloupes canonnières ou sur des bateaux canonniers.

Il doit y avoir à Calais un second bateau de grande espèce ou prame, sur lequel je suis monté. Faites-le partir par la même occasion. Je crois qu'il serait utile aussi de faire partir avec, un paquebot; il est des occasions où il peut être agréable d'avoir ce bâtiment dans le port.

BONAPARTE.

Archives de l'Empire.

7127. — NOTE POUR LE MINISTRE DE L'INTÉRIEUR.

Saint-Cloud, 5e jour complémentaire an XI (22 septembre 1803).

La garde nationale de Paris ne fait plus de service ; deux régiments ont été créés pour y suppléer; mais ces régiments qui, présents sous les armes, ne présentent pas plus de 1,800 hommes, ne peuvent avoir par jour plus de 600 hommes de garde. Il faudrait les décharger du service des barrières.

Il y a dix-huit barrières où l'on ne tiendrait aucune troupe, si ce n'était le service de l'octroi. Il paraîtrait convenable que l'octroi eût, comme les douanes, ses troupes.

On proposerait donc de créer vingt brigades pour le service des octrois de Paris ; chaque brigade serait composée d'un sergent, un caporal et huit hommes. On en casernerait une à chacune des douze grandes barrières ; les huit autres seraient casernées à divers endroits, près les petites barrières, et fourniraient au service des petites barrières, et seraient appelées au secours toutes les fois que cela serait nécessaire. L'octroi serait mieux servi, la troupe déchargée d'un service qui lui est très-fatigant ; et la dépense ne serait pas très-considérable, et toutefois serait prise, avec raison, sur les frais de l'octroi.

BONAPARTE.

Archives de l'Empire.

7128. — NOTE SUR LE PLAN DES ENVIRONS DE BOULOGNE.

Saint-Cloud, 6e jour complémentaire an XI (23 septembre 1803).

Le plan est mauvais, parce que, de la laisse de basses eaux et de vives eaux, l'une n'est pas marquée et l'autre l'est inexactement ; parce que le nom de toutes les fermes et maisons qui se trouvent à 1,200 toises n'est pas marqué.

On a même poussé la négligence jusqu'à ne pas marquer le moulin de Saint-Léonard.

On ne croit pas même que les dimensions du port marquées sur le plan soient exactes.

Il faut que la hauteur de toutes les batteries sur la mer soit cotée, ainsi que les principales hauteurs à 1,200 toises.

On doit mettre aussi le nom de toutes les hauteurs.

BONAPARTE.

Archives de l'Empire.

7129. — AU CONTRE-AMIRAL DECRÈS,

MINISTRE DE LA MARINE ET DES COLONIES.

Saint-Cloud, 6e jour complémentaire an XI (23 septembre 1803).

Le Premier Consul désire, Citoyen Ministre, que vous preniez les dispositions suivantes :

Dans les cinq jours de la réception de vos ordres, le préfet maritime, dans les ports où il y en a, et, dans les autres ports, le premier officier de l'administration, désigneront les marins qui doivent entrer dans le bataillon de matelots de la Garde, et, dans les vingt-quatre heures qui suivront, ces matelots seront dirigés sur Paris.

Ces matelots seront, à leur arrivée, casernés à Courbevoie ; ils seront aussitôt habillés sur le modèle qui sera arrêté dans la semaine prochaine. Les habits seront confectionnés par les soins d'un des conseils d'administration de la Garde.

Par ordre du Premier Consul.

Archives de l'Empire.

FIN DU HUITIÈME VOLUME.

TABLE

DES PIÈCES CONTENUES DANS CE VOLUME.

Nos des pièces	DATES	DESTINATAIRES	SOMMAIRE DES PIÈCES	PAG.
	1802.			
6259	19 août. Paris.	....	Arrêté : terres réservées dans les 26e et 27e divisions militaires pour récompenser les soldats....................	1
6260	20 août. Paris.	....	Décision sur le projet de décerner à des étrangers le titre de citoyen français...	1
6261	21 août. Paris.	Abrial.	Envoi d'un arrêté ratifiant la sécularisation de Talleyrand....................	2
6262	23 août. Paris.	....	Décision donnant à l'évêque de Meaux l'autorisation de venir à Paris pour raisons de santé....................	2
6263	23 août. Paris.	....	Décision : renseignements demandés sur un prêtre prenant le titre d'archevêque de Saint-Domingue....................	2
6264	23 août. Paris.	Chaptal.	Plaintes reçues contre des officiers municipaux du département des Bouches-du-Rhône....................	2
6265	24 août. La Malmaison.	....	Ordre : demande d'un état mensuel et de notes sur les troupes de la République italienne....................	3
6266	24 août. Paris.	Berthier.	Officiers décédés figurant sur des états remis par le ministre de la guerre..........	3
6267	24 août. Paris.	Le même.	Dispositions relatives à l'artillerie italienne ; Lacombe Saint-Michel chargé de l'organiser....................	3
6268	24 août. Paris.	Le même.	Ordre de réunir à Dunkerque des troupes composant l'expédition de la Louisiane..	4
6269	24 août. Paris.	Decrès.	Avis des mesures que doit prendre le ministre de la guerre pour la même expédition....................	4
6270	25 août. Paris.	Fouché.	Renseignement sur des escroqueries commises au préjudice de princes allemands..	5
6271	27 août. Paris.	....	Arrêté ayant pour but de répandre l'usage de la langue française dans la basse Bretagne....................	5
6272	27 août. Paris.	....	Décision relative à la suppression des dîmes et redevances féodales dans le Piémont.	5
6273	28 août. Paris.	Le Pape.	Cardinaux proposés à la nomination du Saint-Père ; conseils politiques à l'égard de la Russie....................	6
6274	28 août. Paris.	L'Archevêque de Paris.	Promesse de protection pour les sœurs de la Charité, les missions de Chine et les chrétiens d'Orient....................	8
6275	28 août. Paris.	Melzi.	Avis à donner de l'engagement pris par le dey d'Alger de respecter le pavillon italien.	8
6276	29 août. Paris.	Talleyrand.	Mission du citoyen Sebastiani à Tripoli, en Egypte, en Syrie et en Grèce.........	9

Nos des pièces	DATES	DESTINATAIRES	SOMMAIRE DES PIÈCES	PAG.
	1802.			
6277	29 août. Paris.	Decrès.	Ordre de faire préparer à Toulon une frégate et un aviso pour servir à la mission de Sebastiani..........	10
6278	29 août. Paris.	L'Empereur de Russie.	État de la politique française en Allemagne, en Italie et contre les Barbaresques.....	11
6279	29 août. Paris.	Le Roi de Naples.	Démarches faites pour la restitution d'un bâtiment napolitain capturé par des corsaires algériens..........	12
6280	29 août. Paris.	Le Roi de Toscane.	Compliments. Proposition de céder le duché de Parme en échange de la Floride.....	12
6281	29 août. Paris.	L'Électeur de Bavière.	Promesse de secours des armées françaises en cas d'attaque de la part de l'Autriche.	13
6282	29 août. Paris.	Le Margrave de Baden.	Invitation à occuper les pays échus à la Maison de Baden..........	13
6283	29 août. Paris.	Le Président de la République batave	Réponse à des remercîments adressés par le gouvernement de la République batave..	14
6284	29 août. Paris.	Talleyrand.	Acte de garantie en faveur de la Bavière à concerter avec le ministre de Prusse....	14
6285	29 août. Paris.	Le même.	Nécessité d'avoir à Raguse un agent des relations extérieures pour y balancer l'influence autrichienne..........	14
6286	29 août. Paris.	Clarke.	Tentative à faire auprès de M. de Saint-Marsan pour le rallier au parti de la France.	15
6287	29 août. Paris.	Saint-Marsan.	Réunion définitive du Piémont à la France; éloges et assurance d'estime..........	15
6288	29 août. Paris.	Trœndlin.	Intérêt que prend la France à la prospérité des habitants du Frickthal..........	16
6289	29 août. Paris.	Berthier.	Note relative à la réception et à la présentation de trois députés de l'île d'Elbe....	16
6290	30 août. Paris.	Chaptal.	Établissements divers projetés à Pontivy. Projets d'arrêtés à proposer en conséquence.	16
6291	30 août. Paris.	....	Décision refusant à Vestris la permission de jouer à Londres; intention de payer les dettes de cet artiste..........	17
6292	30 août. Paris.	Talleyrand.	Plainte au sujet de personnes présentées au Premier Consul par le ministre batave..	17
6293	30 août. Paris.	Berthier.	Menées pour la réunion du Valais à la France, non approuvées; avis au général Turreau.	18
6294	30 août. Paris.	Decrès.	Demande d'un projet d'arrêté relatif aux biens séquestrés à Saint-Domingue......	18
6295	31 août. Paris.	Lebrun.	Envoi d'un projet de sénatus-consulte portant réunion du Piémont à la France....	18
6296	31 août. Paris.	Lacépède.	Pouvoir de présider le Sénat pendant le renouvellement du Corps législatif et du Tribunat	19
6297	31 août. Paris.	Talleyrand.	Clauses d'un arrangement pour les affaires d'Allemagne à signer avec M. de Cobenzl.	19
6298	31 août. Paris.	Decrès.	Dispositions relatives à deux bricks dont le Premier Consul fait présent au Pape....	21
6299	2 septemb. Paris.	....	Réponse à une députation de la ville de Marseille; nouveaux débouchés ouverts au commerce..........	21

Nos des PIÈCES	DATES	DESTINATAIRES	SOMMAIRE DES PIÈCES	PAG.
	1802.			
6300	3 septemb. Paris.	....	Décision sur une demande de l'évêque d'Orléans pour la réparation de la cathédrale.	22
6301	3 septemb. Paris.	....	Arrêté créant des corps d'éclaireurs dans la 27e division militaire............	22
6302	3 septemb. Paris.	....	Décision contre des individus compromis dans les troubles de Saint-Domingue....	23
6303	3 septemb. Paris.	Decrès.	Note : amnistie confirmée; biens séquestrés à Saint-Domingue..............	23
6304	3 septemb. Paris.	....	Arrêté résiliant des ventes faites à vil prix à Saint-Domingue et à la Guadeloupe...	23
6305	3 septemb. Paris.	....	Décision ordonnant à Caffarelli d'interroger un soldat déterminé à se donner la mort.	24
6306	4 septemb. Paris.	Berthier.	Instructions relatives aux fortifications d'Alexandrie, fonds accordés pour les travaux..............	24
6307	4 septemb. Paris.	Le même.	Ordre de défendre l'incorporation de déserteurs étrangers dans l'armée française..	25
6308	5 septemb. Paris.	Sebastiani.	Mission près du bey de Tripoli, des cheiks d'Egypte et de Djezzar-Pacha.........	25
6309	5 septemb. Paris.	....	Arrêté : places réservées au prytanée de Compiègne pour de jeunes Bretons....	26
6310	6 septemb. Paris.	Le Roi de Prusse.	Union de la Prusse et de la France nécessaire pour déjouer les projets de l'Autriche..............	27
6311	6 septemb. Paris.	Portalis.	Reproches à faire à des évêques; blâme de leur conduite envers des prêtres constitutionnels..............	28
6312	6 septemb. Paris.	Berthier.	Projet d'augmenter les appointements des lieutenants et des sous-lieutenants......	29
6313	6 septemb. Paris.	Lacuée.	Questions sur les prescriptions de l'ordonnance des places en cas d'incendie.....	29
6314	8 septemb. Paris.	Berthier.	Envoi de troupes en Suisse; mesures à concerter pour leur solde et entretien......	29
6315	9 septemb. Paris.	Le même.	Renseignements à donner sur l'exécution des mesures ordonnées à l'égard des vieux soldats piémontais..............	30
6316	9 septemb. Paris.	Caffarelli.	Ordre de se rendre au fort de Joux pour y recevoir les communications de Toussaint Louverture..............	30
6317	10 septem. Paris.	....	Décision : sommes à porter au budget pour les travaux de Cherbourg..........	31
6318	10 septem. Paris.	....	Décision : payement de fournitures de bois faites par une compagnie prussienne....	31
6319	10 septem. Paris.	....	Décision approuvant une ordonnance municipale sur les processions..........	31
6320	11 septem. Paris.	....	Décision : satisfaction à témoigner pour l'arrestation de brigands dans le département du Var..............	31
6321	11 septem. Paris.	Talleyrand.	Demande d'un renseignement sur la principauté de Piombino	32

Nos des pièces	DATES	DESTINATAIRES	SOMMAIRE DES PIÈCES	PAG.
	1802.			
6322	13 septem. Paris.	Cambacérès.	Modification ministérielle à faire connaître aux ministres de la police et de la justice.	32
6323	13 septem. Paris.	Talleyrand.	Reproches à Rœderer sur une question de subordination et d'étiquette administrative.	33
6324	14 septem. Paris.	Chaptal.	Crédits à ouvrir sur l'exercice de l'an XI pour des travaux d'utilité publique en Corse	33
6325	14 septem. Paris.	Decrès.	Sommes affectées pendant le même exercice à des travaux hydrauliques au port d'Ajaccio	33
6326	15 septem. Paris.	Le Sénat.	Message rappelant les titres des sénateurs que vient de nommer le Premier Consul.	34
6327	15 septem. Paris.	Maret.	Envoi d'une note pour le *Moniteur;* annonce d'une distribution d'armes d'honneur...	35
6328	15 septem. Paris.	....	Note sur les budgets de l'intérieur, de la justice et des finances ; loi nouvelle appliquée.	35
6329	15 septem. Paris.	....	Note pour une réponse à Clarke rendant compte des dispositions de M. de Saint-Marsan envers la France........	36
6330	16 septem. Paris.	Regnier.	Mesure en faveur des Français retirés à l'étranger ; conditions à leur amnistie...	37
6331	17 septem. Paris.	....	Arrêté pour la navigation du Blavet et la construction de bâtiments publics à Pontivy........	38
6332	17 septem. Paris.	....	Arrêté relatif aux places réservées dans les prytanées pour de jeunes Piémontais....	38
6333	17 septem. Paris.	....	Arrêté prescrivant de continuer la mesure de la méridienne jusqu'aux îles Baléares.	39
6334	17 septem. Paris.	Berthier.	Dispositions pour l'établissement de camps de vétérans dans les 26e et 27e divisions militaires........	39
6335	17 septem. Paris.	Le même.	Demande d'un projet d'arrêté pour réduire à vingt le nombre des régiments de grosse cavalerie........	41
6336	17 septem. Paris.	....	Décision pour défendre l'entrée des ports aux bâtiments anglais ayant des troupes à leur bord........	41
6337	20 septem. Paris.	Berthier.	Notes à transmettre au général Chasseloup sur les fortifications dans la 27e division militaire........	42
6338	21 septem. Paris.	Le même.	Envoi de notes pour servir à régler les pensions de retraite et de réforme........	44
6339	23 septem. Saint-Cloud.	Talleyrand.	Déclarations à faire au colonel Mullinen au sujet des troubles de la Suisse........	45
6340	24 septem. Paris.	Regnier.	Ordre de faire arrêter et interroger un individu soupçonné de connaître un complot contre l'État........	47
6341	24 septem. Paris.	Chaptal.	Troubles dans le département des Bouches-du-Rhône ; reproches à faire au préfet...	47
6342	24 septem. Paris.	Le même.	Fraude soupçonnée dans la mise aux enchères de l'octroi de Saint-Gannat ; demande d'un rapport........	48

Nos des pièces	DATES	DESTINATAIRES	SOMMAIRE DES PIÈCES	PAG.
	1802.			
6343	25 septem. Paris.	Le Pape.	Annonce de la mort des évêques d'Autun et de Troyes, proposés pour être promus cardinaux	48
6344	26 septem. Paris.	Regnier.	Ordre pour interdire des loges de francs-maçons à Turin; avis et ordre à Jourdan	48
6345	26 septem. Paris.	Portalis.	Mauvaise influence de certains prêtres sur l'évêque de Quimper; conférence à établir avec l'un d'eux	49
6346	27 septem. Paris.	Maret.	Ordre de faire transporter à Saint-Cloud les archives des actes du Gouvernement	49
6347	27 septem. Paris.	....	Décision accordant une pension au citoyen Serra, ex-chef de brigade des Mameluks	50
6348	27 septem. Paris.	Decrès.	Renseignement demandé pour des envois de journaux dans les colonies	50
6349	28 septem. Paris.	Berthier.	Ordre au général Ney de prendre le commandement du Valais; troupes à ses ordres	50
6350	29 septem. Paris.	....	Décision concernant les affaires d'intérêt interdites aux employés des ministères	51
6351	30 septem. Saint-Cloud.	Talleyrand.	Instructions à donner à l'aide de camp Rapp, chargé d'une mission à Berne	52
6352	30 septem. Saint-Cloud.	....	Proclamation aux dix-huit cantons de la Suisse; offre de médiation	53
6353	30 septem. Saint-Cloud.	Talleyrand.	Envoi d'un agent à Varsovie pour y surveiller le comte de Lille et les émigrés français	55
6354	30 septem. Saint-Cloud.	Berthier.	Ordre de faire donner à la commune d'Ajaccio des tuyaux en fonte pour servir à des conduites d'eau	55
6355	1er octobre. Paris.	....	Arrêté ordonnant l'érection d'une statue colossale en mémoire du général Desaix	56
6356	2 octobre. Paris.	....	Décision sur un projet d'arrêté pour l'établissement d'une école de dessin à Lyon	56
6357	2 octobre. Paris.	....	Note sur l'île d'Elbe : organisation d'un collége électoral et d'un conseil d'administration	56
6358	2 octobre. Saint-Cloud.	Marescalchi.	Avis à Melzi de la médiation offerte aux Suisses. Surveillance des bailliages italiens	58
6359	2 octobre. Saint-Cloud.	Berthier.	Objets de la mission du général Ney en Suisse; dispositions militaires qu'il doit prendre	58
6360	2 octobre. Saint-Cloud.	....	Décision permettant d'employer des soldats à des travaux interrompus par le manque de bras	60
6361	3 octobre. Paris.	....	Allocution à quelques prêtres du clergé de Lyon au sujet des dissensions religieuses	60
6362	5 octobre. Saint-Cloud.	Cretet.	Rappel d'ordres pour l'achèvement d'une route allant de Turin à Alexandrie	61
6363	6 octobre. Saint-Cloud.	....	Décision sur un rapport relatif au séminaire de Saint-Sulpice	61

Nos des PIÈCES	DATES	DESTINATAIRES	SOMMAIRE DES PIÈCES	PAG.
	1802.			
6364	6 octobre. Saint-Cloud.	Talleyrand.	Instructions à donner à Semonville pour déjouer des intrigues contre le Gouvernement batave	62
6365	8 octobre. Paris.	....	Décision au sujet d'une lettre de l'archevêque de Turin, demandant à se dispenser d'un voyage à Paris	63
6366	11 octobre. Saint-Cloud.	....	Décision : préfet à blâmer pour avoir distribué des cravates à des troupes	63
6367	12 octobre. Saint-Cloud.	Maret.	Ordre de réunir en un volume les budgets des différents ministères	63
6368	12 octobre. Saint-Cloud.	Talleyrand.	Demande d'un rapport sur l'état intérieur de la Suisse avant la révolution	63
6369	12 octobre. Saint-Cloud.	Berthier.	Plaintes portées contre des officiers dans les départements de la Loire et d'Eure-et-Loir	64
6370	15 octobre. Paris.	Le même.	Ordres et instructions militaires pour les généraux Ney et Murat; entrée des troupes françaises en Suisse	64
6371	16 octobre. Saint-Cloud.	Le Pape.	Remercîment pour une promotion de cardinaux. Instances au sujet du concordat italien	66
6372	16 octobre. Saint-Cloud.	Regnier.	Ordre pour la déportation de plusieurs individus détenus aux îles de Ré et d'Oleron.	67
6373	16 octobre. Saint-Cloud.	Melzi.	Droits reconnus à quelques Vénitiens par les stipulations de Campo-Formio. Nouvelles et avis	67
6374	16 octobre. Saint-Cloud.	Berthier.	Ordre de placer sur les frontières d'Espagne les compagnies noires qui sont à Oleron.	68
6375	16 octobre. Paris.	....	Arrêté pour la réunion de tous les colléges irlandais et écossais en un seul établissement	68
6376	17 octobre. Paris.	Berthier.	Ordre au général Ney de suspendre le mouvement de ses troupes et de se rendre à Berne	69
6377	18 octobre Saint-Cloud.	Chaptal.	Ordre pour l'envoi des blés nécessaires aux semailles de la Corse	69
6378	18 octobre. Saint-Cloud.	....	Instructions particulières pour l'ambassadeur de France à Constantinople	69
6379	18 octobre. Saint-Cloud.	Decrès.	Projet de surveiller les mers du Levant et les côtes d'Afrique au moyen de croisières régulières	71
6380	18 octobre. Saint-Cloud.	Portalis.	Blâme sévère de la conduite du curé de Saint-Roch à l'enterrement de Sophie Arnoult	72
6381	19 octobre. Saint-Cloud.	L'Empereur de Russie.	Princes avantagés dans le règlement des affaires d'Allemagne en considération du Czar. Compliments	72
6382	19 octobre. Saint-Cloud.	L'Empereur d'Allemagne.	Possibilité d'une meilleure entente. Instances pour terminer les affaires d'Allemagne	73
6383	19 octobre. Saint-Cloud.	L'Archiduc Ferdinand.	Lettre de condoléance adressée à ce prince à l'occasion d'un deuil domestique	74

Nos des PIÈCES	DATES	DESTINATAIRES	SOMMAIRE DES PIÈCES	PAG.
	1802.			
6384	19 octobre. Saint-Cloud.	Le Doge de Gênes.	Remercîments à transmettre au sénat de la République de Gênes.	74
6385	19 octobre. Saint-Cloud.	Les Gonfalonier et Anciens de Lucques.	Réponse à des félicitations; vœux pour l'union et la prospérité de la République de Lucques	75
6386	19 octobre. Saint-Cloud.	Talleyrand.	Ordre de faire réclamer la mise en liberté de Français captifs à Alger.	75
6387	20 octobre. Paris.	....	Décision approuvant la proposition de démolir les fortifications de la place de Chivasso	75
6388	21 octobre. Paris.	Regnier.	Renseignements à donner sur les émigrés non rayés qui ont pris du service à l'étranger.	76
6389	21 octobre. Saint-Cloud.	Bigot de Préameneu.	Nécessité de prendre des mesures contre la conduite arbitraire de plusieurs curés.	76
6390	22 octobre. Paris.	....	Arrêté pour l'exécution de tableaux et de statues au compte du Gouvernement.	76
6391	25 octobre. Saint-Cloud.	Estève.	Sommes à remettre au général Ferrand et au peintre Girodet.	77
6392	27 octobre. Saint-Cloud.	Berthier.	Envoi de troupes à Toulon. Intention de prendre une demi-brigade polonaise au service de la République.	77
6393	27 octobre. Paris.	....	Décision sur les plaintes des habitants de Mortain contre l'intolérance de prêtres insermentés.	77
6394	28 octobre. Saint-Cloud.	Estève.	Ordre de solder les appointements de Bourrienne cessant ses fonctions près du Premier Consul.	78
6395	28 octobre. Saint-Cloud.	Chaptal.	Ordre de déterminer la largeur d'une route allant d'Ajaccio à la chapelle Sainte-Lucie.	78
6396	28 octobre. Saint-Cloud.	Duchâtel.	Demande d'un rapport; permission de chasse et de pêche réclamée par les moines du mont Cenis	78
6397	28 octobre. Saint-Cloud.	Berthier.	Ordre pour le rétablissement d'une horloge sur la grande place d'Ajaccio.	78
6398	28 octobre. Saint-Cloud.	Dejean.	Demande d'un rapport sur les avances faites par les moines du mont Cenis à des militaires isolés	79
6399	28 octobre. Saint-Cloud.	....	Décision sur une demande de pension pour la veuve du général d'artillerie Lance.	79
6400	28 octobre. Saint-Cloud.	Murat.	Avis. Inspection à faire des différents corps de l'armée française en Italie.	79
6401	30 octobre. Rouen.	Cambacérès.	Nouvelles du voyage du Premier Consul; satisfaction que lui fait éprouver l'aspect de la Normandie.	80
6402	30 octobre. Rouen.	....	Allocutions adressées au clergé, au tribunal criminel et au tribunal civil de Rouen.	80
6403	31 octobre. Rouen.	Barbé-Marbois.	Instructions pour une opération financière. Règlement de la solde des troupes françaises en Suisse.	81
6404	31 octobre. Rouen.	Berthier.	Ordres et instructions à donner au général Ney; officiers et troupes à ses ordres.	81

Nos des PIÈCES	DATES	DESTINATAIRES	SOMMAIRE DES PIÈCES	PAG.
	1802.			
6405	31 octobre. Rouen.	Cambacérès.	Nouvelles. Ordres pour des arrestations. Plaintes des achats de blés faits en Bretagne par Vanlerberghe	83
6406	2 novemb. Rouen.	Le même.	Ordre de faire arrêter le chevalier de Coigny. Nouvelles; itinéraire projeté pour la fin du voyage	83
6407	2 novemb. Rouen.	Joseph Bonaparte.	Compliments à l'occasion de la naissance d'une fille. Aspect florissant de la Normandie	84
6408	2 novemb. Rouen.	Fesch.	Invitation à se rendre dans son diocèse; conseils sur la conduite à tenir envers les partis religieux	84
6409	2 novemb. Rouen.	Gaudin.	Note prescrivant d'acheter le château de Laeken, dont la démolition est proposée.	86
6410	2 novemb. Rouen.	Talleyrand.	Bases d'un projet de traité avec le roi de Sardaigne. Prétentions à maintenir à l'égard du Portugal	86
6411	3 novemb. Elbeuf.	....	Paroles prononcées par le Premier Consul en visitant les manufactures de la ville d'Elbeuf	88
6412	3 novemb. Rouen.	Cambacérès.	Influence des principes de 1789 sur le développement de la prospérité dans la Seine-Inférieure	88
6413	4 novemb. Rouen.	Le même.	Mesures de police; rappel d'ordre pour l'arrestation du chevalier de Coigny. Nouvelles	88
6414	4 novemb. Rouen.	Talleyrand.	Sommaire d'une lettre aux citoyens Otto et Andréossy : exécution du traité d'Amiens de la part de la France	89
6415	6 novemb. Le Havre.	Cambacérès.	Arrivée du Premier Consul au Havre; nouvelles de son voyage	90
6416	10 novem. Dieppe.	Le même.	Décisions diverses. Mesure approuvée à l'égard d'une pièce de théâtre. Nouvelles...	91
6417	11 novem. Dieppe.	Le même.	Rappel des instructions relatives aux prêtres constitutionnels; ordre de les protéger...	91
6418	11 novem. Dieppe.	Le même.	Renseignements sur un abbé agent secret de Pichegru. Prochain retour du Premier Consul à Paris	92
6419	11 novem. Dieppe.	Portalis.	Reproche au sujet des troubles religieux à Carcassonne. Explication à demander au cardinal-légat	92
6420	11 novem. Dieppe.	Fesch.	Actes impolitiques de ce prélat; conseils sur la conduite à tenir dans le diocèse de Lyon.	93
6421	11 novem. Dieppe.	Talleyrand.	Affaires de Suisse; rappel d'ordre pour une mesure non exécutée par le général Ney.	94
6422	11 novem. Dieppe.	Le même.	Plainte à faire à M. d'Azara au sujet des dispositions du cabinet espagnol	94
6423	12 novem. Dieppe.	Portalis.	Ordre d'écrire aux préfets pour leur recommander les prêtres constitutionnels	95
6424	14 novem. Paris.	....	Décision sur la réclamation d'un officier exproprié comme émigré pendant qu'il était à l'armée	95

Nos des PIÈCES	DATES	DESTINATAIRES	SOMMAIRE DES PIÈCES	PAG.
	1802.			
6425	15 novem. Paris.	Les Ministres.	Circulaire rappelant les prescriptions d'un arrêté sur les crédits des ministres.....	96
6426	17 novem. Saint-Cloud.	Regnier.	Règlement à proposer pour la notification des arrêts cassant la sentence d'un tribunal..........	96
6427	17 novem. Saint-Cloud.	Bigot de Préameneu.	Insuffisance d'un projet de législation des douanes; observations sur la pénalité et la procédure..........	97
6428	17 novem. Saint-Cloud.	....	Note signalant un retard dans le recouvrement des traites de coupes de bois pour les années IX et X..........	97
6429	17 novem. Saint-Cloud.	Talleyrand.	Demande pour faire interdire à l'étranger le port des insignes des anciens ordres de France..........	98
6430	17 novem. Saint-Cloud.	....	Décision ordonnant des mesures de rigueur contre les conscrits réfractaires.........	98
6431	17 novem. Saint-Cloud.	Berthier.	Note recommandant des militaires blessés envoyés au Val-de-Grâce par le Premier Consul..........	99
6432	17 novem. Saint-Cloud.	Portalis.	Sommes à faire remettre à l'évêque de Vannes; crédit ouvert à ce prélat..........	99
6433	17 novem. Saint-Cloud.	L'Évêque d'Orléans.	Avis des ordres donnés et des mesures prises en faveur de l'évêque de Vannes; compliments..........	100
6434	18 novem. Paris.	....	Arrêté prescrivant la démolition de la cathédrale d'Alexandrie..........	100
6435	18 novem. Saint-Cloud.	Lacuée.	Demande d'un projet d'organisation pour le personnel de l'administration des douanes et des forêts..........	100
6436	18 novem. Saint-Cloud.	....	Arrêté relatif à la nomination des curés; dispositions prescrites pour le payement de leur traitement..........	100
6437	18 novem. Saint-Cloud.	Barbé-Marbois.	Instruction pour l'exécution de l'arrêté ci-dessus en ce qui touche le payement des curés..........	101
6438	18 novem. Saint-Cloud.	Portalis.	Demande d'un état des ecclésiastiques nommés aux cures et desservances; arrêté pour leur payement..........	102
6439	19 novem. Saint-Cloud.	....	Arrêté plaçant le musée central des Arts sous l'autorité d'un directeur général...	103
6440	19 novem. Paris.	....	Arrêté chargeant les préfets de dresser un état des églises et presbytères non employés pour le culte..........	103
6441	19 novem. Saint-Cloud.	Regnaud de Saint-Jean d'Angely.	Invitation à s'occuper de divers projets relatifs aux opérations électorales; questions à traiter..........	104
6442	20 novem. Saint-Cloud.	Berthier.	Note sur les fortifications d'Alexandrie à remettre au général Chasseloup..........	105
6443	22 novem. Saint-Cloud.	Lebrun.	Invitation à faire connaître les moyens d'améliorer l'esprit public à Beaupreau.......	106
6444	23 novem. Saint-Cloud.	Chaptal.	Demande d'un compte général des approvisionnements en blés et en farines......	106

Nos des pièces	DATES	DESTINATAIRES	SOMMAIRE DES PIÈCES	PAG.
	1802.			
6445	23 novem. Saint-Cloud.	Decrès.	Bâtiments à préparer à Gênes, à Livourne et en Corse pour transporter des troupes à Saint-Domingue	106
6446	23 novem. Saint-Cloud.	Le même.	Rapports et projets d'arrêtés demandés pour la Martinique, Cayenne, etc	108
6447	23 novem. Saint-Cloud.	Berthier.	Ordres à donner à Gênes, Livourne et Toulon pour embarquer des troupes destinées à Saint-Domingue	108
6448	24 novem. Saint-Cloud.	Corvisart.	Prière de donner des soins à la santé du grand juge et à celle de la femme du sénateur Lacépède	109
6449	24 novem. Saint-Cloud.	....	Décision sur un projet de surveillance et de direction pour les théâtres de la République et des Arts	109
6450	24 novem. Saint-Cloud.	Pérignon.	Projet approuvé de perpétuer par un tableau le souvenir d'une séance du sénat	109
6451	24 novem. Saint-Cloud.	Laplace.	Compliments d'un travail sur les monnaies; demande d'un mémoire	110
6452	25 novem. Saint-Cloud.	Talleyrand.	Ordre de faire répandre dans les colonies anglaises cinq cents exemplaires du journal *l'Argus*	110
6453	26 novem. Saint-Cloud.	Chaptal.	Belle conduite de mademoiselle de Neufcarrère pendant une épidémie à Pithiviers; satisfaction à lui témoigner	110
6454	26 novem. Saint-Cloud.	Laplace.	Compliments et éloges en réponse à la dédicace de *la Mécanique céleste*	110
6455	27 novem. Saint-Cloud.	Le Roi d'Espagne.	Affaires de Parme; impossibilité d'un agrandissement de la Toscane sans compensation pour la France	111
6456	27 novem. Saint-Cloud.	Leclerc.	Sollicitude pour l'expédition de St-Domingue; avis des renforts envoyés; encouragements	112
6457	30 novem. Saint-Cloud.	Gaudin.	Ordre de faire connaître les départements les plus chargés par l'impôt foncier et ceux qui le sont le moins	113
6458	30 novem. Saint-Cloud.	....	Note : dispositions à comprendre dans un projet d'arrêté pour la police de la Corse	113
6459	30 novem. Saint-Cloud.	Chaptal.	Satisfaction à témoigner au général Jourdan, rappelé à Paris pour cause de santé	114
6460	1er décem. Saint-Cloud.	Cambacérès.	Invitation à faire faire des projets de costumes de sénateur pour les séances ordinaires et solennelles	114
6461	1er décem. Saint-Cloud.	Lebrun.	Invitation à rédiger un sénatus-consulte relatif aux secrétaires du sénat et aux sénatoreries	115
6462	1er décem. Saint-Cloud.	Gaudin.	Note affectant aux hospices les rentes non réclamées par la régie de l'enregistrement et des domaines	115
6463	1er décem. Saint-Cloud.	....	Projet d'arrêté pour le recouvrement des cédules existant au trésor public	115
6464	1er décem. Saint-Cloud.	....	Décision sur une demande en payement faite par les ex-régisseurs des hôpitaux militaires	116

Nos des PIÈCES	DATES	DESTINATAIRES	SOMMAIRE DES PIÈCES	PAG.
	1802.			
6465	1er décem. Saint-Cloud.	Barbé-Marbois.	Renseignements à donner sur la situation d'un crédit ouvert au citoyen Pichon, aux Etats-Unis	116
6466	1er décem. Saint-Cloud.	Moncey.	Mission à confier au général Gouvion Saint-Cyr dans les départements de la Normandie et de la Bretagne	116
6467	1er décem. Saint-Cloud.	Talleyrand.	Demande de détails sur le service financier du citoyen Pichon, commissaire général aux Etats-Unis	117
6468	1er décem. Saint-Cloud.	Decrès.	Compte à fournir des dépenses du citoyen Pichon pour Saint-Domingue et pour les navires de l'Etat	118
6469	1er décem. Saint-Cloud.	Le même.	Ordre pour le retour à Saint-Domingue du citoyen Ornano, aide de camp de Leclerc	119
6470	2 décemb. Paris.	....	Note pour le cardinal-légat relative aux affaires ecclésiastiques du Piémont	119
6471	2 décemb. Paris.	....	Projet de lettre du cardinal-légat au bailli Ruspoli relativement à la grande maîtrise de Malte	120
6472	2 décemb. Paris.	Gaudin.	Intention de faire circuler comme papier-monnaie les traites de coupes de bois	120
6473	2 décemb. Saint-Cloud.	Barbé-Marbois.	Dispositions pour le service de l'an XI; refus de négocier des traites à plus d'un demi pour cent	121
6474	2 décemb. Saint-Cloud.	Talleyrand.	Ordre de faire réclamer près de la Porte la restitution d'un bâtiment confisqué par Djezzar-Pacha	122
6475	4 décemb. Saint-Cloud.	....	Mission à un journaliste chargé d'écrire, à Londres, contre les émigrés français et les tories	122
6476	6 décemb. Paris.	Talleyrand.	Ordre de favoriser le retour en France des ouvriers français établis en pays étranger	123
6477	7 décemb. Saint-Cloud.	Regnier.	Demande de pièces relatives à des individus détenus pour fait de royalisme	123
6478	7 décemb. Saint-Cloud.	Le même.	Nécessité d'organiser aux îles de Ré, d'Oleron et Sainte-Marguerite des prisons pour les déportés	123
6479	10 décem. Saint-Cloud.	....	Décision réglant le payement des pensions à l'égard des ecclésiastiques qui ont un traitement	124
6480	10 décem. Saint-Cloud.	Les Députés des Cantons suisses.	Conseils pour la réformation du pacte fédéral en Suisse, l'égalité des cantons, etc.	124
6481	10 décem. Saint-Cloud.	Berthier.	Ordre de faire dresser des plans pour la défense des côtes de la Bretagne et du port de Boulogne	127
6482	11 décem. Saint-Cloud.	Maret.	Missions confiées aux citoyens Pelet (de la Lozère), Dauchy et Laumond	127
6483	11 décem. Saint-Cloud.	....	Allocution du Premier Consul aux cinq députés de la Suisse	128
6484	11 décem. Paris.	....	Arrêté plaçant les principaux théâtres de Paris sous la direction des préfets du palais	132

Nos des pièces	DATES	DESTINATAIRES	SOMMAIRE DES PIÈCES	PAG.
	1802.			
6485	11 décem. Saint-Cloud.	Berthier.	Demande de rapports détaillés sur la levée et la répartition des conscrits	132
6486	11 décem. Saint-Cloud.	Le même.	Dispositions à prescrire par circulaire relativement à la formation des dépôts coloniaux	133
6487	13 décem. Saint-Cloud.	Le Pape.	Proposition de cardinaux. Affaires de Malte. Projet en faveur du roi de Sardaigne...	134
6488	15 décem. Paris.	....	Décision sur une demande du général Macdonald en faveur de Parny...........	136
6489	15 décem. Paris.	Gaudin.	Informations à prendre dans les départements du Rhin sur la détresse de plusieurs communes	136
6490	17 décem. Saint-Cloud.	Chaptal.	Logement à Versailles et secours à donner à Mlle de Vicq, fille de l'ingénieur du canal de Saint-Quentin..............	137
6491	17 décem. Paris.	....	Instructions pour les conseillers d'État en mission : administration, douanes, conscription, écoles, etc.	137
6492	18 décem. Saint-Cloud.	Regnier.	Arrestation à faire pour déjouer des intrigues tramées avec l'Angleterre par des Italiens.	140
6493	18 décem. Saint-Cloud.	Talleyrand.	Ordre de faire surveiller les démarches d'agents anglais à Gênes, Ancône, Naples et Livourne	141
6494	18 décem. Saint-Cloud.	Berthier.	Défense aux officiers étrangers de porter l'uniforme national français	141
6495	18 décem. Saint-Cloud.	Portalis.	Envoi de notes relatives aux missions de Chine et aux affaires religieuses du Piémont.	141
6496	19 décem. Paris.	....	Projet d'organisation d'une école spéciale militaire dans les environs de Paris.....	142
6497	19 décem. Saint-Cloud.	Decrès.	Envoi de projets de lettres relatives à la prise de possession de la Louisiane.....	145
6498	21 décem. Saint-Cloud.	Maret.	Renseignement attendu pour fixer l'époque de la convocation du Corps législatif....	147
6499	21 décem. Saint-Cloud.	Fontenay.	Présent d'une écharpe d'honneur au maire de Rouen en témoignage de satisfaction.	147
6500	21 décem. Saint-Cloud.	Talleyrand.	Projet de publier les pièces relatives aux négociations de Lunéville, d'Amiens et de Ratisbonne................	148
6501	22 décem. Saint-Cloud.	....	Observations sur le projet de sénatus-consulte relatif aux sénatoreries..........	148
6502	22 décem. Paris.	....	Note pour le citoyen Portalis : réponse à faire à des observations contre la liberté de conscience..................	149
6503	23 décem. Saint-Cloud.	Chaptal.	Demande d'un projet pour établir en France des moulins pareils à ceux de Hollande..	149
6504	23 décem. Saint-Cloud.	Gaudin.	Ordre au directeur de la caisse d'amortissement de faire monter la rente à 56 francs.	149
6505	23 décem. Paris.	Berthier.	Demande d'un rapport sur la conscription ; compte que le ministre doit exiger chaque semaine................	150

Nos des pièces	DATES	DESTINATAIRES	SOMMAIRE DES PIÈCES	PAG.
	1802.			
6506	23 décem. Saint-Cloud.	Chaptal.	Plaintes à faire à des préfets de leur correspondance relative à la conscription....	150
6507	24 décem. Paris.	Decrès.	Note ordonnant des achats immédiats de vivres pour approvisionner des vaisseaux à Marseille..........	151
6508	24 décem. Paris.	....	Décision refusant d'approuver des nominations proposées pour le diocèse de la Rochelle..........	151
6509	24 décem. Saint-Cloud.	Barbé-Marbois.	Ordre de verser à la caisse d'amortissement les sommes dues par le trésor public...	151
6510	26 décem. Saint-Cloud.	Fesch.	Avis des ordres donnés en faveur de l'évêque de Chambéry et de l'abbé Fournier....	151
6511	27 décem. Paris.	....	Projet de sénatus-consulte organique du sénat : sénatoreries, administration, comptabilité..........	152
6512	27 décem. Paris.	....	Arrêté accordant une pension de retraite à plusieurs évêques démissionnaires......	154
6513	28 décem. Saint-Cloud.	Talleyrand.	Assurances à donner à la Prusse. Plaintes à lord Withworth au sujet du comte d'Artois.	155
6514	29 décem. Saint-Cloud.	Chaptal.	Défense aux préfets d'exiger des ecclésiastiques d'autre formule de serment que celle du Concordat..........	156
6515	29 décem. Paris.	....	Note sur les opérations de la caisse d'amortissement; projet relatif à la surveillance du grand-livre..........	156
6516	29 décem. Saint-Cloud.	Talleyrand.	Ordre de réclamer à Hambourg l'exécution des traités pour le jugement des affaires commerciales..........	157
6517	30 décem. Paris.	....	Note : opération à concerter entre la caisse d'amortissement, les receveurs généraux et la Banque..........	158
6518	30 décem. Saint-Cloud.	Bernier.	Compliments du zèle de ce prélat à transmettre des renseignements; recherches à poursuivre..........	158
6519	31 décem. Saint-Cloud.	Denon.	Sujets de tapisserie à commander aux manufactures de Beauvais et des Gobelins..	158
	1803.			
6520	1er janvier. Saint-Cloud.	Regnier.	Envoi de renseignements importants; utilité de la présence d'un agent à Bayeux.....	159
6521	1er janvier. Saint-Cloud.	Berthier.	Recommandation de faire surveiller des menées anglaises sur les côtes du Calvados.	159
6522	1er janvier. Saint-Cloud.	Talleyrand.	Réponse au gouvernement ligurien : encouragement à former une marine génoise..	159
6523	1er janvier. Saint-Cloud.	Ganteaume.	Plainte du peu d'activité mise aux constructions navales de Toulon; ordre de presser les travaux..........	160
6524	2 janvier. Saint-Cloud.	Melzi.	Craintes à calmer dans le département de l'Agogna. Voleurs à punir..........	161
6525	3 janvier. Saint-Cloud.	....	Décision en faveur d'un jeune homme non admissible, pour cause d'âge, à l'école polytechnique..........	161

Nos des pièces	DATES	DESTINATAIRES	SOMMAIRE DES PIÈCES	PAG.
	1803.			
6526	4 janvier. Saint-Cloud.	....	Observations sur un mémoire du général Chasseloup relatif aux fortifications d'Alexandrie........................	161
6527	7 janvier. Saint-Cloud.	....	Décision pour déclarer les Anglais inhabiles à posséder, sans autorisation, des immeubles en France..................	164
6528	7 janvier. Saint-Cloud.	....	Décision prescrivant de rappeler aux évêques le bref du Pape sur les fêtes supprimées.	164
6529	7 janvier. Paris.	....	Notes et décisions relatives aux déserteurs des dépôts coloniaux................	164
6530	8 janvier. Saint-Cloud.	Gaudin.	Accroissement probable du produit de l'enregistrement; crédits de la guerre et de la marine augmentés................	169
6531	8 janvier. Paris.	Regnier.	Informations à prendre sur les faits allégués contre le commissaire de police de Nancy........................	169
6532	8 janvier. Paris.	L'Archevêque de Rouen.	Annonce de la nomination de ce prélat à la dignité de cardinal................	170
6533	8 janvier. Paris.	L'Archevêque de Tours.	Compliments accompagnant l'avis de l'élévation de ce prélat au cardinalat........	170
6534	8 janvier. Paris.	Portalis.	Mécontentement à témoigner au préfet de la Meurthe pour des mesures arbitraires à l'égard des cultes..................	171
6535	8 janvier. Paris.	....	Arrêté déclarant insaisissables les traitements ecclésiastiques................	171
6536	10 janvier. Paris.	Dejean.	Fonds extraordinaires pour la remonte de la cavalerie; achats que doivent faire les corps........................	172
6537	12 janvier. Saint-Cloud.	Talleyrand.	Ordre pour le retour de Lannes à Lisbonne; lettre à écrire au cabinet portugais.....	172
6538	12 janvier. Saint-Cloud.	Lacépède.	Expression de sentiments sympathiques au sujet de la mort de Mme Lacépède......	173
6539	14 janvier. Saint-Cloud.	Gaudin.	Observations sur les trois premiers chapitres du compte général des finances pour l'an X........................	173
6540	14 janvier. Saint-Cloud.	Le Prince régent de Portugal.	Désir de contribuer à concilier les différends survenus; annonce du retour de Lannes à Lisbonne................	175
6541	14 janvier. Saint-Cloud.	L'Évêque d'Orléans.	Intention du Pape de nommer Bernier cardinal, mais de garder, un an, cette nomination *in petto*................	175
6542	15 janvier. Saint-Cloud.	Regnier.	Ordre de faire surveiller les réunions de francs-maçons d'Arras..............	176
6543	15 janvier. Saint-Cloud.	Melzi.	Envoi de notes pour la formation d'une banque italienne; projet à méditer.....	176
6544	15 janvier. Saint-Cloud.	Decrès.	Instructions particulières pour le capitaine général des possessions françaises dans les Indes Orientales................	176
6545	16 janvier. Saint-Cloud.	Denon.	Renseignements demandés sur des plans de batailles en cours d'exécution et sur le monument à Desaix..............	179

Nos des PIÈCES	DATES	DESTINATAIRES	SOMMAIRE DES PIÈCES	PAG.
	1803.			
6546	16 janvier. Saint-Cloud.	....	Décision en faveur de la veuve d'un Suédois qui avait rendu des services pendant la révolution	179
6547	16 janvier. Saint-Cloud.	Berthier.	Dispositions d'une circulaire aux autorités administratives relativement aux conscrits déserteurs	179
6548	16 janvier. Saint-Cloud.	Le même.	Explication d'un arrêté sur le traitement des généraux commandant les divisions et les départements	180
6549	16 janvier. Saint-Cloud.	....	Décision sur un projet d'uniforme de petite tenue pour les inspecteurs aux revues	181
6550	16 janvier. Saint-Cloud.	Portalis.	Somme à faire remettre à l'évêque d'Arras pour les pauvres de son diocèse	181
6551	16 janvier. Saint-Cloud.	Gaudin.	Ordre de faire tenir en secret une somme de cent mille francs à Mme d'Orléans	181
6552	17 janvier. Saint-Cloud.	Decrès.	Défense aux bâtiments français de naviguer dans la mer Noire sous pavillon russe	181
6553	17 janvier. Saint-Cloud.	Belliard.	Mariage de ce général avec Mlle Beugen vu avec plaisir; assurance d'estime et d'amitié	182
6554	19 janvier. Saint-Cloud.	....	Arrêté révoquant un notaire et un huissier pour avoir reçu une protestation contre le Concordat	182
6555	19 janvier. Saint-Cloud.	Regnier.	Questions sur l'abolition des droits féodaux dans les départements du Rhin, la Belgique et le Piémont	183
6556	19 janvier. Saint-Cloud.	Dejean.	Ordre d'activer la liquidation du compte de Vaulerberghe avec le trésor public	183
6557	22 janvier. Saint-Cloud.	Le même.	Causes du retard d'une expédition à Gênes; commissaire des guerres appelé à se justifier	183
6558	23 janvier. Saint-Cloud.	....	Arrêté pour l'organisation de l'Institut national divisé en quatre classes	184
6559	26 janvier. Paris.	Decrès.	Envoi de frégates devant Alger; présence d'une escadre à Toulon nécessitée par les événements	187
6560	29 janvier. Paris.	....	Conférence de dix députés suisses avec le Premier Consul; principes de l'acte de médiation	188
6561	30 janvier. Paris.	....	Décision sur un projet pour rétablir à Orléans, le monument en l'honneur de Jeanne d'Arc	196
6562	2 février. Paris.	....	Note pour une circulaire aux préfets; alternative posée aux Belges servant en Autriche	197
6563	3 février. Saint-Cloud.	Lebrun.	Demande d'un rapport sur la loi qui autorise le conseil de liquidation à créer des pensions	198
6564	3 février. Saint-Cloud.	Berthier.	Ordres pour l'approvisionnement et la mise en état de défense des places de l'île d'Elbe	198
6565	3 février. Paris.	....	Décision relative à des mulâtres venant de Saint-Domingue et détenus à bord d'un vaisseau	199

Nos des pièces	DATES	DESTINATAIRES	SOMMAIRE DES PIÈCES	PAG.
	1803.			
6566	3 février. Paris.	Decrès.	Envois de troupes à Saint-Domingue. Instruction pour l'expédition de la Louisiane, à modifier	199
6567	3 février. Paris.	Le même.	Mesures à prendre pour entretenir de fréquentes relations entre la métropole et les colonies	200
6568	4 février. Paris.	Rochambeau.	Conduite approuvée; avis d'envoi de renforts; gloire réservée au pacificateur de Saint-Domingue.	200
6569	4 février. Paris.	....	Décision refusant d'indemniser un armateur de Marseille d'une prise faite par les Anglais	201
6570	5 février. Saint-Cloud.	Decrès.	Nouvelles expéditions pour Saint-Domingue à préparer dans les ports de l'Océan et de la Méditerranée	201
6571	5 février. Saint-Cloud.	....	Note : détachements que doivent fournir les différents corps pour l'armée de Saint-Domingue.	201
6572	8 février. Saint-Cloud.	Berthier.	Ordre à l'officier commandant dans le Brisgau d'en laisser prendre possession au nom du duc de Modène	202
6573	8 février. Paris.	Haüy.	Invitation à composer un traité élémentaire de mathématiques pour les lycées nationaux.	202
6574	9 février. Paris.	Berthier.	Ordre à Murat de compléter à Crémone un bataillon de déserteurs étrangers	203
6575	9 février. Paris.	....	Décision recommandant au général Rochambeau le nègre Télémaque, maire du Cap.	203
6576	10 février. Paris.	Regnier.	Ordre de faire reconduire à la frontière Mme de Staël, qui se rendait à Paris	204
6577	10 février. Paris.	Le Prince régent de Portugal.	Nouvelle assurance du désir de resserrer l'union du Portugal et de la France	204
6578	10 février. Paris.	Berthier.	Travail pour une répartition de conscrits, approuvé; emplacement de troupes à modifier	204
6579	11 février. Paris.	Chaptal.	Ordre de faire travailler à l'infirmerie du collége de Saint-Cyr, besoins urgents des malades	205
6580	11 février. Paris.	Berthier.	Recommandation pour le général commandant à Strasbourg de ne point augmenter le service des soldats	205
6581	11 février. Paris.	Le même.	Ordre d'envoyer des compagnies noires à Mantoue pour faire le service de la place.	205
6582	11 février. Paris.	Regnier.	Ordre de faire surveiller et arrêter des embaucheurs espagnols	206
6583	14 février. Paris.	Decrès.	Confiance du Premier Consul en Decrès; perspective d'un glorieux avenir ouverte à ce ministre	206
6584	18 février. Paris.	Le même.	Dispositions principales d'un projet pour former à Brest un prytanée maritime	206
6585	18 février. Paris.	....	Ordre : achat de marchandises du Nord pour la marine; chanvre à faire semer en France	207

Nos des pièces	DATES	DESTINATAIRES	SOMMAIRE DES PIÈCES	PAG.
	1803.			
6586	18 février. Paris.	....	Ordre : constructions navales à Villefranche : rétablissement de l'arsenal...........	208
6587	18 février. Paris.	....	Ordre pour l'envoi de bâtiments de guerre devant Alger........................	208
6588	18 février. Paris.	Decrès.	Ordre pour l'armement spécial d'une frégate et d'un brick, nonobstant toutes objections contraires........................	208
6589	18 février. Paris.	Mathieu.	Réponse à une lettre ; éloge des sentiments qui l'ont dictée........................	209
6590	19 février. Paris.	....	Préambule de l'acte de médiation de la République helvétique..........	209
6591	20 février. Paris.	....	Exposé de la situation de la République ; message au Sénat et au Corps législatif..	210
6592	21 février. Paris.	Regnier.	Sommes à faire remettre à différentes personnes désignées..............	220
6593	21 février. Paris.	Chaptal.	Demande d'un rapport sur les rentes affectées à l'Athénée de Turin..........	220
6594	21 février. Paris.	Berthier.	Envoi d'inspecteurs dans les divisions militaires ; objets de leur mission..........	221
6595	21 février. Paris.	La Consulte italienne.	Remercîment des sentiments exprimés à l'occasion de la mort du général Leclerc....	221
6596	21 février. Paris.	Melzi.	Avis et recommandations sur la conscription, les fortifications, l'artillerie, les arsenaux, etc....................	221
6597	21 février. Paris.	....	Décision relative à la suppression des péages du Pô dans les États de Parme........	223
6598	21 février. Paris.	Louis d'Affry.	Avis d'ordres donnés pour le payement de diverses sommes et d'une pension.....	223
6599	21 février. Paris.	Decrès.	Ordre d'envoyer secrètement des armes et des munitions aux Souliotes..........	223
6600	22 février. Paris.	Talleyrand.	Instructions pour le général Ney en Suisse ; réception qu'il doit faire à M. d'Affry...	224
6601	23 février. Paris.	....	Allocution du Premier Consul à une députation du Corps législatif..........	225
6602	25 février. Paris.	Talleyrand.	Envoi à Cagliari d'un agent chargé de surveiller les mouvements des flottes anglaises.	225
6603	25 février. Paris.	Berthier.	Nourriture et entretien des troupes en Suisse aux frais du trésor français..........	226
6604	25 février. Paris.	Le même.	Ordre d'activer les travaux d'Alexandrie ; intention de réunir huit mille hommes dans cette place......................	226
6605	26 février. Paris.	....	Arrêté allouant aux cardinaux des frais d'installation et un traitement extraordinaire.	226
6606	26 février. Paris.	....	Arrêté : rapports à présenter pour agrandir le port de Toulon et en augmenter les magasins..............................	226
6607	27 février. Paris.	Cretet.	Importance attachée à l'exécution d'un canal entre Boulogne et Dunkerque..........	227
6608	27 février. Paris.	Gaudin.	Observations sur un compte de finances remis par le ministre du trésor public....	227

Nos des PIÈCES	DATES	DESTINATAIRES	SOMMAIRE DES PIÈCES	PAG.
	1803.			
6609	27 février. Paris.	Decrès.	Demande de projets pour l'approvisionnement de Dunkerque et la construction de bateaux canonniers	227
6610	27 février. Paris.	Denina.	Accusé de réception d'un ouvrage historique; compliments à ce sujet	228
6611	28 février. Paris.	Barbé-Marbois.	Note : demande au citoyen Deguer d'un ouvrage détaillé sur la situation des finances anglaises	228
6612	2 mars. Paris.	....	Décision prescrivant à l'avenir le mode de payement des pensions par le trésor public.	228
6613	3 mars. Paris.	Talleyrand.	Ordre de rechercher les pièces diplomatiques relatives à l'expulsion des Stuarts réfugiés en France	229
6614	4 mars. Paris.	Berthier.	Arrêts infligés au général Solignac en punition de sa tenue dans un bal à Milan	229
6615	4 mars. Paris.	Talleyrand.	Renseignement à prendre près de M. de Gallo sur un Italien résidant à Londres	229
6616	7 mars. Paris.	Andréossy.	Mesure à prendre contre un escroc. Demande de détails sur les finances anglaises	230
6617	8 mars. Paris.	Gaudin.	Ordre de faire remettre une somme de cent mille francs au prince de Conti	230
6618	10 mars. Paris.	....	Arrêté affectant une partie du château de Fontainebleau à l'établissement d'une école militaire	230
6619	10 mars. Paris.	Dejean.	Ordre de constater la qualité du pain et de la viande distribués aux Invalides	231
6620	10 mars. Paris.	Decrès.	Ordre de devancer les Anglais en Italie pour des achats de bois destinés à la marine	231
6621	11 mars. Paris.	Barbé-Marbois.	Valeurs en coupes de bois et en obligations à négocier pour assurer le service de l'an XI	231
6622	11 mars. Paris.	Melzi.	Démonstrations contre les Français en Italie; plaintes au sujet de la direction donnée à l'esprit public	232
6623	11 mars. Paris.	Murat.	Conduite à tenir à Milan; égards à témoigner aux autorités italiennes; instructions.	234
6624	11 mars. Paris.	Colbert.	Mission à la cour de Russie; sujets de conversation avec les membres de la famille impériale	235
6625	11 mars. Paris.	L'Empereur de Russie.	Inexécution du traité d'Amiens par les Anglais; demande d'intervention. Affaires d'Allemagne, etc	236
6626	11 mars. Paris.	Le Roi de Prusse.	Exposé des griefs de la France contre l'Angleterre refusant d'évacuer l'île de Malte.	237
6627	11 mars. Paris.	Le Roi d'Espagne.	Plaintes diverses. Instances pour l'armement de Minorque et la restauration de la marine espagnole	238
6628	11 mars. Paris.	....	Arrêté : dispositions générales pour la formation de flottilles à Dunkerque et à Cherbourg	240
6629	12 mars. Paris.	Duroc.	Instructions pour une mission en Prusse touchant l'occupation projetée du Hanovre.	243

Nos des PIÈCES	DATES	DESTINATAIRES	SOMMAIRE DES PIÈCES	PAG.
	1803.			
6630	13 mars. Paris.	Andréossy.	Langage tenu par le Premier Consul à lord Withworth dans une réception aux Tuileries	246
6631	13 mars. Paris.	Barbé-Marbois.	Dispositions pour attribuer des crédits supplémentaires aux ministères de la marine et de la guerre	247
6632	13 mars. Paris.	Decrès.	Questions sur les mesures à prendre pour nuire au commerce anglais en cas de guerre	248
6633	15 mars. Paris.	....	Décision pour l'exécution d'un projet de fête en l'honneur de Jeanne d'Arc	248
6634	15 mars. Paris.	Berthier.	Mise en état de défense des îles Marcouf; ordres pour Belle-Ile	248
6635	15 mars. Paris.	Decrès.	Ordres divers : armements à Toulon; défense de l'île d'Elbe; envoi de troupes à la Martinique	249
6636	16 mars. Paris.	Hédouville.	Langage tenu par le Premier Consul à lord Withworth. Projet d'arrangement relatif au roi de Sardaigne	250
6637	16 mars. Paris.	Mollien.	Achats de rentes à faire par la caisse d'amortissement; somme destinée à cette opération	252
6638	17 mars. Paris.	....	Décision sur un règlement proposé pour la classe de langue et de littérature françaises à l'Institut	252
6639	18 mars. Paris.	Berthier.	Ordres à Ney relativement à des troupes suisses prises à la solde de la France	252
6640	18 mars. Paris.	Decrès.	Énumération des soldats existant dans les dépôts coloniaux; ordre de les faire embarquer	253
6641	22 mars. Paris.	Barbé-Marbois.	Fonds restant en caisse à Brest sans être réclamés; demande d'un rapport	253
6642	22 mars. Saint-Cloud.	Berthier.	Projet à présenter pour la réunion de parcs d'artillerie à Breda, Bologne et Bayonne	254
6643	23 mars. Paris.	....	Décision refusant de changer des troupes de garnison pour cause de rixes avec les habitants d'une ville	254
6644	24 mars. Paris.	....	Décision accordant un secours de mille francs à l'aumônier du grand maître de Malte	254
6645	24 mars. Paris.	....	Décision; rapport demandé sur les sommes mises à la disposition des évêques par les départements	255
6646	24 mars. Paris.	....	Décision relative à des demandes de cloches par différentes communes de la Vendée	255
6647	24 mars. Paris.	....	Décision en faveur de Ritter, ancien membre des assemblées délibérantes	255
6648	24 mars. Paris.	....	Décision en faveur d'une maison d'éducation écossaise à Ratisbonne	255
6649	24 mars. Paris.	....	Décision sur une demande d'ouvriers militaires pour les îles de France et de la Réunion	256

Nos des PIÈCES	DATES	DESTINATAIRES	SOMMAIRE DES PIÈCES	PAG.
	1803.			
6650	24 mars. Paris.	....	Décision relative à la formation de corps de volontaires en Belgique..............	256
6651	25 mars. Paris.	Berthier.	Projet de visiter les 16e, 24e, 25e et 26e divisions militaires; ordres en conséquence.	256
6652	25 mars. Paris.	Le même.	Ordres pour l'instruction des troupes et pour les exercices d'artillerie..........	257
6653	25 mars. Paris.	Le même.	Concentration de troupes sur les côtes de la Manche, de Boulogne à Ostende.......	258
6654	25 mars. Paris.	Le même.	Ordres pour la réunion d'un corps de troupes destiné à défendre le territoire hollandais.	258
6655	26 mars. Paris.	Le même.	Dispositions pour compléter la Garde consulaire par des soldats de choix	259
6656	27 mars. Paris.	....	Décision accordant au duc de Richelieu la permission de rester au service de la Russie.	260
6657	29 mars. Paris.	....	Note : erreurs signalées dans les comptes des ministres de l'intérieur et des relations extérieures..................	260
6658	30 mars. Paris.	Lacuée.	Mission en Hollande ; renseignements à réunir sur les troupes, la marine et les places.	260
6659	31 mars. Paris.	Berthier.	Commandement de Flessingue confié au général Monnet ; armement et défense de cette place..................	262
6660	31 mars. Paris.	Decrès.	Intention de faire rassembler des bateaux de pêche dans six ports désignés.......	263
6661	31 mars. Paris.	Le même.	Armement des canonnières et bateaux canonniers existant à Brest, Lorient, Rochefort et au Havre..............	264
6662	31 mars. Paris.	Le même.	Projet de faire surveiller l'Escaut et le port de Flessingue ; renseignements demandés.	265
6663	1er avril. Paris.	Talleyrand.	Urgence du départ de Bernadotte, envoyé en mission, en Amérique.............	265
6664	2 avril. Paris.	Marescalchi.	Lettre confidentielle à écrire à Melzi au sujet des discussions élevées entre lui et Murat.	265
6665	2 avril. Paris.	Melzi.	Accord à rétablir avec les autorités françaises. Projet de créer un bataillon de gardes italiennes..............	266
6666	2 avril. Paris.	Murat.	Avis d'envois de troupes. Ordre d'éviter tout différend avec Melzi et la Consulte italienne..................	266
6667	6 avril. Paris.	Berthier.	Mesures pour l'habillement provisoire des conscrits ; ordres divers..............	267
6668	7 avril. Paris.	....	Décision chargeant Barbé-Marbois d'entendre les réclamations des régents de la Banque..................	267
6669	7 avril. Paris.	Paesiello.	Compliments adressés à ce compositeur sur la musique de l'opéra *La Proserpine*....	269
6670	8 avril. Paris.	Talleyrand.	Question au sujet d'une convention avec la Hollande publiée par un journal batave..	269
6671	9 avril. Paris.	....	Décision : habitants des départements du Rhin à détourner d'émigrer comme colons en Pologne..................	269

Nos des pièces	DATES	DESTINATAIRES	SOMMAIRE DES PIÈCES	PAG.
	1803.			
6672	9 avril. Paris.	Talleyrand.	Nomination du cardinal Fesch à l'ambassade de Rome ; offres à faire à Caccault. .	270
6673	9 avril. Paris.	Berthier.	Ordres à donner en secret pour divers mouvements de troupes.	270
6674	9 avril. Paris.	Le même.	Armement de la côte depuis l'embouchure de la Somme jusqu'à celle de l'Escaut. .	271
6675	9 avril. Paris.	Menou.	Recommandations diverses : travaux d'Alexandrie, conscription, routes, manufactures, commerce.	271
6676	9 avril. Paris.	Morand.	Conscription et troupes à lever en Corse ; projet d'y établir une colonie de Maltais ; avis et ordres.	272
6677	10 avril. Paris.	Berthier.	Ordres relatifs à la réorganisation des bataillons suisses au service de la France.	274
6678	12 avril. Saint-Cloud.	Joseph Bonaparte.	Envoi d'un travail sur les tribunaux de la Corse ; demande de modification.	275
6679	12 avril. Saint-Cloud.	Rapp.	Ordre de se rendre à Auxonne pour inspecter les troupes helvétiques. Mission en Suisse.	275
6680	12 avril. Saint-Cloud.	Louis d'Affry.	Nécessité de compléter les demi-brigades helvétiques ; conseils à donner aux Suisses.	276
6681	13 avril. Saint-Cloud.	Chaptal.	Ordre de rédiger un projet de traité relatif aux mines de l'île d'Elbe.	277
6682	13 avril. Saint-Cloud.	Berthier.	Instructions secrètes pour le commandement et la défense de l'île d'Elbe en cas de guerre.	277
6683	13 avril. Saint-Cloud.	Le même.	Ordre d'inviter les tribuns et députés de Bordeaux à presser la levée de la conscription dans cette ville.	278
6684	14 avril. Saint-Cloud.	Regnier.	Conseil de quitter les départements de l'Ouest à donner au chouan Suzannet. . .	278
6685	14 avril. Saint-Cloud.	Girod (de l'Ain).	Promesse bienveillante à la veuve d'un député pour laquelle le Corps législatif demande une pension.	279
6686	14 avril. Saint-Cloud.	. . . .	Note pour le ministre de la guerre ; ordres divers à donner.	279
6687	15 avril. Saint-Cloud.	Chaptal.	Ordre d'envoyer aux préfets une circulaire relative à l'exercice public du culte dans les communes.	280
6688	16 avril. Saint-Cloud.	Lacuée.	Envoi d'un travail sur les dépenses de l'armée italienne ; demande d'un nouveau rapport.	280
6689	16 avril. Saint-Cloud.	Berthier.	Ordres à donner à Murat pour qu'il réunisse un corps de troupes à Faenza.	280
6690	16 avril. Saint-Cloud.	Le même.	Observations et ordres relatifs aux parcs d'artillerie de Breda et de Bologne.	281
6691	16 avril. Saint-Cloud.	Le même.	Ordre à donner pour que la garnison du fort Lamalgue soit exclusivement formée par des troupes françaises.	282
6692	16 avril. Saint-Cloud.	Le même.	Officier à désigner pour communiquer secrètement avec les chefs irlandais et écossais à Paris	282

Nos des pièces	DATES	DESTINATAIRES	SOMMAIRE DES PIÈCES	PAG.
	1803.			
6693	17 avril. Saint-Cloud.	Berthier.	Ordre d'activer l'armement de toutes les côtes de la France ; points recommandés.	282
6694	18 avril. Saint-Cloud.	. . . .	Décision : demande d'un rapport sur la réunion des collèges irlandais et écossais existant en France.	282
6695	18 avril. Saint-Cloud.	Berthier.	Réunion d'une colonne de troupes à Nimègue sous le commandement du général Frère.	283
6696	18 avril. Saint-Cloud.	Le même.	Ordre d'envoyer à Mantoue, pour y être employés, six cents noirs qui sont à Brest.	283
6697	18 avril. Saint-Cloud.	Decrès.	Avis des dispositions ci-dessus ordonnées au ministre de la guerre.	283
6698	18 avril. Saint-Cloud.	Le même.	Ordre au préfet de Rochefort de faire reconnaître une croisière ennemie à l'île d'Yeu	284
6699	19 avril. Saint-Cloud.	Talleyrand.	Ordre de requérir le Gouvernement batave d'armer les îles de Goeree, de Voorn et les côtes.	284
6700	19 avril. Saint-Cloud.	Berthier.	Instructions pour l'armement et la défense de l'île d'Yeu et des côtes jusqu'à l'île d'Onessant	285
6701	19 avril. Saint-Cloud.	Decrès.	Demande d'un rapport sur des projets de fortification pour différents points de la Bretagne.	286
6702	20 avril. Saint-Cloud.	Berthier.	Travaux à faire commencer en Hollande sans attendre la délibération du Gouvernement batave.	287
6703	21 avril. Saint-Cloud.	Le même.	Détails à réunir sur la situation administrative et les besoins de l'île d'Yeu	287
6704	22 avril. Paris.	Gaudin.	Note prescrivant de vérifier les opérations financières du citoyen d'Aure, à Saint-Domingue.	288
6705	23 avril. Paris.	. . . .	Décision permettant d'exporter du maïs en Espagne ; avantage commercial à demander par réciprocité.	289
6706	23 avril. Paris.	. . . .	Projet de convention secrète avec les États-Unis relativement à la cession de la Louisiane.	289
6707	23 avril. Paris.	Decrès.	Établissements maritimes projetés en Bretagne et en Hollande.	291
6708	23 avril. Paris.	Le même.	Défense aux préfets maritimes de permettre aux étrangers l'entrée des ports et arsenaux.	292
6709	23 avril. Paris.	Cretet.	Demande de renseignements sur la construction d'un fort dans la presqu'île de Quiberon	292
6710	24 avril. Saint-Cloud.	Talleyrand.	Mesures à faire prendre contre des Italiens soupçonnés d'être des agents de l'Angleterre.	292
6711	24 avril. Saint-Cloud.	Melzi.	Mesure contre Cicognara approuvée ; assurance d'une politique favorable à l'Italie.	292
6712	24 avril. Saint-Cloud.	Murat.	Considération à témoigner aux fonctionnaires italiens. Ordres pour les troupes en Italie.	293

Nos des pièces	DATES	DESTINATAIRES	SOMMAIRE DES PIÈCES	PAG.
	1803.			
6713	25 avril. Saint-Cloud.	Lauriston.	Mission militaire en Bretagne : inspection des ports, des travaux maritimes, des fortifications	294
6714	26 avril. Saint-Cloud.	Decrès.	Création de régiments de canonniers de la marine ; bases d'un projet d'arrêté	295
6715	27 avril. Saint-Cloud.	Lagrange.	Mission secrète et toute de confiance dont le but apparent doit être l'inspection de la gendarmerie	296
6716	28 avril. Saint-Cloud.	Lebrun.	Instructions détaillées pour une mission en Bretagne ; renseignements divers à réunir.	297
6717	29 avril. Paris.	....	Note : projet pour la création de nouveaux lycées et pour l'érection d'une statue de Charlemagne	300
6718	29 avril. Saint-Cloud.	Berthier.	Ordre donné en l'an IX et relatif aux écoles d'artillerie, à représenter au Premier Consul	300
6719	30 avril. Saint-Cloud.	Le Landamman d'Uri.	Désir de voir les cantons de la Suisse oublier leurs anciens différends	301
6720	1er mai. Saint-Cloud.	Talleyrand.	Instructions pour une conférence avec l'ambassadeur britannique	301
6721	1er mai. Paris.	Le même.	Envoi de notes remises par lord Withworth et relatives à l'île de Malte	302
6722	2 mai. Paris.	....	Décision sur une demande adressée par Ritter, ancien membre des assemblées délibérantes	302
6723	2 mai. Saint-Cloud.	Decrès.	Projet d'établir un bassin de construction à Sainte-Adresse, près du Havre	302
6724	3 mai. Saint-Cloud.	Le Landamman d'Unterwald.	But que s'est proposé le Premier Consul dans l'acte de médiation, promesse de protection	303
6725	3 mai. Paris.	....	Note pour l'ambassadeur d'Angleterre ; proposition d'arrangement relatif à Malte	303
6726	6 mai. Saint-Cloud.	Le Landamman de Schwitz.	Nécessité d'oublier les querelles passées ; assurance de sollicitude pour la liberté et le bonheur des Suisses	304
6727	6 mai. Paris.	....	Décision relative à l'acceptation des dons immobiliers affectés à l'entretien des prêtres desservants	305
6728	6 mai. Saint-Cloud.	Les Bourgmestre et Sénateurs de Brême.	Satisfaction de la mission remplie par un envoyé du sénat de Brême	305
6729	9 mai. Saint-Cloud.	Marescalchi.	Ordre à transmettre à Melzi pour la réunion de six mille hommes en Romagne	306
6730	11 mai. Paris.	....	Arrêté autorisant Joseph de Maistre à rester au service du roi de l'île de Sardaigne	306
6731	12 mai. Saint-Cloud.	....	Décision prescrivant de faire exécuter à Bordeaux la loi sur la conscription	307
6732	12 mai. Saint-Cloud.	....	Note relative à la translation du corps de Desaix dans l'église du mont Saint-Bernard	307
6733	12 mai. Saint-Cloud.	Cretet.	Ordres pour l'achèvement d'une route et pour la réparation d'une digue à Cherbourg	307

Nos des pièces	DATES	DESTINATAIRES	SOMMAIRE DES PIÈCES	PAG.
	1803.			
6734	12 mai. Saint-Cloud.	....	Note pour le ministre de la guerre; renseignements à donner sur différents points de la Bretagne.	308
6735	12 mai. Saint-Cloud.	Menou.	Route du mont Genèvre. Vues secrètes sur la place d'Alexandrie. Avis et mesures diverses.	308
6736	12 mai. Saint-Cloud.	Lagrange.	Demande de plus amples détails; recommandation de voyager lentement et de bien observer.	309
6737	12 mai. Saint-Cloud.	Decrès.	Ordre de prendre des mesures pour faire travailler activement aux digues de Cherbourg.	310
6738	12 mai. Saint-Cloud.	Portalis.	Sommes à faire remettre à des prêtres des diocèses de la Rochelle et de Vannes.	310
6739	12 mai. Paris.	L'Ambassadeur d'Angleterre.	Réponse au refus de remettre l'île de Malte aux puissances garantes de la paix d'Amiens.	311
6740	13 mai. Saint-Cloud.	Talleyrand.	Arrangement à faire proposer au cabinet de Londres par l'intermédiaire de Schimmelpenninck.	311
6741	13 mai. Saint-Cloud.	Berthier.	Ordres pour les fortifications d'Alexandrie; importance politique de cette place.	312
6742	13 mai. Saint-Cloud.	Le même.	Ordre aux troupes du camp de Nimègue de se porter à Coeverden prêtes à envahir le Hanovre.	313
6743	13 mai. Paris.	Clarke.	Intention du Premier Consul qu'il soit mis embargo sur les bâtiments anglais dans les ports de Toscane.	314
6744	14 mai. Paris.	Marescalchi.	Communication secrète à faire à la Consulte d'une note remise à lord Withworth quittant Paris.	314
6745	15 mai. Saint-Cloud.	Berthier.	Mécontentement des honneurs rendus à lord Elgin par le général commandant à Livourne.	315
6746	17 mai. Saint-Cloud.	Regnier.	Envoi d'un rapport secret; enquête à demander au tribunal criminel de Maëstricht.	315
6747	17 mai. Saint-Cloud.	Gaudin.	Pension de Mme d'Orléans-Bourbon fixée à cent mille francs par an.	315
6748	17 mai. Saint-Cloud.	Lannes.	Avis du départ de l'ambassadeur d'Angleterre; peu d'espoir de conserver la paix.	316
6749	17 mai. Saint-Cloud.	Le Prince régent de Portugal.	Rupture imminente avec l'Angleterre par suite de la non-exécution du traité d'Amiens.	316
6750	17 mai. Saint-Cloud.	L'Électeur de Salzburg.	Compliments. Espérance de voir ce prince agir envers la France d'après ses sentiments personnels.	316
6751	17 mai. Saint-Cloud.	Le Landamman de la Suisse.	Envoi de la note remise à lord Withworth au moment de son départ pour Paris.	317
6752	17 mai. Saint-Cloud.	Le Pape.	Annonce de la rupture de la paix. Passage pour des troupes demandé à travers les États romains.	317
6753	17 mai. Saint-Cloud.	Consalvi.	Réponse à des félicitations; assurance d'estime et promesse de concours.	318

N°s des pièces	DATES	DESTINATAIRES	SOMMAIRE DES PIÈCES	PAG.
	1803.			
6754	19 mai. Paris.	....	Décision renvoyant un morceau de musique à l'appréciation de Paesielle..........	318
6755	20 mai. Paris.	Le Sénat.	Message exposant les causes de la rupture de la paix avec l'Angleterre..........	318
6756	21 mai. Saint-Cloud.	Barbé-Marbois.	Témoignage de satisfaction donné à ce ministre ; fonds destinés à des gratifications.	320
6757	21 mai. Saint-Cloud.	....	Décision : nécessité de conserver quelque temps encore la succursale des Invalides d'Avignon..........	321
6758	21 mai. Saint-Cloud.	Decrès.	Mesure contre le commerce anglais en Italie ; ordre d'envoyer des lettres de marque.	321
6759	22 mai. Paris.	Marescalchi.	Ordre d'arrêter les Anglais en Italie, de saisir leurs biens et d'armer en course contre eux	322
6760	22 mai. Saint-Cloud.	Berthier.	Ordre de porter à cinq cents hommes la garnison des îles Marcouf..........	322
6761	22 mai. Saint-Cloud.	Le même.	Dispositions pour l'armement et la garnison de l'île de Bréhat..........	323
6762	22 mai. Paris.	Ganteaume.	Rappel des règlements de la marine en temps de guerre ; ordre d'empêcher le blocus de Marseille..........	323
6763	23 mai. Saint-Cloud.	Murat.	Ordres pour l'occupation de Tarente par Gouvion Saint-Cyr. Mise en état de siége de Livourne. Avis divers..........	324
6764	23 mai. Saint-Cloud.	Berthier.	Armement de l'île de Groix et de Belle-Ile ; officier malade à remplacer..........	326
6765	24 mai. Paris.	Barbé-Marbois.	Nécessité d'une émission de billets plus considérable par la Banque de France.....	326
6766	25 mai. Paris.	....	Allocution du Premier Consul au Sénat, au Tribunat et à une députation du Corps législatif..........	327
6767	25 mai. Saint-Cloud.	Regnier.	Fonds secrets à mettre à la disposition du préfet du Morbihan..........	328
6768	25 mai. Saint-Cloud.	....	Décision : colonie à former en Corse avec les hommes indisciplinés provenant des dépôts coloniaux..........	329
6769	25 mai. Saint-Cloud.	Le Pape.	Lettre accréditant le cardinal Fesch en qualité d'ambassadeur auprès du saint-siége.	329
6770	27 mai. Saint-Cloud.	Le même.	Lettre annonçant le rappel du citoyen Cacault, ministre plénipotentiaire à Rome..	330
6771	27 mai. Saint-Cloud.	Berthier.	Dispositions relatives à des individus compromis dans une affaire à la Guadeloupe.	330
6772	28 mai. Saint-Cloud.	Murat.	Compliment sur la naissance d'un fils. Zèle à stimuler pour la formation de l'armée italienne..........	331
6773	29 mai. Saint-Cloud.	Barbé-Marbois.	Intention de faire acheter des munitions navales par une compagnie de banquiers.	331
6774	29 mai. Saint-Cloud.	....	Notes : construction de bâteaux plats ; achats à faire en Hollande ; arsenal de Flessingue.	331
6775	30 mai. Saint-Cloud.	Decrès.	Ordre de faire achever avant le terme fixé les chaloupes, péniches et bateaux en construction..........	332

Nos des PIÈCES	DATES	DESTINATAIRES	SOMMAIRE DES PIÈCES	PAG.
	1803.			
6776	31 mai. Saint-Cloud.	Berthier.	Travaux de fortifications à ralentir à Pizzighettone et à presser à Alexandrie......	332
6777	31 mai. Saint-Cloud.	Le même.	Ordre à Mortier de respecter l'indépendance des villes de Hanovre et d'Oldenbourg..	333
6778	1er juin. Paris.	....	Décision sur un rapport relatif aux bohémiens des Basses-Pyrénées............	333
6779	2 juin. Saint-Cloud.	Berthier.	Avis à donner que la carte des cantons suisses sera levée aux frais de la République française..................	333
6780	3 juin. Paris.	Regnier.	Reproches à faire à des propriétaires de journaux pour publication de fausses nouvelles	334
6781	3 juin. Paris.	Le même.	Injonction au propriétaire du journal *le Citoyen français* de changer le rédacteur de cette feuille...............	334
6782	3 juin. Paris.	Le même.	Recommandations à réitérer aux journalistes; nouvelles qu'ils ne doivent pas publier...	334
6783	3 juin. Paris.	Decrès.	Notes sur les travaux et préparatifs à faire en vue de la guerre maritime..........	335
6784	3 juin. Paris.	....	Décision sur la proposition de réglementer la publicité des cérémonies religieuses..	338
6785	4 juin. Saint-Cloud.	....	Note. fonds supplémentaires accordés pour les travaux du parc de Saint-Cloud.....	338
6786	4 juin. Saint-Cloud.	Regnier.	Renseignements à prendre dans le Morbihan; ordre d'arrêter les parents de Georges Cadoudal	338
6787	4 juin. Saint-Cloud.	Chaptal.	Ordre à Menou relativement aux pauvres, mendiants et gens sans aveu en Piémont.	339
6788	4 juin. Saint-Cloud.	Cretet.	Plaintes au sujet de travaux en retard; demande d'un rapport sur les droits dévolus aux ingénieurs.................	339
6789	4 juin. Saint-Cloud.	....	Arrêté ordonnant qu'il sera fait un présent diplomatique à M. de Markof..........	340
6790	4 juin. Saint-Cloud.	Melzi.	Explication des mesures prises pour composer le corps d'armée de Naples.....	340
6791	4 juin. Saint-Cloud.	Berthier.	Dispositions militaires pour empêcher des communes du Morbihan de communiquer avec l'Angleterre..............	341
6792	6 juin. Saint-Cloud.	Chaptal.	Urgence de faire travailler au port de Saint-Gilles, département de la Vendée......	341
6793	6 juin. Saint-Cloud.	Berthier.	Instructions pour Victor, chargé du commandement des troupes françaises et bataves en Hollande..............	341
6794	6 juin. Saint-Cloud.	Le même.	Ordres relatifs à l'île d'Yeu; officier à remplacer; discipline à rétablir; garnison à renforcer	343
6795	6 juin. Saint-Cloud.	Le même.	Mauvaise tenue d'une demi-brigade et incurie des officiers; demande d'un rapport à ce sujet..............	344
6796	7 juin. Saint-Cloud.	Talleyrand.	Démarches à faire pour l'arrestation ou l'éloignement d'anciens évêques réfugiés à l'étranger..............	344

Nos des pièces	DATES	DESTINATAIRES	SOMMAIRE DES PIÈCES	PAG.
	1803.			
6797	7 juin. Saint-Cloud.	Louis d'Affry.	Accusé de réception d'une lettre; satisfaction de la tournure des affaires en Suisse.	344
6798	7 juin. Saint-Cloud.	Charles de Dalberg.	Compliment à l'occasion du nouveau titre pris par ce prince, devenu électeur archichancelier de l'empire	345
6799	7 juin. Saint-Cloud.	L'Électeur de Wurtemberg.	Même compliment à ce prince, devenu électeur de Wurtemberg.	345
6800	7 juin. Saint-Cloud.	L'Électeur de Bade.	Même compliment à ce prince prenant le titre d'électeur de Bade............	345
6801	7 juin. Saint-Cloud.	Bourcier.	Modifications à introduire dans un projet d'organisation de la cavalerie..........	345
6802	8 juin. Saint-Cloud.	....	Décision pour la remise aux arsenaux maritimes des cuivres existant dans les ateliers monétaires	346
6803	8 juin. Saint-Cloud.	Chaptal.	Concours que doit prêter le commissaire du gouvernement au commandant de l'île d'Elbe..................	346
6804	8 juin. Paris.	Berthier.	Ordres d'armement à réitérer à l'île d'Elbe; Mission d'un officier sur les côtes de Bretagne..................	347
6805	8 juin. Paris.	Le même.	Défense de rien prescrire relativement au matériel de la marine sans l'ordre du Premier Consul................	349
6806	9 juin. Saint-Cloud.	Maret.	Ordre relatif à l'impression de tableaux joints à un arrêté appelant les conscrits de la réserve	349
6807	9 juin. Saint-Cloud.	Berthier.	Dispositions pour compléter les bataillons tenant garnison aux îles d'Yeu et de Ré.	350
6808	9 juin. Saint-Cloud.	Le même.	Ordre de faire faire un plan de défense pour l'île Dumet, à l'embouchure de la Vilaine.	350
6809	9 juin. Saint-Cloud.	Mortier.	Compliments sur les succès obtenus en Hanovre. Avantages espérés de la convention de Suhlingen	350
6810	10 juin. Paris.	Decrès.	Note ordonnant d'employer tous les ouvriers des ports aux travaux maritimes entrepris par l'Etat..............	351
6811	11 juin. Saint-Cloud.	Regnier.	Ordre de suspendre l'exécution d'un jugement, le condamné s'étant pourvu en grâce.	351
6812	11 juin. Saint-Cloud.	Le même.	Sommes à faire remettre à diverses personnes désignées	351
6813	11 juin. Saint-Cloud.	Le même.	Fonds destinés à l'hôtel de la préfecture de Vannes; augmentation du traitement du préfet	352
6814	14 juin. Saint-Cloud.	Berthier.	Ordres pour la formation de camps à Deventer, Gand, Saint-Omer, Compiègne, Saint-Malo, Bayonne..............	352
6815	14 juin. Saint-Cloud.	Le même.	Mesures à proposer afin de mettre à exécution les dispositions ci-dessus	353
6816	14 juin. Saint-Cloud.	Le même.	Ordre d'employer, au camp de Deventer, les convois d'artillerie destinés aux armées de Hanovre..................	355

Nos des PIÈCES	DATES	DESTINATAIRES	SOMMAIRE DES PIÈCES	PAG.
	1803.			
6817	14 juin. Saint-Cloud.	Dejean.	Projets à présenter pour des approvisionnements en vivres et en effets d'habillement	355
6818	14 juin. Saint-Cloud.	Berthier.	Demande de renseignements sur les magasins d'artillerie et dépôts d'armes de Turin	353
6819	15 juin. Paris.	Le Ministre de la marine.	Compte à rendre de la construction de chaloupes et bateaux canonniers; ordres et avis	356
6820	16 juin. Saint-Cloud.	Gaudin.	Produit d'un droit de tonnage à l'île d'Yeu affecté à la réparation du port	357
6821	16 juin. Saint-Cloud.	Berthier.	Ordre à Mortier de faire occuper l'évêché d'Osnabrück par des troupes aux ordres de Dessolle	357
6822	16 juin. Saint-Cloud.	Le même.	Instructions pour Mortier : emplacement assigné à des troupes hanovriennes	358
6823	16 juin. Saint-Cloud.	Le même.	Appel de conscrits de la réserve pour compléter les bataillons du train d'artillerie	358
6824	16 juin. Saint-Cloud.	Le même.	Ordres relatifs aux armes de calibre français qui sont dans la République italienne et dans le Piémont	359
6825	16 juin. Saint-Cloud.	Decrès.	Réparation d'une frégate hanovrienne; construction de chaloupes sur l'Elbe et le Weser	359
6826	17 juin. Paris.	....	Arrêté ordonnant de fondre, à Douai et à Strasbourg, des mortiers destinés à l'armement de Boulogne	359
6827	17 juin. Paris.	....	Note pour le ministre de la marine relative aux préparatifs de la flottille	360
6828	17 juin. Saint-Cloud.	Forfait.	Recommandation d'activer dans tous les chantiers les constructions pour la flottille	361
6829	18 juin. Saint-Cloud.	Gaudin.	Observations sur un travail relatif aux sénatoreries; modifications à y introduire	361
6830	18 juin. Saint-Cloud.	Le même.	Envoi d'un mémoire sur le séquestre des biens de la rive gauche du Rhin; rapport demandé	362
6831	18 juin. Saint-Cloud.	....	Arrêté pour restituer des biens indûment confisqués à des citoyens qui servaient dans les armées	362
6832	18 juin. Paris.	....	Note pour le ministre de la marine; mécontentement de l'inaction de Dumanoir à Toulon	362
6833	19 juin. Saint-Cloud.	Chaptal.	Ordre à donner au préfet de la Manche pour activer les travaux de Cherbourg	363
6834	19 juin. Paris.	Le même.	Ordre de continuer de payer au chanteur Garat la pension dont il jouissait	363
6835	19 juin. Saint-Cloud.	Talleyrand.	Instructions à donner au ministre français à Berlin, au sujet des affaires de Hanovre	363
6836	19 juin. Saint-Cloud.	Berthier.	Ordre d'augmenter le nombre des ouvriers employés aux travaux d'Alexandrie	364
6837	19 juin. Saint-Cloud.	Le même.	Mauvais état des plates-formes du port de Cherbourg, ordre pour un envoi d'affûts	364

Nos des pièces	DATES	DESTINATAIRES	SOMMAIRE DES PIÈCES	PAG.
	1803.			
6838	19 juin. Saint-Cloud.	Berthier.	Compte à demander de l'inexécution des ordres donnés à la 39e demi-brigade....	365
6839	19 juin. Saint-Cloud.	Fleurieu.	Reproches au préfet maritime de Dunkerque; exemple à faire d'un officier ayant manqué d'énergie..........	365
6840	20 juin. Paris.	....	Arrêté interdisant l'entrée des marchandises anglaises dans les ports de la République.	365
6841	21 juin. Saint-Cloud.	Decrès.	Points à indiquer entre Boulogne et Dunkerque pour y établir des batteries.....	366
6842	21 juin. Saint-Cloud.	Fleurieu.	Ordre pour construire, armer et gréer des bâtiments sur les chantiers de Paris.....	367
6843	22 juin. Saint-Cloud.	Regnier.	Ordre de faire arrêter des prêtres du diocèse de la Rochelle et un imprimeur....	368
6844	22 juin. Paris.	....	Arrêté : dispositions supplémentaires relatives aux camps de Saint-Omer, Gand et Compiègne..........	368
6845	22 juin. Saint-Cloud.	....	Ordre : refoute d'une partie de l'artillerie italienne; approvisionnement des places de Piémont..........	370
6846	22 juin. Paris.	....	Arrêté ordonnant la confection d'outils et de sacs à terre pour l'artillerie et le génie..	371
6847	22 juin. Paris.	Fleurieu.	Ordre au vice-amiral Truguet de prendre le commandement d'une escadre en armement à Brest..........	371
6848	22 juin. Paris.	....	Décision ordonnant d'envoyer sur-le-champ des lettres de marque à Ancône........	371
6849	23 juin. Saint-Cloud.	Rœderer.	Réponse à une demande d'accompagner le Premier Consul en qualité d'historiographe..........	372
6850	23 juin. Saint-Cloud.	Talleyrand.	Ordre de répondre aux lettres écrites par les différents cantons de la Suisse......	372
6851	23 juin. Saint-Cloud.	Bourcier.	Nouveaux changements apportés à un projet d'organisation de la cavalerie..........	372
6852	23 juin. Saint-Cloud.	....	Arrêté accordant une pension à la veuve de Léon Anne, mort des suites de ses blessures..........	373
6853	23 juin. Saint-Cloud.	Victor.	Compliment sur le mariage de ce général avec la fille d'un amiral hollandais.....	373
6854	23 juin. Paris.	....	Ordres au ministre de la marine pour faire activer les constructions navales dans les ports..........	373
6855	24 juin. Paris.	....	Décision renvoyant à Cambacérès un ouvrage de l'historien de Sales contre la Révolution française..........	374
6856	26 juin. Amiens.	Cambacérès.	Arrivée du Premier Consul à Amiens; nouvelles de voyage; bon état de l'esprit public.	374
6857	26 juin. Amiens.	....	Note pour le ministre de la guerre : travaux à l'île d'Yeu; service d'un bateau de poste à établir..........	375
6858	26 juin. Amiens.	Berthier.	Pouvoirs du général Rusca commandant l'île d'Elbe. Ordres à donner..........	375

Nos des pièces	DATES	DESTINATAIRES	SOMMAIRE DES PIÈCES	PAG.
	1803.			
6859	26 juin. Amiens.	Fleurieu.	Ordre de faire mettre en construction douze bâtiments sur les chantiers de Compiègne.	376
6860	27 juin. Amiens.	Cambacérès.	Procès-verbaux à expédier au Sénat. Prochain départ pour Saint-Valery. Nouvelles.	376
6861	27 juin. Amiens.	Regnier.	Delisle de Sales à renvoyer de l'Institut. Interrogatoire à faire subir à M. de Caraman.	376
6862	27 juin. Amiens.	....	Arrêté ordonnant l'exécution de divers travaux militaires à Amiens	377
6863	27 juin. Amiens.	Gaudin.	Nécessité de presser la vente des biens nationaux pour subvenir aux dépenses de l'an XI	377
6864	27 juin. Amiens.	Talleyrand.	Invitation à transmettre au cardinal-légat de venir à Bruxelles, où se rendra le Premier Consul	378
6865	27 juin. Amiens.	Berthier.	Dispositions à prescrire aux troupes passant sur le territoire prussien pour se rendre en Hanovre	378
6866	27 juin. Amiens.	Le même.	Recommandation à faire à Mortier pour la place de Hameln; officiers à y envoyer..	378
6867	27 juin. Amiens.	....	Arrêté pour la mise en construction de bateaux plats sur l'Elbe et le Weser.....	379
6868	27 juin. Amiens.	Fleurieu.	Ordre de veiller à la construction des chaloupes canonnières offertes en dons volontaires	379
6869	29 juin. Abbeville.	Cambacérès.	Départ d'Amiens; arrivée à Saint-Valery et à Abbeville; nouvelles	380
6870	1er juillet. Calais.	Le même.	Visite à Étaples; inspection du port de Boulogne et des côtes; entrée à Calais......	380
6871	2 juillet. Dunkerque.	....	Arrêté défendant aux généraux d'avoir des officiers d'artillerie pour aides de camp.	381
6872	3 juillet. Dunkerque.	Cambacérès.	Nouvelles de voyage. Sentiments patriotiques des villes traversées par le Premier Consul.	381
6873	3 juillet. Dunkerque.	Le même.	Maintien des dispositions rigoureuses de l'arrêté du 1er messidor an XI........	382
6874	3 juillet. Dunkerque.	Regnier.	Recommandation de surveiller les menées anglaises; ordre d'éloigner les Anglais de Paris et des côtes	382
6875	3 juillet. Dunkerque.	Talleyrand.	Article à faire faire sur la conduite déloyale des Anglais à l'égard des pêcheurs français.	382
6876	3 juillet. Dunkerque.	Berthier.	Plainte de l'inexécution de plusieurs ordres; urgence de commencer l'armement des places	383
6877	3 juillet. Dunkerque.	....	Arrêté ordonnant l'établissement de pièces de gros calibre à Boulogne et aux environs.	383
6878	3 juillet. Dunkerque.	....	Arrêté : changements et travaux à faire à la jetée de Boulogne	384
6879	3 juillet. Dunkerque.	Portalis.	Ordre de faire tenir à des prêtres de la Vendée les gratifications qui leur ont été accordées	385
6880	5 juillet. Dunkerque.	Cambacérès.	Facilités à donner au Sénat pour ses travaux. Nouvelles de voyage	385

Nos des PIÈCES	DATES	DESTINATAIRES	SOMMAIRE DES PIÈCES	PAG.
	1803.			
6881	5 juillet. Dunkerque.	Regnier.	Preuves à rassembler contre un chef de brigands saisi à Bruxelles. Ordre de faire arrêter un Anglais.	385
6882	5 juillet. Dunkerque.	....	Arrêté prescrivant de couper des bois pour la marine dans les forêts près de Boulogne.	386
6883	5 juillet. Dunkerque.	Berthier.	Loi nécessaire pour réprimer la désertion dans les dépôts coloniaux	386
6884	7 juillet. Lille.	Cambacérès.	Arrivée à Lille. Satisfaction de l'état du pays et de l'esprit des habitants	387
6885	7 juillet. Lille.	Le même.	Danger résultant de la présence d'un grand nombre d'Anglais à Paris	387
6886	7 juillet. Lille.	Regnier.	Mesures de police contre des individus suspects; interrogatoire et saisie de papiers.	388
6887	7 juillet. Lille.	Le même.	Projet d'exiger le dépôt d'un ouvrage sept jours avant la mise en vente	388
6888	7 juillet. Lille.	Berthier.	Reproche des retards apportés à des envois d'artillerie et à l'armement des côtes	388
6889	7 juillet. Lille.	Le même.	Projet de former sous M. d'Autichamp une légion composée d'anciens chouans	390
6890	8 juillet. Lille.	Cambacérès.	Nouvelles : envoi d'un projet d'arrêté transférant à Lille le chef-lieu du département du Nord.	390
6891	8 juillet. Lille.	Berthier.	Plainte de la négligence d'un officier dans les envois d'artillerie faits à l'île d'Yeu	391
6892	8 juillet. Lille.	Le même.	Ordre de former une sous-division militaire composée des îles de Ré, d'Oléron, d'Yeu et d'Aix	391
6893	8 juillet. Lille.	Dejean.	Mauvais état de l'habillement des troupes inspectées par le Premier Consul; demande d'un rapport	392
6894	8 juillet. Lille.	....	Note pour le ministre de la marine; bases d'une circulaire appelant au service tous les marins valides	392
6895	9 juillet. Lille.	Cambacérès.	Usage ordinaire à suivre pour célébrer la fête du 14 juillet. Nouvelles	393
6896	9 juillet. Lille.	Fleurieu.	Anglais à éloigner des côtes. Ordre de faire placer des caronades sur les vaisseaux et sur les frégates	393
6897	9 juillet. Lille.	Berthier.	Ordres divers. Inexactitude d'un rapport sur l'armement d'une batterie à Boulogne	394
6898	10 juillet. Ostende.	Le même.	Décision sur des propositions de ce ministre pour armer les côtes; ordres divers	394
6899	11 juillet. Ostende.	Cambacérès.	Nouvelles de voyage de Lille à Ostende. Départ pour Bruges	396
6900	11 juillet. Ostende.	Regnier.	Ordre de faire surveiller la commune de Cayeux. Rappel d'instructions à l'égard des Anglais	396
6901	11 juillet. Ostende.	Gaudin.	Opérations financières; recommandation d'accélérer la vente des bois nationaux	397
6902	11 juillet. Ostende.	....	Arrêté ordonnant l'établissement de batteries pour défendre le port d'Ostende	397

Nos des PIÈCES	DATES	DESTINATAIRES	SOMMAIRE DES PIÈCES	PAG.
	1803.			
6903	11 juillet. Bruges.	Cambacérès.	Attente des projets d'arrêtés relatifs aux bois et aux chanvres	398
6904	11 juillet. Bruges.	Mortier.	Prohibition des marchandises anglaises dans le Hanovre et dans les pays entre l'Elbe et le Weser	398
6905	13 juillet. Bruges.	Cambacérès.	Visite des îles de Cadzand et de Walcheren. Autorisation de garder quelques charpentiers à Paris	399
6906	13 juillet. Bruges.	Regnier.	Consentement à ce qu'il ne soit pas sévi contre un journaliste. Ordre de faire arrêter Hyde de Neuville	399
6907	13 juillet. Bruges.	Berthier.	Ordres divers. Défense du littoral par les gardes nationales et les compagnies de garde-côtes	399
6908	13 juillet. Bruges.	....	Arrêté ordonnant des coupes de bois pour les constructions navales de Dunkerque et de Boulogne	400
6909	14 juillet. Bruges.	Berthier.	Ordres divers : travaux sur les côtes; recrutement et habillement de la légion piémontaise	400
6910	15 juillet. Gand.	Cambacérès.	Nouvelles. Activité que doit déployer l'amiral Truguet dans le commandement de l'escadre de Brest	401
6911	15 juillet. Gand.	Gaudin.	Avis approuvé sur l'inconvénient d'accroître les contributions directes	401
6912	15 juillet. Gand.	Berthier.	Gloire de la prise d'une frégate à laisser à la marine. Formation d'un camp à Bruges et non à Gand	401
6913	15 juillet. Gand.	....	Arrêté : Latour d'Auvergne, mort au champ d'honneur, sera toujours présent dans la 46e demi-brigade	402
6914	15 juillet. Gand.	Truguet.	Réponse à des vues sur l'emploi de la flotte de Brest; soins à apporter à son organisation	402
6915	15 juillet. Gand.	Portalis.	Projet de cérémonial ecclésiastique à changer et à conformer aux mœurs nouvelles	403
6916	16 juillet. Gand.	....	Arrêté en faveur du fils du capitaine de frégate Chassériau, tué en défendant *la Chevrette*	403
6917	17 juillet. Gand.	Cambacérès.	Nouvelles; séjour du Premier Consul à Gand; prochain départ pour Anvers	403
6918	17 juillet. Gand.	Regnier.	Ordre d'arrêter aux frontières des régiments suisses venant de Gibraltar	404
6919	17 juillet. Gand.	Le Grand Conseil de Thurgovie.	Réponse à des témoignages de confiance et de gratitude	404
6920	17 juillet. Gand.	Berthier.	Ordres à donner : Italie, île d'Elbe, Gênes, côtes de l'Océan, Hanovre	404
6921	17 juillet. Gand.	Dejean.	Nécessité de pourvoir à l'habillement des corps et d'assurer le service des vivres pour les camps	406
6922	18 juillet. Anvers.	....	Réponse du Premier Consul au maire d'Anvers lui présentant les clefs de la ville	407

Nos des pièces	DATES	DESTINATAIRES	SOMMAIRE DES PIÈCES	PAG.
	1803.			
6923	20 juillet. Anvers.	Cambacérès.	Décisions diverses; clause à mettre dans l'arrêté qui transfère à Lille le siége de la préfecture	407
6924	20 juillet. Anvers.	....	Décision : refus de permettre la déportation d'un individu acquitté par les tribunaux.	407
6925	20 juillet. Anvers.	....	Décision autorisant la déportation à l'île de Ré d'un émigré amnistié	408
6926	20 juillet. Anvers.	Gaudin.	État satisfaisant des opérations du trésor et des recettes de l'enregistrement	408
6927	20 juillet Anvers.	Barbé-Marbois.	Ordre pour la comptabilité en Ligurie. Approbation d'un arrêté pris par le général Mortier	408
6928	20 juillet. Anvers.	Berthier.	Négligence d'un officier à punir. Défense à Mortier d'avoir des correspondances diplomatiques	409
6929	20 juillet. Anvers.	Murat.	Conseil et recommandation. Blâme de la conduite tenue à l'égard de Gouvion Saint-Cyr.	409
6930	20 juillet. Anvers.	....	Arrêté ordonnant de couper des fascines dans les forêts situées près d'Ambleteuse, Gravelines, etc	410
6931	20 juillet. Anvers.	Portalis.	Intention du Premier Consul relativement à la célébration de la fête du 15 août	410
6932	21 juillet. Anvers.	....	Arrêté ordonnant la construction d'une plate-forme sur la laisse de basse mer à Boulogne	410
6933	22 juillet. Bruxelles.	Cambacérès.	Indemnités à payer à des ouvriers. Projet de lever des conscrits ouvriers pour les arsenaux maritimes	411
6934	22 juillet. Bruxelles.	Gaudin.	Lois de douanes applicables aux envois faits à l'ambassadeur de Russie à Paris	411
6935	22 juillet. Bruxelles.	Fleurieu.	Plainte de la négligence du ministre à l'égard des ouvriers mandés à Paris; ordre à ce sujet	412
6936	23 juillet. Bruxelles.	Cambacérès.	Séjour du Premier Consul à Bruxelles. Caractère de la mission de M. Lombard	412
6937	23 juillet. Bruxelles.	Berthier.	Urgence de compléter les compagnies des garde-côtes; ordre relatif à la légion de la Vendée	413
6938	24 juillet. Bruxelles.	Cambacérès.	Nouvelles. Voyages dans les départements du Rhin remis à une époque plus éloignée.	413
6939	25 juillet. Bruxelles.	Berthier.	Ordres divers. Demande d'un relevé des pièces en fer existant dans les places. Ordre pour Rusca	414
6940	25 juillet. Bruxelles.	Decrès.	Plainte de la mauvaise organisation de la marine au Havre	415
6941	26 juillet. Bruxelles.	Cambacérès.	Nouvelles des réceptions à Bruxelles. Bonnes dispositions des autorités bataves	416
6942	26 juillet. Bruxelles.	Talleyrand.	Explications à demander à la cour d'Espagne; indemnités à réclamer pour la prise d'un bâtiment	416
6943	26 juillet. Bruxelles.	Dejean.	Comptabilité militaire en Italie. Instructions pour le campement des troupes à Boulogne, Ambleteuse	417

Nos des PIÈCES	DATES	DESTINATAIRES	SOMMAIRE DES PIÈCES	PAG.
	1803.			
6944	26 juillet. Bruxelles.	Dejean.	Avis à donner aux communes qui veulent être exemptées de l'obligation de loger des troupes	418
6945	27 juillet. Bruxelles.	Berthier.	Projet à présenter pour accorder à tous les sous-officiers des priviléges réservés aux plus anciens	418
6946	27 juillet. Bruxelles.	Le même.	Projets à demander au génie pour la défense de Flessingue et d'Anvers	419
6947	27 juillet. Bruxelles.	....	Note : partialité d'un archevêque contre les prêtres constitutionnels. Esprit du concordat	420
6948	28 juillet. Bruxelles.	Cambacérès.	Recommandation au sujet des opérations du Sénat. Fête donnée par le commerce de Bruxelles	420
6949	28 juillet. Bruxelles.	Regnier.	Ordres d'arrestation. Œuvres littéraires et scientifiques exceptées d'une mesure de police	421
6950	28 juillet. Bruxelles.	Le Roi de Naples.	Désir de maintenir la paix ; conseil à ce prince de ne pas se livrer aux intrigues de l'Angleterre	421
6951	28 juillet. Bruxelles.	La Reine de Naples.	Attitude de la France envers Naples justifiée par l'hostilité du ministère Acton	421
6952	28 juillet. Bruxelles.	Berthier.	Ordres à Victor pour la défense de l'île de Walcheren ; troupes à réunir dans le Sud-Beveland	422
6953	28 juillet. Bruxelles.	Le même.	Formation de deux bataillons de noirs employés l'un à Mantoue, l'autre à Legnago.	423
6954	28 juillet. Bruxelles.	Decrès.	Dispositions relatives à l'escadre du contre-amiral Bedout heureusement arrivée au Ferrol	423
6955	29 juillet. Bruxelles.	Cambacérès.	Ouvrages qui doivent être exemptés sans aucun doute de la surveillance de la police	424
6956	29 juillet. Bruxelles.	Le Roi de Prusse.	Assurances pour l'occupation du Hanovre. Doutes sur les cours du Nord. Confiance en la Prusse	424
6957	29 juillet. Bruxelles.	L'Empereur de Russie.	Remercîments des tentatives faites pour maintenir la paix. Plainte contre M. de Markof.	426
6958	29 juillet. Bruxelles.	Berthier.	Armement de Porto-Ferrajo : affûts à faire construire pour tirer sous l'angle de 45 degrés	427
6959	29 juillet. Bruxelles.	Le même.	Ordre à Mortier de défendre le transport des marchandises anglaises à Francfort et à Leipzig	427
6960	29 juillet. Bruxelles.	Decrès.	Réponse à faire à l'amiral Truguet. Ordre à donner pour les constructions navales dans le Hanovre	427
6961	29 juillet. Bruxelles.	Le même.	Dispositions de comptabilité relativement à une coupe extraordinaire de bois	428
6962	31 juillet. Maëstricht.	Cambacérès.	Observation sur la liste des nominations faites par le Sénat. Nouvelles de voyage	428
6963	31 juillet. Maëstricht.	Berthier.	Ordres divers. Envoi de détachements dans le Hanovre pour y prendre des chevaux	429

N°s des PIÈCES	DATES	DESTINATAIRES	SOMMAIRE DES PIÈCES	PAG.
	1803.			
6964	31 juillet. Maëstricht.	Decrès.	Demande d'un état des pertes du commerce depuis la rupture de la paix d'Amiens; mesures diverses	429
6965	2 août. Liége.	Cambacérès.	Arrivée du Premier Consul à Liége; intention d'abréger son voyage à cause des chaleurs	430
6966	2 août. Liége.	Regnier.	Arrestation d'un individu attaché à la légation russe; approbation de cette mesure	431
6967	2 août. Liége.	Berthier.	Cause de l'infériorité de la portée des batteries françaises comparée à celle des bâtiments anglais	431
6968	2 août. Liége.	Le même.	Craintes vaines d'insurrection en Romagne; dispositions à prescrire au général Murat	432
6969	2 août. Liége.	Murat.	Même sujet. Ordre pour défendre les côtes de la Romagne contre les incursions des Anglais	433
6970	2 août. Liége.	Decrès.	Abus d'autorité de l'amiral Bruix. Ordres pour les amiraux Villeneuve et Missiessy. Décision	433
6971	3 août. Namur.	Regnier.	Ordre pour l'arrestation d'un officier noir et de M. Latour-du-Pin	434
6972	3 août. Namur.	Talleyrand.	Plainte à faire au Gouvernement portugais de mesures arbitraires prises contre les Français	434
6973	3 août. Namur.	Berthier.	Ordre relatif aux garde-côtes. Dernier appel des conscrits de l'an VIII. Envoi de troupes sur les côtes	435
6974	3 août. Namur.	....	Décision : refus d'autoriser des achats de drap pour la troupe dans les manufactures d'Allemagne	437
6975	3 août. Namur.	....	Décision pour transférer dans la ville d'Agen la famille de Toussaint Louverture	438
6976	4 août. Namur.	Cambacérès.	Annonce de prochain retour. Manuscrit de Leibnitz proposant à Louis XIV la conquête de l'Egypte	438
6977	4 août. Namur.	Riouffe.	Remercîment au sujet de la réception projetée par le Tribunat pour le retour du Premier Consul	438
6978	4 août. Namur.	Talleyrand.	Note à remettre à M. de Souza, énumérant les griefs de la France contre le Portugal	438
6979	4 août. Namur.	Le Prince régent de Portugal.	Plainte contre M. d'Almeida. Demande de réparation pour les insultes faites à la France	439
6980	4 août. Namur.	Berthier.	Décision à rapporter. Observations concernant l'armée de Hanovre. Ordres pour le camp de Bayonne	440
6981	4 août. Namur.	Mortier.	Recommandations relatives à l'armée de Hanovre; ordre d'organiser promptement l'artillerie	443
6982	8 août. Sedan.	Cambacérès.	Arrivée du Premier Consul à Sedan, d'où il compte se rendre à Reims	444
6983	8 août. Sedan.	Regnier.	Mesures à prendre contre des individus soupçonnés d'espionnage	444

Nos des PIÈCES	DATES	DESTINATAIRES	SOMMAIRE DES PIÈCES	PAG.
	1803.			
6984	8 août. Sedan.	....	Décision ordonnant de réprimer sévèrement la vente de faux certificats de réforme...	444
6985	8 août. Sedan.	Talleyrand.	Affaires de Portugal. Soupçons à détourner au sujet des secours envoyés aux Souliotes. Ordres..........................	444
6986	8 août. Sedan.	Melzi.	Formation d'une légion et d'une garde italiennes; observations sur la maison militaire de Melzi....................	445
6987	8 août. Sedan.	Berthier.	Ordres divers : Invalides de Louvain; manufacture d'armes; réclamations d'une demi-brigade....................	446
6988	8 août. Sedan.	....	Décision : refus d'une gratification pour un capitaine donnant des soins à une école d'écriture......................	448
6989	8 août. Sedan.	....	Décision : époque attendue pour lever le séquestre mis sur les munitions de guerre dans le pays de Vaud...............	448
6990	8 août. Sedan.	....	Décision : mesures à prendre à l'égard d'un officier autrichien soupçonné d'embauchage..........................	448
6991	8 août. Sedan.	Portalis.	Voyage du cardinal Franckenberg à Rome. Mauvaise conduite de l'évêque de Namur dans son diocèse...............	449
6992	8 août. Sedan.	Murat.	Insuffisance des charges imposées à la Toscane. Mécontentement envers le général Campredon.....................	449
6993	8 août. Sedan.	Decrès.	Ordre de passer des marchés pour mettre à Gênes douze bâtiments en construction..	449
6994	8 août. Sedan.	Le même.	Secours militaires à proposer aux chefs de l'insurrection irlandaise présents à Paris.	450
6995	9 août. Sedan.	Cambacérès.	Satisfaction de l'état des manufactures, et du bon esprit de la ville de Sedan........	450
6996	9 août. Sedan.	....	Arrêté accordant une somme de soixante mille francs pour rétablir une fabrique à Sedan..........................	450
6997	9 août. Sedan.	....	Arrêté pour divers travaux à Sedan, Givet, Mézières; construction d'un pont et de canaux..........................	451
6998	9 août. Sedan.	Lacuée.	Observations sur un projet de répartition de la conscription; changements à y faire..	452
6999	10 août. Reims.	Cambacérès.	État des ordonnances ministérielles non payées à présenter au prochain travail..	454
7000	10 août. Reims.	Barbé-Marbois.	Reproches sur le service de la trésorerie; travaux interrompus faute de payement..	454
7001	10 août. Reims.	Berthier.	Fâcheux résultat d'une circulaire. Gratifications accordées par le Premier Consul..	455
7002	11 août. Saint-Cloud.	Decrès.	Renseignements à prendre pour réunir dans les ports de la Manche un grand nombre de bâtiments.........................	455
7003	13 août. Saint-Cloud.	Chaptal.	Ordre de lever le séquestre mis sur des bâtiments suédois portant des marchandises du Nord.......................	456

Nos des PIÈCES	DATES	DESTINATAIRES	SOMMAIRE DES PIÈCES	PAG.
	1803.			
7004	13 août. Saint-Cloud.	Talleyrand.	Avis de préparatifs de guerre en Espagne ; informations à prendre en dehors de l'ambassadeur	456
7005	13 août. Saint-Cloud.	Berthier.	Troupes auxquelles il ne faut pas accorder de congés de semestre. Ordre pour l'île d'Elbe. Avis	457
7006	13 août. Saint-Cloud.	....	Décision relative à des indemnités de vivres réclamées par différents corps en Italie	458
7007	14 août. Saint-Cloud.	Talleyrand.	Note exposant les griefs de la France contre le cabinet espagnol. Instructions pour l'ambassadeur	458
7008	16 août. Paris.	Le même.	Nouvelles instructions à donner à l'ambassadeur français à Madrid	461
7009	16 août. Paris.	Decrès.	Ordres pour activer des constructions navales. Préparatifs d'une expédition pour l'Irlande	463
7010	16 août. Saint-Cloud.	Dejean.	Ordre de rappeler un commissaire ordonnateur à l'observation des règles de la comptabilité	464
7011	17 août. Saint-Cloud.	....	Décision sur la proposition de récompenser un douanier blessé dans une rencontre avec des Anglais	464
7012	17 août. Saint-Cloud.	....	Observations sur un traité fait avec les receveurs généraux pour le service du trésor public en l'an XII	465
7013	18 août. Saint-Cloud.	Talleyrand.	Observation approuvée relativement aux troupes suisses devant faire partie de la Garde. Avis	469
7014	18 août. Saint-Cloud.	Le Landamman et la Diète de la Suisse.	Satisfaction d'avoir, par l'acte de médiation, préservé la Suisse de la guerre civile	469
7015	18 août. Saint-Cloud.	Berthier.	Ordres pour la défense de l'île de Palmajola. Armement des côtes avec des pièces en fer.	470
7016	18 août. Saint-Cloud.	Le même.	Construction de batteries sur affûts marins au Havre, à Ostende et à Boulogne	471
7017	18 août. Saint-Cloud.	Le même.	Ordres relatifs à des conscrits refusés par les corps pour défaut de taille	471
7018	19 août. Saint-Cloud.	Chaptal.	Projets demandés pour faire communiquer Reims avec l'Aisne, et rendre la Vesle navigable	472
7019	19 août. Saint-Cloud.	Le même.	Informations à prendre sur les moyens de remédier à la fâcheuse situation de Villers-Cotterets	472
7020	19 août. Saint-Cloud.	Decrès.	Rappel d'ordres, les uns contre les bâtiments venant d'Angleterre, les autres pour les navires du Nord	473
7021	21 août. Saint-Cloud.	Regnier.	Ordre de faire surveiller avec la plus grande circonspection les relations du général russe Hittorff	473
7022	21 août. Saint-Cloud.	Berthier.	Dispositions et ordres relatifs aux camps de l'Océan ; garnisons à fournir aux bateaux canonniers	473

Nos des pièces	DATES	DESTINATAIRES	SOMMAIRE DES PIÈCES	PAG.
	1803.			
7023	21 août. Saint-Cloud.	Decrès.	Échec éprouvé dans un combat contre des vaisseaux anglais devant Boulogne ; plaintes à ce sujet	477
7024	21 août. Saint-Cloud.	Bruix.	Explication de l'inégalité de portée des canons anglais et français. Avis divers	477
7025	22 août. Saint-Cloud.	Decrès.	Ordre de faire équiper et armer deux bateaux canonniers comme essai	479
7026	....	....	Tableau énumérant les objets qui composent l'armement des chaloupes et bateaux canonniers	479
7027	22 août. Saint-Cloud.	....	Décision ordonnant de faire continuer la fabrication de trois cents obusiers	480
7028	22 août. Saint-Cloud.	Bruix.	Dispositions à prendre pour protéger la construction d'un fort à Boulogne ; ordres	481
7029	....	....	Note annexée à la pièce précédente : ordres pour la défense de la rade de Boulogne	482
7030	22 août. Saint-Cloud.	Bruix.	Projet de composition et de répartition de la flottille de Boulogne. Défense de la rade	483
7031	23 août. Saint-Cloud.	Barbé-Marbois.	Ordonnances de la trésorerie négociées à perte ; demande d'un rapport sur cette opération	485
7032	23 août. Saint-Cloud.	Talleyrand.	Explications à donner à la Prusse sur les prétentions de l'Angleterre et la médiation de la Russie	485
7033	23 août. Saint-Cloud.	Le même.	Instructions pour répondre aux offres de médiation de l'empereur de Russie	486
7034	....	....	Première annexe : observations contre le projet de céder l'île de Lampedouse à l'Angleterre	488
7035	....	....	Deuxième annexe : note en réponse aux propositions du Czar offrant de se porter médiateur	490
7036	23 août. Saint-Cloud.	Berthier.	Ordre pour l'éclairage des rues et des ports de Boulogne et d'Ostende	492
7037	23 août. Saint-Cloud.	Le même.	Demande d'un relevé des incursions faites par les Anglais sur les côtes de France depuis 1700	492
7038	23 août. Saint-Cloud.	Decrès.	Nécessité de distinguer par un signe les différentes divisions de la flottille de guerre	492
7039	24 août. Saint-Cloud.	....	Décision défendant de recevoir dans les caisses publiques les billets de la caisse d'escompte	493
7040	24 août. Saint-Cloud.	....	Décision relative aux conditions d'un marché pour des fournitures de viande	494
7041	25 août. Saint-Cloud.	Regnier.	Avis de signaux échangés par des espions avec les Anglais ; active surveillance à prescrire à Boulogne	494
7042	25 août. Saint-Cloud.	Moncey.	Ordre d'envoyer des renforts de cavalerie pour surveiller la côte d'Etaples à Calais	494

Nos des PIÈCES	DATES	DESTINATAIRES	SOMMAIRE DES PIÈCES	PAG.
	1803.			
7043	25 août. Saint-Cloud.	Decrès.	Urgence de pourvoir à l'armement de la flottille ; relevé des pièces que peut fournir l'artillerie de terre	495
7044	25 août. Saint-Cloud.	Le même.	Demande de renseignements sur l'état des travaux à Boulogne et Dunkerque	496
7045	26 août. Saint-Cloud.	Bruix.	Mesures à prendre à Boulogne pour la sortie et l'embossage de la flottille ; ordres	496
7046	26 août. Saint-Cloud.	....	Décision blâmant un annuaire et un calendrier publiés par le préfet d'Indre-et-Loire	498
7047	26 août. Saint-Cloud.	....	Décision relative à des religieux, Français d'origine, sortant des couvents d'Allemagne	498
7048	26 août. Saint-Cloud.	....	Décision répondant à une demande d'instructions à l'égard de certains ecclésiastiques	499
7049	27 août. Saint-Cloud.	Cambacérès.	Sujets de mécontentement donnés par le ministre Decrès ; explication à lui demander	499
7050	27 août. Saint-Cloud.	Melzi.	Envoi de la légion italienne à l'île d'Elbe ; troupes qui doivent venir en France ; avis	500
7051	27 août. Saint-Cloud.	Berthier.	Ordres à donner pour l'île d'Elbe ; recommandation à Rusca au sujet du service des troupes	500
7052	27 août. Saint-Cloud.	Decrès.	Marchés à passer avec les fonderies du Creusot pour la fabrication de pièces de gros calibre	501
7053	28 août. Saint-Cloud.	....	Arrêté ordonnant de construire à Boulogne un fort flottant d'après les plans de Forfait	501
7054	29 août. Saint-Cloud.	....	Décision ordonnant de mettre en liberté un prêtre et de l'envoyer à Rome	501
7055	29 août. Saint-Cloud.	Decrès.	Ordres en conséquence de l'état de situation de la flottille ; demande de renseignements détaillés	502
7056	30 août. Saint-Cloud.	Berthier.	Observations sur le système de défense de la Belgique ; projet de démolir les fortifications de Sedan	503
7057	30 août. Saint-Cloud.	....	Annexe à la pièce précédente : défense de la frontière du Rhin depuis Grave jusqu'à la Moselle	504
7058	30 août. Saint-Cloud.	Bruix.	Construction d'un fort flottant à Boulogne. Travaux à presser à Dunkerque ; avis	505
7059	31 août. Saint-Cloud.	....	Arrêté pour la réorganisation des canonniers sédentaires de Lille, institués depuis 1483	506
7060	31 août. Saint-Cloud.	Dejean.	Note déterminant les pouvoirs administratifs des commissaires généraux	507
7061	31 août. Saint-Cloud.	Bruix.	Établissement de la marine à Boulogne. Ordre de faire établir des mortiers sur la laisse de basse mer	507
7062	1er septem. Saint-Cloud.	Berthier.	Caulaincourt chargé de la formation d'une demi-brigade ; recrutement de ce corps par des Belges	509

Nos des pièces	DATES	DESTINATAIRES	SOMMAIRE DES PIÈCES	PAG.
	1803.			
7063	1er septem. Saint-Cloud.	Decrès.	Ordre de former les équipages des sept péniches destinées au service du Premier Consul	510
7064	2 septemb. Saint-Cloud.	Le même.	Note ordonnant de proposer la démolition des maisons qui obstruent le port de Boulogne	511
7065	2 septemb. Saint-Cloud.	.....	Décision au sujet d'un navire arrivé à Bordeaux après une relâche forcée à Plymouth	511
7066	3 septemb. Saint-Cloud.	Berthier.	Ordres à donner à différents corps pour la formation des camps de l'Océan	511
7067	3 septemb. Saint-Cloud.	Le même.	Attelage des batteries mobiles destinées à protéger les côtes depuis Dunkerque jusqu'à Boulogne	512
7068	3 septemb. Saint-Cloud.	Marmont.	Envois d'artillerie attendus à Boulogne. Épreuves à faire pour le tir des obusiers	513
7069	3 septemb. Saint-Cloud.	Bruix.	Avis demandé au sujet de l'organisation de la flottille. Logement de l'amiral à Boulogne ; ordres divers	513
7070	3 septemb. Saint-Cloud.	Le même.	Travaux urgents à Étaples. Détails demandés sur une descente des Anglais à Étaples en 1708	514
7071	3 septemb. Saint-Cloud.	Le même.	Demande de notes sur des officiers de marine ; propositions à faire pour le corps des marins de la Garde	515
7072	4 septemb. Saint-Cloud.	Decrès.	Renvoi d'un travail sur les bassins de Saint-Nazaire ; ordre de faire faire un projet définitif	515
7073	4 septemb. Saint-Cloud.	Bruix.	Demande d'un état de situation des constructions navales ; nouvelles constructions à ordonner	516
7074	4 septemb. Saint-Cloud.	Le même.	Positions que doit prendre la flottille à tracer sur un plan. Utilité des caïques ; ordres	517
7075	5 septemb. Saint-Cloud.	Melzi.	Organisation par le général Pino d'une division italienne devant faire partie des camps de l'Océan	518
7076	5 septemb. Saint-Cloud.	Marescalchi.	Envoi de pouvoirs pour négocier le Concordat de la République italienne avec le Saint-Siége	519
7077	5 septemb. Saint-Cloud.	Marmont.	Objections contre l'armement des côtes avec des pièces de 16 ; ordres	519
7078	5 septemb. Saint-Cloud.	Decrès.	Invitation à Monge et à Berthollet d'expérimenter une nouvelle manière de préparer les chanvres	520
7079	5 septemb. Saint-Cloud.	Le même.	Note : projet de construire et d'armer un ponton spécial pour protéger la flottille à Boulogne	520
7080	6 septemb. Saint-Cloud.	Chaptal.	Travaux à entreprendre à Paris en prévision d'un hiver rigoureux	520
7081	6 septemb. Saint-Cloud.	Berthier.	Ordre pour l'équipement des conscrits envoyés à l'armée de Naples. Mission d'un officier à Tarente	521

Nos des PIÈCES	DATES	DESTINATAIRES	SOMMAIRE DES PIÈCES	PAG.
	1803.			
7082	6 septemb. Saint-Cloud.	Decrès.	Renseignements à demander à un amiral hollandais au sujet d'un projet d'expédition en Irlande	521
7083	6 septemb. Saint-Cloud.	Truguet.	Nécessité de la présence de Truguet à Brest pour y exercer l'escadre	522
7084	6 septemb. Saint-Cloud.	....	Note pour le ministre de la marine : projet de former deux compagnies de bombardiers garde-côtes	522
7085	7 septemb. Saint-Cloud.	Les Ministres.	Note relative à l'ordonnancement des traitements dans chaque ministère	522
7086	9 septemb. Saint-Cloud.	Regnier.	Ordre de faire arrêter deux pêcheurs qui ont communiqué avec les Anglais	523
7087	9 septemb. Saint-Cloud.	....	Décision sur un rapport exposant les lenteurs de la levée de la conscription dans le Bas-Rhin	523
7088	9 septemb. Saint-Cloud.	Portalis.	Avis : refus de sépulture pour un prêtre assermenté et pour un acquéreur de biens nationaux	523
7089	10 septem. Saint-Cloud.	Chaptal.	Demande d'un projet de canal joignant la Vilaine à la Rance	523
7090	10 septem. Saint-Cloud.	....	Arrêté : répartition des fonds affectés pendant l'an XII aux travaux des ponts et chaussées	524
7091	10 septem. Saint-Cloud.	Barbé-Marbois.	Crainte de voir les travaux interrompus, faute d'argent, à Ostende et à Dunkerque ; fonds à y envoyer	525
7092	10 septem. Saint-Cloud.	Decrès.	Sommes à ordonnancer pour les travaux maritimes et les besoins de la flottille	525
7093	12 septem. La Malmaison.	Lacépède.	Mesures à concerter au sujet de la prise de possession des biens affectés à la Légion d'honneur	526
7094	12 septem. Saint-Cloud.	Regnier.	Ordre de faire venir à Paris, pour les interroger, des marins prévenus de trahison et d'espionnage	526
7095	12 septem. La Malmaison.	Chaptal.	Ordre de proposer le remplacement du sous-préfet de Boulogne	527
7096	12 septem. La Malmaison.	Le même.	Acquiescement au désir exprimé par des gardes d'honneur ; projet de les organiser	527
7097	12 septem. La Malmaison.	Gaudin.	Avantages du système des obligations ; études à faire pour étendre ce système à d'autres revenus	527
7098	12 septem. La Malmaison.	Talleyrand.	Ordre de faire le relevé de tous les griefs de la France contre l'Espagne	528
7099	12 septem. La Malmaison.	Marescalchi.	Modifications à introduire dans la rédaction du Concordat de la République italienne	528
7100	12 septem. Saint-Cloud.	Soult.	Recommandations pour le campement des troupes et les travaux du port d'Ambleteuse	529
7101	12 septem. La Malmaison.	Marmont.	Succès obtenus à Boulogne avec des mortiers à plaque ; envois d'artillerie à presser	529
7102	12 septem. La Malmaison.	Bruix.	Compte à rendre de la situation des fonds envoyés à Dunkerque pour les travaux	530

Nos des pièces	DATES	DESTINATAIRES	SOMMAIRE DES PIÈCES	PAG.
	1803.			
7103	12 septem. La Malmaison.	Ganteaume.	Préparatifs à presser pour tenir l'escadre de Toulon prête à mettre à la voile........	530
7104	14 septem. La Malmaison.	Cretet.	Chemins à faire réparer ; route à construire allant d'Ambleteuse à Calais...........	531
7105	14 septem. La Malmaison.	Soult.	Avis et ordres : campement des troupes ; construction de batteries ; travaux maritimes ; routes, etc................	531
7106	14 septem. Saint-Cloud.	Berthier.	Ordres à donner pour l'établissement de batteries et la construction de hangars à Boulogne	533
7107	14 septem. Saint-Cloud.	Bruix.	Avis. Demande de renseignements sur les constructions navales à Dunkerque et à Boulogne	533
7108	16 septem. La Malmaison.	Berthier.	Réponse à faire à Caulaincourt au sujet de l'organisation d'une demi-brigade belge..	534
7109	16 septem. La Malmaison.	Le même.	Demande de mémoires militaires sur les frontières et pays de la rive gauche du Rhin.	534
7110	16 septem. La Malmaison.	....	Note pour le ministre de la marine : Génois à engager comme marins de la flottille....	535
7111	17 septem. La Malmaison.	Soult.	Ordres divers : armement de la côte de Boulogne à Calais ; travaux à activer ; débarquement à simuler...............	536
7112	17 septem. La Malmaison.	Bruix.	Avis des ordres ci-dessus. Importance d'un fort à Boulogne. Inspection nécessaire à Calais et Dunkerque	537
7113	18 septem. La Malmaison.	Le Roi d'Espagne.	Menace de rupture avec l'Espagne ; plaintes contre les abus de pouvoir commis par le prince de la Paix..................	538
7114	18 septem. La Malmaison.	Berthier.	Reproche à faire au général commandant le département de la Manche............	540
7115	18 septem. La Malmaison.	Le même.	Ordres de marche à donner à cinq régiments de dragons.......................	540
7116	18 septem. La Malmaison.	Le même.	Ordre de faire évacuer les petites îles du Morbihan qui ne sont pas fortifiées.....	541
7117	18 septem. La Malmaison.	Le même.	Ordres pour assurer la défense des côtes par de la cavalerie ; garnison de Granville à renforcer......................	541
7118	18 septem. La Malmaison.	Le même.	Établissement de cantonnements de dragons sur la Vilaine, à Vire, Alençon et Amiens.	542
7119	20 septem. La Malmaison.	Regnier.	Rapports secrets désapprouvés ; invitation à n'en plus présenter de semblables.....	543
7120	20 septem. La Malmaison.	Chaptal.	Mécontentement contre l'administration de la ville de Paris ; budgets en retard.......	543
7121	20 septem. La Malmaison.	Talleyrand.	Ordre d'insister près du Gouvernement batave pour l'éloignement du cardinal Franckenberg......................	543
7122	21 septem. Saint-Cloud.	Regnier.	Instructions pour l'interrogatoire et pour la saisie des papiers d'un agent de l'Angleterre........................	544
7123	21 septem. Saint-Cloud.	Soult.	Avis divers ; ordres pour les bâtiments de la flottille et les batteries mobiles.........	544

Nos des PIÈCES	DATES	DESTINATAIRES	SOMMAIRE DES PIÈCES	PAG.
	1803.			
7124	21 septem. Saint-Cloud.	Soult.	Batteries à établir sur la laisse de basse mer à Boulogne afin de protéger les travailleurs.	546
7125	21 septem. Saint-Cloud.	Davout.	Défense de la flottille d'Ostende par des batteries sur la laisse de basse mer. Avis et ordres	546
7126	21 septem. Saint-Cloud.	Bruix.	Pleins pouvoirs pour tous les préparatifs de la flottille ; essai d'armement à faire à Dunkerque	547
7127	22 septem Saint-Cloud.	....	Note pour le ministre de l'intérieur : projet de créer des brigades spéciales pour les octrois de Paris	549
7128	23 septem. Saint-Cloud.	....	Note sur un plan des environs de Boulogne ; inexactitudes et négligences relevées	549
7129	23 septem. Saint-Cloud.	Decrès.	Dispositions à prescrire au sujet des marins qui doivent former le bataillon des matelots de la Garde	550

FIN DE LA TABLE.

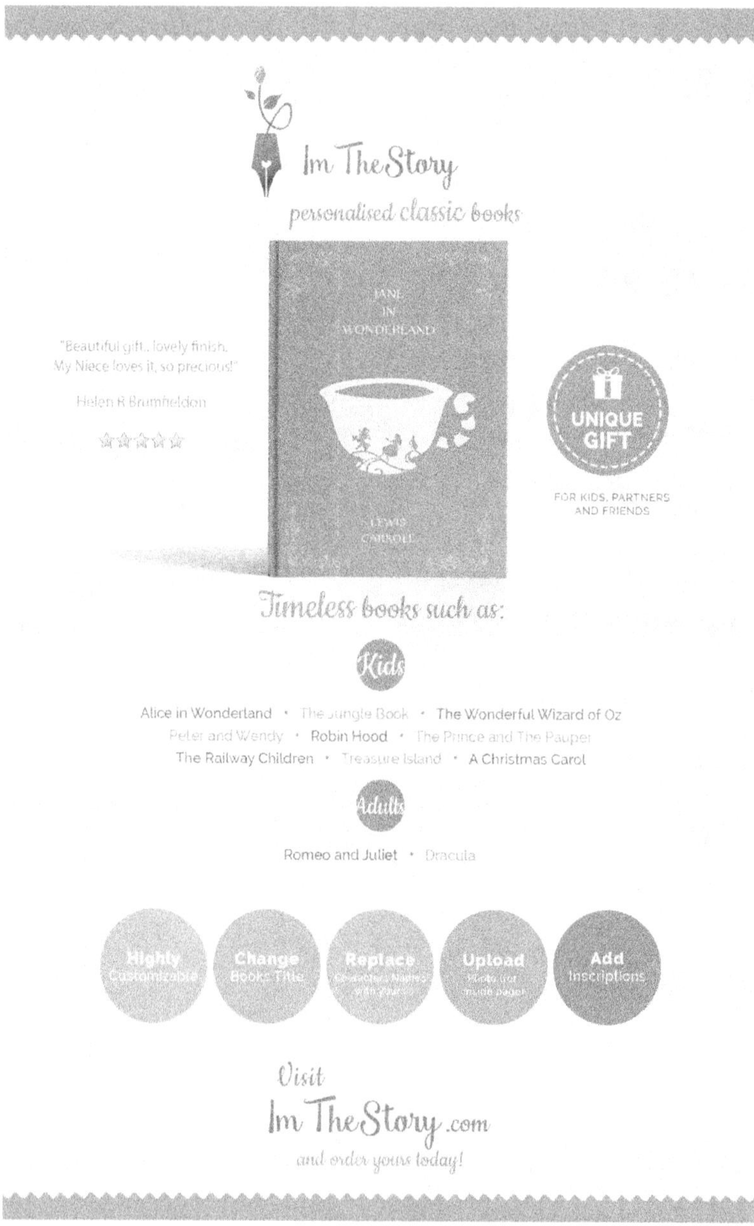
Im The Story
personalised classic books
JANE
IN
WONDERLAND
LEWIS
CARROLL
"Beautiful gift.. lovely finish.
My Niece loves it, so precious!"
Helen R Brumfieldon
UNIQUE GIFT
FOR KIDS, PARTNERS AND FRIENDS
Timeless books such as:
Kids
Alice in Wonderland • The Jungle Book • The Wonderful Wizard of Oz
Peter and Wendy • Robin Hood • The Prince and The Pauper
The Railway Children • Treasure Island • A Christmas Carol
Adults
Romeo and Juliet • Dracula
Highly Customizable
Change Books Title
Replace
Upload
Add Inscriptions
Visit
Im The Story.com
and order yours today!

CPSIA information can be obtained
at www.ICGtesting.com
Printed in the USA
BVHW071232280819
556943BV00016B/1205/P

9 780461 509410

HARDPRESS.NET
HOME OF HARD-TO-FIND BOOKS

Cours Politique Et Diplomatique De Napoléon Bonaparte Comme Général En Chéf Des Armées Républicaines, Comme Premier Consul, Et Comme Empereur Et Roi

by Lewis Goldsmith

Address:
HardPress
8345 NW 66TH ST #2561
MIAMI FL 33166-2626
USA
Email: info@hardpress.net